HISTOIRE DE L'OCCIDENT

Vincent Duhaime
Collège Lionel-Groulx

Sébastien Piché
Cégep régional de Lanaudière à L'Assomption

Emmanuelle Simony
Collège Dawson

Avec la collaboration de

Chantal Paquette
Cégep André-Laurendeau

Marie-Andrée Gélinas
Cégep de Saint-Hyacinthe

Yvan Perrier
Cégep du Vieux Montréal

MODULO

Ce projet est financé en partie par le gouvernement du Canada | Canada

Catalogage avant publication de Bibliothèque et Archives nationales du Québec et Bibliothèque et Archives Canada

Duhaime, Vincent, 1975-

Histoire de l'Occident

Comprend des réf. bibliogr. et un index.
Pour les étudiants du niveau collégial.

ISBN 978-2-89650-441-1

1. Occident - Histoire. I. Piché, Sébastien, 1974- . II. Simony, Emmanuelle, 1970- . III. Titre.

CB245.D84 2011 909'.09821 C2011-940770-1

Équipe de production

Éditrice : Bianca Lam
Assistante éditoriale : Corine Archambault
Chargé de projet : Robert Dolbec
Révision linguistique : Nicole Blanchette, Nathalie Larose
Correction d'épreuves : Marie Théorêt, Isabelle Rolland
Montage : Dessine-moi un mouton et Maryse Bédard
Coordination de la mise en pages : Nathalie Ménard
Maquette : Pige communication
Couverture : Marguerite Gouin (Image : Théodore de Bry, *Colomb arrive à Hispaniola*, gravure du XVIe siècle. Courtoisie du American Museum in Britain, Bath, Royaume-Uni.)
Recherche photos : Julie Saindon
Recherche et préparation des documents : Ghislain Morin
Saisie de l'index : Corinne Danheux

MODULO

Groupe Modulo est membre de l'Association nationale des éditeurs de livres.

Histoire de l'Occident

5800, rue Saint-Denis, bureau 900
Montréal (Québec) H2S 3L5 Canada
Téléphone : 514 273-1066
Télécopieur : 514 276-0324 ou 1 800 814-0324
info.modulo@tc.tc www.groupemodulo.com

Dépôt légal — Bibliothèque et Archives nationales du Québec, 2011
Bibliothèque et Archives Canada, 2011

3 4 5 6 7 ITIB 20 19 18 17 16

AVANT-PROPOS

Il y a de cela près de 2500 ans, en Grèce, un homme présente le fruit de plusieurs années d'investigation. Il a parcouru les pays de la Méditerranée, à la recherche des coutumes, des modes de vie et des croyances des peuples qu'il a rencontrés. À cette époque, il était d'usage de raconter des histoires fictives, des mythes, pour expliquer le monde. Mais l'intention première de cet homme est plutôt de raconter les origines d'une guerre et de comprendre ses conséquences, à partir des témoignages qu'il a recueillis. Cet homme se nomme Hérodote et son ouvrage s'intitule *L'Enquête*. Il est dès lors considéré comme le premier historien.

Ces 2500 ans correspondent à peu près à la période que couvre le présent manuel d'histoire. Cela peut paraître long. Mais à bien y penser, si on part de la vie d'une personne qui naît à la mort d'Hérodote, puis d'une autre qui naît à la mort de cette personne, et ainsi de suite, jusqu'à mettre la vie de 50 personnes bout à bout, on se rend à peu près jusqu'à aujourd'hui. D'une certaine façon, seulement 50 personnes vous séparent d'Hérodote. Chacune de ces 50 personnes a vécu une époque particulière, avec son lot d'événements historiques. De l'Empire romain aux croisades, de l'Europe de la Renaissance à celle des Lumières, de la conquête de l'Amérique à la guerre froide, de nombreux événements ont contribué à définir les caractéristiques historiques d'une civilisation « de l'Ouest ».

À travers les nombreux événements qu'il aborde, ce manuel porte une attention particulière aux rencontres qui ont formé l'Occident : rencontres des Romains et des peuples germaniques ; rencontres des Européens, des Byzantins et des Arabes ; relations commerciales et rencontres entre les Occidentaux et des peuples lointains ; luttes religieuses et luttes sociales ; confrontations des idées philosophiques, scientifiques et politiques. L'Occident est le résultat de ces face-à-face – et de plusieurs autres – dont l'issue n'a jamais été déterminée d'avance. Ces rencontres ont donné lieu à des transformations, à des conflits et à des guerres, moments propices à l'expression des passions humaines. À travers elles, l'Occident dans lequel nous vivons s'est défini.

Ce manuel explique également comment les historiens font l'histoire de l'Occident. Quels outils utilisent-ils ? Comment trouvent-ils les témoignages qui peuvent rendre compte du passé ? Et comment les analysent-ils ? Lorsqu'ils veulent faire connaître le fruit de leurs recherches, comment procèdent-ils ?

Ainsi, 2500 ans plus tard, la tradition lancée par Hérodote vit toujours. Bien que la façon de faire l'histoire ait beaucoup changé, le plaisir de découvrir les origines du monde qui nous entoure demeure le même, et c'est d'abord et avant tout ce plaisir que nous espérons partager avec vous.

La division des chapitres

Ce manuel comprend 12 chapitres, ce qui correspond au nombre de semaines que nous vous suggérons de consacrer à vos lectures personnelles, si vous utilisez ce manuel dans le cadre d'un cours de niveau collégial.

Le chapitre 1 explique les fondements de la discipline historique et précise ce qu'est l'Occident. Les chapitres 2 à 11 couvrent l'histoire de l'Occident en respectant la division traditionnelle des quatre grandes époques :

- Antiquité : chapitres 2 et 3
- Moyen Âge : chapitres 4, 5 et 6
- Époque moderne : chapitres 7, 8 et 9
- Époque contemporaine : chapitres 10 et 11

Le chapitre 12 vous prépare à la démarche d'intégration qui sera réalisée dans le cours *Démarche d'intégration des acquis en sciences humaines*, ultime étape pour finaliser votre diplôme d'études collégiales. Nous vous suggérons donc de conserver ce livre jusqu'à la fin de vos études collégiales.

Les lignes du temps

Au début de chaque chapitre, une ligne du temps vous permet de situer, sur le plan chronologique, certains des principaux événements étudiés.

Les introductions de sections

Chaque chapitre est divisé en trois ou quatre sections. Au début de chaque section, nous avons choisi de raconter la « petite histoire », c'est-à-dire de présenter une anecdote ou un événement particulièrement révélateur du contenu de la section.

Les sources primaires

Tout au long des chapitres, vous trouverez des extraits de documents d'époque (qu'on appelle « sources primaires ») qui vous mettent en contact avec des témoins des événements étudiés. Ces extraits sont intégrés au texte sous forme de citations, donnant ainsi une place privilégiée aux gens qui ont fait l'histoire. Vous trouverez sur *Modulo en ligne* des versions plus longues de ces mêmes documents. Vous pouvez utiliser ces documents historiques pour vous exercer à la méthode historique.

Les cartes historiques

Les cartes historiques servent à situer dans l'espace les faits étudiés dans les chapitres, mais elles apportent également leurs propres renseignements historiques. Elles permettent d'analyser des transformations politiques, économiques ou sociales, de voir des mouvements de population, de mesurer les répercussions d'un événement sur la géographie humaine, etc.

L'iconographie

Le texte est rehaussé de plusieurs images qui permettent de se familiariser avec les réalisations des époques étudiées, qui renseignent sur les perceptions que les Occidentaux entretenaient et qui abordent l'histoire de l'art. Les légendes qui les accompagnent soulignent la pertinence de ces images et suggèrent parfois des angles d'analyse.

Empreintes de l'Occident : des traces du passé

L'histoire de l'Occident nous a légué des héritages que cette rubrique présente en décrivant des traces qui témoignent de la persistance du passé et qui démontrent que l'histoire, même ancienne, demeure d'actualité. Nous devons à Marie-Andrée Gélinas, du cégep de Saint-Hyacinthe, ce parcours dans l'histoire « vivante ».

À la fin de chaque chapitre : L'historien à l'œuvre

À la fin de chaque chapitre, une rubrique vous fait entrer dans les coulisses de l'histoire. Elle vous fait découvrir de nombreuses facettes du travail de l'historien. À la fin de chaque rubrique, des exercices vous permettent de vous mettre à l'œuvre et de vous transformer en apprenti historien. Tous les corrigés sont accessibles sur *Modulo en ligne*. Nous devons à Chantal Paquette, du cégep André-Laurendeau, cette incursion dans l'atelier des historiens.

Le fil de l'histoire : un fil conducteur

Pour vous aider à faire la synthèse de chaque chapitre, la rubrique *Le fil de l'histoire*, située tout juste avant *L'historien à l'œuvre*, résume les points les plus importants de chacune des sections du chapitre. Elle constitue un moyen de vous assurer que l'essentiel ne vous a pas échappé, et également un moyen de suivre, de chapitre en chapitre, le fil conducteur du manuel.

Des questions de révision pour faciliter la compréhension du texte

Vous trouverez sur *Modulo en ligne* des questions en lien avec chacun des chapitres. Demandez à votre enseignant comment vous devez les utiliser. Elles peuvent servir de guide de lecture ou d'examen de lecture, selon la formule pédagogique qu'il privilégie.

Des suggestions de lecture

À la toute fin du manuel, nous vous suggérons les ouvrages qui nous ont inspirés lors de la rédaction de ce manuel. Que vous vouliez réaliser un travail de recherche en histoire ou, tout simplement, approfondir votre connaissance d'un personnage, d'un événement ou d'une époque, vous trouverez dans cette liste de nombreuses pistes d'investigation.

Une initiation à l'historiographie

Pour tous les étudiants qui veulent aller plus loin dans leur connaissance de la discipline historique, et en particulier pour les étudiants du programme *Histoire et civilisation*, vous trouverez sur *Modulo en ligne* le document *Le mot histoire a une histoire*. Il présente un portrait de l'historiographie occidentale, c'est-à-dire de la façon dont on a écrit l'histoire au fil des siècles, et des historiens marquants. Ce document est une histoire en soi, « l'histoire de l'histoire », en quelque sorte. Il a été produit par Yvan Perrier, du cégep du Vieux Montréal.

TABLE DES MATIÈRES

CHAPITRE 7

CHAPITRE 8

CHAPITRE 9

CHAPITRE 10

CHAPITRE 11

CHAPITRE 12

L'HISTOIRE ET L'OCCIDENT : L'INTÉGRATION DES ACQUIS . . .378

REMERCIEMENTS

Les auteurs remercient tous les collaborateurs pour leur travail et l'équipe de Modulo pour son soutien. Parmi tous ceux qui ont permis à ce manuel de voir le jour, nous tenons à remercier particulièrement Chantal Paquette, Richard Henri, Éric Mauras ainsi que Robert Dolbec pour leur inestimable contribution à des moments cruciaux de ce processus de création.

Chapitre 1

Antiquité

3500 av. J.-C. à 476

... à 3500 av. J.-C.

Préhistoire

L'OCCIDENT ET L'HISTOIRE

DANS CE **CHAPITRE**

- Qu'est-ce que l'Occident ?
- Qu'est-ce que l'histoire ?

À l'origine, le terme « Occident » désignait l'endroit où le soleil se couche.

476 à 1492
Moyen Âge

Époque moderne
1492 à 1789

1789 à nos jours
Époque contemporaine

QU'EST-CE QUE L'OCCIDENT ?

Pourquoi étudier l'histoire de l'Occident? La réponse est simple: parce que nous vivons en Occident. En effet, le Canada fait partie des pays dits «occidentaux». On utilise d'ailleurs souvent ce terme dans les médias, qui affirment par exemple que les États-Unis appartiennent au groupe des «puissances occidentales» ou que le Québec fait partie de la «civilisation occidentale». Mais que signifie au juste le terme «Occident»? Pour répondre à cette deuxième question, il faut faire un bref retour en arrière.

D'OCCIDENS À «OCCIDENT»: L'HISTOIRE D'UN MOT

Comme plusieurs mots de la langue française, le terme «Occident» vient du latin, la langue des Romains et de leur puissant empire formé autour de la Méditerranée il y a environ 2000 ans. En latin, le mot *occidens* signifiait «soleil tombant». Il servait donc tout simplement à désigner l'endroit où le soleil se couche. Pour les Romains, l'occident était un point de repère dans l'espace, un synonyme d'ouest (*oriens* étant synonyme d'est). Après la division de l'Empire, aux IIIe et IVe siècles de notre ère, ils ont commencé à donner un sens différent à ce terme, en nommant la partie située à l'ouest de Rome l'«Empire romain d'Occident». Dès lors, *occidens* n'a plus désigné seulement un simple point de repère, mais a aussi fait référence à un lieu, à une région du monde. Le mot a été employé dans ces deux sens pendant de nombreux siècles. Après le XVe siècle, par exemple, les puissances européennes nommaient parfois les territoires conquis en Amérique l'«hémisphère occidental».

Puis, au cours du XIXe siècle, le terme «Occident» a pris un sens différent: il a servi à désigner les pays européens démocratiques et libéraux, par exemple l'Angleterre, afin de les distinguer de ceux qui ne l'étaient pas, comme l'Allemagne, qui était alors un empire. Le terme a ainsi pris un troisième sens: il pouvait désormais désigner un système politique et un ensemble de valeurs. C'est cette signification qu'on lui a donnée jusqu'au milieu du XXe siècle.

La guerre froide qui a suivi constitue une période charnière. Entre 1945 et 1991, l'«Occident» ou le «bloc de l'Ouest» regroupait les pays démocratiques et capitalistes d'Amérique et d'Europe qui s'opposaient aux pays communistes du «bloc de l'Est», comprenant entre autres l'Union des républiques socialistes soviétiques (URSS), plusieurs pays d'Europe centrale et de l'Est ainsi que la Chine. La guerre froide a eu pour effet de créer un vif sentiment d'appartenance entre les pays du «bloc de l'Ouest», à tel point qu'aujourd'hui encore, même si ce conflit est terminé, on continue de les désigner au moyen du terme «Occident». Ces pays considèrent en effet qu'ils se ressemblent, qu'ils partagent les mêmes valeurs et les mêmes institutions: des régimes démocratiques, fondés sur des lois qui protègent les droits et libertés des individus et qui affirment l'égalité de tous; un système capitaliste qui permet la liberté d'entreprise; des États laïques qui garantissent l'accès à l'éducation pour tous; des sociétés qui valorisent le progrès scientifique et technologique, etc. Les pays occidentaux s'identifient à ces valeurs et à ces institutions et souhaitent les protéger.

Ces pays, dont le Canada fait partie, considèrent également qu'ils partagent le même passé et les mêmes origines, qu'ils appartiennent à la même histoire. L'histoire de l'Occident, que cet ouvrage raconte, se déroule en grande partie en Europe. C'est là que l'Occident que l'on connaît aujourd'hui a lentement pris forme au fil des siècles, à travers un processus qui caractérise toutes les civilisations. Il s'est formé au gré d'affrontements incessants, de luttes, de débats et d'échanges à la fois entre des peuples d'Europe et d'ailleurs, et entre les Européens eux-mêmes. Grecs, Romains, peuples germaniques, chrétiens, païens, musulmans, paysans, nobles, commerçants, empereurs, rois, membres du clergé, philosophes, scientifiques, hommes, femmes, Amérindiens, Africains: tous ont joué un rôle dans l'histoire de l'Occident dans une suite de multiples rencontres à l'issue desquelles, chaque fois, des acquis et des héritages ont été choisis et conservés. Comme l'ont fait les

Le moine Bède le Vénérable (673-735) est à l'origine de l'adoption de la naissance de Jésus de Nazareth comme point de repère chronologique. Gravure (date inconnue).

autres civilisations, les Occidentaux ont ainsi apporté, au cours de cette histoire, leurs propres réponses à des questions fondamentales portant par exemple sur la séparation de l'Église et de l'État, les croyances religieuses, le partage du pouvoir, la conception de l'univers ou la place des femmes dans la société.

Au passage, les Occidentaux ont fait plusieurs victimes. Nous verrons en effet que l'histoire de l'Occident se caractérise par le rejet de cultures jugées inférieures et d'idées considérées comme menaçantes. Souvent, les Occidentaux ont voulu repousser ou détruire ce qui était étranger ou différent par la soumission et l'exploitation de nombreux peuples, et même par des guerres dévastatrices. Bref, leur histoire se distingue par une contradiction flagrante entre des principes humanistes et les pratiques les plus cruelles qui soient.

L'HISTOIRE DE L'OCCIDENT

Les historiens ont pris l'habitude de diviser l'histoire de l'Occident en quatre grandes périodes afin de se donner des points de repère : l'Antiquité, le Moyen Âge, l'époque moderne et l'époque contemporaine (voir la ligne du temps). L'Antiquité débute au IVe millénaire avant Jésus-Christ, quand des peuples se sédentarisent et fondent les premières civilisations autour de la mer Méditerranée. Les Sumériens, les Égyptiens et plus tard les Crétois et les Mycéniens, entre autres, élaborent de nouvelles façons de vivre, créent les premiers États et les premières villes, inventent la science et l'écriture, font du commerce. L'histoire de l'Occident commence à prendre forme dans ce monde complexe et diversifié. Au fil des siècles, de nouvelles civilisations se démarquent, comme celle des Grecs qui, à partir du VIIIe siècle avant Jésus-Christ, élaborent une culture originale qui suscitera la fascination et l'admiration. Ils perfectionnent la pensée rationnelle et de nouvelles méthodes scientifiques pour appréhender le monde, réalisent d'étonnantes avancées scientifiques, renouvellent la conception des arts et de l'architecture, mettent en place de nouveaux systèmes politiques. Une autre civilisation aura une grande influence, celle des Romains. Leur culture, fortement inspirée de celle des Grecs, connaît un grand rayonnement aux quatre coins de leur vaste empire qui domine la Méditerranée pendant plusieurs siècles. L'Antiquité constitue ainsi un réservoir de valeurs et de pratiques dans lequel les Occidentaux vont puiser des modèles, d'autant plus que cette période est aussi marquée par l'apparition du christianisme. Cette religion devient en Occident un des fondements de la façon de concevoir le monde et l'être humain.

Romulus Augustule, dernier empereur de l'Empire romain d'Occident, abdique devant le chef germanique Odoacre, en 476. Les historiens utilisent cette date pour situer la fin de l'Antiquité.

Gravure (XIXe siècle).

Capitulation du général britannique Cornwallis à Yorktown (Virginie) en 1781, au cours de la Révolution américaine, un événement marquant de l'histoire de l'Occident.
Gravure (date inconnue).

Les historiens utilisent un événement lié à l'histoire romaine pour situer la fin de l'Antiquité : le renversement du dernier empereur romain d'Occident, Romulus Augustule, en l'an 476. Au cours du Moyen Âge, qui s'étend sur environ 1000 ans, les événements les plus déterminants de l'histoire de l'Occident se déroulent en Europe. L'ancien Empire romain est divisé en de multiples royaumes entre lesquels s'installent des rivalités durables. De nouvelles classes dirigeantes s'imposent, notamment la noblesse féodale et l'Église chrétienne qui dominent les paysans. Beaucoup moins développée que les civilisations de l'Asie, l'Europe repose sur une économie surtout rurale. Elle connaît cependant, dans la seconde moitié du Moyen Âge, un essor économique et commercial important qui marque la naissance d'un esprit capitaliste. Les marchands prennent davantage leur place et leur quête du profit les incite à s'ouvrir au monde. Les villes se développent et favorisent des transformations culturelles inspirées de la culture gréco-romaine qui sont un prélude à la Renaissance. C'est aussi au Moyen Âge qu'on décide de mesurer le temps à partir de la naissance de Jésus de Nazareth, considéré par les chrétiens comme le fils de Dieu. Des moines, en analysant les textes religieux, ont calculé combien d'années s'étaient écoulées depuis la naissance de Jésus et ont proposé d'utiliser ce point de repère pour compter les années. On a toutefois découvert, beaucoup plus tard, qu'ils avaient fait une erreur de calcul : il semble que Jésus soit né en l'an 5 ou 6… avant lui-même ! Malgré cette erreur, la naissance de Jésus délimite encore officiellement le début de l'ère chrétienne et sert toujours de point de repère. Quand on mentionne une date qui la précède, on doit préciser « avant Jésus-Christ » (av. J.-C.) ou « avant notre ère ».

Les historiens situent la fin du Moyen Âge à la fin du XVe siècle. Plusieurs dates servent de points de repère, notamment l'année 1492 au cours de laquelle le navigateur Christophe Colomb met le pied en Amérique. Il s'agit d'un événement capital qui marque le début de la conquête européenne de ce nouveau continent. Au cours de la période qui suit, appelée l'« époque moderne », l'Europe devient une puissance brutale qui dominera le monde jusqu'au XXe siècle. Maîtres du commerce mondial, les Européens s'enrichissent en exploitant leurs colonies américaines et les ressources d'Asie et d'Afrique. Dans une course frénétique à la suprématie, ils modernisent leurs États, perfectionnent leurs armements, leurs techniques agricoles et industrielles, font des percées scientifiques remarquables et prennent à tous les points de vue une avance presque insurmontable sur le reste du monde. En quelques siècles, des colons européens viennent s'établir par millions sur le territoire américain, du nord au sud. Ils fondent des sociétés sur le modèle européen et continuent, depuis cette époque, de se rattacher à l'histoire de l'Occident. Les répercussions sur les populations autochtones sont désastreuses. Des peuples amérindiens entiers sont décimés et des millions d'Africains sont réduits à l'esclavage. En Europe, les tensions s'accroissent : guerres entre grandes puissances coloniales, guerres de religion, luttes entre scientifiques et religieux, ou entre marchands qui aspirent au pouvoir et nobles qui protègent leurs privilèges, contestation de la monarchie absolue par les classes populaires et intellectuelles. L'époque moderne est le théâtre de nombreux conflits.

Le point de repère qui marque la fin de cette période et le début de l'époque contemporaine est 1789, année de la Révolution française et du renversement de la monarchie absolue. Toutefois, cette révolution n'est pas la seule ni la première à survenir. Un siècle plus tôt, en 1688, la Glorieuse Révolution a éliminé la monarchie absolue en Angleterre et, de 1776 à 1783, la Révolution américaine a consacré l'indépendance des États-Unis d'Amérique. À travers de profondes transformations politiques, l'Occident crée les concepts de droits de la personne et de démocratie libérale. Les révolutions incitent les populations européennes à revendiquer toujours plus de pouvoir, de droits, de liberté, et les soulèvements se multiplient au cours du XIXe siècle. Pendant ce temps, l'Occident vit une des transformations les plus déterminantes de son histoire : l'industrialisation. Les usines et les machines envahissent les villes et en font naître de nouvelles, bouleversent le monde du travail et propulsent l'Europe au sommet de sa puissance. De nouveaux groupes sociaux apparaissent, dont les ouvriers, qui subissent les contrecoups de cette nouvelle économie et de la course au profit. L'écart se creuse encore plus entre les riches et les pauvres. Dans les régimes démocratiques, la contestation des inégalités s'organise. Au début du XXe siècle, l'Europe domine le monde, convaincue de sa supériorité sur les cultures étrangères. Elle paraît invincible.

Pourtant, l'Europe connaît au cours de ce siècle la pire crise de son histoire, qui annonce un déclin de l'emprise qu'elle a eue jusque-là sur le monde. Cette crise est d'abord interne. Les peuples d'Europe, déchirés par des rivalités nationales, la concurrence économique et des idéologies incompatibles, s'entredétruisent dans deux guerres d'une ampleur inégalée, qui deviennent mondiales. Le caractère extrême de ces conflits mène aux pires atrocités, dont le génocide des Juifs par l'Allemagne nazie. Les puissances européennes cèdent ensuite le pas à de nouveaux acteurs : les États-Unis, champions du capitalisme, et l'URSS, fer de lance de l'opposition socialiste au libre marché. Ces deux pays s'opposent dans une série de conflits par acteurs interposés. Pendant ce temps, l'Europe perd la plupart de ses colonies, lesquelles acquièrent leur indépendance. Les nombreuses crises du XXe siècle entraînent une profonde remise en question de l'Occident qui cherche à repenser les relations internationales, les moyens d'assurer la prospérité et la sécurité, de même que les fondements culturels de sa civilisation. Les transformations qui en découlent sont accélérées par une révolution technologique qui touche surtout les transports et les communications. C'est l'ère de la mondialisation, par laquelle les contacts — et les chocs — culturels sont de plus en plus nombreux.

Avant de plonger plus avant dans l'histoire de l'Occident, il est important de bien connaître l'histoire comme discipline intellectuelle. À quoi sert l'histoire et comment les historiens s'y prennent-ils pour raconter le passé ?

Au début du XXe siècle, les conditions de travail des ouvriers sont généralement très précaires et ils profitent très peu des richesses qu'ils contribuent à produire.

QU'EST-CE QUE L'HISTOIRE ?

Pourquoi y a-t-il des historiens, des programmes d'enseignement de l'histoire dans les écoles, des musées ? Pourquoi les sociétés humaines consacrent-elles autant d'énergie à étudier le passé et à en conserver les traces ? C'est tout d'abord parce que, depuis toujours, le passé fascine, il fait rêver, il est rempli de mystère. Chacun d'entre nous s'est un jour projeté dans le passé, s'est imaginé vivre à une autre époque ou être témoin de grands événements historiques : être avec Galilée alors qu'il a été le premier à observer les satellites de Jupiter à travers sa lunette astronomique, au début du XVIIe siècle, marcher aux côtés de Richard Cœur de Lion sur les routes de Jérusalem lors de la troisième croisade, au XIIe siècle, ou naviguer avec un des équipages de Christophe Colomb. Il est tout simplement captivant d'imaginer le monde avant nous. La plupart des historiens ont eu ce sentiment avant de consacrer leur vie à l'étude de l'histoire.

L'histoire est aussi une façon de lutter contre une force à la fois puissante et destructrice qui affecte tout le monde : l'oubli, l'effacement de la mémoire. Voici un exemple simple qui illustre ce phénomène. Pensez à vos arrière-grands-parents. Pouvez-vous les nommer et mentionner ne serait-ce qu'un seul événement marquant de leur existence ? Bien peu le peuvent. Ces personnes ont néanmoins vécu seulement trois générations avant vous, ce qui n'est pas une éternité. Et pourtant, on ne sait presque rien sur elles. Ce phénomène de l'oubli s'appliquera aussi à votre génération. Peut-être aurez-vous un jour des enfants, puis des petits-enfants, qui donneront éventuellement naissance à des arrière-petits-enfants… qui ne connaîtront pas le nom de leurs ancêtres. Vous aurez, à votre tour, disparu de la mémoire de votre propre famille. Le temps engloutit les souvenirs ; c'est une réalité qui s'applique autant aux individus qu'aux collectivités humaines. Le passé, le souvenir et la mémoire disparaissent si personne ne travaille à les conserver.

Le temps efface les souvenirs. Ce qu'ont vécu ces gens, immortalisés sur ces photos prises au début du XXe siècle, a peut-être déjà disparu de la mémoire de leur propre famille.

Voilà une des fonctions de l'historien : préserver la mémoire des sociétés humaines pour la transmettre aux générations futures. C'est la raison pour laquelle vous lisez cet ouvrage et suivez ce cours, pour assurer la transmission de l'histoire et de la mémoire de l'Occident. L'histoire joue ainsi un rôle important dans la définition des identités. Elle permet de comprendre qui l'on est, d'où l'on vient, de donner un sens à sa vie. La plupart des sociétés, dont les pays occidentaux, l'utilisent pour situer leurs racines, leurs origines.

L'intérêt pour le passé répond également au besoin profond de l'être humain de comprendre le monde et de se situer dans le temps et dans l'espace. Parce qu'elle permet de connaître ce que les humains ont fait, vécu, accompli, affronté, gagné et perdu au cours des siècles, l'histoire occupe une place fondamentale parmi les sciences humaines. Elle est aussi la plus ancienne discipline intellectuelle à avoir l'être humain comme objet d'étude. Les premiers récits historiques connus remontent à plus de 2500 ans. Celui qu'on tient pour le fondateur de la discipline historique est le Grec Hérodote. Son ouvrage, intitulé *Enquête*, relate notamment l'histoire des guerres médiques, un conflit survenu entre les Grecs et les Perses au ve siècle avant Jésus-Christ. Hérodote cherchait, entre autres, à comprendre les causes de cette guerre. Une des fonctions de l'histoire est en effet de tenter d'expliquer le passé. Les historiens n'ont pas uniquement comme but de raconter des événements et des actes humains de manière descriptive, mais ils cherchent aussi à en déterminer les causes de même que les conséquences. Ils tentent de reconstituer l'enchaînement des faits afin de comprendre l'évolution des sociétés humaines.

Hérodote d'Halicarnasse (du nom de sa ville natale, né vers 484 av. J.-C., mort en 425 av. J.-C.) est considéré comme le premier historien. Son œuvre raconte les guerres entre les Grecs et les Perses et présente aussi l'histoire, le mode de vie, les coutumes et les croyances des autres peuples qui ont participé à ces conflits.

LES OBJETS D'ÉTUDE EN HISTOIRE

Les historiens s'intéressent à tout ce que les humains ont fait et vécu. Ils étudient tout autant des événements précis, comme une révolution ou une découverte scientifique, que des pratiques, des comportements, des attitudes, etc. Tous ces faits humains peuvent faire l'objet d'une analyse. Il existe ainsi de nombreux champs de spécialisation portant sur toutes les facettes de l'existence : on peut retracer l'histoire des sports, de la nourriture, des moyens de transport, des couleurs, des symboles religieux, de la criminalité, des relations amoureuses, de la sexualité, etc. Les motivations des historiens sont également fort diverses. Bon nombre choisissent leur objet d'étude à partir de ce qu'ils observent dans leur société. L'actualité soulève en effet des questions qui les préoccupent et qu'ils tentent de résoudre. Ces historiens cherchent alors à comprendre les origines ou le passé d'un phénomène dont ils sont témoins. C'est la raison pour laquelle on remarque qu'à chaque époque les historiens s'intéressent à des sujets différents (voir la rubrique « L'historien à l'œuvre » du chapitre 6). Ainsi, depuis quelques années, il se fait de plus en plus de recherches sur l'histoire du terrorisme et des services de renseignements, parce que des événements marquants ont inspiré des historiens. C'est la même chose pour les recherches sur l'histoire du climat et des catastrophes environnementales : le contexte actuel stimule les chercheurs. Depuis la Seconde Guerre mondiale (1939-1945), les recherches sur l'histoire des crimes de guerre et des génocides se multiplient. Mais concrètement, comment les historiens s'y prennent-ils pour « faire » l'histoire ?

UNE ENQUÊTE SUR LE PASSÉ

On croit souvent que le travail des historiens se résume à raconter le passé en écrivant des livres, en prononçant des conférences ou en participant à des documentaires. En fait, c'est là l'aboutissement de leur travail, qui consiste en premier lieu à reconstituer le passé. Pour y parvenir, ils appliquent une véritable démarche d'enquête. D'ailleurs, le mot « histoire » vient du terme *Istorié* qui, dans la langue grecque de l'Antiquité, voulait dire « enquête ». Ainsi, l'historien ressemble à un policier qui, sur les lieux d'un crime, cherche à répondre à la question suivante : « Que s'est-il passé ? »

Pour découvrir ce qui s'est passé, un enquêteur de police se met à la recherche de preuves pour les analyser rigoureusement : empreintes digitales, traces de pas, analyses sanguines, récits des témoins, etc. L'historien effectue un travail semblable parce qu'il doit lui aussi se baser sur des preuves. En histoire, ces preuves sont les sources primaires, aussi appelées « documents ». Ce sont toutes les traces laissées par les humains du passé. La complication vient du fait que la très grande majorité de ces traces s'effacent rapidement. À titre d'exemple, quelles traces restera-t-il de votre journée d'aujourd'hui ? Quelques notes griffonnées dans un agenda, un souvenir vague de certaines conversations, peut-être quelques photos... Il en va ainsi de presque toutes vos journées. Et si, dans 50 ans, un historien tentait de reconstituer votre vie quotidienne, il devrait surmonter de grandes difficultés parce qu'il aurait bien peu de sources primaires à sa disposition. Ces sources ne proviendraient que des quelques journées de votre vie assez marquantes pour avoir laissé des traces significatives.

L'historien n'a donc accès qu'à une toute petite partie du passé ; il ne peut connaître que les rares faits qui ont laissé des traces. C'est ce qui complique grandement son travail. Pour les périodes plus récentes, les sources primaires sont nombreuses, mais plus on recule dans le temps, moins il en reste, car elles ont été détruites au fil des siècles. Par exemple, un historien qui étudie le Moyen Âge n'a accès qu'à une très faible proportion des textes qui ont été écrits au cours de cette période. La grande majorité a disparu à jamais. Faire l'histoire de cette période est tellement complexe que cela équivaut, par comparaison, à essayer de comprendre ce qui se passe derrière une porte fermée uniquement en regardant à travers le trou de la serrure... Pour l'Antiquité, la situation est encore pire puisqu'il reste encore moins de sources. La reconstitution du passé est donc un travail qui exige beaucoup de rigueur, de minutie, de patience et de passion. Elle demande aussi à l'historien d'étudier des sources primaires de différents types. Les humains laissent en effet des traces sous forme de textes, de souvenirs, d'images ou d'objets.

Le cunéiforme, inventé par les Sumériens au IVe millénaire avant Jésus-Christ, est la toute première écriture connue à ce jour.

Les hiéroglyphes forment une écriture très imagée. Ici, les symboles ont été gravés dans la pierre.

LES SOURCES ÉCRITES

Les historiens recherchent surtout des documents écrits. Le plus loin qu'ils peuvent remonter pour en trouver est le IVe millénaire avant Jésus-Christ. Avant cette époque, les humains ont vécu sans écrire. Or, sans document écrit, l'historien ne peut pas reconstituer le passé lointain, il ne peut pas en faire l'histoire. C'est pourquoi on appelle la période qui précède l'invention de l'écriture la « préhistoire » (qui signifie tout simplement « avant l'histoire »). Quand on dit que l'écriture marque le début de l'histoire, on entend par là que c'est avec l'écriture que commence la période pour laquelle les faits humains peuvent être connus et racontés, au moins partiellement. Pour ce qui est des faits survenus pendant la préhistoire, ce ne sont pas les historiens qui en font l'étude. D'autres spécialistes s'en chargent, comme les archéologues et les anthropologues, qui utilisent des sources bien différentes.

Les idéogrammes chinois, contrairement aux autres écritures de l'Antiquité, sont encore utilisés aujourd'hui.

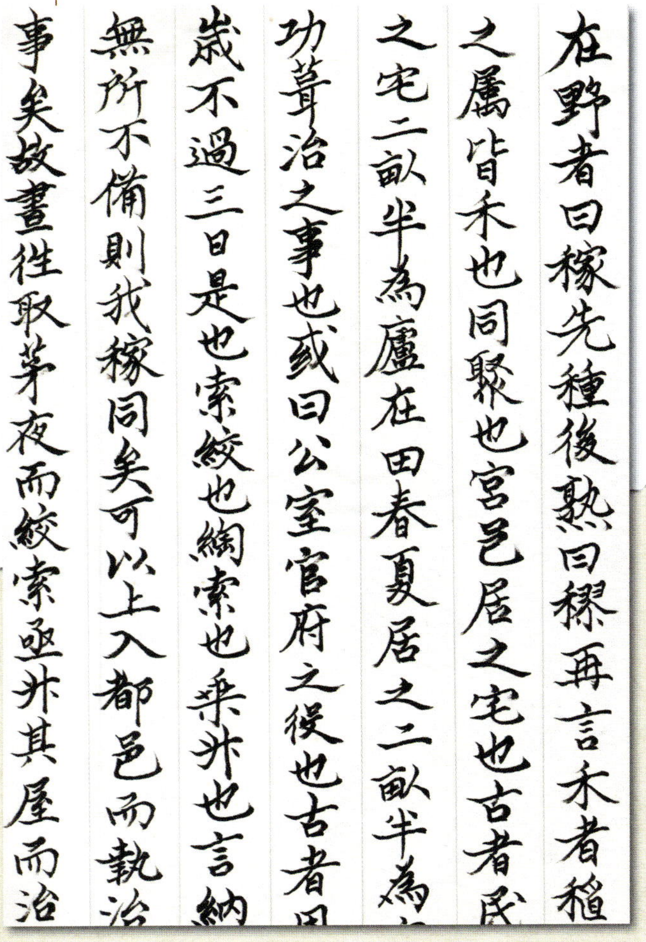

À l'origine, l'écriture est pour les civilisations de l'Antiquité un simple outil de travail. Elle leur permet en effet de noter les transactions commerciales, devenues trop nombreuses pour être retenues par cœur. Les premiers documents écrits sont donc des listes de marchandises. Peu à peu, les gens commencent à écrire pour conserver de l'information beaucoup plus élaborée, par exemple les décisions des juges ou des listes de rois. Puis, ils écrivent des légendes et des poèmes qui deviennent les premiers textes littéraires de l'histoire humaine. C'est grâce à ces documents que les historiens arrivent à raconter l'histoire de ces civilisations anciennes et à mieux les connaître, du moins de manière plus précise que les sociétés préhistoriques. En écrivant, les humains laissent une trace de leur emploi du temps, de leurs pensées, de leurs croyances, de leurs idées, de leurs conceptions, de leurs projets, parfois même de leurs émotions. Autant d'information que les historiens peuvent utiliser pour reconstituer le passé.

La première forme d'écriture est inventée en Mésopotamie (principalement le territoire de l'Irak aujourd'hui) par les Sumériens, vers 3500 avant Jésus-Christ. Il faudra attendre le XIXe siècle pour la déchiffrer. Au départ, les Sumériens écrivent avec des tiges de roseau sur des tablettes d'argile. Leurs outils leur permettent de tracer des symboles qui forment des angles ou des coins, d'où le nom de « cunéiforme » (du latin *cuneus*, qui signifie « coin »). Ils font ensuite sécher les tablettes pour qu'elles deviennent dures comme des briques et que l'écriture ne puisse plus s'effacer. Plus tard, ils gravent aussi des textes sur la pierre. Ils ne sont pas les seuls à inventer l'écriture. Quelques siècles après eux, les Égyptiens créent les hiéroglyphes (du grec *hieros*, signifiant « sacré » et *gluphein*, signifiant

Inscription latine. L'alphabet français est directement inspiré de l'alphabet latin.

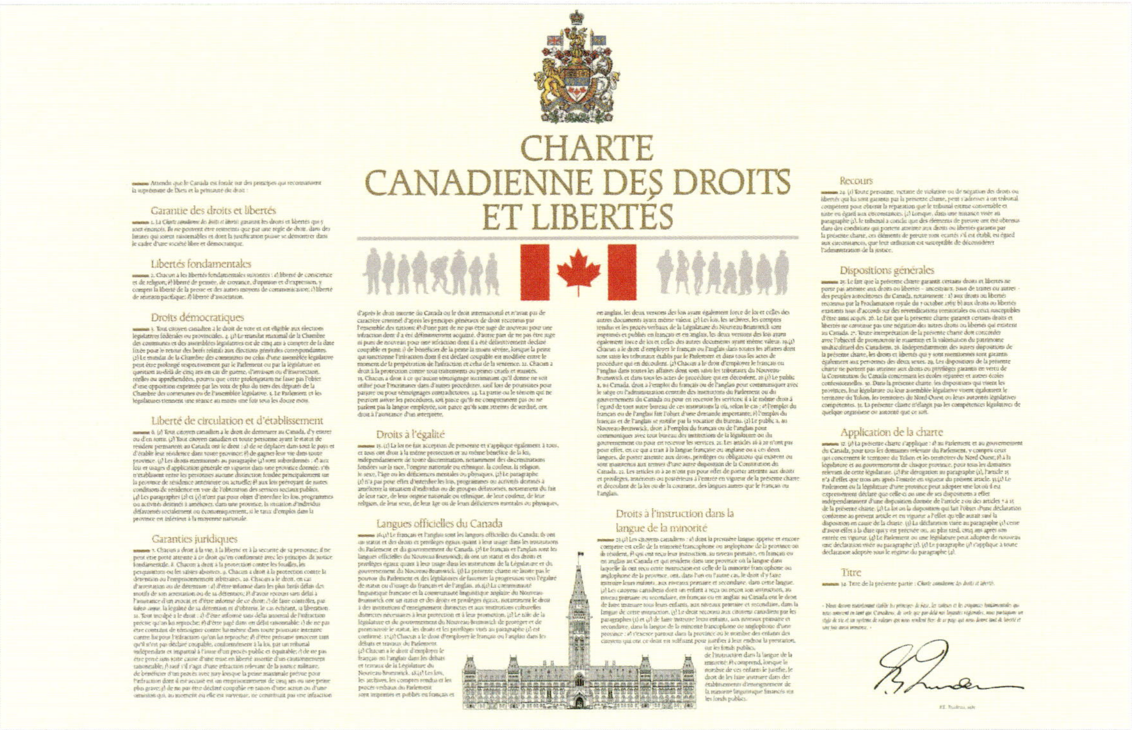
CHARTE CANADIENNE DES DROITS ET LIBERTÉS

Garantie des droits et libertés

Libertés fondamentales

Droits démocratiques

Liberté de circulation et d'établissement

Garanties juridiques

Droits à l'égalité

Langues officielles du Canada

Droits à l'instruction dans la langue de la minorité

Recours

Dispositions générales

Application de la charte

Titre

Les documents publics sont des sources écrites produites par des autorités reconnues. La Charte canadienne des droits et libertés a été ajoutée à la Constitution du Canada en 1982.

« graver » ; le mot rappelle la croyance que l'écriture leur a été offerte par les dieux). Les hiéroglyphes sont également déchiffrés au XIXe siècle. Les Égyptiens écrivent sur la pierre et sur un nouveau support fait au moyen d'une plante, le papyrus. Ils fabriquent des feuilles à partir de bandes taillées dans les tiges de papyrus. Ils se servent pour écrire d'une baguette de roseau et d'encre noire, un mélange d'eau, de suie et de gomme qu'ils ont également inventé.

Par la suite, de nombreuses civilisations sédentaires élaborent leur propre forme d'écriture sur tous les continents du monde. Au IIe millénaire avant Jésus-Christ, les habitants de la Chine du Nord utilisent des centaines de symboles, appelés « idéogrammes ». Contrairement aux hiéroglyphes ou au cunéiforme, dont l'usage a disparu depuis longtemps, cette écriture est encore utilisée de nos jours. Au Ier millénaire avant Jésus-Christ, les Phéniciens révolutionnent l'écriture en inventant l'alphabet. Auparavant, la plupart des écritures attribuaient un symbole à chaque mot. Pour écrire, il fallait donc connaître par cœur des centaines de symboles, si bien que seuls des spécialistes, appelés « scribes », savaient lire et écrire. Les Phéniciens simplifient tout cela : ils décident de n'utiliser que 22 symboles qu'ils associent chacun à un son et non à un mot. Pour écrire, il suffit de connaître ces quelques symboles et de savoir les agencer pour reproduire de nombreux mots en fonction de leur prononciation.

D'autres peuples de l'Antiquité adapteront cet outil fort pratique des Phéniciens et créeront leur propre alphabet, notamment les Grecs et les Romains, dont les écritures sont à l'origine de celles qui prennent forme en Europe au cours du Moyen Âge. C'est la raison pour laquelle le latin, le français, l'anglais et de nombreux alphabets se ressemblent autant. Toujours au cours du Moyen Âge, de nouveaux supports pour l'écriture apparaissent en Europe, comme le parchemin et le papier (voir la rubrique « L'historien à l'œuvre » du chapitre 4). Enfin, au milieu du XXe siècle apparaît l'ordinateur qui emmagasine l'écriture dans une mémoire. Aujourd'hui, de puissants serveurs peuvent conserver la majorité des documents écrits disponibles dans le monde, ce qui offre d'incroyables possibilités pour les historiens à venir.

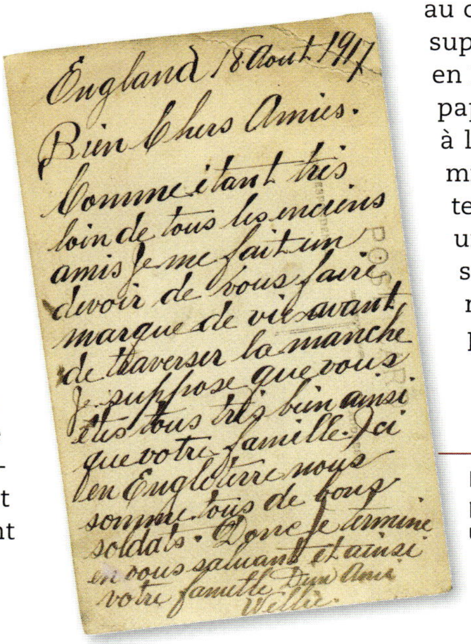
England 18 Aout 1917

Bien Chers Amies.

Comme étant très loin de tous les anciens amis je me fait un devoir de vous faire marque de vie avant de traverser la manche je suppose que vous êtes tous très bien ainsi que votre famille. Ici en Engleterre nous sommes tous de bons soldats. Donc je termine en vous saluant et ainsi votre famille Dieu Ami

Willie

Les documents privés sont des sources écrites pouvant nous éclairer sur la vie des gens. Ici, une lettre rédigée par un soldat canadien en 1917.

Depuis l'Antiquité, les sociétés humaines produisent toutes sortes de documents écrits qui constituent autant de sources primaires potentielles pour les historiens. On peut classer les sources écrites en différentes catégories. Il y a tout d'abord les documents publics. Cette catégorie regroupe tous les écrits produits par une autorité reconnue pour administrer une population. Déjà, dans l'Antiquité, les États rédigent des lois et des traités, rendent toutes sortes de décisions et produisent de nombreux documents administratifs concernant la justice, les finances publiques ou l'économie. Plus les États se modernisent au fil des siècles, plus cette documentation devient abondante.

De nos jours, des milliers de documents sont produits chaque jour par les gouvernements et sont soigneusement archivés. D'autres autorités reconnues, notamment les notaires, rédigent depuis des siècles des documents publics conformes aux lois en vigueur : actes de naissance, de décès et de baptême, contrats de mariage, transactions entre particuliers, etc. Les historiens ont accès à la plupart des documents publics, mis à part quelques-uns, qui sont interdits pour des raisons de sécurité nationale ou de confidentialité. Ces documents sont scellés pour des périodes variables pouvant aller jusqu'à 100 ans.

L'historien a également recours à d'autres sources écrites, les documents privés, qui renferment une foule de renseignements sur tous les aspects de la vie humaine. Comme leur nom l'indique, ils appartiennent à leurs auteurs et ne sont pas toujours accessibles aux historiens. C'est le cas, par exemple, de toute la documentation produite par l'entreprise privée ou par les banques : livres de comptes, dossiers de clients, contrats, lettres, etc. On retrouve également dans cette catégorie les écrits issus de groupes de tous genres, comme des partis politiques, des associations diverses, etc. Ces groupes tiennent des procès-verbaux de leurs réunions, échangent de l'information, produisent des rapports, etc. Certains diffusent leurs idées dans des publications, qui deviennent alors automatiquement accessibles au grand public. D'innombrables documents privés proviennent aussi d'individus : journaux intimes, lettres, notes manuscrites, etc. Tous ces documents permettent de reconstituer la vie quotidienne des gens du passé. Les archives personnelles entrent dans cette catégorie ; ce sont des documents privés qui intéresseront peut-être, un jour, des historiens.

Depuis l'Antiquité, les humains écrivent aussi des textes dans le but de les diffuser et de les faire connaître. Il y a d'une part les sources littéraires, qui comprennent l'ensemble des récits fictifs écrits au fil des les siècles : poèmes, contes, légendes, romans, chansons, etc. On retrouve d'autre part les textes scientifiques et philosophiques qui exposent les avancées de l'esprit humain dans les domaines les plus variés : physique, métaphysique, astronomie, géographie, pensée politique, botanique, médecine, etc. Depuis environ 2500 ans, des auteurs rédigent également des récits historiques. De qualité inégale, souvent imprégnés de croyances religieuses ou peu objectifs, ces récits demeurent fort utiles parce qu'ils gardent la trace de nombreux faits du passé que les historiens d'aujourd'hui n'auraient pu connaître par d'autres sources. Les civilisations de l'écrit produisent aussi des textes religieux et des mythes racontant la création de l'univers et l'histoire des dieux, proposant des valeurs ou des codes de comportement, imposant des interdits, etc. Les mythologies égyptienne, grecque et romaine entrent dans cette catégorie,

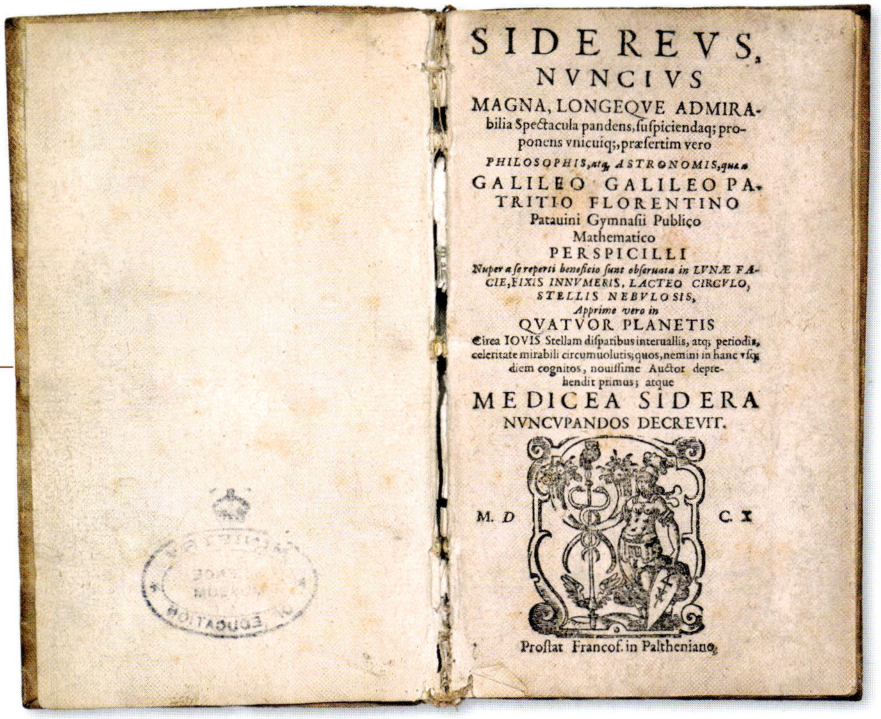
SIDEREVS,
NVNCIVS
MAGNA, LONGEQVE ADMIRAbilia Spectacula pandens, suspiciendaq; proponens vnicuiq;, præsertim vero
PHILOSOPHIS, atq; ASTRONOMIS, quæ
GALILEO GALILEO PATRITIO FLORENTINO
Patauini Gymnasii Publico
Mathematico
PERSPICILLI
Nuper a se reperti beneficio sunt obseruata in LVNÆ FACIE, FIXIS INNVMERIS, LACTEO CIRCVLO, STELLIS NEBVLOSIS,
Apprime vero in
QVATVOR PLANETIS
Circa IOVIS Stellam disparibus interuallis, atq; periodis, celeritate mirabili circumuolutis; quos, nemini in hanc vsq; diem cognitos, nouissime Auctor deprehendit primus; atque
MEDICEA SIDERA
NVNCVPANDOS DECREVIT.
M. D C. X
Prostat Francof. in Paltheniano.

Les ouvrages scientifiques sont des sources primaires très importantes pour les historiens. On peut voir ici la page couverture d'un des plus célèbres ouvrages de l'histoire de l'Occident. Publié en latin au début du XVIIe siècle par l'astronome italien Galilée, *Sidereus Nuncius* (*Le messager céleste*) présente les résultats de ses observations à l'aide d'une lunette astronomique. Galilée a bouleversé les conceptions de son époque en dévoilant notamment que la Lune présentait un relief accidenté et que Jupiter possédait quatre satellites.

De très nombreux documents écrits sont conservés dans des bibliothèques ou des centres d'archives où ils sont accessibles aux chercheurs. À Montréal, la Bibliothèque nationale du Québec possède de riches collections de sources primaires écrites.

tout comme les Bibles juive, catholique et protestante ou le Coran des musulmans. Ces écrits expriment surtout des croyances religieuses et des conceptions de l'être humain et du monde, tout en contenant des faits historiques et des réflexions philosophiques. Enfin, depuis quelques siècles, on publie des journaux et des magazines portant sur l'actualité. Ces sources sont très précieuses pour les historiens, de même que les publicités qui, plus récemment, apparaissent dans ces publications.

Contrairement à ce qu'on pourrait penser, tous les documents écrits du passé n'ont pas encore été découverts. Les chercheurs en trouvent de nouveaux chaque année, que ce soit, par exemple, lors de fouilles archéologiques ou dans des boîtes de souvenirs qu'une famille offre à un centre d'archives. Il ne faut pas oublier non plus qu'au cours des prochaines décennies, les États rendront publics de nombreux documents confidentiels actuellement interdits au public. Certains permettront sans doute de faire la lumière sur des événements encore aujourd'hui entourés de mystère et à propos desquels les historiens ne peuvent que formuler des hypothèses.

Parmi les sources écrites qui ont traversé le temps jusqu'à notre époque, un très grand nombre sont conservées précieusement dans les bibliothèques nationales, les centres d'archives ou les musées. Elles sont ainsi accessibles aux historiens, qui doivent souvent voyager pour aller les étudier. Toutefois, les nouvelles technologies, notamment celles du microfilm et, plus récemment, de la numérisation et d'Internet, permettent de consulter à distance de plus en plus de sources écrites. Même si un bon nombre sont traduites en de nombreuses langues, l'étude des sources écrites exige souvent la connaissance de langues étrangères, parfois même de langues anciennes aujourd'hui disparues, appelées les « langues mortes » : le latin, l'étrusque, le punique, l'akkadien, etc.

Au Moyen Âge, la plupart de ceux qui maîtrisent l'écriture sont des membres du clergé, comme ce moine copiste chargé de retranscrire des manuscrits, avant l'invention de l'imprimerie. La grande majorité de la population, faute d'avoir reçu une instruction suffisante, n'y a pas accès.

Les sources écrites, souvent très riches en information, ne permettent pas de reconstituer l'ensemble du passé, et ce, pour deux raisons principales. Tout d'abord, la très grande majorité des documents ont été perdus ou détruits à travers les siècles pour diverses raisons: entreposage inadéquat, guerres, incendies, inondations, pillages, destructions volontaires, vols, etc. Peu importe la raison, le résultat demeure le même: une quantité considérable de documents écrits, et avec eux autant de faits du passé, sont perdus et ne pourront jamais être connus. Ensuite, pendant la majeure partie de l'histoire, seule une infime proportion des populations occidentales sait lire et écrire. Peu nombreux sont les gens qui ont accès à une éducation suffisante et qui peuvent se procurer les matériaux nécessaires, fort coûteux (parchemins, papier, livres, etc.). Seules les élites — familles riches, religieux, dirigeants politiques, etc. — le peuvent. Ainsi, pendant des siècles, l'écriture est un privilège et un outil de pouvoir réservés à certains groupes minoritaires. L'historien qui étudie des époques lointaines doit garder à l'esprit que les sources écrites dont il dispose proviennent presque toujours de ces groupes. Les autres — paysans, esclaves, femmes, etc. — n'ont presque rien écrit durant des siècles (voir la rubrique «L'historien à l'œuvre» du chapitre 7). Il est aussi important de savoir que de très nombreux peuples n'ont jamais utilisé l'écriture et ne l'utilisent toujours pas. Sur les quelque 3000 langues qui existent aujourd'hui dans le monde, seulement une centaine s'écrivent, ce qui équivaut à environ 3%. Pour connaître le passé des gens et des peuples qui n'ont pas laissé de traces écrites, ou pour reconstituer des périodes pour lesquelles il existe peu de documents écrits, l'historien doit se tourner vers d'autres types de sources.

LES SOURCES ORALES, VISUELLES ET MATÉRIELLES

L'historien peut recueillir le témoignage de personnes qui ont vécu un événement ou un phénomène du passé afin de connaître leurs impressions. En effet, tout fait humain laisse des traces sous forme de souvenirs. Pensez à un accident de voiture dont vous seriez témoin ou victime. C'est aussi le cas d'une guerre: les soldats qui y ont participé en ont gardé de nombreux souvenirs. Dès lors que leurs témoignages sont transmis par la parole plutôt que par l'écrit, ils constituent des sources orales. L'historien prend en note les témoignages ou, idéalement, les enregistre et les reproduit ensuite sous forme de texte. Il obtient ainsi un témoignage écrit qu'il peut analyser. Les historiens doivent faire preuve de prudence dans l'analyse des sources orales. En effet, la mémoire et le temps peuvent déformer les souvenirs, ce qui peut amener des témoins à présenter une image fausse ou incomplète du passé. Certains témoins peuvent volontairement omettre de fournir

Les témoignages des soldats de la Première Guerre mondiale constituent des sources primaires orales fort utiles pour les historiens. Sur cette photo, on voit des militaires canadiens en route vers Vimy (France) au printemps de 1917. Ils participeront à une importante victoire contre les forces allemandes.

Peu de peintures de l'Antiquité sont parvenues jusqu'à notre époque. Cette œuvre, retrouvée sur l'île grecque de Santorin, a été préservée par une épaissse couche de cendres volcaniques.

Ce vase grec du Ve siècle avant Jésus-Christ représente des élèves et leur maître dans une école athénienne.

certains détails aux chercheurs, par gêne ou par pudeur, par exemple. Pour éviter ces obstacles, l'historien doit donc s'assurer d'obtenir plusieurs témoignages différents sur un même événement afin de les comparer. Bien sûr, les sources orales sont généralement utilisées pour des événements relativement récents : plus on remonte dans le temps, plus les témoins pour raconter les faits sont rares. Par exemple, les témoins directs de la Seconde Guerre mondiale sont aujourd'hui très âgés et ne pourront bientôt plus raconter leurs souvenirs. Un soldat qui avait 20 ans en 1940 en a aujourd'hui plus de 90… Pour cette raison, certains chercheurs essaient de recueillir le plus d'information possible sur le XXe siècle avant que les derniers témoins ne disparaissent. C'est le cas, par exemple, à l'Université Concordia où a été fondé le Centre d'histoire orale et de récits numérisés. On y a recueilli et archivé des milliers de témoignages sur des sujets variés : guerres et génocides, vie ouvrière, cultures autochtones, etc. Ces récits sont accessibles aux historiens du monde entier. Pour des époques plus éloignées, l'historien doit travailler avec d'autres types de sources primaires.

Les sources visuelles regroupent l'ensemble des images créées par l'humain au fil des siècles. Elles prennent plusieurs formes. Les plus anciennes images connues sont des peintures rupestres laissées au cours de la préhistoire sur les parois de grottes en Europe (« rupestre » vient du latin *rupes*, qui signifie « rocher »). On peut y voir notamment des représentations d'animaux, d'humains, de scènes de chasse, mais ces images demeurent très rudimentaires. Il existe également des sculptures préhistoriques. À partir de l'Antiquité, de nombreuses civilisations s'adonnent elles aussi à la peinture et à la sculpture, mais emploient des techniques plus raffinées. Ces images sont très précieuses, car elles permettent aux historiens de « voir » dans le passé et d'observer des phénomènes impossibles à percevoir avec des sources écrites : l'habillement, l'expression des visages, les manières de représenter le corps humain, certains rituels religieux, les armements, l'aménagement des villes, des villages et des campagnes, les paysages, etc. Les civilisations antiques ont également produit des images sous forme de dessins qu'on peut voir, par exemple, sur certains objets de céramique. De nombreuses images du Moyen Âge et des périodes suivantes ont été conservées sous forme de peintures, de sculptures et de dessins, mais aussi de gravures, d'illustrations (appelées « enluminures » quand elles servent à illustrer un texte), de vitraux d'églises, de cartes géographiques, etc.

Les sculptures sont un exemple de sources visuelles utilisées par les historiens. Cette statue représente Drusus le Jeune, le fils de l'empereur romain Tibère qui régna de l'an 14 à l'an 37 de notre ère.

À partir du XIXe siècle, la quantité d'images produites par l'humain explose avec l'invention de la photographie dans les années 1830 et du cinéma en 1895. Ces deux technologies permettent, pour la première fois, de capter et de conserver des images de la réalité, et non seulement des représentations de cette réalité, ce qui constitue un changement majeur. Elles fournissent de plus aux historiens un nombre inouï d'images en tous genres : documentaires, reportages, films, photos de famille, photos de guerre, portraits, publicités, etc.

La peinture est une véritable fenêtre sur le passé. Les œuvres du peintre flamand Hendrick van Steenwyck l'Ancien (1550-1603) sont particulièrement intéressantes pour les historiens, car elles présentent une foule de détails sur la vie quotidienne au XVIe siècle.

Hendrick van Steenwyck l'Ancien. *Vue d'une place de marché*. Huile sur toile (fin du XVIe siècle).

Pour reconstituer le passé, les historiens ont également recours aux objets créés et utilisés par l'humain. Cette catégorie de sources primaires inclut bien sûr une grande variété d'objets fabriqués depuis l'Antiquité avec les matériaux les plus divers : outils, armes, vêtements, bijoux, monnaies, bâtiments (temples, églises, bureaux, habitations, etc.), meubles, ustensiles, appareils ménagers, routes, rues, ponts, aqueducs, etc. L'étude de ces objets permet aux historiens de connaître une foule d'aspects que les sources écrites ne dévoilent pas toujours, notamment la vie quotidienne des gens et leur mode de vie, leur alimentation, leurs coutumes, leurs croyances religieuses, leurs techniques d'architecture et de construction, leurs connaissances scientifiques et leurs capacités technologiques. Pour les époques les plus lointaines, les historiens ont besoin de certains experts pour étudier les sources matérielles, car la tâche est plus compliquée : il faut retrouver les objets, les identifier et les analyser pour comprendre leur fonction et leur utilité. C'est le travail des archéologues.

Qu'il s'agisse d'un vase grec, des ruines d'une forteresse médiévale ou d'un fer à repasser rouillé, les archéologues peuvent établir assez précisément l'âge d'un objet et possèdent les connaissances nécessaires pour comprendre l'usage qu'on en faisait jadis. Parfois, certaines sources matérielles anciennes présentent des symboles complexes que seuls des experts peuvent déchiffrer. Par exemple, la numismatique est l'étude des monnaies,

La ville italienne de Pompéi date de l'Antiquité romaine. Ensevelie le 24 août de l'an 79 sous plusieurs mètres de cendres volcaniques lors de l'éruption du volcan Vésuve, elle n'a été retrouvée qu'au début du XVIIe siècle.

Le site archéologique de Cap-Rouge, près de Québec. Sa découverte, il y a quelques années, a enrichi notre connaissance de l'histoire de la Nouvelle-France. Ce site contient les vestiges de la toute première colonie française établie en Amérique, nommée Charlesbourg-Royal. Fondée par Jacques Cartier en 1541, donc plus de 60 ans avant Québec, la colonie n'a survécu que quelques mois avant d'être abandonnée.

l'héraldique s'intéresse aux armoiries. Comme pour les documents écrits, le domaine des sources matérielles est un univers dynamique, puisque de nouveaux objets du passé sont découverts chaque jour dans le monde. Ces objets viennent compléter et quelquefois même modifier notre connaissance du passé (voir la rubrique « L'historien à l'œuvre » du chapitre 10).

Ainsi, absolument tout ce que l'être humain retient comme impressions et comme souvenirs, tout ce qu'il écrit, crée ou fabrique, bref, toutes les traces qu'il laisse sont de potentielles sources primaires pour les historiens.

RECONSTITUER LE PASSÉ

Lorsque l'historien a choisi son sujet d'étude et trouvé de premières sources primaires pour l'étudier, son véritable travail d'enquête commence. Comme le policier qui doit analyser les preuves à sa disposition pour élucider un crime, l'historien doit analyser ses sources pour reconstituer le passé. Son objectif n'est pas d'établir la « vérité historique » ; il sait bien qu'il est impossible de l'atteindre. Il souhaite plutôt arriver à raconter une histoire qui soit la plus fidèle possible aux faits, à ce qui s'est réellement produit. L'historien ne prétend donc pas tout expliquer : il propose plutôt un point de vue sur le passé à partir d'une analyse rigoureuse basée sur des sources primaires. En histoire, on appelle ces points de vue des « interprétations ». Pour un même événement, il existe toujours plusieurs interprétations qui font l'objet de débats entre les historiens (voir la rubrique « L'historien à l'œuvre » du chapitre 3).

L'historien qui reconstitue le passé fait face à plusieurs obstacles, car les sources primaires dont il dispose ne sont pas nécessairement fiables. Elles sont souvent incomplètes, inexactes, trompeuses ou contradictoires et peuvent donc l'induire en erreur. Il revient à l'historien d'analyser ses sources de façon critique afin de déterminer dans quelle mesure elles sont authentiques, crédibles et fiables. S'il omet cette étape, il risque de faire des erreurs graves, comme le policier peut entraîner la condamnation d'une personne innocente s'il n'analyse pas ses preuves de manière rigoureuse. Pour bien évaluer ses sources et éviter les erreurs, l'historien doit développer de nombreuses qualités et respecter certaines règles. Il doit notamment être le plus neutre possible, faire preuve d'honnêteté et ne jamais chercher à cacher quoi que ce soit. Il doit posséder l'instinct du détective pour percevoir, dans ses sources, les indices qui l'aideront à comprendre et à expliquer les événements.

L'analyse des sources primaires est au cœur du travail de l'historien. À la fin de chaque chapitre de cet ouvrage, la rubrique « L'historien à l'œuvre » explore les différentes facettes de son métier, de l'analyse des sources à la rédaction d'un récit historique. Ces rubriques portent principalement sur les sources écrites, puisqu'elles sont les plus centrales pour l'historien. Deux rubriques traitent toutefois des sources matérielles et archéologiques (voir le chapitre 10) et visuelles (voir le chapitre 11).

L'historien à l'œuvre

LES SOURCES EN HISTOIRE

Il existe deux types de sources auxquelles recourent les historiens dans leur travail : les sources primaires et les sources secondaires.

Une **source primaire** est un document (écrit, visuel, oral ou matériel) réalisé par un individu ou un groupe d'individus, acteurs ou témoins (directs ou indirects) des faits de l'époque dont la source est issue.

Une **source secondaire** est une étude ou une synthèse des faits, basée sur l'interprétation de sources primaires, et réalisée par des auteurs qui ne sont pas contemporains des faits analysés.

Il est à noter que ces définitions des sources sont propres à l'histoire. Pour d'autres disciplines, notamment la psychologie, une source primaire est un rapport de recherche ou un article scientifique rédigé par l'auteur même de la recherche, alors qu'une source secondaire consiste en un résumé d'une recherche présenté par quelqu'un d'autre.

Cependant, il est parfois difficile de déterminer le statut d'un document en tant que source primaire ou secondaire (selon la définition des historiens). Supposons, par exemple, que des historiens s'intéressent au baptême de Clovis, le roi des Francs, vers la fin du Ve siècle. Comme source primaire, ils peuvent se servir d'un document intitulé *Vita Vidastis* (*La vie de saint Vaast*), une autobiographie de ce saint qui vécut à l'époque de Clovis et qui aurait même, prétend-on, tenu la couronne du roi pendant qu'il se faisait baptiser. Cependant, l'un des textes les plus utilisés pour traiter de ce sujet est *Historia Francorum* (*L'Histoire des Francs*) de Grégoire de Tours. Or, ce dernier a rédigé son texte près de 75 ans après le baptême du roi Clovis, auquel il n'a manifestement pas assisté puisqu'il n'était pas né. Par conséquent, le texte de Grégoire de Tours est considéré comme une source secondaire.

Supposons maintenant qu'un historien décide d'analyser la façon dont on a dépeint et raconté le baptême de Clovis à travers les âges. Dans ce cas, *L'Histoire des Francs* de Grégoire de Tours constitue-t-elle une source primaire ou une source secondaire ? Si vous répondez qu'il s'agit d'une source primaire, vous avez raison. Comme vous le constatez, le statut d'une source dépend de l'utilisation que compte en faire l'historien, en fonction de la problématique de recherche qu'il se donne.

La mise en situation qui suit vous permet de vous exercer à distinguer les sources primaires et les sources secondaires en visitant, sur papier, une exposition de documents.

L'EXPOSITION DE DOCUMENTS

Imaginez que vous entrez dans un musée qui expose une série de documents. Un « document » est tout ce qui peut livrer une information, que ce soit un texte, un objet ou une image. Les deux exercices suivants vous aideront à affiner votre compréhension de ce que sont les sources, primaires ou secondaires, pour les historiens.

Les réponses sont disponibles sur *Modulo en ligne*.

EXERCICE 1

Pour chacun des documents présentés, déterminez d'abord s'il constitue une source. Puis, si c'est le cas, indiquez s'il s'agit d'une source primaire ou d'une source secondaire (selon la définition des historiens donnée au début de cette rubrique). Remplissez le tableau ci-après en cochant la colonne appropriée.

Document	C'est une source.	C'est une source primaire. (témoignage)	C'est une source secondaire. (livre d'histoire)
1 Lettre privée (1928).	Oui	X	
2 Affiche pour du whisky (vers 1910).		~~X~~	
3 Votre manuel du cours.			X
4 Monnaies de Pompéi (79).		X	
5 *Les Femmes savantes* de Molière (1672).			
6 Fresque égyptienne (XIVe siècle av. J.-C.).			
7 Arbalète (XVIIIe siècle).			
8 *Tintin au Congo* d'Hergé (1946).			
9 Biographie de Valentin Jautard (XVIIIe siècle).			
10 Manuscrit du XIIe siècle.			

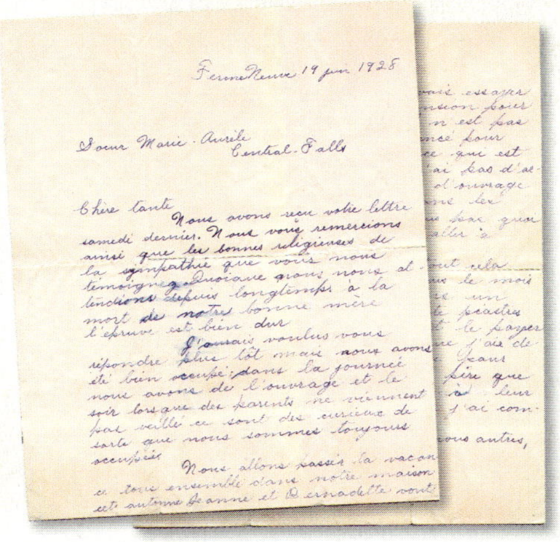
Ferme-Neuve 19 juin 1928

Soeur Marie-Aurèle
Central-Falls

Chère tante
Nous avons reçu votre lettre samedi dernier. Nous vous remercions ainsi que les bonnes religieuses de la sympathie que vous nous témoignez. Quoique nous nous attendions depuis longtemps à la mort de notre bonne mère l'épreuve est bien dur

J'aurais voulu vous répondre plus tôt mais nous avons été bien occupé dans la journée nous avons de l'ouvrage et le soir lorsque des parents ne viennent pas veiller ce sont des curieux de sorte que nous sommes toujours occupés

Nous allons passer la vacance tous ensemble dans notre maison cet automne Jeanne et Bernadette vont

1 Lettre privée de Paul Aubin du 19 juin 1928, de Ferme-Neuve dans les Laurentides (archives privées de la famille Aubin).

2 Affiche publicitaire pour le whisky *Glen Leven* de la compagnie écossaise John Haig & Co Ltd. (vers 1910).

3 Votre manuel du cours.

4 Reproduction de monnaies romaines de la ville de Pompéi (79 apr. J.-C.).

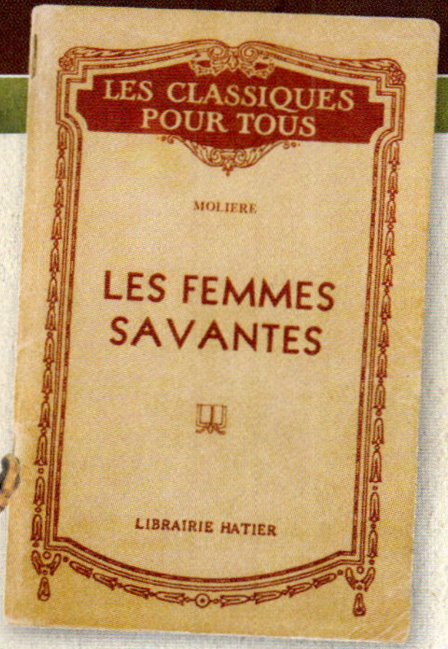

5 Édition de 1939 de la pièce de théâtre *Les Femmes savantes* de Molière (édition originale : 1672).

6 Fresque égyptienne (avec des hiéroglyphes) de la tombe de Séti Ier à Thèbes (vers 1380-1335 av. J.-C.).

7 Arbalète du XVIIIe siècle, conservée au Musée du Château de Malbork, en Pologne.

8 La bande dessinée *Tintin au Congo* d'Hergé (1946).

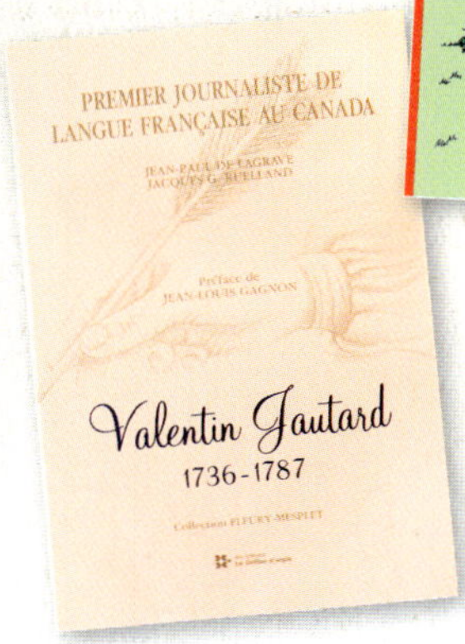

9 Biographie de Valentin Jautard, journaliste francophone du Canada au XVIIIe siècle.

10 Manuscrit *De Civitate Dei* (*La Cité de Dieu*) de saint Augustin, conservé aux archives du chapitre métropolitain Saint-Vitus du Château Hradcany, à Prague (fin XIIe siècle).

EXERCICE 2

Ce chapitre a également présenté les divers types de sources : écrites, orales, visuelles et matérielles (voir la section « Une enquête sur le passé »).

Remplissez le tableau en indiquant le type de chacune des sources de l'exercice 1. Il est à noter que certaines sources peuvent faire partie de plus d'une catégorie à la fois.

Document	Écrit	Oral	Visuel	Matériel
1 Lettre privée (1928).	X			
2 Affiche pour du whisky (vers 1910).			X	
3 Votre manuel du cours.	X			
4 Monnaies de Pompéi (79).				X
5 *Les Femmes savantes* de Molière (1672).	X	X		
6 Fresque égyptienne (XIVe siècle av. J.-C.).			X	
7 Arbalète (XVIIIe siècle).				X
8 *Tintin au Congo* d'Hergé (1946).	X			
9 Biographie de Valentin Jautard (XVIIIe siècle).	X			
10 Manuscrit du XIIe siècle.	X			

Chapitre 2

Peuplement de la Grèce par les Indo-Européens; sédentarisation des Hébreux et des Phéniciens au Proche-Orient.

Vers 2000 av. J.-C.

Vers 3500 av. J.-C.

Fondation des civilisations de Mésopotamie et d'Égypte.

Vers 1600 av. J.-C.

Essor de la civilisation mycénienne en Grèce.

Le Parthénon, à Athènes.

AUX SOURCES DE L'OCCIDENT : LE MONDE GREC

DANS CE **CHAPITRE**

- L'émergence de la civilisation grecque
- L'apogée et le déclin du monde grec
- Les Grecs et l'Orient

1100 à 900 av. J.-C. Formation des cités-États et début de la colonisation grecque en Méditerranée.

VIIe siècle av. J.-C. Des penseurs établissent les bases d'une réflexion scientifique et philosophique.

621 à 507 av. J.-C. Période de réformes politiques en faveur du peuple à Athènes.

499 à 480 av. J.-C. Guerres médiques; victoire des Grecs contre les Perses.

480 à 431 av. J.-C. Suprématie de l'Empire athénien.

431 à 404 av. J.-C. Guerre du Péloponnèse; victoire de Sparte contre Athènes.

338 av. J.-C. Conquête de la Grèce par la Macédoine.

334 à 324 av. J.-C. Alexandre le Grand conquiert un empire qui unit l'Orient et l'Occident.

217 à 146 av. J.-C. Conquête de la Macédoine et de la Grèce par les Romains.

L'ÉMERGENCE DE LA CIVILISATION GRECQUE

Au VIe siècle avant Jésus-Christ, dans le village de Vix, la fille d'un important souverain décède. Dans son tombeau, on dépose son corps sur un char et on le pare de bijoux. On dispose tout autour des objets précieux, dont un énorme vase de bronze. Pesant 200 kilogrammes et haut d'un mètre et demi, il est considéré aujourd'hui comme une prouesse technique et un chef-d'œuvre artisanal. Ce vase a été fabriqué par des artisans de la cité grecque de Tarente, dans le sud de l'Italie. Mais la princesse défunte, elle, n'est pas grecque et son village n'est pas situé en Grèce. Elle se trouve dans un tombeau celte retrouvé en Bourgogne (France), à au moins 1700 km de la Grèce.

Le tombeau de la jeune princesse celte découvert à Vix témoigne de l'ampleur du rayonnement de la culture grecque au cours de l'Antiquité et de l'intensité des échanges entre les peuples de la Méditerranée. Durant cette période, les Grecs s'attirent l'admiration des civilisations qui les côtoient en raison de la puissance de leurs cités, de leurs talents d'artisans et de leurs institutions politiques. Toutefois, ils doivent beaucoup aux autres peuples de la Méditerranée, dont ils s'inspirent eux aussi pour créer leur propre civilisation.

LES GRECS ET LES PEUPLES DE LA MÉDITERRANÉE

Dans l'Antiquité, la mer Méditerranée est un carrefour, un lieu d'échanges et de métissage entre de nombreux peuples en contact constant les uns avec les autres et qui se transmettent continuellement des héritages de toutes sortes (voir la carte 2.1). Les peuples s'inspirent des bonnes idées des autres et rejettent ce qui leur semble inefficace. Les Grecs font partie de ce vaste monde méditerranéen où les frontières telles que nous les connaissons aujourd'hui n'existent pas. Leur histoire commence vers les années 2000 avant Jésus-Christ. À cette époque, des peuples d'origine indo-européenne s'installent sur le territoire grec et fondent une civilisation basée sur l'agriculture. Les Indo-Européens sont une famille de peuples qui habitaient autrefois les plaines du sud de la Russie et parlaient une langue commune, à l'origine de la plupart des langues européennes. Vers la fin du IIIe millénaire, ils se déplacent vers les différentes régions de l'Europe, dont la Grèce. Selon les endroits où ils s'établissent, ils contribuent à l'essor de civilisations très différentes. Vers 1600 avant Jésus-Christ, ils fondent en Grèce une civilisation appelée « mycénienne », du nom de la ville fortifiée de Mycènes qui en était le principal centre.

Il existe déjà à cette époque plusieurs civilisations millénaires. Elles se sont sédentarisées, ont inventé l'agriculture et l'élevage et créé les premiers États et les premières villes. À l'est du bassin méditerranéen se trouve la civilisation de la Mésopotamie, fondée vers 3500 avant Jésus-Christ dans une région traversée par deux fleuves, le Tigre et l'Euphrate. Les Mésopotamiens ont développé la plus vieille forme connue d'écriture et ont bâti des cités prospères, comme Our et Ourouk, et plus tard Babylone.

Fondée vers 2500 avant Jésus-Christ, Our (ou Ur) devient une des cités les plus prospères de la civilisation mésopotamienne. Son monument le plus célèbre est sa ziggourat, un imposant temple en forme de pyramide qui sert aussi à l'observation des astres.

Les pyramides de Gizeh, en Égypte. La civilisation égyptienne, l'une des plus anciennes du monde, a fortement influencé les Grecs.

Au sud, les Égyptiens créent à la même époque une puissante civilisation. Au contraire des Mésopotamiens, divisés en cités-États et regroupés dans des royaumes et des empires, les Égyptiens sont rassemblés dans un vaste royaume dirigé par un pharaon, à la fois dirigeant politique et religieux. Plus tard, vers 2000 avant Jésus-Christ, les Phéniciens et les Hébreux s'installent près des côtes de la Méditerranée. Plus au nord, en Asie Mineure, se trouve la civilisation des Hittites. Tous ces peuples s'établissent dans des endroits favorables, où ils trouvent des terres cultivables et des cours d'eau servant à l'irrigation et aux communications.

Carte 2.1

LE MONDE MÉDITERRANÉEN DANS L'ANTIQUITÉ

Les Grecs entretiennent des relations avec de nombreux peuples voisins. Certains auront une grande influence sur eux, en particulier les Égyptiens, les Mésopotamiens et les Phéniciens.

Construite sur une colline d'où elle domine les vallées environnantes, Mycènes devient la plus puissante cité de la première civilisation grecque de l'histoire. Selon les légendes du poète Homère, elle fut gouvernée par le roi Agamemnon qui mena ses armées à la conquête de la ville de Troie.

Dès le début de leur histoire, les Grecs bénéficient de l'influence de ces civilisations. Ils s'inspirent de leurs techniques, de leurs croyances et de leurs structures politiques et économiques qu'ils adaptent et transforment. La civilisation grecque de Mycènes adopte, par exemple, la monarchie, le seul régime politique existant à l'époque, dans lequel les populations sont entièrement soumises aux souverains, qu'ils soient rois, empereurs ou pharaons. Dans ce système, le palais royal est le centre politique, religieux et économique. La propriété privée n'existe pas : le souverain est propriétaire de la terre, au nom de la collectivité. Toutes les récoltes sont envoyées vers le palais, qui aménage des réserves royales et en fait la gestion.

Les civilisations sédentaires de la Méditerranée maîtrisent également l'écriture, qui est à cette époque un outil de pouvoir aux mains des dirigeants et des religieux (voir le chapitre 1). Les Égyptiens inventent les hiéroglyphes alors qu'en Mésopotamie on utilise l'écriture cunéiforme. Chez les Mycéniens, l'écriture est le linéaire B. Parmi les premiers textes écrits par ces peuples figurent leurs mythes fondateurs. La mythologie, qui explique le fonctionnement du monde avant l'invention de la science, est aussi une des bases sur lesquelles les souverains s'appuient pour gouverner. En Égypte, par exemple, le pharaon est considéré comme un être habité par la force divine. Toutes ces civilisations sont polythéistes, à l'exception des Hébreux qui croient en l'existence d'un dieu unique.

Les mythes fondateurs des différents peuples ont certains points communs, ce qui est une preuve des relations qu'ils entretiennent. Par exemple, on trouve dans la Bible des Hébreux le récit d'un immense déluge qui est également présent dans les mythes mésopotamiens. On note aussi des ressemblances entre Gilgamesh, roi mythique de Mésopotamie, et le dieu grec Héraclès. Les principaux mythes grecs remontent à l'époque mycénienne et s'inspirent entre autres du panthéon égyptien. Transmis oralement pendant des siècles, ces mythes racontent la création du monde et la naissance des dieux. Ces derniers ont forme humaine, agissent comme des humains et gouvernent l'univers. Zeus est le maître de l'Olympe et dirige les autres divinités, notamment Athéna, Héphaïstos ou Arès. Il n'y a pas de frontière entre le monde des humains et celui des dieux. Ainsi, avant de prendre des décisions importantes, les Grecs peuvent consulter les divinités dans des sanctuaires où ils reçoivent des réponses appelées « oracles ».

Les contacts entre les peuples de la Méditerranée se font entre autres par l'intermédiaire du commerce. Les gens achètent des produits et des ressources qu'ils n'ont pas chez eux et vendent des objets d'artisanat et des produits locaux. La Méditerranée est la principale voie de communication et le bateau, le principal moyen de transport. Les routes sont rares à cette époque, ce qui rend difficiles, voire impossibles, les déplacements terrestres. Dès l'époque mycénienne, les Grecs sont actifs dans le commerce. Les archéologues ont retrouvé des objets de leur fabrication jusque dans la péninsule italienne.

Les commerçants par excellence sont les Phéniciens. Habitant de riches cités autonomes, ils sont d'habiles navigateurs et fondent des comptoirs commerciaux autour du bassin méditerranéen. Le plus important, Carthage, sur les côtes de l'actuelle Tunisie, devient une puissante ville commerciale. Les Phéniciens commercent avec tous les peuples, vendant des bijoux et des objets fabriqués avec du verre qu'ils importent notamment de Mésopotamie. Leur spécialité est le tissu teint avec un colorant extrait d'un coquillage abondant sur les côtes longeant leur territoire, le murex. De couleur rougeâtre et très recherché, on l'appelle « pourpre phénicienne » (« phénicien » vient du grec *phoinix*, qui signifie « rouge »). Les Égyptiens fréquentent aussi la Phénicie pour s'approvisionner en bois de cèdre et de pin, dont les montagnes de cette région regorgent. En provoquant de nombreuses rencontres entre les peuples, les Phéniciens contribuent à la circulation des idées, des coutumes et des croyances religieuses. L'historien grec Hérodote décrira, plusieurs siècles plus tard, comment pouvaient se dérouler les transactions commerciales à cette époque :

> *Les Carthaginois disent qu'au-delà des Colonnes d'Hercule [le détroit de Gibraltar] il y a un pays habité où ils vont faire le commerce. Quand ils y sont arrivés, ils tirent leurs marchandises de leurs vaisseaux, et les rangent le long du rivage : ils remontent ensuite sur leurs bâtiments, où ils font beaucoup de fumée. Les naturels du pays, apercevant cette fumée, viennent sur le bord de la mer ; et après y avoir mis de l'or pour le prix des marchandises, ils s'éloignent. Les Carthaginois sortent alors de leurs vaisseaux, examinent la quantité d'or qu'on a apportée ; et, si elle leur paraît répondre au prix de leurs marchandises, ils l'emportent et s'en vont. Mais s'il n'y en a pas pour leur valeur, ils s'en retournent sur leurs vaisseaux, où ils restent tranquilles. Les autres reviennent ensuite, et ajoutent quelque chose, jusqu'à ce que les Carthaginois soient contents. Ils ne se font jamais de tort les uns aux autres. Les Carthaginois ne touchent point à l'or, à moins qu'il n'y en ait pour la valeur de leurs marchandises ; et ceux du pays n'apportent point les marchandises avant que les Carthaginois n'aient enlevé l'or.*

Document 2.1 Hérodote, *L'Enquête*, ve siècle av. J.-C.[1]

Les civilisations de la Méditerranée sont aussi souvent en conflit, et ces guerres favorisent également les échanges. De grandes armées se déplacent, des prisonniers sont emmenés et transformés en esclaves. Les coutumes, les façons de faire et les idées circulent aussi de cette manière. Par exemple, les Grecs mycéniens s'inspirent des techniques militaires égyptiennes, notamment l'utilisation des chars pour transporter les soldats sur le champ de bataille. Au cours du IIe millénaire avant Jésus-Christ, des conflits importants provoquent ainsi de nombreux mouvements de population. Les Égyptiens tentent une expansion vers la Nubie et la Palestine. Les Hittites s'étendent en Asie Mineure et en Syrie. Les Hébreux fuient cette même Égypte et gagnent un territoire, appelé Canaan, où ils imposent le monothéisme, la croyance en une seule divinité.

Les Grecs mycéniens, de leur côté, s'emparent de la Crète, qui est le foyer d'une riche civilisation dont le cœur est le célèbre palais de Cnossos. De 1200 à 800 avant Jésus-Christ, les Grecs subissent une série de bouleversements. Les historiens ne savent pas exactement ce qui s'est passé, mais les archéologues confirment que des guerres sont survenues. Ils ont retrouvé des traces de fortifications — preuve que les Grecs se sentaient menacés —, de même que les ruines de palais incendiés. Il est possible que ces crises aient été causées par l'arrivée soudaine de peuples nomades qui auraient aussi ébranlé les Empires égyptien et hittite. Il a pu également se produire des catastrophes naturelles, tels des séismes, des épidémies ou des sécheresses, ou même des conflits entre royaumes mycéniens.

La période qui suit la chute des royaumes mycéniens est mal connue parce que l'écriture disparaît et qu'aucune source écrite ne nous est parvenue. Il y aurait eu une chute marquée de la population et un appauvrissement général. Ce qui est certain, c'est qu'une partie de la population grecque quitte le continent pour s'établir de l'autre côté de la mer Égée, sur les côtes de l'Asie Mineure (aujourd'hui la Turquie), dans une région appelée Ionie. On pourrait s'attendre à ce que la Grèce connaisse alors un déclin, mais ce n'est pas le cas. Au cours des siècles qui suivent ces bouleversements, une autre civilisation se met en place, originale et différente de tout ce qu'on trouve ailleurs en Méditerranée.

C'est à partir de la chair de ce mollusque à coquille épaisse que les Phéniciens fabriquent une teinture pourpre. Utilisée notamment pour teindre les toges, cette couleur est un symbole de pouvoir.

UNE CIVILISATION ORIGINALE

À partir du VIIIe siècle avant Jésus-Christ, les sources écrites réapparaissent en Grèce. La population recommence à croître de manière importante, des villes et des temples sont érigés. Les Grecs se lancent sur la mer Méditerranée, fondant des comptoirs commerciaux. Ils créent de nouvelles formes de gouvernement et développent un rapport différent à la religion. Dans plusieurs domaines, ils innovent davantage que leurs voisins. Les historiens nomment cette période « l'époque archaïque ».

La Grèce est un territoire montagneux, ce qui favorise le regroupement de la population en cités-États autonomes comme celle de Delphes.

Les cités-États

Entre le XIIe et le VIIIe siècle avant Jésus-Christ, les monarchies mycéniennes disparaissent peu à peu en raison d'une série de facteurs. La Grèce connaît tout d'abord une croissance démographique importante, entre autres parce que les techniques agricoles s'améliorent avec l'utilisation d'outils en fer. Les populations sont ainsi plus nombreuses à se sédentariser et à fonder des villages. Avec le temps, les échanges s'intensifient entre villages voisins. Plusieurs finissent par se regrouper pour ne former qu'une seule communauté, appelée la « cité ». La géographie de la Grèce favorise ce phénomène. Le territoire est constitué d'environ 90 % de zones montagneuses. Les terres cultivables se trouvent donc dans des vallées isolées les unes des autres. La Grèce compte aussi de nombreuses îles contribuant à la dispersion de la population. Au nord, toutefois, les populations ne fondent pas de cités. Le territoire, moins accidenté, propice à l'élevage et au nomadisme, n'encourage pas autant la sédentarisation. Mais au sud, des centaines de cités sont fondées. Peu à peu, elles affaiblissent le pouvoir des rois mycéniens et finissent par remplacer la monarchie comme forme d'organisation politique.

Les cités sont composées d'une ville principale qui contrôle un territoire souvent peu vaste constitué de terres cultivables où vit la population paysanne. Par exemple, Athènes, considérée comme une des plus grandes cités, domine une région d'environ 800 km^2 (à titre de comparaison, la superficie de l'île de Montréal est d'environ 360 km^2). Chaque cité est autonome, d'où le nom de « cité-État ». Les cités sont à la fois des centres religieux, avec leurs temples, des marchés intérieurs pour les échanges commerciaux et des centres politiques avec leurs institutions propres. Elles développent ainsi une identité propre, avec des coutumes et des modes de vie distincts, ce qui entraîne souvent des rivalités et des conflits. La défense des cités, de même que toute la vie collective, est contrôlée par les riches familles propriétaires des terres agricoles. La terre est alors la seule source de richesse. Les membres de ces familles, qui prétendent descendre des dieux, se considèrent comme supérieurs aux autres habitants et se nomment eux-mêmes « aristocrates » (de *aristoi*, qui signifie « les meilleurs »). Les premières cités sont donc des aristocraties où le pouvoir politique se transmet de manière héréditaire. Les dirigeants créent des institutions, dont une assemblée où ils se réunissent afin de prendre des décisions, d'établir des lois ou de rendre la justice. Ils ont un pouvoir absolu sur la population paysanne et lui mènent d'ailleurs la vie dure, notamment en exigeant une partie de ses récoltes.

Les cités-États grecques possèdent leur identité propre et offrent tous les services à leurs citoyens. À Milet comme ailleurs, on trouve des habitations, des temples, des marchés, etc.

Carte 2.2

LES CITÉS GRECQUES DE LA MÉDITERRANÉE

À partir du IXe siècle avant Jésus-Christ, de nombreuses cités grecques fondent des colonies sur les bords de la mer Noire et de la Méditerranée. Ces comptoirs commerciaux font concurrence aux colonies phéniciennes.

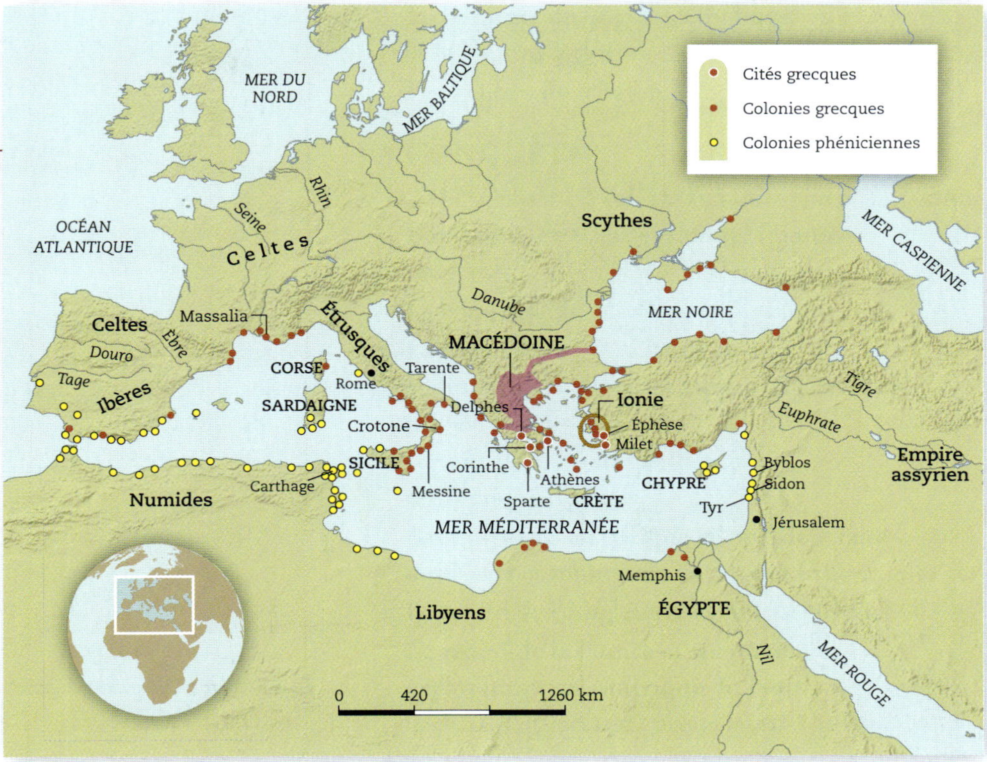

Au cours des IXe et VIIIe siècles avant Jésus-Christ, plusieurs cités sont aux prises avec des tensions sociales importantes. À cause de la croissance démographique, les terres agricoles, déjà rares, ne suffisent plus à combler les besoins de la population. Pour se nourrir, de plus en plus de paysans doivent contracter des dettes auprès des aristocrates, sans pouvoir les rembourser. Ces derniers adoptent des mesures très sévères, punissant les mauvais payeurs en les réduisant à l'esclavage. Bientôt, la population commence à dénoncer ces mauvais traitements. La révolte gronde. La résistance des aristocrates et le besoin de nouvelles terres incitent alors de nombreux Grecs à s'aventurer sur la mer Méditerranée à la recherche de nouveaux endroits où s'établir.

D'autres cités sont moins touchées par la crise agricole. Quelques-unes parviennent même à s'enrichir en produisant du vin, de l'huile d'olive ou des objets d'artisanat à partir de métaux, de terre cuite, de textiles. Dans ces communautés, ce sont des objectifs commerciaux qui amènent certains habitants à s'éloigner afin de trouver de nouveaux marchés pour écouler ces produits. Plusieurs cités cherchent aussi de nouvelles sources d'approvisionnement en blé, en bois ou en métaux. Puisque le territoire grec est relativement pauvre en ressources naturelles, elles dépendent du commerce avec l'extérieur pour les obtenir.

Vue actuelle du port de Marseille. La baie de Marseille forme un port naturel idéal pour l'érection d'une cité commerçante.

Céramique à figures noires représentant un navire marchand attaqué par des pirates (500-520 av. J.-C.).

La colonisation de la Méditerranée

Entre 850 et 650 avant Jésus-Christ, les Grecs fondent des centaines de cités autour du bassin méditerranéen (voir la carte 2.2, p. 29). La première destination est le sud de la péninsule italienne et la Sicile, où ils entrent en contact avec un autre peuple, les Étrusques. Les Grecs appellent cette région la « Grande Grèce ». Ils s'aventurent ensuite plus loin, au nord de la Grèce, puis dans l'archipel des Cyclades, en Asie Mineure (Turquie), autour de la mer Noire, sur les côtes de l'Égypte et de la Libye et aussi loin que dans le sud de la Gaule (France) et de l'Ibérie (Espagne). On appelle ce phénomène la « colonisation » grecque, mais il ne faut pas croire qu'il s'agit d'une entreprise visant la conquête et le peuplement massif de nouveaux territoires. Les colonies grecques sont essentiellement des comptoirs commerciaux faiblement peuplés. Elles sont construites à des endroits stratégiques : sur des îles situées près de la côte, dans des baies formant des ports naturels ou sur des promontoires. Les Grecs s'approvisionnent en matières premières dans ces colonies, ce qui les oblige à entretenir des relations pacifiques avec les populations locales. Ils transforment ces matières sur place ou les acheminent en Grèce pour les vendre. En retour, les populations locales leur achètent une grande variété de produits : vin, huile, céramique, vases, artisanat, etc. Les produits grecs, de grande qualité, sont très appréciés et considérés comme des objets de luxe. Les archéologues en ont retrouvé un peu partout, par exemple dans des tombes de personnages importants, parfois à des centaines de kilomètres des côtes.

Les Grecs prennent peu à peu le contrôle du commerce en Méditerranée, faisant une rude concurrence aux marchands phéniciens qui y dominaient depuis des siècles. Ces derniers doivent se replier dans le sud du bassin méditerranéen alors que les Grecs en contrôlent le nord (voir la carte 2.2, p. 29). Ces activités commerciales sur de longues distances incitent les Grecs à inventer un nouvel outil pour faciliter les transactions : la monnaie de métal. Adoptée progressivement par de nombreuses cités, la monnaie a aussi une fonction identitaire. Chaque cité peut frapper sa monnaie sur laquelle elle inscrit les symboles qui la représentent.

Les cités grecques utilisent la monnaie comme véhicule de leurs symboles et de leur identité. Cette pièce frappée à Athènes représente une chouette, symbole associé à la déesse Athéna.

Le commerce et l'utilisation de la monnaie vont aussi favoriser la diffusion de la culture grecque au sein du monde méditerranéen. Les colonies sont d'ailleurs de véritables îlots de culture grecque. Elles sont aménagées sur le même modèle que les cités, et la vie s'y déroule comme en Grèce. Les peuples de la Méditerranée en viennent même à adopter certains éléments de la culture des nouveaux maîtres du commerce : mode de vie, coutumes, croyances, divinités. Le plus frappant est l'utilisation de la langue grecque. À partir du VIe siècle avant Jésus-Christ, par exemple, de nombreux Phéniciens parlent le grec et donnent même des noms grecs à leurs enfants. Malgré leur dispersion à travers la Méditerranée, les Grecs maintiennent un fort attachement à leur culture. Peu importe où ils habitent, ils se sentent grecs et entretiennent des relations étroites avec leurs compatriotes. La mer, loin d'être un facteur de séparation ou d'assimilation, est pour eux le lien qui les unit. Ils ont l'impression que la Grèce s'étend, en fait, bien au-delà de la Grèce.

La montée des marchands et des hoplites

La colonisation a des répercussions majeures dans les cités grecques, toujours dominées par les aristocrates. La croissance du commerce favorise en effet l'enrichissement des marchands et fait en sorte que la propriété de la terre, privilège des aristocrates, n'est plus l'unique source de richesse. Les commerçants deviennent plus puissants et influents au sein des cités, mais ils n'ont toujours aucun pouvoir politique. Les tensions entre ceux-ci et les aristocrates s'accentuent. L'accélération des échanges et la prospérité qu'elle entraîne suscitent aussi de nouveaux besoins, notamment militaires.

Depuis des siècles, ce sont les aristocrates qui ont le monopole de la force, puisqu'ils sont les seuls à posséder les richesses nécessaires pour avoir des armes et entretenir des chevaux. Or, les cités en pleine croissance et en compétition les unes avec les autres ont besoin de plus de combattants. Les aristocrates décident de recruter davantage de soldats et de baser la stratégie militaire sur les combats de groupe plutôt que sur les affrontements individuels traditionnels. Ils font appel aux hommes provenant de classes sociales inférieures qui combattent à pied. Ces soldats sont appelés « hoplites » (de *hoplon*, qui signifie « arme »). Ils sont munis d'une lance et d'une épée et portent généralement une protection complète : un casque, une armure de bronze au torse, des jambières aux tibias et un large bouclier rond. Sur le champ de bataille, ils adoptent une formation de combat appelée la « phalange » (du grec *phalanx*). Ils s'alignent en plusieurs rangs et attaquent l'ennemi tous ensemble. Les soldats positionnés

Ce bas-relief ornant le socle de la statue d'Alexandre le Grand à Thessalonique nous montre des hoplites formant une phalange (XXe siècle).

Le casque de type corinthien a été le plus répandu chez les hoplites du VIIIe au Ve siècle avant Jésus-Christ.

sur les côtés protègent les flancs de la phalange avec leurs boucliers, constituant un groupe compact difficile à repousser.

La plupart des cités grecques adoptent peu à peu cette technique, ce qui a une incidence politique dans certaines d'entre elles. En effet, de nombreux hoplites sont recrutés parmi les paysans, devenus indispensables pour la défense des cités. Les aristocrates dépendent désormais de leur contribution. Les hoplites représentent entre le quart et le tiers de la population et ils n'ont aucun pouvoir politique. Comme les marchands, ils commencent à revendiquer le droit d'avoir leur mot à dire sur les décisions qui concernent la cité qu'ils défendent. L'apparition de nouveaux outils intellectuels et politiques vient favoriser leur contestation du pouvoir des aristocrates.

Une transformation de la pensée : la rationalité

À partir de la fin du VIIe siècle avant Jésus-Christ, des penseurs grecs créent un mode de pensée différent de ceux qui existent depuis plusieurs millénaires. Depuis toujours, les peuples de l'Antiquité pratiquent la pensée mythique. Ils se font une idée du monde et de l'être humain à partir de la religion, de la mythologie. Les mythes racontent comment les divinités ont créé l'univers, comment elles gouvernent les forces de la nature et les humains. Ils donnent un sens à tous les phénomènes. Les peuples ne peuvent que subir les actes des dieux et faire en sorte de leur plaire pour qu'ils leur soient favorables. Le monde des dieux et celui des humains sont donc reliés, ils ne font qu'un. Les rois, les empereurs et les pharaons assurent le lien entre les deux et permettent aux forces de la nature et à l'univers de fonctionner. En Grèce, la chute des monarchies mycéniennes crée un contexte favorable à la transformation de ce mode de pensée. En effet, la formation des cités-États entraîne la disparition des souverains qui, pour les populations, assuraient l'ordre éternel de l'univers et fournissaient une explication du monde. Or, malgré leur disparition, tout continue de fonctionner, ce qui soulève une foule d'interrogations chez certains penseurs qui ne trouvent plus de réponses satisfaisantes dans les mythes.

C'est à la fin du VIIe siècle avant Jésus-Christ, dans la cité grecque de Milet, en Ionie (voir la carte 2.2, p. 29), que des penseurs tentent pour la première fois d'expliquer autrement comment fonctionne l'univers, de quoi il est fait et par quoi il a été causé. Ce n'est pas un hasard. L'Ionie est la région de la Grèce qui entretient le plus de contacts avec la Mésopotamie. Or, à Babylone, des penseurs ont déjà amorcé une réflexion visant à identifier la matière de base dont est fait l'univers. Ces savants mésopotamiens sont les premiers à percevoir le monde comme une réalité que l'on peut déchiffrer. Selon leurs mythes, les dieux ont créé le monde à partir d'une substance unique qui forme tous les phénomènes en se combinant avec d'autres éléments. Cette substance est leur premier sujet d'étude. Les penseurs grecs s'inspirent de ces savants et poussent leur démarche plus loin. Celui qui ouvre la voie est Thalès de Milet (625-546 av. J.-C.). Il affirme que l'eau est la substance primordiale dans l'univers, notamment parce qu'elle lui semble essentielle à la vie.

Après lui, deux autres penseurs de Milet proposent des réponses différentes. Anaximandre (610-546 av. J.-C.) prétend que la matière qui fait le monde est infinie et que les changements que l'on observe sont provoqués par le jeu de forces opposées, comme le froid et le chaud, le sec et l'humide, etc. Anaximène (585-525 av. J.-C.), pour sa part, observe les nuages et la pluie et conclut que la matière de base est l'air. Quand l'air se condense, il devient de l'eau ou de la terre. Quand l'air est moins concentré, le feu apparaît. Peu à peu, ce débat atteint les penseurs de villes voisines. Héraclite d'Éphèse (540-480 av. J.-C.) affirme, par exemple, qu'il est impossible d'identifier une seule substance. Puis Pythagore (580-495 av. J.-C.) amène du nouveau. Né à Samos, mais parti vivre en Grande Grèce, il affirme que les nombres constituent le fondement de l'univers. Si on arrive à découvrir les lois qui gouvernent les nombres, on percera les secrets de l'univers.

Ces premières tentatives d'explication du monde marquent un tournant fondamental. Ces penseurs commencent à envisager l'univers non plus comme un endroit immuable créé par les dieux, mais plutôt comme un mécanisme dont on peut comprendre le fonctionnement. Ils croient que des lois existent dans l'univers, que ces règles s'appliquent partout de la même façon et que si l'on suit une méthode d'analyse rigoureuse, il est possible de les découvrir. Ce pari marque une première séparation entre les mondes des dieux, de la nature et de l'humain. C'est le début de ce qu'on appelle la « pensée rationnelle ». On a longtemps pensé que ce changement représentait une rupture brusque avec le passé et une sorte de miracle de l'esprit. Il s'agit plutôt d'une transformation qui demeure liée à la pensée mythique. En effet, les penseurs ioniens ne renient pas les dieux. Ils croient toujours que ce sont eux qui gouvernent les lois de la nature et qui leur ont inspiré leurs théories. Leurs premières réflexions dites rationnelles sont d'ailleurs fortement influencées par la mythologie. Par exemple, les mythes racontaient déjà que le monde est formé de quatre éléments (la terre, l'eau, l'air et le feu), que des forces opposées se mélangent, s'équilibrent, s'affrontent constamment pour former des cycles éternels, comme le jour et la nuit.

Une distance se creuse toutefois peu à peu entre la pensée rationnelle et les mythes à partir du moment où les penseurs grecs commencent à baser leurs recherches des lois de l'univers sur une observation plus attentive de la nature. Thalès de Milet est le premier à s'intéresser à l'astronomie et à la géométrie en s'inspirant des connaissances de base établies en Mésopotamie et en Égypte. Ces disciplines n'ont là-bas qu'une fonction pratique. La géométrie sert, par exemple, à construire des temples ou des pyramides, à effectuer des travaux d'irrigation, à mesurer les terres agricoles. L'astronomie n'est que descriptive : on note et on compile ce qu'on observe dans le ciel, comme la position des étoiles, les mouvements des planètes, le passage des comètes et la durée des jours. Le questionnement de Thalès est d'une grande originalité : il prétend que, malgré le désordre apparent du ciel, ce dernier est gouverné par des lois, et il tente de les découvrir. On connaît mal ses conclusions, mais certains prétendent qu'il aurait réussi à prédire une éclipse solaire survenue en 585 avant Jésus-Christ. Les premiers astronomes grecs affirment par la suite que les astres sont des sphères et se déplacent en faisant des cercles. La géométrie se développe. Au lieu de l'utiliser uniquement pour prendre des mesures, les Grecs se posent des questions abstraites et recherchent les lois et les principes qui gouvernent les formes. Ils tentent ainsi de définir ce qu'est un cercle, un carré, etc. De nouvelles notions géométriques sont créées, par exemple celle du diamètre.

Les penseurs grecs en viennent bientôt à croire qu'il n'y a aucune question que la pensée humaine ne peut résoudre et l'observation de la nature les amène à formuler des théories étonnantes pour l'époque. Anaximandre de Milet, par exemple, est le premier à essayer d'expliquer avec logique les origines de l'humanité. Constatant que les bébés, quand ils naissent, ne peuvent survivre sans aide, il conclut qu'il est impossible que les premiers humains soient nés enfants. Observant que les poissons ont des organes internes semblables à ceux des hommes, il postule que les premiers humains ont grandi à l'intérieur de créatures marines et sont nés quand ils étaient en mesure de se nourrir par eux-mêmes. Vers 500 avant Jésus-Christ, Alcméon de Crotone prétend que pour comprendre le corps humain, il faut étudier celui des animaux. Il pratique de nombreuses dissections et conclut que le cerveau est l'organe central de la perception. À la même

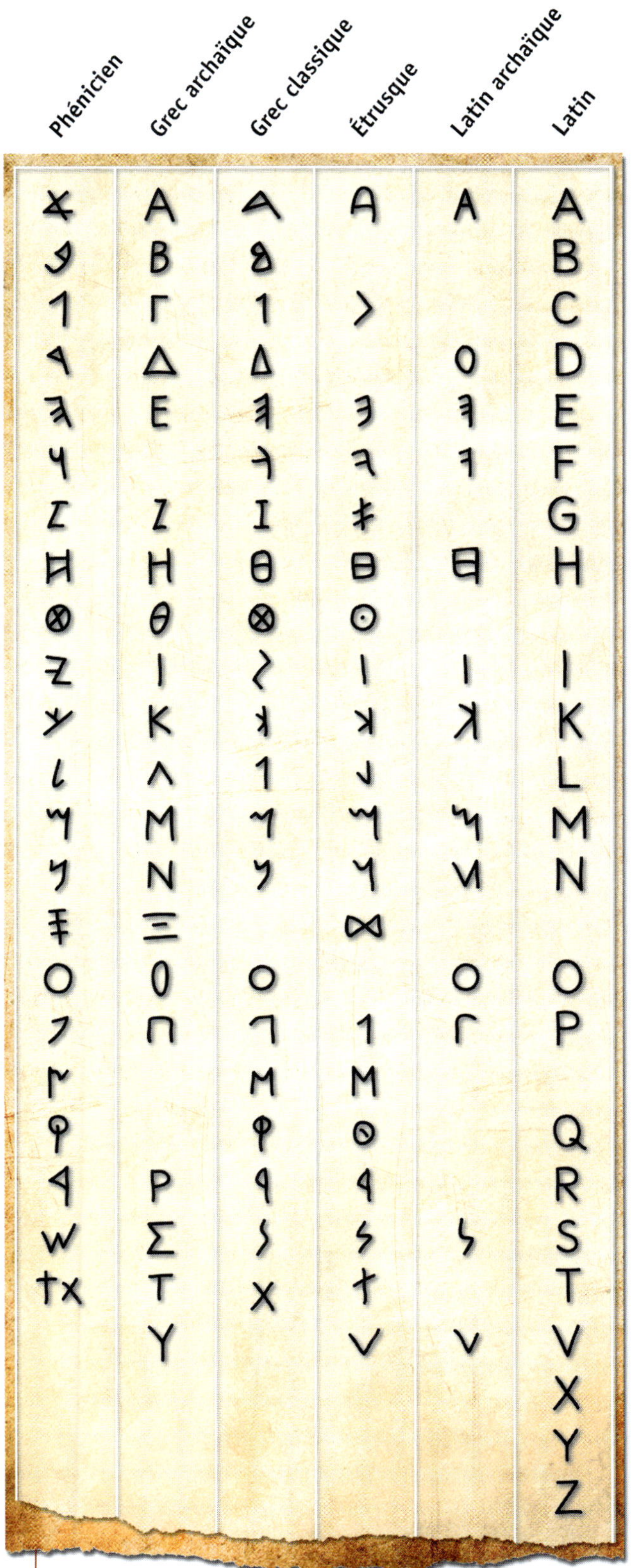

L'alphabet grec, directement inspiré de celui des Phéniciens, simplifie l'écriture et permet à une plus grande partie de la population d'en faire usage, favorisant le développement de la vie politique dans les cités.

époque, Xénophane de Colophon découvre des fossiles de poissons et des coquillages sur des rochers éloignés de la mer. Sa logique l'amène à affirmer que la terre et la mer, malgré les apparences, sont entremêlées. Cette explication paraît farfelue, mais témoigne du sens aigu de l'observation dont font preuve de nombreux penseurs à cette époque.

Les Grecs amènent la pensée à une autre étape, ils en font une méthode et illustrent les possibilités de l'esprit humain. Ils libèrent l'humain des mythes et proposent une nouvelle façon de produire de la connaissance. À partir du VIe siècle avant Jésus-Christ, une conviction se répand parmi les penseurs : l'humain ne doit pas se contenter de ce qu'il sait déjà et il doit tout faire pour comprendre le monde en l'observant. Avec la pensée rationnelle, c'est aussi la philosophie qui naît (de *philosophia*, qui signifie « amour de la connaissance ») et qui continuera de se développer au cours des siècles suivants.

Le développement de la pensée rationnelle se produit à une époque où les cités grecques connaissent de nombreuses transformations, comme une croissance démographique et des crises agricoles. Également, la colonisation et l'intensification des échanges accentuent le besoin de connaissances astronomiques et géographiques. Enfin, les tensions sociales provoquées par la domination des aristocrates et les revendications des marchands et des hoplites sont des problèmes nouveaux, qui n'existaient pas dans les monarchies mycéniennes où les rois prenaient toutes les décisions de manière arbitraire, et appellent des solutions inédites. Dans les cités-États, les conceptions traditionnelles ne conviennent plus. La pensée rationnelle, en proposant un nouveau mode de pensée, joue un rôle important dans l'évolution des cités grecques.

De nouveaux modèles politiques

Dans les royaumes mycéniens, les rois n'avaient pas à expliquer ou à justifier leurs décisions par des arguments rationnels. Leur pouvoir provenait des dieux et leur rôle était de gouverner la cité en harmonie avec une vision sacrée du monde. Or, dans les cités grecques, ce n'est plus le cas, puisque le pouvoir est partagé entre plusieurs aristocrates. À Athènes, par exemple, neuf d'entre eux sont choisis pour devenir archontes. Ces magistrats dirigent l'armée et rendent la justice pendant un mandat de 10 ans. Un conseil très influent, l'Aréopage, est chargé de les épauler (il se réunit sur la colline d'Arès, le dieu de la guerre). Pour gouverner, ces dirigeants doivent se consulter, discuter et confronter leurs arguments. La parole et la capacité de convaincre deviennent des outils de pouvoir.

Aux prises avec des cités en pleine croissance, les aristocrates échangent et réfléchissent sur des questions très concrètes liées à l'administration de la cité, qui ne concernent plus le monde des dieux. Alors que les décisions étaient autrefois prises dans un palais, à l'abri des regards, elles font maintenant l'objet de débats. C'est la naissance de la politique, terme qui provient du mot grec *polis*, signifiant « cité ». À cette époque, ceux qui font partie de la cité, les « citoyens » (en grec *politès*), ne sont que les aristocrates. Ces derniers commencent également à rédiger leurs décisions et les diffusent dans la cité. Les Grecs ont en effet adopté, vers le VIIIe siècle avant Jésus-Christ, l'écriture alphabétique inventée par les Phéniciens (voir la page précédente et le chapitre 1). Plus tard, les Romains l'adapteront aussi pour le latin, dont découlent plusieurs langues européennes.

Si l'écriture est surtout utilisée à l'origine pour noter les transactions commerciales et conserver par écrit les mythes, elle devient avec le temps un mode d'expression de la pensée. En diffusant leurs décisions, les aristocrates prêtent flanc à la critique. Or, ces critiques, dans les cités grecques de l'époque, sont de plus en plus virulentes et les revendications, toujours plus insistantes. Les marchands et les hoplites, exclus du pouvoir politique, souhaitent obtenir les mêmes avantages que les aristocrates et participer au gouvernement. De leur côté, les paysans voient leurs conditions de vie se détériorer à cause de l'essor commercial. En effet, ils arrivent difficilement à concurrencer les produits agricoles importés en grande quantité par les marchands. Plusieurs sont ruinés, les autres s'appauvrissent ou doivent encore s'endetter auprès des riches. Les tensions s'exacerbent.

C'est au sujet de la situation à Athènes que nous possédons le plus d'information. Vers la fin du VIIe siècle avant Jésus-Christ, à Athènes, des aristocrates influents, face à des contestations de plus en plus fortes, décident de faire des compromis pour apaiser la population. Il est bien sûr vital de maintenir leur pouvoir et les institutions traditionnelles, mais encore plus d'éviter l'effondrement de la cité. En 621 avant Jésus-Christ, le législateur Dracon crée un premier code de lois écrit, une mesure qui réduit grandement le pouvoir des aristocrates, lesquels ne peuvent plus se faire justice eux-mêmes et modifier les règles à leur guise. Les lois deviennent des normes fixes et connues de tous. Pour que les aristocrates acceptent ces réformes, Dracon rédige des lois très sévères (d'où l'adjectif « draconien ») imposant des châtiments très durs aux fautifs. Les voleurs, par exemple, peuvent être condamnés à mort. Malgré les réformes de Dracon, les aristocrates conservent un énorme pouvoir. Ils monopolisent toujours le gouvernement de la cité et empêchent les autres groupes d'y participer. De plus, ils possèdent encore la plupart des terres agricoles. Au début du VIe siècle avant Jésus-Christ, la situation demeure très tendue. La cité est en fait au bord de la guerre civile.

Un aristocrate est de nouveau choisi pour éviter l'embrasement. Élu archonte en 594 avant Jésus-Christ, Solon commence par s'attaquer aux problèmes des paysans en abolissant l'esclavage pour dettes. Il abolit aussi les impitoyables lois de Dracon et élargit le nombre de citoyens afin de permettre la participation d'autres classes sociales aux décisions politiques. Pour ce faire, il crée quatre classes de citoyens, répartis en fonction de leur fortune. Toutefois, seuls les plus riches peuvent participer aux débats de l'assemblée, appelée l'« Ecclesia ». Et l'institution la plus puissante, l'Aréopage, ne comprend que de riches aristocrates. Afin d'en faciliter l'accès à d'autres classes de citoyens, Solon augmente le nombre de ses membres à 400. Puisqu'il n'est plus nécessaire de provenir d'une famille d'aristocrates pour exercer le pouvoir, Athènes devient à cette époque une oligarchie (*oligarkhia* signifie « gouvernement de quelques-uns »). Afin de limiter encore davantage le pouvoir autrefois illimité et incontestable des dirigeants et de permettre à des citoyens de contester leurs décisions judiciaires, Solon crée également l'Héliée. Ce tribunal ne compte pas moins de 6000 hommes tirés au sort chaque année.

De nombreuses cités grecques adoptent, comme à Athènes, des mesures en faveur du peuple. Devant ce bouleversement des valeurs traditionnelles, de nombreux aristocrates sont très mécontents. C'est le cas du poète Théognis de Mégare qui déplore la montée de citoyens en provenance des classes sociales les moins riches (qu'il appelle les « méchants »). Il espère que cela ne se produise jamais dans sa ville natale :

> « *Elle [Mégare] a des citoyens encore retenus et réglés mais des chefs qui tournent à l'iniquité et sont près d'y tomber. Point de ville, Cyrnus, dont les hommes de bien aient causé la perte ; mais celle où les méchants peuvent s'abandonner à la violence, corrompent le peuple, rendent injustement la justice, dans l'intérêt de leur fortune et de leur puissance, celle-là, n'espère pas qu'elle reste longtemps paisible, quand bien même elle serait maintenant dans une paix profonde, du moment où des méchants s'y plaisent à ces gains coupables que suit le malheur public. De là, en effet, les dissensions, les querelles meurtrières. Je crains que cette ville n'accueille bientôt un monarque (43-52). Cyrnus, notre ville est encore une ville, mais d'autres l'habitent qui jadis, sans connaissance de la justice et des lois, les flancs ceints d'une peau de chèvre, pâturaient hors de ses murs comme des cerfs. Et maintenant ce sont les bons [les plus fortunés et haut placés] ; et les bons sont devenus les méchants. Qui pourrait soutenir ce spectacle ?* »

Document 2.2 Théognis de Mégare, *Sentences*, vers 550 av. J.-C.[2]

Tout au long du VIe siècle avant Jésus-Christ, les aristocrates résistent aux réformes politiques et les tensions menacent toujours l'équilibre des cités. Pour éviter la guerre civile, des dirigeants autoritaires sont parfois portés au pouvoir, soit par la force, soit après avoir été choisis par les citoyens. Ils mettent en place des régimes appelés « tyrannies » (de *turranos*, qui signifie « maître »). Les tyrannies se répandent dans plusieurs cités et entraînent souvent de nouveaux changements en faveur du peuple, au détriment de l'aristocratie. Ces régimes sont toutefois fragiles, car dès que la population perd confiance, elle renverse le tyran. C'est le sort que les Athéniens réservent à Hipparque et Hippias, qui règnent ensemble. Ils sont chassés du pouvoir en 510 avant Jésus-Christ par l'aristocrate Clisthène. Archonte, ce dernier considère que la tyrannie ne peut pas être une solution permanente aux problèmes. Il croit qu'il faut créer un autre régime afin de protéger la cité des forces qui pourraient la détruire. Et Clisthène est prêt à contraindre les aristocrates à partager le pouvoir.

Vers 507 avant Jésus-Christ, Clisthène crée de nouvelles institutions qui élargissent de façon importante le nombre de citoyens participant à l'exercice du pouvoir. Désormais, tous les hommes libres adultes appartiennent à la communauté politique et ont le droit de faire partie de l'Ecclesia. De plus, il fait de cette assemblée l'institution la plus puissante de toutes. Elle se réunit au moins 40 fois par année (ce qui équivaut à une séance tous les 9 jours) pour voter les lois, fixer les impôts, adopter les déclarations de guerre et prendre toutes les décisions concernant la cité. Les citoyens se réunissent en plein air et chacun a le droit de proposer un sujet de discussion et de prendre la parole lors des débats. Les votes se font à main levée. Afin de réduire les pouvoirs de l'Aréopage, formé d'aristocrates qui détiennent l'autorité suprême, Clisthène crée un nouveau conseil, appelé la « Boulè ». Ses 500 membres sont tirés au sort chaque année parmi les citoyens, personne n'a le droit d'y demeurer plus de deux ans. Chaque citoyen a donc la même chance d'en faire partie, peu importe son origine, sa formation, son âge ou son niveau de fortune. La Boulè administre la cité, examine les projets de lois, prépare les séances de l'Ecclesia et fait appliquer ses décisions.

Casque spartiate. La cité de Sparte est reconnue pour sa puissance militaire reposant surtout sur ses redoutables hoplites.

Les réformes de Clisthène marquent la naissance d'un nouveau type de régime, la « démocratie » (*dêmos* signifie « peuple » et *kratos* signifie « puissance »). Désormais, tous les hommes adultes sont citoyens et égaux devant les lois et peuvent occuper un poste de commande au sein de l'État. C'est officiellement la fin du pouvoir absolu des aristocrates. Clisthène sait d'ailleurs que la démocratie est très impopulaire chez ces derniers. Il crée des mécanismes afin de la protéger. Ainsi, les membres de la Boulè doivent prêter serment en promettant de ne pas ramener la tyrannie. Clisthène invente aussi l'ostracisme par lequel, une fois par année, l'Ecclesia peut expulser, pour une période de 10 ans, un citoyen ou un dirigeant considéré comme dangereux.

Malgré les efforts de Clisthène, les familles aristocratiques continuent d'être les plus influentes à Athènes. La principale raison en est que les citoyens ne reçoivent aucun salaire pour participer aux fréquentes séances

À partir de l'époque de Clisthène, l'assemblée des citoyens d'Athènes se réunit sur la colline de la Pnyx, près de celle de l'Acropole.

de l'assemblée. Cela défavorise les plus pauvres d'entre eux, en majorité des paysans, qui ne peuvent pas se permettre de quitter leur terre pour se rendre à la ville. De plus, seuls les plus riches citoyens ont accès au poste d'archonte. Quelques années après les réformes de Clisthène, on crée le poste de stratège qui fait décliner celui d'archonte. Élus par l'Ecclesia en fonction de leurs compétences, les 10 stratèges sont responsables de l'armée et deviennent peu à peu les véritables maîtres du gouvernement. Contrairement aux archontes qui étaient tirés au sort annuellement, les stratèges peuvent être réélus indéfiniment si les citoyens sont satisfaits de leur travail. Ils peuvent donc asseoir leur pouvoir sur la cité durant une plus longue période.

Clisthène représente bien l'influence de la pensée rationnelle, en plein essor en Grèce à cette époque. Comme les premiers philosophes, qui se dégagent de la mythologie pour tenter d'expliquer le monde, il rompt avec les traditions politiques afin d'organiser la société et le pouvoir de manière rationnelle. Comparée aux régimes qui existent à la même époque ailleurs en Méditerranée, la démocratie est d'une grande originalité. Athènes est la première cité à adopter la démocratie, mais bientôt d'autres cités grecques s'en inspirent et réalisent des réformes semblables. Il existe également d'autres régimes politiques en Grèce. On retrouve dans le nord plusieurs monarchies. L'oligarchie est aussi répandue, en particulier dans la région du Péloponnèse

EMPREINTES DE L'OCCIDENT

LE THÉÂTRE

Le Théâtre Denise-Pelletier, à Montréal, s'est donné une vocation bien particulière : utiliser le théâtre à des fins éducatives. Nombreux sont les élèves de la région de Montréal qui l'ont déjà visité alors qu'ils fréquentaient l'école secondaire. Depuis sa fondation dans les années 1960, cette compagnie de théâtre, qui porte le nom d'une grande actrice québécoise, s'adresse à un public jeune et étudiant. Sa programmation inclut des œuvres du répertoire contemporain et québécois, mais fait aussi une belle part au répertoire classique. On y joue ainsi certaines pièces écrites en Grèce il y a plus de 2000 ans, alors que le théâtre n'en était qu'à ses balbutiements.

Le caractère éducatif de cette institution la range dans une classe à part parmi les théâtres, généralement perçus comme une sortie culturelle parmi d'autres. Pourtant, le théâtre — l'art dramatique — porte une tradition éducative qui remonte à l'Antiquité grecque. À l'époque, le théâtre est le lieu où l'on transmet des valeurs et où l'on amène les citoyens à réfléchir à des questions fondamentales. Dans la cité athénienne, il ne se contente pas de célébrer Dionysos, dieu du théâtre et du vin. Il se veut également enseignement.

Les dramaturges grecs tels qu'Eschyle, Sophocle et Euripide traitent de sujets qui touchent leurs concitoyens et suscitent la réflexion. Ils abordent les mythes, les relations entre les dieux et les hommes, le destin, l'exercice du pouvoir, les institutions politiques. Lors des représentations, le public est attentif aux drames qui se jouent sur scène. On s'identifie aux personnages et, à travers eux, on en vient à poser un regard critique sur sa propre personne, sa propre réalité.

Cette conception du théâtre comme miroir de la réalité a perduré jusqu'à aujourd'hui. Tirant le meilleur de la proximité entre les acteurs et l'auditoire, certaines compagnies théâtrales favorisent l'expression d'émotions fortes ; elles mettent un point d'honneur à présenter des spectacles audacieux, troublants, voire provocateurs, afin de saisir le public, de l'inciter à réfléchir sur la nature humaine, ou plus simplement de l'ouvrir à un monde de culture. À leur manière, toutes les compagnies théâtrales poursuivent la visée éducative que les Grecs ont donnée au théâtre. Les institutions telles que le Théâtre Denise-Pelletier, qui cherchent à initier les jeunes à cette grande tradition, en sont en quelque sorte l'avant-garde.

(voir la carte 2.1, p. 25). L'exemple que l'on connaît le mieux est celui de Sparte, une cité rivale d'Athènes. Le pouvoir y est aux mains d'une classe de citoyens-soldats, les Égaux. Ils sont environ 5000 sur une population estimée à 250 000 habitants. Les paysans, appelés « ilotes », sont pratiquement des esclaves et doivent faire vivre les dirigeants. Sparte est une redoutable puissance militaire basée sur une grande armée d'hoplites bien entraînés. La diversité des modèles politiques dans les cités grecques intensifie de vieilles rivalités à l'origine de plusieurs guerres. Malgré ces rivalités, les Grecs partagent quand même un sentiment d'appartenance à leur culture commune, qu'ils jugent supérieure aux autres.

Sur ces sculptures de l'époque archaïque, on remarque aisément l'influence des artistes égyptiens. Avec le temps, les sculpteurs grecs développeront leur propre style.

Un fort sentiment d'appartenance

Malgré leurs divergences politiques, les Grecs ont conscience d'appartenir au même peuple et de partager des origines communes. Peu importe la cité ou la colonie qu'ils habitent, ils se nomment eux-mêmes Hellènes, en référence au territoire grec, appelé *Hellas* à cette époque (plus tard, les Romains les appelleront *Grecos*). Ils parlent la même langue, partagent les mêmes croyances et se rassemblent à l'occasion de fêtes religieuses. Les plus célèbres sont les Jeux panhelléniques où se tiennent tous les quatre ans des cérémonies et des concours athlétiques en l'honneur des dieux. Ils ont aussi en commun les mêmes sanctuaires, dont le plus important est celui de Delphes. Ce lieu sacré permet de communiquer avec le dieu Apollon, qui transmet ses conseils à travers les paroles d'une femme appelée la « Pythie ». Les Grecs construisent de nombreux temples en l'honneur des dieux et leur identité culturelle commence à s'exprimer dans l'architecture. Toutefois, les constructions sont à l'époque en bois et en briques et il n'en reste presque rien aujourd'hui. Les Grecs se démarquent en outre dans les arts et l'artisanat. La sculpture sur pierre, inspirée notamment des Égyptiens, se développe et produit de remarquables représentations du corps humain. La céramique grecque se distingue également et est très recherchée partout en Méditerranée. Avec l'écriture, la littérature et la poésie naissent et connaissent un essor.

Amphore à figures rouges (vers 510 av. J.-C.).

Les Grecs se sentent supérieurs aux autres peuples de la Méditerranée. Pour eux, la Grèce est le centre du monde et plus on s'en éloigne, plus les peuples sont sauvages et primitifs. Pour désigner les populations qui ne parlent pas le grec, ils utilisent le terme « Barbares », parce qu'à leurs oreilles, ces gens produisent des sons impossibles à comprendre, des « bar bar ba ba… ». Les Grecs ne peuvent imaginer qu'ils puissent être aussi intelligents qu'eux. Le fait que ces peuples soient soumis à des souverains autoritaires gouvernant selon leurs caprices leur inspire de la pitié. Les Grecs ont donc conscience de partager le même mode de vie, basé sur les cités, qui élève l'homme et le rend meilleur en développant ses qualités morales et sociales. Ils reconnaissent tout de même que certains peuples méritent leur admiration, comme les Égyptiens qui leur ont fourni leurs dieux et les Phéniciens qui leur ont donné l'alphabet. Ils ont aussi un certain respect pour les druides gaulois et les mages perses en raison de leur grande sagesse. Malgré ce sentiment de supériorité, les Grecs entretiennent des contacts relativement cordiaux avec les peuples de la Méditerranée. Pendant plusieurs siècles, ils ne s'engagent pas dans des conflits importants. Cette situation change au début du ve siècle avant Jésus-Christ avec leurs voisins perses, dont l'empire est en pleine expansion.

Le sanctuaire de Delphes, consacré au dieu Apollon, illustre le sentiment d'appartenance qui unit les Grecs autour des mêmes croyances et d'une culture commune.

EMPREINTES DE L'OCCIDENT

LES JEUX OLYMPIQUES

Le 17 juillet 1976 s'ouvrent à Montréal les XXIe Jeux olympiques modernes. Le point culminant de la cérémonie d'ouverture est l'allumage d'une flamme symbolique dans la vasque qui surplombe le stade. La flamme olympique brûle pendant toute la durée des Jeux. Par la suite, elle est rallumée à l'occasion de chaque nouvelle olympiade.

Il y a 2000 ans, dans la Grèce antique, une cérémonie donnait également le coup d'envoi des Jeux panhelléniques, ancêtres des Jeux olympiques d'aujourd'hui. De jeunes filles vierges allumaient une flamme sur l'autel de la déesse Hestia, dans le sanctuaire d'Olympie. Toutefois, la flamme olympique est l'un des seuls points communs entre la version moderne des Jeux et la version antique qui en a été l'inspiration.

Tenus à intervalles de quatre ans, les Jeux panhelléniques réunissent des concurrents provenant des quatre coins de la Grèce. Devant un auditoire qui exclut d'emblée les femmes, des athlètes de sexe masculin compétitionnent durant cinq jours. Contrairement aux dizaines de sports présentés lors des Jeux olympiques modernes, il n'y a à l'origine que quelques épreuves de course à pied ou à cheval, de lancers et de combats, une épreuve combinée (le pentathlon) ainsi que des concours musicaux et littéraires. À l'époque, les Jeux d'hiver n'existent pas. On ne récompense pas les trois meilleurs athlètes d'une discipline, mais un seul vainqueur qui reçoit, au lieu de la médaille d'or, une couronne de feuilles d'un olivier sacré.

Ces festivités revêtent un caractère essentiellement religieux. En hommage à Zeus, on y célèbre les prouesses du corps humain, création divine, dans toute sa splendeur.

À partir du VIIIe siècle avant Jésus-Christ, ces Jeux sont tenus pendant plus d'un millénaire, et ce, sans interruption malgré les conflits qui viennent ponctuer l'histoire grecque. En période de guerre, la trêve olympique, respectée par tous, permet aux athlètes de se rendre à la compétition sans crainte d'être harcelés. Considérés comme un rituel païen, les Jeux antiques sont finalement abolis, vers la fin du IVe siècle, par l'empereur Théodose Ier qui, luttant contre le paganisme, souhaite imposer le christianisme dans l'Empire. Ce n'est qu'en 1896 que le Français Pierre de Coubertin ressuscite les Jeux et crée la version moderne que l'on connaît aujourd'hui. Au cours du XXe siècle, les Jeux olympiques modernes sont annulés à deux reprises, lors des deux grandes guerres, puis boycottés au cours de la guerre froide.

De nos jours, le rituel religieux de la Grèce antique a cédé la place à un événement médiatique d'envergure mondiale. Le mouvement olympique n'en demeure pas moins une institution dont l'idéal d'excellence et de dépassement flamboie encore et toujours dans le monde.

L'AFFRONTEMENT AVEC LES PERSES : LES GUERRES MÉDIQUES

Les tribus perses sont établies en Mésopotamie depuis 700 avant Jésus-Christ environ. Rassemblées autour des rois de la famille des Achéménides, les Perses entreprennent la conquête de tout l'Orient. Deux siècles plus tard, leur empire s'étend de l'Inde à la Libye (voir la carte 2.3). Menés par leur souverain Darius, les Perses poursuivent leur avancée vers l'ouest. Ils conquièrent toute l'Asie Mineure et soumettent les cités grecques d'Ionie, puis le nord de la Grèce et la Macédoine. Dans ce vaste empire, plusieurs populations se révoltent fréquemment contre l'occupant perse qui, chaque fois, réplique par une répression impitoyable. Les cités grecques d'Ionie, habituées à leur autonomie politique, se soulèvent en 499 avant Jésus-Christ et demandent un appui militaire des autres cités.

Malgré le sentiment d'appartenance qui lie les Grecs, l'appel des Ioniens est loin de susciter une mobilisation générale. En effet, plusieurs cités sont profondément divisées entre les partisans d'une alliance avec la puissance perse et les partisans de la résistance. Seule Athènes envoie une vingtaine de navires pour aider

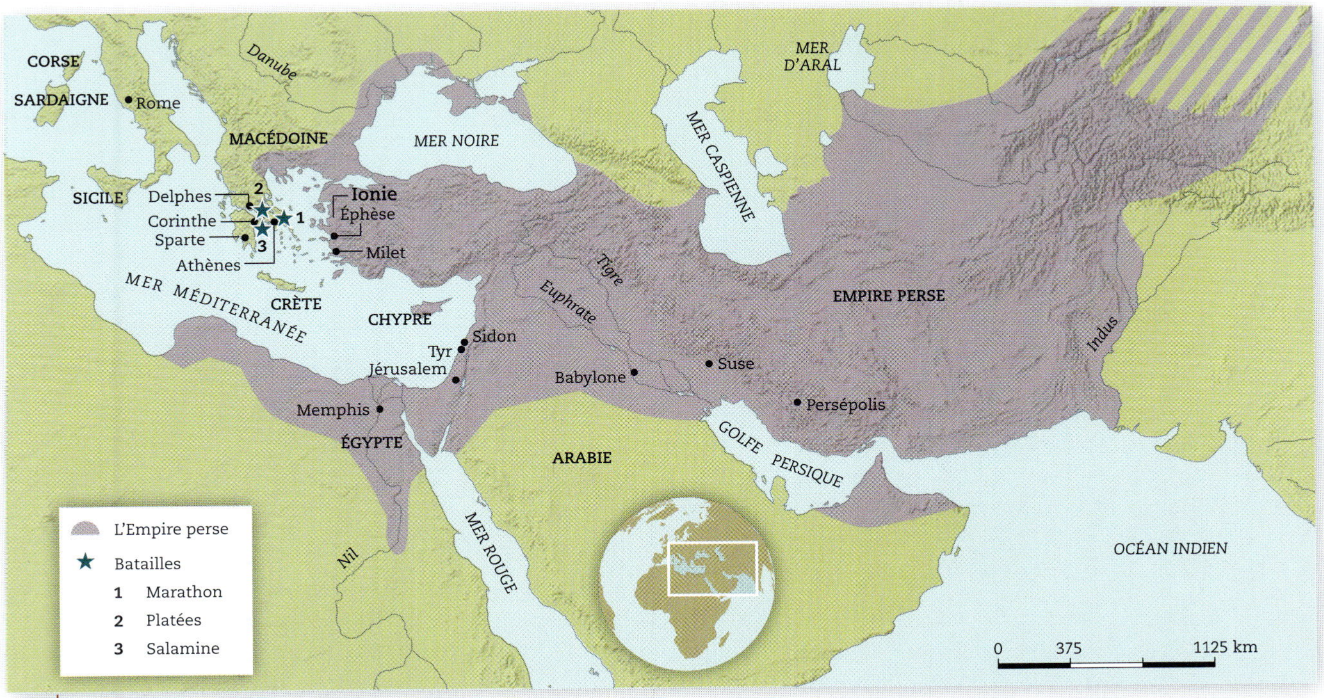

Carte 2.3

L'EMPIRE PERSE ET LES GUERRES MÉDIQUES

Au début du ve siècle avant Jésus-Christ, l'expansion perse menace les cités grecques qui résistent et remportent trois importantes victoires leur évitant de tomber sous le joug de cette puissance étrangère.

les Ioniens, mais les forces sont inégales et les Perses gardent le contrôle des cités grecques. Le roi tient quand même à punir les Athéniens. Il souhaite également conquérir la Grèce et forcer les cités à s'allier avec lui. En 490 avant Jésus-Christ, des soldats perses débarquent à Marathon, située à 42 km d'Athènes. Pour les affronter, Athènes obtient l'aide de seulement trois autres cités : Sparte, Platées et Égine. Mais ce sera suffisant. Allant au-devant des forces perses à Marathon, les hoplites remportent la victoire.

Les Athéniens redoutent cependant une contre-attaque. Au cours des années suivantes, ils construisent 200 navires de guerre afin de pouvoir éventuellement rivaliser avec leurs adversaires sur la mer. Les Perses n'ont pas abandonné la partie et vers 481 avant Jésus-Christ, environ 10 ans après leur humiliante défaite, ils sont de retour, menés par leur nouvel empereur Xerxès. Cette fois, ce sont environ 1200 navires et des dizaines de milliers de soldats qui s'amènent. Plusieurs cités grecques, terrifiées, choisissent de ne pas résister. Athènes, de son côté, est déterminée à organiser la défense de toute la Grèce. Elle convainc une trentaine de cités de conclure une alliance militaire alors que les Perses ravagent déjà de nombreuses cités. Dans son ouvrage intitulé *L'Enquête*, l'historien grec Hérodote reconstitue l'état d'esprit des résistants athéniens qui s'expriment devant l'assemblée des citoyens :

« *Il était fort inutile de grossir avec emphase les forces des Perses ; nous savions aussi bien que vous que les nôtres sont inférieures aux leurs. Cependant, brûlant du beau feu de la liberté, nous nous défendrons de tout notre pouvoir. […] Non, il n'est point assez d'or sur terre, il n'est point de pays assez beau, assez riche, il n'est rien enfin qui puisse nous porter à prendre le parti des Mèdes [les Perses], pour réduire la Grèce en esclavage : et quand même nous le voudrions, nous en serions détournés par plusieurs grandes raisons. La première et la plus importante, les statues et les temples de nos dieux brûlés, renversés et ensevelis sous leurs ruines ; ce motif n'est-il pas assez puissant pour nous forcer bien plutôt à nous venger de tout notre pouvoir qu'à nous allier à celui qui est l'auteur de ce désastre ? Secondement, le corps hellénique [les Grecs] étant d'un même sang, parlant la même langue, ayant les mêmes dieux, les mêmes temples, les mêmes sacrifices, les mêmes usages, les mêmes mœurs, ne serait-ce pas une chose honteuse aux Athéniens de les trahir ? Apprenez donc, si vous l'avez ignoré jusqu'à présent, apprenez que tant qu'il restera un Athénien au monde, nous ne ferons jamais alliance avec Xerxès.* »

Document 2.3 Hérodote, *L'enquête*, ve siècle av. J.-C.[3]

Malgré leur détermination, les Athéniens doivent évacuer leur cité qui est conquise et partiellement détruite par les Perses. C'est grâce à leur flotte que les Grecs remportent la victoire. Attirant les navires perses dans l'étroite baie de Salamine, où ils ne peuvent manœuvrer, ils leur infligent une cuisante défaite en 480 avant Jésus-Christ.

Athènes sort des guerres médiques au sommet de sa puissance. Après la guerre, elle rassemble autour d'elle plusieurs cités dans une alliance devant assurer la défense de la Grèce de manière permanente. Cette organisation est la Ligue de Délos, du nom de l'île qui héberge le siège de l'alliance de même que son trésor. Les cités doivent en effet verser de grandes sommes d'argent à Athènes qui se charge seule de gérer les effectifs militaires. C'est ce qui lui permet de renforcer sa domination sur la mer et d'imposer son pouvoir sur les autres cités. Certaines refusent toutefois de se joindre à la Ligue, révélant les rivalités profondes qui continuent de déchirer les Grecs. Ces contestataires se regroupent autour de Sparte et font face à l'empire d'Athènes, devenu, au siècle suivant, le principal centre politique, économique et artistique de la Grèce.

L'APOGÉE ET LE DÉCLIN DU MONDE GREC

En 461 avant Jésus-Christ, des milliers d'Athéniens sont réunis pour une séance de l'Ecclesia, l'assemblée des citoyens. Cette séance est particulière, parce qu'on a voté à la majorité qu'un des dirigeants mérite d'être condamné à l'ostracisme, ce qui le bannira de la cité pendant 10 ans. Sur un tesson de céramique, chaque citoyen a gravé le nom de celui qu'il veut voir expulsé. Les tessons sont comptés, le verdict tombe : le stratège Cimon est ostracisé. On lui reproche d'avoir tenté un rapprochement avec Sparte, la grande rivale d'Athènes. Un des principaux opposants de Cimon est un autre stratège nommé Périclès, devenu depuis quelques années l'homme le plus influent de la cité.

Cet ostracisme est représentatif de l'attitude intransigeante et impérialiste des dirigeants athéniens de cette époque. Depuis la fin des guerres médiques, Athènes étend sa suprématie sur une grande partie du monde grec. Pendant environ 50 ans, elle dirige un empire dont la puissance repose sur la richesse que lui apporte la Ligue de Délos. Les cités qui en font partie lui sont soumises et doivent lui verser des sommes considérables. En échange, Athènes garantit une protection militaire. Profitant de ce contexte favorable, la cité fait étalage de son pouvoir en investissant dans de grands travaux publics et en finançant les artistes et les architectes. De plus, elle perfectionne son régime démocratique, permettant un épanouissement de la pensée rationnelle et de la philosophie. Les historiens appellent cette période « l'époque classique ».

ATHÈNES, UNE DÉMOCRATIE IMPÉRIALISTE

Au cours du ve siècle avant Jésus-Christ, un dirigeant se distingue à Athènes. Périclès est le petit-neveu de Clisthène, un des fondateurs de la démocratie au siècle précédent. Homme politique influent et populaire à l'assemblée des citoyens en raison de ses discours percutants, il procède comme son ancêtre à d'importantes transformations du régime. Comme lui, il prend de nouvelles mesures contre les aristocrates et en faveur du peuple. En 462 avant Jésus-Christ, il limite davantage le pouvoir de l'Aréopage, ce puissant conseil formé d'aristocrates. Puis, il offre un salaire aux citoyens paysans pour compenser le fait qu'ils doivent fréquemment délaisser leur terre afin d'assister aux séances de la Boulè. Une dizaine d'années plus tard, il décide de restreindre la citoyenneté aux hommes libres dont les deux parents sont nés à Athènes. Les autres sont considérés comme des étrangers ; ce sont les métèques (*metoikos* signifie « qui change de maison »).

À cette époque, Athènes abrite une population d'environ 250 000 personnes. De ce nombre, 40 000 sont citoyens. On compte aussi quelque 12 000 métèques et 90 000 esclaves. À vrai dire, un tel régime ne peut fonctionner que grâce à l'esclavage, puisque pour participer à la vie politique et œuvrer dans les institutions, les citoyens doivent réduire leurs heures de travail tout en conservant un niveau de vie confortable. Les esclaves travaillent pour eux, que ce

Le stratège athénien Périclès.

soit aux champs, à la maison ou dans les boutiques des artisans. Le reste de la population est constitué des femmes et des enfants. Les femmes n'ont aucun droit politique dans les cités grecques. Toute leur vie, elles demeurent soumises à leur père, puis à leur mari, qu'elles ne choisissent d'ailleurs pas, et à leurs fils. Elles disposent des seuls droits de conclure certaines transactions financières et de recevoir une partie de l'héritage de leur père. L'infériorisation des femmes se reflète dans certains mythes grecs qui expliquent que les dieux les ont créées afin de punir les hommes.

À partir d'environ 450 avant Jésus-Christ, Périclès devient l'homme le plus puissant d'Athènes. Il est élu stratège et le sera de nouveau chaque année durant 30 ans, dirigeant l'armée et influençant le gouvernement et l'assemblée des citoyens. Au cours de cette période, il renforce le pouvoir de sa cité au sein de la Ligue de Délos, dont le trésor est transféré à Athènes, où toutes les décisions concernant l'alliance sont désormais prises. Les quelque 160 cités qui en font partie subissent ainsi son impérialisme et voient leur autonomie politique grandement réduite. Celles qui refusent de contribuer financièrement ou qui se révoltent sont réprimées par la flotte athénienne qui règne en maître sur la mer Égée. Athènes leur impose également la démocratie. Périclès profite aussi de son pouvoir pour faire rayonner la puissance de sa cité en requérant les services d'un grand nombre d'artistes.

LES ARTS AU SERVICE DE LA CITÉ, DES DIEUX ET DES HOMMES

Depuis leur fondation, les cités grecques ont une identité propre qui leur permet de se démarquer des autres et de faire naître un sentiment d'appartenance chez la population. Cette identité s'exprime dans les institutions politiques, le mode de vie, les coutumes et les arts qui leur permettent de se glorifier elles-mêmes. Au ve siècle avant Jésus-Christ, Périclès lance de grands projets ayant pour but de refléter l'hégémonie de sa cité. Détournant les fonds versés dans le trésor de la Ligue de Délos, il charge le sculpteur Phidias de diriger la reconstruction des temples et sanctuaires de la colline de l'Acropole, détruits par les Perses au cours des guerres médiques. Le chantier s'étendra sur une cinquantaine d'années. Le bâtiment le plus célèbre est le Parthénon, temple dédié à Athéna, déesse protectrice de la ville. Parfaitement symétrique, lumineux, à l'époque orné de frises magnifiques et peint de couleurs éclatantes, il est considéré comme un chef-d'œuvre technique et esthétique et fait la renommée de la cité. Des cérémonies religieuses s'y déroulent. Elles servent à honorer les dieux auxquels les Grecs vouent une foi encore plus grande depuis la victoire contre les Perses. Ces rituels servent également à resserrer les liens entre les citoyens et à maintenir la cohésion sociale.

L'Acropole d'Athènes, centre religieux de la plus puissante cité grecque au ve siècle avant Jésus-Christ.

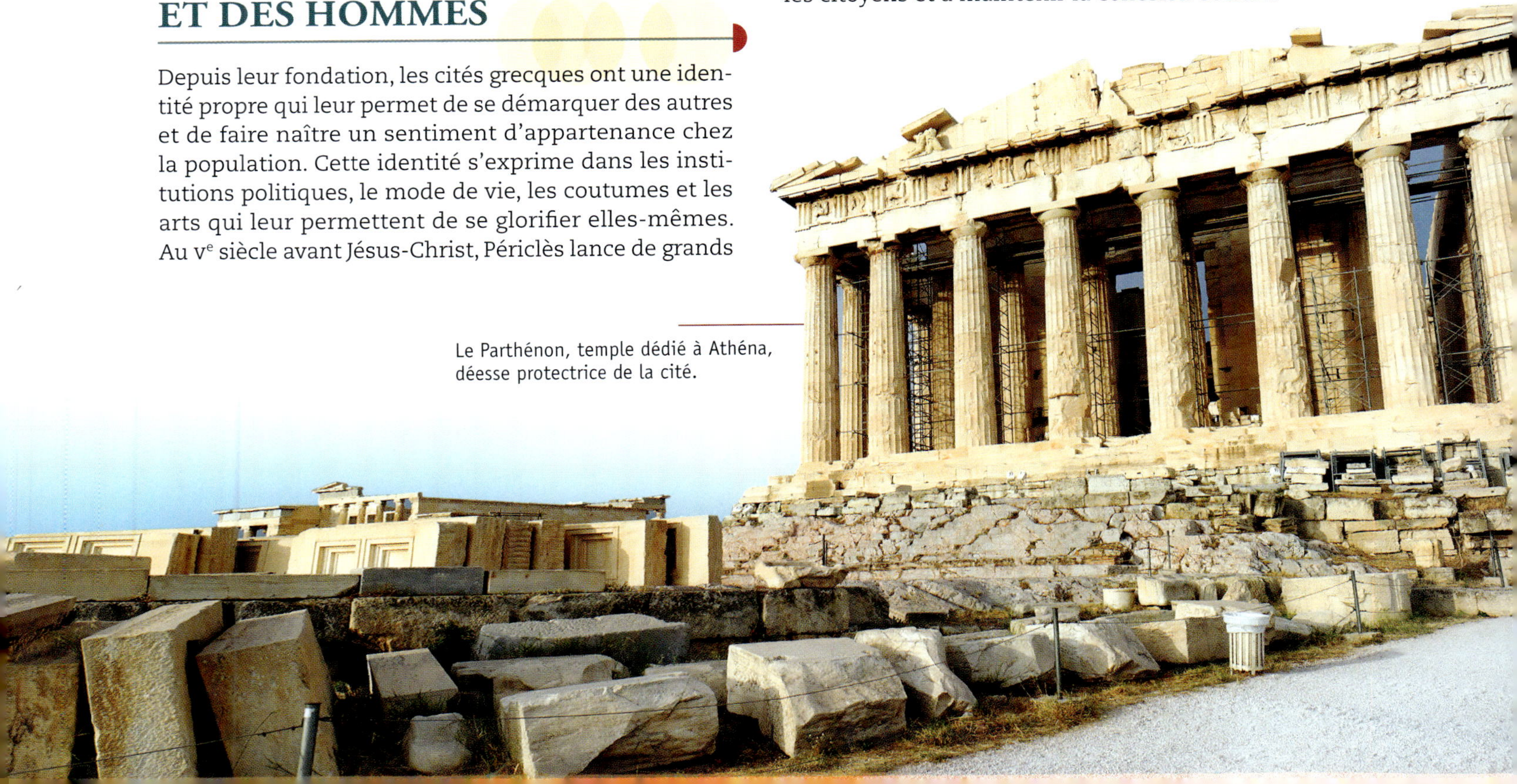

Le Parthénon, temple dédié à Athéna, déesse protectrice de la cité.

Le théâtre de Dyonisos a été aménagé au Ve siècle avant Jésus-Christ. À cette époque, il était constitué de terre battue et de gradins en bois. Les gradins en pierre ont été construits au IVe siècle avant Jésus-Christ.

Un autre art destiné à la cohésion sociale est le théâtre. Des centaines de pièces, en grande majorité perdues au fil des siècles, ont été écrites au Ve siècle avant Jésus-Christ par de talentueux auteurs. Les plus célèbres, Eschyle, Sophocle, Euripide, Xénophon, ont écrit des œuvres qui suscitent encore aujourd'hui l'admiration. Le théâtre n'est pas un divertissement à cette époque. On se sert des représentations pour renforcer la démocratie et éduquer les citoyens qui sont d'ailleurs obligés d'y assister. On présente des tragédies racontant des événements dramatiques vécus par des personnages de la mythologie et de l'histoire grecques. Les tragédies portent sur des enjeux fondamentaux et des questions morales comme le respect des lois, les risques de la désobéissance, les dangers qui guettent le genre humain, etc. Elles jouent ainsi le même rôle que les mythes, que les Grecs connaissent d'ailleurs par cœur. La différence, c'est qu'en voyant les personnages revivre ces aventures célèbres, ils peuvent se reconnaître en eux.

Les arts ont donc à la fois une fonction politique, sociale et religieuse, et c'est une des principales raisons pour lesquelles ils sont florissants. Mais la démocratie est aussi un facteur important. En libérant des milliers de citoyens de l'obligation de travailler, elle crée un large public potentiel pour les artistes qui rivalisent pour lui plaire. La liberté de parole et d'expression qu'elle permet accorde aussi une grande latitude aux créateurs. Ainsi, vers la fin du Ve siècle, la comédie devient très

Ces sculptures représentant des jeunes filles, appelées « caryatides », font partie de l'Erechtéion, un des temples construits sur l'Acropole d'Athènes au Ve siècle avant Jésus-Christ.

populaire dans les théâtres. L'auteur le plus célèbre est Aristophane (450-385 av. J.-C.). Ses pièces sont des parodies grotesques et parfois vulgaires qui ridiculisent des personnages célèbres, qu'ils soient généraux, hommes politiques, poètes ou philosophes. Les arts sont à l'échelle humaine et, s'ils se moquent des travers humains, ils glorifient également les qualités de l'homme. La sculpture grecque l'illustre de manière évidente. Les œuvres de Phidias et de Polyclète, par exemple, visent à représenter la perfection et la beauté du corps humain, de même que des vertus comme la force, le courage et la dignité. Les arts et le corps ne sont pas les seuls à être valorisés dans la démocratie grecque. Avec la pensée rationnelle, la philosophie et les sciences, l'esprit humain l'est également.

Les acteurs grecs portent un masque exprimant les émotions vécues par leur personnage. Il sert aussi de caisse de résonance pour amplifier leur voix.

UN CONTEXTE FAVORABLE À LA RATIONALITÉ ET À LA SCIENCE

Au ve siècle avant Jésus-Christ, avec l'éclosion de la démocratie, les débats à l'assemblée des citoyens, dans les tribunaux ou dans les autres institutions politiques développent l'art d'argumenter et de maîtriser la parole. Pour les Grecs, la pensée progresse par la confrontation d'idées contradictoires, qu'on appelle la « dialectique ». Celui qui parvient à convaincre, qui maîtrise la rhétorique, soit l'art du discours, devient le plus influent. Des penseurs deviennent ainsi des spécialistes de l'art oratoire. Au départ, ces sophistes (de *sophia*, qui signifie « sagesse, science ») se déplacent de ville en ville pour enseigner l'éloquence aux jeunes citoyens. Peu à peu, certains fondent des écoles. Ils apprennent à leurs élèves à utiliser le langage pour rendre leurs idées et leurs points de vue assez convaincants pour que tous en viennent à les considérer comme étant la vérité.

Des philosophes utilisent aussi la pensée rationnelle pour mener une réflexion critique sur la politique, la société et le monde. Ils cherchent, par exemple, à établir quel est le meilleur type de régime et à définir des valeurs fondamentales comme la justice, le courage et la liberté. Le plus célèbre est sans aucun doute Socrate (469-399 av. J.-C.), qui voit d'ailleurs les sophistes d'un très mauvais œil. Pour lui, ces derniers ne sont que des manipulateurs qui trompent les citoyens et les détournent de la véritable connaissance. Il croit que le salut de l'humain repose sur sa connaissance de lui-même et du bien et sur sa capacité de poser sur lui-même un regard critique. C'est à ses yeux le seul moyen de devenir un être meilleur et d'atteindre le bonheur. Les discours de Socrate de même que son enseignement lui attirent de nombreux opposants et ennemis.

Les sciences bénéficient également des progrès de la pensée. À cette époque, les penseurs ont plus que jamais la conviction que l'esprit humain a la capacité de répondre à toutes les questions. Le débat sur la nature de la matière dont est fait l'univers, amorcé au cours des siècles précédents, se poursuit et donne des résultats étonnants. Par exemple, Leucippe de Milet (ve siècle av. J.-C.) et son élève Démocrite d'Abdère (460-370 av. J.-C.) élaborent la première théorie des atomes. Ils affirment que la matière est faite de particules minuscules et invisibles qui se combinent de différentes manières pour former tout ce que l'on retrouve dans la nature. Des penseurs s'intéressent également au corps humain et utilisent la pensée rationnelle pour en comprendre le fonctionnement. Le premier médecin grec connu est Hippocrate de Cos. Il met de côté les explications surnaturelles des maladies et utilise la logique pour en découvrir les causes. Avec ses élèves, il cherche à analyser les symptômes, observe attentivement les corps, note les variations de couleur sur la peau, questionne ses patients sur leurs douleurs, leur sommeil et leur alimentation. Sa capacité de guérir étant limitée par le manque de connaissances sur les remèdes adéquats, son objectif est de prévoir et de prévenir les maladies. D'autres penseurs, comme Alcméon de Crotone, pratiquent des dissections sur des animaux pour tenter de comprendre le fonctionnement du corps humain.

Les Grecs continuent ainsi de fonder leur démarche scientifique sur le pouvoir des sens et de l'observation. Ces recherches en amènent certains à s'intéresser à l'être humain non pas comme créature biologique, mais comme être social afin de comprendre comment ses conditions de vie peuvent l'affecter.

Hippocrate de Cos (479-399 av. J.-C.) est le premier médecin grec connu à fonder une méthode pour découvrir les causes des maladies par l'observation des symptômes.

Hérodote d'Halicarnasse effectue de longs voyages en Méditerranée au cours desquels il observe et note attentivement les mœurs des différents peuples qu'il rencontre. Il les présente dans son ouvrage le plus célèbre, intitulé *L'Enquête*, dans lequel il cherche à expliquer de manière rationnelle les causes et le déroulement des guerres médiques entre les Grecs et les Perses. Cela en fait le premier historien de l'histoire occidentale. Un peu plus tard, l'historien Thucydide (vers 460-400 av. J.-C.) poursuivra cette démarche avec la guerre du Péloponnèse.

Vers la fin du ve siècle avant Jésus-Christ, alors que le monde grec est à son apogée, les tensions entre les cités se font de plus en plus intenses. La suprématie d'Athènes est de plus en plus contestée, en particulier par sa grande rivale, Sparte, qui a constitué elle aussi un empire dans la région du Péloponnèse. Un incident déclenchera l'affrontement.

LES CITÉS SE DÉCHIRENT : LA GUERRE DU PÉLOPONNÈSE

Depuis la fin de la guerre contre les Perses, Athènes est la maîtresse de la mer grâce à sa puissante flotte. De son côté, Sparte domine la presqu'île voisine du Péloponnèse avec ses 40 000 hoplites. Plus le temps passe, plus les rivalités s'accentuent entre les deux cités qui veulent obtenir le contrôle territorial et commercial de toute la Grèce. En 431 avant Jésus-Christ, Sparte déclare la guerre à Athènes. C'est le début de la guerre du Péloponnèse. Après la première année du conflit, les deux rivales ont déjà subi de nombreuses pertes. L'historien Thucydide, auteur d'un ouvrage sur ce conflit, résume l'hommage aux soldats morts au combat prononcé par le dirigeant athénien Périclès :

> « *En résumé, j'ose le dire, Athènes, prise dans son ensemble, est l'école de la Grèce ; et, si l'on considère les individus, on reconnaîtra que, chez nous, le même homme se prête avec une extrême souplesse aux situations les plus diverses. Pour se convaincre que mon langage n'est pas dicté par une vaine jactance [une vaine prétention], mais qu'il est l'expression de la vérité, il suffit d'envisager la puissance que ces qualités diverses nous ont acquise. [...] Nous avons forcé toutes les terres et toutes les mers à devenir accessibles à notre audace ; partout nous avons laissé des monuments impérissables de nos succès ou de nos revers. Telle est donc cette patrie, pour laquelle ces guerriers sont morts héroïquement plutôt que de se la laisser ravir, et pour laquelle aussi tous ceux qui leur survivent doivent se dévouer et souffrir.* »
>
> **Document 2.4** Thucydide, *Histoire de la Guerre du Péloponnèse*, ve siècle av. J.-C.[4]

Conformément aux souhaits de Périclès, les Athéniens se défendent avec acharnement, mais ne peuvent éviter la défaite, accélérée notamment par une épidémie de peste qui emporte du quart au tiers de la population de la cité, dont Périclès lui-même. Après un long conflit, Sparte remporte la guerre en 404 avant Jésus-Christ. Athènes doit détruire ses fortifications, livrer sa flotte de guerre, abolir la Ligue de Délos et se soumettre à la Ligue du Péloponnèse. Cette guerre fratricide laisse des marques profondes. Les cités grecques sont affaiblies et épuisées.

LE DÉCLIN DES CITÉS ET LA CONQUÊTE MACÉDONIENNE

La fin de la guerre du Péloponnèse marque le début d'une période trouble pour les Grecs. Le conflit provoque de profondes remises en question. On cherche des explications et des coupables. Certains accusent les philosophes d'avoir provoqué la colère des dieux en cherchant à percer les mystères de la nature. Ils les voient comme une menace pour la société. Des penseurs sont carrément persécutés. Le cas le mieux connu est celui de Socrate, qui a combattu aux côtés des soldats athéniens pendant la guerre du Péloponnèse et occupé un poste de magistrat. Quelques années après la fin du conflit, il est accusé de ne pas croire aux divinités et de corrompre les jeunes par son enseignement. Il s'agit en partie d'un prétexte qui cache une vengeance politique, car Socrate s'était fait beaucoup d'ennemis en critiquant fréquemment les dirigeants athéniens. Il doit subir un procès auquel assiste un de ses élèves, le philosophe Platon (428-348 av. J.-C.). Ce dernier reconstitue, de manière vraisemblable selon les historiens, la façon dont son maître se défend devant ses juges :

> « *Que disent mes calomniateurs ? Car il faut mettre leur accusation dans les formes, et la lire comme si elle était écrite, et le serment prêté : Socrate est un homme dangereux qui, par une curiosité criminelle, veut pénétrer ce qui se passe dans le ciel et sous la terre, fait une bonne cause d'une mauvaise, et enseigne aux autres ces secrets pernicieux. Voilà l'accusation ; [...] mais c'est qu'en effet, je ne me suis jamais mêlé de ces matières, et je puis en prendre à témoin la plupart d'entre vous. Je vous conjure donc tous tant que vous êtes avec qui j'ai conversé, et il y en a ici un fort grand nombre, je vous conjure de déclarer si vous m'avez jamais entendu parler de ces sortes de sciences, ni de près ni de loin ; par là, vous jugerez des autres parties de l'accusation, où il n'y a pas un mot de vrai. Et si l'on vous dit que je me mêle d'enseigner, et que j'exige un salaire, c'est encore une fausseté.* »
>
> **Document 2.5** Platon, *Apologie de Socrate*, IVe siècle av. J.-C.[5]

Socrate (469-399 av. J.-C.), né près d'Athènes, est un des philosophes grecs les plus célèbres. Il est considéré comme le fondateur de la philosophie occidentale.

Le procès prend fin avec la condamnation à mort de Socrate en 399 avant Jésus-Christ. L'événement choque de nombreux citoyens, notamment Platon, qui décide de quitter Athènes, profondément déçu du régime démocratique. Convaincu que les cités devraient être dirigées par des politiciens philosophes, il revient à Athènes une dizaine d'années plus tard pour fonder une école, l'Académie, destinée à former les futurs dirigeants. Auteur d'une des œuvres les plus importantes de la philosophie occidentale, Platon devient aussi un des critiques les plus virulents de la démocratie, jugée responsable de tous les problèmes. Comme d'autres, il croit qu'elle accorde trop de pouvoir au peuple, qui ne connaît rien, se laisse guider par ses émotions et vit aux crochets des riches. Seuls les plus fortunés devraient gouverner. Le mépris de Platon pour les citoyens les plus pauvres est évident dans certaines de ses œuvres. Par exemple, il affirme que ces derniers, en contribuant à la victoire contre les Perses lors de la bataille navale de Salamine, au cours des guerres médiques, n'ont pas renforcé le peuple grec, mais l'ont plutôt affaibli. C'est ce qu'il déclare, une quarantaine d'années après cette bataille, dans un dialogue entre le Crétois Clinias, le Spartiate Mégille et un Athénien :

« *– L'ATHÉNIEN. [...] Outre cela, les États qui doivent leur puissance à la marine ne peuvent à la fois honorer ce qui les sauve et ce qui le mérite le mieux ; car lorsque ce qui les sauve, ce sont des pilotes, des chefs de rameurs et des rameurs eux-mêmes, tous gens ramassés de côté et d'autre, et qui ne valent pas grand' chose, il est impossible de faire une bonne distribution des honneurs [...]. – CLINIAS. [...] Nous disons néanmoins, nous autres Crétois, que ce qui sauva la Grèce fut le combat naval qui se donna entre les Grecs et les Barbares auprès de Salamine. – L'ATHÉNIEN. Et la plupart des Grecs et des Barbares disent la même chose ; mais, pour Mégille et moi, nous disons que la victoire remportée à Marathon commença le salut de la Grèce, et que celle de Platée le consomma ; que ces combats de terre servirent à rendre les Grecs meilleurs, et qu'il n'en fut pas ainsi des batailles navales ; et je le dis de celles même qui contribuèrent alors à notre délivrance, et je joins à celle de Salamine l'autre qui se donna auprès d'Artémise.* »

Document 2.6 Platon, *Les Lois*, vers 347 av. J.-C.[6]

Depuis la guerre du Péloponnèse, l'affaiblissement militaire, politique et économique des cités grecques se poursuit. Leurs vieux ennemis, les Perses, en profitent pour reconquérir plusieurs cités dans la région de l'Ionie. Les Grecs ne peuvent pas riposter. L'époque est dure, incertaine, et suscite de nouveaux besoins, notamment en matière religieuse. La population se questionne davantage sur ce qu'il advient après la mort et cherche à établir avec certaines divinités un contact plus intime, plus personnel et rassurant. Elle se tourne entre autres vers le culte de Dionysos, dieu du vin et de l'extase qui apporte le plaisir et apaise les tracas. Asclépios, dieu guérisseur capable de ressusciter les morts, connaît aussi une grande popularité et son sanctuaire, à Épidaure, attire les foules. On rend également un culte à certaines divinités orientales, comme Cybèle et Isis.

L'époque trouble qui suit la guerre du Péloponnèse suscite aussi d'intenses questionnements sur la condition humaine chez certains philosophes. Ceux qu'on appelle les cyniques, comme Diogène (400-325 av. J.-C.), affirment que le bonheur ne peut se trouver dans les plaisirs, la possession de biens ou les relations sociales, mais plutôt dans la force morale. Les sceptiques, comme Pyrrhon (365-270 av. J.-C.), croient qu'il est impossible pour l'esprit humain d'atteindre une véritable connaissance des choses. Ces nouvelles visions du monde témoignent du climat d'inquiétude qui règne dans les cités grecques. Malgré tout, la culture, la pensée et la science continuent de fleurir. Elles sont reconnues et admirées partout en Méditerranée. Les Grecs, en particulier les Athéniens qui se considèrent comme supérieurs aux autres, croient que leur culture est universelle et que tous les peuples peuvent y accéder. Ils sont en faveur de la transmission de leur culture, processus qu'on appelle « hellénisation » (de *hellenizein*, qui signifie « parler grec ») et qui commence par l'apprentissage de la langue. Le philosophe Isocrate résume clairement cette conception :

« *Athènes a tellement dépassé les autres peuples par le génie de l'éloquence et de la philosophie, que de simples disciples chez elle sont admis comme des maîtres chez les autres ; qu'elle a fait du nom de Grec, moins le nom d'un peuple, que le signe de l'intelligence même, et qu'on désigne par ce nom les hommes qui participent à notre éducation, plus encore que les hommes qui partagent notre origine.* »

Document 2.7 Isocrate, *Panégyrique*, 380 av. J.-C.[7]

De nombreux peuples sont d'ailleurs attirés par cette culture et s'y initient. C'est entre autres le cas des Macédoniens, dont le royaume est situé tout juste au nord de la Grèce (voir la carte 2.4). Leur roi, Philippe II, est un grand admirateur des Grecs. Il engage le philosophe Aristote comme professeur personnel pour son fils Alexandre. Ancien élève de Platon, Aristote deviendra comme ce dernier une des figures les plus importantes de la philosophie occidentale. À l'époque où Philippe II le recrute, il est aussi reconnu pour ses recherches en sciences naturelles, en zoologie notamment. Le roi Philippe II a de grandes ambitions : étendre la domination de la Macédoine et conquérir un vaste empire. Il commence par soumettre la Grèce en 338 avant Jésus-Christ avec l'aide de son fils qui, à l'âge de 18 ans, commande déjà une de ses armées. Il est assassiné deux ans plus tard et Alexandre est porté au pouvoir. Ce dernier décide de poursuivre le projet de son père et de se lancer à la conquête de l'Empire perse.

Cette tête en marbre d'Alexandre le Grand aurait été emportée d'Alexandrie, en Égypte, au IIe ou Ier siècle avant Jésus-Christ. Elle est exposée au British Museum de Londres.

LES GRECS ET L'ORIENT

En 327 avant Jésus-Christ, Alexandre, jeune roi de Macédoine ayant adopté la culture grecque, épouse Roxane, la fille d'un noble perse. Il est alors bien loin de chez lui, en Sogdiane, au nord de l'actuel Afghanistan. Depuis quelques années, il a amorcé la conquête de l'Orient et ce mariage est un symbole de la relation qu'il veut établir avec les peuples conquis. Au lieu de les réprimer, il souhaite les unir autour de la culture grecque dans un vaste empire. Son union avec Roxane est un message clair : il est venu pour rassembler les peuples. Il incite même ses officiers à faire comme lui et à épouser des étrangères. En réaction à cette attitude d'ouverture, un grand nombre de dirigeants perses acceptent de collaborer avec lui. Alexandre est à l'origine d'une des plus importantes conquêtes de l'histoire occidentale qui, pour la première fois, crée un lien durable entre l'Orient et l'Occident. Avec lui commence ce que les historiens appellent « l'époque hellénistique ».

LES CONQUÊTES D'ALEXANDRE LE GRAND

Comme son père Philippe II avant lui, Alexandre est un grand admirateur de la culture grecque qu'il considère comme supérieure et universelle. Il se lance à l'assaut de l'Orient dans le but de bâtir une puissante civilisation fondée sur l'hellénisme. Habile stratège militaire, il parvient à vaincre rapidement les armées perses avec seulement 40 000 hommes. De 334 à 326 avant Jésus-Christ, il conquiert l'Asie Mineure, la Syrie, la Phénicie, l'Égypte, la Mésopotamie et tous les territoires situés entre le golfe Persique et l'Inde (voir la carte 2.4). Au bord du fleuve Indus, son armée épuisée refuse d'aller plus loin et le force à s'arrêter. Il rentre à Babylone, dont il avait fait la capitale de son empire, et meurt subitement à l'âge de 33 ans, probablement d'une maladie tropicale. L'empire d'Alexandre ne survit pas longtemps à sa mort, car ses principaux généraux s'entredéchirent et le partagent en plusieurs royaumes distincts. Les cités grecques perdent ainsi l'autonomie politique qu'elles avaient conservée depuis leur formation et sont désormais sous domination macédonienne. C'est à cette époque que la démocratie disparaît. Les critiques contre le régime, déjà nombreuses, finissent par l'emporter. Malgré la mort prématurée de celui qu'on appellera plus tard Alexandre le Grand, ses conquêtes ont un effet durable sur le monde grec et les territoires orientaux contrôlés par les Macédoniens hellénisés.

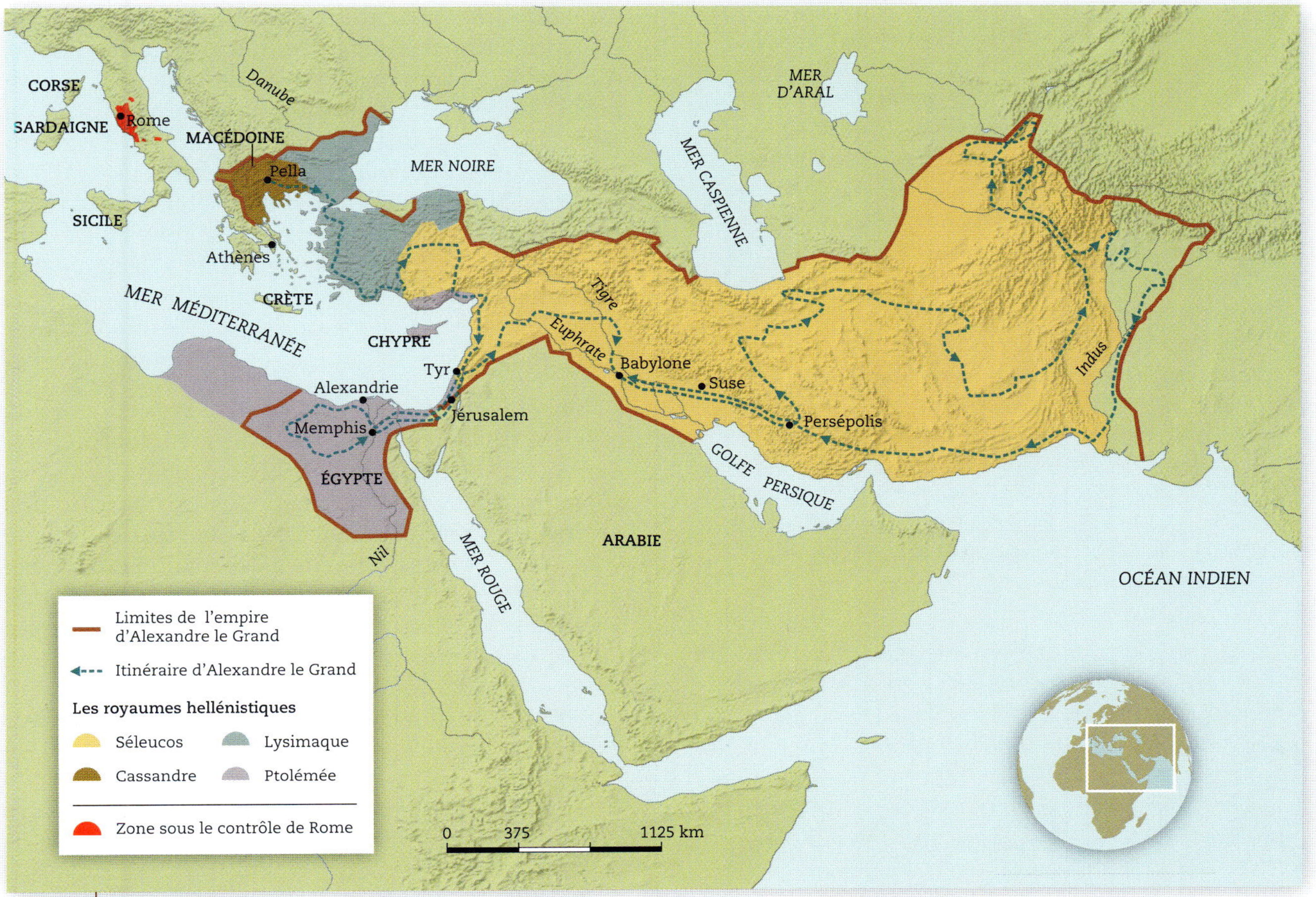

Carte 2.4

L'EMPIRE D'ALEXANDRE LE GRAND ET LES ROYAUMES HELLÉNISTIQUES

Le périple d'Alexandre et ses conquêtes sont impressionnants. Après sa mort, quatre successeurs se partagent son empire pour former des royaumes à travers lesquels se diffuse la culture grecque. À cette époque (IVe siècle av. J.-C.), Rome a commencé son expansion.

L'HELLÉNISATION DE L'ORIENT

Après les conquêtes d'Alexandre, un processus d'hellénisation se produit dans tout l'Orient. Le grec devient la langue officielle dans les gouvernements locaux et les cités. Les peuples conquis, administrés par des dirigeants macédoniens, ont tendance à adopter la culture de leurs nouveaux maîtres. Ils n'y sont aucunement forcés, mais c'est pour eux une façon de se rapprocher du groupe dominant. En grand nombre, des Grecs quittent leur cité en déclin et émigrent en Orient, accélérant l'hellénisation qui touche toutes les couches de cette société multiethnique. Les mariages mixtes sont fréquents. De nombreux conquis donnent à leurs enfants des noms grecs. À des degrés très divers selon les régions et les classes sociales, la littérature grecque se diffuse, de même que les arts, la philosophie, les sciences, l'architecture des temples, les mythes et les croyances religieuses, la monnaie.

Des coutumes se répandent également, comme la consommation du vin et de l'huile d'olive, le port de la tunique, la pratique des sports et le théâtre. On a retrouvé les vestiges d'une cinquantaine de théâtres en Syrie seulement. Alexandre avait lui-même fait des gestes concrets pour helléniser les peuples en fondant des dizaines de cités au cours de ses conquêtes. Toutes nommées Alexandrie, elles sont organisées selon le modèle grec et peuplées de colons venus de Grèce, de Macédoine et d'Asie Mineure. Elles deviennent autant de foyers de culture grecque. L'écrivain Plutarque, qui écrira une biographie d'Alexandre plus de trois siècles plus tard, lui attribue tous les mérites de l'hellénisation. Son récit, même s'il idéalise le conquérant et comporte sûrement de nombreuses exagérations, exprime néanmoins comment Alexandre a marqué les esprits :

> *Il forme les Hyrcaniens à l'institution du mariage ; il instruit les Arachosiens dans l'art de labourer la terre ; il persuade aux Sogdiens de nourrir leurs pères au lieu de les égorger, aux Perses de respecter leurs mères au lieu de faire d'elles leurs femmes. Ô l'admirable philosophie, dont l'influence est telle, que les Indiens adorent les divinités de la Grèce ; que les Scythes ensevelissent leurs morts et ne les mangent plus ! [...] Quand Alexandre eut civilisé l'Asie, Homère y devint une lecture habituelle ; et les fils des Perses, des Susiens, des Gédrosiens déclamèrent les tragédies d'Euripide et de Sophocle. [...] Il sème l'Asie d'institutions grecques, et il triomphe de ces mœurs grossières et sauvages. [...] Ceux qui ont fui devant ses conquêtes ont été moins heureux que ceux qui se sont laissé soumettre par lui : car les premiers n'ont eu personne pour les arracher à leur déplorable existence, les seconds ont été forcés par leur vainqueur à devenir heureux.*

Document 2.8 Plutarque, *Sur la fortune ou la vertu d'Alexandre*, Ier siècle.[8]

Une des villes fondées par Alexandre devient très importante après sa mort. Il s'agit d'Alexandrie, en Égypte. Vers 200 avant Jésus-Christ, elle est la plus importante cité de tout le bassin méditerranéen et ne sera dépassée plus tard que par Rome, dont la montée en puissance a déjà commencé à cette époque. Alexandrie devient une ville multiethnique et la capitale intellectuelle, scientifique et commerciale du monde hellénistique. Un des successeurs d'Alexandre, Ptolémée Ier, y fonde un lieu pour les savants et les écrivains, baptisé « Musée » en référence aux Muses, personnages mythologiques censés protéger les créateurs. Ptolémée héberge gratuitement les meilleurs artistes et les penseurs les plus talentueux pour qu'ils travaillent à leur aise. Ces derniers affluent de toutes les régions de la Méditerranée et de l'Orient.

La bibliothèque du Musée rassemble des centaines de milliers de livres contenant probablement tout le savoir de l'Antiquité. Elle sera détruite au cours des siècles suivants, mais crée à cette époque un contexte très favorable au développement de la pensée. Des savants y poursuivent leur démarche d'explication rationnelle du monde. Euclide (IIIe siècle av. J.-C.) et Archimède de Syracuse (287-212 av. J.-C.) font entre autres faire des pas de géant à la géométrie et à la physique. Ératosthène de Cyrène (vers 285-194 av. J.-C.), directeur de la bibliothèque d'Alexandrie, est notamment reconnu pour avoir calculé la circonférence terrestre (environ 40 000 km)

Le temple d'Aphrodite, construit dans la cité d'Aphrodisias, dans l'actuelle Turquie, illustre le rayonnement de la culture grecque à l'époque hellénistique.

avec une exactitude étonnante. De son côté, l'audacieux astronome Aristarque de Samos (IIIe siècle av. J.-C.) déclare que, contrairement aux apparences, la Terre tourne autour du Soleil tout en pivotant sur elle-même. Les autres astres restent selon lui immobiles. Même si la pensée rationnelle et la science sont encouragées à l'époque, ces affirmations troublantes remettent en question des conceptions fondamentales du monde et lui attirent beaucoup de critiques. Aristarque est même accusé de bafouer les dieux.

Par ailleurs, le brassage culturel entre l'Orient et le monde grec accentue le métissage des croyances religieuses amorcé au siècle précédent. Les divinités qui apportent un certain réconfort sont très populaires. La pensée philosophique se transforme également avec de nouvelles écoles de pensée, comme le stoïcisme. Ce courant prétend que l'humain, pour atteindre la sagesse, doit vivre en harmonie avec la nature puisque celle-ci est contrôlée par une raison divine face à laquelle on ne peut rien. L'épicurisme, de son côté, affirme que la sagesse se trouve dans la recherche raisonnable et mesurée du plaisir, qui apporte le bonheur et la tranquillité.

Pendant environ deux siècles, les royaumes hellénistiques héritiers de l'empire d'Alexandre le Grand sont des mondes bouillonnants où circulent les idées et les gens. Pendant ce temps, à l'ouest du bassin méditerranéen, une puissance montante étend peu à peu sa domination. Et la cité de Rome, au IIe siècle avant Jésus-Christ, tourne maintenant son regard vers les territoires orientaux.

LA CONQUÊTE ROMAINE

Au IVe siècle avant Jésus-Christ, la cité de Rome (voir le chapitre 3) amorce une série de conquêtes. Elle s'empare de l'Italie, prenant le contrôle de la Grande Grèce, ce groupe de colonies grecques fondées plusieurs siècles auparavant dans le sud de la péninsule. Puis, elle renverse sa voisine Carthage, puissante cité commerciale phénicienne située sur les côtes africaines. Les Romains ont désormais le contrôle de tout l'ouest de la Méditerranée et veulent étendre leur influence vers l'est. Pour ce faire, ils doivent affronter les Macédoniens qui gouvernent les royaumes hellénistiques depuis les conquêtes d'Alexandre le Grand. À la suite de plusieurs guerres, entre 217 et 146 avant Jésus-Christ, les Romains s'emparent de la Macédoine et de la Grèce et les intègrent à leur république. Eux aussi grands admirateurs de la culture grecque, ils la feront leur, comme l'avait fait Alexandre. Poursuivant leur expansion, les Romains conserveront ainsi l'hellénisme et le feront rayonner partout en Méditerranée.

LE FIL DE L'HISTOIRE

C'est en Méditerranée, lieu de rencontres et de métissage entre les peuples, que prend forme le monde grec qui influencera profondément l'Occident. S'inspirant des héritages des civilisations voisines, dont l'Égypte et la Mésopotamie, les Grecs fondent des villes, apprennent à maîtriser l'écriture et la métallurgie, élaborent une mythologie complexe et pratiquent le commerce et l'esclavage. À partir du VIIIe siècle avant Jésus-Christ, des bouleversements démographiques et économiques provoquent des crises sociales et politiques qui entraînent l'émergence d'une civilisation originale. Dans les cités-États, les Grecs inventent de nouvelles façons de gouverner et de nouveaux principes politiques, dont la démocratie. Des philosophes entreprennent de comprendre le monde autrement que par les mythes, c'est-à-dire au moyen de la raison, et fondent ainsi la démarche scientifique. Les Grecs innovent dans plusieurs domaines, comme l'architecture, la littérature et les arts, et développent une culture raffinée. Cette culture est à la base de forts sentiments d'appartenance et de supériorité face aux autres peuples. Grâce à la colonisation, aux victoires militaires contre les Perses, à la domination d'Athènes et plus tard aux conquêtes d'Alexandre le Grand, la culture grecque s'impose et se diffuse partout autour de la Méditerranée, et ce, jusqu'en Orient, lequel s'hellénise à son tour. Métissée de cultures orientales, la culture grecque sera reprise par les Romains d'abord, puis par l'Occident.

L'historien à l'œuvre

LA COMPRÉHENSION D'UNE SOURCE PRIMAIRE

Au chapitre 1, nous avons défini ce que sont les sources primaires. Or, le travail de l'historien consiste à analyser ces sources pour reconstituer le passé le plus fidèlement possible. Une analyse judicieuse repose toutefois sur la compréhension juste des sources.

COMPRENDRE UNE SOURCE ÉCRITE

Constatez vous-même les difficultés qui se posent lorsqu'on cherche à comprendre une source écrite en lisant, dans l'encadré ci-après, l'extrait de *L'Odyssée* d'Homère.

Cette épopée, rédigée probablement vers la fin du VIIIe siècle avant Jésus-Christ, relate les aventures légendaires du roi Ulysse. Dans l'extrait, Ulysse est reçu par Alkinoos, le roi des Phéaciens. Au cours d'un banquet, des chants épiques racontent les exploits d'Ulysse lors de la guerre de Troie.

Il s'agit donc d'événements fictifs, bien que certains historiens considèrent qu'il y a réellement eu une guerre à Troie, pour des motifs économiques, entre le milieu du XIVe siècle et le milieu du XIIe siècle avant Jésus-Christ. Cependant, même un texte légendaire peut livrer des informations historiques ; voilà pourquoi les historiens analysent également ce type de texte.

Lors de votre lecture, vous ne comprendrez probablement le texte qu'en partie. Tâchez alors de déterminer ce qui nuit à votre compréhension.

> « *[...] l'aède [Demodokos], inspiré par un dieu, [...] chanta d'abord comment les Argiens, étant montés sur les nefs aux bancs de rameurs, s'éloignèrent après avoir mis le feu aux tentes. Mais les autres Achéens étaient assis déjà auprès de l'illustre [Ulysse], enfermés dans le cheval, au milieu de l'agora des Troyens. Et ceux-ci, eux-mêmes, avaient traîné le cheval dans leur citadelle [et avaient décidé] de le garder comme une vaste offrande aux dieux. [...] car leur destinée était de périr, après que la ville eut reçu dans ses murs le grand cheval de bois où étaient assis les Princes des Achéens [...]. Et Demodokos chanta comment [ces derniers], s'étant précipités [hors] du cheval, leur creuse embuscade, saccagèrent la ville [...] et comment ils vainquirent avec l'aide de la magnanime Athènè.* »

Document 2.9 Homère, *L'Odyssée*, VIIIe siècle av. J.-C.[9]

Quels problèmes rencontrez-vous ? Certains mots de vocabulaire vous sont peut-être obscurs : *aède*, *nef*, *agora*, etc. Et que dire des personnages (Demodokos, Achéens, Argiens) et des lieux évoqués ? Enfin, le contexte des événements peut vous échapper, même si vous avez une idée de ce qu'est le cheval de Troie.

Pour l'historien, le sens de la source doit apparaître de façon claire. Suivons-le alors dans le questionnement complexe qu'il s'impose pour y parvenir. Veuillez noter que les réponses aux questions sont sur *Modulo en ligne*.

Définir le vocabulaire

L'historien définit rigoureusement les mots de la source, même ceux qui lui semblent familiers :

- que sont une *embuscade*, une *citadelle*, un *aède* ?
- en quoi consiste se montrer *magnanime* comme Athènè ou être *illustre* comme Ulysse ?

S'il existe plusieurs définitions d'un mot, le contexte indique le sens à privilégier. Dans le texte d'Homère :

- une *nef* est-elle une partie d'église ou un navire ?
- certains mots sont spécifiques à une époque ; d'ailleurs, plusieurs dictionnaires indiquent, avant la définition, la période concernée. Ainsi, une *agora* désigne de nos jours un espace public piétonnier ; mais cherchez plutôt la définition pour l'Antiquité grecque (il sera alors écrit « ANTIQ. GR. »). Qu'était donc une agora à cette époque ?
- certains termes ont un sens figuré ; c'est le cas de *princes* utilisé en parlant des soldats (incluant Ulysse) cachés dans le cheval. Or, ils ne sont pas tous des fils de rois, étant donné qu'Ulysse lui-même est un roi. Quel est alors le sens figuré du mot ?

Cette dernière question amène à s'interroger sur les personnages.

Identifier les gens

Pour saisir adéquatement sa source, l'historien vérifie l'identité des personnages ou des peuples dont il est fait mention. Ainsi :

- même si tous connaissent les noms d'Ulysse et d'Athéna (appelée « Athènè » ici), il faut récolter plus d'informations à leur sujet. Que sait-on sur leur statut et leur rôle ?
- l'aède Demodokos a-t-il réellement existé ?
- quant aux peuples, s'il semble évident que les Troyens sont les habitants de Troie, qui sont les Argiens et les Achéens ?

Identifier les lieux

Il est nécessaire d'identifier les lieux dont il est question. Pour ce faire, l'historien recourt à des cartes historiques de la période concernée (et non à des cartes actuelles). Il convient d'accorder une attention spéciale aux lieux plus anciens dont la localisation porte parfois à la controverse (comme c'est le cas pour Troie ; voir la rubrique « L'historien à l'œuvre » du chapitre 10).

Situer le contexte

Enfin, l'historien s'interroge quant au contexte tant des faits que des mentalités.

Pour ce qui est des faits, l'historien identifie les événements (fictifs ou réels) relatés par la source. Puis il en retrace les causes, le déroulement et les conséquences. Ainsi, pour l'extrait étudié :

- de quelle guerre est-il question ?
- quelles en sont les origines ?
- pourquoi Ulysse et ses soldats se cachent-ils dans le cheval pour attaquer Troie ?
- dans quelles circonstances le cheval a-t-il été amené dans Troie ?
- quels ont été le déroulement et l'issue de l'attaque ?

D'autre part, l'historien s'intéresse aux mentalités ou modes de pensée de l'époque. Par exemple :

- pourquoi la source parle-t-elle *des* dieux et des offrandes à leur faire ?
- quel est le contexte religieux de l'époque ?

Cette démarche de compréhension d'une source doit être entreprise, de façon analogue, pour les sources iconographiques.

COMPRENDRE UNE SOURCE ICONOGRAPHIQUE

Les sources iconographiques, nous l'avons vu dans le chapitre 1, sont des documents visuels (affiche, peinture, statue, fresque, etc.). Tout autant que les sources écrites, ces documents posent des problèmes de compréhension associés à l'identification et à la signification des images qu'ils proposent.

Les images, en effet, sont étroitement reliées à l'aire culturelle dans laquelle elles ont été créées. Par exemple, peu d'habitants de la Papouasie comprendraient la signification du logo des Canadiens de Montréal. À l'inverse, peu de Québécois saisiraient la symbolique d'un masque rituel papouasien arborant un serpent à la place du nez. Pour déchiffrer une image, l'historien doit donc se familiariser avec sa zone culturelle d'origine.

Les images sont aussi directement conditionnées par la période qui leur a donné naissance. Qui saurait, par exemple, dessiner le logo des épiceries Steinberg, disparues du Québec en 1992 ? Il ne s'agit pas là d'un passé si lointain, mais déjà, cette image n'appartient plus à notre bagage visuel immédiatement reconnaissable. Certaines images traversent le temps et peuvent encore être identifiées (c'est le cas, par exemple, du symbole chrétien de la croix), mais sans que tous en comprennent finement le sens et la portée. Ainsi, tout comme pour les sources écrites, les images doivent être remises dans leur contexte historique pour livrer leur message.

Nous constaterons ces difficultés en tentant de comprendre le document iconographique suivant (qui, volontairement, n'est pas identifié). Il s'agit d'une copie romaine (du Ier siècle) d'une sculpture hellénistique originalement réalisée au IIe ou au Ier siècle avant Jésus-Christ et attribuée aux artistes Athénodoros, Agésandros et Polydoros ; elle a été découverte en 1506 à Rome. Elle est aujourd'hui conservée au Musée du Vatican.

Qu'y voit-on ? Trois personnages luttant contre des serpents. Outre cette première impression, rien ne permet au spectateur d'interpréter ce qu'il voit. L'historien, lui, se pose diverses questions pour identifier l'image. D'une part, il s'attarde à ses attributs iconographiques, puis à la scène relatée.

Qui sont ces mystérieux personnages enchevêtrés ?

Identifier les attributs iconographiques

Les attributs iconographiques sont les éléments spécifiques à une scène ou à un personnage. Par exemple, la scène de la nativité de Jésus a pour attributs une femme, un homme, un bébé, un bœuf et un âne, dans une étable surmontée d'une étoile. Pour sa part, un homme barbu et auréolé tenant une clé est à coup sûr saint Pierre (qui, selon les croyances chrétiennes, garde l'entrée du paradis). Les attributs sont donc les indices contribuant à l'identification de la scène.

La sculpture étudiée présente plusieurs attributs iconographiques : un homme, deux adolescents et, de façon plus significative, deux serpents attaquant les personnages. Il existe des dictionnaires d'iconographie ou de symboles qui répertorient la signification des attributs. Utilisez un de ces ouvrages pour répondre aux questions suivantes.

- Quelle est la signification symbolique du serpent ?
- Dans quels mythes retrouve-t-on le serpent ?

Cette identification des attributs ouvre la voie à la compréhension de la scène proposée par l'image.

Saint Pierre, portail occidental, cathédrale Notre-Dame de Paris.

Comprendre la scène

La connaissance des récits (symboliques ou historiques) d'une civilisation habilite l'historien à déterminer ce que raconte une image qui en est issue. Par exemple, une gravure représentant la bataille des Plaines d'Abraham ne sera comprise qu'à condition qu'on connaisse les événements de 1759 à Québec.

Pour la sculpture étudiée ici, l'historien doit connaître la mythologie gréco-romaine. Or, en cherchant dans le dictionnaire iconographique, vous avez dû remarquer que le serpent endosse plusieurs significations et que, dans l'Antiquité, il est présent dans plusieurs mythes.

Il s'agit donc de se documenter sur ces divers récits légendaires pour trouver celui qui prend en compte l'ensemble des attributs iconographiques de la sculpture :

- quel récit parle de *deux* serpents (le nombre a son importance)?
- dans quel récit voit-on un homme et deux enfants terrassés par ces serpents ?

Si vous avez bien répondu aux questions, vous devriez dorénavant être à même d'identifier la sculpture du Musée du Vatican. Sinon, consultez le solutionnaire sur *Modulo en ligne*.

Quant à l'historien, ayant finement compris ses sources grâce à cette démarche, il peut entamer son analyse, un travail qui lui permet d'extraire des sources les informations qu'elles peuvent lui livrer sur le passé.

Chapitre 3

Conquête de la péninsule italienne.
509 à 265 av. J.-C.

Les aristocrates font une première concession à la plèbe en créant les tribuns de la plèbe.
494 av. J.-C.

753 av. J.-C.
Fondation de la monarchie à Rome, selon la légende.

509 av. J.-C.
Fondation de la République.

449 av. J.-C.
La loi des Douze Tables est mise par écrit.

264 à 146 av. J.-C.
Période des trois guerres puniques.

AUX SOURCES DE L'OCCIDENT : LES MONDES ROMAIN ET CHRÉTIEN

DANS CE **CHAPITRE**

- La République romaine, des origines à l'Empire
- Rome, un puissant empire
- Un nouvel Empire romain

L'amphithéâtre romain de El'Djem, en Tunisie.

146 av. J.-C.
Carthage (ville phénicienne en Tunisie) et Corinthe (Grèce) sont rasées par les Romains. Conquête de ces deux territoires.

91-88 av. J.-C.
Rébellions des alliés italiens contre Rome.

73-71 av. J.-C.
Révolte de Spartacus et des esclaves.

59-51 av. J.-C.
Conquête de la Gaule. L'Empire romain s'étend sur le territoire qui deviendra l'Occident.

27 av. J.-C.
Fondation de l'Empire.

IIIe siècle
Période de crises dans l'Empire.

312
Conversion de l'empereur Constantin au christianisme.

380
Le christianisme devient l'unique religion de l'Empire.

476
Le dernier empereur romain, Romulus Augustule, est détrôné par un « barbare » germanique.

LA RÉPUBLIQUE ROMAINE, DES ORIGINES À L'EMPIRE

La séance du Sénat de Rome vient de commencer, 150 ans avant Jésus-Christ. Caton l'Ancien, un homme de 84 ans, se lève pour prendre la parole. Ce vieux soldat a fait bien des guerres pour défendre sa ville, et il a consacré le reste de sa vie à la politique. Un silence respectueux se fait dans la Curie. Mais, avant de parler, Caton sort des plis de sa toge des figues fraîches, qu'il montre à tous les sénateurs. « Ne sont-elles pas belles ? Elles semblent être à peine tombées de l'arbre… » Tous s'accordent à lui donner raison. « Et pourtant ! » Les mots résonnent dans les gradins. « Ces figues, que je viens d'acheter au marché, ont été cueillies à Carthage, il y a trois jours. Notre ennemi est à nos portes ! » Un an plus tard, Rome entame une ultime guerre contre Carthage, sa rivale commerciale, dont il ne restera plus rien. La petite république romaine est à l'aube de devenir un immense empire qui marquera l'histoire de l'Occident.

Pourtant, lorsque la république de Rome est fondée en 509 avant Jésus-Christ, elle n'est pas plus guerrière que n'importe quelle autre cité méditerranéenne. Elle fait partie de ces cités qui se sont donné un régime démocratique, c'est ce qui la distingue. Du moins, c'est l'opinion des aristocrates romains, dont le contrôle sera remis en question par le reste de la population. Rome se lance rapidement dans des conquêtes importantes qui l'amènent à contrôler toute la péninsule italienne. Confrontés à des puissances maritimes anciennes et bien établies, comme Carthage, les Romains hésitent. Au Sénat, Caton l'Ancien est représentatif du courant impérialiste qui veut étendre encore et plus loin la puissance de Rome. Ce courant va devenir dominant au sein de la petite république romaine et l'emporter sur le point de vue des sénateurs moins ambitieux.

Caton l'Ancien, homme d'État et écrivain romain (234-149 av. J.-C.).

LES ÉTRUSQUES, LES GRECS ET LES LATINS

La ville de Rome ne se développe pas en vase clos sur le territoire de l'Italie, bien au contraire (voir la carte 3.1). Au IXe siècle avant Jésus-Christ, la péninsule est habitée par de nombreux peuples qui partagent des langues apparentées, indo-européennes, vivent d'une économie rurale peu développée et peuvent se déplacer en fonction de leurs besoins en terres. Deux groupes, plus stables, dominent une grande portion du territoire et étendent leur influence bien au-delà : au nord, les Étrusques, dans une région qui recoupe la Toscane et, au sud, les Grecs, dont les colonies couvrent le territoire jusqu'en Sicile. Les tribus latines sont au centre de l'Italie, en contact avec ces deux civilisations. Entre les VIIIe et VIIe siècles avant Jésus-Christ, ces tribus s'établissent autour de Rome et dans la plaine centrale italienne, le Latium, au moment même où les civilisations étrusques et les colonies grecques prennent leur essor et fondent des cités. Tous ces groupes se connaissent et leurs histoires s'entremêlent à travers des échanges commerciaux, culturels et parfois conflictuels.

La civilisation étrusque rayonne dans toute l'Italie, forte de ses terres fertiles et de son agriculture, de ses matières premières et de son artisanat. Cette puissance commerciale est si importante que la mer qui longe ses côtes et mène à la Méditerranée va prendre son nom : c'est la mer Tyrrhénienne, du latin *Tyrrhéni* ou « étrusque ». Comme la civilisation grecque, la civilisation étrusque ne forme pas un État centralisé. Dès la fin du VIIe siècle avant Jésus-Christ, une sorte de fédération assez souple regroupe les 12 cités-États étrusques, qui ont en commun une langue, une culture et une religion. Leur désunion favorisera la conquête romaine. Toutefois, bien avant leur intégration au territoire romain, ces cités et leur civilisation vont fortement influencer la naissance de Rome.

Il en va de même pour les cités du sud de l'Italie. En Sicile comme sur les côtes de la mer Tyrrhénienne et de la mer Ionienne, des colons grecs se sont intégrés aux populations locales pour former des cités fortement hellénisées,

Carte 3.1

ROME ET SON TERRITOIRE, 509-264 AV. J.-C.

Il faudra environ 250 ans à la petite république de Rome pour imposer son pouvoir aux différentes populations qui habitent le territoire de l'Italie. Pour cela, elle conclut avec elles des traités qui leur donnent accès, en partie ou en totalité, aux bénéfices de la loi romaine.

urbaines et prospères. Ces cités font partie d'un ensemble, nommé la Grande Grèce. Elles sont encore plus autonomes et distinctes que les cités étrusques, malgré leur culture commune. Les Étrusques vont être influencés par la civilisation grecque, et la culture romaine se trouvera hellénisée d'entrée de jeu par l'intermédiaire de ces contacts directs et indirects.

Enfin, pour voir l'ensemble des influences qui ont contribué au monde romain, il faut aussi se tourner plus au sud, vers Carthage, en Afrique du Nord. Carthage est une colonie phénicienne qui devient indépendante et domine les autres comptoirs phéniciens occidentaux. Comme dans le monde grec, un mouvement de colonisation amène les Phéniciens, qui sont d'excellents navigateurs et de grands commerçants, du Moyen-Orient jusqu'en Espagne. C'est dans ce contexte que Carthage prend son essor, probablement vers le IXe siècle avant Jésus-Christ, et établit des contacts avec l'Italie, toute proche. Dans cet ensemble commercial méditerranéen, ces civilisations sont à la fois partenaires et rivales. Cela crée un certain équilibre qui sera toutefois rompu par la montée en puissance de la civilisation romaine.

L'atrium d'une maison romaine, à Pompéi. Le bassin central, appelé *impluvium*, servait à recueillir l'eau de pluie.

C'est au carrefour de ces cultures que naît la ville de Rome. Elle occupe un emplacement avantageux qui suit le Tibre et son affluent, l'Anio. Elle a ainsi accès aux voies maritimes et aux marais salants, où l'on récolte le sel si recherché. Plusieurs collines dominent ce paysage et forment des espaces faciles à défendre. Bref, Rome a une situation géographique enviable sur les plans militaire et commercial. Au milieu du VIIIe siècle avant Jésus-Christ, des tribus locales de bergers se rassemblent dans des villages situés sur l'emplacement de la future ville, et plus particulièrement sur une de ses sept collines, le Palatin. La monarchie romaine commence : selon la légende, Romulus en est le premier roi, à partir de 753. Il sera suivi de trois rois sabins, du nom d'une autre tribu latine, puis de trois rois étrusques.

On attribue à ces rois étrusques d'avoir élevé Rome au statut de cité. Les marécages sont asséchés et font place au Forum, la place publique centrale de Rome, autour de laquelle s'élèvent les premières constructions en pierre : des bâtiments civiques qui vont réguler la vie de la cité ainsi que les temples des divinités qui vont veiller à sa destinée. Dans cette cité-État, le religieux et le politique sont indissociablement liés (voir « La régionalisation de l'Empire », p. 82). Les techniques hydrauliques qui permettent un nouvel urbanisme et une meilleure agriculture sont d'origine étrusque. Ainsi, un égout est construit sous la ville pour drainer les marais. C'est le grand cloaque, la *cloaca maxima* (« cloaque : où vont les eaux sales »), qui existe encore aujourd'hui. L'économie romaine est essentiellement rurale, mais le premier marché public, le *forum boarium*, qui signifie « marché aux animaux », marque le début d'échanges commerciaux à petite échelle. Les espaces publics se prêtent aussi aux compétitions sportives, aux jeux de cirque et aux combats de gladiateurs, comme chez les voisins étrusques. Par son architecture, Rome ressemble surtout aux villes grecques, à l'exception des constructions comportant des voûtes et des arches ainsi que les maisons construites autour d'un atrium, adoptées des Étrusques. L'art, les mythes et les divinités sont empruntés aux Grecs, bien qu'un des plus importants temples de la ville soit dédié à la triade étrusque de Jupiter, Junon et Minerve. Enfin, les Romains vont utiliser et adapter à la langue latine l'alphabet grec, lui-même emprunté aux Phéniciens.

À Rome, les rois cumulent des fonctions religieuses, militaires, judiciaires et politiques. Mais ils ne règnent pas seuls. Ils s'entourent de prêtres, ils reçoivent l'assistance du Sénat pour prendre leurs décisions et ils réunissent à l'occasion le reste de la population pour l'informer. D'ailleurs, le Forum est flanqué de la *Regia*, ou maison du roi, de la Curie, lieu du Sénat, et du *Comitum*, lieu des assemblées du peuple (voir la carte 3.1).

Selon la tradition, Rome devient une république en 509 avant Jésus-Christ. Bien que la ville prospère sous la royauté, les Romains abolissent rapidement la monarchie, associant les rois aux tyrans. Rome ne fait là rien d'exceptionnel, puisqu'on peut voir ailleurs, à la même époque, des changements de régime similaires. Au tournant du VIe siècle avant Jésus-Christ, la plupart des villes étrusques, qui étaient des monarchies, deviennent aussi des républiques. À Athènes, la tyrannie est renversée par une amorce de démocratie, afin de calmer les mouvements sociaux (voir le chapitre 2).

À quoi ressemble la société romaine au moment où elle devient une république ? Il s'agit d'une société profondément agricole, où la possession de la terre sera longtemps la base de la puissance politique et sociale. Le drainage et l'assèchement des marais ont permis le développement de l'agriculture et favorisé l'apparition d'une classe de propriétaires terriens, les patriciens, qui deviennent une élite. Ces gens forment le patriciat, une aristocratie héréditaire qui monopolise les plus importantes fonctions politiques et militaires. Ils siègent au Sénat et conseillent le roi, puis la République, après 509 avant Jésus-Christ. Le patriciat se compose de grandes familles, les *gentes*, unies autour du culte de leur ancêtre commun, dont ils partagent le nom. Le père, le *pater familias*, a une autorité totale sur la *gens*, la famille, jusqu'au droit de vie et de mort. Il en va de même pour sa clientèle, soit ceux qui dépendent des familles les plus riches. Le père de la *gens* offre son soutien financier et parfois alimentaire de même que sa protection à ses clients, lesquels lui doivent, en échange, leur loyauté, leur *fides*. Le reste de la société constitue une large classe sociale nommée la « plèbe » : elle regroupe autant les petits propriétaires terriens que les artisans, autant les pauvres que les riches marchands. Il n'y a aucun compromis, aucun juste milieu entre le patriciat et la plèbe. Les patriciens s'assurent qu'il en soit toujours ainsi en interdisant les mariages mixtes, c'est-à-dire entre membres de ces deux classes.

À Rome, le roi est escorté par les licteurs, reconnaissables à leur arme étrusque, les faisceaux ou *fasces*, symboles du pouvoir et de la capacité de mettre à mort. Les fascistes italiens reprendront ce symbole dans les années 1930.

LE MODÈLE RÉPUBLICAIN

La république, telle qu'on la conçoit au Ve siècle avant Jésus-Christ, est la victoire de l'aristocratie sur la monarchie, puisque les patriciens monopolisent tout le pouvoir sans qu'aucun d'entre eux domine. Les aristocrates voient là une forme d'égalité. Face à l'arbitraire du pouvoir d'un seul homme, il y a maintenant deux consuls, élus pour un an. Pour contrer les ambitions personnelles, un consul n'a pas le droit de se présenter deux ans de suite. La monarchie, dans laquelle le roi considérait la société comme son bien personnel, devient une république où le « bien commun » domine et concerne tous les citoyens. Le sigle de Rome le montre bien : S.P.Q.R. renvoie à *Senatus Populusque Romanus*, « le Sénat et le peuple romain », à qui il revient maintenant de prendre en charge leur avenir.

Cependant, la république de Rome est loin de la démocratie athénienne, qui se met en place à la même époque. Elle ressemble davantage à une oligarchie conservatrice sous la coupe des patriciens. En monopolisant le pouvoir, les aristocrates provoquent à leur tour un vif mécontentement parmi la plèbe, qui va chercher à prendre une place plus importante dans ce nouveau régime politique. Par conséquent, durant la période qui marque les débuts de la Rome républicaine, le climat politique est pour le moins tendu, pour ne pas dire insurrectionnel par moments.

La plèbe, qui a le devoir de participer à l'armée et regroupe plus de 90 % de la population, n'a qu'un rôle consultatif dans la République. Elle réussit à imposer ses revendications par un moyen inusité, la sécession. En effet, dès 494 avant Jésus-Christ, ils sont nombreux à quitter Rome pour aller camper sur une des collines environnantes. Rome se voit alors vidée de sa main-d'œuvre et de ses ressources militaires. Le Sénat proteste d'abord, mais finit par accepter de partager son pouvoir par un ensemble de gestes politiques, lesquels se sont toutefois échelonnés sur deux siècles ! Le peuple gagne sa bataille pour la démocratie petit à petit, par à-coups, grâce à des concessions toujours plus importantes, comme en Grèce (voir le chapitre 2).

Le premier gain est la création, dès 494 avant Jésus-Christ, des postes de tribuns plébéiens, des magistrats élus pour défendre les intérêts de la plèbe. Ces tribuns, au nombre de 10, possèdent un droit de veto qui leur permet de contrer quasiment toutes les décisions des magistrats et ont même le droit d'envoyer ces derniers en prison. Il s'agit d'un avantage important même si, dans la pratique, cela se produit rarement. Autre acquis majeur, la mise par écrit des lois qui gouvernent la cité, ultime protection des petits face aux grands. En 449 avant Jésus-Christ, la loi des Douze Tables est rendue publique. Face à l'arbitraire qu'implique un code de lois oral, où ceux qui jugent sont également ceux qui font les lois, la mise par écrit des lois les rend accessibles et, idéalement, connues de tous. La plèbe obtient ainsi plus d'équité, même si l'esclavage pour dettes continue à les menacer. La loi romaine va devenir une des assises de la République et une de ses caractéristiques les plus importantes. À partir de 367 avant Jésus-Christ, un des deux consuls doit obligatoirement être un plébéien. Finalement, en 287 avant Jésus-Christ, l'assemblée de la plèbe va aussi gagner le pouvoir de légiférer, avec ou sans l'accord du Sénat. Entre les VIe et IIIe siècles avant Jésus-Christ, la République a donc lentement évolué, et une certaine égalité s'est imposée entre les patriciens et les plébéiens. Comme le dit le proverbe, « Rome ne s'est pas faite en un jour » !

De plus, en 445 avant Jésus-Christ, les plébéiens obtiennent le droit de se marier avec des patriciens. Il s'ensuit un renouvellement de l'aristocratie : ce n'est plus uniquement la naissance, mais plutôt la richesse qui définit ses membres. Patriciens et riches plébéiens se regroupent dans une nouvelle classe sociale, la *nobilitas*. Bien qu'elle inclue des gens de la plèbe, la fortune, le mode de vie et la carrière politique de ses membres les distinguent du reste des ouvriers, des manœuvres et des petits artisans sans le sou. La *nobilitas* forme un nouveau rempart entre les plus pauvres et le pouvoir.

Malgré tout, la plèbe devient un des enjeux de la rivalité entre les factions politiques des puissants. En effet, il n'y a pas de partis politiques structurés dans le monde romain, mais des factions en compétition qui cherchent à faire élire leurs candidats. Parmi elles, les *optimates*, les meilleurs, qui regroupent les sénateurs conservateurs, et les *populares*, les populaires, qui, en réaction au Sénat, cherchent à gouverner avec l'appui de la plèbe. En vrais démagogues, certains vont manipuler cette dernière à coups de slogans électoraux, de discours bien sentis et de festivités populaires afin de se donner une légitimité, alors qu'ils ne cherchent qu'à réaliser leurs ambitions personnelles. La plèbe va aussi devenir un jouet politique puisqu'elle sera la clientèle d'une *nobilitas* de plus en plus puissante.

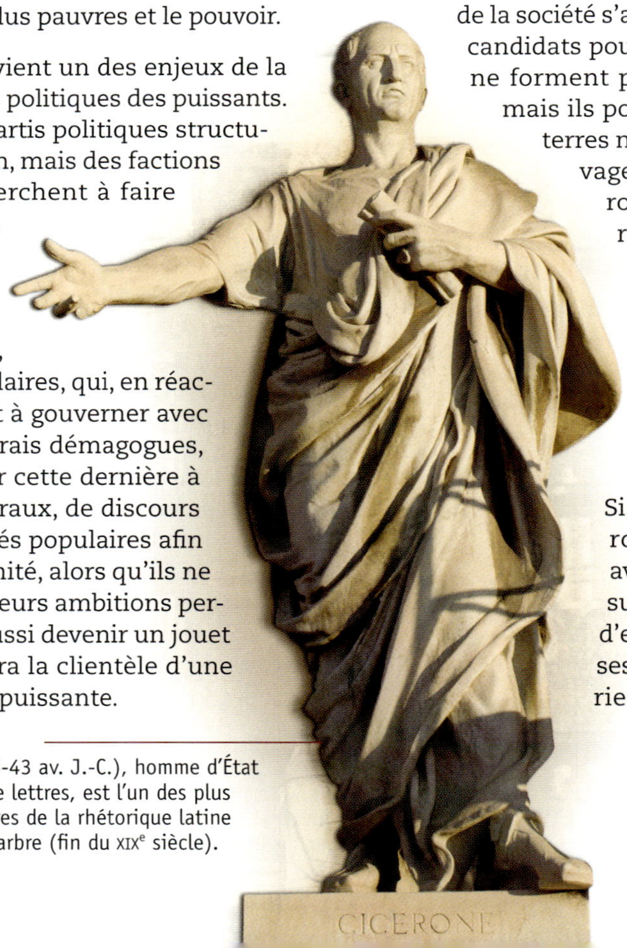

Cicéron (106-43 av. J.-C.), homme d'État et homme de lettres, est l'un des plus grands maîtres de la rhétorique latine classique. Marbre (fin du XIXe siècle).

Ainsi, les fonctions de l'État, qui apportent le prestige, demeurent le privilège des plus riches. Les Romains sont les premiers dans l'Antiquité à concevoir la politique comme une carrière professionnelle honorable, et même distinguée. Pendant un temps, ce sera d'ailleurs la seule carrière envisageable pour l'élite, dont l'éducation servira ce but. De là l'importance de bien manier la rhétorique, l'art de la persuasion et l'éloquence ; en même temps que la politique, l'art du discours bien fait et bien tourné va devenir une spécialité romaine.

Toutefois, malgré toutes les précautions prises pour équilibrer les pouvoirs, le régime républicain demeure ambigu. Ce sont les citoyens romains mâles qui élisent les consuls et ceux qui les secondent, les magistrats. Mais dans ces assemblées du peuple, appelées les « comices centuriates », les citoyens romains ne votent pas individuellement, par vote secret. Ils votent publiquement, par groupes, selon leur richesse (selon une division hiérarchique et censitaire de la population). Cela fait en sorte que le processus électoral devient subtilement avantageux pour un groupe au détriment des autres. Les hommes les plus riches ont le privilège de voter en premier, ce qui a tendance à influencer le vote. De plus, la population n'est pas représentée de façon égalitaire. Les plus pauvres, ceux qui n'ont pas de biens, sont tous rassemblés dans un groupe, alors que les plus riches sont surreprésentés. Ainsi, une fois que les plus riches ont voté, la majorité est atteinte : il n'est pas nécessaire de compter les autres votes. Enfin, l'élite de la société s'assure de choisir parmi sa classe les candidats pour lesquels elle vote. Les patriciens ne forment pourtant qu'une minuscule élite, mais ils possèdent la plus grande partie des terres nécessaires à l'agriculture et à l'élevage, qui sont au cœur de l'économie romaine. La structure politique ne reflète donc pas la répartition sociale, mais plutôt le point de vue aristocratique et conservateur de cette élite : ceux qui possèdent des biens sont ceux qui ont le plus à perdre, et ce sont ceux qui sont les plus aptes à gouverner.

Si, face à la monarchie, la République romaine représente une grande avancée démocratique, l'oligarchie a su trouver toutes sortes de manières d'en garder fermement les rênes entre ses mains. Pourtant, Polybe, cet historien grec gardé prisonnier à Rome pendant plus de 15 ans, estime que Rome a su créer un système politique parfait :

> « *Personne, même parmi les Romains, ne pouvait assurer, sans crainte de se tromper, si le gouvernement y était aristocratique, démocratique ou monarchique. En jetant les yeux sur le pouvoir des consuls, on eût cru qu'il était monarchique et royal ; à voir celui du Sénat, on l'eût pris pour une aristocratie ; et celui qui aurait considéré la part qu'avait le peuple dans les affaires, aurait jugé d'abord que c'était un état démocratique. […] Les trois formes de gouvernement ont chacune leur part dans la République romaine […]. Chaque corps de l'État peut donc ainsi nuire ou être utile à l'autre, et de là il arrive qu'agissant tous de concert, ils sont inébranlables ; et c'est ce qui donne à la République romaine un avantage infini sur toutes les autres. […] Aussitôt qu'une partie, s'élevant orgueilleusement au-dessus des autres, veut s'arroger plus de pouvoir et d'autorité qu'elle n'en doit avoir, comme elle ne peut suffire à elle-même, et que toutes peuvent réciproquement s'opposer aux volontés les unes des autres, il faut qu'elle se contienne dans les bornes prescrites et demeure dans l'égalité […].* »

Document 3.1 Polybe, *Histoire générale de la République romaine*, IIe siècle av. J.-C.[1]

L'ÉTONNANTE EXPANSION DU MONDE ROMAIN

Parallèlement aux luttes politiques, l'histoire de la ville de Rome sous la République est faite de guerres quasiment ininterrompues, menant Rome à dominer toute la région du Latium, puis l'Italie au complet (voir la carte 3.1).

L'Italie

La première étape de l'expansion romaine, qui s'étend de 509 à 265 avant Jésus-Christ, est marquée par quelques temps forts, notamment la prise de Rome par les Gaulois, descendus de la plaine du Pô, en 390 avant Jésus-Christ. Ces « barbares » mettent le feu à la ville, qui brûle presque entièrement. Passé le désespoir de voir leur ville réduite en cendres, les Romains acceptent mal la défaite de leur armée, qui n'a pas su freiner l'avancée d'une tribu de chevelus désorganisés ! Ensuite, les Romains vont toujours chercher à étendre les frontières de leur territoire au plus loin de leur ville. Pendant près de 1000 ans, plus personne ne reprendra Rome. Les Gaulois, quant à eux, repartent d'où ils étaient venus, sans oublier d'attaquer les villes étrusques sur leur

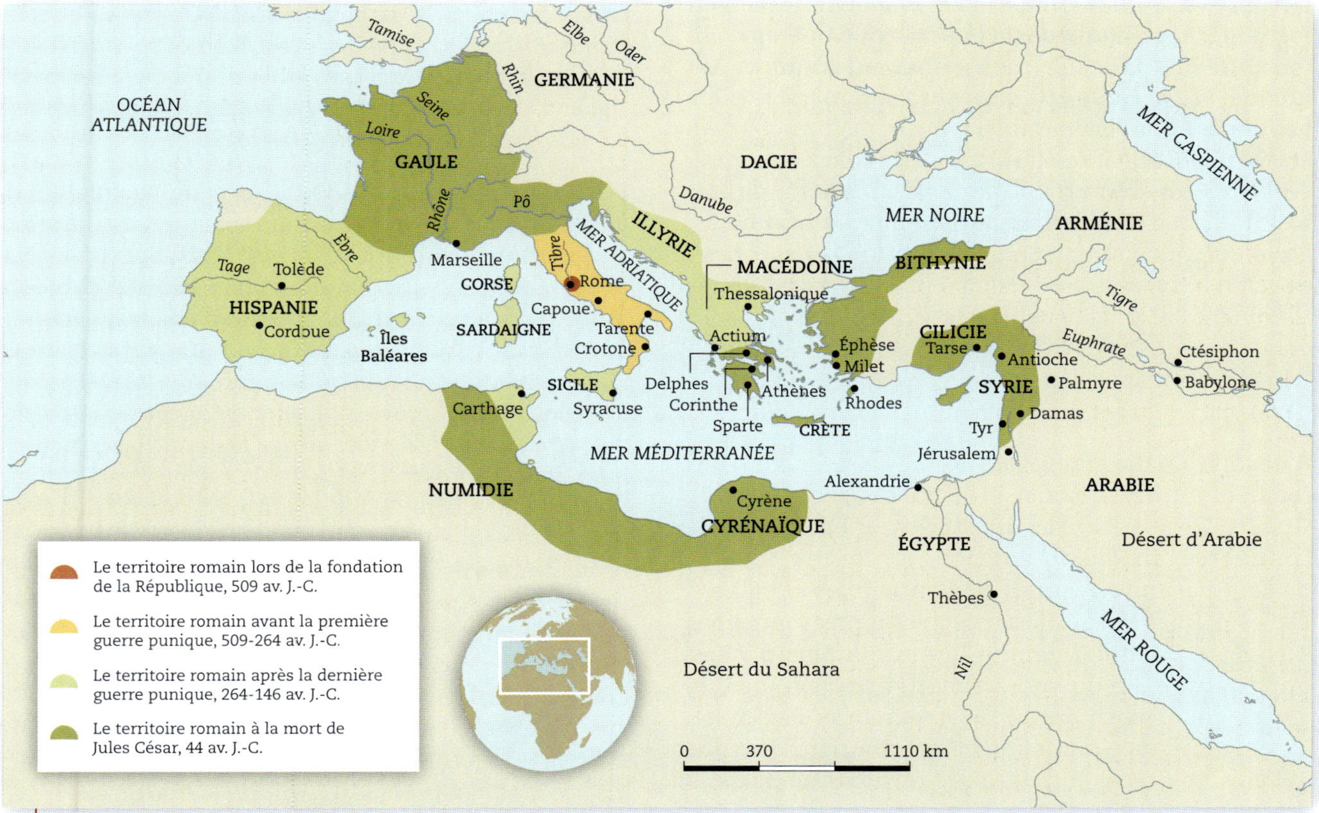

Carte 3.2

L'EXPANSION DE ROME SOUS LA RÉPUBLIQUE, 509-44 AV. J.-C.

Il faudra environ 250 ans à la République romaine pour imposer son pouvoir sur le monde méditerranéen.

Pièce de monnaie romaine qui montre les armes de la République victorieuse, dont les éléphants de guerre carthaginois (49 av. J.-C.).

passage. Elles ne s'en remettront pas. Rome profite de leur faiblesse pour les conquérir et étendre sa domination à toute l'Italie centrale. Pourtant, le pouvoir militaire romain est relativement faible, étant donné la faible population de la cité. L'outil le plus puissant des Romains est plutôt leur ouverture face aux autres peuples, qui se traduit par leur volonté d'étendre et d'adapter leur droit aux territoires alliés ou conquis. En cela, Rome se distingue, notamment de la Grèce, où la citoyenneté et le droit sont réservés aux citoyens nés dans chaque cité-État. Entre Rome et ses nouveaux territoires, les rapports se définissent au cas par cas (voir la carte 3.1).

Le « territoire » de Rome, l'*ager romanus*, va finir par regrouper un cinquième de la péninsule italienne. Ce territoire et la ville elle-même ont bien sûr un statut unique, qui accorde aux citoyens romains des droits politiques et judiciaires ainsi que des devoirs civiques envers leur cité (participation à l'armée et aux élections). Les territoires alliés sont placés sous un système de protectorat, sous le droit latin, qui permet le commerce, les mariages et l'émigration, mais ne donne pas le droit de vote. En contrepartie de leur autonomie, ces territoires rétribuent Rome de deux façons : en biens, le plus souvent alimentaires, et en hommes, qui participent à l'armée. Ces alliances semblent convenir aux deux parties et garantissent un accès mutuel aux ressources.

À dévorer l'Italie vers le sud, Rome se retrouve assez rapidement nez à nez avec les villes grecques de la Grande Grèce. Ces villes urbanisées, orientées vers le commerce, sont d'autant plus attirantes qu'elles ne sont pas unies. Certaines d'entre elles se rallient d'elles-mêmes lorsqu'elles voient les armées romaines s'avancer. D'autres, comme Tarente, la plus riche et importante ville du sud, se mettent sur le pied de guerre. Pour grossir ses forces et remporter la victoire, Tarente fait appel au jeune et victorieux roi Pyrrhus (d'Épire, en Grèce). Il arrive avec un atout de poids : il ne s'agit pas tant de sa réputation impressionnante ou de ses troupes nombreuses que de ses éléphants. Les Romains n'ont jamais vu de telles bêtes, imaginez leur panique ! Ils subissent d'importantes défaites. Mais ces victoires coûtent cher à Pyrrhus : une grande partie de sa propre armée est tuée par les Romains qui refusent de capituler et qui peuvent, quant à eux, compter sur leurs alliés et sur une réserve importante de nouvelles troupes. De là vient l'expression « victoire à la Pyrrhus ». Tarente est défaite en 272 avant Jésus-Christ. Rome finit par se rendre maîtresse de presque toute l'Italie, ce qui lui ouvre sans encombre, ou à peu près, la voie de la Méditerranée. C'est sans compter sur Carthage, ancienne ville alliée, maintenant rivale, qui se dresse sur son chemin.

Carthage

La guerre contre Carthage porte le nom de « guerre punique » (du latin *punicus*, « carthaginois »). En fait, il y aura trois guerres puniques, qui s'étendent sur plus de 100 ans, de 264 à 146 avant Jésus-Christ, entrecoupées de périodes de trêve et de paix fragiles.

Les Carthaginois et les Romains avaient établi, par le passé, des accords visant à respecter leurs zones respectives d'influence. Mais Carthage, une fois débarrassée de ses rivaux grecs, veut étendre son influence à toute la Sicile, qui est un véritable grenier à blé. Rome est appelée à la rescousse par certaines villes du Sud, ce qui répond à ses propres intérêts dans la région. Ainsi, la coexistence entre Rome et Carthage vire rapidement à la mésentente et donne lieu à la première guerre punique, de 264 à 241 avant Jésus-Christ. Dans cette guerre, Rome s'adapte à son ennemi : si Carthage est la seule puissance maritime, Rome en devient une elle aussi ! Les Romains mettent au point une sorte de grappin qui permet de s'accrocher au navire ennemi pour faciliter son abordage. Ainsi, Rome capture des navires carthaginois et les imite pour construire sa propre flotte. Au terme de 23 années de guerre acharnée, Rome l'emporte. Les Carthaginois doivent payer un très lourd tribut de guerre, abandonner les îles Lipari et la Sicile, et réduire leur armée.

Durant la vingtaine d'années que dure la paix, Rome et Carthage renforcent leurs pouvoirs respectifs. La méfiance et la rivalité ne sont pas tout à fait oubliées et la guerre reprend de plus belle en 218 avant Jésus-Christ. Le chef de l'armée carthaginoise, Hannibal Barca, prend la ville de Sagonte, alliée de Rome en terre espagnole. Fort de 80000 hommes et de ses fameux éléphants de guerre, Hannibal va de victoire en victoire. Il est un excellent stratège et bénéficie aussi de l'appui des Gaulois qu'il croise sur sa route, entre l'Espagne et l'Italie. Sa victoire à Cannes, dans les Pouilles, est une véritable boucherie : des 80000 Romains qui s'y engagent, seuls 15000 rentrent à Rome. La réputation d'Hannibal n'est plus à faire et elle lui survivra : les Romains terrifiés le voient comme un sanguinaire sans pitié. Mais alors qu'il pourrait foncer sur Rome avec sa cavalerie, une idée qui fait trembler les Romains, il choisit plutôt de rallier les villes du sud. Cette trêve passagère est pleinement mise à profit. Les Romains attaquent Hannibal avec une force renouvelée. Le traité de paix de 202 avant Jésus-Christ va réussir à mettre Carthage à genoux, ce qui n'avait pas été le cas en 241 avant Jésus-Christ. Cette fois, la rançon est trois fois plus importante, Carthage doit renoncer à son empire, à sa flotte et même… à ses éléphants de guerre, qui sont remis à Rome.

La Méditerranée

Face aux alliés infidèles, les Romains se montrent dorénavant intransigeants. Ils confisquent les terres, ils vendent les populations en esclavage, ils pillent les villes. Rome devient aussi de plus en plus radicale dans son attitude envers ses territoires, qui sont dépouillés de leurs biens et de leur population. Les esclaves, le blé et les métaux précieux affluent à Rome.

Ce changement s'exprime très clairement dans la troisième guerre punique. Carthage, qui réussit de nouveau à se relever, inquiète. La troisième guerre punique est bien plus courte que les deux premières, et plus féroce (149-146 av. J.-C.). L'offensive romaine est brutale et porte le front devant la ville, assiégée. La guerre se termine en combats de rue acharnés par lesquels les Carthaginois défendent maison après maison. Dernier acte de cette guerre sans pitié, les Romains mettent le feu à la ville, qui brûle pendant plus d'une semaine. Toute la population est vendue en esclavage.

La même année, en 146 avant Jésus-Christ, la ville de Corinthe est aussi rasée, de même que Numance (Espagne), en 133 avant Jésus-Christ. Rome n'est plus un pouvoir protecteur et, en quelque sorte, paternaliste. Elle est devenue un pouvoir impérialiste qui répond aux résistances, lesquelles surgissent un peu partout, par un arsenal guerrier sans limites.

Si Rome prend environ 250 ans pour s'imposer sur l'ensemble de la péninsule italienne, il lui en faut à peine moins pour établir son monopole dans tout le monde méditerranéen. Rome est passée à la vitesse supérieure ! En effet, alors qu'une partie de ses effectifs sont concentrés sur Carthage, son regard se tourne aussi vers l'Orient. Le royaume de Macédoine est sa première victime (148 av. J.-C.), suivi de toute la Grèce (147-146 av. J.-C.). Rome renforce également ses positions sur le continent européen et met le pied au sud, sur la côte africaine. Bref, Rome est partout dans le bassin méditerranéen (voir la carte 3.2). Elle prend entre autres la nouvelle province d'Espagne, qui procure métaux et blé en grande quantité, et celle d'Afrique (113-105 av. J.-C.), qui ouvre l'accès à de nouveaux circuits commerciaux. Elle s'affirme davantage avec ses conquêtes d'Asie Mineure, en Syrie et en Judée (102-96 av. J.-C. et 64-63 av. J.-C.), malgré la proximité de l'ennemi perse. Par ailleurs, les conquêtes de César en Gaule (59-51 av. J.-C.) viennent calmer les vieilles inquiétudes face à cette population

La louve du Capitole illustre la légende de la fondation de Rome par les frères Romulus et Remus, allaités et protégés par une louve (XIIIe-XVe siècles).

trop turbulente et peu loyale. Elles permettent aussi d'étendre définitivement le pouvoir romain dans ce qui deviendra l'Europe. Finalement, l'annexion de l'Égypte (30 av. J.-C.) vient en quelque sorte boucler la boucle.

Partout sur son passage, Rome laisse son empreinte, tout d'abord par les fameuses routes romaines, comme la voie Domitienne (121 av. J.-C.) qui relie l'Espagne à l'Italie en passant par le sud de la Gaule. À partir du IIe siècle avant Jésus-Christ, des commerçants arrivent à la suite des armées, et la culture romaine urbaine, qui imite la culture grecque, commence elle aussi à se développer et à se diffuser partout. Au moment où les Romains deviennent dominants, entre les IIIe et Ier siècles avant Jésus-Christ, des récits légendaires, nombreux et variés, sont alors mis par écrit. Rome, la Ville éternelle, ne peut avoir que des origines grandioses, voire divines ! Récits identitaires, mais aussi outils de propagande, les légendes présentent les ancêtres de Rome comme des demi-dieux.

Parmi ces mythes fondateurs, citons celui de Romulus et Remus. Fils d'une mortelle et d'un dieu, ces frères jumeaux représentaient une menace pour le pouvoir en place. Ils sont jetés dans le Tibre, mais leur berceau ne sombre pas et s'échoue sur la grève où une louve les recueille. Une fois adultes, ils décident de fonder une nouvelle ville. Une dispute éclate alors entre les deux frères pour savoir qui donnera son nom à la nouvelle cité et, de ce fait, la gouvernera. Quand Romulus décide de tracer les limites de la ville, Remus saute cavalièrement par-dessus le sillon, défiant son frère. Aveuglé par la colère, ce dernier le tue. Le fondateur unique de Rome marque donc les débuts de la cité du sang de son frère. Au meurtre s'ajouteront bientôt les guerres et les conquêtes.

Un autre mythe marquant est celui de l'enlèvement des Sabines. Selon la légende, les premiers Romains manquaient de femmes pour fonder des familles. Les Sabins, un peuple voisin, craignant de les voir devenir trop puissants, refusent de les laisser épouser leurs filles. Les Romains décident donc de les enlever. L'historien romain Tite-Live précise toutefois qu'après l'enlèvement, les Romains ont bien pris soin de demander leur consentement aux jeunes femmes, et que c'est de leur plein gré qu'elles ont accepté de se marier !

Nicolas Poussin. *L'enlèvement des Sabines*. Huile sur toile (1637).

UN ÉQUILIBRE SOCIAL TRANSFORMÉ

Les conquêtes romaines bouleversent en profondeur les structures sociales, économiques et politiques de la République en plus de renforcer son caractère militaire. Elle en ressortira totalement modifiée.

Selon beaucoup d'historiens, Rome doit ses victoires à la nature de son armée : il s'agit d'une armée de citoyens qui unifie le peuple contre l'ennemi. Ainsi, Rome défend son territoire comme ses soldats paysans défendent les terres que leur ont léguées leurs ancêtres : avec âpreté. Tandis que les armées grecques ou carthaginoises font appel à des mercenaires, faire partie de l'armée romaine constitue un devoir pour les citoyens, et tous les citoyens mâles de 17 à 60 ans peuvent être conscrits (ceux qui ont de 45 à 60 ans ne font pas les campagnes militaires). C'est aussi un droit, ce qui contribue à la cohérence, à la loyauté et au côté presque « patriotique » de l'armée. L'extraordinaire capacité d'adaptation de l'armée romaine est aussi essentielle à ses succès. Si Rome perd de nombreuses batailles, elle y gagne chaque fois en connaissances. Les stratégies, les tactiques de combat et les armes sont modifiées au fur et à mesure des conquêtes pour imiter les points forts de l'ennemi. Ainsi, les Romains ont depuis longtemps adopté l'organisation des hoplites grecs et en reproduisent l'armement ; ils utilisent aussi les pilums (javelots étrusques) et les glaives, de courtes épées, pour mieux s'engager dans les corps à corps ; ils deviennent spécialistes des fortifications (comme Pyrrhus), se mettent à utiliser les éléphants de guerre et se dotent d'une flotte (après Pyrrhus et Carthage). C'est ainsi que l'armée romaine devient incroyablement efficace et puissante.

Toutefois, avec l'ouverture de la Méditerranée, l'ampleur de l'effort de guerre est de plus en plus difficile à soutenir pour l'armée républicaine. Au départ, cette armée n'était pas permanente. Dorénavant, les soldats sont mobilisés pour de longues périodes et se battent bien loin du territoire romain. Ils s'absentent de la maison pendant des années parfois. Ceux qui reviennent à Rome veulent redevenir ce qu'ils étaient avant leur départ : des paysans. Mais leurs terres sont souvent en friche, faute d'avoir été entretenues, quand elles n'ont pas été terriblement saccagées par les campagnes militaires. La reprise en main demande ainsi d'immenses efforts.

Les conquêtes rapportent de grandes richesses et entraînent l'arrivée massive de blé. Dans un tel contexte, les récoltes locales coûtent trop cher et se vendent trop peu pour que leur production soit rentable. De retour de longues campagnes militaires, bien des petits paysans quittent leur terre pour aller vers la ville dans l'espoir d'améliorer leur sort. Ils viennent grossir les rangs de la plèbe ainsi que les clientèles des familles les plus riches, qui leur offrent généreusement un peu à manger chaque matin. Ils ont aussi accès aux cirques et aux jeux, et trouvent ainsi des petits expédients qui, sans être glorieux, leur permettent de survivre. Par contre, ils ne contribuent pas à perpétuer les luttes politiques qui, progressivement, menaient Rome vers un régime plus démocratique. Cet élan vers la démocratie, qui s'affirme dans la République durant les deux premiers siècles avant Jésus-Christ, est sacrifié aux conquêtes.

Comme beaucoup de paysans vendent leurs parcelles de terre à de plus gros propriétaires, la petite propriété commence à disparaître, au profit de grandes exploitations. Ces *latifundia* sont les propriétés de ceux à qui la guerre a le plus profité économiquement, et sont un exemple frappant de l'écart qui se creuse entre les pauvres et les riches. Ces derniers ont d'autant plus d'importance dans la société romaine que leurs divers intérêts sont bien avancés par le Sénat. Plutarque (46-125) décrit bien le faste de la vie des nantis, comme celle de Lucullus, par exemple :

> « *La vie de Lucullus ressemble à une de ces pièces de l'ancienne comédie, où on voit dans les premiers actes de grandes actions, tant politiques que militaires ; et dans les derniers, des festins, des débauches, je dirais presque des mascarades, des courses aux flambeaux, des jeux de toute espèce : car je mets au nombre de ces bagatelles les édifices somptueux, les vastes promenades, les salles de bain, encore plus ces tableaux, ces statues, ces chefs-d'œuvre de l'art, que Lucullus, par une excessive profusion des richesses qu'il avait amassées dans ses campagnes, rassembla de toutes parts à si grands frais.*
>
> *[…] Sa dépense journalière pour la table était d'un homme nouvellement enrichi. Non content d'être couché sur des lits couverts d'étoffes de pourpre, d'être servi en vaisselle d'or enrichie de pierreries, d'avoir pendant ses repas des chœurs de danse et de musique, il faisait servir sur sa table les mets les plus rares et les plus exquis, les pâtisseries les plus recherchées.* »

Document 3.2 Plutarque, *Vies des hommes illustres*, IIe siècle.[2]

Par ailleurs, les rangs des plus pauvres grossissent, avec l'exode rural, l'arrivée de réfugiés de guerre et l'afflux d'esclaves. Le poète Juvénal est sensible à ces écarts sociaux et résume à sa manière critique les conséquences des conquêtes sur la société romaine :

« Satire I :

Et quel siècle jamais dans le vice entraîné,
Vit prendre à la débauche un cours plus effréné ?
L'avarice creuser de plus profonds abîmes,
Et la fureur du jeu conseiller plus de crimes ?
C'est peu que d'exposer sa bourse aux coups du sort :
On fait au rendez-vous traîner son coffre-fort.
Les instruments sont prêts. Ô fureur ! Ô démence !
Malheureux ! quoi tu perds ce monceau d'or immense,
Et tu laisses chez toi tes esclaves, l'hiver,
Exposés sans tunique à la rigueur de l'air !
[…]

Que fera ce client affamé, demi-nu,
Qui n'attend que de là, dans sa triste misère,
Sa toge, ses souliers, son pain, sa bonne chère ?
De quel œil verra-t-il, pour quelques vils deniers,
Tous ces grands à la file arriver les premiers ?
[…]

Satire X :

Ces Romains si jaloux, si fiers de leurs suffrages,
Qui jadis commandaient aux rois, aux nations,
Décernaient les faisceaux, donnaient les légions,
Et seuls, dictant la paix, ou proclamant la guerre,
Régnaient du Capitole aux deux bouts de la terre,
Esclaves maintenant de plaisirs corrupteurs,
Que leur faut-il ? du pain et des gladiateurs.
[…] »

Document 3.3 Juvénal, *Satires*, IIe siècle.[3]

LES NOUVEAUX ACTEURS : LES CHEVALIERS ET LES ESCLAVES

Ce sont les chevaliers (ceux qui paient leur cheval pour faire la guerre) qui bénéficient le plus de la politique impérialiste de la République. Les conquêtes requièrent en effet des intermédiaires, nécessaires à la mise en valeur comme à l'administration des territoires. Les chevaliers, souvent fils de sénateurs ou en tout cas appartenant aux grandes familles de la *nobilitas*, choisissent ces carrières commerciales plutôt que les classiques carrières politiques. Ils deviennent collecteurs d'impôts, entre autres. Cela leur rapporte de gros profits, souvent au détriment des populations locales dans les territoires conquis. Sur le territoire italien, ils investissent leur argent en terres, rachètent les petits lopins des paysans à des prix compétitifs et forment des grandes exploitations dont la production est orientée vers le commerce.

Ces *latifundia* sont profitables parce que les esclaves forment un énorme réservoir de main-d'œuvre servile dans la société romaine. Les esclaves sont d'abord des prisonniers de guerre, puis tout simplement achetés sur les marchés, comme des biens. Leurs conditions de vie dans les campagnes sont extrêmement dures. Ils n'ont aucun droit et sont soumis à l'autorité d'un maître qui, lui, a droit de vie et de mort sur eux. Ils travaillent aussi dans les mines dans des conditions effroyables. Les esclaves qui se retrouvent dans les villes ne sont pas toujours traités avec autant de mépris. Ils remplissent toutes sortes de fonctions, en tant que personnel domestique, administratif ou artisanal, selon les métiers de leurs maîtres. Il arrive que des esclaves soient affranchis, mais ils ne deviennent pas pour autant des citoyens à part entière.

Avec son économie basée sur l'esclavage, Rome ne fait pas exception à l'époque, car il en est ainsi dans tout le monde antique. Cependant, l'ampleur du phénomène a de quoi impressionner. On estime qu'à la fin de la République, les esclaves comptent pour plus du tiers de la population totale en moyenne ; dans certains endroits, ils forment plus de 50 % de la population. Rome est devenue la plus importante société esclavagiste de son temps. Il en découle que le travail manuel est de plus en plus considéré comme dégradant, et que les citoyens romains estiment qu'ils ne sont pas censés travailler.

L'HELLÉNISATION DE LA SOCIÉTÉ ROMAINE

Depuis ses débuts, Rome est en contact avec la culture hellène, et la conquête de la Grande Grèce, puis celles de la Macédoine et de la Grèce, au IIe siècle avant Jésus-Christ, vont permettre des échanges et des emprunts encore plus variés et importants. Cette hellénisation touche particulièrement les domaines philosophique, religieux et artistique, plus raffinés en Grèce qu'à Rome selon certains.

C'est vers le IIe siècle avant Jésus-Christ que sont écrites les premières pièces de théâtre romaines, et ce, en grec. Le grec devient en effet la langue de la culture et du raffinement, la marque de l'éducation, et bon nombre d'aristocrates romains le parlent. Ces derniers éduquent leurs enfants par la littérature, la poésie et les mythes grecs.

Cependant, l'idée d'imiter les Grecs en indispose certains, qui s'inquiètent d'un affaiblissement des valeurs romaines. Les idées philosophiques notamment, par leur nouveauté, inquiètent autant qu'elles attirent. Le stoïcisme va devenir la philosophie la plus populaire, bien plus que les écrits de Platon ou d'Aristote (voir le chapitre 2). Les valeurs proposées par le stoïcisme, comme la dignité dans les épreuves, résonnent chez les Romains empreints du sens du devoir civique et familial. Cette philosophie met aussi l'accent sur l'importance de l'action politique, au cœur de la démocratie grecque, avec son art de la rhétorique et de l'éloquence. Pour bien des membres de la *nobilitas*, dont la vie est indissociable de leur carrière politique, c'est un apport fondamental.

Par ailleurs, l'apparence physique de Rome va aussi se transformer. Les œuvres d'art pillées décorent les espaces publics comme privés et influencent le goût artistique. La demande devient si forte que des artistes grecs se déplacent à Rome et vivent du mécénat de l'élite. Ils reproduisent des peintures aussi bien que des statues et surtout des bâtiments. Sous la République, Rome construit selon les normes artistiques grecques, avec des colonnades qui s'inspirent des motifs dorique, ionique et corinthien (voir le chapitre 2). Petit à petit, la culture romaine va mettre au point ses propres techniques, grâce au béton, et cette rencontre va mener non plus à la simple imitation, mais à une fusion originale de ces cultures. En attendant, Rome développe un art et un mode de vie, une culture gréco-latine, qui va se disséminer à travers l'Empire.

Dans cet esprit de syncrétisme, même le panthéon romain est identifié au panthéon grec : Jupiter est associé à Zeus, Minerve à Athéna. Mais les dieux romains restent bien plus sobres et moins fantasques que les dieux grecs. Ce qui modifie réellement les croyances, c'est plutôt le contact avec les religions à mystères, venues d'Orient (voir « La régionalisation de l'Empire », p. 82).

LA RÉPUBLIQUE REMISE EN QUESTION

Derrière la façade de ces bâtiments et malgré la douceur qu'amène la nouvelle richesse de Rome, de graves problèmes affectent la République romaine où de plus en plus de citoyens se sentent exclus.

Les questions sociales trouvent un début de réponse dans le projet politique que propose, en 133 avant Jésus-Christ, le jeune tribun plébéien Tiberius Gracchus (Tibère Gracques en français), et qui consiste en une audacieuse réforme agraire. Selon lui, il est nécessaire de redistribuer les terres de l'*ager publicus*, ces terres publiques qui appartiennent à l'État, de façon à réduire les écarts sociaux et à relancer la petite propriété rurale. Il rencontre toutefois de sérieux obstacles : son projet

Figure 3.1
GÉNÉALOGIE DES DIEUX ROMAINS (ASSIMILÉS AUX DIVINITÉS GRECQUES)

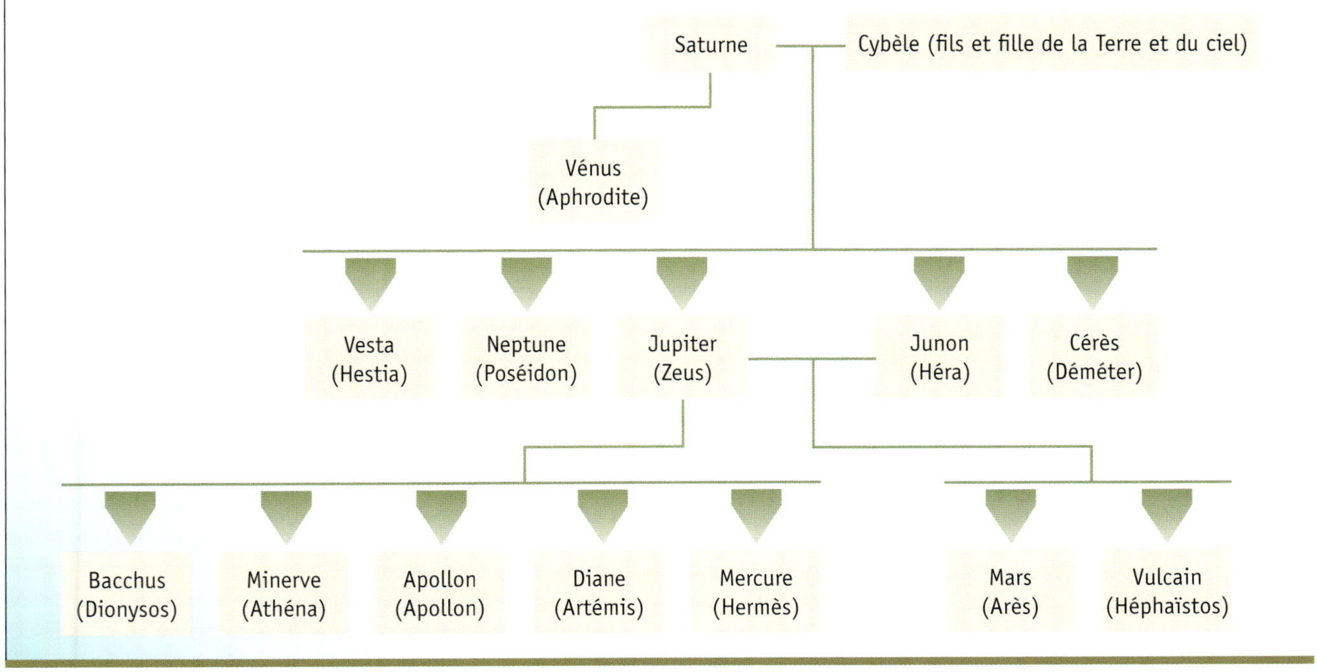

de réforme attaque les passe-droits du Sénat, dont un des rôles est de gérer ce patrimoine, et ceux de la *nobilitas*, qui s'est approprié ces terres depuis longtemps. Un véritable climat insurrectionnel s'installe à Rome, qui oppose les partisans de la réforme agraire à ceux qui refusent tout changement. Comme le raconte Plutarque :

> « *Ainsi toute l'Italie [...] se remplit de prisonniers barbares, dont les riches se servaient pour labourer la terre à défaut de citoyens qu'ils en avaient chassés.*
>
> *[...] Les riches et les grands propriétaires, révoltés par avarice contre la loi et contre le législateur, [...] peignirent Tiberius comme un séditieux, qui ne proposait un nouveau partage des terres que pour troubler le gouvernement et mettre la confusion dans toutes les affaires. [...] Tiberius soutenait la cause la plus belle et la plus juste [...]. Il se montrait redoutable et invincible [lorsqu'il] parlait en faveur des pauvres. "Les bêtes sauvages, disait-il, qui sont répandues dans l'Italie ont leur tanières [...] : et ceux qui combattent, qui versent leur sang pour la défense de l'Italie, n'y ont d'autre propriété que la lumière et l'air qu'ils respirent ; sans maison, sans établissement fixe, ils errent de tous côtés avec leurs femmes et leurs enfants. Les généraux les trompent, quand ils les exhortent à combattre pour leurs tombeaux et leurs temples ; ils ne combattent et ne meurent que pour entretenir le luxe et l'opulence d'autrui ; on les appelle les maîtres de l'univers, et ils n'ont pas en propriété une motte de terre." [...] Ce fut la première sédition à Rome, depuis l'expulsion des rois, qui eût fini par le meurtre et le sang des citoyens.* »

Document 3.4 Plutarque, *Vie des hommes illustres*, IIe siècle.[4]

En effet, Tiberius Gracchus est présenté au peuple comme un tyran motivé par ses ambitions personnelles, ce qui est la hantise des romains. Il est assassiné, ainsi que des centaines de ses partisans, lors d'une révolte populaire. Son frère, Caius, reprend courageusement son projet politique, pour subir le même sort une dizaine d'années plus tard.

Les conflits politiques qui règnent à Rome se doublent de crises sociales qui affectent toute l'Italie. Ainsi, les esclaves finissent par se révolter contre leurs conditions et tiennent tête aux légions romaines lors des guerres serviles. Ils proclament un État indépendant en Sicile, de 135 à 132 avant Jésus-Christ, puis de nouveau de 103 à 101 avant Jésus-Christ. La plus célèbre de ces rébellions se fait au cœur même de l'Italie, de 73 à 71 avant Jésus-Christ. Spartacus, cet esclave gladiateur, est aussi bon stratège militaire. Avec ses troupes, il ravage toute l'Italie du Sud. Il ne cherche pas à rivaliser avec Rome, mais simplement à rentrer chez lui, en Thrace, et à aider les autres esclaves à faire de même. Il y a donc, dans ces révoltes, toute l'énergie du désespoir. Il faut d'ailleurs plus de six légions pour les vaincre, et la victoire aura un goût amer. Près de 6000 esclaves sont crucifiés le long de la voie Appienne, entre Capoue et Rome, pour servir d'exemple.

Parallèlement, de 91 à 88 avant Jésus-Christ, la plupart des territoires alliés de l'Italie se révoltent pour obtenir la citoyenneté romaine. Bien que le Sénat la leur accorde, cette guerre sociale (du latin *socii*, « alliés ») est une réelle guerre civile lors de laquelle tout est permis. Les réfugiés de guerre et les nouveaux citoyens iront grossir démesurément la population de la ville de Rome. La République est menacée de toutes parts et les solutions qui permettraient de la sauver ne sont pas claires. Faut-il plus de justice, ce qui implique une redistribution des richesses et le partage des droits, ou

Spartacus représenté alors qu'il vient de briser ses chaînes.

Denis Foyatier. *Spartacus*. Marbre (1830).

plus de liberté, ce qui se traduit par une accumulation de privilèges pour les plus nantis ? Dans un tel contexte, les masses se tournent de plus en plus vers des hommes providentiels, à la recherche de héros. Ces derniers ne peuvent être que des hommes de guerre, qui semblent les seuls à pouvoir faire rêver, avec leurs victoires militaires. En particulier, les soldats vont se tourner vers leurs généraux. C'est à eux qu'ils vont offrir leur loyauté, les hissant au rang des hommes les plus puissants de la République.

La table est donc dressée pour l'affrontement de certains de ces généraux, qui n'espèrent rien de moins que d'accaparer le pouvoir absolu. On assiste d'abord à une lutte entre Caius Marius et Lucius Sylla. Ce dernier devient dictateur, une position permise par la loi en cas d'événements extraordinaires, mais seulement durant une période de six mois. Sa dictature, qui dure pourtant plus de deux ans, aggrave la fracture sociale de Rome, Sylla pillant ici et là pour récompenser ses partisans. C'est l'époque des proscriptions, alors que sont exposées au Forum les têtes tranchées de ses ennemis.

Une nouvelle génération de généraux prend le relais par la suite, dont Jules César, neveu de Marius et proscrit sous Sylla. César s'allie, dans sa course au pouvoir, avec deux anciens lieutenants de Sylla, Crassus et Pompée. Crassus, dont le nom est synonyme de richesse, est en effet devenu très puissant grâce à Sylla. Visiblement, l'ambition domine les allégeances politiques ! Pompée est un grand général, victorieux au Moyen-Orient. Ces trois hommes forment le premier triumvirat.

Crassus meurt à la guerre, et la rivalité ne tarde pas à s'accentuer entre Pompée et César. Ce dernier part en Gaule consolider sa réputation et son armée. Alors que Pompée réussit à le faire rappeler à Rome, César décide de jouer le tout pour le tout. Face au Rubicon, la rivière qui marque la frontière nord de l'Italie, César hésite. Va-t-il aller, seul, parlementer au Sénat ou va-t-il marcher vers Rome avec son armée et s'imposer par la force ? La tradition romaine interdit à quiconque d'entrer à Rome avec des armes ; cela équivaut à une déclaration de guerre. César se décide à « franchir le Rubicon » (cette expression signifie « prendre une décision irrévocable ») et prononce alors une phrase devenue célèbre : « *Alea jacta est* » (Les dés sont jetés). Il joue de chance, puisqu'il pousse Pompée à la fuite avec son armée et une partie du Sénat. Il les poursuit jusqu'en Égypte, où Pompée est tué. César en profite pour séduire Cléopâtre et consolider les possessions romaines de ce côté de la Méditerranée. Il revient à Rome rapidement et triomphalement, en disant : « *Veni, Vidi, Vici* » (Je suis venu, j'ai vu, j'ai vaincu).

Statue de bronze de Jules César sur la Via dei Fori Imperiali, à Rome. (Copie d'un original romain.)

César devient consul, puis dictateur pour un terme de 10 ans. Il renforce alors son autorité politique. Certains estiment qu'il agit au détriment des institutions républicaines. Et en effet, il procède de lui-même à la nomination de bon nombre de magistrats. Il se fait déifier de son vivant (il affirme descendre de Vénus) et son culte se répand dans l'Empire. Mais il entame aussi toutes sortes de réformes économiques et sociales : politique de travaux publics, création de colonies et retraites en terres pour les vétérans, citoyenneté étendue à une partie de la population de Gaule et d'Espagne, nouveau calendrier romain de 365 jours, entre autres. Alors qu'il jouit d'un grand prestige, le Sénat se méfie de lui, et surtout de ses prétentions au pouvoir. Ne se prend-il pas pour un roi ? En 44, il se fait déclarer dictateur à vie. Ce faisant, il signe son arrêt de mort.

ROME, UN PUISSANT EMPIRE

Le 15 mars de l'an 44 avant Jésus-Christ, Jules César fait son entrée au Sénat romain. Un groupe de sénateurs l'entourent et tirent chacun une épée. Dans les mots de Plutarque, l'assassinat de César est un moment dramatique : « De quelque côté qu'il se tourne, il ne trouve que des épées qui le frappent aux yeux et au visage : tel qu'une bête féroce assaillie par les chasseurs, il se débattait entre toutes ces mains armées contre lui ; car chacun voulait avoir part à ce meurtre et goûter pour ainsi dire à ce sang, comme aux libations d'un sacrifice. [...] Il s'était défendu, dit-on, contre les autres, et traînait son corps de côté et d'autre en poussant de grands cris[5]. » Jules César meurt en criant « Toi aussi, mon fils » à Brutus, le fils de sa maîtresse, aperçu parmi ses agresseurs.

L'assassinat de Jules César est un événement marquant de l'histoire romaine. Il signifie deux choses opposées : pour certains, le meurtre de César va permettre la résurrection de la République, après la tyrannie ; pour d'autres, ce meurtre est celui de la République elle-même. Dans les faits, c'est Octave, le fils adopté officiellement par Jules César, qui va lui succéder peu après et instaurer son pouvoir absolu dans le cadre d'un nouveau système politique, l'empire. Il impose la paix, à Rome comme sur tout son territoire. C'est le début de la *pax romana*, qui va modeler la vie de plus de 60 millions de personnes.

LA RÉORGANISATION DU POUVOIR

À la mort de Jules César, les guerres civiles continuent de plus belle. Un second triumvirat, formé d'Octave, le successeur désigné de César par testament, de Marc Antoine et de Lépide, crée un répit bien temporaire. Leurs ambitions les dressent rapidement les uns contre les autres, alors que Lépide est écarté. Marc Antoine part se chercher des alliés en Égypte et Octave reste en Italie, ce qui joue en sa faveur. Il peut facilement attaquer la réputation et les projets de Marc Antoine. Il le prétend manipulé par Cléopâtre, qui ne viserait qu'à étendre son pouvoir royal. À Actium, en 31 avant Jésus-Christ, Octave gagne l'Égypte et la guerre. Il devient le maître incontesté, à la fois de Rome et de l'ensemble de la Méditerranée.

Fort de sa victoire, Octave rentre triomphalement à Rome. Il se présente comme l'instigateur de la paix et le sauveur de la République. Rome, en apparence, fonctionne donc toujours sous un régime républicain. Mais dans la pratique, Octave est réélu tribun chaque année, durant toute la durée de son « règne », de 27 avant Jésus-Christ à 14 après Jésus-Christ, soit plus de 40 ans !

Les plus grands surnoms honorifiques lui sont décernés, *Augustus* et *Imperator*, bien qu'il préfère se faire appeler tout simplement *Princeps*, premier citoyen de Rome, ou *Princeps Senatus*, premier du Sénat.

Cette modestie, valeur bien républicaine, cache une mainmise totale sur le pouvoir politique. Dans les faits, Octave, que l'on appelle maintenant « Auguste », dirige

Statue d'Auguste, dite de Prima Porta, du nom du secteur de Rome où elle fut retrouvée. Marbre (Ier siècle av. J.-C.).

comme un empereur. Il cumule les titres et les fonctions, ce qui lui confère le droit de convoquer le Sénat et les comices (assemblées), le droit de veto, le contrôle des nominations, dans l'armée comme au civil, l'immunité judiciaire, etc. Il est en position de décider de la politique intérieure comme extérieure, et il veille à la vie économique puisqu'il frappe la monnaie. Bref, il contrôle entièrement l'État, et les institutions républicaines, toujours en place, ne font en réalité qu'entériner ses décisions.

Il faut dire qu'il est d'autant plus facile pour l'empereur de travailler avec le Sénat et de le respecter qu'il l'a nettoyé de ses éléments perturbateurs et l'a rempli de ses partisans. Après les guerres civiles des dernières années, tout le monde aspire à la paix, sans pour autant être prêt à accepter une monarchie, ou tout ce qui pourrait y ressembler. Et cela, Auguste l'a fort bien compris, connaissant mieux que quiconque le destin de Jules César. Afin de retrouver une certaine harmonie sociale et politique, Auguste joue donc de prudence et de modération. Durant tout le Haut-Empire, soit jusqu'à la fin du IIe siècle, les empereurs vont, à son image, chercher à ménager les institutions républicaines tout en prenant l'essentiel des décisions. Le Sénat devient progressivement un outil entre leurs mains.

Même s'il revient en principe au Sénat de désigner les successeurs des empereurs, le pouvoir devient peu à peu héréditaire. L'adoption, qui est une pratique sociale courante parmi l'élite, devient la norme politique. Le principe est simple : l'empereur choisit lui-même son successeur, le plus souvent en fonction de liens familiaux, et parfois sur la base du mérite, ce qui contribue grandement à la stabilité de l'Empire romain. Auguste n'est-il pas lui-même le petit-neveu, et fils adopté, de Jules César ? Ainsi, durant la période du Haut-Empire, se succèdent les Julio-Claudiens (27 av. J.-C – 68 apr. J.-C.), les Flaviens (69-96), les Antonins (96-192) et finalement les Sévères (193-235). Les choix des empereurs sont entérinés officiellement par les institutions républicaines, alors que l'armée, le Sénat et les assemblées, à tour de rôle, les acceptent.

Auguste réorganise l'État républicain selon un système impérial efficace. À sa tête, l'empereur, entouré de philosophes et de conseillers qui inspirent l'administration générale de l'Empire. En dessous, une bureaucratie assez réduite (quelques milliers de fonctionnaires pour une population d'environ 50 millions de personnes), mais très hiérarchisée et organisée, qui relaie ses décisions dans toutes les régions de l'Empire. Auguste est aussi secondé par des écrivains et des poètes, dont le rôle est de participer à sa propagande impériale. Ainsi, Virgile, dans *L'Énéide*, fait le lien entre le premier fondateur de Rome, Romulus, et Auguste, et offre une nouvelle version du destin romain :

« *C'est Romulus, c'est lui, par qui Rome immortelle*
Du haut de ses sept monts rassemblés autour d'elle,
Portera notre gloire à nos derniers neveux,
Son sceptre au bout du monde, et son nom jusqu'aux cieux ;
Rome, reine des rois, Rome en héros féconde,
La terreur, la maîtresse et l'exemple du monde.
[…]

Mais celui que le ciel promit par cent oracles,
Pour qui seront les dieux prodigues de miracles,
Le second des Césars, le premier des humains,
C'est Auguste, c'est lui, dont les puissantes mains
Rendront au Latium, heureux par son génie,
Ce brillant âge d'or de l'antique Ausonie ;

[…]

D'autres avec plus d'art (cédons-leur cette gloire)
Coloreront la toile, ou d'une habile main
Feront vivre le marbre et respirer l'airain,
De discours plus flatteurs charmeront les oreilles,
Décriront mieux du ciel les pompeuses merveilles :
Toi, Romain, souviens-toi de régir l'univers ;
Donne aux vaincus la paix, aux rebelles des fers ;
Fais chérir de tes lois la sagesse profonde :
Voilà les arts de Rome et des maîtres du monde. »

Document 3.5 Virgile, *L'Énéide*, livre VI, 29-19 av. J.-C.[6]

Auguste se préoccupe particulièrement du rôle des provinces. Il les répartit en deux groupes. Les provinces les plus anciennes sont laissées aux soins des sénateurs. Ils obtiennent ainsi la continuité de certains de leurs privilèges et y voient le signe du bon vouloir de l'empereur. Le Sénat a donc tout intérêt à bien le servir. Les provinces conquises plus récemment sont sous la coupe du pouvoir impérial. L'empereur y envoie des troupes de manière permanente, ainsi que des gouverneurs venant de l'ordre équestre, les chevaliers, ou des élites locales. Ces dernières ont donc tendance à demeurer fidèles au régime et à travailler efficacement, motivées par la possibilité d'obtenir des promotions dans l'administration publique comme dans l'armée.

De cette manière, Auguste évite aussi les abus commis auparavant par des gouverneurs avides, qui se constituaient souvent des fortunes sur le dos des provinces. Dorénavant, les gouverneurs reçoivent un salaire. De même, la collecte des impôts est modifiée. Auparavant, les collecteurs payaient d'abord à l'État une somme fixée à l'avance, puis allaient récolter les impôts afin de se rembourser eux-mêmes. Ce mécanisme s'appelait le « fermage ». Or, les collecteurs avaient tendance à exiger des impôts plus élevés et à mettre les profits dans leur poche. Le système impérial se traduit donc concrètement par plus d'ordre et moins d'abus, et par une meilleure intégration des provinces. Cela était plus que nécessaire, comme l'indique Juvénal, qui raconte les pratiques de ces gouverneurs cupides :

> « *Tes vœux sont accomplis, te voilà gouverneur ;*
> *Mais à ce haut emploi porté par la faveur,*
> *Prends garde à l'avarice, étouffe la colère,*
> *Des peuples alliés épargne la misère ;*
> *Là tu verras des rois, spectacle attendrissant !*
> *Dont les questeurs de Rome ont sucé tout le sang :*
> *[...]*
>
> *Maintenant que ravir à ces infortunés ?*
> *D'un troupeau languissant les restes décharnés ;*
> *Un taureau sans vigueur, quelques bœufs faméliques,*
> *Ou les bustes sacrés de leurs dieux domestiques,*
> *S'il leur en reste un seul de quelque prix encor ;*
> *Car est là leur plus cher et leur dernier trésor.*
> *[...]*
>
> *Leur murmure impuissant n'est point à redouter ;*
> *Tu peux braver leurs cris ; mais tremble d'irriter*
> *Le Gaulois, l'Espagnol, l'habitant d'Illyrie ;*
> *Respecte l'Africain par qui Rome est nourrie,*
> *Et qui, de la sueur dont son champ est trempé,*
> *Engraisse un peuple oisif, de jeux seuls occupé.* »

Document 3.6 Juvénal, Satires, I-VIII, IIe siècle.[7]

Le rôle de l'armée est également revu. Alors qu'elle est devenue peu à peu un outil puissant aux mains de généraux avides de pouvoir personnel, Auguste lui impose son emprise. C'est lui qui est responsable de la solde comme des bonis. Il est le commandant en chef, auquel les soldats prêtent serment dorénavant. Par ailleurs, il la réduit à 300 000 hommes, qui se divisent équitablement entre l'armée, composée de citoyens, et les troupes auxiliaires, formées à partir de la population des provinces. Ces derniers gagneront leur citoyenneté au terme de leur engagement de 20 ans. Finalement, l'empereur cantonne les légions essentiellement dans les provinces et sur les frontières, loin de Rome. Seules les troupes prétoriennes, troupes d'élite, restent en Italie. Tous ces soldats romains vont finir par former une armée professionnelle, disciplinée et efficace, qui rend manifeste partout dans l'Empire le pouvoir de l'empereur.

Mais la présence de l'empereur ne se mesure pas seulement à la paix qui règne. Elle s'exprime aussi à travers son rôle religieux, auquel renvoie le nom d'« Auguste », le « vénéré » ou le « sacré ». Dans le cas d'Auguste, il est fils du « divin » Jules César, et donc hérite, par ce lien d'adoption, de cette lignée divinisée. Son culte ne concerne pas tant sa personne que son esprit, son *genius*. Dans un empire aussi vaste, et parmi une population si diversifiée, le culte de l'empereur remplit une fonction unificatrice et rassemble le peuple lors de jours de fêtes, de jeux et de sacrifices. Les temples en son nom se répandent, particulièrement en Égypte et dans les anciens territoires des monarchies hellénistiques, où les dirigeants sont déjà traditionnellement associés à des dieux.

Cet homme au pouvoir immense devient, pour toutes ces raisons, le symbole de l'unité impériale et de la paix romaine qui règne dans tout le monde méditerranéen.

LA ROMANISATION DE LA MÉDITERRANÉE

À son apogée, au milieu du IIe siècle, l'Empire romain s'étend de l'Écosse à la Perse et regroupe de 50 à 60 millions de personnes (voir la carte 3.3). À l'époque, seul l'Empire chinois a une population aussi importante. Rome est devenue un vaste empire multiethnique. La paix romaine, qui caractérise la période du Haut-Empire, n'est pas uniquement liée à la réorganisation du pouvoir politique. L'expression *pax romana* fait aussi référence aux bonnes relations entre Rome et ses provinces.

La puissance de l'armée romaine n'est pas la principale explication de cette paix sociale. En effet, le monde romain développe une culture à la fois homogène et tolérante qui permet à ses multiples communautés d'y trouver leur place. Rome fait preuve de tolérance envers les cultes, les divinités et les pratiques locales de ses provinces. Bon nombre de croyances vont même se répandre dans l'Empire et être adoptées par les Romains. Mais ce qu'on appelle la « romanisation » va au-delà de la simple tolérance vis-à-vis de l'autre. Il y a une culture romaine en soi qui va être intégrée par les populations provinciales, à tel point qu'elles vont finir par se sentir romaines. En même temps, Rome les intègre véritablement. Par exemple, le Sénat s'ouvre aux élites provinciales et les populations provinciales qui travaillent pour l'administration impériale obtiennent la citoyenneté romaine. L'empereur Caracalla, en 212, va même jusqu'à donner la citoyenneté à tous les hommes et à toutes les femmes libres de l'Empire. Cela va de pair avec l'équité juridique, ou du moins l'accès aux lois romaines, ainsi qu'avec le droit de recourir à la justice de l'empereur. C'est sur ce plan que Rome innove dans le monde antique, et c'est la force de son empire : une citoyenneté inclusive ou partagée.

Bien que le pouvoir politique ne représente jamais l'ensemble de la population du territoire romain, la loi romaine joue ce rôle. Sous la République, le droit distinguait les catégories de citoyens et différents codes de lois coexistaient. La publication de la loi des Douze Tables, puis l'œuvre des juristes et les nombreux cas traités devant les tribunaux vont créer un corpus de lois énorme et complexe, représentatif de la vie quotidienne d'un ensemble aussi vaste de citoyens. Au fur et à mesure de leur accession à la citoyenneté, la vie en commun va être de plus en plus régulée par les coutumes romaines, au détriment des traditions locales. Le droit criminel va se distinguer de ce qui relève du droit civil, mais surtout, à la base de ces lois, certains principes fondamentaux s'imposent : la notion d'intention dans un crime, par exemple, et surtout l'existence d'une justice « naturelle », que les lois humaines doivent refléter. Cela amènera très progressivement l'Occident à formuler, bien des siècles plus tard, le principe des droits « naturels » et inaliénables de l'homme. Sénèque donne un exemple de cette « loi de la nature », alors qu'il se penche sur le cas des esclaves romains :

Sur la clémence : [1,18] : La modération envers les esclaves est digne d'éloge ; il ne faut pas considérer quels traitements on pourrait leur infliger impunément, mais ce qu'autorisent l'équité et l'humanité, qui ordonnent aussi d'épargner les prisonniers et les malheureux achetés à prix d'argent. [...] Il est [...] des actions que le droit de la nature, commun à tous les êtres vivants, interdit à un homme envers son semblable. [...]

Document 3.7 Sénèque, *De la clémence*, Ier siècle.[8]

Des bienfaits : [3,20] : [...] C'est donc le corps seul que le sort a mis entre les mains du maître : c'est là ce qu'il achète, ce qu'il vend ; l'âme est et reste émancipée. Tout ce qui vient d'elle est libre ; car nous ne pouvons donner des ordres illimités [...].

Document 3.8 Sénèque, *Des bienfaits*, Ier siècle.[9]

Carte 3.3

L'EMPIRE ROMAIN À SON APOGÉE

La cité-État de Rome devient au Ier et IIe siècles un immense empire multiethnique de plus de 50 millions de personnes. Bien après la chute de Rome, des rois et des empereurs vont chercher à recréer son ampleur et son prestige, sans succès.

Les empereurs vont eux aussi chercher à « humaniser » cet ensemble si vaste et si hétérogène. Pour se rendre visibles et présents à leur population qui, en grande majorité, n'aura jamais l'occasion de les voir, ils s'occupent de la construction et de l'entretien des fortifications, mais également des routes, des ports, des bâtiments publics, des temples, des aqueducs, etc. Ces projets de travaux publics touchent de plus à l'art public, avec la construction de places et de fontaines, la réalisation de statues et de peintures.

Auguste, par exemple, va adopter une politique de « générosité » qui lui fait augmenter les distributions gratuites de pain, d'huile, de vin et même parfois de viande, ainsi que l'aide financière lors de catastrophes naturelles. Il donne des récompenses à l'armée comme au peuple, en multipliant les jeux de cirque et les festivités. Les élites locales imitent cette contribution au « bien commun », grâce à leurs fortunes personnelles, par la construction de bains publics et de théâtres, et par leurs dons aux pauvres. Cette « générosité » de l'empereur est largement publicisée, notamment par les pièces de monnaie, frappées à son effigie et qui en font l'éloge. Auguste sait bien utiliser son argent !

Rome est la première ville qui va bénéficier de l'attention des empereurs et de leur volonté de propagande. Auguste se plaît à dire qu'il a transformé cette ville construite en briques en une ville faite de marbre. Ainsi, l'apport de la technique du ciment, des voûtes et des arches étrusques, de même que les calculs mathématiques et les traités architecturaux grecs, permettent la construction de bâtiments toujours plus grands et plus imposants. Le dôme du Panthéon, reconstruit après un incendie en 126, en est le meilleur exemple : aucun ne le surpasse dans tout le monde antique. Les 18 colonnes de granit massif qui marquent l'entrée ont été apportées d'Égypte, par bateau.

Tout comme les arches et les sculptures qui embellissent Rome, ces édifices ont résisté à plus de 2000 ans et demeurent un témoignage de l'expertise comme de la puissance des Romains. Par ailleurs, 11 aqueducs

L'aqueduc de Nîmes, en France, aussi appelé pont du Gard, est un remarquable exemple de l'ingénierie romaine (Ier siècle apr. J.-C.).

Trajan distribuant des aliments aux nécessiteux. Arche de Trajan, Rome.

amènent l'eau qui alimente les fontaines publiques ainsi que les quartiers cossus de Rome, et les égouts rejettent les eaux sales dans le Tibre. Les quartiers plus pauvres n'ont pas l'eau courante et se contentent plutôt de taudis et de maisons à appartements qui, lorsqu'elles ne brûlent pas, ont souvent tendance à s'effondrer, d'où le premier service de pompiers, créé sous Auguste.

L'Empire va se couvrir de villes qui vont chercher à imiter Rome, autant par leur architecture que par leurs institutions. Elles sont au cœur de la civilisation romaine. Elles se développent autour d'un forum, où les citoyens se croisent entre autres lorsqu'ils vont prier dans les temples et, pour les hommes, lorsqu'ils se rendent voter au conseil municipal. Dans les bains publics et les arènes, les gens participent au même mode de vie, prient des dieux variés mais tous romains, et parlent la même langue, du moins les élites qui doivent comprendre le latin et le grec en plus de leur propre langue. Dans ce décor, reproduction à l'échelle de Rome, malgré les us et coutumes de chaque région, il est facile, et surtout fort attirant, de se sentir romain. La puissance de Rome permet à ces populations de

Entièrement reconstruit sous Hadrien après un incendie, au début du IIe siècle, le Panthéon est demeuré pratiquement intact.

participer à sa grandeur, en tant que citoyens de villes qui bénéficient de tous les apports de l'urbanisme de l'époque et en tant qu'acteurs dans un vaste réseau économique (voir la carte 3.4).

La civilisation urbaine consiste aussi en de nombreux lieux de repos, de loisir, de beauté et de plaisir. Les Romains utilisent les bains publics, où ils passent des piscines d'eau froide à celles d'eau chaude et aux saunas. Ils ont accès à des gymnases et à des librairies, peuvent fréquenter tant des auberges que des bordels, vont dans les jardins publics, puis au théâtre. Mais si les Grecs y allaient souvent, les Romains se distinguent par d'autres passe-temps, surtout les jeux de cirque, les *Ludi*. Le Circus Maximus va être agrandi au cours des siècles pour recevoir plus de 350 000 personnes ! Depuis les débuts de Rome, les compétitions sportives et les courses de chariots enthousiasment les foules et les divisent en factions irréconciliables. Les combats de gladiateurs datent aussi des débuts de Rome. Offerts notamment au Colisée à Rome, qui peut recevoir plus de 50 000 spectateurs, ils deviennent de plus en plus sanglants sous l'Empire.

L'urbanité permet donc, de différentes manières, d'initier les populations des provinces à la romanité et de les y intégrer. Toutes les villes sont reliées entre elles et à Rome par un réseau routier immense qui couvre 75 000 kilomètres (voir la carte 3.4). Il permet à la fois les échanges de marchandises et d'informations, le déplacement des armées et le développement du commerce. Tout au long, on trouve des auberges, des relais pour changer les montures et des patrouilles. Rome domine son territoire sans partage et n'a pas de compétiteurs ou d'ennemis à ses portes. La Méditerranée est devenue la *Mare nostrum* des Romains (« notre mer »), vide de pirates mais pleine de bateaux romains qui relaient les richesses de toutes les provinces vers Rome.

Un combat de gladiateurs. Mosaïque romaine (IIe siècle av. J.-C.).

La *pax romana* facilite aussi l'essor de réseaux commerciaux incroyablement étendus, jusqu'en Arabie, en Inde et en Chine. On recherche les épices et les métaux, mais

L'amphithéâtre romain de El'Djem, en Tunisie, a été construit au début du IIIe siècle.

La construction du Colisée de Rome a été achevée sous le règne de Titus, en l'an 80.

aussi la soie, cette matière si vibrante de couleur et si évidemment luxueuse. C'est la Chine qui en a le monopole avant que la technique ne se répande dans l'Empire byzantin de manière un peu douteuse au VIe siècle (voir le chapitre 4). Or, la route de la soie, la route des caravanes, traverse d'immenses étendues et bien des obstacles avant de s'arrêter dans des marchés « internationaux ». C'est ce qui en justifie le prix.

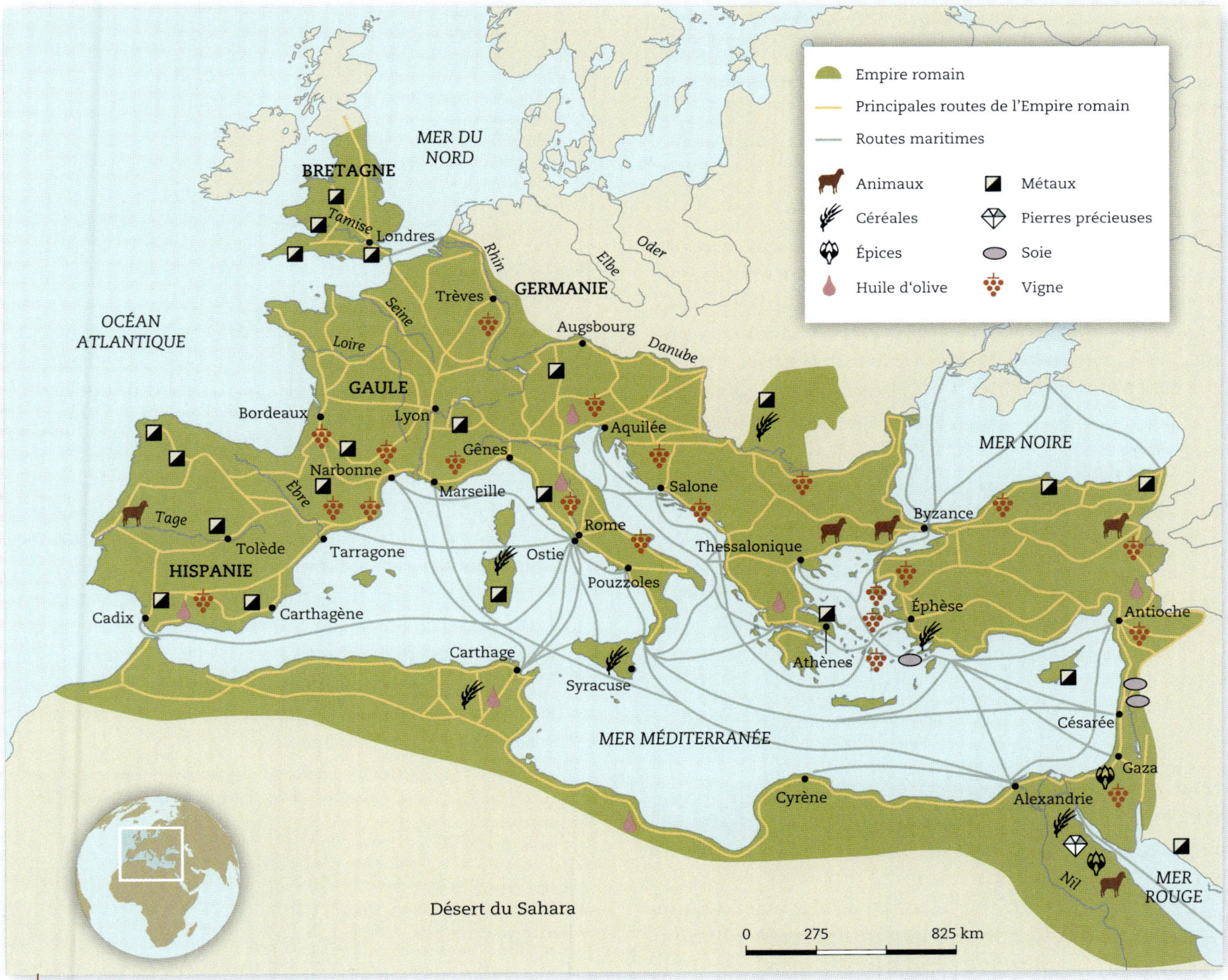

Carte 3.4

LES ROUTES DU COMMERCE DANS L'EMPIRE ROMAIN

Cette carte montre à la fois la diversité et l'ampleur du système économique romain en Méditerranée.

De profondes inégalités sociales persistent à l'intérieur de l'Empire romain, surtout entre les villes et la campagne, où vit la grande majorité de la population. Tous ne bénéficient pas des bienfaits de la civilisation romaine urbaine. Au contraire, ce sont les gens de la campagne qui paient le plus d'impôts et fournissent la production alimentaire assurant la survie de l'Empire, lequel reste, malgré tout, un État agraire.

Cette lourde taxation ainsi que la présence de l'armée sont les principales raisons qui poussent certaines populations à se rebeller, notamment en Angleterre et en Judée. S'y mêlent d'autres motivations : le refus pur et simple de la conquête et le désir d'indépendance, de même que les différences religieuses et particulièrement le refus du culte de l'empereur. La répression des Romains est, dans ces cas, violente. Par exemple, en Judée, le temple de Jérusalem est détruit en 70, puis la ville entière en 135. Sa population est en grande partie massacrée, ceux qui survivent sont forcés à l'exil ou réduits à l'esclavage, alors que la ville est reconstruite sous le nom d'Aelia Capitolina. L'historien Tacite se fait l'écho de ces révoltes et met ces mots dans la bouche de Galgacus, un chef guerrier breton (habitant de l'Angleterre) :

> « *[...] Les guerres précédentes, où l'on combattit contre les Romains avec une fortune diverse, avaient leur espoir et leur ressource en nous, nous les fils les plus nobles de la Bretagne [...] Maintenant les dernières limites de la Bretagne sont à découvert [...] Derrière nous plus de nation, rien, que des flots et des rochers ; et à l'intérieur sont les Romains, à l'orgueil desquels vainement vous penseriez échapper par l'obéissance et par la soumission : envahisseurs de l'univers, quand les terres manquent à leurs dévastations, ils fouillent même les mers ; avares, si l'ennemi est riche ; ambitieux, s'il est pauvre. Ni l'Orient ni l'Occident ne les ont rassasiés ; seuls, de tous les mortels, ils poursuivent d'une égale ardeur et les richesses et la misère : enlever, égorger, piller, c'est, dans leur faux langage, gouverner ; et, où ils ont fait un désert, ils disent qu'ils ont donné la paix.* »

Document 3.9 Tacite, *Vie de Julius Agricola*, 98 apr. J.-C..[10]

Mais la vie dans l'Empire romain n'est pas une longue succession de rébellions par des provinces qui refusent le pouvoir de l'empereur ou de ses armées et qui ridiculisent la civilisation romaine, comme les Gaulois Astérix et Obélix. Dans la majorité des cas, les nouveaux territoires sont rapidement intégrés à l'Empire et ne restent pas des zones militaires occupées. D'ailleurs, cela ne serait pas matériellement possible, vu l'étendue de l'Empire et la taille de l'armée. Au contraire, si l'Empire romain dure, c'est bien parce que les populations locales sont romanisées. Tacite, après avoir décrit le point de vue des rebelles, présente dans la même œuvre la façon dont se déroule leur assimilation culturelle. Il fait au passage l'éloge de son beau-père, Agricola, un général romain.

Femme versant du parfum dans un flacon.
Fresque romaine (Ier siècle apr. J.-C.).

> « *Pour que ces hommes épars et grossiers, et par-là même toujours prêts à la guerre, s'accoutumassent à la tranquillité et au repos par les plaisirs, il les exhortait particulièrement, les aidait des deniers publics à construire des temples, des forums, des maisons, louant les actifs, excitant les indolents. Ainsi une émulation honorable tint lieu de contrainte. Déjà il faisait instruire les fils des principaux Bretons dans les arts libéraux. [...] Ainsi ceux qui auparavant dédaignaient la langue latine, ambitionnèrent de la parler avec éloquence : de là aussi fut mis en honneur notre habillement, et la toge devint en usage. Peu à peu survinrent les recherches de nos vices, les portiques et les bains, et l'élégance des festins : ce que dans leur imprévoyance ils appelaient civilisation, c'était une partie de leur servitude.* »

Document 3.10 Tacite, *Vie de Julius Agricola*, 98 apr. J.-C.[11]

L'armée joue donc un rôle dans ce processus de romanisation. En acceptant des alliés et de nouveaux citoyens romains dans ses rangs, elle les « éduque » en quelque sorte, par l'utilisation du latin et par le respect de la discipline et des valeurs romaines. Dans les provinces où sont stationnées les légions, de petites bourgades se créent autour des camps militaires, des liens commerciaux et personnels se tissent.

UN NOUVEL EMPIRE ROMAIN

Vers 380, Jérôme de Stridon (en Croatie) décide de quitter Rome pour toujours et de s'installer en Judée, où il fonde un monastère. Ce chrétien espère y trouver la tranquillité et la paix d'esprit. Mais même là, les rumeurs de désastres le rattrapent, comme en témoigne sa correspondance : « Nous apprenons que Rome est assiégée, et que ses citoyens ne peuvent plus racheter leur vie qu'à force d'or ; bien plus, qu'après les avoir dépouillés, le vainqueur, non content de leurs fortunes, prend encore leur vie. Les sanglots étouffent ma voix. La ville qui avait conquis l'univers est conquise à son tour. Le fer, la famine la désolent à la fois. À peine les vainqueurs trouvent-ils des vaincus pour les enchaîner. La faim, irritée par de longues privations, cherche des aliments horribles. Ces infortunés déchirent eux-mêmes leurs propres membres. Une mère se nourrit des lambeaux de son enfant qu'elle allaite encore, et le fruit de ses entrailles y est rentré[12]. »

En 410, Rome est attaquée par une bande de guerriers en quête de butin. Pendant trois jours, la ville est livrée au pillage, aux meurtres, aux viols et à une violence qui semble sans fin pour les Romains de l'époque. Rome avait déjà été envahie, près de 1000 ans auparavant. Pendant ce temps, la République a appris à se protéger, à consolider ses frontières et à conquérir ses ennemis… Du moins les Romains le croyaient-ils. Le sac de Rome est révélateur des changements qui caractérisent l'Empire romain entre le IIIe et le Ve siècle.

LES CRISES DU IIIe SIÈCLE

Malgré la paix, la stabilité et la prospérité qui s'installent, l'Empire romain connaît, au IIIe siècle, des menaces et des crises qui vont ébranler ses fondements.

Des menaces extérieures qui s'affirment

Durant ce siècle, l'Empire romain se voit menacé au nord-ouest comme à l'est et doit même repousser plusieurs attaques. Ce n'est pas une mince tâche du fait que les garnisons chargées de protéger les frontières ne sont que de faibles avant-postes. L'essentiel des troupes est en effet déployé ailleurs sur le territoire. Le système défensif romain, appelé *limes*, ne réussit donc plus à maintenir les peuples « non civilisés » à l'extérieur de l'Empire. Alors qu'il avait constitué le *limes* lors d'une période d'expansion, puis de paix, l'Empire doit se réorganiser pour passer à la défensive. Cela se fait dans le chaos.

Au nord, des tribus germaniques commencent à se déplacer vers l'Empire romain. Certaines franchissent les barrières naturelles que sont les fleuves du Rhin et du Danube, tuent l'empereur Decius lors d'une bataille en 251 et se déplacent à leur gré dans les Balkans. Les Romains, en contact avec ces tribus depuis longtemps, leur ont collectivement donné le nom de « tribus germaniques » alors qu'elles n'ont que peu de liens entre elles. Ce nom renvoie à la région, la Germanie, où elles s'étaient stabilisées, pendant un temps ; une région bien plus grande que l'Allemagne d'aujourd'hui. Si les Romains s'étaient habitués à traiter avec chacune de ces tribus au cas par cas, ce qui revient à diviser pour mieux contrôler, la situation a profondément changé au IIIe siècle. Leurs contacts et leurs alliances avec l'Empire leur ont permis de s'enrichir et de développer leurs techniques guerrières. Elles forment maintenant des coalitions plus puissantes et plus menaçantes, regroupées autour de chefs de guerre qui promettent d'autant plus facilement des butins qu'ils connaissent la richesse de l'Empire. Mais ces tribus de fermiers et d'éleveurs ne veulent pas que des victoires temporaires : elles cherchent surtout de meilleures terres où s'installer.

À l'est, l'Empire parthe, avec lequel Rome avait plus ou moins stabilisé ses relations, tombe sous la coupe d'une nouvelle dynastie qui rêve de retrouver la grandeur passée de l'Empire perse. Il attaque les provinces du Moyen-Orient, fort d'une armée puissante et surtout de cavaliers. Il capture et tue l'empereur Valérien en 260.

Dans ce contexte où les empereurs et leurs armées courent à travers l'Empire pour tenter de colmater les brèches, certaines provinces se proclament empires indépendants. Rome ne contrôle plus ses territoires les plus éloignés et les disparités régionales grandissent.

EMPREINTES DE L'OCCIDENT

LE DROIT ROMAIN

Au cœur du Vieux-Montréal, un édifice colossal, l'édifice Ernest-Cormier, semble émerger d'une époque lointaine. Au premier regard, la façade impressionne. Quatorze vertigineuses colonnes en granit s'alignent, surplombant le trottoir. La carrure massive, le revêtement de pierre grise, le portique monumental confèrent à l'ensemble une allure imposante, voire sévère.

L'architecture de cet édifice, inauguré en 1926 pour accueillir une annexe du palais de justice de Montréal, est de style renouveau classique. Populaire au début du xxe siècle en Amérique du Nord et fréquemment employé pour les édifices publics, ce style s'inspire de l'architecture gréco-romaine. L'entrée du bâtiment est conçue à la manière d'une antique basilique civile romaine ; d'autres détails rappellent des motifs décoratifs de la Grèce antique, comme les colonnes de style dorique.

Ce type d'architecture semble tout indiqué pour une telle construction. En effet, les Grecs et les Romains ont légué un riche héritage en matière de justice et de droit. Ils pratiquaient une justice basée sur des principes toujours utilisés à l'heure actuelle, comme la présomption d'innocence. Le droit civil romain a notamment inspiré la rédaction de nombreux codes civils en Occident ; chez les Grecs, les jurés de procès étaient choisis au sort, comme aujourd'hui.

Dans les années 1920, à Montréal, c'est dans cet édifice que les affaires judiciaires sont entendues. Sur la frise qui chapeaute la façade, on peut lire une devise en latin, dont le but est de marquer les esprits, comme l'architecture austère du bâtiment, et qui signifie : « Celui qui viole la loi recherche en vain son secours. » De même, sur la porte d'entrée, on peut voir cette locution latine qui, à travers les millénaires, a gardé tout son sens : *Dura lex, sed lex* (La loi est dure, mais c'est la loi).

De par son architecture et sa prestance, cet immeuble montréalais souligne une page importante de l'histoire de la justice occidentale et, d'une certaine façon, de la justice québécoise. Malgré la mise en fonction d'un nouveau palais de justice en 1972, l'édifice Ernest-Cormier a gardé sa vocation initiale : la Cour d'appel du Québec, la plus haute instance judiciaire de la province, y siège depuis août 2004.

L'édifice Ernest-Cormier, à Montréal.

Une crise politique et militaire

La situation politique devient elle aussi chaotique, à la suite de menaces extérieures et de crises internes. Depuis Auguste, les empereurs se sont succédé avec une certaine stabilité, selon un système d'adoption qui a, somme toute, bien fonctionné. Mais l'empereur Marc Aurèle, malgré l'incompétence notoire de son fils Commode, lui donne tout de même le pouvoir. L'assassinat de Commode, reconnu pour ses frasques, rouvre le débat de la succession en 192 en l'absence d'héritier direct ou désigné. Bien sûr, tout changement « dynastique » crée du désordre. Déjà, entre 68 et 69 par exemple, il n'y a pas moins de quatre empereurs successifs à Rome. Mais surtout, c'est dans ces moments de crise qu'il devient évident que le pouvoir d'imposer des candidats n'appartient plus au Sénat, mais se trouve plutôt entre les mains de l'armée. Les différentes légions provinciales se battent pour imposer leurs candidats dans la course au pouvoir. Celui qui contrôle la légion la plus puissante contrôle le pouvoir politique. Cette réalité se concrétise d'autant plus au IIIe siècle que les empereurs échouent dans les guerres défensives qu'ils mènent pour protéger l'Empire. Ainsi, la seule solution aux problèmes politiques devient assez rapidement l'assassinat, ou le coup d'État, et l'armée devient le vrai détenteur du pouvoir. L'Empire prend parfois des airs de dictature militaire.

C'est la dynastie des Sévères (193-235) qui prend le relais pour un temps. La carrière de Septime Sévère, cet ancien sénateur d'Afrique du Nord, montre bien la place que se sont faite les élites provinciales dans le système impérial et leur capacité à se hisser au sommet des hiérarchies politiques, entre autres sur la base des légions qu'ils commandent. Ce n'est déjà plus tout à fait Rome qui est au cœur de l'Empire. Sévère et ses héritiers ignorent le Sénat romain. C'est l'armée qu'ils courtisent et qui les maintient au pouvoir.

La crise politique connaît son apogée à partir de 235, avec l'assassinat d'Alexandre Sévère par une armée qui ne le trouve pas assez guerrier. De 235 à 284, année qui marque le début du règne de Dioclétien, pas moins de 26 empereurs se succèdent à la tête de l'Empire, tous choisis par l'armée. Un seul d'entre eux réussit à échapper à une mort violente. La guerre civile fait rage. La crise politique que traverse l'Empire au IIIe siècle est liée à la fois à l'absence d'un pouvoir politique stable et à l'anarchie militaire qui fait que des légions romaines se font la guerre entre elles pour avancer la carrière de leurs généraux. Cette situation politique a bien sûr des répercussions économiques, puisque pour s'assurer du soutien et de la loyauté des légions, il faut toujours leur donner plus, ce qui draine les coffres de l'État.

Les troubles économiques et sociaux

Les impôts augmentent de manière importante, surtout ceux sur la production alimentaire, ce qui se traduit par un ralentissement de la vie économique. Pourquoi travailler si c'est pour alimenter les soldats qui se font la guerre au sein de l'Empire ? De plus, ces années de guerre ravagent les provinces et freinent le commerce. Les écarts sociaux continuent à grandir.

Par ailleurs, comme nous l'avons déjà vu, le système économique romain repose très largement sur l'esclavage. Tant que l'Empire était en expansion, les conquêtes permettaient de ramener à Rome d'importants bénéfices ainsi que les esclaves nécessaires au maintien de l'économie. Cependant, les esclaves ont des conditions de vie si dures qu'ils ne se reproduisent pas suffisamment pour pallier la crise. Les effets de la fin de l'expansion, la croissance de la bureaucratie impériale et les demandes financières des empereurs ont un effet dévastateur : les entrées d'argent stagnent alors que les dépenses augmentent.

En plus, la peste s'installe de manière endémique durant une quinzaine d'années à partir de 250. Au cours de cette période du IIIe siècle, du fait des guerres, des maladies et d'autres causes, la population romaine chute d'un tiers. Cela contribue à une certaine remise en question philosophique et religieuse dont nous parlerons plus loin (voir « Les Romains et les dieux », p. 83).

Ces multiples crises, qui s'alimentent les unes les autres, auraient facilement pu mettre un terme à l'Empire. Mais, à la fin du IIIe siècle, de nouveaux empereurs reprennent le contrôle du pouvoir politique de manière plus stable et, de là, imposent des réformes qui permettent une réorganisation de l'Empire et sa continuité jusqu'à la fin du Ve siècle.

DIOCLÉTIEN ET CONSTANTIN : DES EMPEREURS MARQUANTS

Dioclétien (284-305), qui s'installe au pouvoir pour 20 ans, réorganise l'Empire en renforçant l'armée, la bureaucratie impériale et la légitimité de l'empereur. Constantin (306-337) poursuivra ces réformes. Pour pouvoir être au plus près du théâtre des opérations militaires et surveiller plus étroitement l'Empire, Dioclétien instaure la tétrarchie. Un seul empereur ne peut gouverner de manière efficace un tel territoire.

Il se donne ainsi un coempereur, qui lui est inférieur, et chacun d'eux est assisté d'un César qui doit lui

Cette statue représentant les tétrarques se trouve à la basilique Saint-Marc à Venise. Porphyre (vers 305).

succéder. Cette réorganisation, dont le but est aussi d'éviter l'instabilité politique, ne lui survivra pas. En revanche, la nouvelle organisation du territoire qui lui est associée va durer. Tout le territoire de l'Empire est divisé en 12 diocèses, regroupés en 4 préfectures, une pour chaque tétrarque. Les diocèses sont sous le contrôle de vicaires, qui relèvent directement de l'empereur. La bureaucratie impériale va s'alourdir de plus en plus au cours du siècle, suivant les réorganisations territoriales et militaires, et surtout en tant qu'outil du pouvoir. Les abus et la corruption reprennent de plus belle.

Pour faire face aux envahisseurs comme aux rébellions de l'armée, Dioclétien augmente les troupes et les répartit en plus petites unités ; il revoit les fortifications aux frontières et l'armement des légions, notamment en imitant les cavaliers perses, très armés. Surtout, il sépare le plus possible le commandement civil du commandement militaire en nommant des préfets et des ducs.

Par ailleurs, un recensement complet de la population, du bétail et de divers biens donne d'autres outils à Dioclétien, puisqu'il lui permet de prescrire de nouvelles taxes. Dioclétien cherche en outre à stabiliser le ravitaillement en imposant l'hérédité de certaines professions et établit des prix maximaux pour les denrées de première nécessité afin de contrer la spéculation et les abus.

LA RÉGIONALISATION DE L'EMPIRE

Dioclétien est le premier empereur à rompre avec les traditions romaines. Il sacralise sa fonction et se présente comme investi par le pouvoir de Jupiter. L'empereur n'est donc plus seulement un général parmi d'autres, choisi par son armée, mais un empereur choisi par les dieux et dont le règne se doit de ramener à l'Empire leurs bonnes grâces. Le Sénat perd ainsi toutes ses prétentions au pouvoir.

Par ailleurs, Dioclétien adopte les attitudes, les titres et les pratiques des rois et empereurs orientaux. Il ne se fait plus appeler *princeps*, mais *dominus*, « seigneur ». Il porte une couronne, un habit de soie, donne des audiences et demande à ce que les gens admis en sa présence se prosternent. On est loin de l'idéal de l'empereur philosophe du Haut-Empire.

Finalement, le centre de l'Empire se déplace vers l'est de la Méditerranée, puisque c'est là que se trouvent le plus de ressources et d'argent. Dioclétien déménage sa capitale à Nicomédie (dans la Turquie d'aujourd'hui) (voir la carte 3.3).

Son successeur, l'empereur Constantin, poursuivra cette orientalisation de l'Empire. Sous ces empereurs qui ressemblent à des monarques, le pouvoir devient héréditaire. En 330, Constantin désigne la ville de Byzance comme sa capitale et la nomme en son honneur : Constantinople. Elle est encore plus à l'est de Rome, mais à la croisée des circuits commerciaux de l'Occident et de l'Orient, avec ses accès à la mer Noire et à la Méditerranée. Cette ville va devenir le nouveau cœur de l'Empire romain. Ce déplacement du pouvoir politique va accentuer la division de l'Empire entre sa partie orientale et sa partie occidentale.

Dans la partie occidentale, la possession de la terre est déjà depuis un moment entre les mains des plus nantis, sous la forme de grandes exploitations nommées *latifundia*. Celles-ci deviennent progressivement autonomes et surtout capables de se défendre contre les incursions germaniques répétées. Le pouvoir économique et militaire glisse ainsi entre les mains de ces riches propriétaires, vers la campagne. Les paysans sans terre

Autel en maçonnage surmonté d'une niche contenant les *imagines* — masques de cire — des ancêtres autour desquels se perpétuaient les cultes familiaux. Maison de Ménandre, Pompéi (Ier siècle apr. J.-C.).

peuvent louer des parcelles de terre, auxquelles ils deviennent attachés héréditairement. Il y a de moins en moins de mobilité sociale et la vie quotidienne devient de plus en plus dure.

L'inflation qui règne est aussi liée à la faiblesse financière de la partie occidentale de l'Empire, dont les réserves de métaux précieux partent vers l'Orient en échange de marchandises de luxe. La production locale reste trop faible pour être exportée alors que les importations sont à la hausse. Cet argent va alimenter la vie économique de la partie orientale de l'Empire, basée sur des villes plus prospères et plus nombreuses. Les différences religieuses et linguistiques viendront progressivement s'ajouter à ces distinctions (voir le chapitre 4).

LES ROMAINS ET LES DIEUX

Venu d'Orient depuis le Ier siècle, un nouveau courant religieux se répand dans l'Empire. Il va graduellement transformer le rapport des populations romaines avec le divin et les fondements mêmes de cette société.

Les Romains sont d'abord et avant tout des pragmatiques, ce qui définit leurs rapports aux dieux. Les dieux païens se situent en dehors de la morale et ne promettent rien au-delà de la mort. Cependant, dans la vie de tous les jours, sonder les dieux permet d'obtenir à la fois leur approbation et leur protection. Les dieux sont donc multiples, à raison de quelques milliers, et la plupart ont en quelque sorte une spécialité. Certains représentent les forces de la nature, comme le ciel ou la terre, ce qui est fort utile pour un peuple qui vit de l'agriculture. Les Romains pratiquent ainsi de nombreux cultes, de même que dans chaque famille se perpétue le culte des ancêtres.

Les rituels, prières, sacrifices et offrandes sont les actes nécessaires pour obtenir les faveurs des dieux. En contrepartie, les Romains croient bénéficier de leur influence dans leurs réussites. C'est du donnant, donnant, et non pas un acte de foi. Les Romains consultent les dieux avant la convocation d'une assemblée, avant une déclaration de guerre et dans bien d'autres situations plus banales, car les dieux font partie de leur quotidien. Ils ont aussi recours aux auspices, cette science de la divination étrusque qui cherche à lire la volonté des dieux dans le foie des animaux et dans le ciel, à travers le vol des oiseaux ou les éclairs. Ainsi, les Romains font tout ce qu'ils peuvent pour plaire aux multiples dieux qui peuplent le monde.

Si l'on croit que les dieux sont irrités, toute la cité souffre. Les Romains sont collectivement liés face à leurs dieux, et il est de la responsabilité de chacun de les vénérer, pour le bien de tous. La religion romaine est donc civique, son culte relève du devoir des citoyens. Les prêtres ne sont en réalité que des administrateurs, ou des fonctionnaires, chargés des cultes publics ; ils veillent à leur organisation comme à leur respect. Ce sont le plus souvent des hommes politiques, des élus, car la religion romaine a, en effet, un côté politique puisqu'elle lie les citoyens entre eux.

L'ORIENTALISATION DE LA VIE RELIGIEUSE

Les conquêtes ont mis les Romains en contact avec bon nombre de peuples et de cultes étrangers, en premier lieu les Étrusques et les Grecs. En bons polythéistes, ils s'ouvrent à toutes les divinités, car il vaut toujours mieux se concilier le plus d'alliés et, d'ailleurs, ils les intègrent souvent à leur panthéon (voir la figure 3.1). Leur tolérance n'a qu'une limite : ces cultes doivent respecter l'ordre public. Cette restriction se situe donc sur un plan politique, et non religieux, puisqu'elle concerne la vie de la cité. Ainsi, les Romains vont limiter les manifestations publiques du culte grec de Dionysos (orgies) comme celui de Cybèle l'Orientale (sacrifices sanglants).

De Grèce, comme de Perse ou d'Égypte, les cultes orientaux s'étendent partout sur le territoire romain. Les nombreuses guerres et crises que vivent les Romains stimulent une certaine quête spirituelle ; en temps de guerre, c'est d'abord et avant tout de son destin qu'on se préoccupe ! Mais les dieux romains ne répondent pas à ces appels, et les garanties qu'ils peuvent offrir restent liées à leur bon vouloir.

En quête de réponses, les Romains tirent avantage de leur cosmopolitisme religieux pour mêler toutes sortes de cultes, adorer différents dieux dans les mêmes temples et les associer en latinisant leurs noms. Du coup, les cultes orientaux se propagent, plus particulièrement celui d'Isis, la déesse égyptienne de la résurrection, et celui de Mithra, le dieu perse de la destinée humaine, aussi appelé « le seigneur ». Ces divinités protègent dans la vie comme dans la mort, qu'elles décrivent comme un « paradis » (mot d'origine perse). Elles exigent une initiation et la participation active des hommes, mais aussi parfois des femmes, aux rituels ; cette initiation, dans une eau sacrée, par un repas partagé, est la garantie de leur salut. De plus, ces croyances ont un côté philosophique, elles cherchent à expliquer le monde dans sa totalité, et elles offrent un rapport plus personnel aux dieux, car ils sont plus attentifs à la vie des hommes.

En parallèle, les Romains découvrent les philosophies grecques, qui soulèvent elles aussi de nouvelles interrogations. Le stoïcisme, particulièrement à la mode, parle de valeurs universelles, comme l'amour et la justice, tout en évoquant la force du « destin » ou de la « providence » à laquelle il faut se soumettre avec dignité. Mais qu'est-ce que le destin ? Est-ce la marque de l'influence des dieux ? La pensée platonicienne, quant à elle, oppose l'éternité de l'âme, en lien avec le divin, au corps, source d'égarements.

L'Empire, à ses débuts, cherche à renouer avec les pratiques romaines plus traditionnelles, mais il ne pourra pas contrer toutes ces influences. Au contraire, les nombreuses célébrations publiques en l'honneur de l'empereur se déroulent dans un esprit où le divin et le politique se rejoignent.

L'ouverture des Romains à divers cultes et les similitudes de ces derniers sur certains points sont des éléments qui permettent de comprendre pourquoi le christianisme a pu se faire entendre de certains Romains. Toutefois, il convient de parler plutôt de judaïsme, puisque c'est sous ce nom et dans cet univers que les croyances chrétiennes prennent naissance.

LE JUDAÏSME DANS L'EMPIRE

La Bible explique l'histoire du judaïsme à travers le récit de la création du monde par un seul dieu, qui a choisi en Abraham, puis en Moïse, ses prophètes. Avec eux et leur peuple, il conclut une alliance. Il leur offre une loi (les 10 commandements) et une terre (Israël) en échange de leur foi absolue et exclusive, qu'ils doivent lui signifier par certaines pratiques (comme la circoncision). Ce dieu s'engage à les protéger, à sa manière, contre les puissances plus fortes qui vont les dominer, comme les Babyloniens et les Égyptiens.

Vers le Ier siècle avant Jésus-Christ, la majorité des Juifs vivent en dehors de la Judée (la Palestine de l'époque). Ce sont les Juifs de la « diaspora », ceux qui sont en « exil » hors de la Terre promise. Toutefois, tous les Juifs sont unis dans l'attente du « Messie », le sauveur, qui viendra les libérer et permettre la création du royaume de Dieu.

En 143 avant Jésus-Christ, un royaume juif est créé, sous la dynastie des Macchabées (selon la tradition juive, le premier royaume juif est celui du roi David, au Ier millénaire). Pourtant, le monde juif demeure un monde divisé. Il se compose d'un ensemble de communautés qui sont liées par leur respect de la loi religieuse de leurs ancêtres, mais qui sont dispersées à travers le monde romain. Le judaïsme « officiel » n'existe pas encore. Même en Judée, de nombreuses tendances religieuses coexistent. Elles représentent les aspirations de différentes classes sociales, et forment des factions politiques opposées. Les Romains profitent de ces divisions pour conquérir la Judée en 63. Sous la domination romaine, les Juifs se divisent encore plus et se rebellent contre Rome, mais sans succès (voir « La romanisation de la Méditerranée », p. 72).

Par conséquent, les Juifs vont se répandre encore plus dans l'Empire, maintenant qu'ils sont interdits en Judée et que le Temple, à Jérusalem, a été détruit. Ce sont les rabbins, les professeurs de la loi, qui vont devenir les guides de leurs communautés locales. Leurs interprétations diverses de la Bible ainsi que leurs prises de position concernant toutes les questions de la vie quotidienne vont se retrouver dans les livres du Talmud et de la Mishna. Écrits entre le IIIe et le Ve siècle, ces livres contiennent la tradition juive, qui perdure jusqu'à aujourd'hui.

LES DÉBUTS DU CHRISTIANISME

C'est dans ce monde juif sous occupation, et dans l'attente imminente du Messie, que Joshua (Jésus en latin) naît, vit et meurt. Ce prédicateur juif, un parmi tant d'autres, devient suspect aux yeux de l'élite, les autorités juives, qui le dénoncent aux Romains : c'est un agitateur, disent-elles, qui se prend pour le roi des Juifs, pour le fils de Dieu. Il menace l'ordre établi, pour les Juifs comme pour les Romains. C'est la raison qui pousse Ponce Pilate, le gouverneur de cette province rebelle et en crise, à le condamner. Jésus subit la crucifixion, le châtiment romain habituellement réservé aux contestataires politiques qui menacent la paix romaine. Jusque-là, en réalité, il n'y a pas grand-chose d'inhabituel à signaler.

Mais cette histoire, qui aurait dû prendre fin avec la mort de Jésus, va connaître de nombreux rebondissements. Les disciples de Jésus, prétendant avoir vu Jésus ressuscité, vont se mettre à prêcher eux-mêmes ses « bonnes paroles ». Ces Juifs cherchent à convaincre d'autres Juifs d'adhérer à leur secte. Sa particularité réside dans le principe que la foi en Jésus est le seul gage du retour du Messie. D'ailleurs, n'a-t-il pas confirmé son statut de messie avec son pouvoir de guérison, et par sa capacité à faire des miracles ? Mais pour bien des Juifs, cette croyance en un homme plutôt qu'en un dieu est troublante. Les conversions ne sont pas nombreuses.

La conversion de Saül de Tarse (Asie Mineure), qui prend le nom de Paul par la suite, marque le début des changements. Paul (vers 8-67) joue un rôle fondamental et double : à la fois dans la définition de la doctrine « chrétienne », fidèle au Christ, et dans sa séparation définitive du judaïsme. Paul emprunte les voies romaines pour aller à son tour prêcher auprès des communautés juives, dans la partie hellénisée de l'Empire (voir la carte 3.5). Il bénéficie de la langue commune, le grec. Il peut ainsi s'adresser aux Juifs comme aux païens qui sont déjà sensibilisés au judaïsme et prêts à accepter cette nouvelle croyance. Chemin faisant, il est amené à préciser bien des aspects de la pensée de Jésus, qui n'a pas laissé d'écrits derrière lui. Au même moment, les Juifs de Judée se rebellent de nouveau contre le pouvoir romain, dans une guerre motivée par des aspirations religieuses et nationales. Or, le judaïsme prône l'arrivée d'un messie qui va bouleverser le monde pour ne sauver que les Juifs, peuple élu de Dieu, et rétablir leur royaume. Paul se dissocie de cette réalité : le christianisme offre le salut à tous les croyants en Jésus, et non pas uniquement aux Juifs. Cette religion n'est pas liée à l'aspiration d'un peuple, elle est universelle. Un tel discours répond aussi au fait que la conversion au judaïsme implique une mise à l'écart du monde romain. En effet, les Juifs ne participent pas aux fêtes ou aux rites publics, associés à des rituels païens. Ils sont les seuls dans l'Empire à être exemptés du culte impérial, en contrepartie de sacrifices offerts à leur dieu. Cette tolérance les singularise, alors que le culte impérial est un acte de loyauté et de civisme, une partie prenante de la citoyenneté romaine.

Au cours des Ier et IIe siècles, le christianisme s'implante lentement dans l'Empire (voir la carte 3.5). Le monde romain, relié de toutes parts, facilite la propagation de petites communautés chrétiennes. Dans l'esprit de beaucoup de Romains, dont bon nombre d'empereurs, le christianisme demeure un phénomène très marginal, associé au judaïsme, et ne demande pas une attention particulière. Il n'en demeure pas moins que ces monothéistes intransigeants déroutent par leur rejet des divinités romaines et du culte impérial. Toutes sortes de rumeurs courent sur leur compte et sur les supposés sacrifices qu'ils font lors de leurs repas communautaires. Ils inquiètent, d'autant plus qu'ils se disent d'abord chrétiens, avant d'être Romains, et cherchent à convertir (prosélytisme). La correspondance entre Pline, un sénateur et administrateur provincial, et l'empereur Trajan (53-117) montre bien le questionnement initial des autorités face au phénomène chrétien.

« *PLINE À L'EMPEREUR TRAJAN*

[...] Doit-on pardonner à celui qui se repent? ou est-il inutile de renoncer au christianisme quand une fois on l'a embrassé? Est-ce le nom seul que l'on punit en eux? ou sont-ce les crimes attachés à ce nom? [...]

Ceux qui l'ont avoué, [...] je les ai menacés du supplice. Quand ils ont persisté, je les y ai envoyés. Car [...] j'ai cru que l'on ne pouvait manquer à punir en eux leur désobéissance et leur invincible opiniâtreté. [...] D'autres [ont déclaré] qu'ils ont cessé de l'être. [...] Ils assuraient que toute leur erreur ou leur faute avait été renfermée dans ces points : qu'à un jour marqué, ils s'assemblaient avant le lever du soleil, et chantaient tour à tour des vers à la louange de Christ, comme s'il eût été dieu ; qu'ils s'engageaient par serment [...] à ne point commettre de vol, ni d'adultère [...] qu'après cela ils avaient coutume de se rassembler pour manger en commun des mets innocents. [...] L'affaire m'a paru digne de vos réflexions, par la multitude de ceux qui sont enveloppés dans ce péril : [...] Je crois pourtant que l'on y peut remédier, et qu'il peut être arrêté.

TRAJAN À PLINE

Vous avez, mon très cher Pline, suivi la voie que vous deviez dans l'instruction du procès des chrétiens qui vous ont été déférés ; car il n'est pas possible d'établir une forme certaine et générale dans cette sorte d'affaires. Il ne faut pas en faire perquisition : s'ils sont accusés et convaincus, il les faut punir. Si pourtant l'accusé nie qu'il soit chrétien, et qu'il le prouve par sa conduite, je veux dire en invoquant les dieux, il faut pardonner à son repentir, de quelque soupçon qu'il ait été auparavant chargé. »

Document 3.11 Pline le Jeune, *Sur les chrétiens*, 98-99 apr. J.-C.[13]

DES PERSÉCUTIONS À L'ALLIANCE AVEC L'ÉTAT

Les crises de l'Empire, au IIIe siècle, provoquent un climat où se cristallisent les plus grandes flambées de violence populaire contre les chrétiens. Elles sont parfois spontanées, et parfois orchestrées par les empereurs, qui utilisent les chrétiens comme de véritables boucs émissaires. Déjà, au Ier siècle, Néron blâmait les chrétiens pour l'incendie de Rome et en envoyait plus d'une centaine se faire massacrer dans les arènes. Sous l'empereur Dèce (249-251), et surtout sous Dioclétien (284-305), ils seront des milliers à mourir. Pour beaucoup de païens, les crises du moment sont le signe qu'il faut se réconcilier les dieux, d'autant plus en colère que les chrétiens les rejettent avec entêtement. C'est la position de l'empereur Dioclétien. Il estime aussi que les chrétiens représentent un obstacle à l'unité et à la cohésion de l'Empire, par leur résistance au culte impérial. Mais les persécutions ne sont ni aussi importantes ni aussi systématiques qu'on pourrait le croire. En réalité, le christianisme est toléré dans l'Empire romain, et il progresse au cours du IIIe siècle.

Quel est donc l'attrait de cette nouvelle croyance ? S'est-elle développée parce qu'elle a su répondre aux besoins du moment ou parce qu'elle en a créé de nouveaux ? Dans le monde romain, le christianisme propose un rapport complètement différent au divin. Déjà, les religions orientales et les philosophies grecques ouvraient cette possibilité. Les dieux romains, dans toute leur multitude, n'offrent qu'un lien contractuel aux Romains : une aide précise, dans un contexte particulier, si et seulement si les rites sont bien accomplis, et si les dieux veulent bien entendre ces appels venus de loin. Dans le christianisme, au contraire, ce sont les hommes qui doivent se mettre au service de Dieu et faire de leur mieux pour lui plaire. Il entend tout, il voit tout, c'est un dieu omniscient, à l'origine du monde comme de son avenir. À la fin des temps, il est dit que ceux qui seront sauvés resteront auprès de lui pour l'éternité. C'est donc un lien d'amour qui les unit, un lien par conséquent plus exigeant. Vivre à la hauteur de ses demandes est difficile : il faut respecter ses commandements, sa morale, se donner exclusivement à lui, se méfier des autres divinités, des biens matériels, des besoins du corps... Mais ce dieu est également généreux et prêt à offrir son pardon à ceux qui font preuve d'une réelle contrition. Cette croyance attire des adeptes parmi toutes les classes sociales. À l'élite intellectuelle, elle propose une vision globale du monde et un sens à la brève vie humaine ; aux autres, illettrés et démunis, hommes autant que femmes, elle parle d'égalité, de charité et d'entraide. Voilà certaines des raisons qui permettent au christianisme de convaincre les esprits et de gagner le cœur de bien des Romains. Au début du IVe siècle, les chrétiens représentent, en moyenne, de 5 à 10 % de la population romaine. Ils ne sont pas vraiment plus nombreux que les Juifs dans l'Empire, et ne constituent encore qu'un culte minoritaire parmi des milliers. Toutefois, comme les Juifs, ils forment des communautés plus importantes dans la partie orientale de l'Empire (voir la carte 3.5).

C'est au cours du IVe siècle que tout se joue, par un renversement étonnant et soudain. Les persécutions ont été un double échec : elles ne ramènent pas les chrétiens dans le « bon chemin » et ne réussissent pas à diminuer l'attrait pour le christianisme, bien au contraire. Les chrétiens qui sont envoyés aux arènes ne renient pas leur foi pour sauver leur vie et deviennent des martyrs qui contribuent à faire parler du christianisme. Polycarpe est le premier de ces martyrs chrétiens dont le récit est récupéré par l'Église à des fins de propagande (voir sur *Modulo en ligne*). Par conséquent Dioclétien et son coempereur Galère reviennent sur leurs positions et proposent un compromis qu'ils expliquent ainsi :

> *Nous n'avons jamais eu rien tant à cœur que de rétablir les choses dans l'ordre ancien, et de ramener les chrétiens à la religion de leurs pères qu'ils avaient abandonnée. Car non contents de mépriser les cérémonies instituées par leurs ancêtres, ils en sont venus à ce point de folie de se faire des lois à eux-mêmes, et de tenir diverses assemblées dans les provinces.*
>
> *Ce que nous aurions défendu par nos édits, et leur aurions ordonné de rentrer dans la bonne voie. À quoi plusieurs ont déféré par crainte ; plusieurs aussi, pour avoir refusé d'obéir, ont été punis. Et comme nous sommes informés qu'il y en a un grand nombre qui persistent dans leur opiniâtreté [...] ; en considération de notre très douce clémence [...] nous leur permettons d'exercer la religion chrétienne, et de tenir leurs assemblées. [...] Notre indulgence doit les porter à prier leur Dieu pour notre santé, pour la prospérité de l'État, comme pour leur propre conservation, afin que l'Empire subsiste éternellement, et qu'ils puissent mener chez eux une vie paisible et tranquille.*

Document 3.12 Édit de tolérance, 311.[14]

À peine deux ans plus tard, l'empereur Constantin accorde officiellement aux chrétiens la tolérance, par l'édit de Milan (313). Les communautés chrétiennes d'Orient l'obtiendront un an plus tard. Il faut dire qu'en 312, l'empereur Constantin s'est lui-même converti. Le soir du 27 octobre, avant une bataille fatidique, ses rêves lui montrent sa victoire à condition qu'il se batte sous la bannière des chrétiens. Constantin va passer le reste de sa vie à favoriser sa religion, la religion chrétienne, qui va progressivement s'insérer dans tous les rouages politiques de l'Empire. En 324, un nouvel édit de tolérance est proclamé : ce n'est plus le christianisme, mais bien le paganisme qui en bénéficie. Il aura fallu une douzaine d'années pour que le christianisme, après n'avoir fait que de tout petits pas depuis trois siècles, devienne une religion reconnue et protégée par l'État. Dans l'édit de Milan, Constantin, et son coempereur Licinius, révisent le compromis de Dioclétien, et concluent :

> *Nous empereur Constantin, et nous empereur Licinius, [...] nous permettons aux chrétiens et à toutes sortes de personnes de suivre telle religion qui leur plaira, afin que la Divinité qui préside dans le ciel, soit à jamais propice et à nous, et à nos sujets. [...] C'est pourquoi vous saurez que, sans avoir égard aux ordonnances publiées contre les chrétiens, nous voulons que vous leur permettiez l'exercice de leur religion, sans les troubler ni les inquiéter. [...] Vous saurez pareillement que pour la paix et la tranquillité de notre règne, nous entendons que la liberté accordée aux chrétiens soit commune à tous nos autres sujets : en sorte que personne ne soit gêné dans son culte. [...] Vous userez d'une diligence extrême, afin que notre volonté soit promptement mise à exécution, et que par notre bonté la tranquillité publique soit assurée.*

Document 3.13 Édit de Milan, 313.[15]

Constantin ne va pas chercher à convertir sa population, en grande majorité païenne. Mais il va passer sa vie à proclamer sur toutes les tribunes qu'elle est dans l'erreur. Son empire est donc à la fois païen et chrétien. Toutefois, sa croyance personnelle envers le christianisme le pousse à l'intégrer autant que possible dans son immense empire, lui-même partie prenante d'un projet encore plus vaste : la création du royaume de Dieu. C'est à lui qu'il consacre sa « générosité », alors qu'il encourage la construction de monuments religieux gigantesques pour l'époque, tels que la basilique du Latran et le Vatican, à Rome, ou Sainte-Sophie, à Constantinople. Cela mis à part, Constantin n'accorde pas plus d'avantages à l'Église que ceux dont bénéficient les autres cultes : certains privilèges judiciaires (qui vont mener aux tribunaux ecclésiastiques) et des droits financiers (exemptions d'impôts, accès aux dons). Mais le choix personnel de Constantin va, par la suite, être entériné par un de ses successeurs, l'empereur Théodose, qui règne de 379 à 395. Le christianisme devient alors la religion officielle de l'Empire en 380. Les édits successifs des empereurs, au IVe siècle, témoignent de l'évolution de la place du christianisme dans l'Empire, d'un culte incompris et persécuté à l'unique religion acceptée.

La propagande chrétienne gagne donc, au IVe siècle, une tribune où mettre en avant certaines des « qualités » intrinsèques au christianisme : les miracles chrétiens en cas de possession par des démons, par exemple, et la figure centrale de Jésus, le Messie ou le Christ, en grec, d'autant plus impressionnante qu'elle est « historique », ce qui lui donne une réalité bien plus grande que d'autres divinités. Si l'élite romaine est plus facile à persuader, ne serait-ce qu'avec des arguments intellectuels, la masse de la population reste un enjeu de taille. Grâce à l'alliance avec l'État, les rites païens sont persécutés, puis interdits dans l'Empire en 392. Mais encore faut-il convertir ! Comme l'Empire romain, l'Église fait preuve d'une grande capacité d'adaptation.

Fragments de la statue colossale de Constantin. Marbre (vers 310).

L'église Sainte-Marie-Majeure, construite à Rome au Ve siècle. Les lieux de culte chrétiens reproduisent l'architecture des bâtiments publics romains, les basiliques, édifices le plus souvent rectangulaires et ornés de colonnades.

Le christianisme ne fait pas table rase des vieilles pratiques, au contraire. Ainsi, le jour de la Nativité, de la naissance de Jésus, va varier dans le temps jusqu'à se fixer au 25 décembre, le jour de la célébration de la naissance du Soleil, un rituel ancien et bien ancré. Ce syncrétisme facilite la transition du paganisme au christianisme.

De plus, à la différence du paganisme, le christianisme jouit d'une organisation sans pareille, sous le contrôle de l'Église, du grec *ecclesia*, « assemblée ». Depuis leurs débuts, les communautés chrétiennes se structurent autour de nombreuses églises et d'un clergé, dont le rôle va bien plus loin que celui des prêtres païens. Les prêtres chrétiens initient aux rites, administrent les sacrements, dont le baptême, et disent la messe. Ce sont eux qui racontent les livres saints, organisent des réunions communautaires comme les messes où les repas sont pris en commun. Ces églises dépendent de l'Église chrétienne, qui est devenue riche. Elle redistribue aux pauvres (la charité ou les bonnes œuvres) et fonde des hôpitaux, par exemple. L'Église chrétienne prend ainsi le relais des élites romaines de l'Empire, qui se sont graduellement désinvesties du « bien commun ». Par contre, ce nouveau bien commun est entièrement subordonné aux préoccupations morales, culturelles et religieuses du christianisme.

À l'imitation de l'Empire, l'Église s'organise et se donne une structure territoriale. Le christianisme étant d'abord un phénomène urbain, les premières communautés se sont formées dans les villes. Ces églises locales, dirigées par des prêtres, répondent à des évêques, nommés à la tête de diocèses, eux-mêmes placés sous l'autorité d'archevêques. De grandes paroisses ont, dans ce vaste système, plus d'autorité que les autres. Ce sont les plus anciennes, les patriarcats de Jérusalem, de Rome et de Constantinople. Mais laquelle a le dernier mot lorsqu'il s'agit de trancher les débats théologiques ? L'évêque de Rome se targue d'avoir ce privilège. Déjà, il se fait appeler « pape », et il n'y a qu'un pas entre ce titre de « père » de son église et celui de père de toute l'Église. D'autant plus que c'est à Rome que l'apôtre Pierre est enterré, celui à qui Jésus a confié sa succession en quelque sorte. Cela restera source de débats et de contestations pendant encore quelques siècles (voir le chapitre 4).

L'Église s'institutionnalise aussi au même moment. Le besoin de cohésion administrative va de pair avec le besoin de définition du dogme chrétien. La progression du christianisme dans différentes régions, face à différentes sensibilités, a multiplié les tendances et les textes religieux. Depuis la mort de Jésus, en effet, bien des textes ont été écrits qui racontent sa vie et celle des apôtres, et qui proposent différentes interprétations du christianisme. Les sectes chrétiennes sont nombreuses et les divisions, profondes. Constantin s'ingère dans ces débats théologiques et convoque le premier concile chrétien, le concile de Nicée (Turquie actuelle), en 325. C'est le début de longs conciliabules et de débats interminables pour définir l'« orthodoxie » ou la pensée qui est juste. Ces discussions continueront tout au long du Moyen Âge. À Nicée, les pères de l'Église s'entendent au moins sur les principaux aspects du dogme, déterminent ainsi les interprétations qu'ils jugent hérétiques ou fausses, ce qui justifiera de nombreuses persécutions. L'arianisme en est un exemple. Cette doctrine prêchée par le prêtre Arius d'Alexandrie porte sur la nature de Jésus-Christ : est-il inférieur ou égal à Dieu, son père ? Bien que cette question puisse sembler en apparence anodine, bien des hommes vont mourir sur la base de la querelle qu'elle va générer et qui mettra des siècles à s'éteindre, d'autant plus que certaines tribus se convertissent à l'arianisme (voir le chapitre 4). Graduellement, les pères de l'Église vont aussi confirmer les textes qu'ils estiment propres à être intégrés, de manière définitive, dans le Nouveau Testament, ce qui devient le canon (des Écritures) et la base du droit religieux, le droit canon.

C'est donc aussi par la lutte contre toutes les hérésies, les cultes qui divergent de la pensée des pères de l'Église et des dogmes chrétiens, que s'impose la christianisation de la culture antique. Des générations de penseurs chrétiens vont chercher à s'émanciper de la culture païenne pour proposer de nouvelles références. Jérôme de Stridon, saint Jérome (340-420), traduit la Bible, soit l'Ancien et le Nouveau Testament, de l'hébreu et du grec au latin. La Bible de saint Jérôme sera la référence utilisée durant tout le Moyen Âge. Saint Augustin (354-430), quant à lui, passe sa vie à écrire plus d'une centaine de traités sur la nature humaine et sur la nature de Dieu qui vont profondément influencer la pensée chrétienne. Comme d'autres, il insiste sur la prééminence de l'Église dans la définition de la morale. De même, la littérature classique païenne sera filtrée, élaguée et adaptée à la culture chrétienne. Il en sortira de nouveaux « manuels » d'apprentissage pour former les élites laïques et religieuses.

Sur toutes ces questions, qui relèvent autant de l'administration de l'Église que de son dogme, le consensus au sein des différentes Églises chrétiennes du monde romain sera parfois difficile à consolider. Les divisions internes vont plutôt s'accentuer au fil du temps, alors que les parties occidentale et orientale de l'Empire vont

EMPREINTES DE L'OCCIDENT

LE CULTE DES MARTYRS ET DES SAINTS

Les fidèles et les curieux qui visitent la chapelle du Séminaire de Saint-Hyacinthe peuvent contempler un autel bien particulier : il s'appuie sur un tombeau dans lequel sont conservés les ossements d'un martyr chrétien mort à Rome au cours de l'Antiquité. Le personnage est représenté par une statue de cire parée de fastueux vêtements.

Ces ossements, qu'on appelle des « reliques », sont amenés au Québec au XIXe siècle. Leur périple débute en 1853. L'abbé Isaac-Stanislas Desaulniers, du Séminaire de Saint-Hyacinthe, alors en voyage en Europe, reçoit une relique spectaculaire : le squelette complet d'un martyr, âgé d'une vingtaine d'années, arrivant des catacombes de Rome. Le jeune homme avait vécu durant le Ier siècle après Jésus-Christ, à une époque où les premiers chrétiens étaient persécutés, voire exécutés. C'est à ce moment-là que l'empereur Néron a promulgué l'édit qui officialisait ces mauvais traitements : « Le nom et la profession du chrétien sont officiellement prohibés dans tout l'Empire romain », disait le texte.

L'abbé Desaulniers donne au martyr le nom de saint Prosper et le ramène dans sa paroisse à Saint-Hyacinthe où il est exposé dans la chapelle du séminaire. En 1854, la relique fait une sortie lors d'une procession organisée pour obtenir la fin d'une épidémie de choléra et d'une période de sécheresse.

Certes, saint Prosper reçoit moins de visiteurs aujourd'hui. Sa présence n'en est pas moins un témoignage des débuts difficiles qu'ont pu connaître les chrétiens. Elle rappelle aussi l'importance, à travers l'histoire, de l'adoration des reliques et du culte des martyrs et des saints, premiers porte-étendards d'une Église dédiée au prosélytisme.

Le reliquaire de saint Prosper, chapelle du Séminaire de Saint-Hyacinthe.

finir par mutuellement s'excommunier (voir le chapitre 4). Cela explique la survivance jusqu'à aujourd'hui d'Églises plus ou moins « indépendantes » dans leurs rites, comme celles des coptes d'Égypte ou les nombreuses Églises chrétiennes du Liban.

D'ailleurs, dès le IVe siècle, bien des croyants sont en réaction face à cette Église qui s'institutionnalise et devient plus puissante, plus contrôlante et plus terre à terre. Le monachisme prend son essor, tout d'abord en Orient. À l'origine, ce sont des aventures individuelles qui amènent des hommes à se retirer dans le désert, pour devenir ascètes et se rapprocher de Dieu. Petit à petit, des communautés de moines s'organisent et canalisent ces énergies. Saint Basile, en Orient, au IVe siècle, puis saint Benoît, en Occident, au VIe siècle, établiront les règles de cette vie monastique : prière, étude et travail manuel. Malgré la méfiance initiale de l'Église envers cette forme de vie chrétienne, ces moines deviendront les fers de lance de la christianisation des nouveaux peuples de l'Empire.

LA CHUTE DE ROME

Ce qui mène à la chute de Rome est un processus long et complexe sur lequel les historiens ne s'entendent pas. L'Empire romain se réorganise, après les crises du IIIe siècle, mais les solutions trouvées par l'empereur Dioclétien et ses successeurs ne sont que des pansements temporaires. Les mêmes problèmes continuent d'affaiblir l'Empire de l'intérieur et au Ve siècle, l'Empire tombe en morceaux. Alors que les crises économiques et sociales affectent la vie quotidienne, les tribus germaniques, auparavant installées sur les frontières, se mettent toutes en mouvement. Déjà descendues jusqu'à Rome au IIIe siècle, leur pression avait été contenue par des traités, nommés des *fœdus*. Mais au Ve siècle, ces tribus germaniques sont elles-mêmes victimes du mouvement d'autres peuples venus des steppes d'Asie, les Huns.

Les Huns sont des cavaliers redoutables qui sèment l'effroi sur leur passage et font éclater l'équilibre précaire qui existe entre Rome et les tribus germaniques.

Carte 3.5

LA CHRISTIANISATION DE L'EMPIRE ROMAIN

Les premières églises (ou communautés) chrétiennes se forment dans la partie orientale de l'Empire, près du lieu de naissance de Jésus-Christ et dans des régions visitées par Paul de Tarse.

Les Wisigoths sont les premiers à demander asile sur le territoire de l'Empire, en 376. Exploités par les Romains, ils se révoltent en 378 et leur infligent une défaite d'autant plus cuisante qu'ils tuent l'empereur Valens lors d'une bataille à Andrinople. Ils signent par la suite un nouveau traité, ou *fœdus*, avec l'empereur Théodose, qui leur donne une terre où s'installer dans l'Empire. Ils deviennent officiellement des alliés de Rome, des peuples « fédérés », en contrepartie de leur participation à la défense romaine.

Cet événement est révélateur de la situation qui prévaut au ve siècle. L'armée romaine est à court d'effectifs. Les guerres entre prétendants au pouvoir et contre les usurpateurs ont réduit les légions, et par conséquent on recrute de plus en plus les soldats parmi les tribus germaniques fédérées. Cette « barbarisation » de l'armée romaine permet de mêler les populations, mais

Cette image d'un couple romain au regard énigmatique, retrouvée dans une villa de Pompéi, nous renvoie à nos interrogations sur le destin de l'Empire romain.

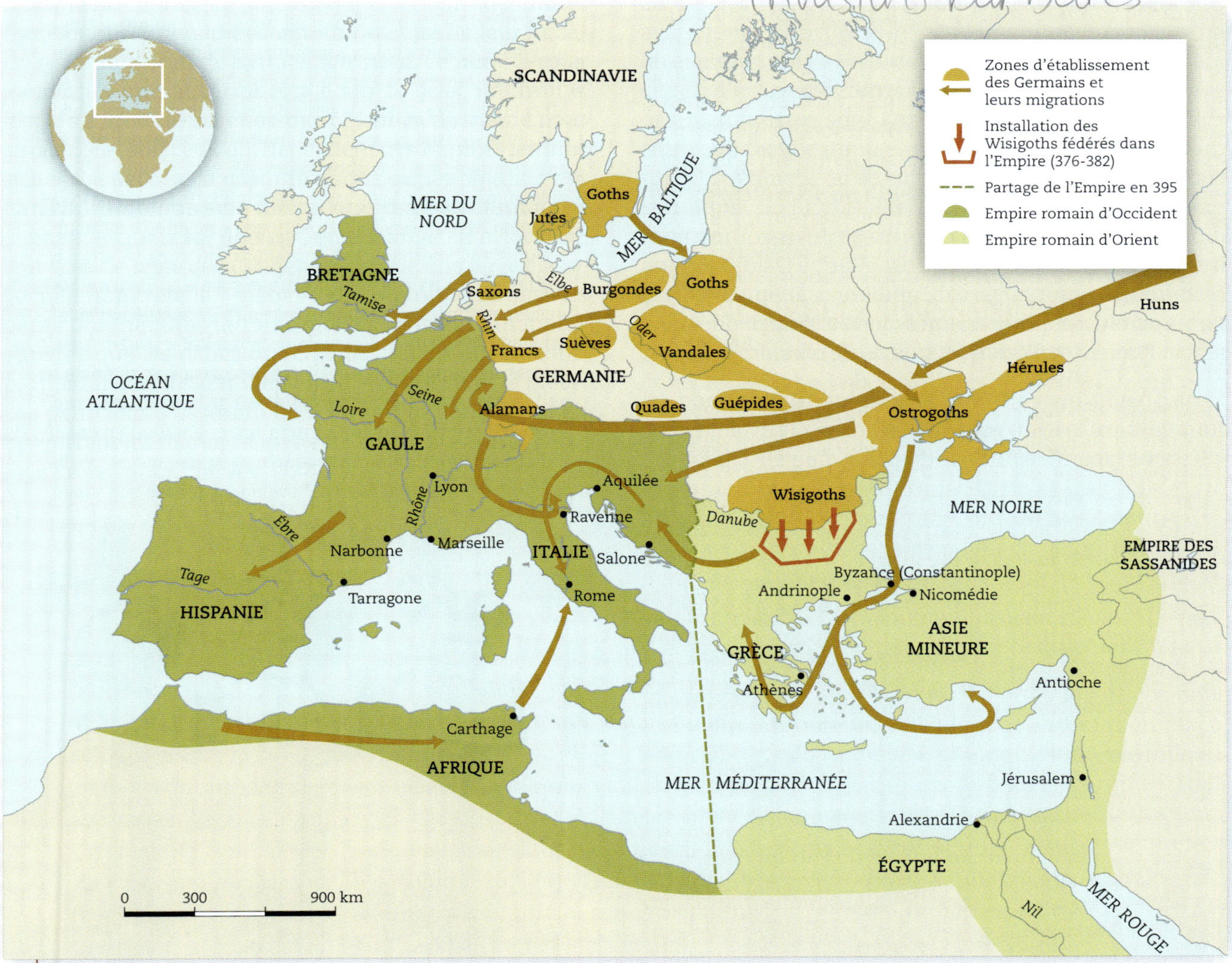

Carte 3.6

LE DÉPLACEMENT DES PEUPLES GERMANIQUES DANS L'EMPIRE ROMAIN

À la fin du IVe siècle, l'Empire romain est déjà divisé et assiégé. De nombreuses tribus germaniques le traversent et s'y installent.

elle détourne encore plus l'allégeance des légions vers leurs généraux au détriment de la défense de l'Empire. Par ailleurs, le territoire de l'Empire romain abrite de plus en plus de tribus germaniques. Pour les romaniser, Théodose favorise entre autres les mariages mixtes. Mais en attendant les bénéfices de cette politique à long terme, les invasions redoublent d'ampleur. Les armées romaines sont déplacées sur le territoire pour colmater les brèches aux frontières, mais elles ne suffisent plus à la tâche.

À la mort de Théodose (347-395), l'Empire est officiellement partagé entre ses deux fils. Dans les faits, l'Empire romain n'existe plus. Il y a dorénavant un Empire romain d'Occident, sous Honorius, et un Empire romain d'Orient, sous Arcadius (voir la carte 3.6). L'empire d'Orient est plus facile à défendre que l'empire d'Occident, où Honorius décide en dernier recours d'employer les légions romaines à la défense de l'Italie, au détriment de pans entiers de territoires. Les tribus germaniques en profitent pour mieux s'imposer et forment des alliances militaires autour de chefs de guerre avides de gains. Ainsi, Alaric, un chef wisigoth fédéré, conduit des tribus armées vers la Grèce (401). Il ne cesse son pillage qu'après avoir reçu un territoire où s'installer dans l'Empire, en Illyrie. Sachant la partie occidentale de l'Empire plus fragile, il emmène alors ses troupes vers Rome. Il veut de l'or, beaucoup d'or, et un poste de commandement. Trois fois il assiège la ville, insatisfait des récompenses proposées par l'empereur, et finit par livrer Rome au pillage de ses troupes, en 410. Rien ni personne n'a pu les arrêter. Pour les Romains, le choc est total.

Peu après, d'autres tribus germaniques, les Vandales, franchissent le Rhin et se déplacent vers la Gaule, puis l'Espagne, jusqu'en Afrique du Nord, d'où elles pilleront elles aussi Rome en 455. Avec l'arrivée des armées des Huns, qui s'additionnent aux tribus germaniques, tout le ve siècle va être caractérisé par les menaces, les pillages et les guerres. Ces incursions répétées démontrent qu'au-delà des seules frontières, c'est tout l'Empire, du moins tout l'Empire romain d'Occident qui est débordé (voir la carte 3.6). Rome n'en est plus la capitale depuis un bon moment déjà. Pourtant, elle est toujours le symbole de sa puissance. En 476, un chef de guerre germanique, Odoacre, exile le dernier empereur, le très jeune Romulus Augustule, et prend le titre de roi de Rome. C'est l'apothéose du mouvement d'invasion, qui marque la chute de la Ville éternelle.

Cependant, l'ampleur apparente de ces invasions cache l'état affaibli de l'Empire. À partir des sources de l'époque — le témoignage des victimes, en quelque sorte —, les historiens déduisent qu'au total les « invasions barbares » sont le fait de 200 000 à 300 000 hommes, femmes, enfants et vieillards, dont seulement 40 000 à 60 000 guerriers. On est loin des visions catastrophiques de hordes de sauvages prenant d'assaut l'Empire et gagnant par la force de leur nombre. Au contraire, les tribus germaniques, longtemps cantonnées sur les frontières de l'Empire, ont surtout lié avec les Romains des liens de cohabitation et d'échange davantage que des rapports conflictuels. Elles ne constituent donc qu'un des facteurs qui ont amené la fin de l'Empire.

Déclin ou mutation, à la fin du ve siècle, l'Empire romain tel qu'il a existé pendant près de 10 siècles n'est plus. L'Empire romain d'Occident se divise en de multiples royaumes germaniques, alors que l'Empire romain d'Orient se maintient. À sa tête, les empereurs du vi^e siècle vont chercher à en reconstituer l'unité. Mais c'est déjà le début d'une autre époque.

LE FIL DE L'HISTOIRE

La culture hellénistique, qui a fusionné les cultures grecque et orientales, rayonne dans le bassin méditerranéen jusqu'en Italie. La République romaine y puise ses fondements. Elle devient un puissant empire, dans un contexte de vastes conquêtes territoriales et de conflits sociaux intenses. Le succès de Rome résulte d'une politique d'ouverture envers les populations conquises et les classes défavorisées. Pourtant, Rome devient une puissance intransigeante, menée par des élites politiques et économiques conservatrices et esclavagistes ainsi que par des généraux assoiffés de pouvoir. Au tournant du Ier millénaire, la paix s'installe dans l'Empire romain. La culture gréco-romaine, que les Romains prétendent universelle, se propage, avec ses normes linguistiques, littéraires et urbaines et ses institutions politiques et juridiques, notamment l'État de droit. Certaines prouesses techniques, tel l'immense réseau de routes pavées, favorisent ce mouvement. À partir du IVe siècle après Jésus-Christ, les autorités imposent le christianisme aux Romains polythéistes. Les élites retiennent cette religion monothéiste inspirée du judaïsme ainsi que la culture gréco-romaine comme principaux fondements de l'Occident.

L'historien à l'œuvre

LES DIVERGENCES D'INTERPRÉTATION

Au chapitre 2, nous avons vu que l'historien s'applique à comprendre rigoureusement les sources qu'il entend analyser. On pourrait croire alors que tous les historiens qui utilisent une même source, après en avoir bien cerné le contenu, en tireront les mêmes conclusions. Or, ce n'est pas toujours le cas.

Pour s'en convaincre, examinons certains aspects d'une large controverse portant sur les causes du déclin de l'Empire romain : a-t-il été provoqué par des causes extérieures, hors du contrôle de l'Empire (les invasions germaniques), ou par l'incapacité de Rome à faire face à des problèmes intérieurs (crises économiques, politiques, religieuses, etc.)?

D'entrée de jeu, les historiens constatent que les problèmes internes que connaît l'Empire romain occidental existent également dans l'Empire oriental ; or, seul l'Ouest a chuté. Ils cherchent donc à déterminer les éléments qui diffèrent entre les deux parties de l'Empire et qui pourraient expliquer la chute de l'un et la préservation de l'autre. De ces éléments, les invasions germaniques constituent l'explication la plus probante.

En conséquence, plusieurs historiens s'intéressent au rôle des invasions germaniques dans le déclin de l'Empire romain. Mais ils ne s'entendent pas quant à la gravité de la menace que représentent ces invasions : ont-elles, à elles seules, mené l'Empire romain à sa perte ? Pour vous faire une idée de ce débat historique, examinez les textes suivants.

Voici ce qu'en dit l'historien irlandais John B. Bury en 1923 :

> « *La prise de possession du territoire romain de l'Europe de l'Ouest par les Germains ne peut pas s'expliquer par le nombre des envahisseurs. L'idée de hordes imposantes composées de centaines de milliers de guerriers se déversant sur les frontières de l'Empire est erronée. La population de chaque nation germanique n'excédait pas 100 000 personnes, et leur armée respective comptait rarement plus de 20 000 ou 30 000 soldats. Ils ne constituaient pas un déluge écrasant et l'Empire disposait d'une armée efficacement organisée à la fin du IVe siècle, tout à fait capable de les repousser. En effet, à l'exception de la défaite d'Andrinople [en 378] qui fut causée par une erreur tactique de Valens [empereur de 364 à 378], aucune bataille importante ne fut remportée par les Germains contre les forces impériales romaines pendant toute la durée des invasions.* »

Document 3.14 John B. Bury, *History of the Later Roman Empire, 395-565*, 1923.[16]

Lisez maintenant le texte de 1947 d'un historien français, André Piganiol :

> « *La catastrophe est survenue sous la forme des invasions barbares. Les Germains habitent d'affreux pays, et ils sont trop paresseux pour en cultiver le sol. Ils préfèrent la guerre au travail ordonné et, poussés par la faim, envahissent les États voisins. […] Ils ont une économie primitive, ils ignorent la monnaie, ils ont un alphabet rudimentaire. Mais ce sont des soldats-nés. Leur organisation sociale est essentiellement militaire. […] Le chef est entouré de fidèles qui veulent bien mourir pour lui. […] Or, la pression des tribus nomades d'Asie [les Huns] les refoule vers l'Occident. […]*
>
> *Il est faux de dire que Rome était en décadence. Pillée, défigurée par les envahisseurs barbares du IIIe siècle, elle relevait ses ruines [au IVe siècle]. […] Et tous les maux dont l'Empire souffrait […] ont pour origine […] la guerre perpétuelle menée par les bandes inorganisées de ces Germains. […] La civilisation romaine n'est pas morte de sa belle mort. Elle a été assassinée.* »

Document 3.15 André Piganiol, *L'Empire chrétien*, 1947.[17]

Arnold Jones, un historien britannique, propose en 1966 une chronologie des événements :

> « *La première attaque sérieuse contre la frontière romaine fut à l'époque de Marc Aurèle [Ier siècle] puis, au milieu du IIIe siècle, les migrations des [...] tribus germaniques orientales se mirent en branle le long du Danube [fleuve d'Europe centrale], alors que les Germains occidentaux, regroupés sous la direction des Francs et des Alamans, devenaient plus agressifs. Les empereurs de la fin du IIIe siècle réussirent à protéger la frontière, mais au prix d'efforts toujours plus considérables. Dans le troisième quart du IVe siècle, les Huns repoussèrent vers l'ouest toutes les tribus germaniques et leurs pressions sur l'Empire redoublèrent. Les importantes pertes subies par l'armée romaine occidentale à cette époque, s'élevant, estime-t-on, aux deux tiers de ses effectifs, sont une preuve nette de la sévérité des attaques barbares.* »

Document 3.16 Arnold H. M. Jones, *The Decline of the Ancient World*, 1966.[18]

En 1976, le Roumain Edward Luttwak analyse la stratégie militaire romaine :

> « *On a fait de nombreuses tentatives pour chiffrer cette répartition [des armées romaines] en s'appuyant sur des estimations variables [de 500 000 à 750 000 soldats]. Ces estimations [...] ont un point en commun : dans chaque cas, le pourcentage de* limitanei *[soldats postés aux frontières] est nettement plus fort en Orient [dans l'Est], qui survécut à la crise du Ve siècle, qu'en Occident [dans l'Ouest] qui en souffrit. [...] Même quand les* comitatenses *[armées stationnées au centre de l'Empire] étaient répartis dans des réserves régionales, il ne leur était pas possible d'avoir la mobilité stratégique convenable pour défendre par la dissuasion le territoire impérial : l'ennemi pouvait être intercepté et souvent vaincu, mais seulement après qu'il avait fait les pires destructions.* »

Document 3.17 Edward N. Luttwak, *La grande stratégie de l'Empire romain*, 1976.[19]

Enfin, l'historien français Bertrand Lançon, en 2005, fournit une autre vision des Germains :

> « *Les "barbares" représentent peu de monde, mais une simultanéité de mouvements migratoires affectant plusieurs centaines de milliers de personnes [qui sont demeurées] des groupes constitués [...].*
>
> *Ces peuples n'avaient pas pour but de renverser l'Empire romain. Ils se trouvèrent acculés sur les frontières par l'avancée des Huns. Ils [...] cherchèrent à subsister par des raids de pillage. Mais leur but était d'y entrer pour se mettre sous sa protection. C'est ce que leur permit l'empereur Valens en 376. [...] Théodose mena une politique d'intégration [...] en concluant avec eux une alliance (en 382) [...]. Les barbares, plus réfugiés qu'envahisseurs, apportèrent un complément d'effectifs à une armée romaine qui connaissait de graves problèmes de recrutement. Il serait excessif toutefois d'affirmer que les nouveaux arrivants apportèrent des forces vives à un Empire fatigué. Fatigués, ces barbares l'étaient tout autant que les Romains.* »

Document 3.18 Bertrand Lançon, *Les Romains*, 2005.[20]

EXERCICE

Répondez maintenant aux questions suivantes, en faisant ressortir les positions divergentes des auteurs.

1 Les troupes germaniques constituent-elles une force suffisante pour causer la chute de l'Empire romain ? Ne pensez pas seulement en fonction du nombre, mais considérez tout ce qui peut contribuer à la force des Germains.

2 Les invasions germaniques ont-elles toujours eu la même force ?

3 S'agit-il vraiment d'« invasions » de la part des Germains ?

En répondant à ces questions, vous avez pu constater qu'il est difficile de prendre position : en définitive, les invasions germaniques ont-elles causé le déclin de l'Empire romain ? Et, en fin de compte, qui a raison parmi ces historiens : Bury, Piganiol, Jones, Luttwak ou Lançon ? Il s'agit là de questions quasi impossibles à trancher, pour les deux raisons suivantes.

D'une part, parce que l'historien n'a jamais directement accès à son objet d'étude (le passé) puisque nul ne peut retourner dans le temps pour vérifier ce qui s'est réellement produit : l'historien dépend entièrement des sources primaires disponibles.

D'autre part, parce que l'histoire se construit à partir de diverses interprétations. Elle est évolutive, en ce sens que chaque hypothèse avancée par un historien suscite, chez d'autres, la volonté de vérifier les fondements de cette hypothèse, soit pour la confirmer, la contester ou la compléter. Pour ce faire, certains historiens recourent à des sources que personne n'avait songé à exploiter, ou encore utilisent de façon novatrice des sources dont on croyait pourtant avoir tout tiré. De ces nouvelles analyses surgissent alors de nouvelles hypothèses, souvent complémentaires, parfois plus nuancées ou méthodologiquement mieux démontrées.

Il n'y a donc pas en soi de « vérité historique » immuable et aucune explication n'est à priori à rejeter, sauf celles qui s'appuieraient sur des falsifications (conscientes ou non) de l'histoire, une mauvaise méthodologie ou des négations de faits pourtant clairement avérés et acceptés par la communauté des historiens. Pour éviter de telles erreurs, l'historien s'assure que ses sources sont authentiques, crédibles et représentatives de la réalité historique qu'il souhaite étudier. C'est cette approche historique des sources primaires qui sera abordée dans les chapitres qui suivent.

Pour l'instant, laissons le mot de la fin à deux historiens qui, au sujet des causes de la chute de l'Empire romain, invitent à prendre en considération l'ensemble des problèmes vécus par l'Empire à l'époque des invasions germaniques, et ce, afin de mieux évaluer la part de responsabilité que doit endosser l'Empire romain dans son propre déclin. Il s'agit d'historiens français, André Aymard et Jeannine Auboyer, qui affirment en 1967 :

> *Que [...] la civilisation romaine [...] ait été "assassinée" par les barbares, on ne saurait le contester [...]. Néanmoins, s'en tenir uniquement à [...] cette cause externe [les invasions germaniques] revient à simplifier un [...] dossier plus complexe, dont l'analyse invite à partager les responsabilités. Car on ne peut davantage contester que l'Empire [...] possédait des ressources humaines dont l'utilisation lui eût permis d'opposer à ces assassins [une meilleure] résistance.».*

Document 3.19 André Aymard et Jeannine Auboyer, *Rome et son Empire*, 1967.[21]

Les réponses sont disponibles sur *Modulo en ligne*.

Chapitre 4

395
Division définitive de l'Empire romain en deux: l'Empire romain d'Occident et l'Empire romain d'Orient.

476
Chute de l'Empire romain d'Occident: déposition du dernier empereur, Romulus Augustule, par le chef germanique Odoacre.

527-565
Règne de Justinien, empereur romain d'Orient.

16 juillet 622
1er jour du calendrier musulman. C'est l'année de l'hégire, qui rappelle le départ de Mahomet et de ses disciples de La Mecque.

659-750
La dynastie des Omeyyades règne sur le monde arabo-musulman, alors que la ville de Damas (Syrie) devient la nouvelle capitale.

La dynastie des Abbassides règne sur le monde arabo-musulman. Bagdad devient la nouvelle capitale du monde abbasside en 762.

768-814
Règne de Charlemagne.

843
Traité de Verdun, qui divise l'Empire carolingien.

LA FORMATION DE LA CIVILISATION EUROPÉENNE DU IVe AU XIe SIÈCLE

DANS CE **CHAPITRE**

- De Rome à Constantinople, nouvelle capitale de l'Empire romain
- Les peuples germaniques et la fin de l'Empire romain d'Occident
- Une nouvelle puissance : l'islam
- L'Occident en formation

L'empereur Justinien et sa cour. Mosaïque. Basilique Saint-Vital, Ravenne (VIe siècle).

750-1258

1016
Le roi danois Knut le Grand est à la tête de l'Angleterre et d'un empire scandinave.

1054
Grand schisme d'Orient : rupture entre l'Église romaine chrétienne et l'Église orthodoxe.

1066
Conquête de l'Angleterre par Guillaume de Normandie.

DE ROME À CONSTANTINOPLE, NOUVELLE CAPITALE DE L'EMPIRE ROMAIN

La déchéance de l'Empire romain est un des événements qui ont le plus fasciné les historiens. Tel un film épique, le drame de la chute de Rome est joué par de grands acteurs : l'enfant Romulus Augustule, empereur romain d'Occident déchu, renversé par Odoacre, un chef goth ; Théodoric, autre chef germanique, qui conquiert l'Italie au nom de Zénon, l'empereur romain d'Orient, mais qui n'en fait qu'à sa tête une fois sur place ; et bien sûr Justinien, successeur de Zénon, qui veut faire renaître le grand Empire romain universel, mais qui ne contrôle plus qu'une petite partie du territoire. La chute de Rome, ville « éternelle », puis la volonté de recréer l'unité de l'Empire sont des moments clés de cette histoire.

Pour beaucoup de contemporains, l'Empire romain, même divisé en une partie occidentale et orientale, même envahi par les tribus germaniques, n'est pas mort au ve siècle. Justinien, à partir de sa capitale, Constantinople, en est l'empereur légitime, et tout au long de son règne, de 527 à 565, il cherche à le réunifier. Pourtant, malgré tous ses efforts, ces années marquent plutôt la fin ultime de l'Empire romain en tant qu'État de grande taille unissant tout le bassin méditerrané. Ce qu'il en reste, l'Empire romain d'Orient, va prendre le nom d'Empire byzantin, en référence à l'ancien nom de Constantinople, Byzance. Même son nom n'évoque plus l'histoire de Rome. L'unité politique et culturelle de l'Empire, qui a été la gloire des Romains, deviendra le rêve inachevé de ses héritiers, un rêve et un idéal qui hanteront l'Occident pendant longtemps.

LA SURVIE DE L'EMPIRE ROMAIN D'ORIENT

Si l'ancien Empire romain est définitivement divisé en deux au IVe siècle, c'est uniquement dans une logique administrative. L'Empire demeure une entité unique mais spéciale, avec deux cœurs, les capitales de Rome et de Constantinople, et deux têtes, les empereurs romains d'Orient et d'Occident. Ces deux empereurs doivent travailler en collaboration pour le bien de l'Empire, mais face aux envahisseurs, chacun va trouver ses propres solutions, en fonction de ses moyens.

Celles de l'Empire romain d'Orient sont essentiellement militaires, diplomatiques et financières. Son territoire est mieux délimité et protégé, grâce au Long Mur, au sud de la mer Noire.

Les migrations des peuples des steppes, qui entraînent le mouvement de bien d'autres peuples, affectent d'abord, d'un point de vue géographique, la Chine à l'est, avant d'inquiéter l'Empire romain, à l'ouest. La Grande Muraille de Chine joint des portions de murs déjà existants pour protéger le nouvel empire de la dynastie Qin.

Les Romains bâtissent aussi des murs le long de leurs frontières. Trois siècles après la construction de la Grande Muraille de Chine, l'empereur Hadrien (76-138) lance un projet similaire, long de 117 km et s'étalant sur toute la largeur de l'Angleterre. Cette muraille marque la limite entre le Sud, soit la partie de l'Angleterre qui est romanisée, et le Nord.

De plus, Byzance possède une arme secrète : le feu grégeois. Cette arme effrayante est une des raisons de son succès. Ce feu, envoyé sur les ennemis au moyen de sortes de grenades – les cocktails Molotov de l'époque en quelque sorte –, a l'extraordinaire qualité de brûler même au contact de l'eau. C'est un mélange de sel, de charbon et de goudron qui provoque une fumée intense, fort utile dans les combats, et qui est surtout utilisé dans les batailles navales. Comme la poudre à canon, cette technologie militaire vient originellement de Chine.

Mais, au-delà des armes, l'Empire romain d'Orient utilise essentiellement les mêmes tactiques politiques que Rome, soit des traités de fédération avec les peuples frontaliers et leur incorporation dans l'armée. Les traités permettent de stabiliser les mouvements des populations en accordant à celles-ci des terres, des subsides et une place dans l'Empire. Mais les succès de Byzance sont dans les détails : l'Empire pratiquera le transfert de population, afin qu'aucun groupe ne soit assez fort pour affaiblir une de ses provinces ou contester son pouvoir. De même, dans son armée, les tribus sont divisées entre différents contingents, à la différence de l'armée de l'Empire romain d'Occident.

Parallèlement, à l'occasion de tractations diplomatiques, les Byzantins orientent les envahisseurs vers d'autres lieux, décrits comme plus prometteurs, et créent ainsi des sources de compétition entre les tribus « barbares ». C'est la stratégie qui consiste à diviser pour mieux régner ! Quand de tels détournements ne sont pas possibles, et qu'il n'y a vraiment pas d'autres solutions, Byzance, par ailleurs plus riche que Rome, achète la paix en payant de lourdes rançons annuelles. Cet ensemble de tactiques lui permet de maintenir l'intégrité de son territoire.

C'est pour ces raisons que, à partir de la fin du Ve siècle, le cœur de l'Empire romain se retrouve en Asie Mineure, à Constantinople, et non plus à Rome. Cet empire d'Orient est riche et prospère. Il est doté d'une armée organisée et professionnelle, au service d'un État fort. L'empereur de Constantinople se perçoit, à juste titre, comme l'héritier légitime de l'Empire romain puisque, à défaut d'empereur à Rome, c'est lui qui doit assumer les pleins pouvoirs sur l'Empire. C'est dans cet esprit qu'il veut recréer l'unité perdue et perpétuer les traditions romaines, tant sur le plan idéologique que sur celui de ses pratiques.

Il est facile de distinguer l'Empire romain d'Orient de l'Empire romain d'Occident qui, contrairement au premier, est en pleine déconfiture. Là-bas, seule l'Église est en mesure de prendre le relais de l'État romain disparu. Ce faisant, elle inaugure d'ailleurs une nouvelle tradition occidentale en imposant autant son pouvoir politique que son pouvoir religieux sur les nombreux royaumes germaniques. Ainsi, même si elles se réclament toutes deux de la culture romaine, les deux anciennes parties de l'Empire romain, prises dans la tourmente de deux contextes bien différents, vont s'affronter, se diviser et s'éloigner définitivement l'une de l'autre.

On peut voir sur ce manuscrit du XIe siècle une illustration de l'utilisation du feu grégeois par les forces navales byzantines contre leurs ennemis. Il est facile d'imaginer à quel point ce feu impossible à arrêter, même avec de l'eau, pouvait être effrayant.

LE RÊVE DE JUSTINIEN

Le règne de l'empereur Justinien, de 527 à 565, donne un exemple clair de la survie de l'idéal de l'Empire romain à Byzance. Au moment de son accession au trône, cela fait environ 50 ans qu'il n'y a plus d'empereur dans la partie occidentale de l'Empire. Ce n'est donc pas un passé si lointain que Justinien veut recréer.

Sous son règne, l'Empire romain d'Orient va connaître son heure de gloire (voir la carte 4.1). En terme de puissance militaire, économique et politique, il va égaler certains des autres grands empires de son temps, comme ceux de Chine et de Perse. Mais le pari est difficile à relever. L'Empire romain a toujours prétendu à l'universalité. Malgré sa grande multiethnicité, il s'est développé sur la base de l'*Unanimitas Romania*, une unité politique, religieuse et culturelle forte. Or, les temps ont changé, et le territoire de l'ancien Empire romain d'Occident est sous le pouvoir de nouveaux chefs germaniques.

L'empereur Zénon, le prédécesseur de Justinien, a cru pouvoir cantonner les tribus germaniques dans un rôle bien précis, et les utiliser, au mieux, comme des alliées du pouvoir légitime des empereurs romains d'Orient sur tout l'Occident. Pour Justinien, ce sont des ennemies à combattre puisqu'elles ont oublié qu'elles n'ont pas le droit de gouverner ce territoire en leur nom. Il lance donc une politique de reconquête de l'ancien Empire romain d'Occident. Le territoire de l'Italie est le plus crucial, pour des raisons commerciales, mais surtout

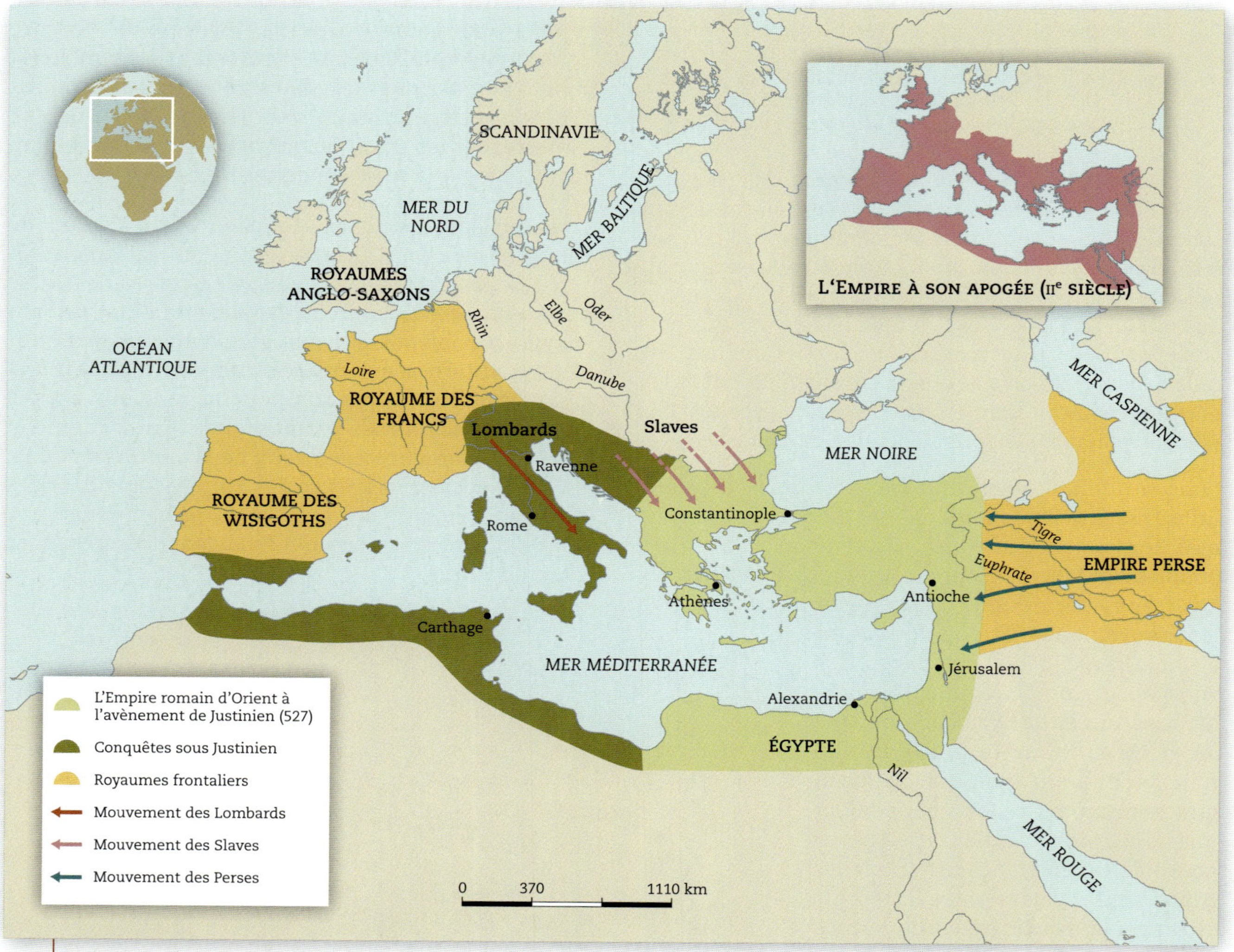

Carte 4.1

LES RECONQUÊTES DE JUSTINIEN ET L'EMPIRE BYZANTIN

On remarque ici la petite taille de l'Empire romain d'Orient en 527, et son agrandissement au moment de la mort de Justinien, en 565. Le carton montre l'Empire romain tel qu'il était au moment de son apogée territoriale. On peut également voir les pressions exercées sur l'Empire par les Perses, les Slaves et les Lombards.

politiques : il faut reprendre Rome pour achever la réunion des deux anciennes parties de l'Empire. Ce sera la dernière fois que cette unité sera reconstituée, aussi incomplète soit-elle, grâce à la puissance de l'armée byzantine, à ses tactiques militaires et à l'importance de sa cavalerie, qui fait défaut aux tribus germaniques.

Justinien envoie un de ses meilleurs généraux, Bélisaire, reprendre l'Italie des mains des Goths. Les ambassadeurs goths, qui cherchent à éviter la guerre, affirment que ce territoire leur avait été confié avec la bénédiction de l'empereur Zénon. Ainsi que le rapporte Procope, historien durant le règne de Justinien :

> *Les ambassadeurs des Goths continuèrent en ces termes :*
>
> *"Vous nous avez fait une injustice, quand vous avez pris les armes contre nous, qui étions vos amis et vos alliés. [...] Les Goths n'ont pas pris de force l'Italie sur les Romains. Odoacre s'étant défait de l'Empereur, y avait établi sa tyrannie, lorsque Zénon, Empereur d'Orient, qui souhaitait de venger l'injure faite à son collègue, et qui n'était pas assez puissant pour détruire l'usurpateur, persuada à Théodoric, qui était prêt de mettre le siège devant Constantinople, de faire la paix, en considération des honneurs et des dignités de consul et de patrice, qu'il avait reçues, et d'employer ses forces contre Odoacre et à se rendre maître de l'Italie. [...] Vous qui n'avez pas délivré l'Italie du joug de la tyrannie, sous lequel elle a gémi dix années entières, vous la voulez ravir à ses légitimes possesseurs. Retirez-vous-en donc, s'il vous plaît, avec tout votre bagage."*
>
> *Bélisaire répondit :*
>
> *"[...] Zénon envoya Théodoric pour faire la guerre à Odoacre, et non pour envahir l'Italie. Qu'aurait-il gagné d'avoir un tyran pour un autre ? Il l'envoya pour la remettre en liberté, et pour la réduire à l'obéissance de son prince légitime. Mais lui, après en avoir chassé l'usurpateur, il la retint par une ingratitude criminelle. Je crois qu'il n'y a pas grande différence, entre celui qui prend le bien de son voisin, et celui qui refuse de le lui rendre. Pour moi je me garderai bien de donner les terres qui appartiennent à l'Empereur."*

Document 4.1 Procope, *Histoire de la guerre contre les Goths*, VIe siècle.[1]

Entre 538 et 554, l'Empire byzantin annexe aussi une grande partie de l'Afrique du Nord, ainsi que certains territoires au sud-est de l'Espagne. Il gagne des terres riches, notamment en blé, et reprend un rôle majeur en Méditerranée, temporairement vidée de concurrents commerciaux et de pirates. En contrôlant presque tout le pourtour de la Méditerranée, Justinien se place au cœur de l'ancien Empire romain (voir la carte 4.1).

LE RÔLE DE L'EMPEREUR

Fort de ce nouveau territoire, Justinien se consacre à perpétuer les traditions romaines dans tous les domaines. Il agit comme les anciens empereurs et centralise tous les pouvoirs. Il exerce un contrôle serré sur le commerce, l'administration et l'armée. Il intervient dans la vie religieuse et culturelle, et renforce le rôle de la loi comme soutien de l'État.

À cet effet, Justinien commande une monumentale synthèse du droit romain connue sous le nom de Code Justinien, rédigé en latin et surtout en grec, la langue locale. En préface d'une des quatre parties du Code, l'empereur présente sa vision de l'Empire et de l'importance du droit :

> *L'empereur César Flavius Justinien, vainqueur des Allemands, des Goths, des Francs, des Germains, [...] à la jeunesse qui désire s'adonner à l'étude des lois, salut.*
>
> *La majesté d'un prince ne doit pas seulement briller par la force des armes, il faut encore qu'elle soit redoutable par l'autorité des lois, afin que l'État soit bien gouverné en temps de paix et en temps de guerre ; [...] qu'il [le prince] se rende aussi recommandable par sa justice, que grand par ses victoires et ses triomphes.*
>
> *1. C'est à force de veilles et de travaux, et avec le secours de Dieu et de la divine providence, que nous avons rempli cette double carrière. Nous avons fait ressentir la force de nos armes aux nations barbares que nous avons conquises ; [...] Ainsi tous les peuples sont soumis, tant aux lois que nous avons publiées, qu'à celles que nous avons rédigées par ordre. [...]*
>
> *7. Recevez donc ces lois avec empressement, et rendez-vous si habiles, que vous puissiez espérer être en état un jour, après avoir achevé cette étude, de participer au gouvernement de l'empire, dans les charges qui vous seront confiées. [...]*
>
> *LIVRE PREMIER*
>
> *La justice est la volonté constante et perpétuelle de rendre à chacun ce qui lui est dû.*
>
> *1. La jurisprudence est la connaissance des choses divines et humaines, et la science de discerner ce qui est juste de ce qui est injuste. [...]*
>
> *3. Les préceptes du droit sont de vivre honnêtement, de ne faire tort à personne, et de rendre à chacun ce qui lui est dû.*
>
> *4. L'étude du droit a deux objets, savoir le droit public et le droit privé. Le droit public est celui qui regarde l'administration de l'État. Le droit privé est celui qui concerne les intérêts de chacun.*

Document 4.2 Justinien Ier, *Les Institutes*, VIe siècle.[2]

Cette mosaïque du milieu du VIe siècle représente l'empereur Justinien, au milieu, avec l'habit pourpre des empereurs, entouré de représentants officiels de sa cour, de l'armée et de l'Église.

Par cette compilation, qui modernise les anciennes lois et les réunit en un corpus, l'Empire byzantin perpétue l'héritage de l'Empire romain d'une manière fondamentale. C'est grâce à cela que l'Occident pourra renouer avec la tradition législative et politique romaine, à partir du XIIe siècle (voir « Le rôle des Parlements », chapitre 6).

LE CONTRÔLE DU POUVOIR RELIGIEUX

Dans le domaine religieux, Justinien cherche aussi à imposer une unité de pratique pour renforcer son pouvoir politique. Il s'affirme comme le champion de l'orthodoxie chrétienne face au polythéisme, au judaïsme et aux nombreuses variations du culte chrétien qui se perpétuent depuis les débuts du christianisme. Il fait des dons à l'Église, et va jusqu'à nommer les patriarches. À travers eux, il prend position dans les importantes et nombreuses querelles théologiques du moment.

À cette époque, la papauté, à Rome, n'est pas considérée comme la plus haute autorité de l'Église. Le territoire chrétien est plutôt divisé entre cinq patriarches : celui de Rome, de Constantinople ou Byzance, d'Alexandrie, d'Antioche et de Jérusalem. Le patriarche de Constantinople aspire à contrôler toute l'Église d'Orient et oppose ses prétentions à celles du patriarche de Rome, le pape, qui veut affirmer son pouvoir suprême sur tous les chrétiens. (Voir à ce sujet la rubrique *L'historien à l'œuvre* du présent chapitre, qui explique en quoi la *Donation de Constantin* permet à la papauté de justifier ses prétentions.)

Les patriarches de Constantinople et les papes de Rome vont s'excommunier mutuellement à plusieurs reprises dans cette lutte de pouvoir. De plus, ils n'ont pas la même compréhension du rite chrétien, qui est encore sujet à discussions. Ces questions sont d'autant plus complexes que les populations ne parlent déjà plus la même langue depuis les invasions et le morcellement de l'ancien Empire romain. Certaines maintiennent le latin, d'autres ne parlent que le grec, d'autres encore ne connaissent que leurs langues locales ! Malgré de nombreux efforts tout au long de son règne, Justinien n'arrive pas à imposer un rite commun. La persistance de ces querelles religieuses va d'ailleurs se traduire par des crises politiques et mettre un frein à la volonté d'unité impériale.

Le parti pris de Justinien pour l'orthodoxie chrétienne se traduit plus facilement dans la vie intellectuelle et artistique de l'époque, qui est d'une grande vitalité. Par contre, à partir de 529, Justinien ferme les écoles philosophiques non chrétiennes, et notamment l'école néoplatonicienne d'Athènes, créée en 400 et encore très réputée. Ces écoles sont le refuge des philosophes. Leur fermeture est un geste symbolique qui marque bien la fin de l'Antiquité. Le refus d'une vie intellectuelle en dehors des explications bibliques montre l'emprise complète de la religion sur la culture et annonce le début du Moyen Âge chrétien.

Justinien favorise aussi la construction de monuments publics, notamment d'églises. La plus connue est la basilique Sainte-Sophie, à Constantinople. Un mathématicien et un architecte guident plus de 10 000 ouvriers, et conjuguent les traditions romaines et chrétiennes pour aboutir, en 537, à une église dotée d'une coupole de 31 mètres de diamètre s'élevant à plus de 50 mètres du sol. Cette maîtrise technique restera inégalée jusqu'au XVe siècle : Sainte-Sophie demeure la plus grande église du monde durant presque 900 ans (elle est concurrencée par la cathédrale de Séville en 1420). À l'intérieur se retrouvent des bas-reliefs, des mosaïques et des images saintes, dans un style byzantin qui sera une source d'inspiration pour le monde occidental.

LA PUISSANCE ÉCONOMIQUE

L'éclat de l'Empire byzantin provient en grande partie de ses villes, dont la taille, la beauté et la puissance éclipsent de loin les petites villes qui subsistent dans les royaumes germaniques. Au tournant du xe siècle, Byzance comptera déjà plus d'un demi-million d'habitants. L'État intervient dans la vie économique en contrôlant la production artisanale, faite en grande partie dans les ateliers d'État, de même que les prix et le commerce, sur lequel il prélève une quote-part. La monnaie byzantine, le *solidus* ou sou d'or, domine les échanges commerciaux autour de la Méditerranée, et même les royaumes germaniques l'utilisent.

La position géographique de Byzance est commercialement stratégique, car elle permet aux marchands locaux de contrôler les échanges maritimes, en Méditerranée et en mer Noire, et de se procurer des produits d'un peu partout, comme les poteries, verreries et tissus de Syrie, dont les damas; les papyrus d'Égypte; les épices, les cotons et les soieries de Ceylan (Sri Lanka). Pour éviter l'Empire perse sassanide, son ennemi de toujours et intermédiaire commercial à l'est, Justinien explore de nouvelles routes commerciales terrestres vers la Chine, au nord, et des routes maritimes au sud, vers le royaume d'Axoum, en Éthiopie. Il réussit même à ravir le monopole du commerce de la soie à la Perse. On dit que des moines ayant voyagé jusqu'en Inde ont rapporté pour lui des œufs de vers à soie cachés dans des cannes creuses. Ne restait plus qu'à faire pousser des mûriers en Méditerranée, afin de nourrir les vers à soie!

Justinien ne réussit pas complètement à recréer l'ampleur des circuits commerciaux de l'Empire romain d'avant le ve siècle. Mais il réussit tout de même à faire de son empire un intermédiaire incontournable entre les royaumes germaniques et l'Asie, entre l'Occident et l'Orient. L'Empire byzantin va continuer à jouer ce rôle durant tout le Moyen Âge.

L'ancienne basilique chrétienne de Sainte-Sophie est convertie en mosquée lorsque Constantinople passe aux mains des Turcs ottomans en 1453.

La muraille de Constantinople, initialement construite par Constantin, est restée inexpugnable jusqu'à l'apparition de la poudre à canon qui joua un rôle décisif dans la chute de la ville.

L'EMPIRE ROMAIN D'ORIENT EN CRISE

Après le règne de Justinien, trois problèmes récurrents et fondamentaux vont caractériser l'Empire byzantin : les crises militaires, les crises politiques et les crises religieuses.

Les crises militaires

Tout au long du Moyen Âge, Byzance sera perpétuellement en guerre et menacée sur une ou plusieurs de ses frontières en même temps. Le résultat final de ces nombreux conflits, d'un point de vue géographique, est le rétrécissement radical du territoire de l'Empire byzantin entre le VIIe et le XIe siècle. L'Empire sera centré autour de la ville de Byzance, d'une partie de la Grèce et des Balkans : un territoire bien ancré en Asie Mineure, et très loin de l'universalité du rêve de Justinien (voir la carte 4.4, p. 122).

La volonté de Justinien de perpétuer le passé pèse lourdement sur son empire. D'une part, les territoires conquis ne se révèlent pas très profitables. L'Italie, par exemple, est annexée au bout d'une vingtaine d'années de guerres sans merci durant lesquelles les tribus germaniques comme les armées byzantines appliquent la politique de la terre brûlée et ravagent le territoire. D'autre part, les reconquêtes coûtent extrêmement cher. Les Byzantins imposent donc de lourdes taxes à l'intérieur de l'Empire et sur les territoires conquis. Ce faisant, ils se mettent à dos les populations mêmes qu'ils voulaient « libérer », et provoquent des crises économiques et sociales. À la mort de Justinien, les territoires si chèrement reconquis sont déjà en train d'échapper à l'Empire. Finalement, au moment même où l'Empire byzantin regarde vers l'Occident, de nouvelles tribus se déplacent vers ses frontières orientales. La guerre contre les Perses reprend, l'arrivée des Bulgares se traduit par une menace aussi grande, et le mouvement des populations slaves dans les Balkans va transformer en profondeur cette région centrale de l'Empire.

Pour contrer ces menaces, la religion se révèle une arme efficace. L'Empire byzantin se fait des alliés en envoyant des missionnaires convertir les populations de ces nouveaux royaumes. Ce faisant, il entre indirectement en compétition avec le pouvoir grandissant de la papauté à Rome, qui cherche aussi à convertir ces envahisseurs. C'est ainsi que, vers l'an mille, le royaume de Bulgarie et la Russie des princes de Kiev se convertissent au christianisme orthodoxe grec, alors que la Pologne devient définitivement une terre dédiée à l'Église chrétienne romaine.

Les crises politiques

Les répercussions souvent sous-estimées des guerres sont autant politiques que sociales et fiscales. Dans l'Empire byzantin, pour ne pas subir les effets de la hausse des impôts, essentiellement levés dans les campagnes, les petits et moyens propriétaires terriens vendent leurs domaines pour devenir de simples paysans. Puisque les paysans n'ont pas les mêmes obligations que les propriétaires, ils évitent ainsi de donner à la fois leurs revenus et leurs enfants à l'État. Les importantes offensives militaires qui ont lieu entre le VIe et le XIe siècle entraînent donc une réorganisation de la propriété rurale dans l'Empire byzantin.

Or, la possession de la terre se concentre de plus en plus entre les mains d'une élite puissante, qui forme déjà l'aristocratie militaire. C'est aussi entre ses mains que va graduellement tomber le pouvoir politique. L'Empire byzantin deviendra donc un outil au service de cette élite, plutôt qu'au service du bien commun. Cette mainmise de l'aristocratie foncière et militaire sur la destinée de l'Empire est aussi liée à l'absence de règles claires concernant la succession. Beaucoup de prétendants dynastiques sont écartés par leurs frères, ou même parfois par leurs mères, qui vont dans certain cas jusqu'à leur couper le nez ou à leur crever les yeux pour les empêcher d'accéder au trône. Cela mène à de nombreux assassinats et entretient une certaine instabilité politique.

Au fil des siècles, l'ancien Empire romain d'Orient devient de plus en plus une monarchie dominée par les querelles de succession dynastique. Il abandonne graduellement le principe romain de l'élection du souverain. Le titre d'« empereur » est délaissé au VIIe siècle : l'*Imperator Caesar Augustus* se fera dorénavant appeler le Pieux Empereur dans le Christ ou le *Basileus*, ce qui signifie « le roi » en grec. À la même époque, d'ailleurs, le grec finit par dominer l'Empire au détriment du latin, qui triomphe en Occident. Les conquêtes et les réorganisations de Justinien n'ont donc pas empêché la transformation de l'identité de l'ancien Empire romain d'Orient.

Les crises religieuses

En 1054, l'iconoclasme sera sanctionné par une excommunication lancée par le légat du pape contre Byzance, auquel répondra pareillement l'empereur. Cette excommunication mutuelle ne sera levée qu'en 1965 ! C'est ce qu'on appelle le « schisme » de 1054. Bien que l'iconoclasme soit finalement discrédité dans l'Empire byzantin, le « schisme », ou la division de l'Église, se perpétue et marque la fin de son unité. Il y a dorénavant une Église romaine d'Occident, l'Église chrétienne, et une Église byzantine d'Orient, l'Église orthodoxe. Elles célèbrent toutes deux la religion chrétienne, mais selon des traditions et des rituels différents. Chez les orthodoxes, par exemple, il n'y a pas de centralisation des églises, les prêtres se marient, le rituel est en langue vernaculaire, la culture grecque domine, etc.

Cette illustration tirée d'un manuscrit byzantin du IXe siècle montre un iconoclaste en train de faire disparaître une icône, dans ce cas une image du Christ, probablement avec de la chaux.

Au XIe siècle, l'Empire byzantin est géographiquement réduit aux Balkans. Il a adopté la culture grecque et la religion orthodoxe. Ses frontières sont encore et toujours menacées, et il est grandement affaibli, politiquement et militairement. L'évolution de tous ces aspects l'a profondément éloigné de l'Occident. Mais ce mouvement de distanciation a aussi été le fait de l'Occident lui-même. Là-bas, les empereurs ont repris à leur compte les prétentions universalistes qui avaient caractérisé l'Empire romain d'Occident comme celui d'Orient. Les papes ont réussi à imposer leur rôle et leur conception centralisatrice de l'Église. Le latin et la culture artistique et littéraire n'ont plus grand-chose en commun avec Byzance. C'est ce que nous allons voir dans le reste du chapitre.

Comme Rome, Constantinople tombera finalement entre les mains d'envahisseurs, les Turcs ottomans, en 1453. Au XXe siècle, elle sera renommée Istanbul. La tradition historique a longtemps blâmé la civilisation musulmane pour la chute de l'Empire byzantin. Mais ce dernier avait amorcé son déclin depuis longtemps déjà, un déclin lié autant à des raisons internes qu'à des raisons externes, comme cela avait été le cas pour l'Empire romain d'Occident plus de 10 siècles auparavant.

EMPREINTES DE L'OCCIDENT

LA COHABITATION RELIGIEUSE AU QUÉBEC

Les traditions religieuses qui se sont développées à l'époque médiévale ont une résonance dans le paysage architectural québécois. Les églises catholiques partagent l'espace avec, entre autres, des églises chrétiennes orthodoxes et des mosquées desservant des communautés qui se sont implantées à la faveur des vagues d'immigration.

À partir de la fin du XIXe siècle, l'immigration en provenance de l'est de l'Europe prend de l'ampleur au Canada qui accueille alors des communautés venues de pays comme la Russie, l'Ukraine ou la Grèce, où la religion chrétienne orthodoxe prédomine. C'est à Montréal que sont érigés les premiers lieux de culte de ces nouveaux arrivants : la première église orthodoxe grecque en 1906, la première paroisse russe l'année suivante et la paroisse ukrainienne de Sainte-Sophie en 1925.

Au cours du XXe siècle, des membres de ces communautés s'installeront ailleurs au Québec. Par exemple, des Russes orthodoxes s'établissent en Abitibi (à Val-d'Or et à Rouyn-Noranda) et dans Lanaudière, à Rawdon. À l'aube du XXIe siècle, on dénombre au Québec environ 100 000 orthodoxes chrétiens (Statistique Canada, 2001). La plupart d'entre eux sont originaires de pays d'Europe du Sud ou de l'Est, ou encore du Moyen-Orient.

L'immigration musulmane s'amorce également à la fin du XIXe. Mais la présence musulmane au Canada demeure faible jusqu'à la seconde moitié du XXe siècle. À cette époque, la politique d'immigration accorde de préférence le droit d'entrée à des personnes de religion chrétienne. Ainsi, en 1921, on ne dénombre qu'environ 500 musulmans au Canada. Près d'un siècle plus tard, ce nombre dépasse les 600 000 personnes, dont plus de 100 000 vivent au Québec.

C'est à partir des années 1960 que l'immigration musulmane prend de l'ampleur au Québec, en particulier à Montréal. Une première mosquée, celle du Centre islamique du Québec, est construite dans le quartier Saint-Laurent en 1965. D'autres le seront par la suite dans la métropole et dans d'autres municipalités, dont Brossard, Gatineau, Sainte-Foy et Trois-Rivières.

L'église orthodoxe Saint-Nicolas, à Val-d'Or.

LES PEUPLES GERMANIQUES ET LA FIN DE L'EMPIRE ROMAIN D'OCCIDENT

« Ils ont tous le corps trapu, les membres robustes, la tête volumineuse; et un excessif développement de carrure donne à leur conformation quelque chose de surnaturel. On dirait des animaux bipèdes plutôt que des êtres humains [...]. Des habitudes voisines de la brute répondent à cet extérieur repoussant. [...] [Ils] se contentent pour aliments de racines sauvages, ou de la chair du premier animal venu, qu'ils font mortifier quelque temps, sur le cheval, entre leurs cuisses. Aucun toit ne les abrite. [...] Ils vivent au milieu des bois et des montagnes, endurcis contre la faim, la soif et la froidure. [...] Ils se font de toile, ou de peaux de rats des bois cousues ensemble, une espèce de tunique, qui leur sert pour toute occasion, et ne quittent ce vêtement, une fois qu'ils y ont passé la tête, que lorsqu'il tombe par lambeaux. [...] on les dirait cloués sur leurs chevaux, qui sont laidement mais vigoureusement conformés. [Lorsqu'ils sont attaqués, ils] fondent sur l'ennemi en poussant des cris effroyables. [...] Inconstants et perfides, [...] ils font toute chose par emportement, et n'ont pas plus que les brutes le sentiment de ce qui est honnête ou déshonnête. [...] Ils n'adorent rien, ne croient à rien, et n'ont de culte que pour l'or.[3] »

Attila, chef des Huns, était surnommé le « fléau de Dieu ». On le représente ici avec des cornes, symbole associé au diable.

Gravure (date inconnue).

C'est des Huns que parle de manière si saisissante Ammien Marcellin, historien et soldat romain. Non seulement l'Empire romain se meurt, mais il succombe à des hordes de sauvages ! Cette description caricaturale, qui date du IVe siècle, est restée gravée dans les mémoires et a largement contribué à la vision catastrophique des grandes invasions.

Certains peuples germaniques ont aussi laissé des souvenirs marquants, comme les Vandales, qui saccagent tout sur leur passage. Pourtant, bon nombre d'entre eux cherchent plutôt à perpétuer le monde romain, comme ils le peuvent. Leurs efforts, conjugués à ceux de l'Église chrétienne, vont permettre à certaines traditions romaines et à une partie de la culture latine de perdurer après la fin de l'Antiquité, même si les pratiques germaniques deviennent la règle dans bien des royaumes. Cette rencontre des cultures va donner naissance au Moyen Âge occidental.

UN MOUVEMENT PRÉCIPITÉ

Si l'Empire romain a été partagé en deux territoires, comme nous l'avons vu précédemment, c'est notamment pour mieux faire face aux incursions menaçantes de tribus germaniques et celtes sur ses frontières et au-delà. Déjà en mouvement depuis le IVe siècle avant J.-C., provenant d'un territoire qui va de l'Asie à l'Europe, en passant par la Scandinavie, rien n'a freiné l'avancée graduelle de ces peuples ethniquement très diversifiés. Les historiens se questionnent encore sur leurs motivations : changements climatiques, croissance démographique, attrait des nomades ou semi-nomades pour les richesses des sédentaires... Qui sait ? Ce qui est sûr, par contre, c'est que le mouvement de migration qui pousse les tribus germaniques aux portes de l'Empire s'étend sur plusieurs siècles.

La nouveauté, à la fin du IVe siècle après J.-C., vient du mouvement de tribus nomades des steppes asiatiques, les Huns, qui bouleversent un équilibre fragile entre l'Empire romain et les peuples germaniques sur ses frontières (voir la carte 4.2, p. 108). En quête de butins, ces cavaliers ravagent tout sur leur passage, bousculent les alliances établies et provoquent une fuite en avant des peuples germaniques, vers l'ouest. Entre le Ve et le VIe siècle, les tribus germaniques s'installent dans un monde romain déjà en crise. Il leur faudra au moins un siècle pour réellement se fixer sur ce territoire et conquérir une autorité politique. Un siècle pour que naisse une nouvelle géographie politique qui annonce la formation de l'Europe. Les Goths s'imposent de prime abord dans cette réorganisation du pouvoir. Leurs politiques permettent d'instaurer la paix et favorisent un certain maintien des traditions romaines. Toutefois, il y a une réelle érosion de l'héritage scientifique et philosophique hellénistique, plutôt préservé par l'Empire byzantin, et une rupture temporaire de la transmission culturelle entre la civilisation antique et le monde médiéval.

SÉGRÉGATION ET FUSION

Les nombreuses tribus qui ont ravagé l'Empire romain sont souvent mal connues : encore aujourd'hui, on les appelle les « barbares ». Certains lieux ont gardé la trace de leur passage : la France des Francs, la Bourgogne des Burgondes, la Lombardie des Lombards, l'Angleterre des Angles et des Saxons. Ils sont encore, à la fin du XVIIIe siècle, bien vivants dans l'imaginaire occidental, et constituent une référence comprise par tous. Ainsi, le mot « vandalisme » est inventé par l'évêque Grégoire de Blois lors de la Révolution française, en référence aux actes des Vandales commis au Ve siècle. Le royaume vandale a aussi donné naissance au nom de la région au sud de l'Espagne, l'Andalousie.

Le royaume des Goths

Pendant le Ve siècle, ce sont les Goths qui semblent dominer, grâce aux alliances entre Ostrogoths et Wisigoths. Parmi les nombreuses tribus germaniques, les Goths sont les plus romanisés ; ils se sont d'ailleurs convertis au catholicisme depuis déjà un siècle. Une nuance de taille, cependant : ils ont été convertis par des moines qui ont prêché une hérésie chrétienne, l'arianisme, qui estime que le Christ n'a pas la même

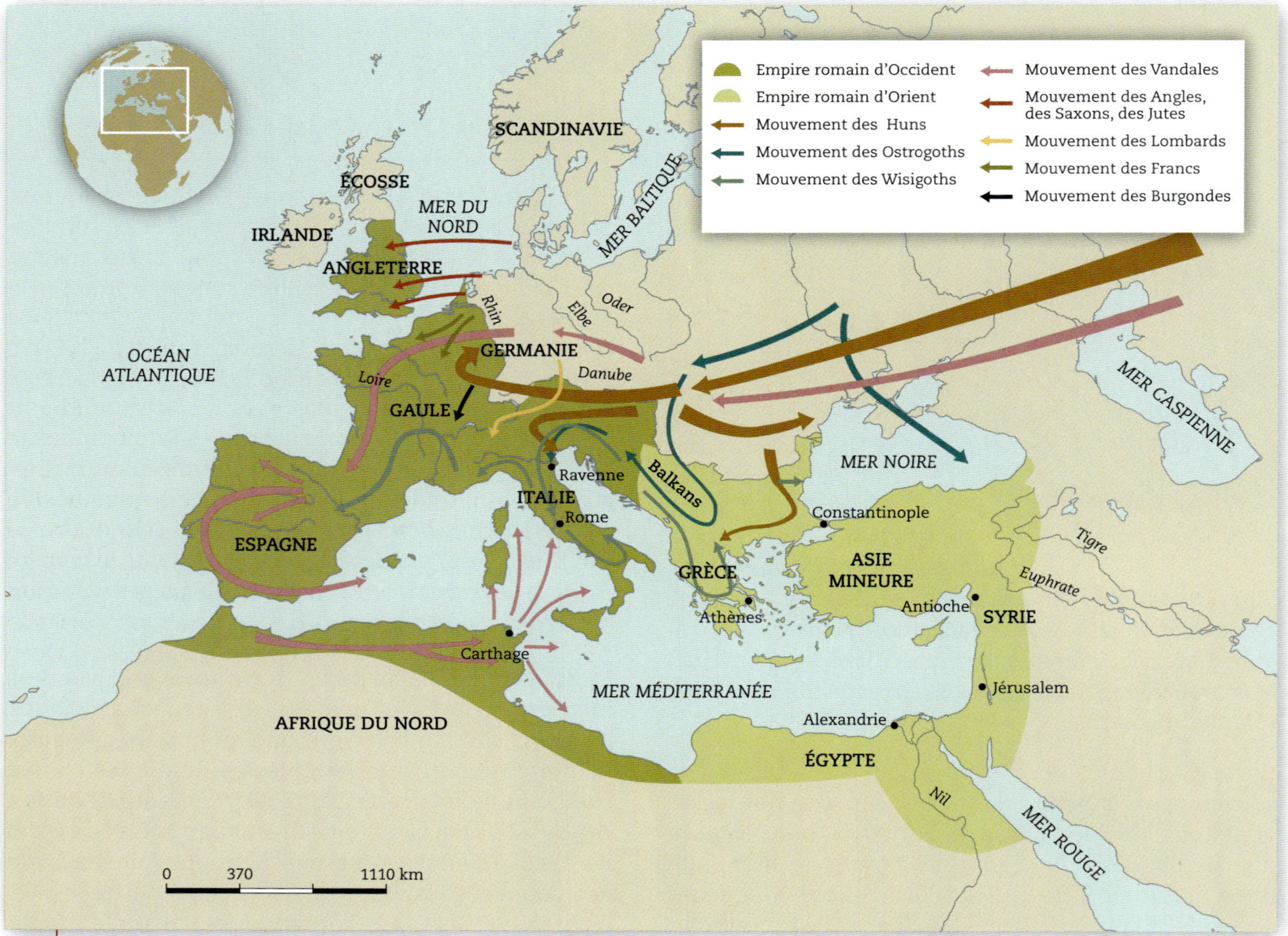

Carte 4.2

LE MOUVEMENT DES TRIBUS GERMANIQUES

De nombreuses tribus se déplacent entre l'Asie et l'Europe durant le premier millénaire de notre ère. Les Empires sédentaires chinois et romain ne vont que temporairement réussir à les freiner. En Occident, le mouvement des Huns va accélérer le déplacement des tribus germaniques vers le territoire de l'Empire romain d'Occident, qu'elles vont traverser de part en part avant de s'y installer.

nature que Dieu et donc qu'il n'est pas divin. Par conséquent, les Ostrogoths et les Wisigoths ne sont pas considérés comme de « bons » chrétiens.

Les Ostrogoths fondent pourtant un royaume florissant en Italie, sous leur chef Théodoric. Ce dernier choisit d'appliquer une politique ségrégationniste pour préserver les institutions romaines, qu'il admire. Ainsi, les Romains et les Goths habitent des quartiers et des territoires séparés, où ils vont chacun dans leurs propres églises, chrétiennes ou ariennes. Le Sénat, les fonctionnaires et la bureaucratie impériale sont maintenus ; la fiscalité aussi, de même que le latin, qui est la langue administrative. Théodoric, un peu comme Justinien, se situe dans la lignée des empereurs romains dont il se sent l'héritier. Il lance des projets de grands travaux et de bâtiments publics, et s'assure de fournir à son peuple la subsistance et les loisirs : du pain et des jeux. Par contre, seuls les Goths sont autorisés à porter des armes.

Toutefois, à la mort de Théodoric, dans la seconde moitié du VIe siècle, le royaume des Ostrogoths s'effondre d'autant plus facilement que les Lombards et les Byzantins s'imposent en Italie (voir la carte 4.1). Les Wisigoths, quant à eux, sont à la tête d'un immense territoire qui couvre l'Espagne et une bonne partie de la France, mais qui se révèle vite trop grand à maintenir. Ils se replient finalement en Espagne. À la différence des Ostrogoths, les Wisigoths cherchent à fusionner les coutumes, les lois et les cultures hispano-romaines et wisigothes. Ils se convertissent également au catholicisme romain. Mais leur succès est fragile et, au début du VIIIe siècle, le territoire espagnol sera conquis par les armées musulmanes d'Afrique du Nord. Ces dernières se battent aussi contre les Vandales, qui ont été chassés d'Espagne par les Wisigoths et qui se sont installés sur le territoire actuel de la Tunisie. Les Vandales ont choisi Carthage comme capitale, se sont approprié les meilleures terres en chassant les propriétaires romains, et tentent de survivre en terre hostile en optant pour une politique de ségrégation radicale. Celle-ci n'est toutefois pas viable à moyen terme, d'autant plus que le royaume est attaqué de partout, notamment par les Byzantins.

Les royaumes anglo-saxons

Dans les îles Britanniques, déjà abandonnées depuis longtemps par l'armée romaine, Angles, Jutes et Saxons cherchent à s'imposer, alors que les Scotts et les Pictes se partagent le pouvoir, dans la confusion. Pendant plus d'un siècle, toutes ces tribus vont se faire une guerre sans merci. Ils se battent autant entre eux que contre les populations locales celtes, qui sont repoussées vers l'ouest. Au VIe siècle, il ne reste donc plus de traces du passage du monde romain sur ces territoires.

Ce masque reconstitué, dont les originaux datent probablement du début du VIIe siècle, tire son inspiration à la fois des casques romains et des armures germaniques. Ciselé en fer, il est orné de décorations en or, en argent et en pierres précieuses.

Même Londres ne sera pas reconstruite avant deux siècles. Là-bas, le christianisme ne joue pas un rôle de puissance centralisatrice. Si certains rois saxons se convertissent à la fin du VIIe siècle, il y a durant cette période un essor peu centralisé et inégal de la religion chrétienne parmi ces royaumes polythéistes. La société est donc, de prime abord, profondément germanisée. Il en découle des coutumes qui redéfinissent les rapports politiques et sociaux.

La langue commune qui va émerger sera l'anglo-saxon, dérivé des langues germaniques et qui supplante temporairement le latin. *L'épopée de Beowulf*, premier poème connu dans cette langue, raconte l'histoire des rois saxons qui se déplacent de domaines en manoirs pour vivre des produits de leurs terres, conquises en leur nom et qu'ils réclament comme leurs propriétés personnelles. Ils sont suivis par leurs guerriers, qui sont leurs compagnons en tout, mais d'abord à la guerre. Pour les populations locales, les temps sont difficiles. Il n'y a ni représentants de l'État ni gouvernement pour maintenir l'ordre et la paix, qui se font rares.

Ce sont surtout les exploits guerriers et les héros qui dominent les esprits, ceux du temps présent comme ceux des ancêtres légendaires. Il faut dire que la civilisation germanique accorde une grande importance à la guerre et à ses valeurs. Même dans la mort, les guerriers se font accompagner de leurs armes, les épées germaniques en fer étant réputées pour leur fiabilité et leur beauté. Les tumulus de Sutton Hoo, dans le sud-est de l'Angleterre, en témoignent. Certains historiens croient qu'un de ces tumulus, découvert en 1939, protégeait le tombeau d'un roi du VIIe siècle, enterré dans un bateau avec de nombreuses armes, de l'or, et des objets familiers en orfèvrerie, dans la tradition artistique des peuples germaniques.

Le royaume des Francs

Le royaume germanique le plus stable va être créé par les Francs, pourtant non romanisés et païens, à la différence des Goths. Clovis (466-511), leur chef, domine et unifie des tribus variées sous le nom de Francs. Bon guerrier, fort de ce soutien et malgré leur petit nombre, il réussit à s'imposer sur la quasi-totalité de la Gaule avant sa mort. Parallèlement, il se convertit au christianisme.

La royauté franque et le clergé vont s'entraider afin de rallier la population au nouveau pouvoir et consolider la place de la religion chrétienne. Action concertée ou convergence d'intérêts ? Pour un polythéiste comme Clovis, la conversion au christianisme permet probablement de s'assurer de la protection de toutes les divinités. Mais surtout, en bon stratège, elle lui permet de gagner bien facilement un allié fort utile : l'Église. Quant au clergé, qui est en situation d'extrême fragilité depuis la chute de l'Empire romain, la protection bien concrète de guerriers francs lui est aussi salutaire. Dans ce territoire où les évêques s'occupent des besoins matériels et spirituels des gens, ils se sont trouvé de nouveaux protecteurs. Des nouveaux rois chrétiens, l'Église va aussi recevoir des exemptions de taxes et des donations de terres. Cela confirme son statut d'alliée fidèle et loyale, et lui permet de poursuivre son œuvre de christianisation.

Contrairement à ce qui se passe dans les autres royaumes, il n'y a pas, en Gaule, de volonté affirmée de préserver une tradition au détriment de l'autre, qu'il s'agisse de l'héritage romain ou des coutumes germaniques. La fusion est rapide, grâce aux mariages mixtes et à l'égalité juridique, entre autres. Les nombreuses guerres requièrent l'attention de tous et les ennemis communs font oublier que les Francs ne forment qu'un bien petit groupe pour le territoire qu'ils dominent : ils ne représentent que 5 % de la population !

Les élites gallo-romaines (les élites de la Gaule sous l'Empire romain) restent en place et gardent une partie de leurs pouvoirs : ce sont des propriétaires terriens, généralement des comtes ou des évêques. Ils se mettent toutefois au service de la nouvelle royauté. Il n'en va pas de même pour les institutions scolaires et la culture classique qui disparaissent en grande partie dès le

Le baptême de Clovis, sculpture extérieure de la cathédrale de Reims (XIIIe siècle).

VIe siècle. L'écriture est un bon exemple de cette érosion culturelle : les signatures au bas des documents officiels sont peu à peu remplacées par des croix. La culture germanique est orale. Ses mythes et ses exploits ne seront consignés par écrit que bien plus tard, en latin.

LE MÉTISSAGE DES CULTURES

La plupart des souverains germaniques vont, chacun à leur manière, préserver une partie de l'héritage de Rome : en adoptant sa langue, le latin ; sa religion, le christianisme ; certaines de ses institutions et coutumes et une partie de sa culture. Mais ces rois se retrouvent dans une situation ambiguë : tout en voulant perpétuer le lien avec Rome, ils fondent des royaumes qui leur ressemblent. Les habitants, romanisés depuis longtemps, se retrouvent eux aussi à cheval entre deux mondes. Si certains s'adaptent aux nouveaux pouvoirs en place, bien d'autres pleurent la fin de l'Empire romain et rejettent ceux qu'ils considèrent encore comme des « barbares ». On peut voir comment Sidoine, un aristocrate de Gaule, se moque des efforts d'adaptation de son ami Syagrius :

> *Comme tu es en ligne masculine petit-fils d'un consul, puis, ce qui va mieux encore à notre sujet, du sang d'un poète [...] je ne saurais vraiment dire combien je suis étonné de la facilité avec laquelle tu as appris la langue germanique. Je me rappelle tout le soin que l'on a mis à façonner ton enfance aux belles-lettres [...] Or, puisqu'il en est ainsi, dis-moi, je te prie, comment tu as saisi si vite l'accent d'une langue étrangère [...] Tu ne saurais croire combien nous rions, moi et les autres amis, toutes les fois que nous apprenons qu'un barbare craint de faire, en ta présence, un barbarisme dans sa langue. Les vieillards germains sont étonnés en te voyant interpréter leurs lettres [...] Et quoiqu'ils aient le corps et l'esprit aussi grossiers, aussi peu façonnables, ils apprennent de toi à mieux parler leur propre langue, à porter un cœur romain.*
>
> *Une dernière chose : toi, qui as si bien le secret de plaire, n'oublie pas de donner à la lecture tes moments de loisir, et, poli comme tu l'es, fais toujours en sorte de posséder parfaitement la langue germanique, pour ne pas prêter à rire ; de cultiver la langue maternelle, pour avoir à rire. Adieu.*

Document 4.3 Sidoine Apollinaire, *Lettre V, Livre V*, Ve siècle.[4]

La solution, pour la majorité des royaumes germaniques, sera donc la dualité. Ils adoptent deux langues, la langue germanique locale et le latin, deux codes de lois et de coutumes, deux modes de vie. Cette base sociale fragile va mener à de nouvelles répartitions territoriales entre le VIIIe et le Xe siècle, alors que les royaumes germaniques se font et se défont. Mais cette dualité va aussi permettre à certaines traditions germaniques de se maintenir et d'être intégrées dans la culture naissante de l'Occident, grâce au système féodal. On peut donc conclure que les cultures germaniques et romaines se sont mutuellement métissées : les tribus germaniques se sont romanisées et la société romaine s'est germanisée.

L'exemple de la monarchie franque est assez clair à cet égard. Dorénavant, le roi n'est plus désigné comme tel pour gérer le bien commun, mais s'impose plutôt grâce à ses succès guerriers. Les liens qui unissent les membres de la société sont des liens de loyauté et de solidarité au clan, plutôt que des liens assurés par des droits juridiques s'appliquant de la même manière à tous les citoyens d'un État de droit. Le pouvoir est donc personnel et le royaume, la propriété du roi. Celui-ci se déplace sur son territoire pour vivre de ses richesses, à la manière des rois anglo-saxons.

Puisque le pouvoir de la royauté repose entièrement sur la capacité personnelle des rois à le maintenir, ceux-ci ont recours à toutes sortes de stratagèmes pour étendre leur puissance : cela va de l'organisation des mariages de leurs enfants aux disparitions douteuses de certains membres de leur lignée ou de leurs compétiteurs. De plus, la tradition germanique, qui veut qu'un partage équitable des biens fonciers se fasse entre tous les descendants mâles à la succession des rois, occasionne des assassinats familiaux en série et des guerres civiles de plus en plus intenses. Cette pratique va hypothéquer pendant longtemps la stabilité des royaumes germaniques. À travers ces soubresauts, c'est l'Occident du Moyen Âge qui se concrétise tranquillement.

LA MAINMISE DE L'ÉGLISE CHRÉTIENNE

On trouve également les premiers balbutiements de l'époque médiévale occidentale dans le rôle de plus en plus grand que joue l'Église chrétienne romaine dans cette société métissée. L'Église va en effet s'atteler à convertir la totalité des peuples germaniques, et à combattre les hérésies et superstitions qui resurgissent à la faveur du chaos de ces siècles. Il en va de sa mission, propager la foi chrétienne universelle, mais aussi de sa survie. L'approche est pragmatique : plutôt que de laisser le paganisme subsister, il vaut mieux s'approprier certaines des croyances des païens, afin de mieux les convertir par la suite. C'est du moins la vision du pape missionnaire Grégoire le Grand, ou Grégoire Ier (590-604) :

« *[...] [Voici] le résultat de ma longue délibération au sujet de l'Angleterre, à savoir que les temples des idoles existant dans ce pays ne doivent pas être détruits ; mais, après la destruction des idoles qu'ils renferment actuellement, il faudra bénir de l'eau, faire des aspersions dans les temples, puis ensuite y élever des autels où l'on déposera des reliques. Car, si les temples ont été bien construits, on doit les faire passer du culte des idoles au service du vrai Dieu, afin que le peuple, observant le respect des chrétiens pour ses monuments religieux, soit porté à chasser l'erreur de son cœur, et qu'après avoir connu le vrai Dieu, il aille plus facilement aux temples avec lesquels il est familier. Néanmoins, comme le peuple est dans l'habitude d'égorger des bœufs dans les sacrifices de ses diables, il faudrait substituer quelque chose à cette solennité. [...] Par ce moyen, les cœurs [seront] changés, ils [pourront] abandonner quelque chose des sacrifices et en retenir partiellement l'usage, offrant les mêmes animaux qu'auparavant, mais avec un but différent ; et par conséquent ce [ne seront] plus les mêmes cérémonies.* »

Document 4.4 Grégoire le Grand, *Correspondance*, VIe siècle.[5]

C'est une des forces du christianisme, déjà mise en pratique sous l'Empire romain, que d'être capable d'intégrer et de récupérer à son bénéfice d'autres croyances. C'est ce qu'on appelle le « syncrétisme ». Mais il s'agit d'un long processus, et l'Église a une tâche immense devant elle. Elle s'y emploie par la force et la contrainte, mais aussi par l'exemple.

Moine recopiant un manuscrit. Gravure (date inconnue).

Dans ce projet, ce sont les moines missionnaires qui sont les plus efficaces. Ces armées de religieux vont partir dans toutes les directions pour fonder des monastères, qui seront les rares foyers de la culture antique dans ce monde germanique. On assiste à un essor des mouvements missionnaires aux VIe et VIIe siècles, dont celui de Benoît de Nursie (480-547), qui donne naissance à l'ordre des Bénédictins. Les monastères sont souvent fondés dans des lieux isolés ou inhabités. Leur édification est intimement liée au défrichement et à la culture de la terre, et permet à la civilisation d'habiter de nouveau des territoires abandonnés du fait des guerres. Les monastères jouent donc un rôle important dans la vie économique, puisque les moines s'occupent, entre autres, de travail manuel. Mais l'essentiel de leurs activités est lié à la prière.

La nécessité de se référer à la Bible et d'étudier les textes théologiques se traduit par la création de bibliothèques, où sont conservés les manuscrits, et de scriptoriums, où ils sont recopiés par des scribes, des copistes. Les monastères et les couvents sont donc également investis d'une mission d'éducation, puisque les moines doivent au moins lire et écrire le latin, du moins en principe. Il arrive même que de petites écoles adjacentes soient fondées pour les non-religieux. Cette tradition d'éducation a été l'un des moyens, fragile, de perpétuer certains textes de l'Antiquité, surtout les textes théologiques en latin, et certains textes grecs non chrétiens. Les moines, prêts à mourir en martyrs, donnent par leurs efforts et leur conviction un exemple qui inspire le respect et en attire beaucoup vers le christianisme.

Il n'y aura donc pas de grandes victoires militaires contre les tribus germaniques, mais beaucoup de petites victoires religieuses et culturelles. Si, en français, les noms des jours de la semaine dérivent des noms des dieux romains — mardi pour Mars, mercredi pour Mercure, jeudi pour Jupiter ou vendredi pour Vénus —, dans le monde anglo-saxon, les noms de la semaine trouvent leur origine dans les noms de dieux païens : *Tuesday* est le jour de Tiw ; *Wednesday*, celui de Woden ; *Thursday*, celui de Thor ; *Friday*, celui de Freya ; autant de dieux de la guerre, de l'agriculture et autres qui n'ont rien à voir avec le dieu chrétien. Ces exemples soulignent les efforts de syncrétisme et de christianisation de l'Église chrétienne, qui vont permettre d'intégrer progressivement les tribus germaniques au monde de la chrétienté, avec ses lois religieuses, ses exigences linguistiques et ses choix culturels. Cela permettra au pape de se tourner vers eux lorsque de nouveaux envahisseurs arriveront en Italie, plutôt que vers Byzance, de plus en plus une rivale. C'est sur cette base qu'une nouvelle unité religieuse, idéologique et politique se construira en Occident, sous les Carolingiens. Nous y reviendrons dans la dernière section de ce chapitre.

EMPREINTES DE L'OCCIDENT

LES CONGRÉGATIONS RELIGIEUSES

Vêtus d'une tunique noire, des moines vivent reclus dans un monastère. Ils consacrent leurs journées à la prière, à l'étude de textes théologiques et au travail manuel. Leur communauté est organisée selon les principes d'humilité, d'obéissance, de silence et de pauvreté édictés au VIᵉ siècle par saint Benoît. Ainsi se décrit la vie derrière les portes closes d'une communauté monastique de l'Europe du Moyen Âge. Les moines font profession de foi, se donnent à Dieu et veulent imiter l'exemple de Jésus-Christ par leur mode de vie. Il en est de même, aujourd'hui encore, dans une abbaye du Québec, dans la région de l'Estrie.

Fondée en 1912, l'abbaye de Saint-Benoît-du-Lac héberge une cinquantaine d'hommes qui suivent la règle bénédictine. Dès l'aube, ils consacrent le plus clair de leur temps à Dieu et assurent leur subsistance à la sueur de leur front en opérant une fromagerie, un verger, une cidrerie, une ferme et un magasin où est écoulé le fruit de leur labeur.

Si ces moines peuvent apparaître comme une curiosité dans le Québec d'aujourd'hui, il en était tout autrement avant la Révolution tranquille. De nombreuses communautés vivaient alors cloîtrées dans des monastères et des couvents. Depuis, la plupart de ces lieux se sont dépeuplés ou ont changé de vocation.

Alors que la religion ne tient plus la même place dans l'organisation de la société québécoise, il ne faut pas oublier que les communautés religieuses ont joué un rôle fondamental dans l'histoire du Québec. Dès le XVIIᵉ siècle, des missionnaires (Récollets, Jésuites et Sulpiciens) se sont succédé pour des missions d'évangélisation auprès des populations autochtones. Les confréries religieuses, surtout féminines, se sont consacrées à des services sociaux essentiels à la population de la Nouvelle-France. Elles fondent les premiers hôpitaux et les premiers établissements scolaires et s'occupent des personnes pauvres et marginalisées. Les institutions qu'elles ont mises sur pied font aujourd'hui partie du patrimoine national. Les missions qu'elles poursuivaient, leurs « bonnes œuvres », sont encore assurées par leurs héritiers, de moins en moins nombreux, souvent dans l'enceinte même des bâtiments d'origine. Une grande partie des responsabilités sociales qu'elles remplissaient sont aujourd'hui assumées par l'État québécois.

Actuellement, les noms de ces congrégations, de leurs fondatrices et de leurs fondateurs résonnent toujours dans la toponymie québécoise : les Ursulines, les Sœurs grises, les Sœurs de la Miséricorde, de la Providence, des Saints-Noms de Jésus et de Marie ; Marguerite Bourgeoys, Eulalie Durocher, Émilie Gamelin, Jeanne Mance, Marguerite d'Youville, canonisée en 1994 ; le frère Marie-Victorin, le frère André, de l'oratoire Saint-Joseph, canonisé en 2010, et bien d'autres encore.

L'abbaye de Saint-Benoît-du-Lac.

UNE NOUVELLE PUISSANCE : L'ISLAM

Vous arrive-t-il de jouer aux échecs ? de gratter votre guitare ? ou bien de prendre le temps de ne rien faire, tranquillement installé sur votre sofa ? Peut-être préférez-vous aller flâner dans les magasins et retrouver des amis, pour discuter de tout et de rien, assis au coin d'une table, sur des tabourets, autour d'un verre de limonade ou d'une tasse de café avec du sucre ? Tous ces mots sont autant de petits clins d'œil historiques, car ce sont des mots jadis empruntés à la langue arabe et qui sont encore couramment utilisés aujourd'hui. Ils nous rappellent les nombreux apports de la civilisation arabo-musulmane à la civilisation occidentale : noms d'étoiles, termes d'astronomie, noms de maladies et de traitements médicaux, principes philosophiques, innovations fondamentales en science, comme le chiffre zéro, venu tout d'abord de l'Inde, et bien d'autres encore. La civilisation arabo-musulmane a été un intermédiaire incontournable dans la transmission d'une partie de l'héritage grec vers l'Occident, un héritage qui est lui-même une synthèse des connaissances orientales, celles des Égyptiens et des Babyloniens !

Des rapports complexes vont se nouer entre l'Orient et l'Occident et entre les diverses civilisations méditerranéennes du Moyen Âge. De l'Empire byzantin aux royaumes germaniques, en passant par le monde arabo-musulman, toutes sortes de liens vont se tisser : échanges commerciaux, rivalités économiques, conflits politiques et religieux, échanges culturels et artistiques ; des liens inspirés soit par l'émulation, soit par l'opposition.

UN NOUVEL ACTEUR DANS LE MONDE OCCIDENTAL EN FORMATION

L'histoire de l'islam est à la fois l'histoire d'une civilisation et celle de l'essor d'une religion. La tradition spirituelle raconte que vers 610, dans le désert d'Arabie, Mahomet a une révélation divine qui en fait le prophète d'une nouvelle religion : l'islam. Le peu de choses que les historiens savent sur la vie de Mahomet provient des biographies qui ont été écrites plus de deux siècles après sa mort. Ce que l'on sait, c'est que, de manière très concrète, son message va retentir de part et d'autre du territoire de l'ancien Empire romain : à l'est, dans tout le Proche et le Moyen-Orient ; au sud, sur tout le pourtour de la Méditerranée ; à l'ouest, jusqu'en Espagne. Un siècle après la mort du prophète, le territoire immense conquis au nom de l'islam dépasse les 12 millions de km^2. En comparaison, l'Empire romain, à l'apogée de sa domination territoriale, couvrait environ 6,5 millions de km^2.

Dans ce mouvement de conquête, les tribus arabes se trouvent au départ dans une situation similaire à celle des tribus germaniques : elles forment des groupes de guerriers minoritaires par rapport aux populations conquises. Les tribus germaniques, très variées, forment différents royaumes rivaux. Elles se convertissent peu à peu au christianisme et, dans certains cas, maintiennent et intègrent certaines structures subsistantes de l'Empire romain. Les tribus arabo-musulmanes, plus homogènes, vont au contraire chercher à unifier les territoires sous leur contrôle, en imposant leurs lois. Celles-ci ne découlent pas du prestige d'un chef de guerre et du soutien de ses guerriers, mais d'une religion monothéiste qui impose un ordre social bien différent de celui qui se développe en Occident.

MAHOMET, PROPHÈTE ET CHEF RELIGIEUX

L'« islam », qui veut dire la « soumission à Dieu », n'est pas une nouveauté radicale dans l'Arabie du VIIe siècle, où se croisent communautés chrétiennes, juives et polythéistes. Cette nouvelle religion monothéiste se situe dans la lignée des révélations antérieures, reconnaît l'existence de Moïse et de Jésus et leurs messages divins, le judaïsme et le christianisme. Cependant, le message de Mahomet, consigné dans le Coran, se présente comme l'ultime et complète révélation de la seule vérité divine, et Allah, dieu local déjà vénéré à cette époque, devient le Dieu unique. Le message de Mahomet contient peu de dogmes ou de mystères ; il est facile à comprendre, et même familier pour les autres monothéistes. Son culte repose sur ce qu'on appelle les « cinq piliers de la foi » : la profession de foi, « il n'y a de Dieu qu'Allah et Mahomet est son prophète » ; le rituel de la prière, cinq fois par jour ; le jeûne du ramadan, un mois par année ; l'aumône ou la charité, légalisée ; le pèlerinage à La Mecque, une fois dans la vie du croyant.

Comme pour le christianisme à ses débuts, l'islam attire d'abord les moins nantis de la société. Ils se nomment musulmans, c'est-à-dire les « croyants », et sont malmenés par les élites en place. En effet, l'islam se heurte à de nombreuses résistances. Cette nouvelle religion renie les vieilles croyances polythéistes des tribus arabes, qui s'incarnent dans des génies (djinns), des divinités humaines ou autres, comme des astres ou des pierres. Parmi celles-ci, la plus connue est une pierre noire qui se trouve dans la ville de La Mecque, dans le sanctuaire de la Kaaba. Déjà objet de pèlerinage à l'époque, elle est encore vénérée aujourd'hui, ce qui illustre la capacité de syncrétisme des religions monothéistes, c'est-à-dire de mélanger les croyances et les doctrines.

Bien que le message de Mahomet s'adapte bien à certaines pratiques polythéistes, il passe assez mal auprès des élites commerçantes de la ville. L'islam propose en effet une loi religieuse qui se veut aussi une loi morale et sociale, et qui requiert notamment l'entraide et la solidarité. Cette loi questionne la mainmise économique et politique de certaines tribus, et annonce le jugement de Dieu sur les hommes et sur leurs actions. Ces tensions poussent Mahomet et ses disciples à trouver refuge loin de leur ville d'origine. Le 16 juillet 622, ils quittent La Mecque. Cette date historique sera nommée l'« année du départ » ou « de l'hégire » et deviendra par la suite le premier jour du calendrier musulman. Mahomet fait rapidement de nouveaux adeptes là où il s'installe, à Médine. La guerre, et plus précisément le *djihad*, c'est-à-dire la guerre faite au nom de la religion, devient l'outil qui lui permet d'établir son autorité et de subvenir aux besoins de ses fidèles.

Toutefois, le *djihad* n'est pas un pilier de la pratique de l'islam ou de la foi musulmane. Il trouve son explication dans le contexte historique de la guerre que se sont livrée les monothéistes musulmans et les polythéistes arabes lors des débuts de cette nouvelle religion. Dans le même esprit, de nombreux passages tirés de textes religieux, dont l'Ancien et le Nouveau Testament, cherchent à justifier la violence et la guerre. Ils doivent être remis dans un contexte historique bien précis afin de trouver leur explication. Ainsi, Augustin d'Hippone (354-430), ou saint Augustin, un des pères les plus influents de l'Église chrétienne, soutient aussi que la guerre peut être juste lorsqu'elle est faite au nom de Dieu. Il se base sur des arguments développés entre autres par les Romains.

L'islam intègre plusieurs pratiques païennes, comme le culte de la Pierre noire, dans le sanctuaire de la Kaaba, et le rituel qui demande aux croyants d'en faire sept fois le tour. Sur cette photo, des pèlerins encerclent la Kaaba, à l'intérieur de la grande mosquée, à La Mecque.

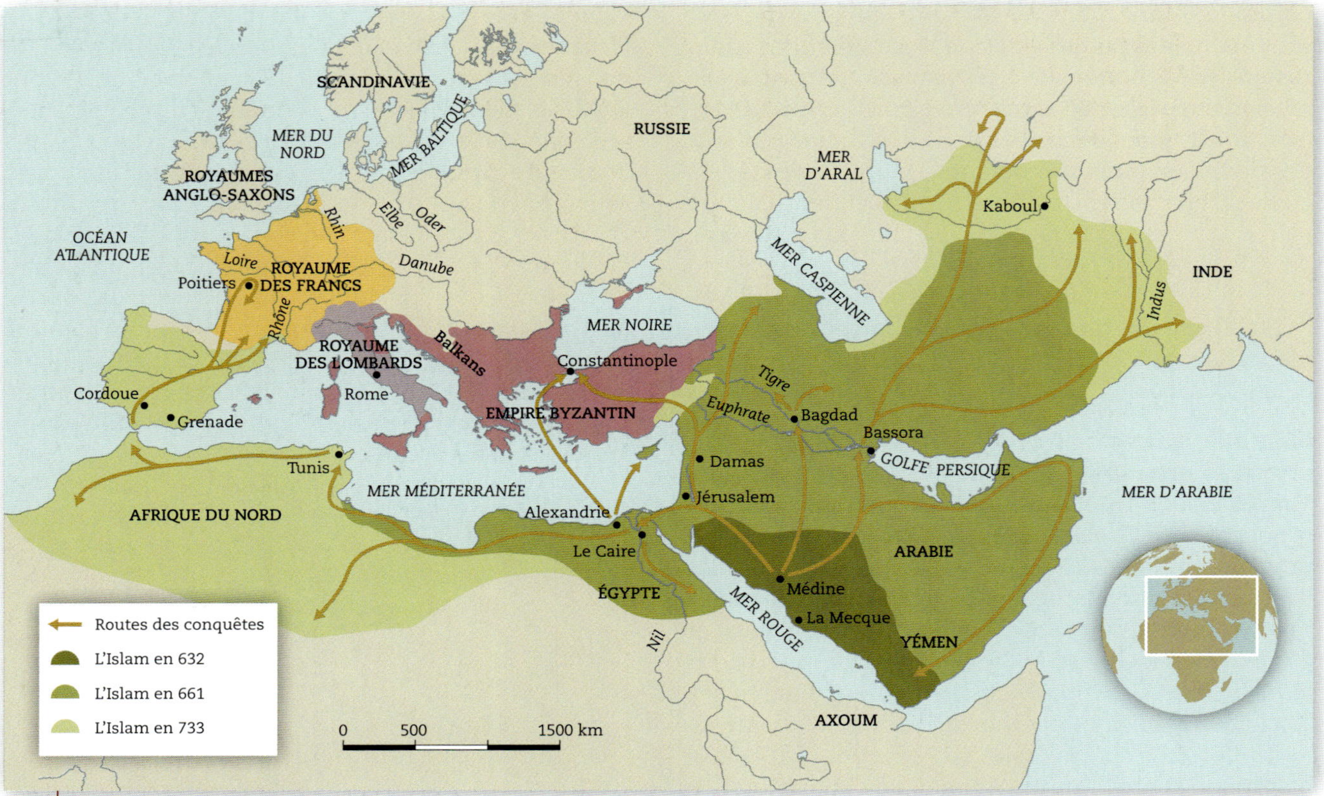

Carte 4.3

L'EXPANSION DU MONDE ARABO-MUSULMAN JUSQU'EN 750

Cette carte permet de voir à quel point se modifie l'équilibre des pouvoirs territoriaux dans l'espace méditerranéen entre le VIIe et le VIIIe siècle. Le monde arabo-musulman domine, alors que les royaumes germaniques et l'Empire byzantin sont assaillis.

> « *En effet, que blâme-t-on dans la guerre ? [...] Le désir de nuire, l'envie cruelle de se venger, une animosité implacable et sans pitié, la fureur de la révolte, la passion de dominer, et autres défauts de ce genre, voilà ce que l'on condamne dans la guerre, et avec raison. Et c'est souvent pour punir ces excès, pour résister à la violence, que des hommes de bien, par le commandement de Dieu ou de quelque autorité légitime, entreprennent des guerres [...]. Il importe assurément de voir pour quelle raison et par l'ordre de qui la guerre est entreprise [...]. Mais quand elle est entreprise par l'ordre de Dieu même, on ne peut sans crime douter qu'elle soit juste. [...] Si un juste, engagé comme soldat sous un roi, même sacrilège, a droit de demander à combattre [...], quand il est assuré que ce que l'on exige de lui n'est point contre la loi de Dieu, [...] si, dis-je, il en est ainsi, à combien plus forte raison celui qui fait la guerre par ordre de Dieu est-il irrépréhensible, Dieu ne pouvant jamais commander le mal, comme le savent tous ceux qui le servent.* »

Document 4.5 Augustin d'Hippone, *La Guerre peut être juste*, Ve siècle.[6]

UNE PUISSANCE EN EXPANSION

À la mort de Mahomet, en 632, s'est cristallisée une *umma*, une communauté de croyants dont la foi est fondée sur un dieu unique, une loi morale et sociale, et une langue, l'arabe, dans laquelle s'expriment les tribus variées de l'Arabie ralliées à l'islam. Les premiers successeurs du prophète, choisis parmi ses disciples de la première heure, vont à leur tour amorcer un mouvement d'expansion, mais à l'extérieur de l'Arabie. Ils vont pousser plus loin les tribus bédouines, espérant ainsi consolider la nouvelle identité commune, entre Arabes et musulmans, dans le combat contre des ennemis extérieurs.

Si cette stratégie fonctionne, c'est notamment parce que les deux puissances régionales, les Empires byzantin et perse, se sont épuisées dans leurs affrontements. Il en va de même de leurs populations, qui se soumettent au nouveau pouvoir arabo-musulman sans trop de difficulté, d'autant plus qu'elles gardent leurs coutumes et leurs croyances.

LES CONQUÊTES TERRITORIALES

L'avancée rapide des armées arabo-musulmanes va se scinder en deux mouvements géographiques, l'un vers l'ouest et l'autre vers l'est. En un peu moins de 100 ans, un véritable empire islamique est déjà créé, qui couvre trois continents (voir la carte 4.3). Vers l'ouest, la conquête de l'Afrique du Nord (677) reste limitée par la résistance de certains royaumes bédouins, et les armées arabo-musulmanes ne réussiront pas à aller plus loin que le nord de l'Espagne, presque entièrement conquise (711-714) ; vers l'est, Byzance et ses alliés leur bloquent temporairement le passage ; et ils ne feront que des razzias à l'est de l'Indus. Ces frontières continueront à être repoussées au cours du Moyen Âge. L'ampleur de la conquête territoriale va rapidement poser de nouveaux problèmes politiques et identitaires.

Pour maintenir l'expansion ou du moins protéger les territoires conquis, le nouvel Empire a tout d'abord besoin d'un État capable d'organiser et de financer une armée. Les musulmans choisissent le califat comme système politique. Il va progressivement prendre la forme d'une monarchie héréditaire et centralisée, suivant l'exemple des Empires byzantin et perse.

Or, le choix du califat est lié au rôle du calife comme successeur du prophète et envoyé de Dieu. La seule règle de succession établie par Mahomet était que « le plus digne » devait régner sur l'*umma*. D'entrée de jeu, le nouvel État a donc un rôle religieux, puisqu'il est le garant de l'identité musulmane. Mais l'ambiguïté du partage du pouvoir entre la sphère politique et la sphère religieuse va mener à des crises complexes.

LES CRISES POLITIQUES ET RELIGIEUSES

Lors de la nomination du quatrième calife, en 656, deux clans et deux armées vont s'opposer. Seul un arbitrage va permettre de décider de l'héritier. Dans un premier temps, c'est la dynastie des Omeyyades, issue de La Mecque, qui va prendre le contrôle de l'Empire et régner sur le monde arabo-musulman de 659 à 750. La ville de Damas (Syrie) devient alors la nouvelle capitale. Mais en 750, une révolution de palais permet au califat de changer de mains, au profit de la dynastie des Abbassides.

Ce qui se cache derrière ces changements, ce sont des dissensions politiques doublées de divergences religieuses. C'est à partir de ce moment-là que s'affirment les deux principales branches de l'islam. Ceux qui avaient accepté la décision d'arbitrage, et donc la légitimité de la dynastie des Omeyyades, les partisans de la *sunna* (la tradition) et forment la branche sunnite de l'islam. Ils comptent aujourd'hui pour 85 % de la population islamique, et se répartissent entre différentes écoles d'interprétation de la *sharia* musulmane (la loi, les prescriptions du Coran).

À eux s'oppose la branche chiite, qui provient d'une *shi'a* (d'un parti) qui conteste aux Omeyyades leur titre et leur aptitude à la succession. Ils estiment que c'est aux descendants de la famille du prophète d'être les gardiens de la tradition et les guides de la communauté des croyants. Le chiisme prend racine essentiellement en Iran et en Irak, et demeure aujourd'hui majoritaire dans ces deux pays.

Sunnites et chiites sont donc partagés sur le rôle religieux que doit jouer celui qui incarne le pouvoir politique. Doit-il être à la fois le guide matériel et le guide spirituel de la communauté ? C'est l'interprétation des chiites, fidèles au calife Ali, époux de Fatima, la fille du prophète, et à ses descendants. Ils veulent un État théocratique, c'est-à-dire un État où le chef religieux constitue la plus haute autorité et cumule les pouvoirs.

LES SOLUTIONS À LA PLURALITÉ

Il existe d'autres différences entre ces deux grandes branches de l'islam, ainsi que d'autres courants religieux en tant que tels, comme le soufisme. Ces tendances vont chercher leurs sources dans les diverses influences qui ont marqué l'essor de cette nouvelle religion. C'est pourquoi il serait plus juste de parler des « islams » plutôt que de l'« islam ».

Il n'en demeure pas moins que, malgré ces querelles dynastiques, c'est véritablement un empire qui se crée, dans la lignée des empires de l'Antiquité. Comme ceux-ci, l'Empire musulman doit faire face aux deux mêmes problèmes de succession dynastique et d'intégration des populations qui sont essentielles à sa survie. Dans le cas du monde islamique, ce sont les Arabes musulmans qui détiennent le pouvoir politique et militaire, même s'ils forment une minorité par rapport aux populations qu'ils dominent. Celles-ci sont considérées comme juridiquement inférieures et paient par conséquent un lourd impôt.

Un statut particulier est accordé aux juifs et aux chrétiens, mieux considérés que les polythéistes, car ils sont des « peuples du Livre », la Bible. Ce sont des *dhimmis* (des protégés) qui doivent payer un impôt particulier en contrepartie d'une certaine tolérance à l'égard de leurs pratiques religieuses. Bien évidemment, ce contrat de la *dhimma*, dont Mahomet donne le premier exemple, sera appliqué de manière variable dans le temps et selon les dirigeants. Cela amène bien des gens à se convertir, bien que l'islam rejette la conversion forcée.

Maintenir l'identité et l'unité d'un empire fondé sur une religion, alors qu'il réunit des gens de croyances variées (des musulmans arabes, des juifs, des chrétiens et des polythéistes), n'est pas un mince problème. L'adoption d'une langue commune, l'arabe, officiellement choisie en 696, sera un des éléments de la solution. Il faudra toutefois attendre au moins deux siècles pour que cette langue soit adoptée par toutes les populations du monde musulman. Encore aujourd'hui, différentes zones linguistiques persistent au sein de ce monde, liées au persan et au turc, ainsi qu'à de nombreux autres dialectes. Il n'en demeure pas moins que, malgré la diversité des populations, un réel sentiment de communauté se crée. Il sera concrétisé encore davantage par la proclamation de 750, qui assure l'égalité juridique et fiscale à tous les musulmans, sans égard à leur origine ethnique.

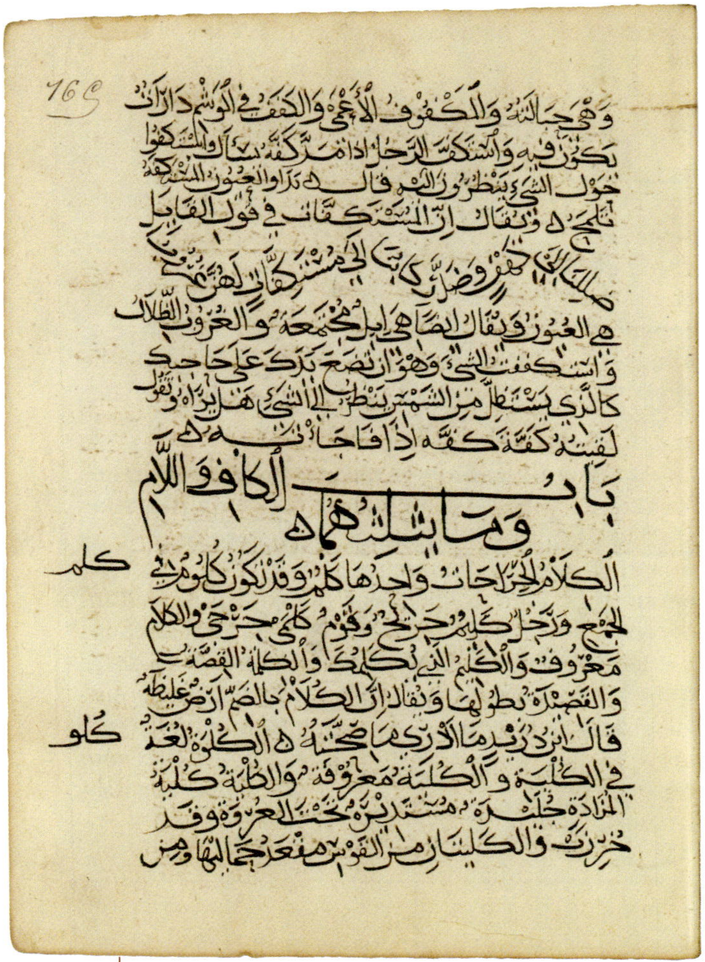

À la fin du VIIe siècle, l'écriture arabe est imposée comme relais de la nouvelle langue commune. Ce dictionnaire du XIIe siècle témoigne de la persistance d'expressions et de mots dialectaux dans le monde musulman.

LA DIVERSITÉ CULTURELLE DU MONDE ARABO-MUSULMAN

L'accueil qui est fait aux diverses cultures dans le monde musulman se traduit par de riches apports techniques, culturels et artistiques. Les traditions arabes, syriennes, perses et byzantines sont intégrées dans le monde musulman. Celui-ci en tire une supériorité technique dans plusieurs domaines. Notre vocabulaire en garde la trace. Le domaine du textile a adopté les termes « mousseline » (de la ville de Mossoul, en Irak) et « damas » (de Syrie) ; le travail du cuir s'appelle la maroquinerie (du Maroc) et la cordonnerie (de Cordoue, en Espagne) ; les termes commerciaux « tarif », « trafic » et « magasin » proviennent également de l'arabe.

En outre, le monde musulman joue le rôle de relais entre l'Orient, l'Afrique et l'Occident, encore plus que ne le fait Byzance, et permet des échanges commerciaux d'une ampleur inégalée. Les marchands profitent d'une monnaie forte, dinars d'or et dirhems d'argent, qui est reconnue partout. Ils bénéficient surtout d'une forme de capitalisme qui existait déjà dans l'Antiquité, à plus petite échelle. En effet, les marchands sont considérés comme des investisseurs, et beaucoup de familles, de toutes les classes sociales, leur donnent leurs économies en espérant en tirer un profit. Cette pratique permet de financer les voyages et les achats. Le monde musulman met en place des techniques de crédit encore inconnues des Occidentaux, telles les lettres de change et les traites, qui permettent d'éviter les transferts de capitaux et bénéficient aux marchands.

Aux IXe et Xe siècles, c'est l'apogée culturelle et artistique du monde musulman. Ce dernier a assimilé des civilisations anciennes et évoluées. On y trouve tout particulièrement une volonté de traduire les œuvres de l'Antiquité grecque — mais non celles du monde romain. En effet, ce sont les réflexions philosophiques abstraites ou encore les ouvrages scientifiques pratiques qui intéressent le monde arabe, et ceux-ci ont été écrits par des Grecs. Les traités de philosophie, en particulier ceux d'Aristote, et les ouvrages de médecine (Hippocrate et Gallien), de pharmacologie, de mathématiques et de géographie (Euclide, Archimède et Ptolémée) sont traduits, mis en pratique et adaptés.

Un lien inattendu entre le monde antique et le monde médiéval se crée ainsi, car ces textes scientifiques et philosophiques importants, en circulation jusqu'en Espagne musulmane, seront plus tard eux-mêmes traduits en latin. Par exemple, l'encyclopédie médicale d'Avicenne, aussi appelée le Canon de la médecine, reste la référence médicale en Occident jusqu'au XVIIe siècle. L'apport scientifique le plus fondamental est en mathématiques, avec

La grande mosquée de Cordoue a une histoire mouvementée. Sur son site, il y a eu d'abord un temple romain, puis une église chrétienne. Construite puis agrandie entre la fin du VIIIe et le Xe siècle, elle deviendra la deuxième plus grande mosquée du monde après La Mecque. Au XIIIe siècle, les chrétiens la transforment en église, puis en cathédrale.

l'introduction des chiffres « arabes », numérotation de l'Inde adoptée par les Arabes au IXe siècle. Essayez donc de faire des calculs équilibrés en utilisant des chiffres romains ! L'existence du zéro a ouvert un monde de possibilités. En définitive, ce qui permet à l'ensemble de ces écrits de circuler, c'est une autre invention fondamentale, chinoise cette fois-ci, mais elle aussi perfectionnée dans le monde musulman : l'invention du papier. Parce qu'il est de qualité supérieure et beaucoup plus abordable à produire, le papier va supplanter définitivement le papyrus et le parchemin. Son intérêt principal est évidemment de faciliter la multiplication des livres, comme celui que vous lisez en ce moment !

Le monde musulman devient ainsi un espace vaste et ouvert où circulent librement les gens, les biens et les idées. Plus proches de l'Occident, la Sicile et l'Espagne, sous domination musulmane, sont aussi des centres culturels dynamiques où coexistent communautés arabes, chrétiennes et juives dans un climat relativement tolérant pour l'époque. La ville espagnole de Cordoue est d'ailleurs la plus grande et la plus riche de l'Europe occidentale vers le Xe siècle. Elle compte plus de 70 bibliothèques, dont celle du calife, avec ses 400 000 livres, pour une population de 100 000 habitants.

LES GRANDS CENTRES DU POUVOIR

Aucune ville ne soutient la comparaison avec les villes musulmanes de Damas ou de Bagdad, sauf peut-être Constantinople. Les armées arabes ont en effet assis leur pouvoir très tôt sur les villes qu'elles ont conquises ou qu'elles ont fondées à partir des nouveaux camps militaires. Les villes arabes sont ainsi rapidement devenues de grands centres administratifs, juridiques religieux et culturels. On ne peut pas en dire autant du bien timide développement urbain de l'Occident à la même époque.

Ainsi, entre le VIIe et le milieu du VIIIe siècle, sur une grande partie du territoire de l'ancien Empire romain, s'installe une nouvelle civilisation. Malgré les divisions politiques et religieuses qui la caractérisent, son dynamisme idéologique, militaire, économique et intellectuel s'impose. Le monde arabe est un ennemi puissant, à la fois pour les royaumes germaniques et pour Byzance, et confine la chrétienté au territoire européen. Cependant se nouent aussi entre tous ces acteurs des relations plus pacifiques, d'échanges commerciaux et culturels, dont l'Occident va grandement bénéficier.

Lorsque les Abbassides choisissent Bagdad comme capitale (762), ils déplacent le centre de la civilisation islamique vers l'est, loin de la Méditerranée. Le monde islamique va ainsi progressivement se tourner de plus en plus vers l'Orient. Cet éloignement du foyer religieux et politique de l'islam, de même que les querelles qui divisent cet empire, permettent l'affirmation de mouvements autonomistes qui commencent dès le milieu du VIIIe siècle. S'amorce alors la création de royaumes musulmans autonomes en Afrique et en Espagne, ce qui permet la multiplication des centres culturels par où transiteront une grande partie des techniques, des inventions et des produits commerciaux en circulation dans le monde musulman.

Au XIe siècle, de nouveaux arrivants s'imposent : les Turcs, eux-mêmes menacés par les Mongols. Ils s'implantent dans ce qui reste du califat, au point de rapidement composer la majorité de l'armée et de contrôler la réalité du pouvoir politique. Il s'ensuivra une nouvelle domination, celle des Turcs seldjoukides, qui produira des changements en profondeur dans le monde musulman et menacera de nouveau l'Occident et Byzance au cours du Moyen Âge. Ces événements mèneront aux croisades, dont nous parlerons dans le chapitre suivant.

L'OCCIDENT EN FORMATION

Le 14 octobre 1066, après des heures d'une bataille à la vie à la mort à Hastings, près de Londres, Guillaume le Conquérant, duc de Normandie, gagne le trône tant convoité de l'Angleterre. Il gagne la guerre contre les tribus germaniques scandinaves, les Vikings, qui avaient réussi à prendre le pouvoir en Angleterre et à s'imposer dans le nord de l'Occident. La victoire de Guillaume le Conquérant met fin à des siècles d'instabilité, forme un rempart à l'expansion territoriale des Vikings, et ancre solidement l'Angleterre dans le monde européen. Du VIIIe *au* X^e *siècle, comme ce fut le cas en Angleterre, tout l'Occident est une fois de plus transformé par de nouvelles invasions. Les Scandinaves vont jouer un rôle déterminant par leurs attaques soutenues et par leur capacité à transporter des armées sur de longues distances.*

Les Scandinaves font des incursions partout en Europe et y installent des royaumes où les populations se mélangent : à l'est, en Russie ; à l'ouest, en France et en Angleterre ; au sud, en Sicile. Parallèlement, les Sarrasins, le surnom qu'on a donné aux Arabes à l'époque, cherchent de nouveau à prendre une place dans cet espace méditerranéen. À cette époque, l'équilibre des pouvoirs est loin d'être assuré. Cela contribue à consolider l'Église et le système féodal, les fondations de la société médiévale.

LE DÉCLIN DE LA DYNASTIE MÉROVINGIENNE

Depuis le VIIe siècle, la dynastie mérovingienne de Clovis perd de plus en plus son pouvoir au profit de la noblesse franque, formée grâce à la fusion graduelle entre les fidèles de Clovis et les anciennes élites gallo-romaines. Pour les fidéliser, les rois mérovingiens leur donnent une part grandissante de leurs terres en bénéfice, à tel point que leurs propres revenus ne font que diminuer. Le partage équitable du territoire entre tous les descendants, selon la tradition germanique, y contribue également. Parmi ces grandes familles de la noblesse, celle des Pippinides s'impose par sa puissance et son pouvoir politique. Elle est restée connue dans l'histoire sous le nom de son plus illustre représentant, Charlemagne (v. 742-811). En latin, Charles se dit *Carolus*. On nomme donc les membres de cette dynastie les Carolingiens. Ceux-ci vont créer un empire englobant la majorité de l'Europe de l'Ouest, à l'exception des îles Britanniques, de l'Espagne et du sud de l'Italie. Cet empire ne durera pas longtemps, mais il va marquer l'Occident et réunir près de la moitié des territoires de l'ancien Empire romain d'Occident.

LA MONTÉE EN PUISSANCE DES CAROLINGIENS

Ce sont les ancêtres de Charlemagne qui créent les bases de l'affirmation de son pouvoir. D'abord, son grand-père, Charles Martel (v. 690-741), s'impose comme chef de guerre, même s'il n'est pas roi. Il mobilise une armée pour protéger les frontières du royaume des Francs, notamment contre les avancées musulmanes à l'ouest. Pour ce faire, il adopte une stratégie militaire et politique qui va durablement marquer le Moyen Âge occidental. Il transforme l'armée franque : d'abord essentiellement formée d'hommes à pied, l'infanterie, elle se compose désormais de troupes d'hommes à cheval, les chevaliers. Charles Martel se donne ainsi les moyens de gagner ses batailles.

Cependant, une armée de chevaliers coûte très cher : il faut des armures, des armes, des chevaux et des étriers. Ainsi, la guerre devient l'apanage des nobles, qui sont en mesure de se permettre ces dépenses. En contrepartie de leur soutien en temps de guerre, Charles Martel décide de donner en bénéfice à ses chevaliers des terres, qu'on appelle des « fiefs ». Ce faisant, il systématise une politique qui existe déjà, mais qui, sous son règne, prend une ampleur sans précédent. En effet, Charles Martel va même jusqu'à puiser dans les terres de l'Église pour élargir le réseau de ses fidèles. À travers cette pratique d'échange de terres contre des loyaux services, principalement militaires, il établit un nouvel ordre social complexe : le système féodal, qui va caractériser l'Occident pour les siècles à venir.

Le fils de Charles Martel, Pépin le Bref (v. 715-768), consolide à sa manière le pouvoir du roi. Il enferme le dernier roi mérovingien dans un monastère et impose une nouvelle dynastie à la tête du royaume des Francs. Pour légitimer son coup d'État, il se fait sacrer par un évêque dans une cérémonie où il reçoit de l'huile sainte sur le front (comme dans la Bible). Il est reconnu par le pape en 754. Prétendre que le pouvoir des rois vient de Dieu n'a rien de nouveau. Mais cette pratique va désormais se perpétuer en Occident. Si le pouvoir des rois en sort grandi, il est maintenant étroitement lié à la papauté, qui agit comme l'intermédiaire du Dieu chrétien. Cela va mener à d'interminables luttes d'influence entre rois et papes durant tout le Moyen Âge.

Le « grand Charles », ou Charlemagne (768-814), est-il le héros de la chrétienté ? C'est le portrait qu'en a brossé son biographe, Héginhard, dans *La vie de Charlemagne*, écrite entre 830 et 833 et dont nous sommes encore tributaires. En 800, Charlemagne, fils de Pépin le Bref, se fait couronner par le pape Léon III, et prend le titre de Charles Auguste, empereur des Romains. Or, il n'y a pas eu d'empereur romain en Occident depuis 476. C'est dire combien certains symboles ont la vie longue !

Les historiens ne s'entendent pas sur l'explication de ce couronnement : volonté du pape ou du roi ? Quoi qu'il en soit, le prestige qui l'accompagne est clair pour tous. Le pape voit confirmées à la fois la protection que lui assure l'armée carolingienne et la supériorité de son pouvoir sur l'empereur : car c'est bien le pape qui couronne l'empereur. De son côté, Charlemagne obtient le titre qui peut lui conférer le pouvoir ultime, celui d'héritier des empereurs romains. Cependant, il garde aussi le titre de roi des Francs et des Lombards, ce qui rappelle ses origines germaniques et sa propre légitimité à l'accession au pouvoir. On peut lire dans ce titre que prend Charlemagne la rencontre de deux conceptions du pouvoir.

Commandée par le pape Léon III (750-816), cette mosaïque confirme le pouvoir suprême que se donne l'Église. Au centre, saint Pierre, qui porte sur ses genoux les clés du Paradis, donne au pape le pallium, une sorte d'écharpe qui symbolise le rôle du pape comme guide de l'Église, après le Christ. C'est aussi saint Pierre qui donne l'étendard de Rome à Charlemagne.

LA SUPRÉMATIE DE CHARLEMAGNE

Durant les 47 ans de son règne, Charlemagne va se battre pour créer et consolider son empire. Le besoin de rétribuer ses nombreux chevaliers en leur offrant des fiefs, sous peine de perdre leur loyauté, exige qu'il acquière sans cesse de nouvelles terres. Il fait aussi face à des raids incessants de peuples divers sur ses frontières, qu'il doit protéger. Ses nombreuses guerres vont marquer la géographie de l'Occident. Sous le règne de Pépin, son père, les Carolingiens avaient déjà mené la guerre jusqu'en Italie pour protéger les papes des nouveaux envahisseurs. Leur victoire avait permis de créer les États pontificaux, un territoire indépendant, autour de Rome, sous le contrôle de la papauté. Ce territoire va être préservé, entre autres grâce à Charlemagne, jusqu'à l'unification de l'Italie, en 1870.

Comme on peut le voir sur la carte 4.4, Charlemagne crée également des « marches », c'est-à-dire des districts militaires établis sur des frontières, qu'il rend quasiment indépendantes, à la manière des stratégies germaniques. Ces nouveaux territoires regroupent plusieurs comtés qui sont soumis au contrôle de marquis, un nouveau titre de noblesse. Les marches de Charlemagne donneront naissance à des pays, bien plus tard, telle la marche de l'Est, alors appelée *Ostmark* et qui est devenue l'Autriche. Après le règne de Charlemagne, la division de l'Empire marque également les futures frontières de ce qui va devenir la France et l'Allemagne. Les particularités culturelles de ces différentes régions, notamment sur le plan de la langue, sont déjà fortes et constituent un facteur de division, malgré l'unité apparente de l'Empire.

Des historiens de cette époque présentent le royaume des Carolingiens comme le royaume de l'Europe, en

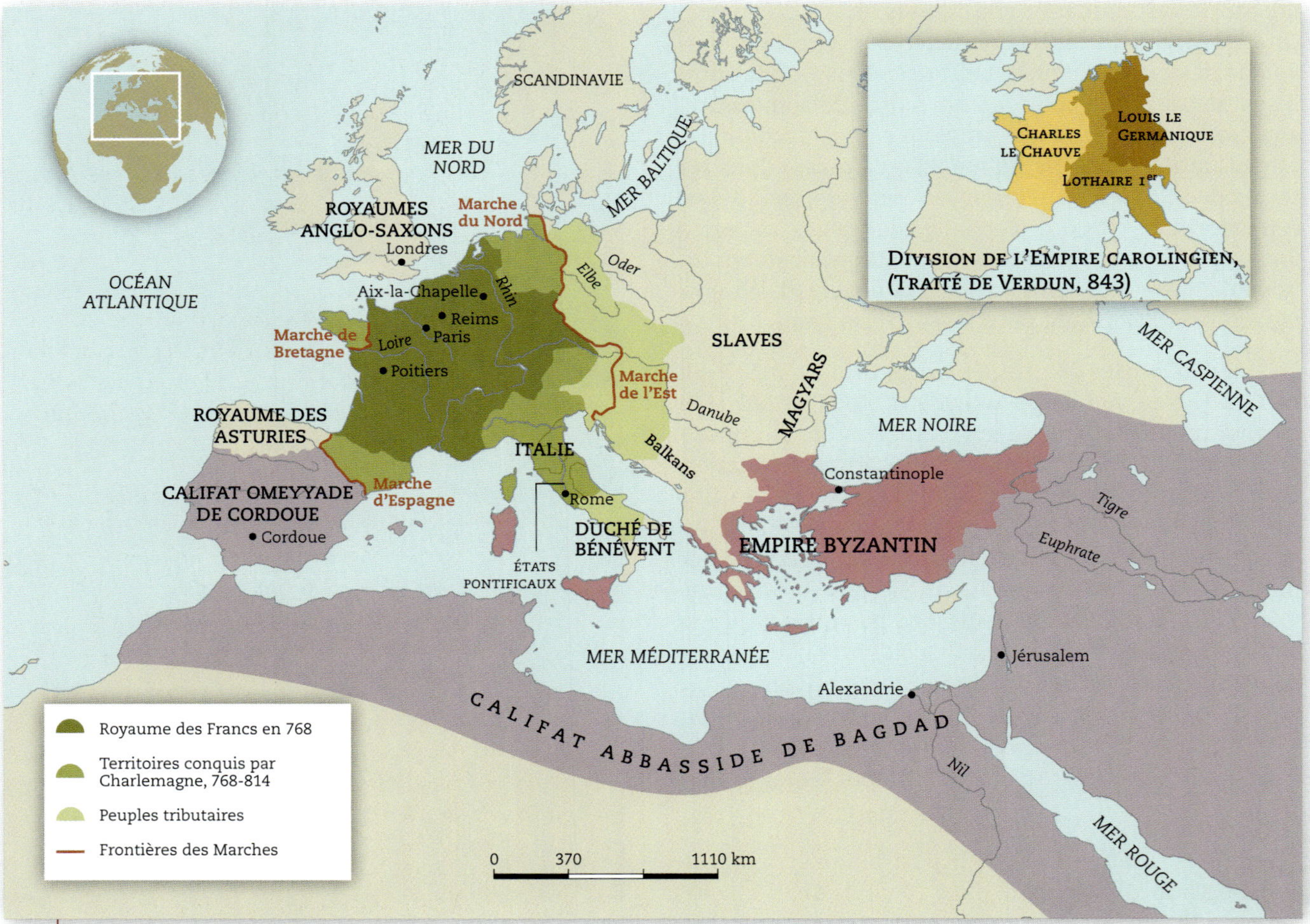

Carte 4.4

L'EXPANSION DE L'EMPIRE CAROLINGIEN

Sous Charlemagne, l'Empire carolingien s'impose dans le monde occidental. Il réussit à réunifier une grande partie de l'ancien territoire de l'Empire romain d'Occident, à l'exception de l'Angleterre, de l'Espagne et du sud de l'Italie. Cependant, comme on peut le voir sur le carton, l'empire de Charlemagne est partagé entre ses petits-fils après sa mort.

référence au nom *Europa*, donné par les Romains à cette région des siècles auparavant. Cette association résonne encore dans l'imaginaire occidental et constitue un des liens entre l'Empire romain tardif et l'Occident, par le territoire conquis, la langue officielle, le latin, et le rôle central joué par l'Église chrétienne romaine. Cette association indique aussi que l'Europe commence à prendre conscience d'elle-même.

Du palais de Charlemagne, à Aix-la-Chapelle, il ne reste que la chapelle, d'inspiration byzantine. Malgré la distance qui sépare de plus en plus l'Orient de l'Occident, l'Empire byzantin demeure la référence la plus connue à l'ancien Empire romain.

Pour consolider son empire, Charlemagne intervient dans tous les domaines, autant dans l'organisation de sa structure que dans la cohésion de sa vie spirituelle. Il divise son territoire en comtés, en duchés et en marches, dont il confie l'administration à des membres de la noblesse. Pour s'assurer, toutefois, que ces derniers ne gagnent pas trop de pouvoir à ses dépens et qu'il n'y a pas d'abus, Charlemagne établit une politique de contrôle : une fois l'an, deux envoyés du roi, un noble et un membre du clergé, nommés les *missi dominici*, sillonnent le territoire pour s'assurer du respect de la justice et des décrets de l'empereur. Charlemagne se choisit une capitale, Aix-la-Chapelle, où il installe sa cour et se fait construire un palais qui s'inspire de l'art byzantin !

Charlemagne s'entoure d'érudits issus de l'élite ayant fréquenté les monastères d'Europe. Ceux-ci deviennent les conseillers et les fonctionnaires de son royaume : ils rédigent les lois royales (capitulaires), se chargent des archives du royaume et consignent soigneusement son histoire. Charlemagne réforme aussi l'Église, comme les empereurs byzantins, en modifiant la liturgie. Il renforce la structure hiérarchique de l'Église, et la division du territoire en évêchés et en diocèses. Les monastères et les églises deviennent autant de centres religieux et culturels influents qui relaient la culture et les pratiques de l'Empire. Toutes ces stratégies politiques montrent à quel point Charlemagne cherche à imposer une certaine unité impériale. L'Église joue un rôle essentiel dans cette entreprise, en favorisant une culture commune et en offrant un moyen de contrôle de la population.

Or, pour pouvoir s'appuyer sur l'Église, l'empereur a besoin que le clergé soit à la fois bien formé et bien instruit. Si ses membres doivent se charger de l'enseignement spirituel de la population, encore faut-il qu'ils comprennent ce qu'ils lisent dans la Bible… La nouvelle formation du clergé doit donc être autant spirituelle qu'intellectuelle. Charlemagne, dans une de ses lettres, l'explique ainsi à son clergé :

> « *Ainsi, de même que la règle monastique régit les bonnes mœurs, ainsi l'enseignement et l'étude assidus régularisent et enjolivent la parole. Que ceux qui aspirent, par une vie exemplaire, à plaire à Dieu, ne négligent pas de lui plaire en parlant avec correction. […]*
>
> *[…] Or, assez souvent au cours des dernières années, nous sont parvenus de plusieurs monastères des écrits [dans lesquels] nous avons reconnu […] des idées justes, mais une façon barbare de s'exprimer. En effet, ce que la piété leur avait inspiré intérieurement avec justesse, extérieurement, en raison de leur manque d'instruction, leur langue ignorante était impuissante à l'exprimer.*
>
> *D'où il arriva que nous commençâmes à craindre que, puisque la compétence dans l'expression écrite faisait défaut, cette même compétence devait faire défaut plus qu'il n'était acceptable dans la compréhension des Saintes Écritures. Et ne sommes-nous pas unanimes à savoir qu'aussi dangereuses que puissent être les fautes d'élocution, bien plus dangereuses encore sont les fautes d'interprétation ? […]*
>
> *[…] Nous exigeons donc de vous, ainsi qu'il sied à des soldats de l'Église, qu'intérieurement vous soyez dévôts ; extérieurement, instruits et de mœurs irréprochables.* »

Document 4.6 Charlemagne, *Lettre*, VIIIe siècle.[7]

Les efforts consacrés à la formation du clergé seront intimement associés à un renouvellement du savoir, que l'on va nommer la «Renaissance carolingienne». Elle s'inscrit au cœur de son programme politique.

> *Et que soient créées des écoles pour apprendre à lire aux enfants. Qu'il y ait des livres de psaumes, de notes [l'écriture], de chant [d'église], de comput [calcul], de grammaire et corrigez bien ceux de sciences religieuses, dans chaque monastère et évêché; car souvent, lorsque certains voudraient demander quelque chose à Dieu de bonne façon, ils le font mal en raison de livres non corrigés. Ne permettez pas aux enfants d'abîmer les livres en lisant ou en écrivant; s'il faut copier un évangile, un psautier ou un missel, que ce soit des gens d'âge qui le fassent en toute diligence.*

Document 4.7 Capitulaire *Admonitio generalis*, VIIIe siècle.[8]

Charlemagne demande que soient créés des *scriptoria* et des bibliothèques, où les manuscrits chrétiens sont recopiés, entreposés et enseignés. L'empereur insiste sur la nécessité de travailler sur des textes mis à jour, c'est-à-dire nettoyés de leurs erreurs. Tout un travail de redécouverte des manuscrits romains en découle, presque exclusivement au profit des textes bibliques. Ce renouveau des lettres s'accompagne aussi d'un essor du latin.

C'est pour toutes ces raisons que Charlemagne est encore souvent considéré comme le père de l'école. Pourtant, comme la majorité des rois et des nobles au Moyen Âge, Charlemagne n'a pas reçu d'éducation formelle. Mais ses préoccupations politiques et religieuses se doublent d'une sensibilité intellectuelle qui se concrétise dans plusieurs domaines. En effet, la Renaissance carolingienne se préoccupe autant d'architecture que de musique et de littérature. De plus, à travers l'essor des *scriptoria*, une nouvelle écriture, bien plus lisible et plus ronde que les écritures germaniques, est inventée à la fin du VIIIe siècle. La lettre minuscule caroline, qui dérive d'une minuscule anglo-saxonne, est encore à la base des styles de police typographique dits «romains» utilisés dans les livres occidentaux, dont celui-ci!

La Renaissance carolingienne dure à peine une cinquantaine d'années. Pourtant, elle caractérise tout le règne de Charlemagne et va marquer l'histoire politique de l'Occident pendant longtemps. L'empire de Charlemagne semble incarner une réelle fusion des traditions germaniques, romaines et chrétiennes. Dans la pratique, il est pourtant bien éloigné de l'Empire romain. Son unité ne tient pas à une citoyenneté commune, à un code de lois ou à un système de taxation commun. Bien que Charlemagne instaure la nomination de juges professionnels, chaque région de son empire maintient ses coutumes locales et chaque peuple, ses lois. La bureaucratie impériale n'est pas institutionnalisée, et il n'y a toujours pas d'armée permanente. La cohésion de l'Empire réside plutôt dans la religion chrétienne, dont Charlemagne est un ardent défenseur. Il va même en quelque sorte l'utiliser comme une tactique militaire, en convertissant les peuples païens sur ses frontières. Mais, au-delà de toutes ces stratégies, c'est surtout la forte personnalité de Charlemagne qui maintient l'unité de l'Empire. Après sa mort, il en restera peu de traces matérielles, si ce n'est un idéal qui va perdurer. C'est la papauté qui va le plus en bénéficier, puisqu'elle a établi la coutume voulant que le pape couronne l'empereur et les rois, et qu'elle va continuer à la maintenir durant tout le reste du Moyen Âge.

LE DÉCLIN DE L'EMPIRE CAROLINGIEN

Grâce à Charlemagne, des traditions profondément germaniques vont aussi se perpétuer, tels les serments d'allégeance entre le souverain et ses loyaux sujets, et le système d'échange de terres contre des services, qui a pour effet d'enrichir la noblesse. C'est précisément là que réside la faiblesse de l'Empire carolingien puisque, après la mort de Charlemagne, les nobles auront les moyens de commencer à contester le pouvoir royal. Qui plus est, selon la coutume germanique, le territoire du royaume doit être partagé équitablement entre tous les descendants du défunt roi.

Parmi tous les fils de Charlemagne, le seul qui lui survit va lui-même avoir trois fils. C'est ainsi que l'Empire va se diviser en trois royaumes à la suite de la signature du traité de Verdun en 843: Charles le Chauve reçoit la partie ouest, Louis le Germanique contrôle l'est, Lothaire gagne le titre impérial et les territoires du milieu, qui vont de Rome à la mer du Nord (voir la carte 4.4, p. 122). Le traité de Verdun est le résultat des conclusions de plus de 100 arbitres. Pourtant, il créé des territoires mal équilibrés et n'a pas su instaurer de paix durable. Les descendants de Charlemagne vont passer leur vie à se battre pour augmenter leur pouvoir. À la fin du Xe siècle, il ne restera plus que des fragments de la grandeur de l'Empire carolingien.

Au même moment, alors que les descendants carolingiens s'épuisent dans des guerres civiles, les populations de l'Europe occidentale doivent faire face à des bandes de pillards qui terrorisent les populations et ravagent le territoire avec fureur. Ces facteurs conjugués sonneront le glas de l'Empire carolingien et donneront naissance à une nouvelle répartition des pouvoirs, la féodalité.

DE NOUVELLES INVASIONS EN EUROPE

Entre le VIIIe et le Xe siècle, l'Occident est de nouveau la cible d'envahisseurs qui cherchent à prendre possession du territoire, ou simplement à le piller (voir la carte 4.5). Parmi ceux-ci, les tribus arabo-musulmanes sont déjà connues de l'Occident. Elles viennent d'Afrique du Nord et ont développé une flotte puissante qui leur a permis de s'imposer commercialement en Méditerranée. Mais au VIIIe siècle, des armées et des pirates se joignent aux négociants arabes. En provenance du sud de la Méditerranée, ils attaquent les côtes mal protégées d'Italie et de Provence, et prennent possession de nombreuses îles, dont la Sicile. Ils pénètrent aussi à l'intérieur des terres, en empruntant les fleuves, et pillent Rome. La menace musulmane dure jusqu'au XIe siècle.

Au nord et à l'est de l'Europe, de nouvelles tribus de nomades en provenance d'Asie centrale, dont les Magyars, pillent villes et campagnes. Leurs raids sont aussi dévastateurs que ceux des pirates germaniques frisons et saxons, qui arrivent par la mer. Les Magyars rappellent les Huns par leur allure, de même que par leur maîtrise du cheval et du tir à l'arc, qui leur permet de faire des incursions fulgurantes, particulièrement dans les petits villages et les monastères isolés. Ils cherchent esclaves et butins, jusqu'à ce qu'ils s'installent, au tournant de l'an mille, dans la grande plaine d'Europe centrale. Ils y fondent le royaume de Hongrie et se convertissent à leur tour au christianisme.

C'est le déplacement des Vikings qui est le plus imposant. Les Vikings appartiennent à la branche scandinave du monde germanique. Ils arrivent en Occident de tous les côtés avec leurs drakkars, ces bateaux à la coque large mais peu profonde qui peuvent

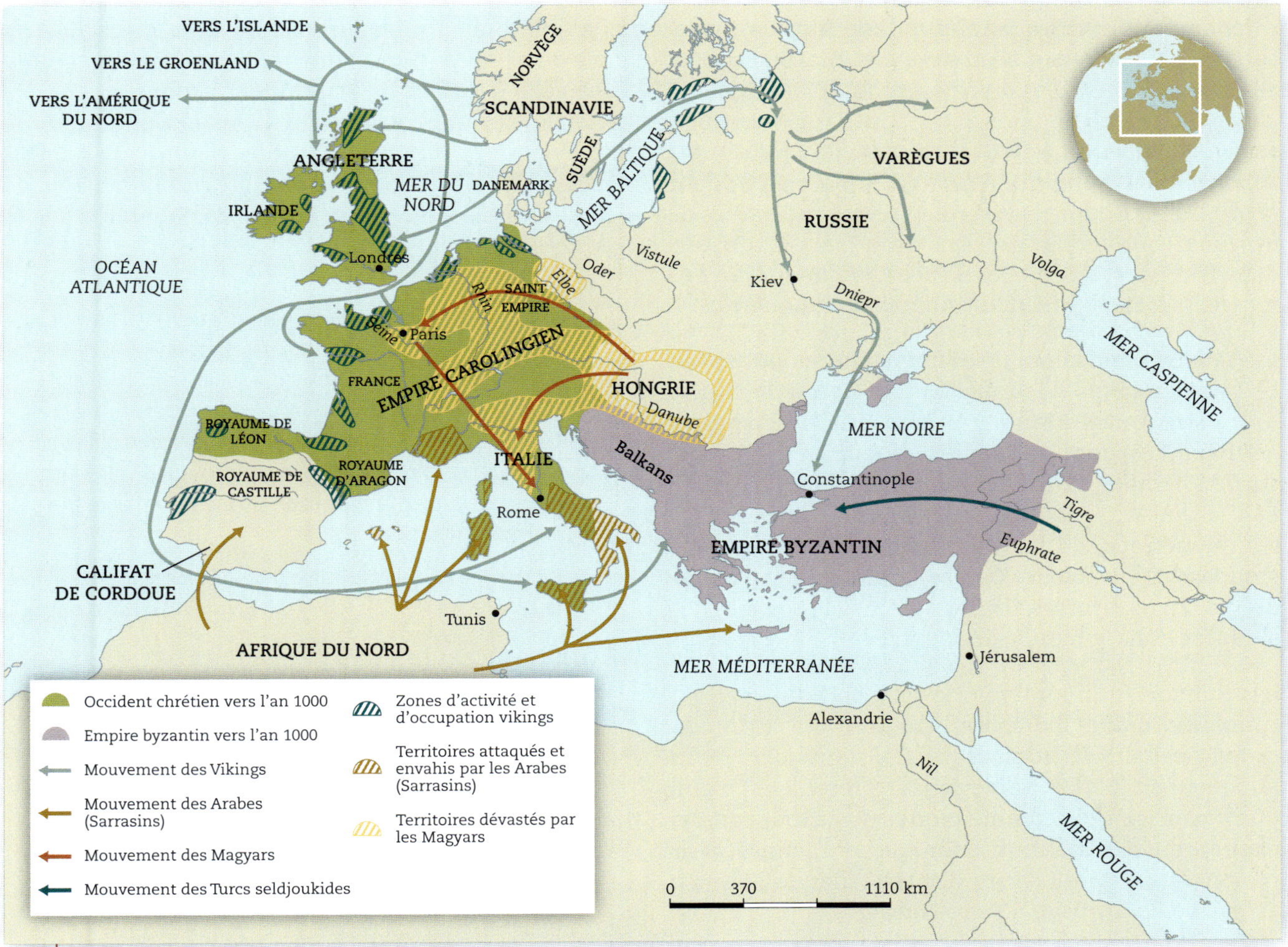

Carte 4.5

LES ROUTES DES ENVAHISSEURS, DU VIIIe AU XIe SIÈCLE

L'Occident est de nouveau assailli par différents peuples en mouvement, qui maîtrisent les voies fluviales et maritimes. Cependant, après le XIe siècle, c'est l'Occident qui va commencer à reprendre du territoire et à se lancer dans une phase de conquête.

Un *langskip* (ou drakkar) naviguant sous voile. C'est à bord de ces solides navires que les Vikings entreprirent leurs expéditions guerrières.
Albert Sebille. Aquarelle (XXe siècle).

contenir plus d'une cinquantaine d'hommes, et dont la proue et la poupe représentent souvent des têtes de dragons. Leurs raids sur les côtes et leurs incursions dans les terres, auxquelles ils accèdent au moyen des rivières, se transforment en guerres de conquête.

Les Vikings s'installent de manière permanente dans certaines régions d'Europe. Ils font partie de la dernière vague des grandes migrations des peuples germaniques, dont les causes sont encore débattues : surpeuplement, nouvelles techniques de navigation et d'orientation, quête de butins, les hypothèses sont nombreuses. Le peuple viking se divise en trois groupes : les Suédois, les Danois et les Norvégiens. Ils se dirigent dans diverses directions. Ainsi, la Scandinavie s'impose dans le monde occidental.

Les Suédois, qui vont vers la mer Baltique, se font connaître comme marchands sur les routes commerciales orientales. Ils iront jusqu'à Constantinople, qu'ils attaquent en 860. Les Norvégiens se présentent en tant que colons, parfois comme pirates et surtout comme explorateurs. L'Atlantique Nord devient leur mer : ils partent en exploration vers l'Écosse, l'Irlande, l'Islande et le Groenland, jusqu'à Terre-Neuve.

Les Danois, quant à eux, pillent et dévastent les côtes de la Manche et de l'Atlantique. La peur qu'ils inspirent pousse les royaumes de France et d'Angleterre à leur payer un tribut pour se protéger plutôt qu'à leur résister, une solution bien temporaire. Cela redouble l'ardeur des envahisseurs, qui progressent toujours plus loin vers le sud par l'Atlantique, jusqu'en Méditerranée et, par les fleuves, à l'intérieur du continent. À partir du milieu du IXe siècle, ils s'installent avec familles et enfants au nord-est de l'Angleterre et au nord de la France, en Normandie. Il faudra attendre la fin du Xe siècle pour que les rois de Suède, de Norvège et du Danemark créent des monarchies stables capables de contrôler et d'apaiser leurs populations respectives. Ces rois choisissent également de se convertir et de convertir leurs peuples, ce qui va faciliter leur intégration au monde occidental.

Peut-on parler d'une vague de destruction qui touche l'ensemble de l'Occident ? Pendant au moins un siècle, ce n'est qu'inquiétude et peur, raids et traite d'esclaves, pillages et destruction. Les annales du monastère de Xanten, situé sur le Rhin, offrent un panorama de ces années sombres :

« *([En l'an] 845) Cette même année, les païens firent irruption chez les chrétiens en de nombreux endroits [...]. Une autre partie des envahisseurs dévasta la Gaule [...]. Pourtant, [...] Charles [roi de Francie occidentale] accepta de leur donner plusieurs milles livres d'or et d'argent afin qu'ils quittent la Gaule, ce qu'ils firent. Néanmoins, les cloîtres de la plupart des saints furent détruits et de nombreux chrétiens furent emmenés captifs.*

([En l'an] 846) Selon leur habitude, les Normands pillèrent la Frise [...], brûlèrent la ville de Dordrecht, ainsi que deux autres villages, sous les yeux de Lothaire [...]. Les hommes du Nord, leurs bateaux remplis d'un immense butin, constitué d'hommes et de marchandises, rentrèrent dans leur pays. [...] À cette même époque, [...] la mère de toutes les églises, la basilique de l'apôtre Pierre, fut prise et pillée par les Maures, ou Sarrasins, qui occupaient déjà la région de Bénévent. Les Sarrasins, de plus, massacrèrent tous les chrétiens qu'ils trouvèrent [...]. Ils emmenèrent également des hommes et des femmes prisonniers. [...]

([En l'an] 849) [...] Les païens du Nord firent des ravages dans la Chrétienté, comme d'habitude, et augmentèrent leur puissance, mais il est révoltant d'en dire plus à ce sujet. »

Document. 4.8 Annales de Xanten, IXe siècle.[9]

Les différents envahisseurs bénéficient de l'effet de surprise, de l'absence de frontières fortifiées, particulièrement sur les côtes, et de la difficulté d'organiser les armées germaniques, par ailleurs non unifiées et peu adaptées aux nouvelles formes que prend la guerre. Rappelons que les rois et la noblesse de l'Empire carolingien sont occupés à se déchirer dans des guerres civiles qui monopolisent leur attention et leur énergie.

À court terme, l'économie est affaiblie en Occident. De nouveau, les routes commerciales, sur terre comme sur mer, ne sont plus sécuritaires. De plus, les tributs payés aux envahisseurs drainent les réserves monétaires. Ce sont les campagnes qui sont les plus touchées, tout comme la paysannerie, qui ne peut pas assurer sa propre protection. Bon nombre de terres ne sont plus cultivées. Les monastères et les couvents sont également des proies faciles. Les manuscrits, si patiemment reconstitués et qui se trouvent dans leurs bibliothèques, sont éparpillés aux quatre vents. Les villes, par contre, souffrent moins. Elles peuvent se protéger en construisant des fortifications et elles ont les ressources pour payer des rançons.

À moyen terme, comme on a pu le voir au ve siècle, le mouvement des peuples est un processus dynamique et créatif. Les nouveaux échanges commerciaux intègrent des régions encore isolées comme celles de la Baltique et de la mer du Nord. La conversion au christianisme et l'adoption d'un système politique monarchique permet aux peuples scandinaves et aux Magyars de se stabiliser et de se fondre dans le monde occidental. Ce dernier a été obligé d'adapter ses tactiques militaires, ce qui le rend plus fort et lui permet de devenir à son tour conquérant après le xie siècle, notamment avec les croisades. Surtout, le chaos qui a marqué les viiie, ixe et xe siècles va mettre une énorme pression sur les royaumes de l'Europe occidentale, et modifier en profondeur les structures économiques, sociales et politiques. Dans bon nombre de monarchies, le développement de la féodalité sera une des nouvelles réponses aux crises internes et externes de cette période.

Au nord de l'île de Terre-Neuve, les vestiges d'un établissement viking du xie siècle confirment la première présence européenne en Amérique du Nord.

LE FIL DE L'HISTOIRE

Du ive au xie siècle, l'Occident se forme progressivement à travers les rencontres et les affrontements de trois nouvelles puissances. Elles remplacent l'Empire romain même si, chacune à leur manière, elles perpétuent les traditions, les connaissances et les pratiques du monde antique. À l'est de la Méditerranée, l'Empire byzantin garde la culture gréco-latine vivante, et surtout l'idéal d'un Empire romain, État de droit, qui unifiait les territoires du bassin méditerranéen. L'Empire byzantin ne réussit pas pour autant à s'imposer en tant que puissance légitime à l'ouest, où l'Europe germanique prend forme. Plusieurs tribus guerrières s'y sont installées pour fonder des royaumes. L'Église chrétienne de Rome, qui fusionne la culture gréco-latine et le monothéisme chrétien, convertit ces tribus germaniques au christianisme. Sous cette nouvelle identité qu'est la chrétienté, elle cultive en Europe un sentiment d'appartenance qui s'oppose à l'essor phénoménal du monde arabo-musulman, à partir du viie siècle, au sud de la Méditerranée. Au cours de cette période, un équilibre fragile s'installe entre ces trois acteurs. Mais la consolidation de certains royaumes germaniques leur permet de résister à de nouvelles vagues d'invasions entre le viiie et le xie siècle, et ultimement de faire pencher cet équilibre des forces en leur faveur.

L'historien à l'œuvre

L'AUTHENTICITÉ D'UNE SOURCE

En plus de comprendre ses sources (voir le chapitre 2) et de connaître les interprétations qu'elles ont suscitées (voir le chapitre 3), l'historien doit déterminer l'authenticité des documents en s'intéressant à leur aspect extérieur. Dans le cadre de cette démarche, appelée « critique externe » ou « d'authenticité », l'historien confirme l'identité de l'auteur, la date et la provenance des documents, et examine l'état dans lequel ils lui sont parvenus.

L'IDENTITÉ DE L'AUTEUR

À partir du XVIe siècle, les créateurs (artistes, gens de lettres, philosophes, savants, etc.) ont de plus en plus signé leurs œuvres, ce qui simplifie la tâche d'authentification de l'historien. Cependant, les sources plus anciennes demeurent souvent anonymes et c'est le travail de l'historien d'en débusquer l'auteur.

L'historien établit d'abord s'il s'agit d'un individu, d'un groupe (par exemple, plusieurs moines d'un monastère travaillant sur un même manuscrit) ou d'une institution (la direction d'une université, une chancellerie royale, etc.). Dans ces deux derniers cas, il est en général difficile d'établir quel auteur en particulier est responsable de la rédaction.

Cependant, même quand l'auteur est un individu, plusieurs embûches guettent l'historien : le recours à un pseudonyme, l'homonymie (plusieurs auteurs partageant un même nom) ou la signature de l'œuvre par le maître qui dirige l'auteur véritable.

Pour déterminer qui est l'auteur d'un texte, la linguistique (l'étude du langage) et la philologie (l'étude historique des textes) recourent à des indices stylistiques. En effet, chaque auteur utilise de préférence certaines tournures de phrases ou certains mots. En comparant l'ensemble des textes connus d'un même auteur, les spécialistes parviennent à définir son style et, dans bien des cas, à trouver d'autres de ses écrits.

Si, malgré tous ses efforts, l'historien ne parvient pas à déterminer de façon certaine l'identité d'un auteur, le texte sera dit « anonyme » ou encore « attribué à », en attendant que, peut-être un jour, on en trouve l'auteur.

LA DATE ET LA PROVENANCE DES DOCUMENTS

Quand l'auteur d'un document précise lui-même la date et le lieu de sa rédaction, la tâche de l'historien consiste à confirmer le tout. Mais en l'absence de cette information, l'historien doit faire des recherches.

Pour la datation, l'historien vérifie si le texte relate des événements dont la date est connue de façon sûre. Si c'est le cas, il en déduit que le texte a nécessairement été écrit après ces événements. À l'inverse, si le texte omet de mentionner un événement majeur lié au propos de l'auteur, c'est qu'il a probablement été écrit avant celui-ci. L'historien parvient ainsi à déterminer une fourchette chronologique. Il consulte ensuite d'autres documents de la même époque afin d'y découvrir des références au document étudié ou à son auteur.

En ce qui concerne le lieu de rédaction, la langue du document constitue une précieuse indication de la région d'origine. Mais pour préciser la localité, l'historien prête également attention aux expressions régionales.

Une autre façon de procéder afin d'établir la date et le lieu de production d'un document est d'en analyser les aspects techniques, c'est-à-dire le support (matériau sur lequel est écrit le texte) et la graphie (forme des lettres).

Pour les manuscrits (documents écrits à la main), les spécialistes de la codicologie (étude des aspects techniques des manuscrits) sont capables de dater le texte parce qu'ils connaissent bien la période d'utilisation de chaque type de support. C'est ce qu'illustre le tableau qui suit.

Support	Mode de fabrication	Période d'utilisation
Papyrus	Tissé à partir des fibres d'une plante qui pousse surtout dans le delta du Nil.	Depuis l'Antiquité jusqu'au VIIe siècle.
Parchemin	Fabriqué de peaux légères (mouton dans les pays méditerranéens, veau dans les pays nordiques).	Du VIIe au XIIe siècle, surtout, mais en usage jusqu'au XVe siècle chez les riches (à cause des coûts de fabrication).
Papier	Fait à partir de fibres (végétales, de chiffons ou de bois) détrempées, transformées en pâte puis séchées à plat.	Introduit en Occident au XIe siècle ; usage généralisé à partir de la fin du XVe siècle.

Les paléographes (spécialistes de la graphie), pour leur part, analysent les types d'écriture, ainsi que la mise en page (marges, espacement des lignes et des caractères). Certains paléographes ont l'œil si entraîné que l'écriture d'un texte leur permet de l'associer à un atelier spécifique et à une période chronologique déterminée. Voici quelques exemples des écritures manuscrites que connaissent bien les paléographes.

La capitale figure dans les manuscrits grecs et latins jusqu'au IVe siècle.

Exemple : LA DONATION DE CONSTANTIN EST UN FAUX.

L'onciale est utilisée du IVe au IXe siècle.

Exemple : La Donation de Constantin est un faux.

La caroline est employée originalement sous Charlemagne (au VIIIe siècle) et reste en usage jusqu'au XIIe siècle.

Exemple : la Donation de Constantin est un faux.

Le gothique apparaît à la fin du XIe siècle et est largement utilisé jusqu'au XVe, souvent pour des documents d'apparat (c'est-à-dire des textes importants et richement ornés).

Exemple : La Donation de Constantin est un faux.

La bâtarde consiste en une écriture cursive, apparue au XIVe siècle, mais surtout courante aux XVIIe et XVIIIe siècles. Elle est généralement utilisée pour des documents ordinaires, souvent administratifs, comme des livres de comptabilité, des actes notariés, etc.

Exemple : La Donation de Constantin est un faux.

L'ÉTAT DES DOCUMENTS

Dans le cadre de sa critique d'authenticité, l'historien trouve aussi le chemin parcouru par le document pour identifier les modifications qui ont pu l'affecter.

S'il existe plusieurs versions d'un même document, il doit déterminer laquelle serait l'original et vérifier l'exactitude des copies subséquentes. Il établit aussi la langue d'origine et, au besoin, s'assure de la qualité de la traduction. Enfin, il examine si sa source a subi des altérations volontaires ou non : a-t-elle été fragmentée, déchirée ou censurée ? ou encore dégradée par les intempéries, les insectes ou un incendie ? Une source altérée doit être analysée avec la plus grande prudence… si bien sûr elle demeure lisible. L'exemple qui suit présente un manuscrit rendu inutilisable et dont la provenance (du fait que la page est détachée du document) ne peut être déterminée.

UN EXEMPLE DE CRITIQUE D'AUTHENTICITÉ : LA FAUSSE « DONATION DE CONSTANTIN »

« Nous [l'empereur Constantin parle de lui-même au pluriel] livrons […] toutes les provinces, localités et cités de l'Italie ou des régions occidentales, au bienheureux Sylvestre, Pontife et Pape universel, pour que […] le tout reste sous l'autorité de la sainte Église Romaine[10]. »

C'est en ces termes que l'empereur romain Constantin Ier (306-337) aurait fait don, vers 315-317, du pouvoir impérial sur l'Occident au pape Sylvestre (314-335) pour le remercier de l'avoir guéri de la lèpre. Le document présenté comme la preuve de cet événement historique se nomme la *Donation de Constantin*. Mais c'est en réalité un faux. Dès la fin du Xe siècle, certains suspectent la supercherie, sans pour autant pouvoir le prouver. Ce mérite revient à Lorenzo Valla, un intellectuel italien qui, en 1440, publie un traité démontrant la fausseté de la *Donation*. Toutes les recherches subséquentes viendront confirmer les conclusions de Valla. Comment donc a-t-on procédé pour démasquer ce faux ?

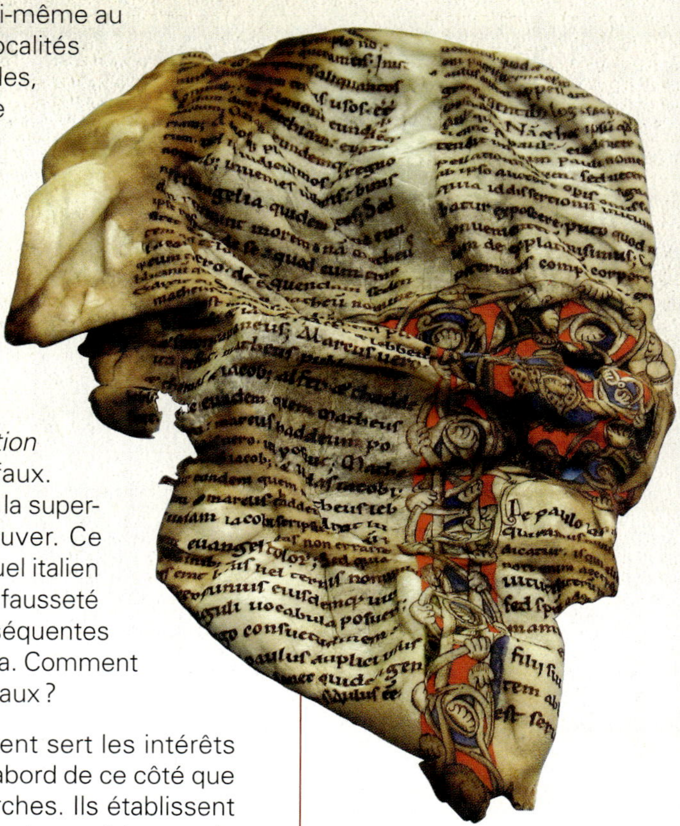

Ce fragment d'un manuscrit endommagé par le feu n'a pas pu être identifié (Bibliothèque municipale, Chartres).

Comme il semble évident que le document sert les intérêts des papes de l'Église chrétienne, c'est d'abord de ce côté que les chercheurs commencent leurs recherches. Ils établissent d'une part que la légende du pape Sylvestre guérisseur de la lèpre n'est apparue qu'à la fin du VIe siècle. Par ailleurs, la plus ancienne copie de la *Donation*, conservée à l'abbaye de Saint-Denis, date de la toute fin du VIIIe siècle. Une fourchette chronologique est ainsi fixée : la *Donation* a nécessairement été rédigée entre le VIe et le VIIIe siècle, et non au IVe.

Valla procède alors à l'analyse du vocabulaire du document et démontre qu'il s'apparente à celui d'autres documents italiens datant de l'époque des papes Étienne II (752-757) et Paul Ier (757-767). D'autres chercheurs confirment les conclusions de Valla en analysant ensuite la structure des phrases. De cette façon, la linguistique et la philologie fournissent le lieu de provenance du document, à savoir l'administration pontificale romaine, et la date, soit le milieu du VIIIe siècle. Tout concorde donc pour prouver que la *Donation de Constantin* n'a définitivement pas été écrite par Constantin au IVe siècle.

Comme vous le constatez, effectuer la critique d'authenticité d'une source exige des connaissances approfondies et spécialisées. Il est donc très rare qu'il soit demandé à des étudiants du collégial de l'appliquer. Néanmoins, les connaissances acquises ici peuvent faire de vous un apprenti codicologue !

EXERCICE

TESTEZ VOS HABILETÉS EN CODICOLOGIE !

Examinez le document présenté ci-dessous. En utilisant les informations présentées dans cette rubrique, tentez de répondre aux questions suivantes.

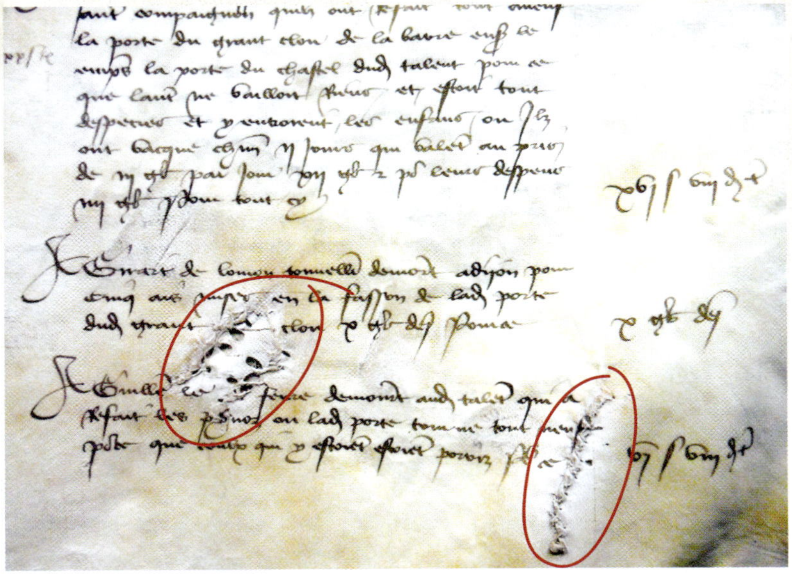

1. Regardez l'état du document et les dégradations qu'il a subies (entourées en rouge) et identifiez le type de support. S'agit-il d'un papyrus, d'un parchemin ou de papier ?
2. Observez maintenant l'écriture : de quel type d'écriture s'agit-il ?
3. À partir de vos réponses aux questions précédentes, fixez la fourchette chronologique du document.
4. Examinez maintenant les mots et les phrases, même si vous n'en comprenez pas le sens. Déterminez si les défauts du support étaient présents AVANT que le texte ait été écrit ou s'ils sont survenus APRÈS (à la suite d'une dégradation naturelle ou accidentelle). Sur la base de ces observations, posez des conclusions sur la qualité du support.
5. En fonction des informations de cette rubrique et de votre réponse à la dernière question, diriez-vous qu'il s'agit d'un document ordinaire ou d'apparat ? En fait, de quel type de document s'agit-il selon vous ?

Les réponses sont disponibles sur *Modulo en ligne*.

Chapitre 5

910
Fondation de l'ordre monastique de Cluny.

1054
Grand Schisme d'Orient : rupture entre l'Église chrétienne romaine et l'Église orthodoxe.

1066
Conquête de l'Angleterre par Guillaume de Normandie.

1073 à 1085
Pontificat de Grégoire VII : mise en place d'importantes réformes de l'Église.

1095
Le pape Urbain II lance un premier appel à la croisade.

1096 à 1099
Première croisade : fondation des États chrétiens en Terre sainte.

L'OCCIDENT MÉDIÉVAL DU XIe AU XIIIe SIÈCLE

DANS CE **CHAPITRE**

- Un pouvoir politique partagé
- Le triomphe de l'Église
- La seigneurie et le monde rural
- Le monde des villes

Le château de Beynac, en France (XIIe siècle).

1122 — Concordat de Worms : fin de la « querelle des Investitures » entre le pape et l'empereur du Saint Empire romain germanique.

1214 — Bataille de Bouvines : l'Angleterre perd les terres qu'elle détenait en France.

1215 — Promulgation de la Grande Charte en Angleterre qui contraint le roi Jean sans Terre à reconnaître certaines libertés individuelles.

1291 — Fin des États chrétiens en Terre sainte, à la suite de la reconquête de la ville de Saint-Jean-d'Acre par les musulmans.

UN POUVOIR POLITIQUE PARTAGÉ

Lors de la prise de Barcelone en 985, c'est le comte Borell II qui, menaçant l'envahisseur avec la puissance de son armée, négocie la libération de la cité espagnole. Vers 1010, au décès de Boson II, comte de Périgord, ses fils sont encore mineurs. C'est alors le duc Guillaume d'Aquitaine, qui n'est pas de la famille, qui gère ses territoires. En 1030 environ, le comte Herbert Ier Éveille-Chien met en circulation dans son comté sa propre monnaie arborant son emblème. Enfin, au XIe siècle, le village allemand de Buch am Irchel se voit soumis à la justice des comtes d'une localité voisine.

N'est-il pas curieux que, partout en Europe, des comtes et des ducs, qui ne sont ni rois ni empereurs, puissent ainsi lever des armées, négocier des traités, gérer des territoires, émettre des monnaies ou administrer la justice ? De nos jours, ce sont pourtant des responsabilités qui relèvent du chef de l'État et de son gouvernement. Or, le Moyen Âge du XIe au XIIIe siècle constitue une société nobiliaire où la noblesse occupe une place importante, à la fois au sein de l'ordre social et de l'organisation politique. Pour bien comprendre cette situation, il convient d'examiner l'organisation politique du XIe au XIIIe siècle en Occident.

UNE SOCIÉTÉ NOBILIAIRE

L'État d'aujourd'hui se définit comme un ensemble d'institutions qui votent les lois et s'assurent de leur respect, collectent les impôts et financent les services publics. Or, ce modèle d'un appareil d'État centralisé ne correspond pas à la réalité politique du Moyen Âge. À cette époque, le roi n'est pas le seul détenteur de l'autorité publique. Au contraire, l'exercice du pouvoir s'appuie sur une collaboration étroite, mais souvent difficile, entre le roi et la noblesse guerrière de son royaume. Cette conception décentralisée du pouvoir existait déjà dans les royaumes germaniques où, pour se maintenir sur le trône, le roi dépendait de la fidélité des guerriers de son entourage prêts à se battre pour lui. Puis, le démantèlement de l'Empire carolingien et les dernières invasions (normandes, magyares ou musulmanes) favorisent dès le IXe siècle la montée de la puissance des nobles. Ceux-ci assurent alors localement le relais de l'autorité royale défaillante.

Cependant, le pouvoir monarchique ou impérial, même affaibli, ne disparaît pas et la noblesse, aussi indépendante soit-elle, y reste théoriquement soumise. Même les nobles les plus puissants, qu'on appelle princes, ducs, marquis ou comtes, ne cherchent pas à détrôner le roi. En fait, depuis la période carolingienne, l'implantation de la cérémonie du sacre a fait du roi une personne sacrée. À cette occasion, le souverain reçoit l'onction royale, une bénédiction effectuée avec une huile sainte qui lui confère le statut d'intermédiaire entre Dieu et les hommes. La fidélité au roi, plus qu'une stratégie politique, devient de cette façon une obligation religieuse.

En outre, des liens féodo-vassaliques peuvent unir le roi et sa noblesse. La vassalité désigne les relations de dépendance qui s'établissent entre un puissant, appelé le « seigneur », et ceux à qui il accorde sa protection, les « vassaux ». Ces liens sont également dits « féodaux », car ils se nouent lorsque le seigneur remet un « fief » à son vassal. Le fief (*feodum* en latin médiéval) consiste en général en une terre que le vassal peut faire cultiver à son propre profit. En principe cependant, le seigneur demeure propriétaire de la terre, le vassal n'en étant que l'exploitant. En contrepartie, le vassal offre certains services à son seigneur, notamment celui de guerroyer à ses côtés. Les rois carolingiens se sont prévalus des liens vassaliques dès le VIIIe siècle dans le but de se procurer une armée (voir « La montée en puissance des Carolingiens », p. 121).

Mais ce système a pour conséquence de favoriser en parallèle l'enrichissement de la noblesse guerrière par l'exploitation du fief. D'autant plus que, dès le Xe siècle, les plus puissants des nobles s'attribuent la propriété du fief et le rendent héréditaire. Ces vastes domaines leur fournissent alors les moyens de se doter de leur propre réseau de vassaux fidèles, recrutés parmi la noblesse de second rang à qui ils attribuent un fief à même les terres que leur seigneur leur a confiées. À leur tour, ces nobles de moindre rang peuvent entrer dans des relations de vassalité avec des nobles de rang encore plus inférieur… Les domaines se fractionnent ainsi en unités de plus en plus petites nommées « seigneuries » ou « châtellenies ».

Au final, il se forme ce qu'on appelle la « pyramide féodale ». Au gré des alliances qui se tissent, des liens de fidélité en viennent à unir, du haut au bas de la hiérarchie, l'ensemble de la noblesse. Ce faisant, le pouvoir se morcèle à travers les divers échelons de la pyramide. Théoriquement, le roi siège au sommet de cette pyramide : il est le suzerain, le seigneur de tous les seigneurs, celui qui ne prête de serment de fidélité à nul autre. Mais la capacité du suzerain à imposer son autorité à l'ensemble de la pyramide féodale varie selon les époques, selon les lieux et même selon la personnalité des rois. Au mieux, le roi est réellement le premier des nobles et il tient en main tout le royaume. Au pire, son statut de suzerain n'est qu'honorifique et il n'exerce son autorité que sur ses propres terres, qui constituent le domaine royal. C'est donc dire que les vassaux respectent de façon très variable le serment de fidélité qu'ils prêtent.

Ces liens de fidélité se nouent dans le cadre d'une cérémonie appelée « hommage », où le requérant fait un serment de fidélité, suivie de « l'investiture », rituel par lequel le vassal se voit attribuer un fief. Le texte du chroniqueur flamand Galbert de Bruges dépeint bien la cérémonie :

> « *On fit hommage d'abord de cette manière : le comte demanda à celui qui prêtait hommage s'il voulait sincèrement devenir son homme, et celui-ci répondit : "Je le veux." Ils unirent leurs mains, et le comte l'entourant de ses bras, ils s'allièrent par un baiser. En second lieu, celui qui avait fait hommage donna sa foi en ces termes au […] comte : "Je promets sur ma foi d'être fidèle au comte Guillaume, et de bonne foi et sans fourberie, de garder sincèrement contre tous l'hommage que je lui ai fait." En troisième lieu, il fit le même serment sur les reliques des saints. Ensuite, avec une baguette qu'il tenait à la main, le comte donna l'investiture à tous ceux qui par ce traité lui avaient fait foi et hommage, et prêté serment.* »

Document 5.1 Galbert de Bruges, *Vie de Charles le Bon*, 1127-1128.[1]

Ces liens de fidélité établissent des exigences réciproques. Pour leur part, les vassaux doivent « aide et conseil » à leur seigneur. L'aide est avant tout de nature militaire : elle

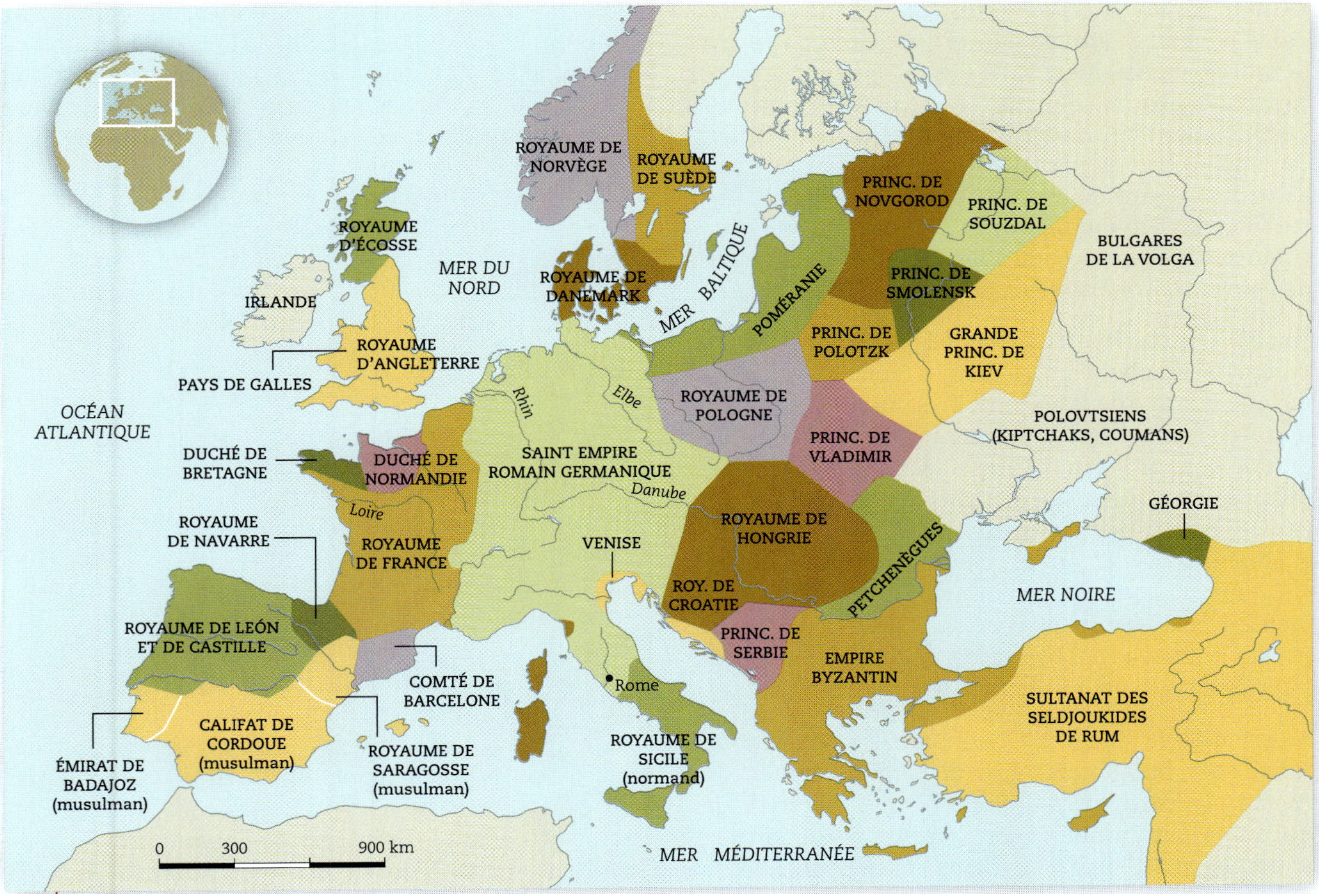

Carte 5.1

L'EUROPE À LA FIN DU XIe SIÈCLE

La désintégration de l'Empire carolingien donne naissance au Saint Empire romain germanique et au royaume de France, dont le nord est conquis par les Normands. Ces derniers prennent également le royaume d'Angleterre et fondent le royaume de Sicile. Les royaumes ibériques (León, Castille et Navarre) organisent la lutte contre le califat musulman de Cordoue.

Les premières forteresses du XIe siècle sont construites sur des « mottes », c'est-à-dire des remblais de terre, à l'image du château de Rhuddlan au pays de Galles.

consiste en l'« estage » (la protection d'un château du seigneur) et le « service d'ost » (un service d'armes de 40 jours par an dans l'ost — ou armée — du seigneur). L'aide peut aussi être de nature financière, pour payer la rançon du seigneur s'il a été fait prisonnier, pour contribuer aux frais du mariage de sa fille aînée ou de l'adoubement de son fils aîné (l'adoubement étant la cérémonie d'entrée en chevalerie). L'obligation de conseil exige des vassaux qu'ils siègent avec leur seigneur à son tribunal. En échange, comme nous l'avons vu, le seigneur assure sa protection à ses vassaux et leur apporte des moyens de subsistance sous forme d'un fief.

Toutefois, ce système féodo-vassalique ne s'implante pas partout en Europe selon les mêmes modalités. La féodalité prend forme dans les territoires qui relevaient auparavant de l'empire de Charlemagne (voir la carte 5.1). C'est dans le nord de la France que la féodalité s'implante le plus profondément dès le Xe siècle. Dans le sud de la France, la féodalisation est plus tardive (fin du XIe siècle) et plus marginale. Plus à l'est, dans le Saint Empire romain germanique, la féodalité s'impose dans la deuxième moitié du XIe siècle quand l'autorité de l'empereur est brisée par la querelle des Investitures qui oppose ce dernier au pape (voir « Le pouvoir suprême du pape », p. 140).

Au XIe siècle, la féodalité est « importée » dans des territoires qui n'ont jamais relevé de l'Empire carolingien. Ainsi en va-t-il des royaumes de Hongrie et de Pologne qui subissent l'influence de l'Empire germanique et adoptent (mais superficiellement) le système féodal. Au sud de l'Italie et en Sicile (auparavant sous domination byzantine), le régime féodal est fermement implanté par les Normands. Ces mêmes Normands l'introduisent dans le royaume d'Angleterre avec la conquête de Guillaume de Normandie en 1066. Toutefois, mises en place par un roi conquérant et jaloux de son pouvoir, les institutions féodales anglaises laissent peu d'autonomie à la noblesse. À l'inverse, les rois espagnols maîtrisent mal leur turbulente noblesse. Apparu dans le contexte de la Reconquista (voir « Reconquista et croisades », p. 146), alors que la priorité est de repousser l'ennemi musulman, le système féodal espagnol laisse une large indépendance aux nobles prêts à en découdre avec l'envahisseur.

L'implantation de la féodalité implique donc que l'autorité royale se relâche en certaines régions et que le roi n'est pas toujours en mesure d'assurer la paix dans son royaume.

L'INDÉPENDANCE DES NOBLES

De façon de plus en plus marquée au XIe siècle, les nobles exercent un pouvoir de commandement autonome sur leurs terres, qu'on appelle le « droit de ban ». Ils disposent d'abord du pouvoir de lever une armée. En conséquence, ils entretiennent des troupes dont l'importance varie en fonction de leurs moyens. Ces garnisons leur permettent à la fois d'asseoir leur autorité sur les populations qu'ils dominent et de défendre leur territoire contre les agressions des autres nobles. Certains nobles détiennent également le « droit de correction » et jugent eux-mêmes, dans les cours de leur châtellenie, les causes impliquant les habitants de leurs terres. Les nobles exercent aussi un contrôle économique : certains possèdent le droit de battre monnaie et presque tous peuvent procéder à la collecte d'impôts et de taxes.

Le plus puissant symbole de l'autonomie des nobles sur les domaines où ils sont désormais fixés est le château. Partout en Europe, le mouvement de construction des forteresses connaît à cette époque une forte progression, comme l'atteste Gautier, archidiacre de Thérouanne, vers 1130 :

C'est l'habitude de tous les hommes les plus riches et les plus nobles de la région [...] de faire, en amoncelant de la terre, une motte aussi élevée qu'ils en sont capables ; de creuser tout autour une fosse aussi large que possible et d'une grande profondeur ; de fortifier cette motte [...] au moyen d'une palissade [...] ; d'en garnir le pourtour, autant qu'il est possible, de tours ; à l'intérieur de la palissade, au centre, d'édifier [...] une forteresse, qui domine l'ensemble, et disposée de telle sorte que la porte d'entrée de ladite demeure ne soit accessible que par un pont, qui [...] enjambe le fossé [...].

Document 5.2 Gautier de Thérouanne, *Vie de Jean, évêque de Thérouanne*, vers 1130.[2]

Ces forteresses ont plusieurs fonctions. Sur le plan social, elles manifestent visiblement la puissance du maître des lieux. En ce qui a trait à l'administration, les châtelains y tiennent leur cour de justice et y perçoivent les impôts. La fonction militaire du château, à la fois offensive et défensive, est confirmée par la présence de troupes armées. De ce fait, le donjon devient l'édifice principal du château, qui sert à la fois de poste d'observation sur la campagne environnante et de dernier refuge en cas d'invasion. Le château est également entouré de murailles à l'intérieur desquelles la population rurale vient au besoin chercher protection.

Mais avant tout, les châteaux deviennent la résidence, permanente ou temporaire, des seigneurs. C'est ce qui explique la présence de bâtiments civils et religieux dans l'enceinte du château : appartements privés du seigneur, grande salle (pour les divertissements, les repas et les audiences publiques), chapelle, cuisines, écuries, etc.

Aux XIe et XIIe siècles, le château et le domaine sur lequel il est érigé deviennent le point d'ancrage des familles nobles. Ainsi, les descendants du premier possesseur du domaine resserrent leurs liens familiaux et se solidarisent pour en assurer la protection. Pour eux, il devient aussi essentiel d'en préserver l'unité. De cette façon, l'antique coutume germanique du partage du territoire entre tous les fils est graduellement abandonnée au XIe siècle. On passe à la primogéniture, c'est-à-dire à la transmission héréditaire des biens et du patrimoine foncier au fils aîné seulement.

Les fils cadets, qui ne disposent alors que de peu de ressources, sont destinés à de hautes fonctions au sein de l'Église ou offrent leurs services à d'autres nobles (dans les garnisons des châteaux) ou à des villes (dans les milices urbaines). Par ailleurs, plusieurs de ces cadets partent en croisade dans l'espoir de s'enrichir ou, qui sait, d'obtenir une terre (voir « Reconquista et croisades », p. 146).

Les filles, pour leur part, sont exclues de l'héritage. La naissance des filles n'est d'ailleurs pas toujours bien accueillie : elles coûtent cher à marier puisque leur père doit leur fournir une dot, à savoir un bien remis au futur gendre. Il est donc important de les marier avantageusement et le choix de l'époux suit des

Le château de Beynac (France, XIIe siècle) bénéficie de la protection naturelle d'une falaise escarpée. Le logis du châtelain est également protégé par un donjon (la haute tour carrée et crénelée).

impératifs politiques et militaires, à savoir la création d'alliances avec d'autres familles.

D'ailleurs, la formation d'alliances militaires devient une nécessité à cette époque. Les familles nobles, en effet, entrent en compétition les unes avec les autres et tentent d'annexer les domaines voisins afin d'asseoir leur autorité et leur prestige sur un territoire plus vaste. De ce fait, les guerres entre nobles se multiplient.

Ainsi, dans cette période, les nobles monopolisent l'usage des armes et se posent en spécialistes de la guerre. Cette évolution est liée au recours plus régulier à la cavalerie dans le cadre des opérations militaires, car l'art du combat à cheval exige un équipement militaire complet (cheval, selle, étriers, éperons, cotte de mailles, armure, casque, bouclier, lances et épées). Or, seuls les plus riches disposent de l'argent nécessaire pour s'équiper. De la même façon, seuls les nobles disposent du temps nécessaire pour s'entraîner. Les jeunes nobles commencent dès l'adolescence des exercices d'équitation et de maniement des armes pour développer leur agilité et leur force physique. C'est dans ce contexte que se popularisent les tournois, ces compétitions guerrières qui permettent aux nobles de se mesurer les uns aux autres, de faire étalage de leur dextérité et de se tailler une réputation.

Les tournois se déroulent devant un auditoire noble (comme celui-ci, présidé par le roi Richard II d'Angleterre, 1367-1400). Ils permettent aux combattants d'étaler leur bravoure et leurs prouesses (manuscrit flamand du XVe siècle).

Cependant, les valeurs sociales associées à l'acte guerrier se modifient. Au prestige des armes vient s'ajouter l'esprit chevaleresque. Plus que la simple appartenance au groupe des combattants à cheval, la chevalerie devient un code de conduite. Les chevaliers valorisent ainsi la bravoure et l'exploit physique, mais surtout le sens de l'honneur et du service. L'Église chrétienne, en outre, en cherchant à limiter la violence parfois gratuite dont font preuve les nobles, moralise l'acte guerrier par les mouvements de la Paix de Dieu (voir « Le rôle prépondérant du clergé », p. 143). Les nobles se comportent donc de plus en plus comme une caste, un groupe d'élite, dont les privilèges seraient justifiés par leur mission de protection des opprimés. En outre, la supériorité sociale qu'ils en retirent les amène à concevoir la noblesse comme une qualité morale.

Bien que la noblesse semble au faîte de sa puissance au XIIe siècle, c'est néanmoins à ce moment que les rois entreprennent de recentrer les pouvoirs entre leurs mains.

L'AFFIRMATION DE L'ÉTAT ROYAL

À partir du XIIe siècle, le retour du droit romain incite à repenser la féodalité et, à terme, mène à l'affirmation de l'État central. Depuis la chute de l'empire de Rome, le droit romain avait connu une éclipse en Occident. Or, au XIIe siècle, les juristes formés dans les nouvelles écoles de droit redécouvrent le code de lois de Justinien, le principal recueil de droit romain écrit au VIe siècle et transmis à l'Occident grâce à l'Empire byzantin (voir le chapitre 4). Beaucoup de ces juristes se mettent par la suite au service des cours royales et puisent dans le droit romain les principes qui redéfiniront les bases de la puissance des États.

D'une part, le droit romain justifie l'État centralisé par le principe selon lequel « ce qui plaît au prince a force de loi ». Il affirme aussi l'indivisibilité du territoire de l'État, comme quoi nulle partie ne peut en être vendue ou donnée, ce qui va à l'encontre de la concession de fiefs dans le système féodal. D'autre part, Rome, avant d'être un empire, s'est créée sur la base de la *Res Publica*, le « bien commun ». À partir du XIIe siècle, le roi se pose alors comme celui qui incarne ce bien commun et exprime la volonté collective.

L'héritage juridique romain amène ainsi les rois à vouloir réaffirmer leur autorité sur l'ensemble de leur royaume et à ne plus se satisfaire d'une simple prépondérance honorifique au sein de la noblesse.

Pour reprendre en mains les rênes de leur royaume, les rois procèdent à l'agrandissement du domaine royal, ces terres qui sont sous leur contrôle direct et dont ils tirent des revenus. Ils emploient des stratégies diversifiées, allant de l'achat de terres jusqu'à la conquête. Ils appliquent aussi la « commise », à savoir le droit de confiscation du fief en cas d'insubordination du vassal. Ils recourent également à des stratégies matrimoniales, épousant des filles de la haute noblesse qui leur apportent en dot de larges territoires. Par exemple, en 1137, le mariage d'Aliénor et du futur Louis VII intègre la riche région de l'Aquitaine dans le royaume de France. Toutefois, la dissolution du mariage en 1152 puis le remariage d'Aliénor avec le roi anglais Henri Plantagenêt transfèrent l'Aquitaine dans le royaume de son nouvel époux. En somme, ces élargissements successifs du domaine royal permettent aux rois d'augmenter leurs revenus annuels.

Pour imposer leur autorité, les rois doivent aussi disposer d'une armée prête à les servir. Or, le service d'ost de 40 jours s'avère nettement insuffisant, d'autant plus que la fidélité fluctuante des vassaux rend aléatoire leur obéissance aux ordres du roi. Au XIIIe siècle, les rois instaurent peu à peu l'idée de la rémunération des guerriers, par le paiement d'une solde à ceux qui acceptent de rester aux côtés du roi une fois leur service d'ost terminé. C'est là la base de l'armée soldée qui apparaîtra dans les siècles suivants.

En parallèle, la recentralisation des pouvoirs exige la mise sur pied d'une administration royale plus spécialisée. Dans les conseils royaux, les grands vassaux cèdent graduellement leur place à des administrateurs professionnels formés en droit. Les chancelleries royales, qui gèrent la masse de plus en plus imposante de lois et d'ordonnances émises par le roi, se développent aussi. En matière de justice, un tribunal royal, appelé « Parlement » en France (à ne pas confondre avec une assemblée législative) et « Banc du roi » en Angleterre, vient chapeauter les tribunaux seigneuriaux et uniformiser les procédures légales. La gestion financière est bientôt confiée à une trésorerie, aussi appelée « Chambre des comptes ». À l'échelle régionale, une foule d'officiers locaux rémunérés (prévôts, baillis ou shérifs) prennent le relais de l'administration royale.

Ce perfectionnement des rouages administratifs permet le renforcement des droits exclusifs du roi, ce qui à terme réduit l'autonomie des seigneurs locaux. C'est aussi dans cet esprit qu'au XIIIe siècle les rois se réservent le monopole de frapper la monnaie du royaume. Mais le plus difficile reste à faire : reprendre le contrôle des impôts. Les rois commencent par exiger des « aides », c'est-à-dire des contributions censées être exceptionnelles pour parer à un besoin pressant. Puis, prétextant l'alourdissement croissant des dépenses de l'État royal (financement des croisades et des conquêtes, rémunération des fonctionnaires et de l'armée, etc.), les rois en viennent à rendre régulière la perception de ces nouveaux impôts. À la fin du XIIIe siècle, partout en Europe, ces prélèvements fiscaux sont devenus la principale source des finances royales, ce qui ne va pas sans déplaire à la noblesse.

Dans certains pays, les nobles se révoltent (parfois violemment, comme en Espagne ou au Danemark) contre l'expansion de l'État royal afin de sauvegarder leurs privilèges. En outre, la noblesse évoque à son tour le droit romain pour tenter de limiter l'arbitraire royal. En effet, le droit romain, en vertu de l'idée de « bien commun », impose une obligation de consulter ceux au nom de qui les décisions sont prises. C'est ce que traduit la maxime « Ce qui touche tout le monde doit être approuvé par tout le monde », bien qu'à l'époque, cela ne concerne que la noblesse. Ce principe oblige les rois à faire approuver leurs décisions et à en justifier l'utilité générale.

À travers les rapports de force qui s'établissent entre rois et nobles se développent des institutions qui se veulent représentatives du fait qu'elles réunissent les délégués des trois « états » de la société (la noblesse, le clergé et le « tiers état », soit le peuple). Ainsi, entre la fin du XIe siècle et le début du XIVe, on voit apparaître les Cortés dans les royaumes espagnols et au Portugal, le Parlement en Écosse, les États généraux en Flandre et en France.

Le cas de l'Angleterre démontre bien comment se négocient ces nouvelles formes de collaboration forcée entre le roi et ses grands nobles, aussi appelés « barons ». Dès le milieu du XIIe siècle, la grogne des barons se manifeste par deux rébellions visant à obliger le roi à reconnaître leurs droits acquis. Toutes deux sont matées avec difficulté. La perte des terres que l'Angleterre détenait en France, lors de la bataille de Bouvines en 1214, rouvre la confrontation entre le roi Jean, dorénavant dénommé Jean sans Terre, et les barons anglais. Le roi, vaincu et discrédité, doit alors accepter d'importantes concessions qui lui sont imposées dans la Grande Charte des libertés d'Angleterre (ou *Magna Carta*) que les nobles lui présentent en 1215.

Les diverses clauses de la Grande Charte (voir la page suivante) démontrent bien les modalités du nouveau rapport de force. Le roi, d'une part, s'engage à respecter les droits féodaux (en matière d'hérédité des terres, de service militaire, etc.), à limiter les exactions des fonctionnaires royaux et à reconnaître la présomption d'innocence. Le roi consent également à consulter les assemblées de nobles avant d'imposer tout prélèvement fiscal (appelé « écuage » ou « aide »). Enfin, le roi accepte le principe d'un contrôle de la monarchie et reconnaît qu'il doit lui-même se soumettre à la loi sous peine de sanction.

> « 1. [...] *Nous avons aussi accordé à tous les hommes libres de notre royaume,* [...] *à perpétuité, toutes les libertés ci-dessous dites* [...].
>
> 12. *Aucun écuage ou aucune aide ne seront établis dans notre royaume si ce n'est par le commun conseil de notre royaume.* [...]
>
> 14. *Et, pour avoir le commun conseil du royaume,* [...] *nous ferons convoquer les archevêques, évêques, abbés, comtes et grands barons* [...] *pour un jour fixé* [...] *et un lieu déterminé.* [...]
>
> 39. *Aucun homme libre ne sera arrêté, emprisonné ou privé de ses biens,* [...] *sauf en vertu d'un jugement légal de ses pairs, conformément à la loi.*
>
> 61. [...] *nous concédons à nos barons la garantie suivante: ils éliront vingt-cinq barons du royaume qu'il leur plaira, lesquels devront de tout leur pouvoir observer, maintenir et faire observer la paix.* [...] *Et, si nous ne corrigeons pas un abus* [...], *quatre barons* [...] *porteront cette affaire à la connaissance des autres barons et tous* [...] *nous presseront par tous les moyens possibles, c'est-à-dire par la saisie de nos châteaux, de nos terres,* [...] *jusqu'à ce que l'abus soit corrigé comme ils le désirent.* »

Document 5.3 Grande Charte des libertés d'Angleterre, 1215.[3]

Au milieu du XIIIe siècle, la résistance toujours aussi déterminée des nobles force le roi à les consulter sur une base régulière au sein de ce qui, en 1242, prend le nom de Parlement. De cette façon, le principe de la participation des gouvernés à l'administration de l'État anglais est affirmé. La Grande Charte semble ainsi consacrer la victoire des nobles sur la monarchie. Toutefois, elle ne remet nullement en cause l'existence même du pouvoir monarchique et elle démontre que l'ordre social se définit encore en fonction de lui. En somme, elle ne rejette pas la prééminence de l'autorité royale: elle cherche simplement à en baliser l'exercice.

La montée de l'État royal est donc une réalité dans l'Europe du XIIIe siècle. Toutefois, dans l'affirmation de leur autorité, les rois doivent tenir compte d'un autre acteur très influent: l'Église chrétienne.

LE TRIOMPHE DE L'ÉGLISE

Au début de l'année 1077, le pape Grégoire VII séjourne à Canossa, au château de la comtesse Mathilde de Toscane. Henri IV, l'empereur du Saint Empire romain germanique, y arrive le 25 janvier avec une escorte peu nombreuse. L'empereur, vêtu d'une simple tunique de laine brune et pieds nus dans la neige, attend trois jours devant les murailles que le pape accepte de le recevoir. Ayant ainsi fait pénitence, il obtient le pardon du pape pour avoir tenté de le destituer en 1076.

Cet épisode surnommé « l'humiliation à Canossa » tient en grande partie de la légende. Il est en effet rapporté par un moine partisan du pape, Lambert d'Hersfeld. Néanmoins, il démontre les changements profonds que subissent les relations entre le pouvoir pontifical et les pouvoirs laïques du XIe au XIIIe siècle, en lien avec le redressement de l'Église et le rôle prépondérant du clergé dans la société médiévale.

LE POUVOIR SUPRÊME DU PAPE

Au début du XIe siècle, l'Église chrétienne est aux mains des laïcs. En effet, les plus hautes fonctions de l'Église (abbés, évêques) sont occupées par des nobles qui, pour certains, ont été nommés par le roi ou, pour d'autres, ont acheté ces charges qu'on appelle des « bénéfices ecclésiastiques », car elles rapportent des revenus. Ces nobles, plus enclins au maniement des armes qu'à la réflexion spirituelle, considèrent les possessions de l'Église comme leur fief pour lequel ils prêtent un hommage vassalique au roi ou à l'empereur. Ces biens d'Église se retrouvent donc sous l'autorité des puissances laïques.

De plus, ces nobles prélats (ou dignitaires de l'Église), qui pour plusieurs n'ont aucune formation théologique, ne manifestent que peu d'intérêt pour leurs responsabilités religieuses. De ce fait, l'encadrement spirituel des fidèles est négligé, comme en attestent la survivance de superstitions païennes et l'émergence de croyances condamnables aux yeux de l'Église.

Dès le xe siècle, des appels à la réforme se font entendre. Ils proviennent essentiellement de l'abbaye de Cluny, fondée en 910 en France, mais dont l'influence rayonne partout en Europe. Ces moines, qui relèvent directement du pape, impriment un mouvement de profonde rénovation spirituelle dans toute la chrétienté.

La décadence morale et la faiblesse institutionnelle de l'Église de Rome indignent également l'Église chrétienne de Byzance. Les relations étaient d'ailleurs déjà tendues entre les deux en raison de plusieurs polémiques théologiques (sur le célibat des prêtres, la suprématie du pape de Rome, le recours à du pain fermenté lors de la communion, etc.). Les efforts des moines de Cluny ne suffiront pas pour éviter la rupture, en 1054. Ce schisme installe une frontière religieuse durable, puisqu'elle perdure encore aujourd'hui, entre l'Église romaine, qui prendra finalement le nom de catholique, et celle de Byzance, qui deviendra l'Église orthodoxe (voir le chapitre 4).

Discréditée, l'Église romaine entreprend, dès le milieu du xie siècle, un vaste mouvement de purification appelé « réforme grégorienne », du nom du pape qui en sera plus tard l'un des principaux promoteurs, Grégoire VII (1073-1085).

L'objectif principal de ce mouvement est de libérer le pape de l'emprise du pouvoir laïque. De fait, le roi ou l'empereur de Rome intervient régulièrement dans la désignation des papes. Pour assurer l'indépendance du Saint-Siège, il est décidé en 1059 que le pape sera dorénavant élu par les cardinaux, eux-mêmes choisis parmi

EMPREINTES DE L'OCCIDENT

LA GRANDE CHARTE

Malgré son âge, la Grande Charte fait toujours parler d'elle. À Winnipeg, à l'été 2010, l'ouverture du Musée canadien des droits de la personne en 2012 a été annoncée lors d'une cérémonie officielle. Le mandat du musée est de sensibiliser les visiteurs à la question des droits de la personne au Canada et ailleurs, et de valoriser le respect et le dialogue. À cette mission se rattachent des valeurs comme la démocratie, la liberté et la primauté du droit. Les initiateurs du projet ont choisi comme pierre angulaire du musée une pierre de la région de Runnymede (près de Londres, au Royaume-Uni). Pourquoi ? Parce que c'est l'endroit même où le roi d'Angleterre, Jean sans Terre, a signé la Grande Charte qui devait donner naissance au Parlement anglais en 1215.

La Grande Charte est un document politique important. Même si la majorité des articles font référence à la liberté de l'Église d'Angleterre et aux lois féodales, les articles 12, 14, 39, 40 et 61 étonnent. Ils énoncent des principes fondamentaux qui sont à la base de nos démocraties modernes. Ils précisent que le roi a perdu du pouvoir, qu'il est désormais soumis à la loi et que le Conseil commun du Royaume (le Parlement) est là pour le surveiller et pour garantir les droits des personnes. À la mort de Jean sans Terre en 1216, ces principes demeurent et, aux xive et xve siècles, les rois doivent composer avec le Parlement.

Édouard Ier, roi d'Angleterre de 1272 à 1307, va ajouter à la Grande Charte l'obligation pour le roi d'informer les parlementaires sur ses intentions et sur l'état du royaume. Il en découle une tradition qui existe encore de nos jours, entre autres en Angleterre et au Canada : le discours du Trône.

Le choix d'utiliser une pierre de Runnymede comme pierre fondatrice du Musée canadien des droits de la personne prend ainsi tout son sens, tout comme le fait que l'invitée d'honneur, lors de son dévoilement, n'était nulle autre que la reine Élisabeth II, reine du Royaume-Uni et du Canada, mais aussi (symboliquement) chef de notre État.

La Grande Charte est considérée comme le fondement des libertés anglaises.

Illustration de la primauté du pouvoir spirituel : le pape donne ses ordres au roi ; le roi met son épée au service de l'Église (*Décret de Gratien*, fin XIIe siècle).

les évêques les plus éminents de la chrétienté. L'élection se fera par ailleurs dans le secret afin d'éviter que les rois et empereurs en influencent le déroulement.

Toutefois, la réforme cherche à établir non seulement l'indépendance, mais aussi la primauté du pouvoir pontifical par rapport aux autorités laïques. De cette façon, la simonie (la vente des bénéfices ecclésiastiques) et l'investiture (ou nomination) des prélats par des laïcs se voient interdites. Désormais, la désignation des hauts dirigeants de l'Église doit se faire sur la base de leurs qualités spirituelles. En outre, l'Église réaffirme avec vigueur l'obligation de célibat et de chasteté pour les responsables ecclésiastiques (ce qui, à toutes fins utiles, élimine l'investiture de non-religieux). Ces décisions déplaisent aux rois qui dès lors ne peuvent plus choisir, et donc garder sous leur emprise, les dignitaires ecclésiastiques de leur État.

Malgré les résistances, les décrets pontificaux sont appliqués un peu partout en Europe, sauf dans le Saint Empire romain germanique. C'est là que se déclenche, dans les années 1070, la querelle des Investitures qui opposera le pape et l'empereur pendant 50 ans. De fait, dans l'Empire germanique plus qu'ailleurs, l'empereur utilise l'investiture des évêques et des abbés pour placer à des postes influents (et lucratifs) certains de ses plus fidèles alliés. Le haut clergé allemand forme donc l'une des bases les plus solides du pouvoir impérial. La situation se complique du fait que Rome est située sur les terres de l'Empire (voir la carte 5.1), ce qui permettait jusque-là à l'empereur de contrôler l'élection pontificale.

Plus que les péripéties de cette querelle où, tour à tour, l'empereur destitue le pape et le pape excommunie l'empereur, c'est l'enjeu de cette confrontation qui importe. En effet, ce qui se décide alors n'est rien de moins que la suprématie sur l'Europe de l'Ouest : qui, du pape ou de l'autorité civile, détient un pouvoir supérieur à l'autre ? La querelle est en partie résolue en 1122 par la signature du concordat de Worms. Et même si le pape et l'empereur parviennent à un compromis bancal, qui évite de se prononcer sur la prééminence de l'un ou de l'autre, tout cet épisode témoigne de la profonde reconfiguration des pouvoirs, dans le domaine religieux, au profit de la papauté.

Ainsi, entre les XIe et XIIIe siècles, les mesures appliquées par les papes successifs en viennent à instaurer une théocratie, c'est-à-dire une forme d'exercice de l'autorité selon laquelle tout pouvoir vient de Dieu et doit être au service de la volonté divine. De cette façon, le pape, en tant que chef de l'Église de Dieu, se considère comme investi d'un pouvoir supérieur à celui des rois. Mais dans le contexte de l'affirmation de l'État royal (voir « L'affirmation de l'État royal », p. 138), cette position de l'Église ne pouvait que générer une forte rivalité avec les rois. Les papes réaffirment alors avec force leur suprématie à travers toute une série de décrets, tel celui du pape Innocent IV en 1245 :

> « *Quiconque cherche à se soustraire à l'autorité du vicaire du Christ [c'est-à-dire du pape] porte atteinte de ce fait à l'autorité du Christ [qui] nous a constitué sur terre comme son mandataire universel et nous a attribué la plénitude du pouvoir en nous donnant [...] de pouvoir lier et délier sur terre non seulement qui que ce soit, mais aussi quoi que ce soit. [...] Le Pontife romain peut exercer son pouvoir sur tout chrétien [...]. Le pouvoir du gouvernement temporel ne peut pas être exercé en dehors de l'Église puisqu'il n'y a pas de pouvoir constitué par Dieu en dehors d'elle. [...] Notre Seigneur Jésus-Christ [...] a constitué au profit du Saint-Siège une monarchie [...] pontificale : il a remis au bienheureux Pierre et à ses successeurs les rênes de l'empire tout à la fois terrestre et céleste [...], il a reçu le pouvoir d'exercer sa juridiction sur la terre pour les choses temporelles [...], dans le ciel pour les choses spirituelles.* »

Document 5.4 Innocent IV, Bulle *Aeger cui levia*, 1245.[4]

La réforme grégorienne a ainsi réhabilité l'Église romaine et son chef. Dans la société théocratique qui s'installe alors, le rôle du clergé en tant que guide spirituel des fidèles se trouve consolidé.

LE RÔLE PRÉPONDÉRANT DU CLERGÉ

Selon les théories théocratiques, Dieu détient l'autorité au sein de la société et assigne à chaque individu un rôle sur terre. Sur cette base, les théologiens élaborent un modèle social idéal selon lequel la société comprend trois « ordres » qui assument chacun une fonction spécifique, tel que l'explique l'évêque Adalbéron de Laon au début du XIe siècle :

> « *La famille du Seigneur, qui paraît une, est donc dans le fait divisée en trois classes. Les uns prient, les autres combattent, les derniers travaillent. Ces trois classes ne forment qu'un seul tout, et ne sauraient être séparées ; ce qui fait leur force, c'est que, si l'une d'elle travaille pour les deux autres, celles-ci à leur tour en font de même pour celle-là ; c'est ainsi que toutes trois se soulagent l'une l'autre. Cette réunion, quoique composée de trois éléments, est donc une et simple en elle-même.* »

Document 5.5 Adalbéron de Laon, *Poème au roi Robert*, vers 1027-1031.[5]

Les trois fonctions consistent à prier (ce qui revient au clergé), à combattre (ce qui incombe à la noblesse) et à travailler (ce qui ne vise à l'origine que les paysans). Selon cette théorie, chacun se doit d'exercer ses charges au mieux de ses possibilités, puisqu'il s'agit d'un mandat divin. En outre, les trois ordres sont complémentaires, car les tâches de chacun sont indispensables à la survie des autres. Ainsi, les clercs prient pour les combattants et les travailleurs ; les nobles protègent les deux autres ordres ; les travailleurs, il va de soi, assurent la subsistance de tous.

De ces trois ordres, le plus important, selon l'Église bien sûr, est le clergé. C'est ce qui justifierait sa prépondérance au sein de la société. Mais il faut aussi comprendre que la foi et la piété sont centrales dans la vie des gens à cette époque. Cette forte sensibilité religieuse suscite une préoccupation constante pour le salut éternel de l'âme, de loin plus important que la survie matérielle dans le système de valeurs du Moyen Âge.

De ce fait, le premier rôle du clergé en est un de direction spirituelle. Pour « sauver leur âme » et connaître le bonheur éternel au paradis, les croyants doivent suivre les directives du clergé, surtout quant à la distinction entre le bien et le mal. Le clergé veille également à la participation aux rites (messe dominicale, baptême, mariage, funérailles, etc.) et aux fêtes (Nativité, Pâques, etc.). Par la confession, qui devient obligatoire une fois l'an au XIIIe siècle, le clergé assure la rémission des péchés, dont le pardon est parfois conditionnel à l'exécution d'une pénitence. C'est la gravité du péché qui décide de la pénitence, allant du jeûne et de la récitation de prières jusqu'au pèlerinage. Un pèlerinage est un voyage de dévotion, effectué de préférence vers un sanctuaire qui conserve les reliques d'un saint. La croyance veut que si l'on prie devant des reliques, fragments d'os ou objets ayant appartenu à un saint, ce dernier interviendra auprès de Dieu pour l'obtention du pardon ou de la faveur attendue. Les destinations de pèlerinage privilégiées sont Rome, Saint-Jacques-de-Compostelle en Espagne et Jérusalem (fait important pour comprendre le mouvement des croisades ; voir la section « Reconquista et croisades », p. 146).

Se posant en exemples d'une vie chrétienne pure, de nouveaux ordres monastiques voient le jour aux XIIe et XIIIe siècles, notamment les Cisterciens, qui préconisent une vie de prière, de travail et de solitude, loin des tentations du monde. Des « ordres mendiants » sont aussi créés, ainsi nommés parce que les moines qui en font partie ne vivent que de la charité d'autrui, ne possédant aucun bien. L'ordre des Franciscains, fondé par saint François d'Assise, et l'ordre des Dominicains, constitué à la suite de saint Dominique de Guzmán, sont les communautés les plus connues.

Le roi Henri Ier d'Angleterre voit en songe la révolte des trois ordres, dont deux apparaissent ici : les travailleurs et les combattants (*Chronique de Worcester*, vers 1140).

Toutefois, pour s'assurer de la droiture des croyances des fidèles, le clergé doit aussi anéantir les hérésies, à savoir toute croyance contraire à la doctrine officielle de l'Église romaine. Or, nous avons vu que l'Église des Xe et XIe siècles a un profond besoin de purification et ne répond pas toujours adéquatement aux besoins spirituels des fidèles. Ébranlés dans leur foi, certains d'entre eux cherchent le salut dans des religions nouvelles qu'ils considèrent comme plus proches du message du Christ. Ainsi s'explique en grande partie le foisonnement d'hérésies aux XIIe et XIIIe siècles. Pour les réprimer, le tribunal de l'Inquisition est mis sur pied vers 1231. Les inquisiteurs mènent d'abord une enquête (c'est le sens premier du mot latin *inquisitio*), puis jugent les hérétiques qu'ils ont ainsi débusqués. Les peines prévues peuvent aller jusqu'au bûcher pour ceux qui persistent dans leurs croyances condamnées.

La lutte à l'hérésie passe aussi par la formation du clergé dans le but qu'il puisse mieux instruire les croyants. Jusqu'au XIIe siècle, la formation des membres de l'Église est assurée par des écoles monastiques ou épiscopales qui dispensent un enseignement de base en lecture, en écriture et en arithmétique. Apparaissent ensuite des centres d'études supérieures connus sous le nom de *studium generale*. À la fin du siècle, les maîtres et leurs élèves forment des associations et se dotent de règlements qui déterminent les cours obligatoires et leur contenu. C'est là l'origine des universités qui, sous la gouverne des papes, prennent forme au début du XIIIe siècle à Paris, à Bologne, à Oxford, à Rome, etc. La formation, qui se fait en latin, comprend l'ensemble des matières de base regroupées sous le nom d'« arts libéraux » (grammaire, dialectique, rhétorique, arithmétique, astronomie, musique et géométrie). Il existe également des facultés supérieures de droit, des arts, de médecine et de théologie. Même s'il est accessible aux laïcs, l'enseignement y demeure profondément chrétien, car pour la papauté, les universités deviennent un instrument qui permet d'opérer l'unité de la foi dans la chrétienté.

De cette façon, le clergé en vient à détenir un quasi-monopole sur la culture, puisqu'il est (presque) le seul à être lettré au Moyen Âge. Les arts (qu'on pense notamment aux cathédrales), la littérature, le théâtre religieux foisonnent. Ils ont pour but la glorification de Dieu, mais aussi l'enseignement des rudiments de la foi au peuple illettré.

Le clergé constitue ainsi l'auxiliaire obligatoire entre Dieu et les croyants. Pour cette raison, l'Église estime qu'elle doit également assumer un rôle social de contrôle des comportements collectifs et individuels. La sexualité, en particulier, fait l'objet d'une répression serrée. L'Église condamne avec vigueur les pratiques jugées contre nature (homosexualité, bestialité, inceste, etc.). Mais en réalité, pour elle, toute forme de sexualité est vue comme source de péché. Dans ce contexte, la seule justification de l'acte sexuel devient l'obligation de procréer, issue du commandement biblique : « Soyez féconds et multipliez-vous » (Genèse 1,28). Mais encore là, la procréation n'est moralement acceptable que dans le cadre strictement conjugal. Dès lors, aux XIe et XIIe siècles, l'Église tend à sacraliser le mariage en amenant les futurs époux à échanger leur consentement devant un prêtre : l'union ainsi bénie devant Dieu devient alors indissoluble en vertu du droit de l'Église. Toutefois, même la sexualité conjugale peut mener au péché, si elle n'est pas pratiquée avec modération et selon les directives de l'Église. C'est ce que démontre le texte de l'évêque Burchard de Worms, au début du XIe siècle :

> *Avec ton épouse [...], t'es-tu accouplé par derrière, à la manière des chiens ? Si tu l'as fait, tu feras pénitence dix jours au pain et à l'eau.*
>
> *T'es-tu uni à ton épouse au temps de ses règles ? Si tu l'as fait, tu feras pénitence dix jours au pain et à l'eau. [...]*
>
> *T'es-tu accouplé avec ton épouse après que l'enfant a remué dans l'utérus ? [...] Tu feras pénitence vingt jours au pain et à l'eau. [...]*
>
> *T'es-tu accouplé avec ton épouse le jour du Seigneur ? Tu dois faire pénitence quatre jours au pain et à l'eau.*
>
> *T'es-tu souillé avec ton épouse en carême ? Tu dois faire pénitence quarante jours au pain et à l'eau [...]. Si c'est arrivé pendant que tu étais ivre, tu feras pénitence vingt jours au pain et à l'eau.*
>
> *Tu dois conserver la chasteté vingt jours avant Noël, et tous les dimanches, et pendant tous les jeûnes fixés par la loi, et pour la nativité des apôtres, et pendant les fêtes principales, et dans les lieux publics. Si tu ne l'as pas conservée, tu feras pénitence quarante jours au pain et à l'eau.*

Document 5.6 Burchard de Worms, *Décret*, livre XIX, vers 1008-1012.[6]

Cet encadrement de la société s'étend aussi aux pratiques guerrières des nobles. Par les mouvements de la Paix de Dieu puis de la Trêve de Dieu, l'Église cherche à restreindre l'usage des armes dans les lieux sacrés (églises, cimetières et monastères), contre certains individus (toute personne n'ayant aucune vocation militaire) et à certaines périodes (notamment pendant l'avent, le carême et la période pascale). Ces mouvements de paix s'étendent à toute l'Europe occidentale et entraînent une moralisation de l'acte guerrier. S'impose alors la figure du preux chevalier, à la fois vaillant et pieux, qui ne guerroie que pour des causes justes : la protection des faibles et le service de Dieu et de l'Église. En fait, l'énergie guerrière des chevaliers est canalisée vers la guerre sainte, dont la forme la plus achevée est la croisade.

EMPREINTES DE L'OCCIDENT

LES PÈLERINAGES

Chaque été, des milliers de personnes convergent vers la municipalité de Sainte-Anne-de-Beaupré, dans la région de Québec. À cette occasion, les auberges se remplissent et des tentes se dressent sur les terrains de camping et les espaces de stationnement qui entourent la majestueuse basilique. Quel événement fait tant courir les foules ? Un concert, un festival, une compétition sportive ? Il s'agit plutôt d'une célébration religieuse fort prisée : un pèlerinage.

Le sanctuaire de Sainte-Anne-de-Beaupré est le plus ancien et l'un des plus importants lieux de rassemblements religieux du Québec. Lors de leur visite, les pèlerins s'adonnent à la prière et manifestent leur dévotion dans l'espoir d'obtenir la protection et les grâces de sainte Anne, mère de la Vierge Marie (donc grand-mère de Jésus-Christ) et patronne de la ville. La fête de sainte Anne est célébrée le 26 juillet, journée qui clôture la neuvaine.

Le Québec compte d'autres lieux de pèlerinage notables tels que l'oratoire Saint-Joseph, à Montréal, qui accueille annuellement plus de trois millions de pèlerins, et la basilique du Cap-de-la-Madeleine, à Trois-Rivières. Ailleurs dans le monde, Saint-Jacques-de-Compostelle (en Espagne), Lourdes et le Mont-Saint-Michel (en France) ou la Guadalupe (au Mexique) accueillent annuellement des millions de pèlerins.

Dès l'Antiquité, il se fait diverses formes de pèlerinage. Cependant, c'est le début du christianisme qui va structurer cette pratique. Les croyants se rendent sur les lieux de la vie de Jésus-Christ, en Terre sainte, ou encore sur des lieux sacralisés par la présence du corps d'un saint ou d'une relique ayant appartenu à un saint. Les saints sont considérés comme des intermédiaires privilégiés qui portent les prières jusqu'à Dieu et rendent possibles la rédemption et les guérisons miraculeuses. Ainsi, la ville de Rome, où sont enterrés les apôtres de Jésus, constitue un lieu de prédilection.

Tout au long du Moyen Âge, les pèlerinages gagnent en popularité ; ils deviennent de mieux en mieux organisés. On élabore des itinéraires depuis différentes régions d'Europe, on publie des guides…

À partir du début du XIe siècle, les voyages spirituels prennent une tournure plus politique, voire militaire. La Terre sainte est désormais sous contrôle arabe. Les pèlerinages sont toujours autorisés et le flot de pèlerins augmente. Néanmoins, ces derniers, souvent victimes de banditisme, s'arment et forment des groupes de voyageurs de plus en plus imposants — réunissant des centaines ou des milliers de membres — pour mieux se défendre. Enfin, l'Église et les États européens se donnent pour mission de libérer la Terre sainte de l'emprise des Arabes qui ont conquis le territoire. S'ensuit, dans les siècles suivants, une longue série de croisades. Les croisés, qui quittent le confort de leur demeure en partance vers les Lieux saints, sont à leur tour considérés comme des pèlerins à part entière.

À l'époque médiévale, le pèlerinage se présentait comme un périple austère et potentiellement dangereux. De nos jours, il peut s'apparenter à un voyage organisé à caractère spirituel. Il en est ainsi dans plusieurs régions du monde et dans la plupart des religions — l'islam, le judaïsme, l'hindouisme, le bouddhisme — qui ont chacune leurs propres lieux saints. Dans tous les lieux de pèlerinage, l'afflux de visiteurs constitue pour les économies locales une source non négligeable de revenus.

Pour des raisons culturelles, spirituelles ou économiques, les multiples sanctuaires tels que celui de Sainte-Anne-de-Beaupré sont chéris par nombre de gens, autant les ascètes qui y font profession de foi que le public en général, qui y découvre des emblèmes d'une religion patrimoniale.

La basilique de Sainte-Anne-de-Beaupré.

Carte 5.2

LES ÉTAPES SUCCESSIVES DE LA RECONQUISTA

Commencée dès le IXe siècle, la Reconquista remporte des succès décisifs entre le milieu du XIe siècle et le XIIIe siècle.

RECONQUISTA ET CROISADES

L'idée de « guerre sainte », faite pour et au nom de Dieu, se concrétise dans un premier temps à travers la Reconquista dans la péninsule ibérique, c'est-à-dire la reprise des territoires passés sous domination musulmane. En effet, seuls quelques petits États chrétiens, dans le nord de la péninsule, avaient été épargnés par les conquêtes musulmanes du VIIIe siècle : les royaumes de León et de Navarre ainsi que les comtés de Castille et de Barcelone. C'est de ces États que vient l'impulsion de la Reconquista. Si elle demeure timide aux IXe et Xe siècles, l'avancée des chrétiens devient nettement plus marquée à partir du milieu du XIe siècle (voir la carte 5.2). Trois facteurs se conjuguent pour expliquer les succès des chrétiens. D'abord, les liens qu'entretiennent les royaumes ibériques avec le reste de l'Europe chrétienne se resserrent grâce au pèlerinage vers Saint-Jacques-de-Compostelle ; les guerriers venus prêter main-forte aux chrétiens d'Espagne affluent donc de tous les royaumes d'Europe. D'autre part, l'union des royaumes de León et de Castille en 1037, puis celle des royaumes d'Aragon et de Navarre en 1076 permettent une action mieux coordonnée contre les forces musulmanes. Enfin, les crises intérieures que vit le califat de Cordoue (l'État musulman du sud de l'Espagne) affaiblissent la riposte musulmane.

À la fin du XIe siècle, toutefois, les Sarrasins (nom donné aux musulmans par les chrétiens) reçoivent des renforts des Almoravides du Maroc, puis des Almohades, des tribus berbères islamisées, qui en profitent pour asseoir leur puissance sur le sud de l'Espagne. Les royaumes chrétiens, eux-mêmes en proie à diverses querelles dynastiques, sont temporairement freinés dans leur élan. Au début du XIIe siècle, la Reconquista remporte de nouvelles victoires qui permettent l'agrandissement des royaumes de Castille et d'Aragon, ainsi que la formation du Portugal (en 1139). Au XIIIe siècle, la mise sur pied d'une croisade, sous l'égide du pape Innocent III, se traduit par des gains significatifs : bientôt, seul le royaume de Grenade, dans le sud de l'Espagne, reste aux mains des musulmans.

La Reconquista donne corps à l'idée de guerre sainte, car elle affermit la conviction qu'un combat contre les

Carte 5.3

LES ROUTES DES CROISADES

La première croisade (1096-1099) mène à la conquête de Jérusalem et à la fondation des États latins d'Orient. Toutefois, les deux suivantes (1147-1148 et 1189-1192) ne parviennent pas à consolider ces gains. Aucune des cinq autres croisades n'atteint la Terre sainte : elles sont déviées vers des objectifs secondaires ou s'attaquent à des alliés. Les dernières forces chrétiennes sont expulsées d'Orient en 1291.

ennemis de la chrétienté est un acte de piété, pour la propagation de la «vraie foi». La guerre sainte est ainsi assimilée à un pèlerinage, mais armé, du fait que ces «soldats du Christ» méritent des indulgences, c'est-à-dire le pardon de leurs péchés.

Cette même certitude de gagner leur salut anime les croisés, les soldats qui partent en croisade vers l'Orient à partir de la fin du XIe siècle. Les croisades (du latin *cruce signatus*, qui veut dire «marqué par la croix») sont un ensemble de huit expéditions chrétiennes effectuées entre 1096 et 1270, organisées à l'initiative des papes et ayant pour but de reconquérir les Lieux saints du christianisme (en Palestine, là où Jésus-Christ est né, a vécu et a été crucifié). En effet, depuis la chute de Jérusalem aux mains des Turcs de la dynastie des Seldjoukides en 1071, l'Église souhaite la constitution d'une coalition des forces chrétiennes pour reprendre la ville sainte et libérer le tombeau du Christ de la domination musulmane.

À cette foi militante, toutefois, s'ajoutent plusieurs autres motivations, comme la soif d'aventure et la volonté de conquête, surtout pour les fils cadets des familles nobles, déshérités en raison des stratégies de primogéniture qui favorisent l'aîné (voir «L'indépendance des nobles», p. 136). Il faut également tenir compte de la cupidité des marchands italiens qui cherchent à s'enrichir par les transactions qu'ils effectuent avec l'armée croisée et les réseaux commerciaux qu'ils réussissent à sécuriser en Méditerranée orientale grâce aux croisades. Par ailleurs, la conjoncture est favorable aux puissances chrétiennes du fait des dissensions internes entre les États musulmans du Moyen-Orient.

Sur la foi de rapports (que l'on sait aujourd'hui fautifs) affirmant que les pèlerins chrétiens se font interdire l'accès à la Terre sainte, le pape Urbain II prêche la première croisade en 1095. La ferveur qu'il suscite est telle qu'une «croisade populaire» s'ébranle au début de l'année 1096, sous la direction de Pierre l'Ermite, un orateur charismatique. On estime que près de 150 000 personnes (surtout des paysans, y compris des femmes et des vieillards, en grande majorité inaptes au combat) se lancent sur les routes vers Jérusalem. Elles ne l'atteindront jamais, car elles seront massacrées dès leur entrée en territoire turc.

L'armée des chevaliers croisés quitte l'Europe à l'été 1096. Après diverses tribulations, elle s'empare de Jérusalem en 1099 dans un effroyable bain de sang. La première croisade aboutit à la création des quatre États latins d'Orient (voir la carte 5.3): la principauté d'Antioche, le royaume de Jérusalem et les comtés d'Édesse et de Tripoli, dont les gouvernements sont calqués sur les monarchies féodales européennes. Pour cette raison, certains historiens considèrent que les croisades sont en réalité un mouvement d'expansion de l'Europe au Moyen-Orient.

En fait, seule la première croisade est couronnée de succès pour les chrétiens d'Europe. La seconde croisade (1147-1148), infructueuse, est motivée par les attaques contre le comté d'Édesse. Quand Jérusalem tombe aux mains du sultan Saladin en 1187, une troisième croisade s'ébranle (1189-1192). Cette «croisade des trois rois» est dirigée par l'empereur germanique Frédéric Barberousse, le roi anglais Richard Cœur de Lion et le roi français Philippe Auguste. Elle remporte quelques victoires sur la bande côtière aux environs de Saint-Jean-d'Acre et rouvre les pèlerinages vers Jérusalem, mais la ville sainte elle-même reste aux mains des musulmans. La quatrième croisade (1202-1204) ne parvient jamais en Terre sainte, prenant plutôt d'assaut la ville de Constantinople. La cinquième croisade (1217-1221), qui vise à conquérir l'Égypte pour l'échanger contre Jérusalem, est un cuisant échec. La sixième (1228-1229), menée par l'empereur germanique Frédéric II, obtient Jérusalem par la diplomatie, et non par les armes. Toutefois, la Ville sainte est de nouveau et définitivement perdue en 1244. C'est en vain que le roi de France, saint Louis, organise deux croisades successives (1248-1254 et 1270). Saint-Jean-d'Acre, dernier bastion chrétien en Orient, tombe finalement en 1291, marquant l'effondrement des États latins d'Orient. Au total, les croisades représentent donc un échec politique et militaire. Les relations avec les musulmans n'en seront que plus tendues, ainsi qu'avec les peuples de croyance «étrangère» (orthodoxe, juive, etc.).

Toutefois, sur le plan économique, elles relancent le commerce méditerranéen par les partenariats que les marchands italiens créent avec leurs vis-à-vis orientaux. Sur le plan culturel, les conséquences sont tout aussi significatives. Les croisades ouvrent l'horizon intellectuel de l'Europe par les contacts qui s'établissent entre les savants chrétiens et la science musulmane, de même que par la réintroduction en Europe des œuvres de l'Antiquité grecque traduites par les Arabes.

En Europe, les croisades marquent la victoire temporaire de l'Église chrétienne aux XIe et XIIe siècles. De fait, elles sont une manifestation tangible de l'incursion de l'Église dans les affaires temporelles. Elles démontrent également la capacité de l'Église à cimenter autour d'elle l'ensemble de la chrétienté et à insuffler aux croyants un idéal spirituel commun.

Cependant, à partir de la fin du XIIIe siècle, l'autorité pontificale se fragilise, d'abord par un effet de l'affermissement du pouvoir royal. Par ailleurs, la perte complète du contrôle de la Terre sainte en 1291 démontre en définitive l'échec du mouvement des croisades. Enfin, l'Église essuie de lourdes critiques sur sa richesse matérielle et la corruption de son administration. Car, loin des hautes sphères du pouvoir pontifical, la réalité quotidienne des paysans d'Europe, qui constituent la majorité de la population, est bien difficile.

LA SEIGNEURIE ET LE MONDE RURAL

Par une entente signée en 1242, un certain évêque Guillaume accorde l'autorisation à Odeline, une paysanne de sa seigneurie, d'épouser un homme qui, lui, dépend de la seigneurie de l'abbaye de Saint-Germain-des-Prés. Le contrat stipule que les enfants nés du mariage appartiendront pour moitié à l'évêque Guillaume et pour l'autre moitié à l'abbaye. La répartition sera déterminée par un tirage au sort. Dans le cas d'un nombre impair d'enfants, le seigneur de la mère, Guillaume, en aura un de plus. Par ailleurs, si les époux demeurent sans enfants, leurs biens reviendront à leur mort à leur seigneur respectif.

Comment est-il possible que les enfants d'un couple soient ainsi la propriété d'un évêque ou d'une abbaye ? Cette situation s'explique par le statut des parents, qui sont tous deux des serfs rattachés à des seigneuries différentes. De ce fait, ils sont (ainsi que leurs enfants) sous la dépendance juridique du maître de la seigneurie. Pour comprendre ce phénomène, il faut analyser les structures des campagnes médiévales, les conditions des paysans qui y travaillent et les droits des maîtres qui les dominent.

Le village de Gordes, en France, s'est développé par encellulement. Au XIe siècle, l'insécurité amène les paysans à se masser au pied du château et du monastère qui dominent la vallée.

LA FORMATION DES SEIGNEURIES

Nous avons vu dans la section « Un pouvoir politique partagé » qu'aux Xe et XIe siècles, les nobles se fixent sur des terres qui deviennent leur domaine familial, leur « seigneurie », qu'ils gèrent de façon de plus en plus autonome. La seigneurie est le cadre essentiel de la vie rurale partout en Europe, puisque près de 90 % de la population réside à la campagne.

La seigneurie désigne d'abord un territoire aux mains d'un « seigneur », le maître de la terre. La taille des seigneuries varie considérablement, tant en ce qui concerne la superficie que la population. Les plus modestes ne comportent qu'un village avec les terres agricoles qui l'entourent ; le seigneur d'une telle seigneurie, un noble de rang inférieur, n'a peut-être même pas les moyens de se faire construire un château, tout au plus une maison fortifiée. À l'inverse, les seigneuries des hauts personnages peuvent couvrir plusieurs dizaines d'hectares (un hectare équivalant à la moitié d'un terrain de football) et compter un grand nombre de villages et de villes ; le seigneur dispose alors de plusieurs châteaux dispersés sur sa seigneurie, dans lesquels il demeure en alternance.

Les seigneuries sont surtout laïques. Toutefois, l'Église est également propriétaire de domaines, qu'on appelle alors des « seigneuries ecclésiastiques » : ainsi, un monastère peut posséder les terres environnantes qu'il exploite pour assurer la subsistance des moines ; de même, un évêque peut être le seigneur d'un domaine se trouvant dans son diocèse.

Jusqu'au XIe siècle, il existe également des « alleux », des terres libres détenues par des familles paysannes depuis plusieurs générations. D'origine germanique, l'alleu se maintient surtout en Europe du Sud où le droit romain, qui reconnaît la propriété individuelle, conserve une forte influence. Cependant, les alleutiers (les paysans propriétaires) ne constituent qu'une minorité au sein de la paysannerie européenne.

De fait, aux Xe et XIe siècles, la plupart des paysans s'installent dans les seigneuries, à proximité des châteaux. Les causes de ce phénomène appelé « encellulement » restent incertaines. Il est possible que, dans le contexte de la montée du pouvoir économique de la noblesse, un grand nombre de paysans aient été attirés par la sécurité garantie par les seigneuries. Selon une autre hypothèse, il se peut que les nobles, pour combler leurs besoins en main-d'œuvre, aient fait usage de la force pour contraindre les paysans à s'installer dans les seigneuries et les assujettir à leur autorité. C'est ce que relate le chroniqueur Guillaume de Jumièges :

> « *Les paysans des différents comtés de la patrie normande, d'un même mouvement, se rassemblèrent en d'innombrables conciliabules, décidant de vivre selon leur plaisir et d'user de leurs propres lois, tant pour le revenu des forêts que pour l'exploitation des cours d'eau [...]. Lorsque le duc l'apprit, il envoya le comte Raoul avec une multitude de combattants. [...] ce dernier s'empara aussitôt de tous les députés [les porte-parole des paysans], leur fit trancher mains et pieds, et les rendit, impotents, à leurs proches [...]. Les paysans, instruits par l'expérience, oubliant leurs assemblées, retournèrent en hâte à leurs charrues.* »

Document 5.7 Guillaume de Jumièges, *Histoire des Normands*, vers 1060.[7]

C'est d'ailleurs dans ce contexte que prennent forme les mouvements de la Paix de Dieu (voir « Le rôle prépondérant du clergé », p. 143) par lesquels l'Église tente de limiter la violence nobiliaire exercée à l'endroit des paysans. Mais que les paysans soient venus de leur plein gré ou sous la contrainte, l'enjeu primordial pour les seigneurs est d'établir un rapport de domination sur leurs paysans dans le cadre du régime seigneurial.

LE RÉGIME SEIGNEURIAL

Le régime seigneurial désigne le mode d'organisation à la fois territoriale et légale de la seigneurie. Sur le plan territorial, la seigneurie comporte diverses parties. La résidence du maître, un château ou une maison fortifiée, est en général située sur un monticule et surplombe la seigneurie. La réserve, comme son nom l'indique, est constituée des terres, souvent les meilleures, dont l'exploitation est réservée au seigneur. Ce dernier possède aussi des droits exclusifs sur la forêt, tant pour la chasse que pour la coupe du bois (de chauffage ou de construction), et sur les cours d'eau, pour la pêche. La seigneurie comporte en outre des pâturages ainsi que, dans les régions où le climat s'y prête, un vignoble. Le reste des terres de la seigneurie est divisé en manses, c'est-à-dire en lopins de terre dont la superficie, en principe, suffit à assurer la subsistance d'une famille paysanne.

En ce qui concerne l'organisation légale de la seigneurie, les droits dont dispose le seigneur sur ses dépendants sont liés à leur statut. Certains paysans sont des serfs, un statut héréditaire qui les place sous l'entière autorité judiciaire du seigneur. Au XIe siècle, le nombre de serfs varie fortement selon les régions : quasi absents dans certaines, ils peuvent représenter jusqu'aux deux tiers de la population paysanne ailleurs. On connaît mal l'origine du servage : il pourrait s'agir de descendants d'esclaves antiques dont la condition fut allégée par l'implantation du christianisme ; ou encore, de paysans libres endettés, tombés sous la dépendance d'un maître. Chose certaine cependant, le serf n'est pas un esclave et son seigneur n'a pas droit de vie et de mort sur lui. Sa liberté n'en est pas moins limitée du fait qu'il ne peut ni quitter la seigneurie, ni accéder à la propriété, ni contracter mariage sans l'autorisation du seigneur. De plus, il est soumis à des corvées, tâches qu'il doit accomplir à l'année et gratuitement pour le seigneur, à raison de deux à quatre jours par semaine : mise en culture de la réserve, entretien des chemins, réparations diverses, coupe du bois, etc. En retour, le serf se voit concéder l'exploitation d'un manse qui assure sa survie et celle de sa famille. Il n'en est cependant pas propriétaire : à son décès, le manse et tous les biens du serf reviennent au seigneur.

Une seconde catégorie de paysans est celle des vilains. Le terme n'a pas à l'origine un sens péjoratif. Du latin *villanus*, il désigne tout simplement un habitant d'une villa ou d'un domaine. Il s'agit en fait d'un paysan libre qui, contrairement au serf, peut se déplacer à son gré et qui loue un manse à un seigneur. C'est le mépris des nobles pour les paysans au XIIe siècle qui confère au mot un sens déshonorant, comme en atteste ce texte de Chrétien de Troyes :

> *Je m'approchai de ce vilain et vis qu'il avait plus grosse tête que roncin ou autre bête, cheveux mêlés en broussaille, front pelé de plus de deux empans de large. Oreilles moussues et grandes comme celles d'un éléphant, sourcils touffus, visage plat, yeux de chouette et nez de chat, bouche fendue comme loup, dents de sanglier, aigües et brunes, barbe noire […], menton soudé à la poitrine, longue échine […] bossue.*

Document 5.8 Chrétien de Troyes, *Yvain ou le Chevalier au lion*, vers 1176.[8]

Qu'ils soient de statut libre ou servile, tous les paysans des seigneuries sont soumis au « droit de ban » du seigneur. Le ban permet au seigneur d'administrer la justice sur ses terres (voir « L'indépendance des nobles », p. 136). De ce fait, le seigneur peut contraindre les paysans à l'obéissance, leur imposer des amendes ou des peines d'emprisonnement, voire les condamner à mort en cas de crime grave. Le ban habilite également le seigneur à imposer à l'ensemble de ses paysans des redevances, payées en produits de la terre, en travaux ou en argent. La différence entre vilains et serfs, ici, réside dans la lourdeur des charges qui pèsent sur l'un ou sur l'autre.

Le seigneur prélève d'abord des redevances pour le loyer du manse. Il s'agit du « cens », payé en mesures de céréales (avoine, épeautre, houblon, froment, etc.), en animaux (poules, porcs, béliers) ou en argent. L'utilisation des prés ou du vignoble est aussi soumise à des taxes. Le seigneur exige également le paiement de « banalités », c'est-à-dire de montants visant à amortir les coûts de construction et d'entretien des services présents sur la seigneurie : le four, le moulin, le pressoir pour le vin ou l'huile. Par endroits, le seigneur impose des péages sur la circulation des marchandises. Enfin, comme le seigneur doit assurer la sécurité de ses dépendants, il requiert généralement que les serfs et les vilains participent eux-mêmes à l'entretien du château, où ils iront chercher refuge en cas de nécessité. En outre, les paysans doivent défrayer les coûts de la garnison et la ravitailler, et parfois même héberger les soldats en vertu du « droit de gîte » du seigneur.

Le texte suivant, qui décrit la seigneurie de Solre-Saint-Géry (aujourd'hui en Belgique), fournit une illustration de toute cette organisation territoriale et légale de la seigneurie :

> *Il y a sur la seigneurie de Solre-Saint-Géry une réserve, avec jardin et verger, des bâtiments de ferme, une maison [fortifiée], une écurie et une cuisine. Y sont rattachées 3 pièces de terre arable d'une superficie de 100 bonniers [un bonnier correspond à environ 10 000 m²], une forêt qui, à l'époque de la glandée, peut engraisser 300 porcs et un pré où l'on peut récolter 10 charretées de foin. Il y a là 2 brasseries banales [où l'on pouvait également faire cuire le pain] qui paient 240 muids [mesure de capacité] de céréales diverses, 2 moulins banaux qui rapportent 26 muids […], 8 deniers [unité monétaire] et 6 poules. Il y a une église publique en l'honneur de Marie, la sainte Mère de Dieu […].*
>
> *On trouve sur cette seigneurie 14 manses libres [exploités par des vilains] : ils paient ensemble annuellement 361 muids d'épeautre, 14 muids d'avoine, 1 sou pour le jardin, 1 sou pour le vignoble. À tous les 3 ans, ils paient chacun 1 porc valant 12 deniers. À chaque année, ils fournissent 1 mesure de lin, 1 brassée de bois, 2 poules et 5 œufs. […]*
>
> *Il y a 5 manses serviles [alloués à des serfs]. Chacun doit 3 muids de houblon, 3 poules, 2 œufs. Il y a 3 serfs qui paient 3 sous, 2 autres serfs qui paient 8 deniers […]. Il y a 10 serves qui paient chacune 10 deniers.*
>
> *La forêt rapporte 4 setiers [mesure de capacité] de miel, 5 poules et 100 œufs. Au total, on retire en cens de cette seigneurie 28 sous et 4 deniers ; à tous les 3 ans, on touche un total de 600 muids d'épeautre et d'avoine […], 14 porcs, 33 poules, 230 œufs, 28 béliers.*

Document 5.9 *Polyptique du Chapitre de Maubeuge*, fin du Xe siècle.[9]

Dès le XIe siècle, mais surtout à partir du XIIe, les seigneurs augmentent les prélèvements qu'ils effectuent auprès des paysans. Ils cherchent soit à maintenir leur train de vie fastueux (vêtements, fêtes, voyages, etc.), soit à faire face à de nouvelles dépenses (le départ en croisade, la construction en pierre plutôt qu'en bois des bâtiments seigneuriaux, les coûts plus élevés de l'armement). De nouvelles taxes font ainsi leur apparition, dont la plus courante est la « taille », présentée par le seigneur comme un dédommagement pour la protection militaire dont bénéficient les paysans. Les anciennes taxes, elles, au lieu d'être fixes, deviennent proportionnelles à la récolte. Ce changement, en apparence anodin, représente en réalité une forte augmentation des revenus des seigneurs, car la production agricole connaît une croissance marquée du XIe au XIIIe siècle.

DE PROFONDES TRANSFORMATIONS DANS LES CAMPAGNES

De multiples facteurs contribuent à l'essor des campagnes du XIe au XIIIe siècle. On constate tout d'abord une hausse des rendements agricoles. Cette augmentation pourrait découler de la pression fiscale accrue exercée par les seigneurs à partir du XIe siècle. C'est ce qui forcerait les paysans à produire plus pour pouvoir à la fois payer l'ensemble des prélèvements qui leur sont exigés et assurer leur propre survie. Mais l'augmentation des rendements est aussi certainement liée aux progrès dans les techniques de culture.

Ces progrès de la période du XIe au XIIIe siècle proviennent en fait de l'amélioration et de la diffusion plus large d'instruments et de techniques déjà connus à l'époque carolingienne. D'abord, les outils en fer remplacent les outils en bois. De même, les moulins à eau se multiplient et se perfectionnent, produisant une farine plus nutritive. La construction du moulin à eau exige notamment des travaux d'aménagement des cours d'eau, dont on profite pour améliorer l'irrigation des terres. Les moulins à vent, pour leur part, s'implantent à partir du XIIe siècle. Au même siècle, la diffusion de la charrue, qui remplace graduellement l'araire trop léger, apporte des changements significatifs. Lourde et munie d'un soc en métal, la charrue creuse au premier passage des sillons profonds, même dans les sols les plus compacts. Elle accélère le travail des paysans et permet d'ouvrir de nouvelles terres à la culture. Pour tirer la charrue, les paysans équipent un cheval d'un collier d'épaule qui dégage le cou de la bête, la laissant utiliser pleinement sa force de traction.

La charrue sur roues, dont l'emploi se répand à compter du XIIe siècle, est plus maniable et son soc en fer laboure tous les types de sols en profondeur.

L'araire, léger et sans roues, exige un effort considérable du paysan ; son soc en bois, qui casse souvent, creuse difficilement les sols lourds (manuscrit espagnol du XIIIe siècle).

En ce qui concerne les systèmes de culture, l'assolement triennal (sur trois ans), qui remplace la rotation biennale, présente plusieurs avantages. Il ne laisse en jachère que le tiers de la surface cultivée plutôt que la moitié, il amène une diversification des cultures et il permet le renouvellement des sols (voir la figure 5.1).

L'amélioration des rendements agricoles permet aux paysans de mieux s'alimenter, à la fois en quantité et en qualité. Ceci entraîne des conséquences démographiques positives, notamment la diminution de la mortalité infantile et l'élévation de l'espérance de vie. Il s'ensuit un fort accroissement de la population à l'échelle de l'Europe. Par exemple, la population de l'Angleterre triple entre 1086 et 1275. En Italie, en Allemagne et en France, des historiens estiment que la population aurait à tout le moins doublé dans la même période.

Le peuplement rural est donc en croissance partout en Europe : l'occupation du sol devient plus dense, de nouveaux villages surgissent. Les seigneurs comprennent vite qu'il est dans leur intérêt d'agrandir la surface cultivable de leur seigneurie afin d'accroître leurs revenus. Pour ce faire, ils font procéder à de grands défrichements, phénomène attesté par la déforestation de plus en plus marquée en Europe dès le XIe siècle. Dans les pays de bord de mer, on aménage des digues afin de récupérer le rivage ; ailleurs, on draine les marais.

La croissance démographique et le phénomène des défrichements se combinent pour expliquer la disparition

Figure 5.1

SCHÉMA DE L'ASSOLEMENT TRIENNAL

L'assolement triennal opère une rotation des cultures sur trois ans. Pour ce faire, les terres cultivées sont divisées en trois parties. Chaque année, l'une d'elles est laissée en repos (ce qu'on appelle une jachère). Sur les deux autres, on alterne les types de céréales ou de légumineuses qui y sont produits.

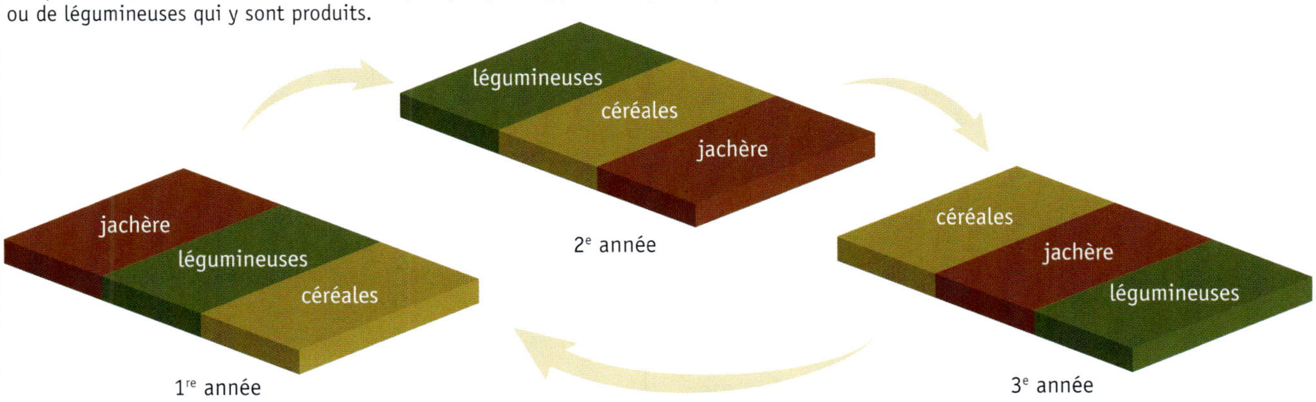

graduelle du servage à compter du XIIe siècle. En effet, dans un contexte de relative rareté des travailleurs agricoles, comme c'était le cas jusqu'au XIe siècle, le servage permettait au seigneur de limiter la mobilité de la main-d'œuvre. Mais à partir du moment où la démographie augmente, il devient plus rentable pour lui d'autoriser ses serfs à racheter leur liberté et d'en faire ses locataires au lieu d'être payé en corvées. En outre, la compétition entre les seigneurs devient vive pour attirer la main-d'œuvre agricole sur les terres nouvellement défrichées: celui qui offrira les meilleures conditions légales aux paysans aura plus de chances de les attirer sur sa seigneurie. Ce mouvement d'affranchissement des serfs se généralise au XIIIe siècle. De fait, dans le contexte de l'amélioration des rendements agricoles au XIe siècle, les paysans parviennent à dégager des surplus de production, qu'ils revendent dans les marchés locaux. C'est ainsi qu'ils accumulent, en espèces monétaires, un pécule grâce auquel, à terme, ils achètent leur affranchissement.

La mobilité des personnes s'accentue donc aussi. Si certaines migrent vers des seigneuries offrant des conditions plus avantageuses, d'autres décident d'aller s'installer dans les villes qui, en parallèle, connaissent une croissance tout aussi importante que celle des campagnes entre les XIe et XIIIe siècles.

LE MONDE DES VILLES

En l'an 1123 ou 1124, un complot est ourdi contre Robert de Candos, châtelain de la ville de Gisors, en France. C'est un lundi de novembre, un jour de marché. Pour pénétrer à l'intérieur des remparts de la ville, les conspirateurs se déguisent en paysans et se mêlent à la foule allant au marché. Ils doivent poignarder Candos à sa sortie du château. Mais comme le châtelain tarde à se présenter, ils décident plutôt de soulever les habitants de Gisors. Ils convainquent les bourgeois de la ville, aigris par la perte de leurs libertés municipales, de s'attaquer au château. Alerté par la clameur montant de la ville, Robert de Candos grimpe aux murailles et, voyant une foule armée s'approcher rapidement, décide de mettre le feu au château. L'incendie se propage ensuite à l'église et à la ville. Dans la confusion qui suit, le châtelain s'enfuit. La ville, elle, subit des pertes considérables.

Ce récit d'Orderic Vital, un moine de Saint-Évroul, illustre bien les tensions qui existent entre les seigneurs et les habitants de leurs villes. Il permet en même temps d'observer l'organisation d'une ville des XIe-XIIIe siècles. On y voit son développement: elle est sise au pied d'un château et protégée par des murailles. Le récit témoigne aussi des activités qui s'y déroulent: il s'y trouve une église et un marché qui attire les paysans de la campagne environnante. Il donne en outre de l'information sur la gestion des villes et la population qui y réside: elle est dirigée par des bourgeois et bénéficie de libertés.

LA CROISSANCE URBAINE

Au xe siècle, l'Europe occidentale comptait relativement peu de villes : anciennes agglomérations romaines ayant traversé les diverses vagues d'invasion, cités épiscopales se massant autour du siège de l'évêché, capitales des divers royaumes.

Puis, dans la période du xie au xiiie siècle, on observe une forte urbanisation liée à une augmentation de la productivité agricole, qui permet de générer des surplus. Les paysans écoulent donc les céréales, la laine, le vin ou le bétail qu'ils ont en trop sur les marchés locaux. C'est ce qui explique l'expansion des villes existantes. Par ailleurs, les seigneurs (laïques ou ecclésiastiques) encouragent la création de nouveaux marchés, lesquels s'établissent souvent à proximité d'un édifice qui constitue le siège de l'autorité (le château, l'abbaye, l'église) ou qui assure une certaine sécurité (un hôpital, un gîte d'étape sur un chemin de pèlerinage). Bientôt, des négociants s'installent de façon permanente près du marché, imités en cela par d'autres migrants des campagnes environnantes, serfs affranchis ou petits artisans ruraux (forgerons, tanneurs, potiers, etc.), qui cherchent à améliorer leur sort. Dans le contexte de la croissance démographique, la population augmente rapidement dans ces nouvelles agglomérations urbaines qui se multiplient et qu'on appellera « bourgs ».

Par ailleurs, à partir du xiie siècle, les grands seigneurs et les rois établissent une politique de développement urbain. Ils financent la création de « villes neuves » ou « bastides » qui atteignent plusieurs objectifs : la mise en valeur de leurs terres par la colonisation, le développement du commerce par la création de marchés et la consolidation de la frontière par l'implantation de postes fortifiés. Ce document de 1290 fournit un exemple d'un monastère du sud de la France qui cède une partie de ses terres pour créer la ville de Grenade-sur-Garonne :

> « *Pierre Alfaric, abbé du monastère de Grandselve [...] et frère Guilhem de Guillemotte [...] ont conclu un accord avec le seigneur Eustache de Beaumarchais, chevalier, sénéchal de Toulouse [...] en vue de la création d'une nouvelle bastide [...] dans le territoire appelé Vieilles-Aygues [...]. Ils ont donné et délivré audit seigneur sénéchal la moitié de [...] trois mille emplacements pour y construire des maisons [...] et trois mille casals [jardins] et deux mille arpents [...]. La moitié [des redevances] desdits arpents, emplacements et casals restera audit monastère [...].*
>
> *De même, le seigneur [...] prescrira de tenir un marché dans ladite ville ou bastide, une fois par semaine, le mercredi [...].* »

Document 5.10 *Acte de paréage de Grenade-sur-Garonne,* 1290.[10]

En somme, l'Europe connaît à cette époque une urbanisation massive. Par exemple, le Saint Empire romain germanique, qui compte environ 265 villes en 1200, en comprend plus de 3000 un siècle plus tard. Notons cependant que la taille des villes médiévales demeure modeste. Peu de villes dépassent 20 000 habitants (entre autres Paris, Venise, Londres, Cologne, Bruges, Barcelone et Toulouse).

C'est néanmoins dans ce nouveau réseau urbain que les activités d'échange, de production et de crédit se déploient avec vigueur. En parallèle, une nouvelle classe urbaine, la bourgeoisie, prend naissance. Elle se compose des hommes d'affaires des bourgs : marchands, boutiquiers, entrepreneurs, banquiers. Dénoncés par l'Église (la recherche du gain étant perçue comme un péché) et méprisés par la noblesse (pour qui tout travail est dégradant), ces bourgeois n'en constituent pas moins les agents les plus actifs du développement économique.

L'ESSOR ÉCONOMIQUE

Outre le développement urbain et le dynamisme de la bourgeoisie, d'autres facteurs créent les conditions favorables au regain des activités économiques. D'une part, l'arrêt des invasions (magyares et normandes) au xe siècle amène la reprise du commerce et de la circulation monétaire en Europe. D'autre part, au xie siècle, les mouvements de la Paix de Dieu, grâce auxquels l'Église contient les violences de la noblesse, permettent la circulation sécuritaire des biens et des personnes. La première croisade (1096-1099) a quant à elle pour effet

Nichée dans les collines de l'Aveyron, en France, la ville de Conques s'est développée au xiie siècle autour de l'abbaye de Sainte-Foy, étape importante sur la route du pèlerinage vers Saint-Jacques-de-Compostelle.

de relancer les échanges dans la Méditerranée. Enfin, la montée de la noblesse s'accompagne d'une augmentation de la consommation des biens de luxe par les seigneurs, qui se plaisent à démontrer leur puissance par l'étalage de leur richesse, mais aussi par les bourgeois, qui cherchent à imiter le train de vie des nobles.

Ce climat propice stimule la production. Les industries, même si elles demeurent artisanales, prennent de l'expansion, à commencer par les métiers du drap et de la laine, surtout avec l'invention du métier à tisser au milieu du XIe siècle. Les industries de la construction (des maisons, des cathédrales et des édifices publics) sont aussi en forte croissance : briqueterie, transformation du bois, vitrerie. La demande pour les biens de consommation courants active les industries de la poterie, de la céramique, du meuble, de la serrurerie. Cet artisanat urbain donne du travail à la masse de migrants sortis des campagnes. Grâce au salaire gagné, ces gens achètent des biens et contribuent à stimuler la consommation et la production.

Ce contexte assure la croissance des échanges, aux échelles locale et régionale. Mais un trafic de longue distance se développe aussi. Deux pôles commerciaux s'imposent entre les XIe et XIIIe siècles (voir la carte 5.4). Le premier se situe dans la Méditerranée où les marchands, surtout italiens, établissent des liens avec l'Empire byzantin, les États latins (fondés dans la foulée de la première croisade) et le monde musulman. Ils en ramènent la soie, le coton, les teintures, l'ivoire, l'or, les esclaves et les vins, mais aussi les parfums, les épices et

Carte 5.4

LE COMMERCE AU XIIIe SIÈCLE

Deux principaux axes commerciaux se développent au XIIIe siècle. Un premier axe méditerranéen relie les villes italiennes à leurs partenaires en Orient musulman ou byzantin. Un second courant commercial est établi dans les mers nordiques de l'Europe. Les foires de Champagne, en France, constituent le point de jonction de ces deux axes.

À partir du XIIe siècle, l'essor des foires, qui attirent des marchands de partout en Europe, témoigne de l'intensification de l'activité commerciale dans les villes médiévales (manuscrit français, vers 1400).

les plantes médicinales qui, originaires d'Asie, transitent par la Méditerranée orientale. Le deuxième pôle se trouve au nord de l'Europe, autour de la Baltique et de la mer du Nord, et jusqu'en Europe de l'Est et en Russie. Dans les marchés flamands, allemands, anglais et scandinaves se transigent les fourrures, le bois, la laine, l'étain et le cuivre. Ces marchands du Nord se regroupent dans une association qui porte le nom de Hanse. Elle leur permet à la fois de mieux se protéger, de réglementer leurs activités, mais surtout de négocier les droits de passage avec les rois des divers pays.

Un réseau de grandes foires relie ces deux pôles, en Champagne (nord de la France). Là, les marchands de toute l'Europe exposent leurs produits, négocient leur vente et leur distribution, mais pratiquent aussi des opérations de change et de crédit.

En effet, la circulation accrue des capitaux a suscité l'apparition du changeur, qui peut estimer la valeur relative des diverses monnaies en circulation sur le territoire européen. Les changeurs accordent aussi des prêts, font le commerce des métaux précieux et, pour opérer des transferts de fonds, recourent de plus en plus à la lettre de change, l'ancêtre des chèques actuels. En parallèle, certains marchands mettent sur pied des sociétés commerciales qui organisent et financent les convois de marchandises. D'abord familiales, ces sociétés s'étendent bientôt en réseaux, en fondant des succursales dans toute l'Europe. Leur solidité financière attire alors les investisseurs et les épargnants. Grâce à ces liquidités, elles se mettent à pratiquer le prêt, mais aussi l'assurance, le courtage et les transactions immobilières.

Ainsi prennent forme les banques (de *banca*, mot italien qui désigne le comptoir du changeur). D'abord fragiles au XIe siècle, elles deviennent la base de tout l'édifice financier européen à partir du XIIIe siècle. La puissance des banquiers repose notamment sur le fait qu'ils consentent des prêts aux seigneurs, à l'Église, mais aussi aux rois. Cependant, pour pouvoir exercer l'ensemble de ces activités économiques et en tirer les gains attendus, les bourgeois revendiquent une plus grande liberté.

LES INSTITUTIONS URBAINES

Les villes, à partir de la fin du XIe siècle, cherchent à s'émanciper de la tutelle seigneuriale. Il faut se rappeler en effet que les villes, tout autant que les milieux ruraux, relèvent de seigneurs, qu'ils soient laïques ou ecclésiastiques. Or, pour se prémunir contre l'intensification des prélèvements et limiter l'arbitraire du seigneur, les bourgeois forment des coalitions qui négocient avec lui une « charte de franchise », à savoir une entente qui reconnaît certaines libertés aux villes. Dans l'extrait suivant, Robert, seigneur de Dreux, accorde une franchise à sa ville :

> *Je, Robert, par la patience de Dieu comte de Dreux [...], ai voulu, par des caractères d'écriture, notifier à tous présents et futurs que, un désaccord étant né entre moi et mes bourgeois de Dreux, nous sommes convenus enfin de cet accord. [...] nous avons juré aux susdits bourgeois que nous ne lèverons [...] aucune taille sur les susdits bourgeois et nous ne leur ferons aucune violence. [...] Nous avons concédé d'autre part aux mêmes bourgeois que nous ne forcerions personne de leur commune à user de nos moulins ni à s'acquitter d'autres redevances. [...] nous avons consenti que la troisième imposition sur la vente au détail des boissons ne soit pas faite. [...] je ne pourrai pas forcer les bourgeois à me livrer ou me prêter des chariots et des chevaux. [...].*

Document 5.11 Robert de Dreux, *Confirmation de la commune de Dreux*, 1180.[11]

S'il est vrai que ces franchises libèrent les villes de certaines obligations, elles n'en demeurent pas moins avantageuses pour le seigneur. De fait, non seulement évite-t-il des conflits plus sérieux avec ses villes, mais en reconnaissant leurs besoins économiques, le seigneur favorise leur développement et, à terme, en retire plus de revenus.

Les bourgeois des villes mettent donc sur pied ce qu'on appelle des « communes » ou des « consulats ». Il s'agit d'institutions municipales au sein desquelles le maire et ses conseillers (échevins ou consuls), qui représentent les divers métiers urbains, assument la gestion de la ville : voirie, hygiène publique, entretien des remparts, fontaines, etc. Pour ce faire, des fonctionnaires sont nommés et une structure administrative se met en place, financée par des levées d'impôts. Les villes élisent aussi un prévôt de police et embauchent des sergents qui maintiennent l'ordre. Pour assurer leur protection, elles se dotent d'une milice.

En parallèle, d'autres institutions urbaines, commerciales celles-là, prennent forme. Il s'agit d'associations de marchands, connues sous le nom de guildes (aussi orthographié « ghildes »). Ces groupements professionnels sont d'abord développés comme des lieux d'entraide entre les marchands. Toutefois, ils tendent à devenir des structures de réglementation du marché (en fixant les prix et les modalités des transactions) et de contrôle des membres (sur le plan de la formation et de la pratique professionnelle). Certaines guildes, très puissantes, s'attribuent un pouvoir de justice sur leurs membres, participent au financement de travaux publics ou prennent en charge l'assistance aux démunis. De ce fait, elles concurrencent à la fois les pouvoirs seigneurial et municipal. C'est ce dont font état les règlements de la guilde de Saint-Omer :

> *1- Un marchand habitant en notre ville [...] qui n'a pas voulu entrer dans notre ghilde [...] ne recevra aucune aide de notre part, s'il est molesté en quelque lieu, s'il a perdu ses biens [...].*
>
> *2- Celui qui n'est pas de la ghilde et qui fixerait le prix d'une marchandise [...] s'il survient un membre de la ghilde, vendra, même contre son gré, au prix fixé par ce dernier. [...]*
>
> *18- Si quelqu'un de la ghilde est malade et que le fait soit constaté par ses voisins, il recevra un lot par nuit [de quoi survivre une journée].*
>
> *19- Si quelqu'un est hors du pays, sa femme recevra un lot par nuit. [...]*
>
> *27- Une fois [...] toutes les dépenses payées, le reliquat de l'argent sera affecté à des dépenses d'utilité commune, soit pour les places, soit pour les portes, soit pour le rempart de la ville.*
>
> *28- Enfin, nous exhortons tous nos successeurs, au nom du Christ, à prendre en pitié les pauvres et les lépreux.*

Document 5.12 *Statuts de la ghilde de Saint-Omer*, fin du XIe siècle.[12]

Le mouvement d'émancipation des villes amène donc une organisation des communautés et une structuration des rapports entre les habitants des villes. C'est de là que naît une civilisation proprement urbaine au Moyen Âge.

LA CIVILISATION URBAINE

Entre les XIe et XIIIe siècles, la ville cherche à se démarquer de la campagne sur le plan de sa culture et de son mode de vie : c'est ce qu'on appellera l'« urbanité ». Cette nouvelle urbanité ne touche que le « patriciat urbain », une élite qui réunit les anciens riches (les nobles établis en ville, les fonctionnaires seigneuriaux ou royaux) et les nouveaux riches (les bourgeois). Ces nantis, qui monopolisent les postes au sein de l'administration municipale, aspirent à un mode de vie luxueux qui se traduit dans leur habillement, leur habitation, leurs bijoux, etc. Ils se distinguent par les dons qu'ils font aux églises, aux monastères, aux pauvres. Pour éduquer leurs enfants (et les préparer à prendre la relève dans l'entreprise familiale), ils favorisent la création des « écoles de grammaire », écoles laïques où sont

Édifiée à partir de 1211, la cathédrale de Reims, où furent sacrés presque tous les rois de France, est l'un des principaux monuments gothiques d'Europe.

L'hôpital Saint-Jean de Bruges, fondé en 1188, est l'un des premiers hôpitaux d'Europe. Les moines du monastère voisin y soignaient les malades et offraient le gîte aux démunis.

inculquées les connaissances de base en écriture, en calcul, en géographie et en histoire. Preuve de leur statut social, ils protègent des artistes et subventionnent la création, tant littéraire qu'artistique.

C'est dans cet esprit d'urbanité qu'il faut aussi comprendre la construction des cathédrales gothiques, plus vastes, plus somptueuses, plus éclairées que les églises romanes rurales. Le gothique est avant tout un art urbain qui veut marquer le triomphe du raffinement citadin. De la même façon, le développement des universités illustre la manière dont les foyers de la culture savante passent des monastères ruraux aux institutions d'enseignement supérieur des villes.

Toutefois, la majorité des habitants des villes ne participent pas à cette brillante civilisation urbaine, qu'ils soient petits artisans, domestiques et valets, ouvriers et journaliers faiblement salariés, migrants ruraux qui dépendent du travail fourni par les nantis pour leur survie. Pas plus d'ailleurs que tous les exclus de la croissance : malades et invalides, prostituées et mendiants. Il revient au clergé urbain, souvent soutenu par les dons des nantis (motivés soit par la vanité, soit par la volonté d'expiation), de fonder des établissements charitables pour les plus démunis : hospices pour les pauvres, hôpitaux appelés « hôtels-Dieu » ou « maisons-Dieu », léproseries. Mais dans bien des cas, la gestion de ces établissements incombe à l'administration municipale ou à l'Église.

De tout ce grouillement urbain émerge une nouvelle culture, plus laïque, fondée sur la recherche de la richesse. Dans les siècles à venir, la ville deviendra le vrai moteur du développement. Mais déjà, au XIIIe siècle, l'essor urbain annonce la fin de la prépondérance des campagnes.

LE FIL DE L'HISTOIRE

Du XIe au XIIIe siècle, les bases de l'Occident se consolident : ses valeurs se forgent, de même que ses institutions et ses normes sociales et politiques. L'Église chrétienne y joue un grand rôle, tantôt en collaboration avec la noblesse et les rois d'Europe, tantôt en opposition avec eux. La division de la société en trois ordres est érigée en système, comme la féodalité, afin de répondre aux exigences religieuses et sécuritaires, prioritaires dans cette société hiérarchisée et inégale. Plus de 90 % de la population européenne fait partie du troisième ordre, celui des travailleurs, dont la contribution n'est ni reconnue ni valorisée. Peu à peu, des avancées techniques entraînent de grands bouleversements dans cette économie agraire. La croissance démographique, la reprise du commerce, la croissance des villes et des universités ainsi que l'émergence de la bourgeoisie bousculent l'ordre établi. L'Occident trouve cependant un facteur d'unité dans les croisades, qui permettent à l'Europe de connaître un premier essor à l'extérieur de ses frontières. L'identité occidentale devient de plus en plus fondée sur une appartenance religieuse unique, la chrétienté, et axée sur les territoires du nord de l'Europe.

L'historien à l'œuvre

LA CRÉDIBILITÉ DES SOURCES (LA CRITIQUE DE TÉMOIGNAGE)

Face aux sources, l'historien adopte toujours une attitude de prudence et ne tient jamais pour acquis que les propos de l'auteur sont nécessairement dignes de confiance. Par exemple, devons-nous accepter pour vraies les affirmations d'Hitler au sujet des Juifs dans *Mein Kampf* (« Mon combat », rédigé en 1924-1925 et qui allait devenir l'ouvrage de référence de la doctrine nazie) ? Évidemment non, puisque Hitler, on le sait, avait des convictions racistes qui ont teinté sa vision des Juifs.

Sachant qu'il n'existe pas de « vérité » historique immuable, l'historien s'assure alors de la crédibilité qu'il peut accorder à ses sources. C'est ce qu'on appelle « la critique de témoignage », où il s'informe sur les conditions dans lesquelles la source a été écrite et évalue jusqu'à quel point on peut faire confiance à l'auteur. Pour ce faire, il faut avoir la certitude que l'auteur du document comprenait les faits dont il parle, en était bien informé et les a rapportés objectivement. Voici les questions qu'il faut approfondir.

QUI EST L'AUTEUR ?

Dans un premier temps, il est nécessaire de récolter des informations biographiques sur l'auteur, essentiellement sur le milieu social auquel il est lié (notamment par sa famille, son travail, sa classe sociale, ses croyances religieuses, son allégeance politique, etc.), ainsi que sur son éducation et sa ou ses professions. Par ces questions, on cherche ici à juger de l'aptitude de l'auteur à comprendre les faits qu'il raconte, tant par son expérience que par sa formation.

POURQUOI L'AUTEUR A-T-IL ÉCRIT CE TEXTE ?

Les intentions (conscientes ou inconscientes) de l'auteur influencent la qualité de son témoignage et peuvent l'amener (volontairement ou non) à déformer les faits. C'est pourquoi l'historien s'interroge quant aux buts poursuivis par l'auteur : souhaite-t-il simplement rapporter les faits de façon neutre ? À l'inverse, défend-il un point de vue, une cause, une idéologie ? Fait-il de la propagande ? Manifeste-t-il certaines sympathies ou antipathies ? etc.

De cette façon, l'historien établit le niveau d'objectivité de l'auteur. Il faut d'ailleurs éviter de confondre les termes *objectivité* et *subjectivité* : un auteur est *objectif* quand il se détache de ses opinions, en restant impartial et neutre ; à l'inverse, un auteur *subjectif* est influencé par ses préjugés et prend parti.

L'historien s'intéresse aussi au type de source avec laquelle il travaille (journal personnel, document administratif, loi, lettre, discours, procès, etc.), car le degré d'objectivité d'un texte se trouve affecté par sa nature. Par exemple, dans un discours partisan, l'auteur présente les faits de la façon qui l'avantage, contrairement à l'auteur d'un journal personnel qui n'a aucun intérêt à mentir ; en contrepartie, un journal intime est plus subjectif qu'un document administratif.

En parallèle, l'historien s'interroge sur le public auquel s'adresse le document, pour vérifier si l'auteur avait intérêt à lui plaire ou à se conformer à ses attentes. Finalement, il cherche à savoir si l'auteur a pu subir des pressions directes, par exemple si on lui a dicté quoi écrire, ou des pressions indirectes, par exemple si l'auteur a succombé à certains courants d'idées à la mode à son époque.

En somme, il faut évaluer la plus ou moins grande neutralité de l'auteur lorsqu'il véhicule son message.

D'OÙ PROVIENNENT LES INFORMATIONS DE L'AUTEUR ?

Même l'individu le plus objectif ne transmet pas des informations valides s'il est mal renseigné. Il relève donc du rôle de l'historien de procéder à une vérification des conditions dans lesquelles l'auteur a produit son texte.

Tout d'abord, il établit si l'auteur de la source est un témoin direct (il était présent lors des faits relatés) ou indirect (il en a entendu parler). Pour ce faire, il compare la date de rédaction du texte et celle des événements relatés, et détermine où était l'auteur au moment des faits.

L'historien s'informe aussi sur la provenance des informations de l'auteur de la source. S'il s'agit d'un témoin direct qui parle de sa propre expérience à partir de ses propres souvenirs, il faut s'interroger quant aux problèmes potentiels de mémoire (a-t-il écrit longtemps après les faits ?). En ce qui a trait au témoin indirect, il faut vérifier par quels moyens il a obtenu ses informations (lecture d'autres ouvrages, témoignages de survivants, visite des lieux, etc.).

Tout ce questionnement permet à l'historien de poser un jugement sur la qualité de l'information à laquelle l'auteur de la source a eu accès.

QUELLE EST LA VALEUR HISTORIQUE DU DOCUMENT À L'ÉTUDE ?

Pour terminer, l'historien tire des conclusions sur la valeur historique du document à partir des réponses aux questions posées précédemment : l'auteur était-il apte à comprendre les faits dont il parle, se montre-t-il objectif et était-il bien informé ? C'est ainsi que l'historien détermine le degré de fiabilité du document historique.

Dans son jugement, l'historien s'abstient de se montrer trop catégorique, car en fin de compte, il ne s'agit pas de condamner un texte ou, au contraire, d'y ajouter une foi aveugle : il s'agit d'établir avec quelles précautions et dans quelles limites l'historien pourra procéder à l'analyse de ce texte.

L'exercice exige beaucoup de *nuances* : il est rare qu'un document soit parfaitement fiable ou, à l'inverse, tout à fait inutilisable. Il peut aussi s'avérer pertinent de distinguer les faits et les mentalités de l'époque : en effet, un auteur peut avoir déformé les faits au point où l'historien ne peut tirer de la source aucune information pertinente quant à ce qui s'est réellement produit ; cependant, en explorant les circonstances qui ont amené l'auteur à mentir, l'historien recueille une mine d'informations sur les mentalités de l'époque (valeurs, croyances, espoirs et ambitions). À l'inverse, un texte froid qui fournit des indications précises sur les faits ne donnera pas toujours accès aux modes de pensée de l'époque.

C'est donc ainsi que l'historien détermine sous quel aspect le témoignage livré par un document reflète adéquatement l'époque dont il est issu.

EXERCICE

QUELLES SONT LES CAUSES DU DÉTOURNEMENT DE LA QUATRIÈME CROISADE ?

Exercez-vous à évaluer la crédibilité d'une source à partir d'un texte sur les croisades. Au besoin, relisez la section « Reconsquista et croisades », pages 146 à 148, pour vous préparer.

La source suivante vient de Robert de Clari, un chevalier français qui a participé à la quatrième croisade (1202-1204). À partir de 1207, il en rédige un récit intitulé *La Conquête de Constantinople*.

La quatrième croisade visait à se rendre aux Lieux saints, mais a été détournée vers Constantinople (une ville chrétienne) que les croisés ont détruite. Voici ce que dit Clari sur les circonstances qui ont amené les croisés à attaquer les chrétiens de Constantinople plutôt que les musulmans en Terre sainte.

> *Cependant que les croisés et les Vénitiens séjournaient [à Zara] durant l'hiver, ils réfléchirent qu'ils ne pouvaient aller à Babylone, ni à Alexandrie, ni en Syrie [autrement dit en Terre sainte], car ils n'avaient ni vivres, ni argent, [...] car ils avaient déjà presque tout dépensé, tant en séjournant, comme ils l'avaient fait, qu'en payant une grosse somme pour la location de la flotte. [...]*
>
> *Le duc de Venise [le doge Dandolo] vit [qu'ils] étaient gênés [financièrement] ; alors il leur parla et leur dit : "Seigneurs, en Grèce il y a une terre fort riche et fort abondante en tous biens ; si nous pouvions avoir quelque occasion raisonnable d'y aller et de prendre des vivres dans cette terre, et d'autres choses, [...] nous pourrions facilement aller outre-mer." Alors le marquis [Boniface de Montferrat, chef de la croisade] se leva, et puis dit : "Seigneurs, j'ai été l'année dernière, à Noël, en Allemagne, à la cour de Monseigneur l'Empereur. Eh bien ! là ; j'ai vu un jeune homme [il s'agit d'Alexis IV Ange] qui était [...] fils de l'empereur Isaac de Constantinople, à qui un de ses frères avait enlevé l'empire de Constantinople, par trahison. Celui qui pourrait avoir avec lui ce jeune homme, fit le marquis, celui-là pourrait facilement aller en la terre de Constantinople, et y prendre vivres et autres choses, car le jeune homme en est légitime héritier."*

Document 5.13 Robert de Clari, *La Conquête de Constantinople*, 1207.[13]

Pour Robert de Clari, ce sont des motifs matériels qui amènent les dirigeants de la croisade, présentés comme cupides, à s'en prendre à leurs frères chrétiens de Constantinople. En effet, ils veulent voler les richesses de Constantinople, car ils ont déjà, alors même qu'ils sont encore loin de la Terre sainte, tout dépensé leur argent et consommé leurs vivres. Par ailleurs, pour Clari, rendre son trône au jeune Alexis n'est qu'un prétexte trompeur.

Devons-nous accepter cette interprétation de Robert de Clari ? Est-ce là la véritable raison du détournement de la quatrième croisade ? Les paroles prononcées par les différents dirigeants de la croisade sont-elles fidèlement rapportées ?

Pour déterminer les limites de l'interprétation du texte de Robert de Clari, il est nécessaire de procéder à une évaluation de la crédibilité de son témoignage. Pour ce faire, utilisez la biographie de Robert de Clari déposée sur *Modulo en ligne* et répondez aux diverses questions de la critique de témoignage (Qui est l'auteur ? Pourquoi l'auteur a-t-il écrit ce texte ? D'où proviennent les informations de l'auteur ? Quelle est la valeur historique du document à l'étude ?).

Les réponses sont disponibles sur *Modulo en ligne*.

Chapitre 6

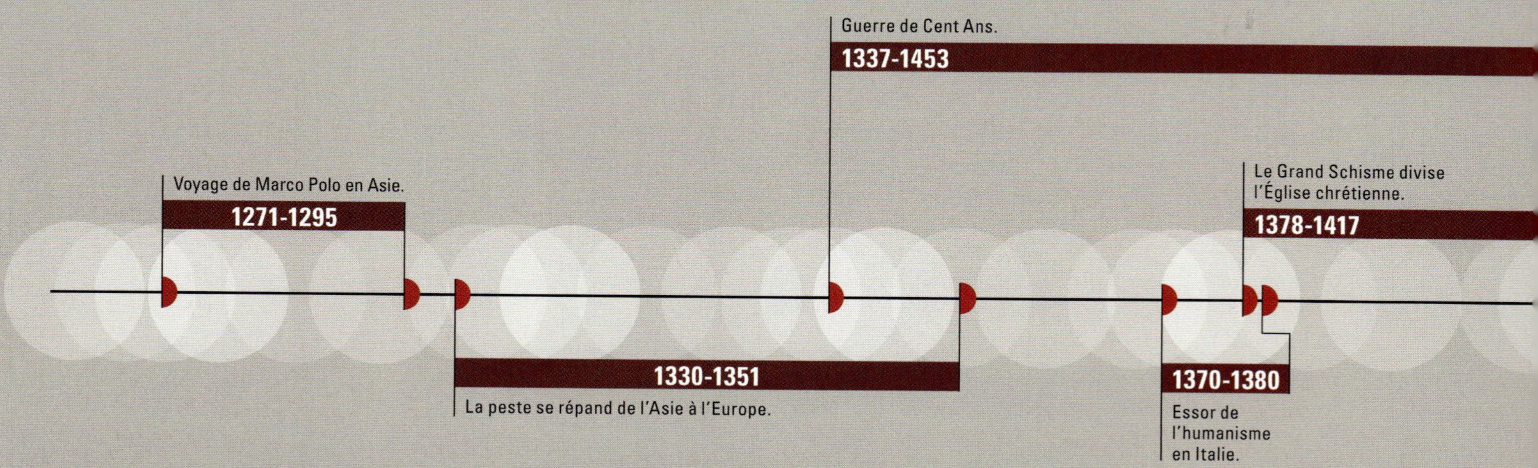

Guerre de Cent Ans.
1337-1453
Voyage de Marco Polo en Asie.
1271-1295
Le Grand Schisme divise l'Église chrétienne.
1378-1417
1330-1351
La peste se répand de l'Asie à l'Europe.
1370-1380
Essor de l'humanisme en Italie.

CRISES ET ESSOR AUX XIVe ET XVe SIÈCLES

Pieter Bruegel le Jeune. *Retour de l'auberge*. Huile et détrempe sur panneau (vers 1620).

DANS CE **CHAPITRE**

- Crises et mutations en Europe
- La Renaissance italienne
- Les premières explorations

1415
Le Portugais Henri le Navigateur conquiert Ceuta, en Afrique du Nord.

1450
Johannes Gutenberg met au point l'imprimerie typographique.

1486
Le *Malleus Maleficorum* est publié et sert de référence dans la chasse aux sorcières.

1492
Conquête du royaume de Grenade : fin de la Reconquista espagnole contre les musulmans et expulsion des Juifs d'Espagne.

Christophe Colomb amorce la conquête des Amériques.

1494
Traité de Tordesillas, qui sépare le monde atlantique entre l'Espagne et le Portugal.

Christophe Colomb fonde Saint-Domingue, la première ville européenne d'Amérique.

1513
L'explorateur espagnol Núñez de Balboa traverse le Panamá et atteint l'océan Pacifique.

CRISES ET MUTATIONS EN EUROPE

En janvier 1348, alors que la peste noire atteint la ville d'Avignon, dans le sud de la France, la plupart des médecins fuient la ville pour se réfugier à la campagne. Guy de Chauliac, médecin appelé au service du pape Clément VI, risque sa vie pour lutter contre l'épidémie. Il ordonne qu'on isole le pape dans sa chambre, qu'on y fasse brûler de grands feux continuellement, et que personne ne s'approche de lui. Pendant ce temps, il soigne ceux qu'il peut, dans une ville prise de panique, au milieu des morts et des survivants terrifiés. Ayant attrapé la peste, il se soigne lui-même et pratique des incisions sur ses ganglions infectés par la maladie.

Rapidement, la peur se transforme en fureur et gagne une grande partie de la population de Provence. On cherche des coupables ! Les Juifs sont accusés de contaminer les puits et sont massacrés par des foules en maints endroits. Guy de Chauliac dénonce ces actes de violence et tente de convaincre les autorités que la maladie n'est pas causée par un empoisonnement. Le pape est le seul à entendre son appel. Il prend les Juifs sous sa protection et menace d'excommunication tous ceux qui les persécutent.

La décision de ce pape, plus connu pour son népotisme et son goût immodéré pour le luxe et la richesse, sera presque sans effet. Au contraire, Philippe VI, roi de France, ordonne d'arrêter les Juifs « empoisonneurs » et garantit l'impunité aux responsables des massacres. Dans ce tourbillon de violence et de mort, Guy de Chauliac est nommé chanoine de Reims par l'Église, avec une rente qui fait de lui un homme riche… et isolé, dans une société en pleine ébullition.

En Europe, le XIVe siècle débute dans le froid et sous la pluie, et se caractérise par de nombreuses crises démographiques, économiques et sociales, ce qui explique la mauvaise réputation de ce siècle « noir ». D'abord apparaissent les famines, puis les maladies qu'elles entraînent, comme le typhus et, la plus meurtrière, la peste. La violence qui caractérise ce siècle se poursuit au XVe siècle, notamment au cours des innombrables guerres que se font les États modernes, en plein essor. Nul n'est à l'abri de ces bouleversements, et l'Église elle-même devra faire face à une série de crises qui alimenteront diverses critiques et réactions, au détriment de son prestige.

LES FAMINES

À partir du XIVe siècle, le climat européen semble s'être déréglé et devient imprévisible. Les hivers sont plus froids, les étés sont plus courts et pluvieux, très pluvieux. Les récoltes en souffrent, ce qui affecte autant les populations que le bétail. Les paysans ont de plus en plus de difficulté à accumuler les surplus nécessaires pour passer l'hiver et survivre jusqu'à la prochaine récolte. Alors qu'elle n'avait pas été aussi menaçante dans les deux derniers siècles, la faim rôde de nouveau. C'est le début des disettes, des pénuries alimentaires chroniques. Puisqu'il y a peu de transport de denrées alimentaires sur de longues distances, les villes sont autant touchées par ce problème que les campagnes.

Certaines années, les mauvaises récoltes s'enchaînent à cause du climat, et la famine s'impose. C'est particulièrement le cas entre 1315 et 1317. Partout, les famines entraînent au pire la mort, au mieux, une sous-alimentation et une malnutrition chroniques, qui se traduisent par de nombreux problèmes de santé. En ce début du XIVe siècle, on assiste à une hausse moyenne de 10 % à 15 % de la mortalité en Europe. De plus, comme la production de céréales, de produits laitiers et de viande est inférieure à la demande, les prix augmentent vertigineusement, au-delà de ce que les gens peuvent payer. En Angleterre, en 1315, le prix du blé augmente de 800 % ! Ces variations dans les prix ponctuent tout le siècle, suivant les années de disette (voir la figure 6.1).

S'ajoutent des épidémies souvent mortelles de fièvre typhoïde qui, elles aussi, touchent autant le bétail que les gens. Tout le siècle est marqué par un cercle vicieux qui lie ensemble famines et maladies, puisque la malnutrition favorise les risques d'épidémies et que celles-ci sont suivies de nouvelles famines, en raison du manque de main-d'œuvre qu'elles entraînent. La population diminue, les conditions de vie deviennent plus difficiles et les mariages, plus tardifs.

Peut-on expliquer les difficultés que traverse l'Europe uniquement en attribuant la responsabilité aux revers climatiques? Si certains historiens parlent d'un «petit âge glaciaire», d'autres voient plutôt la cause des famines dans le surpeuplement. Au XIVe siècle, il y a rupture de l'équilibre entre les besoins alimentaires de la population et la productivité relativement faible du système agricole. En outre, les problèmes climatiques et démographiques s'additionnent à une crise de la société féodale. Les paysans croulent sous les différentes taxes qu'ils ont à payer. Ces taxes ne diminuent pas en cas de mauvais temps! De plus, ils vivent sur des terres peu fécondes, divisées en lots de plus en plus petits à cause des règles de succession. Ils sont nombreux à quitter la campagne, laissant champs et villages à l'abandon, pour se déplacer vers les villes, en quête de revenus. Cela n'améliore pas pour autant leur quotidien, comme nous le verrons plus loin dans ce chapitre.

Pour parer à tous ces problèmes, il y a peu de remèdes à court terme. En France comme en Angleterre, les rares efforts des rois sont des échecs. Condamner la spéculation sur le prix des grains ne fait pas pousser les légumes! Dans la pratique, le marché noir augmente, et surtout le crime et le brigandage. Ces phénomènes vont aller en s'aggravant (voir la figure 6.1).

LA PESTE

Si les famines du début du siècle entraînent la misère et parfois la mort, ce qui frappe encore plus durement et durablement, c'est l'arrivée de la peste. Et pour cause! Que ce soit sous sa forme bubonique ou pulmonaire, elle tue environ 80% à 100% de ceux qu'elle atteint. Il est impossible d'ignorer ses manifestations. Dans le cas de la peste bubonique, les ganglions enflent au point de créer des bubons ou des abcès très douloureux, le long du cou, de l'aine ou sous les bras, qui peuvent atteindre la taille d'une pêche. Ils sont remplis de pus, et leur apparition est suivie d'hémorragies internes qui se manifestent par des plaques noires, puis de la fièvre et du délire, qui emportent en quelques jours les corps en état de pourriture et de pestilence.

Les causes de la pandémie

Depuis la dernière manifestation de la peste, au VIe siècle, les gens ont tout oublié de cette terrible épidémie. Elle se manifeste de nouveau vers 1330, d'abord en Asie, en territoire mongol. En moins de 20 ans, le virus parcourt une distance énorme et se répand à une vitesse fulgurante au Moyen-Orient, en Afrique du Nord et dans toute l'Europe. Comment expliquer ce vaste déplacement? Le virus de la peste est transmis par les puces, qui vivent sur les rats et transmettent le virus à tous les animaux et les humains qu'elles piquent. Or, les rats se déplacent avec les humains: d'abord avec les armées mongoles, puis par l'intermédiaire des routes commerciales, terrestres et maritimes. C'est ainsi que les puces font des pas de géant!

Figure 6.1

LES PRIX DU BLÉ ET LA CRIMINALITÉ

Ce graphique illustre les variations dans les prix du blé et dans les taux de criminalité entre 1300 et 1350 à Norfolk, en Angleterre. On peut voir que la hausse du nombre de crimes commis suit de très près celle des prix du blé, aliment de base dans cette société. C'est particulièrement le cas entre 1315 et 1317, alors que sévit la Grande Famine.

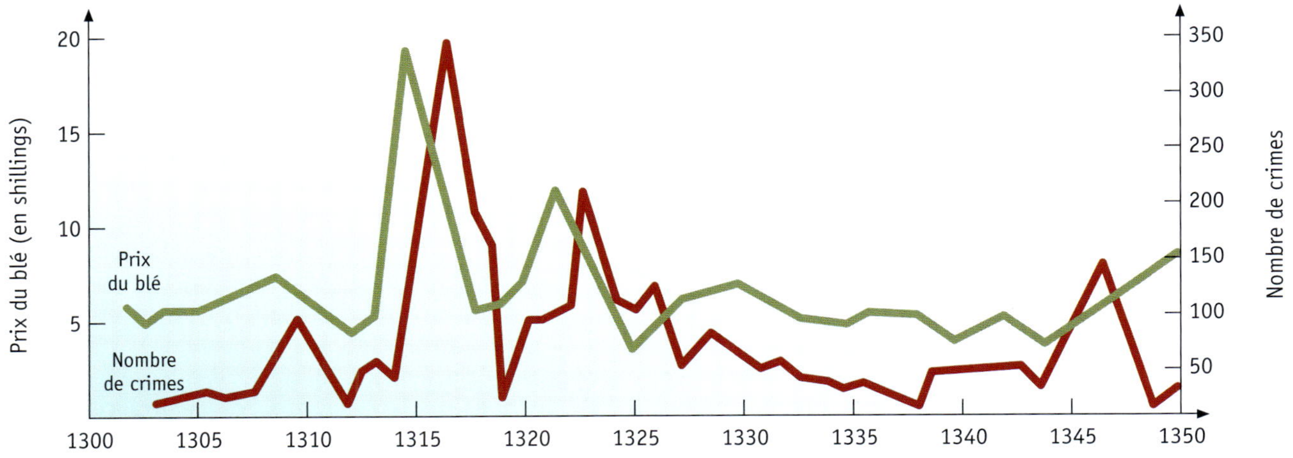

Source: Dennis SHERMANN. *Western Civilization: Sources, Images and Interpretations, Volume I: To 1700*, 6e éd., New York, McGraw-Hill, 2004, p. 152.

Carte 6.1

L'EXPANSION DE LA PESTE EN EUROPE, DE 1347 À 1350

Cette carte montre la rapidité et l'ampleur de la progression de la peste à laquelle les populations ne peuvent échapper.

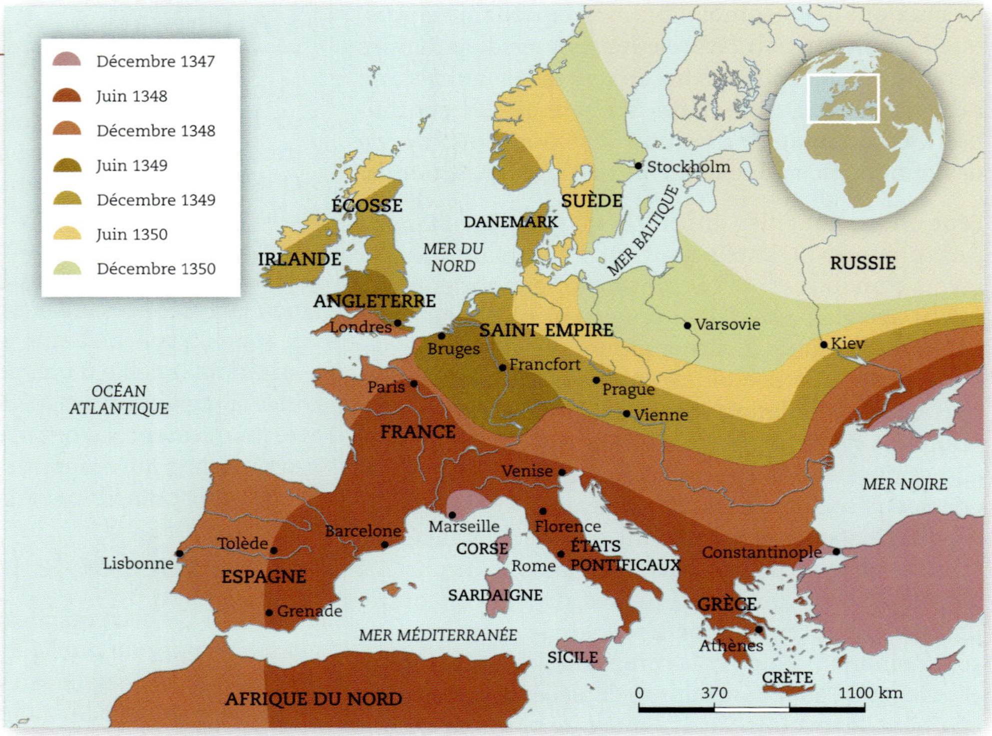

La pandémie touche l'Europe par le sud, dès 1347. Les navires génois, qui font du commerce entre la mer Noire et la Méditerranée, rapportent dans leurs cales des produits de luxe qu'ils déchargent dans les ports de Sicile, du reste de l'Italie et de France. Nichés dans la soie, l'or et les épices, ces produits luxueux qui font rêver, il y a des rats infestés de puces contaminées. En trois ans, l'épidémie se répand dans toutes les directions en Europe (voir la carte 6.1). Si, après 1351, il y a un court répit, chaque nouvelle génération sera confrontée à la réapparition de la peste jusqu'à la fin du XVIIIe siècle. Cependant, la maladie frappera avec moins de vigueur qu'au moment de sa première manifestation, entre 1347 et 1351.

Au XIVe siècle, la condition de l'Europe est propice à l'éclosion d'une telle épidémie. La population est mal alimentée, affaiblie et se soucie peu des règles d'hygiène individuelles ou collectives. À la campagne, pour se prémunir du froid, on dort près des animaux ; à la ville, tous les membres d'une même famille dorment dans le même lit ou dans la même chambre. Les maisons sont des espaces confinés, enfumés, mal éclairés, mal isolés. Les rats y entrent et s'y installent sans problème. D'ailleurs, ils se baladent librement dans les villes, en compagnie de cochons et de bien d'autres animaux. Tout ce monde se croise dans des rues étroites et souvent en terre battue, où se retrouvent, pêle-mêle, les déchets des animaux comme ceux des hommes. En effet, les toilettes se résument souvent à des pots de chambre qu'on vide par la fenêtre ou sur le seuil de la porte. Dans un tel contexte, où rares sont ceux qui peuvent rester propres, tout le monde a des poux et des puces, et une piqûre passe facilement inaperçue.

Les historiens s'entendent pour dire qu'au moins un quart, si ce n'est un tiers de la population européenne meurt de cette première épidémie de peste au XIVe siècle. Évidemment, les taux de mortalité sont variables selon les régions : dans certains cas, ce sont des villages entiers qui sont désertés ; dans certaines villes, c'est la moitié de la population qui meurt. Dans tous les cas, la peste accentue la chute de la population déjà amorcée par les famines du début du siècle.

Les réactions à la peste

Devant une telle épidémie, personne ne comprend ce qui arrive. Ceux qui le peuvent fuient. Mais la peste épargne peu de monde et ne fait aucune distinction entre les citadins et les paysans, entre les riches et les pauvres. Dans certains endroits, on cherche à appliquer des mesures de quarantaine. Mais comment fermer la porte à un virus ? Le plus souvent, on enferme les malades afin d'en ralentir la propagation. S'ils survivent à cet enfermement, tant mieux pour eux, ils seront guéris, sinon, tant pis, c'est qu'il n'y avait rien à faire de toute manière. En effet, les médecins ne savent ni guérir ni prévenir la peste. Ils prescrivent essentiellement des saignées, qui consistent à évacuer volontairement une certaine quantité de sang, puisqu'ils croient que la maladie découle d'une corruption des « humeurs », les liquides organiques du corps humain. Ces traitements ont donc pour but de permettre aux « poisons » responsables de la peste de s'échapper du corps. Malheureusement, c'est souvent la vie qui part avec. Dans les hospices des villes, qui sont des hôpitaux publics, les malades partagent leurs lits; il arrive même que les nouveaux venus se couchent dans les draps de ceux qui viennent de mourir. Ce sont les congrégations religieuses qui se dévouent auprès des malades. Mais, que ce soit à la ville ou à la campagne, et malgré les soins qu'on tente de prodiguer aux pestiférés, ces lieux d'accueil sont bien souvent leurs mouroirs.

Devant l'impuissance de la médecine, les gens se tournent vers des solutions qui relèvent de la foi. En Occident, comme au Moyen-Orient, beaucoup estiment que la peste est un châtiment de Dieu imposé aux hommes pour les punir d'une terrible conduite. En Europe, les flagellants, membres d'une secte religieuse, organisent des processions publiques de pénitence, de ville en ville. Ils se fouettent en public, d'où leur nom, pour racheter les péchés collectifs, et offrent à la vue de tous leurs corps partiellement nus et en sang. Leur extrémisme attise des flambées de violence au sein des populations, qui se tournent vers les victimes qu'elles trouvent: les marginaux, les vagabonds, les Juifs. Ces derniers, qui forment la seule communauté religieuse différente de la majorité chrétienne, constituent un bouc émissaire facile. Bien qu'ils meurent de la peste comme tout le monde, ils sont accusés de comploter pour tuer les chrétiens et sont les premières victimes de ces accès de violence spontanés.

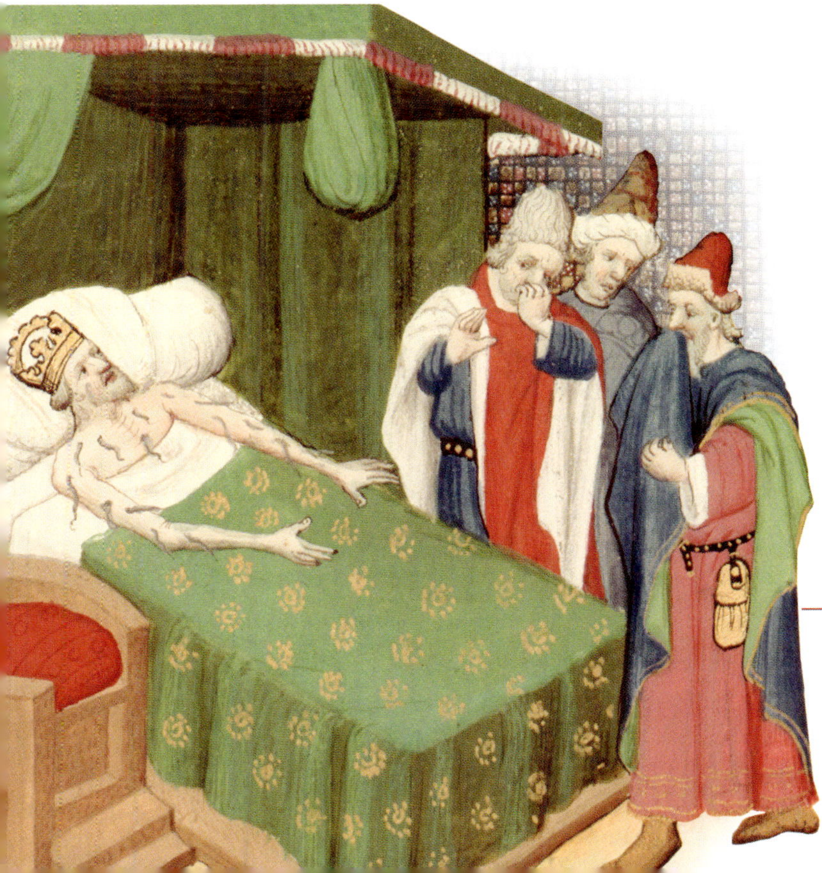

Au Moyen Âge, bien des médecins pensent qu'il faut saigner les corps pour que la maladie s'en échappe. Une des méthodes est d'appliquer des sangsues sur le corps. Si les docteurs se couvrent le nez sur ce tableau, c'est parce qu'ils pensent que les maladies se propagent aussi en empoisonnant l'air. Illustration tirée du *Décaméron* de Boccace (XVe siècle).

LES GUERRES

Aux tourments de la misère, des famines et de la peste s'ajoutent ceux de la guerre. Durant tout le XIVe et le XVe siècle, des conflits militaires sans fin déchirent les monarchies autant que les villes. La France et l'Angleterre, par exemple, s'affrontent dans la guerre de Cent Ans (1337-1453). Pendant ce temps, durant la majeure partie du XVe siècle, deux familles d'Angleterre convoitent le trône. Elles s'attaquent périodiquement dans ce qu'on a nommé, *a posteriori*, la guerre des Deux-Roses, suivant les emblèmes de chacune: la rose rouge pour les Lancastre et la rose blanche pour les York. La péninsule espagnole est ravagée par la Reconquista, une guerre menée par les chrétiens contre les musulmans, qui se sont installés sur ce territoire au VIIIe siècle. Parallèlement, les royaumes de Navarre, de Castille et d'Aragon se font mutuellement la guerre pour s'imposer à la tête de la future Espagne. Dans les îles Britanniques, l'Écosse va difficilement gagner son indépendance face à l'Angleterre, qui s'impose par ailleurs au pays de Galles et en Irlande. Toute l'Italie, quant à elle, est tiraillée par des conflits politiques. Les villes du Nord s'affrontent, et le Sud est la visée de pouvoirs étrangers. De même, dans le Saint Empire, où le pouvoir central est faible, les princes prennent les armes, pendant que les Slaves et les Turcs ottomans progressent dans leur avancée menaçante, à l'est. Ainsi, on peut dire que toute l'Europe est en guerre à cette époque.

Contrairement aux siècles précédents, où les conflits étaient de petite envergure et souvent entre membres de la noblesse, au XIVe siècle, la guerre devient le fait des rois, à la tête de monarchies belliqueuses de mieux en mieux organisées. Ils prélèvent régulièrement des impôts exceptionnels pour financer des troupes l'année durant. Toutes sortes d'hommes misérables se lancent dans ce nouveau métier, celui de la guerre, en quête de gloire, de butin ou tout simplement d'une paie. Des cadets de bonne famille et des jeunes nobles appauvris font partie de troupes de mercenaires qui se vendent au plus offrant. Ces compagnies de soldats professionnels sont très courantes en Italie, pays ravagé par les guerres civiles, où elles opèrent sous les ordres d'un condottiere, à la fois soldat, stratège ou ingénieur. Machiavel s'en inspirera pour faire le portrait de son fameux Prince idéal (voir «Les humanistes et la politique», p. 206).

Ainsi, les anciennes armées féodales, formées de nobles à cheval, sont vite déclassées par les soldats à pied, une infanterie mieux armée et plus nombreuse. Les grands arcs, les *long bows* écossais, se répandent sur les champs de bataille, de même que les longues piques des mercenaires suisses. Les Européens commencent également à maîtriser la poudre à canon. Longtemps utilisée par les Chinois et les Arabes pour faire des feux d'artifice, cette poudre est adaptée à la guerre durant le Moyen Âge. Elle aide notamment les Turcs ottomans à prendre Constantinople, en 1453. Les artisans européens maîtriseront si vite et si bien cette nouvelle spécialité qu'elle sera indissociable des grandes explorations et des conquêtes européennes (voir « Les premières explorations », p. 181). Au début, cependant, les premières armes à feu européennes font plus de bruit que de mal, faute d'être suffisamment précises.

Cela dit, la guerre ne fait pas des victimes que sur les champs de bataille. Les civils en souffrent aussi, puisque les villes et les campagnes sont ravagées par des pluies de flèches et de boulets. De plus, étant donné que les nouveaux professionnels de la guerre sont souvent mal payés, on leur accorde le droit de piller les territoires conquis, et de s'emparer des récoltes et du bétail. Pendant les trêves, pour survivre, ils terrorisent les paysans, prennent des otages contre rançon et deviennent des brigands de grands chemins. Les non-combattants sont donc entraînés dans la folie du siècle, avec très peu de moyens pour s'en prémunir.

L'ESSOR DES ÉTATS MODERNES

Seuls des gouvernements centralisés, qui coordonnent les finances d'un royaume, peuvent s'engager dans les dépenses faramineuses associées à de telles campagnes militaires. Au cours des XIVe et XVe siècles, les États modernes continuent à se structurer. Ils répondent aux besoins toujours grandissants des rois, qui dépassent de plus en plus ce que les structures féodales permettent de financer. Ce processus de longue durée, qui a déjà commencé timidement au XIIIe siècle, va aboutir à de nouvelles structures politiques.

En premier lieu, les rois vont tenter de s'émanciper des pouvoirs qui leur font compétition, soit la papauté et la noblesse. Ainsi, l'Angleterre brise le lien de vassalité qui l'unit à la papauté dès 1366, en ne payant plus le cens, l'impôt annuel. Le roi de France ira encore plus loin en signant la Pragmatique Sanction de Bourges, en 1438. Celle-ci lui permet d'instaurer une Église « nationale » française, c'est-à-dire sous son pouvoir direct. Cette augmentation de la puissance des rois au détriment de celle de la papauté marque la fin de la théocratie pontificale médiévale (voir le chapitre 5).

Ce sont les rois, et eux seuls, qui doivent avoir tous les pouvoirs en leurs royaumes. Le principe de la « souveraineté nationale » s'impose. Divers facteurs viennent

La bataille de Crécy, en 1346. Cette illustration reconstitue l'une des premières grandes batailles de la guerre de Cent Ans. On peut voir que la chevalerie française est confuse (à gauche, avec le drapeau bleu aux fleurs de lys) et mise à mal par les archers anglais et gallois. Les mercenaires génois (en bas, à gauche), à la solde du roi de France, utilisent des arbalètes, lourdes et longues à recharger. Ils fuient eux aussi devant les archers anglais (manuscrit français du XVe siècle).

en aide aux rois à cet égard. D'une part, la guerre n'est plus menée essentiellement par la noblesse. Face aux canons et aux armées royales, celle-ci n'a d'ailleurs plus autant de facilité à se retrancher dans ses châteaux fortifiés pour soutenir des sièges contre les rois. D'autre part, les États commencent à cultiver le nationalisme et à user de propagande pour renforcer la cohésion au sein de leurs populations.

La guerre de Cent Ans est un bon exemple de nationalisme qui mène souvent à de longs et coûteux affrontements. À cette époque, les prétextes sont nombreux pour justifier la guerre entre la France et l'Angleterre, les deux royaumes les plus puissants d'Europe. Mais ce qui fait voler le fragile équilibre en éclats, c'est la prétention du roi anglais au trône de France. En effet, le jeu des alliances matrimoniales, favorisé par les dynasties au pouvoir en Europe, a fait en sorte que le roi d'Angleterre est le petit-fils du roi de France… et son seul héritier direct. Lorsqu'il revendique le trône français, un tollé de contestation s'élève. Chaque État va insister sur la légitimité de l'effort de guerre en peignant l'ennemi, français ou anglais selon le cas, comme le pire des traîtres à la « nation ».

Les Anglais vont largement dominer la guerre à ses débuts, grâce à leurs techniques militaires. Mais, après 116 ans de conflit, de guerres par à-coups et de trêves plus ou moins longues, ce sont finalement les Français qui en sortiront vainqueurs. Cette victoire est en grande partie le fait d'une alliée de taille : elle s'appelle Jeanne, a 17 ans, et entend des voix… Cette paysanne de bonne famille a un destin qui lui échappe rapidement. Elle mène l'armée française sur les champs de bataille, guidée par des voix divines qui lui intiment de « bouter les Anglais hors de France ! ». La présence de la pucelle d'Orléans, comme on la surnomme, galvanise les troupes. Elle va devenir un des symboles de l'appel à la « nation ». En réalité, il a fallu un concours de circonstances pour que la victoire lui soit attribuée. Lorsqu'elle est capturée et vendue aux Anglais, les Français n'interviennent pas. Elle est condamnée pour hérésie et brûlée sur un bûcher en 1431.

Cette statue de Jeanne d'Arc, qui date du début du XXe siècle, illustre la réhabilitation et l'idéalisation de ce personnage à l'époque moderne. Jeanne d'Arc sera d'ailleurs canonisée en 1920.

LE RÔLE DES PARLEMENTS

Même si c'est une cour religieuse qui condamne Jeanne d'Arc, ce sont d'abord des universitaires qui se prononcent contre elle. Ce fait n'est pas anodin, puisqu'il illustre la subordination croissante des intellectuels à la royauté. Ces intellectuels se réfèrent au droit romain pour définir les bases de la puissance des États et de l'ordre social. Le droit romain, redécouvert en Occident depuis le XIIe siècle, devient donc un outil de plus en plus utilisé pour justifier les prétentions des rois. Toutefois, aux XIVe et XVe siècles, face à leur pouvoir grandissant, le rôle des Parlements, qui représentent les préoccupations de la noblesse, s'accentue également (voir le chapitre 5).

En Angleterre, un véritable dialogue s'instaure entre la monarchie et le Parlement, qui existe dans ce pays depuis le XIIIe siècle. Les discussions tournent essentiellement autour des questions financières et judiciaires. Alors que l'Angleterre est aux prises avec la guerre de Cent Ans contre la France, le roi doit obtenir l'accord de la noblesse avant de lever de nouveaux impôts destinés à financer ce conflit interminable. Le Parlement anglais se divise en deux assemblées : la Chambre des lords, soit les plus grands seigneurs féodaux, et la Chambre des communes où siègent les élus locaux, souvent liés aux intérêts des lords. Cette noblesse constitue un contre-pouvoir auquel le roi fait parfois la guerre quand les discussions n'aboutissent pas !

En France, le Parlement de Paris existe aussi depuis le XIIIe siècle, mais il joue plutôt le rôle d'une cour de justice (voir le chapitre 5). Ce sont en fait les états généraux, créés au début du XIVe siècle, qui jouent le rôle d'institutions représentatives. Ces assemblées regroupent, sur ordre du roi, des représentants du clergé, de la noblesse et de la haute bourgeoisie. Pendant ces réunions, le roi fait approuver les hausses de taxes, entre autres. La noblesse y est majoritaire, et ce, même si elle ne paie que très peu de taxes.

Lorsque les états généraux sont convoqués, de manière irrégulière, c'est donc essentiellement pour approuver les décisions du roi et lui donner plus de légitimité. Il en va de même dans les royaumes ibériques, où les *cortes* représentent une noblesse récalcitrante mais généralement obéissante. Il faudra attendre la Révolution française, en 1789, pour que la noblesse française utilise le Parlement et les états généraux pour s'opposer au roi et décider de l'avenir du pays. En Angleterre, cela se fera dès le XVIIe siècle.

Même dans le dernier empire qui subsiste en Europe, le Saint Empire, un Parlement des États confédérés, la Diète, ou *Reichstag*, prend forme. Petit à petit, les princes et les villes autonomes qui le composent s'affranchissent du pouvoir de l'empereur et défendent jalousement leur indépendance. Pendant ce temps, l'Empire byzantin, qui s'est longtemps défini en tant que seul héritier légitime de l'Empire romain, disparaît aux mains des Turcs, qui l'intègrent à l'Empire ottoman, alors en expansion (voir la carte 6.2). La ville de Constantinople tombe entre leurs mains en 1453. Dès lors, les territoires à l'est de la Méditerranée ne font plus partie de l'imaginaire occidental, comme c'était déjà le cas pour ceux du sud. La carte 6.2 permet de voir l'étendue de cet empire et de l'Occident, désormais centré sur le nord de l'Europe.

LES RÉVOLTES DANS LES CAMPAGNES ET DANS LES VILLES

Partout en Europe, le contexte globalement instable pousse les paysans à se révolter : les Flamands en 1320, les Français en 1358, les Anglais en 1381, de même que des paysans de centaines d'autres endroits. Dans presque tous les cas, c'est l'augmentation des corvées, déjà jugées excessives, qui est le détonateur de ces soulèvements populaires. En France, lors des jacqueries, les paysans (les Jacques) se tournent contre la noblesse, qu'ils blâment pour tous leurs problèmes : le travail de la terre, de plus en plus lourd en raison de la diminution démographique ; le brigandage, qu'elle ne contrôle pas ; la guerre et ses ravages, qu'elle entretient et glorifie.

En Angleterre aussi, diverses causes s'additionnent et mènent à des révoltes. C'est la nature même de la société féodale qui est remise en cause : l'asservissement des paysans à la terre et aux seigneurs et l'impossibilité d'une mobilité sociale. Les paysans demandent qu'on leur verse des salaires en argent et non en nature. Ils souhaitent également louer la terre qu'ils travaillent, dans le but de prélever pour eux-mêmes un petit surplus du fruit de leur labeur, plutôt que d'être corvéables à merci…

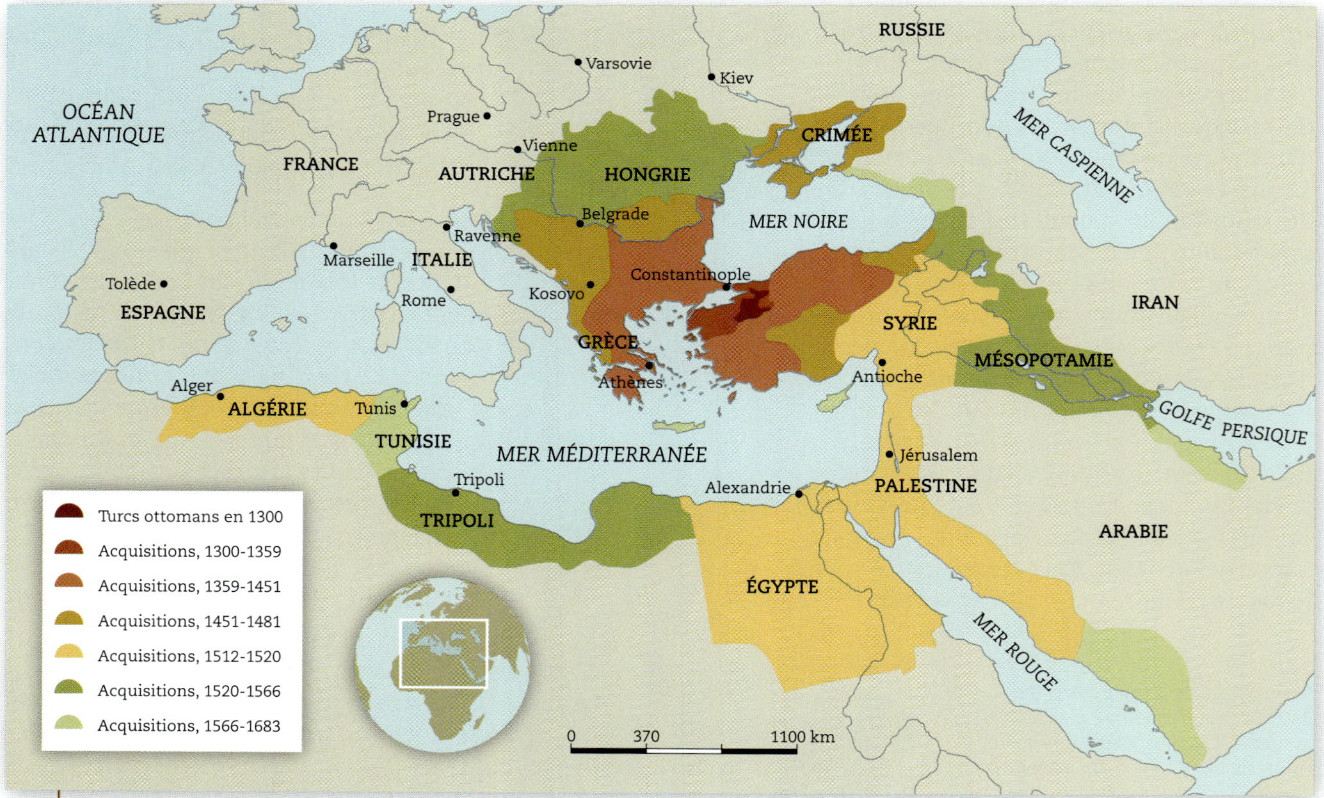

Carte 6.2

L'EXPANSION DE L'EMPIRE OTTOMAN

Alors que l'Europe est aux prises avec des guerres entre ses différents royaumes, à l'est de la Méditerranée l'Empire ottoman est en plein essor.

EMPREINTES DE L'OCCIDENT

L'HISTOIRE FAIT TOUT UN PLAT !

Avez-vous déjà *mis la table* pour manger le bon plat mijoté — ragoût, pot-au-feu, choucroute ou cassoulet — que grand-maman avait préparé ? Ces plats réconfortants ont une longue histoire, qui tire ses origines de la cuisine paysanne médiévale.

Pour réussir à passer à travers leurs longues journées de travail, les paysans du Moyen Âge doivent s'alimenter souvent. Mais que mangent-ils et comment ? Les habitations étant peu spacieuses et les paysans ayant peu de temps libre, il est fréquent qu'ils mangent debout. Parfois, il leur arrive tout de même de *mettre la table*, ce qui signifie littéralement à l'époque de mettre en place une table, qui n'est pas fixe, pour l'occasion. Quel est le plat favori des paysans ? Un *bouilli*, c'est-à-dire un plat qui a longuement mijoté sur le feu. Les ingrédients varient selon les saisons et les récoltes, l'abondance n'étant pas toujours au rendez-vous, mais on y retrouve habituellement des légumes comme du chou, du navet, des poireaux, des carottes, des oignons, des herbes aromatiques comme du thym et de la sauge, et de la viande, par exemple du porc. Le tout est lié par un bouillon. Selon les régions, le bouilli peut contenir des légumineuses (fèves blanches ou pois chiches). Une tranche de pain épaisse, appelée « pain tranchoir », accompagne généralement le plat.

Cette description vous rappelle-t-elle quelque chose ? Il y a fort à parier que vous avez déjà goûté à un de ces plats traditionnels. Ainsi, malgré les siècles, le Moyen Âge reste bien vivant dans notre alimentation.

Jean Froissart s'est fait le chroniqueur de ces rébellions, comme celle d'Angleterre. Il raconte que :

> *[...] Jean Ball avait l'habitude, tous les dimanches après la messe, quand les gens sortaient de l'église, de venir dans le cloître ou le cimetière, de rassembler le peuple autour de lui, et de prêcher. Et il disait : "Bonnes gens, les choses ne peuvent bien aller en Angleterre, elles ne marcheront que lorsque tous les biens seront en commun, qu'il n'y aura plus de vilains ni de gentilshommes, et que nous serons tous égaux. Pourquoi donc ceux que nous appelons des seigneurs sont-ils plus grands que nous ? En quoi l'ont-ils mérité ? Pourquoi nous tiennent-ils en servage ? Et cependant, nous venons tous d'un seul père, Adam, et d'une seule mère, Ève. Comment peuvent-ils dire et prouver qu'ils sont seigneurs plus que nous, sinon parce qu'ils nous font cultiver et labourer ce dont ils usent ? Ils sont vêtus de velours et de camocas fourrés de vair et de gris, et nous sommes vêtus de pauvres habits. Ils ont du vin et des épices et du bon pain ; nous avons le seigle, le son, la paille et nous buvons de l'eau ; ils ont le repos et les beaux manoirs, nous avons la peine et le travail, la pluie et le vent dans les champs [...]." [...] ces méchantes gens commencèrent à se soulever [...]. Ils se mirent tous en route, et descendirent sur Londres. [...] il y avait là des gens de leur parti, qui disaient : "[...] Ce sont nos gens, et tous ce qu'ils font, c'est pour nous." [...] il y en avait qui ne désiraient que le désordre, et que la destruction de la noblesse, qui ne demandaient qu'à piller et saccager Londres.*

Document 6.1 Jean Froissart, *Chroniques*, 1369-1400.[1]

Dans toutes les villes européennes, et particulièrement en Italie, les conditions économiques changent au XIVe siècle. Journaliers, apprentis et petits artisans commencent à s'unir pour avoir plus de poids social. Parfois, des prédicateurs charismatiques prennent la tête de ces mouvements spontanés et combinent les projets de réforme sociale et de réforme religieuse.

Une des plus fameuses rébellions populaires est celle des Ciompi, en 1378. Ces ouvriers florentins, affectés aux tâches les plus dures et les plus ingrates dans la production des lainages, comme la teinture, exigent des réformes économiques et une reconnaissance politique. Ils veulent notamment avoir accès aux guildes, qui sont devenues exclusives et dont les membres sont de plus en plus restreints et fortunés (voir le chapitre 5). Ainsi, en Italie, comme en France et en Flandres, les violentes révoltes urbaines et rurales ne sont pas des révoltes de la faim. L'exemple des Ciompi montre bien qu'ils ne contestent l'ordre établi que pour mieux y accéder, et pour s'assurer de bénéficier des changements économiques et politiques. Cependant, ces soulèvements sont brutalement écrasés. Bon nombre de paysans et d'ouvriers sont tués et leurs chefs, arrêtés, jugés et condamnés. Si ces troubles se calment, ce n'est donc nullement parce que les plaintes sont entendues. Cette éventualité n'existe pas encore dans les États modernes des XIVe et XVe siècles.

PLUSIEURS PAPES POUR L'OCCIDENT

Durant cette période de crises sociales, l'Église n'échappe pas à la tourmente. Les guerres civiles italiennes poussent en effet les papes à demander asile au roi de France afin qu'il les protège. C'est pourquoi, de 1309 à 1376, la papauté ne siège plus à Rome, mais plutôt à Avignon, dans le sud-ouest de la France. C'est ce qu'on a nommé l'« exil avignonnais ».

Cependant, la présence des papes à Rome est intimement liée aux origines de la chrétienté et à la raison d'être de l'Église. Cet exil de près de 70 ans semble mettre la papauté au service du roi de France, et lui attire bon nombre de critiques. Pour réussir à rentrer dans « leur » ville, certains papes vont aller jusqu'à engager des armés de mercenaires ! Mais c'est finalement par la diplomatie, plus que par les armes, que cette situation va se régler.

Peu après son retour à Rome, la papauté n'est pas au bout de ses peines. Des conflits entre cardinaux entraînent des élections contradictoires faisant en sorte que deux papes règnent en même temps. C'est ce qu'on a appelé le Grand Schisme, qui a duré de 1378 à 1417. Pendant près de 40 ans, un pape italien règne donc à Rome pendant qu'un autre, français et cousin du roi, demeure à Avignon. Il s'ajoutera même un troisième pape pendant un court laps de temps. Tous ces pontifes se disent légitimement investis d'une mission par Dieu. Lequel faut-il croire ? La chrétienté se divise autour de cette crise complexe. Rois et clergé s'affrontent et soutiennent un pape ou l'autre, selon leurs intérêts. Au milieu de ce siècle déjà troublé, les errances de la papauté égarent les croyants et fournissent à ceux qui questionnent l'Église des arguments supplémentaires.

LES CRITIQUES DE L'ÉGLISE ET LA CRISE DES MENTALITÉS

Alors que les bouleversements du siècle ont profondément affecté les mentalités, une préoccupation domine : l'incertitude face à l'avenir et le besoin d'être rassuré. Comment se protéger contre les aléas de la nature, les méfaits de la guerre ou la misère quotidienne ? L'Église est montrée du doigt et plusieurs milieux lui adressent des critiques. Pourquoi ?

Depuis longtemps, l'Église s'impose comme seul guide spirituel en Occident. Elle prêche les vertus de l'humilité et de la charité chrétienne, de même que l'exemple de Jésus-Christ comme seul chemin vers le salut de l'âme. Ses prêtres accompagnent les croyants, s'instituent comme les médiateurs entre Dieu et les hommes, et disent donner l'exemple. Or, certains membres de

Le palais des Papes à Avignon. Édifié à partir de 1335, il est principalement l'œuvre de deux papes bâtisseurs, Benoît XII et son successeur Clément VI.

La mort, terrifiante sur son chariot, triomphe de toutes les classes sociales, comme l'illustrent les habits de ceux qu'elle écrase sur son passage.
Illustration des *Triomphes* de Pétrarque (vers 1503).

l'Église jouissent paradoxalement de richesses et de mondanités jugées indécentes, s'attardant davantage à des préoccupations matérielles qu'à leur mission spirituelle. C'est sur cette base que l'Église est contestée : si être bon chrétien signifie obéir à l'Église et participer à ses rituels, celle-ci se doit d'être un modèle.

La fortune de l'Église

Si l'Église catholique romaine est riche, c'est notamment parce que, au cours des siècles, elle a acquis de nombreuses propriétés, prélevé des taxes auprès de tous et reçu des dons. En outre, elle n'a redistribué que partiellement cette richesse à la communauté des croyants. Les papes, princes des États pontificaux en Italie, sont donc à la tête d'une des plus grandes fortunes monétaires et foncières d'Europe. Ils vivent dans le luxe, de même que leur suite et les membres du haut clergé, comme les évêques et les archevêques. Ils mènent un train de vie similaire à celui de la noblesse, dont ils font d'ailleurs partie.

Pour maintenir leur rang, certains membres du clergé n'hésitent pas à cumuler les bénéfices et, par là même, les revenus. En effet, il n'est pas rare de voir un ecclésiastique se retrouver en charge de plusieurs paroisses, chacune rapportant un revenu, qu'on appelle une « prébende ». Ce phénomène entraîne un laisser-aller dans la gestion des paroisses, puisqu'une même personne ne peut être à plusieurs endroits en même temps. Certaines paroisses sont tout simplement laissées vacantes et souffrent de cet absentéisme. D'autres sont offertes à des proches, voire à des membres de la famille, ce qui donne lieu à une sorte de favoritisme qu'on appelle le « népotisme ». D'autres, enfin, sont « confiées » à des remplaçants souvent moins éduqués, moins payés et peu motivés. Toutes ces pratiques douteuses font en sorte de créer chez les croyants une sensation d'être laissés pour compte. Même si plusieurs ecclésiastiques se sont illustrés lors de la peste, au risque de leur vie, il n'en demeure pas moins qu'un nombre croissant de voix se font entendre pour dénoncer ces abus et exiger une réforme de l'Église.

Vers de nouvelles pratiques religieuses

Certaines des critiques les plus virulentes viennent d'universitaires, eux-mêmes membres du clergé, comme John Wyclif, théologien de l'Université d'Oxford en Angleterre, ou Jean Hus, recteur de l'Université de Prague. Ils proposent une nouvelle vision de la religion impliquant une réorganisation de l'Église catholique. Pour eux, l'autorité religieuse absolue réside uniquement dans les Évangiles et dans les assemblées d'évêques, qu'on appelle les « conciles ». Ainsi, ils contestent l'autorité et le pouvoir du pape, et certains vont même jusqu'à demander que la papauté soit abolie et que l'Église renonce à ses nombreux biens. Ces idées sont considérées comme hérétiques et valent à leurs propagateurs et à leurs adeptes la persécution, la condamnation et la mort. Mais elles feront leur chemin dans l'imaginaire occidental, alimenteront les révoltes sociales et deviendront encore plus vives au XVe siècle (voir « Les réformes religieuses », p. 208).

En attendant, pour répondre aux besoins du moment, bien des gens s'approprient les rites religieux et les adaptent. On assiste à un certain regain de la pratique religieuse, qui se traduit par de nouvelles pratiques visant à calmer les esprits. Le culte des saints, et particulièrement celui de la Vierge, prend de l'ampleur. Ces personnages sont investis d'un grand pouvoir de protection et d'intercession auprès de Dieu. Par exemple, c'est à saint Christophe qu'on demande protection contre la mort subite ; saint Antoine de Padoue est celui qui aide à retrouver les objets perdus, et ainsi de suite. Les images pieuses se multiplient aussi, et

Entre le XIVe et le XVIe siècle, l'obsession de la maladie et de la mort est particulièrement présente dans l'art, sous toutes ses formes. Et pour cause ! Mais une certaine ironie prend le dessus dans les « danses macabres ». Ces danses mettent en scène des squelettes souvent grimaçant et ricanant qui entraînent les vivants dans une folle farandole.

La danse macabre de la Chaise-Dieu. Fresque (XVe siècle).

accompagnent les croyants en tout temps, serrées dans les replis d'un vêtement, dans les tiroirs d'un coffret, dans les médaillons portés sur la poitrine. On voit également se développer une dévotion religieuse plus intériorisée, qu'on a appelée la « dévotion moderne », qui consiste à tenter de parvenir à une meilleure connaissance des obligations chrétiennes par la lecture des Évangiles ou par la méditation sur leurs messages. Mais cela ne concerne qu'une petite élite de gens éduqués.

Hérésie et sorcellerie

Pour la majorité de la population, la foi se manifeste autant par des célébrations communes, comme la messe et les processions, que par des gestes qui relèvent plutôt de la superstition. S'il n'y a plus de grands mouvements d'hérésie au XIVe et au XVe siècles, ce sont les diverses pratiques de sorcellerie qui deviennent progressivement la cible des persécutions religieuses, alors qu'elles sont perçues comme autant d'actes maléfiques et démoniaques. Un vaste mouvement de chasse aux sorcières ébranle les populations européennes, comme en témoignent les procès, bien réels, qui commencent dès le milieu du XVe siècle et se multiplient jusqu'au milieu du XVIIIe siècle.

Pourtant, maléfices, sorts et potions en tout genre, qu'ils servent des buts positifs ou négatifs, sont couramment utilisés et tolérés depuis longtemps. Dès la fin du XIVe siècle, cependant, la magie devient synonyme de satanisme. Pour des raisons variées et complexes, sur lesquelles les historiens ne s'entendent pas, les pouvoirs politiques et religieux commencent à rechercher et à pourchasser ces « ennemis intérieurs ». De nombreuses publications prétendent expliquer le pouvoir du Diable et aider les autorités à le débusquer. L'ouvrage le plus connu dans ce domaine est le *Malleus Malificorum*, écrit en 1486 par deux moines inquisiteurs. Il décrit toutes les étapes par lesquelles les sorcières font des pactes avec le Diable. On y lit qu'elles célèbrent des sabbats, des assemblées de débauche nocturnes, souvent les soirs de pleine lune, auxquelles elles se rendent sur des balais magiques pour coucher avec des démons et sacrifier des enfants ! Des milliers de personnes subissent des procès, essentiellement des femmes. Approximativement la moitié sont condamnées et brûlées. Entre 1450 et 1750, environ 45 000 personnes périssent sur les bûchers.

L'Église met donc la sorcellerie dans le même sac que l'hérésie. Elle procède à des interrogatoires, menés par des inquisiteurs qui arrachent des aveux aux accusés en usant des pires tortures. Ces aveux sont autant de preuves incriminantes brandies dans des procès qui contribuent à créer un climat de peur généralisé et se révèlent un puissant outil de contrôle des populations, plus particulièrement de tous ceux qui s'écartent de la norme, comme les marginaux et les femmes. Autant de brutalité va alimenter la grande remise en question de l'Église et entraîner, au XVe siècle, un renouveau culturel, qu'on appelle la Renaissance. C'est en Italie que celle-ci commence à prendre forme.

LA RENAISSANCE ITALIENNE

Comme des milliers d'autres Européens, Laure de Sade meurt de la peste noire. Le 6 avril 1348, à l'âge de 38 ans, elle rend l'âme à Avignon, où l'on recense 7000 habitations abandonnées par leurs occupants, qui fuient dans les campagnes pour échapper à l'épidémie. Laure de Sade doit sa célébrité au fait qu'elle est la muse d'un des plus grands poètes italiens, Francesco Petrarca. Parce que Laure appartient à la noblesse et qu'elle est donnée en mariage à un noble italien, alors qu'elle n'a que 15 ans, Pétrarque (en français) se résigne à ne concevoir pour elle qu'un amour platonique. Elle lui inspire ses plus brillants poèmes, dont un où il conclut: «La mort paraissait belle sur son beau visage[2]». Cet émouvant poème fait le tour de l'Europe.

Au milieu de l'éprouvant XIVe siècle, alors que la peste noire fait ses pires ravages, un des événements les plus marquants de l'histoire occidentale débute: la Renaissance. Des hommes comme Pétrarque consacrent leur vie à écrire des poèmes, à étudier les auteurs classiques de l'Antiquité, à glorifier la beauté humaine… au milieu des morts. Dans l'imaginaire des Occidentaux, la Renaissance apparaît comme un beau visage qui surpasse la mort. Le mot «Renaissance» renvoie d'ailleurs à l'idée d'un retour à la vie faisant suite à un millénaire d'obscurantisme. Quelle vie? Essentiellement celle du monde gréco-romain.

Dans l'art, l'architecture, la science et la littérature, des transformations importantes sont à l'œuvre en Italie et seront reprises un peu partout en Europe. Ces transformations sont d'abord une tentative de restituer dans leur état original les textes de l'Antiquité et de poursuivre les courants artistiques gréco-romains. C'est dans les villes italiennes que naît cette vaste entreprise esthétique et culturelle. Elle donne lieu à un courant intellectuel qu'on nomme l'«humanisme». Parallèlement, à Mayence en Allemagne, un outil révolutionnaire est créé: l'imprimerie. Grâce à cette invention, les écrits des humanistes sont rapidement diffusés dans toute l'Europe. Mais avant d'aborder en détail le travail des artistes du XVe et du XVIe siècles et les mouvements artistiques qu'ils engendrent, attardons-nous sur les conditions qui rendent possible l'émergence de la Renaissance.

L'ITALIE, BERCEAU DE LA RENAISSANCE

Lorsqu'on évoque la Renaissance, on pense tout de suite aux célèbres artistes que sont Léonard de Vinci, Donatello, Michel-Ange et Raphaël, nés respectivement dans les villes de Vinci, de Florence, de Caprese et d'Urbino, en Italie. En effet, c'est dans ce pays que naît la Renaissance. Pourquoi? D'abord en raison du dynamisme des villes italiennes (voir la carte 6.3). Depuis plusieurs siècles, celles-ci sont plus urbanisées que les autres villes d'Europe. En outre, alors qu'ailleurs on enregistre des chutes démographiques dramatiques, en raison notamment des épidémies de peste et des guerres, les villes italiennes, au contraire, connaissent une hausse de leurs populations. La peste y est moins virulente et elles ont un meilleur approvisionnement alimentaire.

La croissance démographique des villes italiennes joue un rôle prépondérant dans la remarquable croissance économique qu'elles connaissent à cette période. Par exemple, au cours du XVe siècle, Florence devient le centre du commerce de la soie, un produit alors très prisé en Europe. Gênes s'impose comme le plus important centre financier d'Europe, notamment grâce à l'Office de Saint Georges, la banque des plus riches Européens de l'époque. Venise, toujours très présente dans le commerce maritime autour de la Méditerranée, devient un acteur de premier plan dans la construction navale. Aussi étonnant que cela puisse paraître, cette ville d'Italie enregistre à elle seule plus d'entrées fiscales, à la fin du XVe siècle, que tout le royaume de France!

LES VILLES ITALIENNES ET L'HÉRITAGE GRÉCO-ROMAIN

Le fait que l'Italie remette à l'honneur la gloire passée des cités grecques et romaines n'est pas si surprenant. En effet, elle a été le berceau de la grande civilisation grecque et le cœur de l'Empire romain. C'est donc tout naturellement qu'elle entreprend de rénover les vestiges de l'Antiquité en même temps qu'elle devient prospère et qu'elle érige des empires commerciaux. Ce phénomène n'est pas nouveau en Italie, puisqu'il commence dès le XIIe siècle. Par exemple, le Sénat de

Carte 6.3

LES VILLES ITALIENNES DE LA RENAISSANCE

La Renaissance connaît son éclosion dans la partie nord de l'Italie, notamment autour des chefs-lieux de Venise, Milan et Florence, ainsi que dans les villes sous l'autorité de l'Église chrétienne.

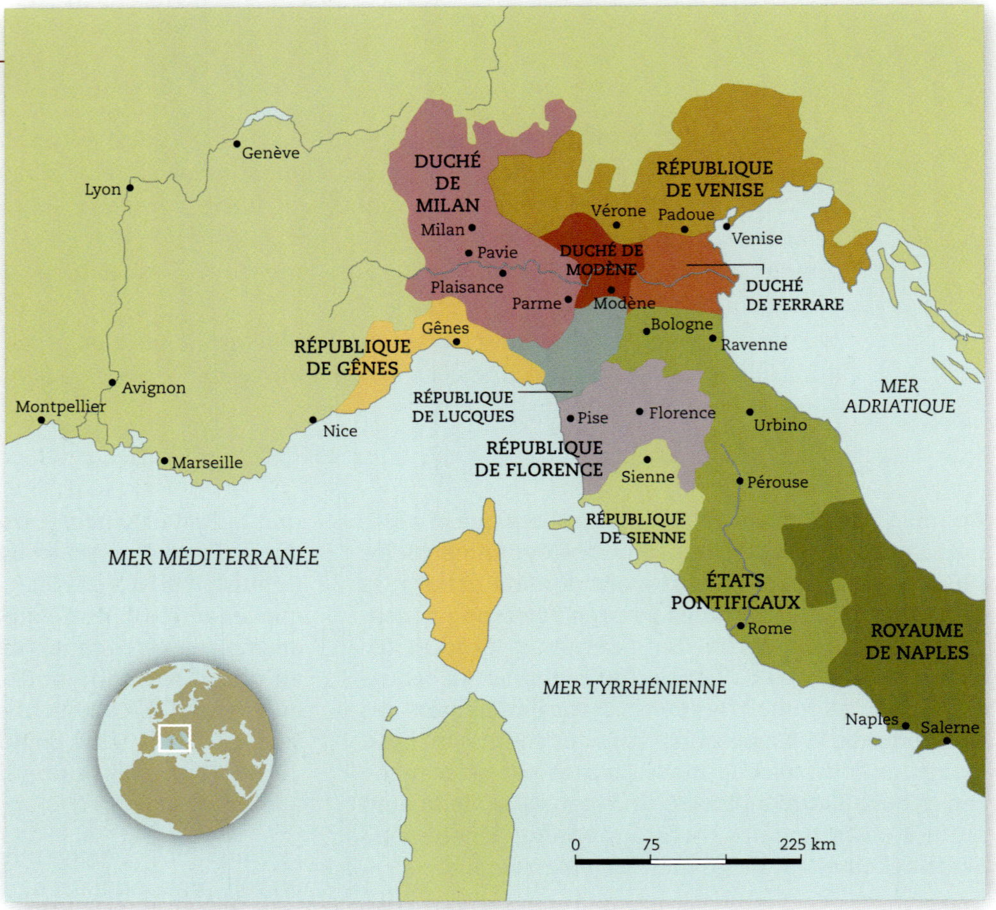

Rome est rénové de 1143 à 1144; la colonne Trajane, en 1162 et un immense obélisque romain, de 1150 à 1250. À l'époque de la Renaissance, les dirigeants de Rome se réunissent d'ailleurs dans le Sénat rénové, témoignant ainsi de leur volonté de garder vivante la glorieuse histoire de leur ville. Pétrarque, qui devient poète officiel de Rome en 1340, écrit ceci au sujet de la ville:

> « *Quels sont à ton avis les sentiments que font naître en l'Italien que je suis […] la ville de Rome, où […] vécurent des hommes innombrables dont la renommée ne se taira jamais? La ville, dis-je, qui n'a eu ni n'aura de semblable; que même ses ennemis ont appelée cité des rois; dont le peuple fut décrit en ces termes: "Grande est la fortune du peuple romain, grand et terrible son nom"; dont des poètes divins ont chanté la grandeur sans exemple et l'incomparable souveraineté présente et à venir? […] quelle douceur pour une âme chrétienne à voir sur cette terre une ville à l'instar du ciel, une ville formée des nerfs et des os sacrés des martyrs, éclaboussée du sang précieux des témoins de la vérité!* »

Document 6.2 Pétrarque, *Réponse à une lettre plaisante de Giacomo de Colonna, évêque de Lombez*, 1337.[3]

Parallèlement, Florence est considérée comme la première ville de la Renaissance artistique et se targue, dès le XIVe siècle, d'être la « nouvelle Athènes ». En 1396, on engage un diplomate byzantin pour y enseigner le grec. Lorsque Cosme de Médicis prend le pouvoir, en 1434, il amorce une vaste politique culturelle visant à faire de Florence le centre artistique de toute l'Italie. Pour ce faire, il finance des expositions itinérantes d'artistes florentins. C'est finalement son petit-fils, Laurent de Médicis, dit le Magnifique, qui va accomplir ce dessein grandiose, et qui va faire de Florence le centre de la Renaissance italienne.

Le mouvement de la Renaissance s'accélère à partir du milieu du XVe siècle, grâce à la prospérité des villes italiennes et à leur climat politique désormais plus paisible. Il faut savoir que les villes italiennes ont essuyé leur lot de conflits durant les XIIIe et XIVe siècles. Or, le 9 avril 1454, Venise et Milan signent un traité de paix, la paix de Lodi, et Florence se joint à elles, le 30 août de la même année, dans ce qu'on a appelé la « Ligue italienne ». Les trois États s'engagent à se porter assistance en cas d'agression, ce qui ouvre la porte à une période de stabilité propice à l'essor de la Renaissance.

On a longtemps considéré que la Renaissance italienne avait pour point de départ un événement extérieur à l'Italie, soit la prise de Constantinople par les Turcs, en 1453. Bien sûr, des milliers de Grecs se sont alors réfugiés en Italie, entraînant ainsi une hausse démographique. La présence d'artistes et d'intellectuels grecs a probablement suscité un intérêt pour la culture gréco-romaine. Mais on croit aujourd'hui que les conditions qui ont favorisé l'émergence de la Renaissance sont davantage internes à l'Italie, puisqu'on sait maintenant que ce mouvement a commencé bien avant la prise de Constantinople.

LES ORIGINES DE L'HUMANISME

Les historiens appellent « humanisme » le mouvement intellectuel qui propulse la Renaissance italienne vers son apogée. C'est un terme emprunté au vocabulaire qui existait déjà à l'époque médiévale, puisque les gens qui enseignaient alors le latin et le grec anciens disaient enseigner les « humanités ». Parce que les hommes de la Renaissance entendent renouer avec la culture gréco-romaine, ils se considèrent comme des « humanistes », même s'ils font beaucoup plus que simplement s'intéresser à la grammaire et à la rhétorique des langues classiques. En fait, l'utilisation de ce terme remonte même à Cicéron, un des premiers auteurs de l'Antiquité, qui intéresse particulièrement les gens de lettres de la Renaissance. Or, Cicéron qualifie d'« humanisme » la volonté de l'homme de parfaire les arts et la connaissance. Il n'en faut pas plus pour que les érudits italiens s'approprient ce terme pour décrire leur propre démarche culturelle et intellectuelle.

Parmi les premiers humanistes italiens, le plus connu est probablement Pétrarque (1304-1374), grand poète qui, à la suite de Dante, institue la langue toscane (la langue parlée à Florence) comme langue littéraire, au même titre que le latin. Cela dit, Pétrarque s'emploie également, durant toute sa vie, à rétablir le latin des textes anciens tel qu'il était à l'origine. Grâce à ses relations haut placées, il peut se procurer des textes rares, qu'il compare pour mieux les comprendre. Aujourd'hui, on appelle « philologie » ce type d'études. Pétrarque retrouve même des textes dont on avait perdu toute trace, notamment des ouvrages de Cicéron. À partir de 1370, plusieurs humanistes italiens poursuivent son travail. Comme Pétrarque, ils étudient les langues anciennes, surtout le grec, ainsi que l'arabe, dans le but de comprendre les textes de l'Antiquité, et même d'en éliminer les erreurs.

On pourrait être tenté de croire que les humanistes sont de tristes personnages enfermés dans de sombres bureaux, au milieu de piles d'ouvrages poussiéreux et accomplissant leur entreprise de restauration en silence. Cependant, le projet des humanistes ne se limite pas à rétablir les textes anciens. Au contraire, ils veulent retrouver l'engagement citoyen, être actifs dans la cité pour que leur savoir serve à éclairer les dirigeants. D'ailleurs, la plupart des princes italiens accordent une très grande importance aux humanistes. Ils leur confient l'éducation de leurs enfants et veulent eux-mêmes acquérir la culture humaniste. Pétrarque est donc un homme politique engagé dans les affaires de l'Italie et du sud de la France. Tantôt au service d'un cardinal, tantôt à celui de princes italiens et français, il est également ambassadeur du pape et de la république de Milan. Par ailleurs, les humanistes entretiennent entre eux des liens étroits. Ils échangent des lettres, des manuscrits et des traductions pour valider le fruit de leurs recherches. Ainsi, les humanistes créent une véritable communauté philosophique, qui prendra bientôt le nom de « république des lettres » en Europe, ce qui témoigne de la force de leur sentiment d'appartenance à cette communauté.

Le Grand Canal, à Venise. La Renaissance a suscité une grande vitalité culturelle et économique dans les villes d'Italie. Aujourd'hui encore, Venise constitue un témoignage particulièrement éclatant de l'exceptionnelle richesse de cette période.

L'HUMANISME CONTRE LA SCOLASTIQUE MÉDIÉVALE

Du travail des humanistes se dégage une vision du monde où tout gravite autour de l'homme, par opposition à une vision du monde où tout gravite autour de Dieu. Pour les humanistes, l'homme possède des capacités potentiellement illimitées, d'où l'importance de cultiver le savoir, les techniques et les arts chez chacun. En 1486, l'humaniste Giovanni Pico della Mirandola (Jean Pic de la Mirandole, en français) décrit ainsi sa conception de l'homme :

> « *Finalement, j'ai cru comprendre pourquoi l'homme est le mieux loti des êtres animés, digne par conséquent de toute admiration, et quelle est en fin de compte cette noble condition qui lui est échue dans l'ordre de l'univers, où non seulement les bêtes pourraient l'envier, mais les astres, ainsi que les esprits de l'au-delà. Chose incroyable et merveilleuse ! Comment ne le serait-elle pas, puisque de ce fait l'homme est à juste titre proclamé et réputé une grande merveille, un être décidément admirable ?* »

Document 6.3 Giovanni Pico della Mirandola, *De hominis dignitate*, 1486.[4]

Il ne faut toutefois pas voir dans cette nouvelle conception du monde une division nette entre une culture médiévale religieuse et une nouvelle culture moderne laïque. Les humanistes de la Renaissance ne rompent pas avec la foi chrétienne. De la Mirandole lui-même explique le caractère « merveilleux » de l'humain par la volonté de Dieu. S'il y a une rupture idéologique, celle-ci se crée plutôt entre la pensée humaniste et la pensée scolastique.

Les tenants de la scolastique, majoritairement des moines travaillant dans les universités médiévales, pensent qu'on peut connaître le monde en conciliant la philosophie grecque, en grande partie connue à travers ses traductions arabes, avec les écrits saints hérités des pères de l'Église. Pour ce faire, ils suivent la méthode des maîtres des XIIe et XIIIe siècles, en particulier celle de Thomas d'Aquin. Celle-ci consiste, en premier lieu, à lire et à décortiquer les textes anciens, des textes sacrés comme la Bible ou des œuvres de philosophes anciens comme Aristote. En deuxième lieu, les maîtres posent les questions soulevées par l'analyse des textes et y répondent avec des arguments contraires. Parfois, ce questionnement est accompli sous la forme de débats publics fort courus. Ces réflexions mènent à de longs traités, les « sommes », que des générations d'étudiants en théologie, en philosophie ou en droit doivent ensuite apprendre par cœur. Pour les humanistes, cette façon de penser se réduit à commenter des commentaires. Ils dénoncent ce qui leur apparaît comme une pure spéculation intellectuelle, sans fondement dans la réalité, qui s'appuie sur des textes dont la valeur est très discutable. En effet, les philosophes de la scolastique construisent leurs arguments à partir de traductions souvent incomplètes, des adaptations de la pensée grecque ou romaine influencées par les contextes intellectuels des époques où elles ont été produites. Pour les humanistes, seuls sont valables les textes anciens tels qu'ils étaient à l'origine.

Convaincu de la supériorité de son savoir et fort de son sentiment d'appartenance intellectuelle, le courant humaniste procure à l'Italie une impression de suprématie par rapport aux autres pays d'Europe. Ce sentiment est décuplé par la magnificence des œuvres artistiques et architecturales qui voient le jour en Italie à cette même époque (voir le chapitre 7). Grâce aux divers échanges entre les humanistes, ce grand mouvement culturel déborde rapidement le cadre traditionnel du savoir de l'Église et se répand partout en Europe, principalement grâce à l'imprimerie.

Pétrarque (1304-1374). Statue du Piazzale des Offices, à Florence (XIXe siècle).

Gravure du XIXe siècle représentant Gutenberg et sa presse.

L'APPARITION DE NOUVELLES TECHNIQUES

L'apparition de l'imprimerie en Europe est liée à la Renaissance italienne et à la pensée humaniste. En plaçant l'homme au centre du monde, l'humanisme entraîne en effet de profondes transformations techniques. L'exemple de l'invention de la montre est éloquent à ce sujet. Alors qu'on a commencé à mettre au point l'horloge mécanique durant les Xe, XIe et XIIe siècles, on commence à s'en servir seulement au XVe siècle, d'abord en Italie. Il aura donc fallu qu'on attende l'époque de la Renaissance pour chercher véritablement à mesurer le temps avec précision et, surtout, à le contrôler. Après l'apparition des horloges, vers la fin du XVe siècle, la montre est rapidement inventée.

Les ingénieurs italiens font des progrès importants. Ils s'intéressent aux propriétés de l'hydraulique permettant d'actionner toutes sortes de machines. Ils développent des alliages performants et les mettent à profit dans le domaine de l'armement. Les architectes italiens, tel Filippo Brunelleschi, font appel à de nouvelles techniques pour réaliser des ouvrages qui frappent l'imagination de leurs contemporains, comme le dôme de la cathédrale de Florence, achevé en 1436. Encore aujourd'hui, ce dôme est le plus grand qui ait été conçu en briques. L'esprit de la Renaissance, jumelé à la richesse des villes italiennes, pousse les gens à vouloir reculer les limites du possible.

C'est pourtant hors d'Italie qu'apparaît l'invention la plus marquante de cette époque : l'imprimerie typographique. Dans ce domaine aussi des premiers pas ont été faits bien avant la Renaissance. Depuis le XIe siècle, en Chine, on connaît des imprimeries qui fonctionnent avec des caractères amovibles en porcelaine ou en bois. Durant tout le Moyen Âge, on a utilisé la xylographie, qui consiste à graver des caractères et des images sur des tablettes de bois et à y appliquer de l'encre avant d'y presser des feuilles de papier. Même l'usage de caractères d'imprimerie en métal est antérieur à la Renaissance, puisque cette technique a été inventée en Corée au XIVe siècle. Pourquoi affirme-t-on que l'invention de l'imprimerie date du XVe siècle ? La réponse réside dans le perfectionnement de la technique en tant que telle. Vers 1450, un Allemand du nom de Johannes Gutenberg, orfèvre de métier, invente une technique de production permettant de créer des caractères en métal aux dimensions uniformes. Grâce à son invention, on peut les manipuler beaucoup plus rapidement. Gutenberg invente également une encre plus grasse et plus collante, ainsi que la presse à bras, ce qui accélère le travail d'impression. Finalement, il est le premier à utiliser le caractère gothique en usage dans l'écriture à l'époque, donnant l'impression que ses ouvrages imprimés ont été écrits à la main. Ainsi, pour être plus précis, on devrait dire que Gutenberg a inventé la typographie plutôt que l'imprimerie.

LA DIFFUSION DE L'IMPRIMERIE

Gutenberg, qui meurt en 1468, n'a pas l'occasion de voir le succès éclatant de son invention. Il connaît plutôt un échec avec son premier projet d'impression : la Bible. Croyant qu'il obtiendrait un succès rapide avec ce livre et qu'il pourrait rembourser les énormes dettes qu'il a contractées pour l'imprimer, il est plutôt acculé à la faillite. Ses exemplaires de la Bible coûtent une fortune et ne se vendent pas. L'imprimerie de Gutenberg est reprise par ses créanciers en 1457. C'est alors que son invention se répand à une vitesse fulgurante. Les apprentis de Gutenberg sont en demande partout : en France, dans le Saint Empire romain germanique, aux Pays-Bas, en Europe de l'Est. La demande est encore plus forte en Italie, et à Venise en particulier, qui devient le principal centre d'impression en Europe. En 1500, on y compte plus de 100 imprimeurs, avec à leur actif plus de 2 millions de livres imprimés. On estime que, à la fin du XVe siècle, plus de 40 000 titres ont été imprimés en Europe, ce qui représenterait 8 à 10 millions de copies. Les ouvrages à caractère religieux trouvent leur chemin vers les acheteurs de livres imprimés, mais on se procure aussi des classiques de l'Antiquité gréco-romaine, des ouvrages de philosophie et de droit, des grammaires et, vers la fin du XVe siècle, des œuvres poétiques. Pour les humanistes, l'imprimerie est un cadeau du ciel. Grâce à elle, ils peuvent facilement et largement diffuser leurs écrits. Ils peuvent aussi désormais se procurer les travaux les plus récents pour une fraction de ce que leur coûtaient les ouvrages copiés à la main. L'évêque d'Aleria écrit ceci au pape, pour le remercier d'avoir doté Rome d'une imprimerie :

> *Que d'actions de grâce ne vous rendront pas le monde littéraire et chrétien ! N'est-ce pas une grande gloire pour Votre Sainteté d'avoir procuré aux plus pauvres la facilité de se former une bibliothèque à peu de frais et d'acheter pour vingt écus des volumes corrects que, dans le temps, on pouvait à peine obtenir pour cent quoique remplis de fautes de copistes. Sous votre pontificat, les meilleurs livres ne coûtent guère plus que le papier et le parchemin. Maintenant on peut acheter un volume moins cher que ne coûtait autrefois sa reliure.*

Document 6.4 Dédicace au pape Paul III, introducteur de l'imprimerie à Rome, par Jean André de Bassi, évêque d'Aléria, XVe siècle.[5]

Enfin, l'imprimerie de Gutenberg permet de standardiser les textes et d'adopter des versions définitives. Un peu partout en Europe, les lettrés achètent les ouvrages des humanistes italiens, considérés comme des trésors et conservés avec soin. Le projet humaniste se répand rapidement, et partout on s'emploie à continuer l'œuvre philosophique, artistique et scientifique de l'Antiquité, surtout celle des Romains. C'est toute la société européenne qui s'en trouvera transformée, aux XVIe et XVIIe siècles.

Une page de la Bible de Gutenberg.

LES PREMIÈRES EXPLORATIONS

En 1492, le navigateur Christophe Colomb décrit sa rencontre avec des êtres humains qu'il n'a jamais vus auparavant:

« Ils allaient tous complètement nus, tels que leurs mères les avaient mis au monde, les hommes aussi bien que les femmes; bien que, pour vrai dire, je n'en vis qu'une, qui était assez jeune. Tous ceux que je pus voir étaient jeunes, et aucun d'eux ne semblait avoir dépassé la trentaine. Ils étaient bien faits, bien bâtis de leurs corps et d'aspect agréable. [...] Ils n'ont pas d'armes, et ils ne savent pas ce que c'est; car je leur fis voir des épées, et telle était leur ignorance qu'ils les saisissaient par le tranchant, en se coupant les doigts. [...] Je pense donc qu'il sera facile de les convertir, d'autant plus qu'il me semble comprendre qu'ils n'avaient aucune croyance particulière[6]. »

Au moment où il écrit ces lignes, Christophe Colomb se trouve sur une île des Antilles, au large de l'Amérique centrale. Il est le tout premier Européen à atteindre cette terre et à rencontrer les autochtones qui y vivent.

Quelques décennies plus tard, le moine espagnol Bartolomé de Las Casas livre, au sujet de ces mêmes autochtones, un témoignage troublant:

> *[...] sur les trois millions de naturels de l'île Espagnole [Haïti] que nous avons vus il n'y en a même plus deux cents aujourd'hui. L'île de Cuba, qui est à peu près aussi longue que la distance de Valladolid à Rome, est aujourd'hui presqu'entièrement dépeuplée. [...] Les îles Lucayes, qui sont voisines de l'Espagnole et de Cuba au Nord, sont plus de soixante. [...] Il y avait là plus de cinq cent mille âmes, il n'y a plus personne aujourd'hui. [...] au cours de ces quarante ans, plus de douze millions d'âmes, hommes, femmes et enfants, sont morts injustement à cause de la tyrannie et des œuvres infernales des chrétiens. [...] Si les chrétiens ont tué et détruit tant et tant d'âmes et de telle qualité, c'est seulement dans le but d'avoir de l'or, de se gonfler de richesses en très peu de temps.*

Document 6.5 Bartolomé de Las Casas, *Très brève relation de la destruction des Indes*, 1552.[7]

Ces récits de voyage illustrent un moment marquant de l'histoire de l'Occident qui survient au XVe siècle. C'est le début des grandes explorations européennes et de la découverte de nouveaux mondes.

En naviguant jusqu'aux Antilles, les Espagnols découvrent un continent jusqu'alors inconnu des Européens: l'Amérique. Quelques années auparavant, des navigateurs portugais avaient réussi à contourner l'Afrique pour la première fois. Pour les populations autochtones, le contact avec les Européens est brutal et synonyme d'anéantissement. Pour les conquérants, c'est une ère de domination, d'exploitation et d'enrichissement qui commence. C'est aussi la fondation d'un nouveau monde: celui des premières colonies européennes d'Amérique. Cette expansion n'est pas le fruit du hasard, mais plutôt l'aboutissement de plusieurs siècles d'exploration. Depuis le Moyen Âge, les Européens cherchent à découvrir ce qui se trouve à l'extérieur de leur continent, au-delà des montagnes et des océans. C'est surtout l'Asie qui les attire d'une manière irrésistible. En cherchant à l'atteindre, ils découvrent l'Afrique et l'Amérique.

LES EUROPÉENS ET L'ÉTRANGER

Au Moyen Âge, la majorité de la population européenne connaît peu l'étranger. À cette époque, les longs voyages ne sont pas fréquents. La plupart des paysans, attachés au travail de la terre, ne connaissent que la région où ils vivent. Certains marchands voyagent d'une ville à l'autre ou d'une région à l'autre, mais les déplacements sont compliqués et peu sécuritaires en raison de l'état des routes et du brigandage. Les plus grands voyageurs sont sans doute les moines chrétiens, qui parcourent l'Europe pour évangéliser les populations et fonder des monastères, de même que les nombreux pèlerins qui franchissent de très longues distances pour se rendre à Rome, à Saint-Jacques-de-Compostelle ou même à Jérusalem. Les Européens disposent donc d'assez peu d'information sur ce qui se trouve à l'extérieur du continent.

Cependant, durant les derniers siècles du Moyen Âge, les élites européennes établissent de nouveaux contacts avec des peuples et des territoires étrangers. Ils le font

Carte 6.4

L'EUROPE ET L'ÉTRANGER AU MOYEN ÂGE

Au XIIIe siècle, l'Empire mongol s'étend jusqu'aux portes de l'Europe. Des missionnaires et des marchands européens s'y rendent en empruntant les routes terrestres. L'Europe entretient aussi des relations commerciales avec le nord de l'Afrique. C'est à peu près tout ce qu'elle connaît des continents étrangers à cette époque.

tout d'abord au moment des croisades, entre les XIe et XIIIe siècles. Grâce à ces expéditions militaires visant à reprendre possession de la Palestine, les souverains, les nobles et les marchands élargissent leur conception de l'espace géographique et des distances. Ils réalisent que le monde est plus vaste que ce qu'ils croyaient et qu'il regorge de ressources naturelles dignes d'intérêt. Des marchands, surtout italiens, commencent d'ailleurs à commercer avec les peuples arabes.

L'Empire mongol

Au milieu du XIIIe siècle, l'Europe établit un lien important avec un autre peuple étranger, les Mongols. Ces cavaliers nomades, originaires de la Mongolie et réunis par l'empereur Genghis Khan, font la conquête d'un immense territoire qui s'étend de la Chine à la mer Noire, et de la Sibérie au Tibet (voir la carte 6.4). C'est le plus vaste empire de l'histoire. Lorsque les Mongols s'emparent d'une partie de la Pologne, de la Hongrie et de l'Autriche, entre 1237 et 1241, les dirigeants européens sont d'abord terrorisés. Puis ils réalisent que les Mongols ne se comportent pas comme des envahisseurs cruels, contrairement à ce qu'ils appréhendaient. Le pape Innocent IV et plusieurs souverains conçoivent alors le projet de les convertir au christianisme. À défaut de réussir cette entreprise religieuse, ils espèrent au moins conclure avec les Mongols une alliance pour combattre les musulmans.

En 1245, le pape envoie pour la première fois des moines missionnaires en Asie. L'unique route pour s'y rendre est la « route de la soie », qui traverse la Perse (aujourd'hui le Moyen-Orient) et l'Asie centrale jusqu'en Chine (voir la carte 6.4). À leur retour, certains de ces moines, comme Guillaume de Rubrouk, racontent leurs aventures dans des ouvrages qui connaissent un très grand succès. Ces récits donnent à d'autres Européens l'envie de découvrir l'Asie, surtout par leurs descriptions spectaculaires, souvent exagérées, comme en témoigne l'extrait suivant :

> *Nous passâmes par la vallée où le Soudan de Turquie a été vaincu par les Tartares [les Mongols]. Il serait trop long d'écrire comment il a été vaincu, mais un serviteur de mon guide, qui avait été avec les Tartares, disait qu'il n'y avait pas plus de dix mille Tartares en tout ; et un Géorgien serviteur du Soudan disait qu'il y avait avec le Soudan deux cent mille hommes, tous à cheval. Dans la plaine où eut lieu cette bataille, ou plutôt cette déroute, s'était ouvert, sous l'effet du tremblement de terre, un grand lac ; et mon cœur me disait que cette terre entière avait ouvert la bouche pour boire le sang des Sarrasins [des musulmans].*

Document 6.6 Guillaume de Rubrouk, *Voyage dans l'Empire mongol*, 1253-1255.[8]

À cette même époque naît également une légende voulant qu'un empereur chrétien, le prêtre Jean, règne en Orient. Les dirigeants européens rêvent de le trouver et d'obtenir son aide pour vaincre les musulmans et christianiser le monde entier. À partir du XIIIe siècle, l'intérêt pour l'Orient s'accroît en Europe, notamment chez les marchands, qui projettent d'aller y faire de bonnes affaires. Le plus célèbre d'entre eux est Marco Polo, originaire de Venise, une ville déjà très active dans le commerce oriental. En 1271, vers l'âge de 15 ans, il part pour l'Asie en compagnie de son père et de son oncle dans le but de découvrir de nouveaux produits et d'établir des liens commerciaux.

Durant son séjour en Asie, qui durera environ 24 ans, Polo travaille au service de l'empereur Kubilaï Khan, le petit-fils de Genghis Khan. Il visite la Chine et recueille des renseignements sur diverses régions de l'Asie. À son retour en Italie, il publie un récit de voyage intitulé *Le devisement du monde*, qui devient très populaire en Europe. Ce récit fascine les lecteurs, entre autres parce que Marco Polo présente l'Asie comme un territoire extrêmement riche, où l'or et les épices abondent. Lui non plus ne tarit pas d'exagérations :

> *Cinpingu [aujourd'hui le Japon] est une île qui est dans la haute mer, au levant, éloignée de la terre ferme de mille cinq cents milles. C'est une île très grandissime. Les habitants sont blancs et de belle manière. Ils sont idolâtres et se gouvernent eux-mêmes. Et vous dis qu'ils ont tant d'or que c'est sans fin, car ils le trouvent dans leurs îles. Peu de marchands s'y rendent, parce que c'est trop loin de la terre ferme, et c'est pour cette raison que l'or y abonde outre mesure.*
>
> *Et vous conterai une grande merveille du palais du Seigneur de cette île. Sachez qu'il y a un grand palais qui est tout couvert d'or fin, comme nos églises sont couvertes de plomb, ce qui vaut tant qu'à peine le pourrait-on compter. Et encore, tous les pavements du palais et des chambres sont tout d'or, en dalles épaisses de bien deux doigts ; et les fenêtres sont aussi d'or fin ; de sorte que ce palais est de si démesurée richesse que nul ne le pourrait croire.*

Document 6.7 Marco Polo, *Le devisement du monde*, début du XIVe siècle.[9]

Marco Polo est en partie responsable de l'image déformée que les Européens se font de l'Asie à cette époque. Dans son récit, il affirme qu'on y trouve toutes sortes de créatures étranges, comme des humains à tête de chien. Mais surtout, Polo suscite l'intérêt des marchands, des explorateurs et des dirigeants européens, qui souhaitent trouver une route plus rapide vers les trésors de l'Asie. Christophe Colomb lui-même sera grandement inspiré et influencé par *Le devisement du monde*.

Le départ de Marco Polo. (Peinture du XIVe siècle.)

D'autres conceptions erronées de l'Asie circulent au Moyen Âge. Par exemple, on croit que certaines cités sont entièrement construites en or. On pense également que s'y trouve le Paradis terrestre d'Adam et Ève. Ces images où se mêlent légendes, rumeurs et fantasmes jouent un grand rôle dans l'attrait que représente l'étranger pour les Européens.

L'Afrique du Nord

Parallèlement aux voyages qu'ils font en Asie, les Européens établissent au Moyen Âge de premiers contacts avec le nord de l'Afrique. Des commerçants italiens s'y approvisionnent en poisson, en huile et en blé. On connaît aussi les archipels de l'Atlantique : les îles de Madère, les Canaries, les Açores. Cependant, ce qui se trouve au sud du Sahara demeure un mystère pour les Européens. Ceux qui s'y sont aventurés n'en sont jamais revenus. On croit que c'est une région très riche, car on sait que les caravanes de marchands qui traversent le désert en rapportent de l'or, des esclaves et des produits témoignant de la fertilité des terres.

Aux XIVe et XVe siècles, l'intérêt des Européens pour l'étranger s'accroît considérablement, surtout chez les dirigeants et les marchands. Avec la fin des guerres, de la peste et des famines, la population augmente, ce qui favorise la croissance économique. L'agriculture progresse et la demande de produits manufacturés connaît une hausse. Les échanges commerciaux s'intensifient entre les ports de la Méditerranée et ceux du nord de l'Europe. Les divers souverains européens cherchent à profiter de cette croissance pour augmenter leur puissance. Les techniques de navigation s'améliorent et les navigateurs ont davantage confiance en leurs moyens : les boussoles et les astrolabes sont plus fiables ; le gouvernail d'étambot, une invention récente, permet de manœuvrer plus facilement ; les cartes marines sont plus précises et fournissent de meilleurs points de repère. Grâce au perfectionnement des voiles, les bateaux sont de plus en plus imposants et peuvent transporter de plus grands chargements. Les Portugais s'illustrent particulièrement dans le domaine de la navigation. Ils perfectionnent la caravelle, un navire plus léger et facile à piloter, et sont les grands spécialistes de la cartographie. C'est dans ce contexte qu'ils mettent en branle un projet ambitieux, au début du XVe siècle : partir à la conquête des richesses de l'Afrique et de l'Asie.

Henri le Navigateur est représenté dans le Monument des découvertes à Lisbonne, au Portugal.
Sculpture de Leopoldo de Almeida (1960).

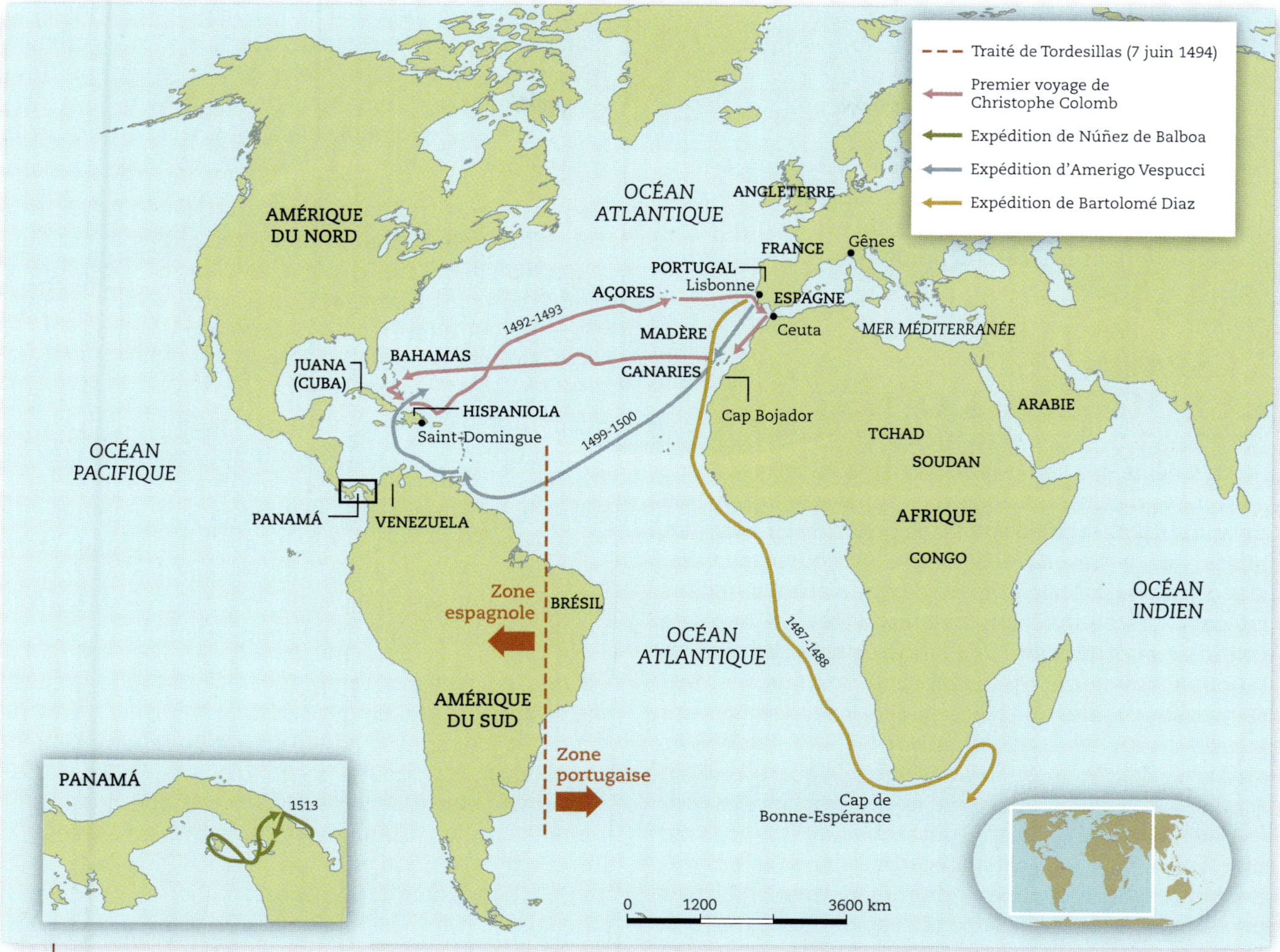

Carte 6.5

LES PREMIÈRES EXPLORATIONS EUROPÉENNES ET LES DÉBUTS DE LA COLONISATION

À la fin du XVe siècle, les Portugais réussissent à contourner le continent africain. Les Espagnols, de leur côté, atteignent les Antilles, puis le Pacifique. En 1494, ces deux puissances établissent leurs zones d'influence (traité de Tordesillas).

LE PORTUGAL : UN PIONNIER DANS L'EXPLORATION DE L'AFRIQUE

Au début du XVe siècle, le Portugal se développe et s'enrichit, notamment grâce aux conquêtes des siècles précédents contre les Arabes, mais il est plutôt pauvre en ressources naturelles et doit trouver de nouvelles sources d'approvisionnement. La destination qui s'impose est l'Afrique, facilement accessible par bateau. Celui qui lance l'exploration de l'Afrique est le fils du roi Jean Ier, connu sous le nom d'Henri le Navigateur. Étant donné que ses deux frères ont plus de chances que lui de remplacer leur père sur le trône, il doit se débrouiller autrement pour acquérir gloire et fortune. Encouragé par le roi, il débarque en Afrique du Nord en 1415. Avec ses soldats, il conquiert un petit territoire, Ceuta, d'où il lance des expéditions vers le sud. Henri a 21 ans et il est très ambitieux. Il souhaite que le Portugal prenne le contrôle de l'Afrique pour avoir accès aux mines d'or du golfe de Guinée, aux esclaves noirs et aux terres fertiles. Il veut également contourner l'Afrique pour se rendre directement en Inde. En plus de ses visées strictement commerciales, Henri le Navigateur a en tête un projet religieux : participer à la lutte contre l'islam en faisant œuvre d'évangélisation.

Avant d'arriver en Afrique, les Portugais prennent possession, des archipels de Madère (1418) et des Açores (1427), dans l'Atlantique (voir la carte 6.5). Ils progressent ensuite lentement vers le sud en naviguant le long des côtes africaines. En 1434, ils franchissent un important obstacle psychologique, le cap Bojador. Des légendes à propos de ce cap prétendent que les navires qui tentent de le traverser sont engloutis par la mer, et d'ailleurs aucun Européen n'en était encore jamais revenu vivant. Lorsque le navigateur Gil Eanes en revient sain et sauf, un grand élan de confiance s'empare des Portugais. Tout au long du XVe siècle, ils continuent leur progression vers le sud, malgré la mort d'Henri le Navigateur en 1460. Les rois Alphonse V et Jean II soutiennent les explorations navales. L'année 1488 est marquée par un énorme succès : Bartolomé Diaz atteint l'extrémité sud de l'Afrique et la contourne. Le rêve se réalise : les richesses de l'Inde sont maintenant accessibles par la mer. D'abord appelée cap des Tempêtes par Diaz, la pointe sud de l'Afrique est par la suite baptisée cap de Bonne-Espérance par les Portugais, remplis d'espoir…

L'ESPAGNE ET LA ROUTE DE L'OUEST

Au XVe siècle, les souverains portugais sont les seuls à financer des expéditions d'exploration. Les autres royaumes d'Europe ont d'autres priorités ou sont aux prises avec de graves problèmes qui monopolisent toute leur attention. La France et l'Angleterre s'affrontent dans la guerre de Cent Ans, qui dure jusqu'en 1453. Après ce conflit, la priorité du roi de France, Louis XI, est de restaurer son royaume et de consolider son autorité. Son successeur, Charles VIII, lance ensuite la France dans des guerres contre les États italiens de Naples et de Milan, qu'il souhaite conquérir. En Angleterre, la guerre de Cent Ans est suivie d'un grave conflit entre deux familles rivales, les York et les Lancastre, qui se disputent le contrôle du royaume, de 1455 à 1485, et qui monopolisent toutes les ressources. L'Espagne a également d'autres priorités que les explorations. Isabelle de Castille et Ferdinand d'Aragon, dont le mariage a permis d'unir les deux royaumes, veulent achever la reconquête de leur territoire amorcée au Moyen Âge contre les musulmans, la Reconquista. Pour ce faire, il leur faut reprendre le contrôle du royaume de Grenade, le seul qui leur échappe encore. C'est pour cette raison qu'ils ne s'intéresseront aux explorations qu'à la toute fin du XVe siècle, grâce à l'intervention de Christophe Colomb.

Les trois caravelles de Christophe Colomb. Gravure (XIXe siècle).

Ce navigateur italien occupe une place particulière dans l'histoire des Amériques. Considéré par certains comme un héros, très critiqué par d'autres, il représente bien l'esprit qui anime les explorateurs de son époque. Christophe Colomb (v. 1451-1506) est originaire de la ville de Gênes, en Italie, une des puissances maritimes et commerciales de l'Europe. Installé au Portugal pour acquérir de l'expérience en navigation, il participe à de multiples voyages, notamment près des côtes de l'Afrique. Il s'intéresse beaucoup aux explorations, à la géographie et à la cartographie. Il consulte de nombreux ouvrages écrits par des scientifiques grecs de l'Antiquité, des traités rédigés par des savants du Moyen Âge et des récits de voyage. Celui de Marco Polo frappe particulièrement son imaginaire.

Toutes ces lectures imprègnent Christophe Colomb d'une certitude : il est possible d'atteindre Cathay (la Chine) et Cinpingu (le Japon) en naviguant directement vers l'ouest, donc en traversant l'Atlantique. Il n'est pas le premier à formuler cette hypothèse : elle circule déjà dans les milieux de la navigation, où l'on sait que la Terre est sphérique et qu'on peut en faire le tour, du moins théoriquement. Mais on croit aussi, à cette époque, qu'il est impossible de traverser un océan aussi immense que l'Atlantique. Colomb, lui, est convaincu qu'il peut y arriver. Il se lance donc à la recherche de financement pour préparer une expédition.

Christophe Colomb offre spontanément ses services au roi du Portugal, Jean II, déjà engagé dans l'exploration de l'Afrique. Ce dernier refuse, d'une part pour ne pas créer de concurrence avec ses projets africains, d'autre part parce qu'il juge irréalisable le projet de l'explorateur italien. Dans les faits, ce projet comporte effectivement plusieurs erreurs de calcul. Colomb sous-estime la circonférence terrestre d'environ 10 000 kilomètres, surestime la superficie du continent asiatique et croit que l'Atlantique est un océan étroit qu'on peut traverser en peu de temps. Mais ignorant d'emblée ses propres erreurs de calcul et ne se laissant pas décourager par le refus du roi du Portugal, Colomb tente sa chance auprès des souverains espagnols Isabelle de Castille et Ferdinand d'Aragon. Trop occupés par la Reconquista, ceux-ci refusent de le financer.

Quelques années plus tard, au début de 1492, le contexte en Espagne change en faveur de Colomb. Le 2 janvier, les troupes espagnoles font la conquête du royaume de Grenade, achevant ainsi la Reconquista. Un vent d'optimisme, de frénésie religieuse et d'intolérance

La toute première carte répertoriant l'Amérique, 1507.

souffle alors sur ce pays. Galvanisés par leur succès, les souverains espagnols veulent continuer sur leur lancée et débarrasser leur royaume de tous les non-chrétiens. Le 31 mars de la même année, ils ordonnent l'expulsion immédiate de tous les Juifs. Dans un tel contexte, le projet de Colomb leur semble soudain plus intéressant, surtout pour la très pieuse Isabelle de Castille. Cette expédition représente en effet pour l'Espagne l'occasion de s'enrichir tout en continuant de pourchasser les musulmans jusqu'en Asie.

En avril 1492, Christophe Colomb se voit accorder le financement dont il a besoin ainsi que des pouvoirs considérables : il sera le maître absolu des territoires qu'il découvrira et pourra conserver 10 % de toutes les richesses qu'il en retirera, tel qu'on peut le lire dans le contrat qu'il conclut avec les souverains espagnols :

> *En outre : que Vos Altesses fassent dès maintenant le dit D. Cristobal Colon leur Vice-Roi et Gouverneur Général en toutes les dites îles et terres fermes que, comme il est dit, il découvrira ou acquerra en les dites mers […]. Item : que de toutes et quelconques marchandises, que ce soient perles, pierres précieuses, or, argent, épices, et autres quelconques choses et marchandises de quelque espèce, nom et sorte que ce soit, qui s'achètent, se troquent, se trouvent, se gagnent ou existent dans la dite Amirauté, que, dès maintenant, Vos Altesses fassent grâce au dit D. Cristobal Colon et veuillent qu'il ait et prenne pour lui la dixième partie de tout cela […] tandis que les autres neuf parties resteront pour Vos Altesses.*

Document 6.8 Capitulations de Santa Fe, 1492.[10]

Christophe Colomb quitte l'Espagne en août 1492 avec trois navires. Il fait une brève escale aux Canaries et met le cap à l'ouest. Après une traversée de cinq semaines, l'équipage débarque sur une petite île et rencontre ses habitants, le peuple arawak. Colomb est convaincu qu'il vient d'arriver en Asie, mais il se trouve plutôt aux Bahamas, dans les Antilles (voir la carte 6.5). Son premier geste est d'officialiser la prise de possession du territoire au nom des rois catholiques d'Espagne. Il remplace le nom autochtone de l'île, Guanahani, par celui de San Salvador (Saint Sauveur), en l'honneur du dieu chrétien.

Automatiquement, Colomb devient le vice-roi des Arawaks, qui forment un peuple pacifique. Il écrit dans son journal de voyage qu'ils semblent dociles, et qu'il sera facile de les convertir au christianisme et d'en faire de bons serviteurs. Colomb apprend que les Arawaks sont en guerre contre les Ciguayos, que les Espagnols appelleront les Caraïbes. Il observe également que certains d'entre eux portent au nez un petit anneau d'or. Il essaie de savoir comment il peut trouver le précieux métal. Avant de quitter San Salvador, Colomb embarque de force avec lui sept autochtones pour qu'ils lui servent de guides, une pratique brutale que de nombreux explorateurs imiteront au cours des décennies suivantes en Amérique.

Durant les semaines suivantes, Christophe Colomb navigue à travers les Antilles à la recherche de la Chine et du Japon. Il visite les îles de Juana (aujourd'hui Cuba) et d'Hispaniola (aujourd'hui Haïti et la République dominicaine). En route, il découvre le tabac, les haricots,

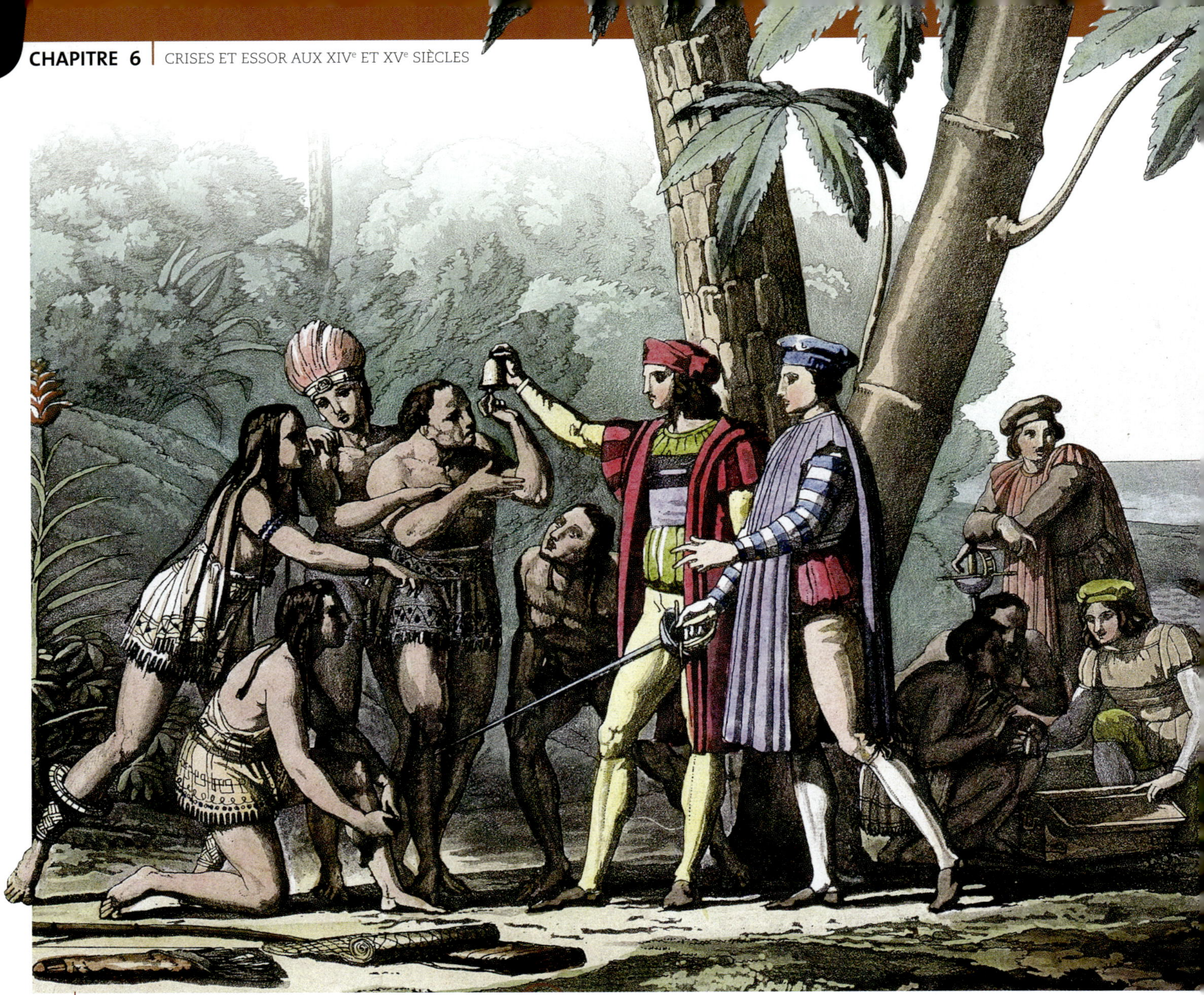

Christophe Colomb arrive dans les Antilles. (Œuvre non datée.)

les patates et les fruits exotiques, seules richesses dignes d'intérêt. Partout, il ne trouve rien d'autre que des villages, des paysans et des pêcheurs, quelques bijoux en or et des mollusques qui ne contiennent pas de perles. La déception des explorateurs se fait rapidement sentir. Deux mois après leur arrivée, ils doivent repartir, car les navires sont abîmés, les marins sont épuisés et Colomb doit donner des nouvelles aux souverains d'Espagne. Il laisse 39 de ses hommes à Hispaniola et repart vers l'Europe.

Lorsqu'il arrive en Espagne accompagné des sept autochtones et fort de sa découverte, Christophe Colomb est accueilli en héros. Les souverains espagnols n'ont alors qu'une priorité en tête : faire en sorte que leurs grands rivaux, les Portugais, ne puissent pas leur voler cette découverte. Pour ce faire, ils font intervenir le pape Alexandre VI, qui jouit d'une autorité morale incontestée. Par le traité de Tordesillas, signé le 7 juin 1494, le pape, l'Espagne et le Portugal tracent une ligne de partage dans l'océan Atlantique, le long d'un méridien situé à environ 1700 km au large de l'Afrique. Toutes les terres situées à l'ouest de cette limite sont attribuées à l'Espagne et celles qui sont situées à l'est, au Portugal. La conséquence de ce traité sera énorme puisque, sans qu'on le sache encore à cette époque, la zone attribuée au Portugal englobe le Brésil ! Au moment où est signé ce traité, Colomb est déjà reparti pour le Nouveau Monde avec 17 navires et 1200 hommes. L'ampleur de cette deuxième expédition témoigne du sérieux des rois espagnols, et aussi de leur ambition. Leur objectif n'est plus seulement l'exploration et la recherche d'une route vers l'Asie, mais la colonisation et l'exploitation des îles qu'ils ont découvertes.

LES DÉBUTS DE L'EXPANSION EUROPÉENNE

Au xve siècle, les souverains portugais et espagnols s'impliquent fort peu dans l'organisation des explorations et des conquêtes. Ils délèguent ces tâches aux explorateurs, aux aventuriers et aux marchands, qui ne cherchent qu'à s'enrichir. L'absence d'encadrement, l'improvisation et les abus de toutes sortes contre les autochtones deviennent la règle. En Afrique noire, qui s'étend du Sahara jusqu'au sud du continent, les Portugais évitent de s'aventurer à l'intérieur du territoire. Il serait en effet impossible pour eux de coloniser ce territoire hostile, qu'ils connaissent mal et qui les effraie avec ses jungles, ses animaux sauvages et son climat tropical. Ils préfèrent donc demeurer le long des côtes, où ils construisent des forteresses. De là, ils peuvent s'approvisionner en or et en épices, qu'ils acheminent à Lisbonne.

À cette époque, l'Afrique est peuplée de centaines de groupes ethniques regroupés en tribus. Il existe aussi des royaumes et des empires, notamment au Congo, au Soudan et au Tchad, dont la puissance repose en bonne partie sur le commerce avec les peuples arabes du nord. On compte également en Afrique un grand nombre de religions, mais l'islam connaît une progression importante au xve siècle. Rapidement, les Portugais découvrent qu'il est facile d'acheter des esclaves et de les revendre en Europe. Ce commerce leur paraît prometteur. C'est le début de la traite des Noirs, dont nous reparlerons au prochain chapitre.

De l'autre côté de l'Atlantique, dans les Antilles, la deuxième expédition de Christophe Colomb marque le début de la colonisation de l'Amérique. Quand il revient à Hispaniola, il ne reste que quelques survivants parmi les 39 hommes qu'il y avait laissés l'année précédente. Durant son absence, les relations entre Espagnols et autochtones ont mal tourné. Au cours de ce deuxième séjour, Colomb fonde plusieurs villes, dont Saint-Domingue qui devient la première cité européenne d'Amérique. Les Espagnols arrivent dans un esprit d'enrichissement personnel et cherchent activement de l'or, ce qui les amène à découvrir de nouvelles îles : la Dominique, la Guadeloupe, Santa Cruz et Porto Rico.

Les conditions de vie des colons sont fort pénibles et vont en se détériorant. Le climat difficile les affecte, tout comme le manque de nourriture, de viande notamment,

EMPREINTES DE L'OCCIDENT

DES ÉPICES À VOTRE SANTÉ !

Au Moyen Âge, contrairement aux paysans, les nobles mangent à leur faim. Sur leur table, la nourriture est abondante et se compose surtout de viande (de gibier). Un livre de recettes du xive siècle, le *Viandier*, attribué à Guillaume Tirel dit Taillevent, permet de constater que les épices (comme le poivre) avaient une place de choix dans la préparation du gibier. Taillevent, le premier queux (chef de cuisine) du roi de France Charles V, mettait l'accent sur les sauces et les épices. Pensons à nos steaks grillés ou à nos tournedos de bœuf à la sauce au poivre ! Il a renouvelé la cuisine de l'époque en fournissant des règles et des recettes qui ont traversé les siècles. Par exemple, les termes culinaires *habiller* et *appareiller* qu'on trouve dans le *Viandier* font toujours partie du vocabulaire de la cuisine.

Mais si les nobles consomment des épices, ce n'est pas seulement par goût. Selon les règles diététiques de l'époque, les épices ont la réputation d'être bonnes pour la santé. Est-ce à dire que les nobles du Moyen Âge étaient moins affectés par la maladie ?

De études récentes tendent à montrer que les épices (dont le poivre et le curcuma) peuvent jouer un rôle dans la prévention de certaines maladies comme le cancer. Ainsi, la recherche actuelle s'inscrit dans cette pensée médiévale. Mais aujourd'hui, c'est toute la population qui peut profiter des bienfaits des épices, et non seulement les nobles !

Le massacre des Taïnos par les Espagnols. (Œuvre non datée.)

et les maladies, dont la syphilis. En outre, l'or est plus difficile à trouver que ce que croyaient les aventuriers espagnols. La déception et l'impatience gagnent les colons, et des affrontements armés éclatent entre eux. Leur méfiance et leur agressivité se tournent également contre les autochtones habitant les Antilles, les Taïnos. Les Espagnols commencent à les utiliser comme esclaves et les obligent à chercher de l'or pour eux. Ils enlèvent des femmes et des jeunes filles pour les violer et les tuer. Les atrocités se multiplient. Bientôt, les souverains espagnols ont vent des atrocités qui ont cours dans leurs colonies et de l'échec de Christophe Colomb. En colère, ils envoient un émissaire pour le capturer et le ramener en Espagne, où on lui retire son titre de vice-roi. À partir de ce moment, Colomb devient de plus en plus troublé par cette humiliation et obsédé par ce qu'il a vécu dans les Antilles. Il prétend qu'il est un envoyé de Dieu, un sauveur dont la mission est de répandre le christianisme dans le monde. Autorisé à repartir pour un troisième voyage malgré ses échecs précédents, il explore les côtes de l'Amérique du Sud, qu'il continue de confondre avec l'Asie. Hanté par ses convictions religieuses, Colomb croit par moments qu'il s'approche du Paradis terrestre. Il fait plus tard un quatrième voyage, mais la maladie, la fatigue et l'amertume finissent par avoir raison de lui. Il rentre en Espagne où il meurt, en 1506.

Pendant ce temps, à Saint-Domingue et à Cuba, les colons espagnols continuent de martyriser les Taïnos. Ils les obligent à travailler comme esclaves dans leurs mines et leurs plantations. Ils leur imposent du travail harassant, leur font subir les pires cruautés, et séparent les familles. Les autochtones ne survivront pas à ces mauvais traitements. En moins de 30 ans, de 80 % à 90 % des autochtones des Antilles meurent sous le joug de leurs envahisseurs. Plusieurs se suicident, des femmes assassinent leurs nouveau-nés pour leur éviter l'esclavage. Les conquérants causent aussi de graves torts en important des milliers d'animaux d'Europe, surtout des vaches, des moutons et des porcs. L'élevage, inconnu dans les Antilles, a des conséquences désastreuses sur les autochtones. Le bétail, qui broute en liberté, piétine les jardins traditionnels, ce qui entraîne des famines.

Plusieurs témoins européens sont bouleversés par ces atrocités et les dénoncent. Antonio Montesinos, un moine dominicain, déclare dans un sermon, en 1511 : « Ne sont-ils pas des hommes ? N'ont-ils pas une raison et une âme ? N'êtes-vous pas tenus de les aimer comme vous-mêmes ? » Il va jusqu'à menacer les conquérants espagnols d'excommunication. Un autre témoignage a des répercussions majeures, celui de Bartolomé de Las Casas. Arrivé dans les Antilles pour s'enrichir comme les autres conquistadores, il obtient une terre, qu'il fait exploiter par des esclaves autochtones.

Au fil des ans, Las Casas prend conscience de la cruauté de la situation et décide de prendre leur défense. Il devient moine dominicain et, quelques décennies plus tard, dénonce le drame des Amérindiens dans un ouvrage intitulé *Très brève relation de la destruction des Indes*. Montesinos et Las Casas réussiront à sensibiliser plusieurs Européens et même à convaincre les dirigeants espagnols d'imposer des lois plus strictes aux conquistadores. Cependant, elles ne seront pas respectées, comme nous le verrons plus loin.

D'autres conquérants espagnols poursuivent les explorations au-delà des Antilles. Comme l'avait fait Colomb peu avant sa mort, des navigateurs explorent les côtes de l'Amérique du Sud, qu'ils confondent avec l'Asie. Parmi eux se trouve un Italien de Florence travaillant pour l'Espagne, Amerigo Vespucci. Il est le premier à comprendre que ce qu'on croit être l'Asie est en réalité un tout nouveau continent, qu'il nomme la « quatrième partie du monde ». Quelques années plus tard, en 1507, un cartographe allemand publie la première carte montrant ce nouveau continent. Il le baptise America, en hommage à Amerigo Vespucci. Les Espagnols explorent également l'Amérique centrale. En 1513, Núñez de Balboa traverse le Panamá et devient le premier Européen à apercevoir l'océan qu'on nommera plus tard le Pacifique.

Cette découverte prouve que Vespucci avait raison : le Nouveau Monde est bel et bien un nouveau continent situé entre l'Europe et l'Asie. De vastes territoires sont maintenant à la portée des conquérants espagnols. Au siècle suivant, ils vont les transformer à jamais en les colonisant. Les populations autochtones seront bientôt submergées par ce raz-de-marée espagnol.

LE FIL DE L'HISTOIRE

Aux XIVe et XVe siècles, les élites européennes renouent avec l'Antiquité gréco-romaine et y puisent des héritages qui vont redéfinir la culture de l'Occident. Les villes italiennes sont à l'avant-garde de ce mouvement nommé « humanisme ». La redécouverte des traditions artistiques, culturelles et politiques de l'Antiquité interpelle de nombreux penseurs qui remettent en question l'ordre établi et les normes sociales. Grâce à l'imprimerie, l'humanisme s'étend progressivement aux classes aisées et les populations urbaines adoptent de nouvelles normes fondées sur la culture antique. Le droit romain inspire à la fois les monarchies et les Parlements européens qui s'opposent afin d'établir leur légitimité dans des États de plus en plus centralisés. Même l'Église, la papauté et la religion chrétienne sont critiquées, et les crises sociales et économiques — famine, peste, guerres et leurs corollaires — alimentent cette crise des mentalités. En parallèle, les premières explorations maritimes répondent autant à des préoccupations religieuses qu'économiques et identitaires. Grâce à d'importantes avancées technologiques, les Européens imposent pour la première fois leur culture à l'extérieur du bassin méditerranéen. Leur sentiment de supériorité se traduit par une intransigeance face aux peuples étrangers.

L'historien à l'œuvre

ANALYSER UNE SOURCE PRIMAIRE

L'historien qui étudie une source s'applique à bien la comprendre (rubrique du chapitre 2), puis il en vérifie l'authenticité (rubrique du chapitre 4) et la crédibilité (rubrique du chapitre 5). Il peut ensuite se lancer dans l'analyse. Mais que lui conseiller sur l'attitude à développer à l'égard de sa source ? Quelle procédure d'analyse lui proposer ?

DÉVELOPPER UNE ATTITUDE D'HISTORIEN

L'objectivité

Un historien peut-il se détacher de ses intérêts personnels, faire table rase de ses expériences et aborder le passé dans une perspective neutre ? On ne peut répondre à cette question que par la négative. Cependant, il convient d'apporter d'importantes nuances.

Certes, les intérêts et les expériences de l'historien peuvent influencer les thématiques ou les périodes qu'il décide d'étudier. Ainsi, par exemple, une historienne féministe pourrait montrer un intérêt particulier pour l'histoire des femmes. De la même manière, un historien d'origine juive pourrait choisir de se consacrer à l'étude de la Seconde Guerre mondiale. Cependant, le regard que l'historien pose sur ses sources doit demeurer neutre pour éviter que des présupposés ne faussent son interprétation des faits.

En somme, les expériences de l'historien peuvent donc enrichir ses analyses, en lui donnant une sensibilité à certaines problématiques que d'autres n'ont peut-être pas, ou en lui inspirant une approche novatrice des sources. Mais ses intérêts ne doivent jamais l'amener à dénaturer le contenu des sources. Pour cela, il doit respecter certains critères.

Le piège du présent et les jugements de valeur

L'impératif d'objectivité implique de ne pas juger les sources du passé en fonction du présent. Quand un historien transpose des préoccupations actuelles dans le passé, il introduit un biais, une distorsion, dans sa lecture des réalités d'autrefois. Par exemple, taxer de « machiste » l'attitude des hommes de la période médiévale à l'égard des femmes est un anachronisme qui ne contribue pas à une juste compréhension de la condition féminine de l'époque. Pour étudier le passé, il faut savoir percevoir le monde différemment.

Projeter le présent sur le passé conduit aussi à formuler des jugements de valeur dénués de fondement. Ainsi, certains considèrent la période médiévale comme une période arriérée et obscure, durant laquelle les gens étaient naïfs ou cruels. À l'inverse, d'autres y voient un âge d'or, où la vie était plus simple et les gens moins individualistes. Dans un cas comme dans l'autre, de tels jugements n'apportent rien à la connaissance historique. À l'évidence, les normes du présent ne constituent pas de bons critères pour comprendre le passé.

DÉTERMINER LES CONTENUS À ANALYSER

L'histoire n'est pas une simple liste d'événements, de dates ou de personnages jugés importants. Elle concerne aussi les attitudes, les pratiques et les institutions. Elle couvre l'expérience humaine dans toute sa diversité. C'est pourquoi une source peut être riche à plus d'un égard, et nous en apprendre autant sur les faits que sur les mentalités. Au-delà du contenu explicite de la source, facile à comprendre, l'historien doit aussi savoir déchiffrer son contenu implicite.

Les contenus explicite et implicite : le dit et le non-dit

La plupart des sources présentent un contenu explicite et un contenu implicite. Le contenu explicite est constitué des éléments clairement exprimés par l'auteur. Le contenu implicite est formé de tout ce qui est sous-entendu sans être littéralement énoncé. Il peut s'agir d'omissions conscientes, liées à la volonté de l'auteur de présenter les faits sous un jour qui lui convient. Il peut aussi arriver que l'auteur, qui s'adresse aux gens de son époque, ne sente pas l'obligation de préciser ce qu'il suppose être connu de tous ses éventuels lecteurs. Il est donc essentiel d'apprendre à « lire entre les lignes ».

Les faits et les mentalités

Une source peut relater des faits concrets, présentés de façon explicite ou implicite. Mais elle peut également faire état, encore une fois de manière implicite ou explicite, des mentalités de son auteur. Les mentalités font généralement référence aux croyances, aux valeurs, aux idéologies ou aux opinions qui ont cours à une époque donnée.

EXERCICE 1

DISTINGUER LES FAITS DES MENTALITÉS

Le texte qui suit est un extrait de l'ordonnance du roi d'Angleterre Henri VI (qui parle de lui-même à la première personne du pluriel), émise le 3 janvier 1431. Le roi fait référence à la capture de Jeanne d'Arc.

> « *Depuis quelque temps de ça, une femme qui se fait appeler Jeanne la Pucelle, laissant l'habit et la vêture du sexe féminin, contre la loi divine, chose abominable à Dieu, réprouvée et défendue par toutes les lois, s'est vêtue, habillée et armée en état et habit d'homme. Elle a fait et exercé cruels faits d'homicide et, comme l'on dit, a donné à entendre au simple peuple, pour le séduire et abuser, qu'elle était envoyée de par Dieu […]. Poursuivant ses tromperies […], elle a été prise armée devant Compiègne par quelques-uns de nos loyaux sujets et depuis amenée prisonnière par devers nous.* »

Document 6.9 Ordonnance du roi d'Angleterre Henri VI, 1431.[11]

Indiquez dans tableau suivant si chaque extrait présente un fait ou révèle une mentalité de l'époque.

Extrait	Fait ou mentalité ?
Elle « s'est vêtue […] en état et habit d'homme ».	
Qu'une femme s'habille en homme est une « chose abominable à Dieu ».	
Elle a affirmé « qu'elle était envoyée de par Dieu ».	
Elle « a été prise armée devant Compiègne ».	

Les réponses sont disponibles sur *Modulo en ligne*.

ÉLABORER UN QUESTIONNEMENT

L'analyse n'est pas un résumé de la source, une énumération des éléments qu'elle contient ou une description des événements qui y sont relatés. C'est plutôt une démarche d'interprétation visant à faire ressortir la signification de la source en relation avec un questionnement préalablement élaboré. Mais comment construire un questionnement pertinent ?

Étape 1 : Se fonder sur des questions suscitées par la lecture de la source

Les questions de base qu'on adresse à une source (comme le ferait un journaliste) sont les suivantes : qui, quoi, où, quand, comment et pourquoi. Toutefois, le niveau de complexité de ces questions peut varier. Ainsi, à propos de l'ordonnance d'Henri VI, un historien pourrait se demander quand Jeanne d'Arc est capturée ou pourquoi elle s'habille en homme. Mais il s'agit là de questionnements élémentaires qui ne mènent qu'à une analyse superficielle. Il est préférable de ne pas en rester là.

1re étape	**Question de départ**	Quand Jeanne d'Arc est-elle capturée ?

Étape 2 : Se documenter sur la question qui nous intéresse

Dans un deuxième temps, l'historien se concentre sur une des questions de départ et lit ce qui est écrit sur ce sujet. Cette démarche lui permet de comprendre le contexte entourant la question et de faire l'inventaire des facteurs qui ont joué un rôle.

1re étape	**Question de départ**	Quand Jeanne d'Arc est-elle capturée ?
2e étape	**Se documenter**	– le 23 mai 1430, pendant la guerre de Cent Ans – à Compiègne – par les Bourguignons – vendue aux Anglais pour 10 000 livres

Étape 3 : Élargir le questionnement de départ

Par ses lectures, l'historien en vient à entrevoir d'autres problèmes liés à son sujet et enrichit son questionnement de départ. À ce point de sa démarche, ses questions deviennent plus complexes : elles font intervenir plusieurs facteurs et les mettent en relation. Il prend en compte les causes et les conséquences, il s'interroge sur les mentalités sous-jacentes qui expliquent les faits.

1re étape	2e étape	3e étape
Question de départ	**Se documenter**	**Élargir le questionnement**
Quand Jeanne d'Arc est-elle capturée ?	– le 23 mai 1430, pendant la guerre de Cent Ans – à Compiègne – par les Bourguignons – vendue aux Anglais pour 10 000 livres	– Où en est rendue la guerre de Cent Ans à ce moment ? – Qu'y faisait Jeanne d'Arc ? À qui appartient la ville de Compiègne ? – Qui sont les Bourguignons ? Quel rôle jouent-ils ? – Pourquoi les Anglais sont-ils prêts à payer si cher pour obtenir Jeanne d'Arc ? Quel est leur intérêt ?

Étape 4 : Formuler une question d'analyse

L'historien choisit une question parmi toutes celles qu'il a dégagées à l'étape précédente, soit celle qui lui semble propice à une analyse approfondie. Il prête une attention particulière à la formulation de sa question d'analyse, en utilisant des termes univoques (qui sont compris de la même manière par tous) et neutres (qui ne révèlent pas de parti pris).

4e étape	Question d'analyse	Quel est l'intérêt de l'Angleterre dans la capture de Jeanne d'Arc ?

PROCÉDER À L'ANALYSE

L'analyse consiste à fournir les explications nécessaires pour répondre à la question. Ainsi, pour clarifier l'intérêt du roi anglais Henri VI dans la capture de Jeanne d'Arc, l'historien exposerait la situation de l'Angleterre en 1430, puis expliquerait comment la prise de Jeanne d'Arc a diminué la légitimité du roi de France, ce qui constituait un avantage politique pour Henri VI.

L'analyse doit systématiquement faire des liens avec le contenu de la source. Une excellente explication sur la rivalité entre les rois anglais et français constituerait une mauvaise analyse de l'ordonnance d'Henri VI, si elle n'était pas liée aux causes de la capture de Jeanne d'Arc.

Quelques conseils de rédaction :

- Respectez la chronologie des événements.
- Soyez précis. S'ils sont connus, donnez les dates, les lieux et les noms exacts.
- Regroupez les idées semblables pour éviter les répétitions.

Un bon plan de réponse va habituellement du général au particulier :

1) on commence par le contexte général ;

2) on enchaîne avec les circonstances entourant les faits ;

3) on termine avec les facteurs explicatifs répondant à la question.

EXERCICE 2

CONSTRUIRE UN PLAN

En vous appuyant sur les renseignements contenus dans cette rubrique, construisez un plan pour répondre à la question suivante : « Quel est l'intérêt de l'Angleterre dans la capture de Jeanne d'Arc ? »

Les réponses sont disponibles sur *Modulo en ligne*.

Chapitre 7

1498
Léonard de Vinci peint *La Cène*, considérée comme un de ses chefs-d'œuvre.

1509
Érasme de Rotterdam publie *Éloge de la folie*, ouvrage satirique qui appelle à refonder le christianisme.

1517
Luther écrit les «95 thèses», critiques des pratiques de l'Église lesquelles, à terme, mèneront à la naissance du protestantisme.

1521
L'Espagnol Hernan Cortés conquiert l'Empire aztèque (Mexique).

1533
Les Espagnols Francisco Pizarro et Diego de Álmagro conquièrent l'Empire inca (Pérou).

1534
L'Acte de Suprématie permet au roi d'Angleterre Henri VIII de se hisser à la tête de l'Église d'Angleterre, qui devient l'Église anglicane.

1535
Thomas More, un humaniste anglais qui résiste à la Réforme en Angleterre, est exécuté.

1545
Début des guerres de religion dans le Saint Empire.

1545 à 1563
Le concile de Trente amorce une réforme de la religion catholique.

RENAISSANCE ET EXPANSIONNISME DU XVIe AU XVIIIe SIÈCLE

DANS CE **CHAPITRE**

- La Renaissance européenne
- Les réformes religieuses
- La conquête du Nouveau Monde
- La montée de nouvelles puissances coloniales

Antoine Caron. *Arrestation et supplice de Thomas More.* Huile sur toile (vers 1591).

1550 L'expression « Renaissance » est utilisée pour la première fois, par l'artiste italien Giorgio Vasari.

1555 Le traité d'Augsbourg est signé et met fin aux conflits religieux dans le Saint Empire. Il accorde aux princes le droit de choisir leur religion et celle de leurs populations.

1572 Massacre de la Saint-Barthélemy en France, où des milliers de protestants sont tués.

1581 La république des Provinces-Unies se déclare indépendante de l'Espagne et devient protestante.

1588 L'Angleterre remporte une importante victoire militaire contre l'Espagne en repoussant l'Invincible Armada.

1598 L'édit de Nantes, signé par le roi de France Henri IV, accorde la liberté de culte aux protestants et met ainsi momentanément fin aux guerres de religion.

1607 Des marchands anglais fondent la colonie de Jamestown (Virginie).

1608 L'explorateur français Samuel de Champlain fonde la colonie de Québec.

LA RENAISSANCE EUROPÉENNE

Peu de personnages historiques sont aussi connus que Léonard de Vinci, qui a vécu de 1452 à 1519. Il s'est d'abord rendu célèbre en tant que peintre, mais c'était aussi un sculpteur, un écrivain, un philosophe, un inventeur et un scientifique. Léonard de Vinci est considéré comme un « esprit universel » et, à ce titre, il est intimement associé à la Renaissance telle que nous nous la représentons aujourd'hui : une renaissance des arts et de la pensée. Cependant, Léonard de Vinci a moins souvent été embauché en tant qu'artiste qu'en tant qu'ingénieur ou architecte. Il a réalisé des barrages, des canaux, des écluses, des travaux de renforcement de structures, des remparts, etc. Il était particulièrement reconnu pour sa compétence en hydraulique. Le créateur de La Joconde *et de* La Cène *n'a paradoxalement réalisé qu'un petit nombre de tableaux dans les ateliers qu'il a dirigés. Aujourd'hui, alors que des milliers de touristes se pressent devant* La Joconde*, au musée du Louvre à Paris, peu vont visiter le canal de Cesenatico dont il a pourtant dessiné les plans.*

Nous avons tendance à oublier que la Renaissance est un phénomène historique très vaste, qui ne peut être réduit au seul génie de quelques artistes et penseurs de cette époque. La Renaissance constitue en effet une période charnière de l'histoire occidentale. Les arts et la pensée de la Renaissance évoluent en même temps que le développement urbain, de plus en plus accéléré. Un bouillonnement d'inventions et de nouvelles techniques vient alors répondre aux nouveaux besoins en infrastructures et en constructions. Les dirigeants de ces grandes villes deviennent les mécènes de la Renaissance artistique, qui intègre les valeurs humanistes à un vaste programme de renouveau de l'art en Occident. En même temps, l'humanisme gagne l'Europe et transforme la politique et la religion. À l'image de Léonard de Vinci, qui quitte l'Italie pour terminer ses jours en France, la première moitié du XVIe siècle voit le génie italien s'étendre sur le reste de l'Europe.

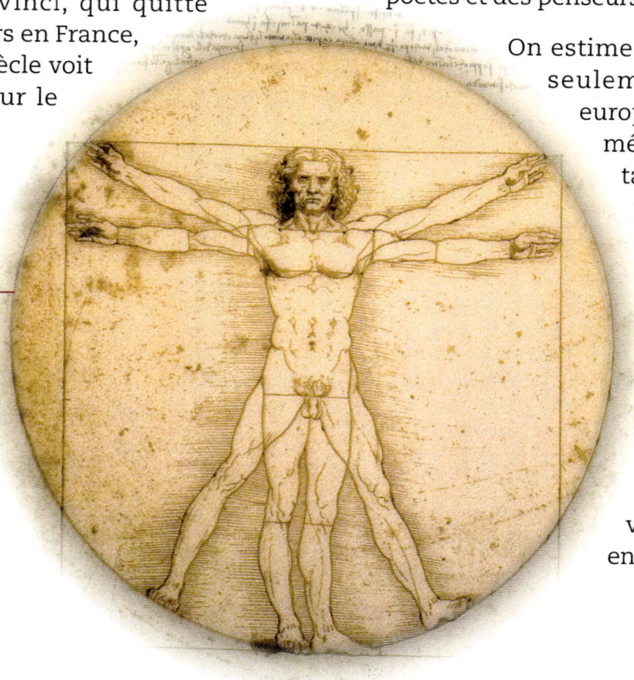

L'architecte romain Vitruve disait que les mesures de l'homme sont ordonnées par la nature. Ce dessin de Léonard de Vinci illustre bien l'humanisme de la Renaissance, qui renoue avec l'Antiquité et place l'homme au centre de ses préoccupations.

Léonard de Vinci. *L'homme de Vitruve*. Dessin à la plume (vers 1492).

LES VILLES AU CŒUR DE LA RENAISSANCE

Comme nous l'avons vu au chapitre précédent, la Renaissance s'est d'abord développée dans les villes italiennes, très dynamiques à la fin du Moyen Âge. La Renaissance est intimement liée au développement urbain, et ce, aussi bien en Italie qu'ailleurs en Europe. Les villes sont les principaux lieux d'échanges, qu'ils soient politiques, économiques ou culturels, et on y trouve chez les classes dominantes un goût pour la richesse et le luxe. C'est également dans les villes que les artisans et les techniciens assurent la réalisation des œuvres de la Renaissance, notamment l'impression des ouvrages des poètes et des penseurs de cette époque.

On estime que, aux alentours de 1500, seulement 6 % de la population européenne vivait dans des agglomérations de plus de 10 000 habitants. L'immense majorité de la population résidait donc dans les campagnes, où le pouvoir de consommation était faible et où les effets de la Renaissance se faisaient peu sentir. La Renaissance, phénomène urbain, concerne ainsi une minorité des populations du XVIe siècle. Voyons quelles étaient ces grandes villes, foyers de la Renaissance en Europe.

Carte 7.1

LES VILLES DE PLUS DE 30 000 HABITANTS EN EUROPE, 1500

On observe les plus fortes croissances démographiques en zone urbaine dans le nord de l'Italie et dans la région des Pays-Bas. La concentration de plusieurs grandes villes dans un espace restreint facilite les échanges et crée des lieux propices au développement de la Renaissance.

Les villes qui connaissent les plus fortes croissances démographiques sont les lieux les plus effervescents de la Renaissance (voir la carte 7.1). Bien que Paris soit la plus grande ville d'Europe en 1500, avec ses 225 000 habitants, c'est en Italie et aux Pays-Bas que le phénomène d'urbanisation est le plus marqué. Naples, Venise et Milan comptent plus de 100 000 habitants. Elles sont suivies de près par Florence. Aux Pays-Bas et au nord de la France, Gand et Rouen accueillent respectivement 80 000 et 75 000 habitants, et on y trouve plusieurs villes de plus de 15 000 habitants. La croissance d'Anvers, qui profite du commerce transatlantique, est particulièrement remarquable : sa population triple en seulement 70 ans ! Pour faire face à cette explosion démographique, les Hollandais doivent drainer d'immenses territoires destinés à l'agriculture. Pour ce faire, ils font appel aux ingénieurs italiens, maîtres en la matière. Ceux-ci sont accompagnés dans leurs voyages par de nombreux marchands italiens, comme Ludovico Guicciardini. Ce dernier est très impressionné par la facilité avec laquelle un étranger peut être accepté dans cette ville. Il écrit, en 1568, comment on devient bourgeois à Anvers :

> *Un étranger ne peut exercer publiquement aucun métier, si premièrement il ne se fait bourgeois de la ville, pour laquelle une brève cérémonie est faite en cette sorte. L'on va un certain jour de la semaine au Vicaire, auquel en la présence du Magistrat souverain, et du Margrave ou son lieutenant, l'on jure et fait serment d'observer foi et loyauté au Duc de Brabant, comme au Marquis du Saint Empire, promettant d'aider, garder et défendre, en compagnie des autres bourgeois, la ville et son domaine. Ainsi, après avoir payé au commun six écus et quelque droit au métier qu'il entend exercer, il jouit de l'art et des privilèges de la ville, comme les autres citoyens. Sauf toutefois que celui, qui n'est point natif d'Anvers […], combien qu'il soit bourgeois, ne peut pourtant parvenir à quelque office d'aucun Magistrat d'importance : mais trop bien ses enfants, nés en la dite ville et moyennant la vertu, peuvent parvenir […] à quelconque degré d'état ou de gouvernement que ce soit.*

Document 7.1 Ludovico Guicciardini, *Description de tout le Païs-Bas, autrement dict la Germanie inférieure ou Basse-Allemagne*, 1568.[1]

L'influence de la Renaissance italienne sur la Renaissance hollandaise tient en partie à cette ouverture aux étrangers, en particulier aux ingénieurs et aux commerçants italiens. Parallèlement, la vallée du Rhin et le sud de l'Allemagne, lieux de passage vers l'Italie, sont également rapidement touchés par la Renaissance, même si leurs villes sont plus petites.

LES TRANSFORMATIONS ÉCONOMIQUES ET SOCIALES

La croissance des villes joue un rôle majeur dans l'importance qu'on accorde aux artistes, aux techniciens et aux ingénieurs à l'époque de la Renaissance. Ceux-ci réparent ou agrandissent les Églises ; on leur en commande parfois de nouvelles. Ils ouvrent des canaux, construisent des ports pour faciliter l'approvisionnement, bâtissent de vastes demeures pour les gens fortunés. En même temps que les villes s'enrichissent, leurs habitants requièrent de plus en plus qu'on leur fournisse des produits de luxe pour assurer leur confort ou afficher leur rang social. Ce phénomène va favoriser l'émergence de diverses industries connexes. De même, la prise en considération des besoins de l'individu va donner naissance à de nouvelles œuvres à caractère social.

Cette demeure a été construite en 1550, en Alsace. Elle témoigne de l'évolution architecturale des demeures bourgeoises à l'époque de la Renaissance.

L'industrie du textile met à profit le savoir-faire des artistes et des artisans pour satisfaire la demande grandissante en étoffes de luxe. Certaines sont en effet réservées aux élites, qui s'en servent pour indiquer à quel rang social elles appartiennent. Par exemple, à partir de 1485 en France, la soie est réservée aux nobles tandis que les brocarts (soieries brodées de fils d'or et d'argent) sont utilisés dans la fabrication des vêtements de la famille royale et de la haute noblesse. En 1549, un édit (l'équivalent d'une loi royale) stipule que les soies rouge cramoisi doivent être réservées aux princes et aux princesses. Ces tissus raffinés sont principalement importés d'Italie. Les bourgeois se rabattent quant à eux sur la laine, alors considérée comme un luxe, à la faveur de l'activité économique des villes des Pays-Bas et, surtout, de l'Angleterre. De 1500 à 1550, Londres triple en effet ses exportations de draps de laine. Cet engouement généralisé pour l'industrie du textile en Europe influence à son tour grandement un autre secteur industriel, celui de la production de l'alun, minerai nécessaire à la teinture des tissus.

Durant la Renaissance, on fait aussi de grandes avancées techniques dans les domaines de la métallurgie et de la verrerie. Là aussi les ingénieurs jouent un rôle clé. Plusieurs inventions permettent de creuser plus en profondeur et, ainsi, de rentabiliser davantage l'exploitation minière : treuils actionnés par des chevaux, systèmes de transport avec des chariots sur rails de bois, pompes aspirantes capables de dégager l'eau des tunnels. De plus, on invente de nouveaux procédés pour travailler le fer. On crée la fonte, aussi solide que le fer, mais beaucoup plus malléable. Ce nouvel alliage permet de remplacer les boulets de canon en pierre et de créer des armes à feu individuelles : les arquebuses (vers 1520) et les pistolets (vers 1550).

Parallèlement, les progrès en verrerie changent littéralement le visage des villes. À Venise, vers 1460, on invente le verre cristallin, qui remplace rapidement le verre produit avec de la potasse. Alors que ce dernier est toujours vaguement terni par une teinte verdâtre, le verre cristallin est transparent. Cette trouvaille change radicalement l'architecture, puisque tout le monde en veut dorénavant dans sa maison. C'est l'invention des fenêtres ! Les avantages considérables de cette découverte sont également mis à contribution

La fontaine des Innocents, à Paris. D'utilité publique, cet ouvrage destiné à l'approvisionnement en eau témoigne de la volonté d'embellir les villes à l'époque de la Renaissance.

dans la fabrication des lunettes. Cela permet notamment aux intellectuels de surmonter la presbytie et de lire, même à un âge avancé.

Les progrès économiques et techniques témoignent d'un intérêt particulier pour le monde terrestre, pour les réalités matérielles de la vie humaine. La pensée est plus utilitariste et réaliste. C'est le triomphe de la pensée « humaniste », que nous étudierons un peu plus loin. Aussi, les villes, qui sont la scène de toute cette activité matérialiste, sont simultanément les principaux foyers de l'humanisme en Europe. C'est là que naissent les premières grandes œuvres de charité publique, sous le contrôle des municipalités. On y crée des services d'aide aux plus démunis ; on bâtit des orphelinats, d'immenses hôpitaux publics, etc.

Même l'urbanisme devient bienveillant : alors que les princes n'ont jamais hésité, depuis des siècles, à déplacer des populations entières et à détruire des quartiers pour ériger leurs monuments, les villes de la Renaissance se construisent dans un souci de conservation des bâtiments existants. Qui plus est, le développement urbain répond désormais à une volonté d'embellir les villes, notamment avec des fontaines qui, à l'époque, coûtent une fortune à faire fonctionner. Voilà bien l'esprit du temps : on accorde de plus en plus d'attention aux individus et à la dignité humaine. Cela ne signifie pas, cependant, qu'on accorde aux individus une quelconque liberté individuelle, ou qu'on accepte de voir se côtoyer riches et pauvres. Loin de là. Des murs séparent les quartiers riches des quartiers pauvres. Ce type de frontière existe même dans les édifices publics, comme les hôpitaux, où les classes sociales sont soigneusement séparées. Les villes de la Renaissance doivent être belles, mais elles doivent également être exclusives !

LES COMMANDITAIRES DE LA RENAISSANCE

Construire des édifices publics, créer des infrastructures urbaines, favoriser le travail des artistes de la Renaissance et des penseurs humanistes, tout cela ne saurait se faire sans l'aide de gens assez fortunés pour en assurer le financement. Dans le cas particulier de l'art, on nomme ces bailleurs de fonds des « mécènes ». En échange de leur soutien financier, ceux-ci demandent aux artistes de travailler à leur propre glorification.

Chaque ville, chaque principauté et chaque royaume se sert des artistes et des gens de lettres pour exalter son pouvoir. C'est particulièrement vrai dans le nord de l'Italie, où de petits États comme Mantoue, Ferrare et Urbino rivalisent avec les grandes cités italiennes dans le domaine du mécénat. Les rois et l'empereur du Saint Empire ne sont pas en reste : ils se servent de l'art pour orchestrer d'habiles campagnes de propagande. Puisque la Renaissance idéalise tout ce qui est lié à l'Antiquité gréco-romaine, les mécènes demandent aux artistes de les représenter sous les traits de grands hommes politiques de cette époque (comme Jules César), de héros mythiques (comme Jupiter ou Hercule), ou même de personnages bibliques (comme Moïse).

Le mausolée de Jules II. Imprégné de la culture antique, Michel-Ange y représente un Moïse semblable à Héraclès (Hercule pour les Romains), le célèbre héros de la mythologie grecque.

EMPREINTES DE L'OCCIDENT

UN TEMPS POUR TOUS

Dans plusieurs grandes villes européennes de la Renaissance, des horloges monumentales sont installées sur les places publiques. Mentionnons deux exemples remarquables : l'horloge astronomique de Prague, construite en 1410, et le Gros-Horloge de Rouen, érigé en 1389. Ces constructions, véritables prouesses de technologie, indiquent l'heure, mais aussi d'autres mesures du temps, comme les jours de la semaine et les cycles lunaires. En effet, à cette époque, on commence à accorder beaucoup d'importance au calcul précis du temps.

En 1582, une religieuse espagnole, Thérèse d'Avila, meurt dans la nuit du... 4 au 15 octobre ! Pour expliquer cette invraisemblable nécrologie, il faut remonter dans le temps.

Avant le XVIe siècle, les Européens utilisent le calendrier julien, instauré sous Jules César au Ier siècle avant Jésus-Christ. Dans ce calendrier, supposé suivre le cycle solaire, une année compte 325,25 jours. Or, l'astronome Nicolas Copernic découvre au début du XVIe siècle que, dans les faits, le Soleil met plutôt 325,242 jours — donc un peu moins de temps — pour accomplir son cycle. En d'autres mots, d'année en année, le calendrier julien accumule du retard. Au fil du temps, ce petit décalage devient grand. Ainsi, au XVIe siècle, Pâques, la principale fête chrétienne, fixée au 21 mars dans le calendrier julien en fonction de l'équinoxe du printemps, se rapproche petit à petit de l'été. Pour l'Église, c'est là un problème important.

Cette situation amène le Vatican à réviser le calendrier. Sous l'impulsion du pape Grégoire XIII, un nouveau calendrier, le calendrier grégorien, est adopté en 1582. Le pape décide d'omettre 10 jours au moment de son adoption pour rattraper le décalage. Les dates du 5 au 14 octobre 1582 sont donc simplement mises de côté. Voilà qui explique l'étonnante date de décès de Thérèse d'Avila.

Tous les pays n'adoptent pas le calendrier grégorien en même temps. Des pays catholiques le font dès le XVIe siècle, dont l'Italie, l'Espagne, le Portugal, la France, l'Autriche et la Pologne. Toutefois, il faut attendre le XVIIIe siècle pour qu'il entre en vigueur dans des pays majoritairement protestants, comme le Royaume-Uni. Quant aux pays de tradition orthodoxe, c'est au XXe siècle qu'ils le reconnaissent.

Ce manque de synchronisme dans l'adoption du calendrier grégorien donne lieu à de cocasses éphémérides. Par exemple, Shakespeare et Cervantès, deux auteurs de la Renaissance, sont morts à 10 jours d'intervalle ; pourtant, l'histoire retient pour les deux la même date de décès, soit le 23 avril 1616. L'Angleterre, pays de Shakespeare, n'avait pas encore adopté le calendrier grégorien, contrairement à l'Espagne, pays de Cervantès...

Horloge astronomique de Prague.

De tous les mécénats, le plus fastueux est celui de la papauté. En effet, les papes de la Renaissance se soucient autant des affaires politiques que des affaires spirituelles. Ils entendent donc, eux aussi, se servir de l'art, et ce, pour glorifier le christianisme. Dans la première décennie du XVIe siècle, le pape Jules II réunit trois des artistes les plus admirés de l'époque : Bramante, Raphaël et Michel-Ange. La basilique Saint-Pierre et le palais du Vatican sont construits à cette époque. Les bâtiments et leur décoration coûtent une fortune ! C'est particulièrement le cas pour une chapelle, appelée Sixtine (en l'honneur du pape Sixte IV, qui l'a fait construire), à laquelle Botticelli, Signorelli et Michel-Ange ont consacré leur art.

En plus de servir les intérêts des membres des classes dominantes, les artistes de la Renaissance participent à l'essor des villes. Grâce à leurs connaissances en génie, les artistes assistent les ingénieurs dans leur travail, notamment en partageant leur talent en dessin. Ainsi, les intérêts économiques se joignent à l'importance qu'on accorde à l'art lui-même. Au-delà de cette association d'intérêts, la Renaissance a tout de même été le théâtre d'une véritable révolution artistique, qui a assurément fasciné les mécènes.

LES EUROPÉENS RENOUENT AVEC L'ART DE L'ANTIQUITÉ

L'idée de renouer avec l'héritage de l'Antiquité grécoromaine était déjà apparue dans l'Italie des XIVe et XVe siècles (voir le chapitre 6). Pourtant, ce n'est qu'en 1550 que Giorgio Vasari, peintre italien, utilise le premier l'expression « Renaissance » pour décrire le travail des artistes de son époque. Suivant les travaux des humanistes italiens qui consacraient leur vie à restituer les

Dans cette immense fresque, le peintre italien Raphaël rassemble les philosophes de l'Antiquité autour d'Aristote et de Platon. Le message est clair : la renaissance des arts se fait à l'école des Anciens et elle poursuit la pensée gréco-romaine.
Raphaël. *L'École d'Athènes*. Fresque (1509-1512).

œuvres écrites de l'Antiquité, les artistes de la Renaissance ont la forte impression qu'ils font revivre l'art des Anciens, qui aurait été enfoui dans ce qu'ils appelaient les « ténèbres du Moyen Âge ». L'exemple le plus célèbre de cette « renaissance » artistique est peut-être *L'École d'Athènes*, peinte par Raphaël pour le Vatican. En 1550, donc, Vasari écrivait ceci à propos du tort que les peuples « barbares » ont selon lui causé à l'art de l'Antiquité :

> *Presque toutes les nations barbaresques se soulevèrent contre les Romains, et causèrent bientôt, non seulement l'abaissement, mais encore la ruine du grand empire et de Rome elle-même qui ensevelit sous ses décombres les arts et les artistes, les sculpteurs, les peintres et les architectes. [...] Mais les beaux-arts furent attaqués avec plus d'acharnement encore par la nouvelle religion chrétienne, qui, après une longue et sanglante lutte, avait renversé l'ancienne foi des gentils. Ardents à anéantir tout ce qui pouvait rappeler le paganisme, les chrétiens détruisirent, non seulement les statues merveilleuses, les sculptures, les peintures, les mosaïques et les ornements des faux dieux, mais encore les images des grands hommes qui décoraient les édifices publics. Pour bâtir leurs églises, ils jetèrent à terre les plus beaux temples des idoles. [...] Les chefs-d'œuvre ensevelis sous les ruines de l'Italie restaient ignorés. On prenait alors pour le type de la perfection ces horribles figures en terre ou en pierre, ces monstrueux profils grossièrement coloriés, et ces mosaïques barbares, productions d'un reste de vieux artistes grecs qui vinrent enseigner leur métier aux Italiens.*

Document 7.2 Giorgio Vasari, *Vies des peintres, sculpteurs et architectes*, 1550.[2]

Tout en faisant revivre les personnages et les auteurs de l'Antiquité, les artistes de la Renaissance intègrent dans leurs œuvres le fruit des réflexions des humanistes italiens (voir le chapitre 6). Selon ceux-ci, qui puisent directement dans la tradition néoplatonicienne, l'homme est la mesure de toute chose. Les artistes de la Renaissance consacrent donc tous leurs efforts à représenter un idéal humain. On veut des corps justement proportionnés, nus, la plupart du temps. Même lorsque les thèmes sont de nature religieuse, les artistes intègrent l'humanisme à leurs œuvres. Par exemple, lorsque les commerçants de Florence commandent à Michel-Ange une statue représentant le roi hébreu David luttant contre Goliath, pour la cathédrale Santa Maria del Fiore, c'est un Apollon de plus de 4 mètres de haut, nu et fier, que le sculpteur leur remet. Seule la fronde que tient le personnage rappelle le mythe biblique qu'il est censé représenter.

Les œuvres de la Renaissance témoignent également d'un souci constant de réalisme dans la représentation du monde. Des artistes comme Filippo Brunelleschi, Leon Battista Alberti et Léonard de Vinci étudient autant la géométrie que les techniques artistiques pour être en mesure de peindre des tableaux donnant l'illusion d'un espace tridimensionnel. Ils mettent en place les principes de la perspective. Ils développent également de nouvelles teintes et de nouveaux liants pour représenter encore plus fidèlement la réalité. Comme les humanistes, les artistes sont à la recherche d'une forme de pureté originelle et, comme les ingénieurs, ils utilisent les savoirs et les techniques pour repousser les limites du possible.

Les innovations en peinture ne viennent pas toutes d'Italie. Les Pays-Bas introduisent l'utilisation d'huile pour lier les pigments de couleur, ce qui permet de multiplier les nuances, de faire des transparents et

Dans la tradition chrétienne, le combat de David contre Goliath est le symbole de la lutte de l'Église contre le mal. Toutefois, la statue de Michel-Ange attire bien plus l'attention sur le corps de David, en particulier sur ses mains exceptionnellement grandes, et sur son visage, que sur un quelconque message religieux.
Michel-Ange. *David*. Marbre (1501-1504).

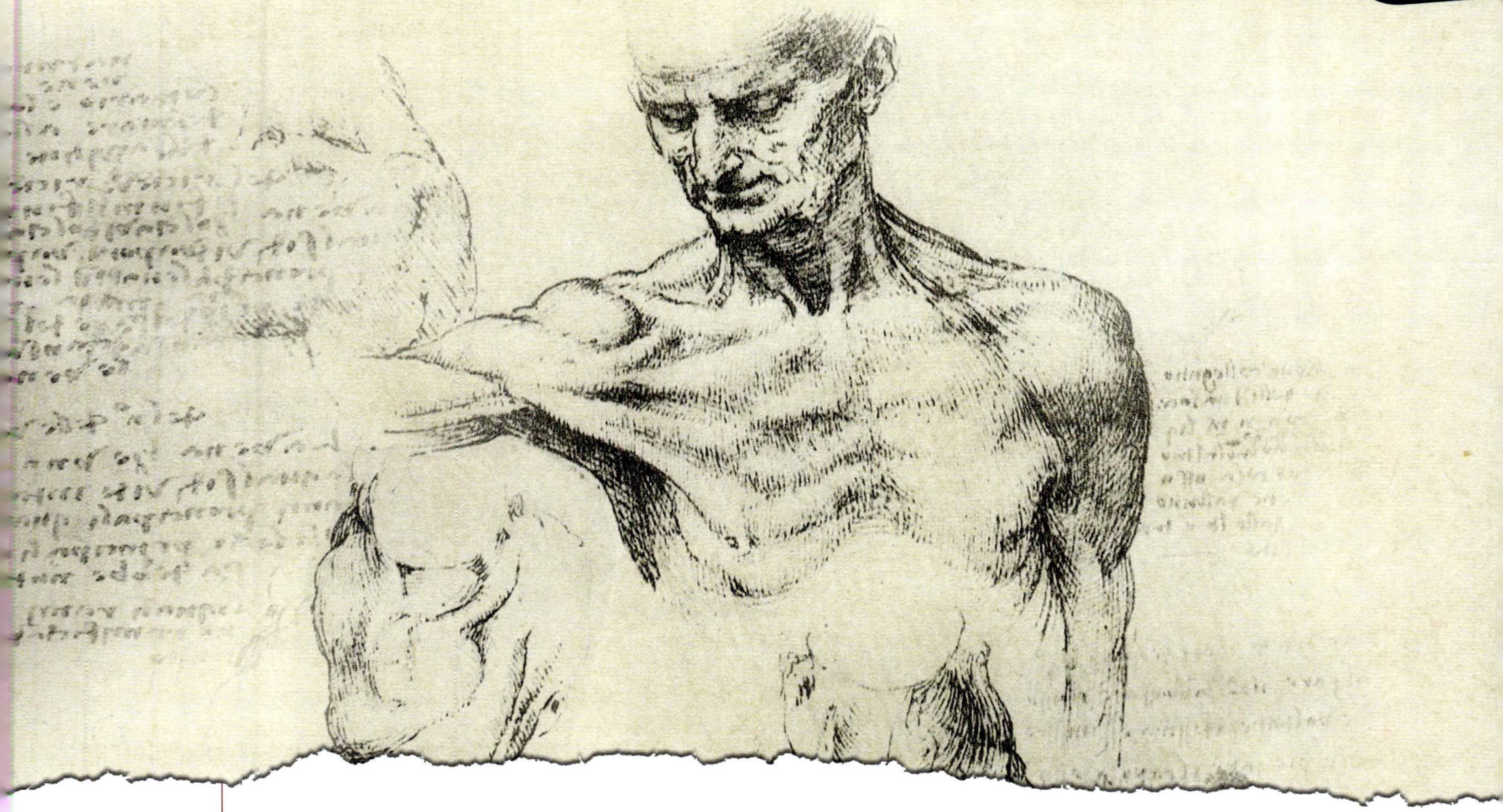

Dessins de Léonard de Vinci sur l'anatomie humaine. Pour parvenir à représenter aussi fidèlement la position et la forme des muscles, Léonard de Vinci a dû observer le corps humain dans ses moindres détails, probablement au cours de dissections, pourtant proscrites par l'Église.

de donner un fini brillant aux œuvres. Les peintres peuvent désormais obtenir de meilleurs effets de profondeur dans les paysages. Même si les historiens de l'art considèrent que c'est Léonard de Vinci qui a atteint les résultats les plus spectaculaires avec ce procédé, ce sont véritablement les artistes hollandais qui en deviennent les premiers maîtres.

Dans la foulée de cette recherche de réalisme, les artistes en viennent à étudier minutieusement l'anatomie humaine. La position des muscles, des nerfs et des os, de même que les proportions, le mouvement et l'expression les passionnent. Pour faire avancer leurs études, certains, dont Léonard de Vinci, vont jusqu'à faire des dissections de cadavres dans le plus grand secret, alors que cette pratique est considérée comme de l'hérésie. Lorsque Michel-Ange met en scène la Genèse, Moïse, la vie de Jésus et le Jugement dernier, dans la chapelle Sixtine, à Rome, il représente les saints, Jésus et Dieu lui-même totalement nus (les voiles qui cachent les sexes ont été ajoutés par la suite), avec des corps athlétiques.

Les artistes travaillent dans des ateliers, entourés d'un plus ou moins grand nombre d'apprentis, d'assistants et d'ouvriers, selon leur notoriété. Les plus connus d'entre eux bénéficient du soutien des mécènes les plus généreux et peuvent avoir des dizaines de personnes à leur service. Ces ateliers deviennent bientôt des lieux de rencontre pour les artistes de la Renaissance qui, tout en gérant leur propre atelier, n'hésitent pas à se déplacer pour visiter ceux de leurs confrères, partout en Europe. Ainsi, les artistes se promènent, échangent leurs techniques, construisent des réseaux. À l'image des humanistes qui tissent leur toile à l'échelle de l'Europe, les artistes de la Renaissance forment bientôt une communauté internationale. Cependant, l'Italie demeure l'endroit le plus visité, à la fois parce qu'on y trouve les plus grands ateliers, comme celui de Raphaël, à Rome, et parce que l'étude des vestiges de l'Antiquité est considérée comme un passage obligé.

L'EXPANSION DES RÉSEAUX HUMANISTES

L'humanisme, né avec la Renaissance italienne (voir le chapitre 6), gagne du terrain hors d'Italie jusqu'à devenir un courant de pensée dominant en Occident. Les liens qui se tissent amènent les historiens à parler d'une « république des lettres », tellement les humanistes ont le sentiment d'appartenir à une communauté particulière.

C'est en Espagne que l'humanisme italien se répand le plus rapidement. Cela tient à plusieurs raisons. D'abord, dès les années 1420, on trouve en Espagne des humanistes qui participent à la traduction des Anciens. De plus, les liens politiques entre l'Espagne et l'Italie sont étroits, notamment parce que le roi espagnol d'Aragon règne sur la région italienne de Naples.

La France emboîte bientôt le pas à l'Espagne. Dès 1470, la Sorbonne, l'université de Paris, accueille sa première imprimerie. Le premier ouvrage imprimé en France est un recueil d'art écrit par un humaniste italien. Par la suite, on y publie des classiques de l'Antiquité, des ouvrages traduits par des humanistes italiens et des traités de rhétorique destinés à l'enseignement. Un Byzantin ayant fui Constantinople après les conquêtes turques, Janus Lascaris, est engagé par le roi Louis XII pour organiser une vaste bibliothèque et enseigner le grec à Paris.

Bien qu'il ne parvienne en Angleterre qu'un peu plus tard, l'humanisme y trouve tout de même sa niche dans les universités d'Oxford et de Cambridge. C'est de l'Angleterre que sont issus deux des plus grands noms de la Renaissance intellectuelle : John Colet (1467-1519) et Thomas More (1478-1535). John Colet est chanoine. Il figure parmi les premiers ecclésiastiques à évoquer la nécessité d'une réforme de l'Église sur la base des idées humanistes. Thomas More, avocat et homme politique, est quant à lui surtout connu comme étant l'auteur d'*Utopia* (1515), un des livres les plus célèbres au monde. L'île d'Utopie s'inspire de la *République* de Platon, mais More pousse la logique humaniste encore plus loin : toutes les richesses de cet univers appartiennent collectivement aux hommes, les gens qui l'habitent sont pacifistes et la liberté de religion y est de mise. More est par ailleurs le premier à traduire la Bible en anglais.

Holbein le Jeune. *Portrait d'Érasme*. Huile sur bois (vers 1523).

Ailleurs en Europe, l'Allemagne et les Pays-Bas s'illustrent également dans cet essor de la république des lettres. Les Allemands forment la plus grande cohorte d'étudiants étrangers dans les universités italiennes. En outre, l'empereur du Saint Empire nomme un poète officiel en 1483, Conrad Celtis, qui s'empresse de fonder des cercles humanistes. En 1497, l'Université de Vienne se voit dotée d'une chaire de rhétorique.

Parallèlement, aux Pays-Bas, Érasme de Rotterdam (v. 1469-1536) ébranle sérieusement les croyances et les convictions religieuses. C'est le penseur humaniste le plus influent d'Europe, à tout le moins à l'extérieur de l'Italie. Comme tous ses confrères, Érasme doit principalement sa formation intellectuelle à la culture italienne, mais il a aussi étudié en France et voyagé en Angleterre, où il s'est lié d'amitié avec Thomas More et John Colet. Érasme, prêtre de profession, critique fortement l'Église dans un ouvrage célèbre, *Éloge de la folie*. Il traduit le Nouveau Testament et applique les méthodes de révision des humanistes aux textes des Pères de l'Église. C'est ce qui l'amène à considérer comme contraire aux Évangiles le comportement des dirigeants du clergé. Érasme correspond avec plus de 700 personnes influentes dans toute l'Europe et devient le centre du réseau des humanistes. C'est pourquoi plusieurs l'ont qualifié de « prince des humanistes ».

LES HUMANISTES ET LA POLITIQUE

À première vue, l'humanisme semble avoir eu sur la vie politique en Europe une influence plutôt faible. En effet, ce courant de pensée n'est pas le déclencheur de grands changements dans les régimes politiques, du moins pas à court terme. Les humanistes eux-mêmes défendent des positions contradictoires : certains se rallient derrière le modèle républicain et d'autres sont en faveur du régime monarchique. Pourtant, à long terme, l'humanisme entraîne bel et bien des changements considérables sur la politique. Voyons pourquoi.

Comme nous l'avons vu précédemment, les penseurs de la Renaissance accordent une importance particulière aux sciences, aux développements techniques et au réalisme. Dans la même foulée, ils cherchent des explications rationnelles sur l'origine des pouvoirs politiques. Les mythes et les légendes à ce sujet ne leur suffisent plus. Ce nouveau point de vue transforme considérablement la discipline même de l'histoire. Étienne Pasquier (1529-1615), homme d'État humaniste et historien, s'applique notamment à faire la lumière sur les origines de la monarchie française en la dépouillant de tous les mythes qui l'entourent. Appréhendée sous ce nouveau point de vue, la politique change de sphère : elle n'appartient plus au monde religieux, elle devient laïque. C'est ce qu'on appelle le « phénomène de sécularisation de la politique ».

En Italie, Nicolas Machiavel (1469-1527), un humaniste et un diplomate de carrière, se rend célèbre par la publication de deux traités politiques : *Le Prince* (1513) et les *Discours sur la première décade de Tite-Live* (1513-1520). Dans ces ouvrages, Machiavel établit une distinction très nette entre une politique morale et une politique efficace. Selon lui, les principes voulant que les monarques usent de leur autorité en toute justice et équité sont vains s'ils ne leur assurent pas d'obtenir le pouvoir et de le conserver. Dans ce qu'on a appelé plus tard le « machiavélisme » réside l'idée que les valeurs morales doivent parfois être mises de côté quand vient le temps d'exercer son pouvoir. Machiavel va même jusqu'à proposer que, si la situation le commande, un roi ou un prince ne doit pas hésiter à faire usage de cruauté, comme on peut le lire dans l'extrait ci-dessous.

> « *Je crois que cela dérive des cruautés bien ou mal exercées. On peut considérer comme bien exercées, si toutefois le mal peut jamais être bien, celles qu'on commet une seule fois dans la vue d'affermir sa puissance, mais auxquelles on ne revient plus dans la suite, et que l'on s'efforce même de rendre le plus avantageuses que possible à ses sujets. [...] Ainsi, quand on s'empare d'un État, il faut commettre tous les crimes à la fois, afin de ne pas y revenir chaque jour, et de rassurer ainsi ses nouveaux sujets, en se les attachant même par des bienfaits. [...] il est plus sûr d'être craint que d'être aimé, quand on est réduit à un seul de ces deux moyens. Car les hommes, en général, sont ingrats, volages, dissimulés, ennemis du danger et avides de gains. Tandis que vous leur faites du bien, ils sont tout à vous, ils vous offrent leur sang, leurs biens, leur vie, leurs enfants même, comme je l'ai dit plus haut, si vous n'avez point besoin d'eux ; mais quand ce besoin se fait sentir, ils se révoltent.* »

Document 7.3 Nicolas Machiavel, *Le Prince*, 1513.[3]

En écrivant ces traités, Machiavel dissocie manifestement le religieux du politique, puisque ses préceptes vont à l'encontre des valeurs morales de l'Église. Pour Machiavel, l'Église est dangereuse, car elle rend l'humanité amorphe en lui proposant d'attendre un éventuel paradis. Selon lui, il vaut mieux séparer l'État et l'Église, ou alors que le premier contrôle la deuxième. À son époque, cet auteur est jugé trop radical, mais son influence dans les siècles à venir sera immense.

LES HUMANISTES ET LA RELIGION

La philosophie amorale de Machiavel demeure plutôt isolée à l'époque de la Renaissance, même si elle suscite un certain intérêt. Néanmoins, l'Église se voit tout de même sérieusement ébranlée par les humanistes, car plus ils étudient la Bible, entre autres textes religieux, plus ils trouvent matière à justifier une réforme de l'Église. Attention ! Il faut toutefois se garder d'établir une relation de cause à effet entre l'humanisme et la Réforme protestante, amorcée par Martin Luther, que nous aborderons plus en détail dans la section suivante. Nombre d'humanistes, comme Érasme, ont rejeté les appels à la division de l'Église. Thomas More a même été décapité pour haute trahison, après avoir refusé de reconnaître la séparation entre l'Église d'Angleterre et l'Église de Rome ! Il est cependant juste d'affirmer que les protestants ont puisé leurs revendications à la source de la pensée humaniste.

Le *Manuel du chevalier chrétien*, écrit par Érasme et paru en 1501, illustre tout à fait cette remise en question modérée de l'Église par les humanistes. Cet ouvrage est un des livres religieux les plus vendus au XVIe siècle. Érasme y affirme que tous les chrétiens doivent accorder la priorité à une réflexion personnelle sur la foi chrétienne, et ce, au moyen d'une lecture minutieuse de la Bible. Il y questionne également les formes extérieures de la foi, comme les pèlerinages et les fêtes en l'honneur des saints, qu'il croit être des résidus de croyances et de fêtes païennes, ce contre quoi il met le lecteur en garde. Mais Érasme ne va pas jusqu'à remettre en question l'autorité du Vatican et des évêques, même si ceux-ci donnent amplement de munitions à leurs détracteurs. En effet, les papes de la Renaissance sont de véritables princes, entourés de femmes et d'enfants illégitimes, et vont même parfois jusqu'à mener des troupes au combat pour accroître la puissance des États pontificaux.

Les humanistes ne vont peut-être pas jusqu'à remettre en question la crédibilité et l'autorité des dirigeants de l'Église, mais d'autres s'en chargeront rapidement, ouvrant la porte à une des pires crises que l'Occident ait jamais connue : la division religieuse entre catholiques et protestants qui est à l'origine de nombreuses années de conflits sanglants en Europe.

LES RÉFORMES RELIGIEUSES

Le 3 mai 1512, plus de 250 prélats se rencontrent dans la basilique de Saint-Jean-de-Latran, à Rome. Ils sont venus des quatre coins de l'Europe pour participer à ce concile convoqué d'urgence par le pape Jules II. L'Église est en crise, dit-il, et des changements s'imposent pour consolider la foi chrétienne. Pourtant, après cinq ans de discussions interminables, et un ambitieux projet de réforme, peu de choses changent. Alors que les critiques se précisent, un moine parmi tant d'autres prend le devant de la scène. En «protestant» contre l'Église catholique, Martin Luther annonce une nouvelle religion, elle aussi fondée sur la Bible: le protestantisme.

En illustrant un extrait du Nouveau Testament (l'Apocalypse de Jean), Albrecht Dürer représente avec force les peurs les plus présentes durant la Renaissance. *Les quatre cavaliers de l'Apocalypse* annoncent la fin des temps et sèment les pires calamités sur leur passage.
Gravure (XVe siècle).

Durant la Renaissance, les fondements jusque-là intouchables de l'Église catholique commencent à se fragiliser. Intellectuels, paysans, bourgeois et nobles, tous vont choisir leur camp. À partir du milieu du XVIe siècle, ils seront soit catholiques, soit protestants. La Réforme protestante répond à une crise des mentalités populaires autant qu'aux préoccupations des humanistes de la Renaissance. Elle constitue une réaction aux abus de l'Église, qui va finalement amorcer sa propre réforme, tant attendue, la Réforme catholique. Parallèlement, le protestantisme va aussi permettre aux États et aux princes de justifier leurs ambitions et de consolider leur pouvoir. La Réforme va diviser la chrétienté à jamais et mettre l'Occident à feu et à sang.

UN CLIMAT D'INCERTITUDE

Le retour des disettes et des temps difficiles, au début du XVIe siècle, renforce le climat d'inquiétude religieuse qui affecte toute l'Europe. Depuis le XIVe siècle, les malheurs s'additionnent: la guerre de Cent Ans, les épidémies de peste récurrentes, le Grand Schisme d'Occident, la guerre des Deux-Roses, la menace turque et bien d'autres. Pour les populations européennes, tant de malédictions ne peuvent être que le résultat de la colère de Dieu. Elles entraînent chez plusieurs un fort sentiment de culpabilité, de même qu'une vive angoisse quant à leurs propres péchés, qu'ils tentent de racheter pour apaiser Dieu et éviter de passer l'éternité en enfer!

Tout le monde a peur d'être malade, de ne pas manger à sa faim, de mourir, et de souffrir au purgatoire, ce lieu où les âmes des personnes décédées expient leurs péchés avant d'accéder au paradis. Pour se rassurer, et dans l'espoir de sauver leur âme, les gens se tournent davantage vers la religion. Ils prient une multitude de saints, vénèrent des reliques, font de longs pèlerinages et accumulent, de manière quasi comptable, les prières, les bonnes actions et les indulgences, des promesses de réduction du temps passé au purgatoire vendues par le clergé. Certains développent une approche plus individuelle de la spiritualité, qui se traduit par un rapport plus intime et plus émotif à la religion. Ils cherchent à trouver la sérénité intérieure par l'imitation de la vie de Jésus-Christ, et à atteindre une union personnelle avec Dieu. Ils s'inspirent de livres de piété et d'images pieuses pour favoriser cette introspection, et prient quotidiennement. Mais cette forme de dévotion, nommée la « dévotion moderne », ne convient pas à tous. La plupart cherchent des assurances dans le cadre traditionnel fourni par l'Église.

Or, l'Église catholique ne montre pas nécessairement l'exemple et ne répond pas totalement aux attentes des fidèles, qui se sentent quelque peu laissés à eux-mêmes. La grande majorité de la population européenne, qui vit en campagne, est encadrée par un clergé qui reçoit très peu de formation. Certains, parmi les membres de ce bas clergé, ne peuvent même pas expliquer la signification des rituels religieux, dont la messe, qu'ils célèbrent en tournant le dos aux fidèles. Les offices sont encore donnés en latin, une langue méconnue de la population et même de certains prêtres, qui récitent alors les prières par cœur. En outre, le clergé ne respecte pas la dignité de sa fonction, puisque des prêtres vivent en concubinage, entretiennent des enfants bâtards, s'adonnent à l'ivrognerie ou aux plaisirs de la chair dans des établissements douteux. C'est même le cas de quelques papes, comme Alexandre VI Borgia, qui accumule les maîtresses et les enfants. Dans ce contexte, plusieurs remettent en question le bien-fondé de l'impôt local payé à l'Église, la dîme. L'argent ainsi consenti n'est-il pas en partie détourné pour entretenir le faste de l'Église, plutôt que pour soutenir son rôle de guide spirituel ? Bref, la critique des abus au sein de l'Église, déjà formulée au XIVe siècle, reste d'actualité au XVIe siècle.

À ces crises morales de l'Église s'ajoutent les crises politiques. Le prestige de l'Église est malmené par le Grand Schisme, qui consacre plusieurs papes à la tête de la chrétienté pour le plus grand désarroi de tous. L'Église est aussi contestée par les nouveaux pouvoirs politiques et intellectuels qui s'affirment depuis le XIVe siècle, dont celui des humanistes. Ceux-ci retournent aux sources de l'Antiquité, redécouvrent les textes anciens et les lisent dans leurs versions originales. Ils consacrent notamment une bonne partie de leurs efforts à débusquer les erreurs de traduction de la Bible et, de ce fait, les erreurs d'interprétation du message divin, imputables au clergé. Le développement de l'imprimerie leur permet de diffuser partout en Europe leurs traductions de la Bible, leurs essais, leurs manuels des vertus chrétiennes. Érasme est le plus illustre de ces humanistes. Comme bien d'autres, même s'il affirme sa fidélité à la religion catholique, il critique l'Église au nom de sa foi. Surtout, il met de l'avant l'idéal humaniste, c'est-à-dire la croyance en l'homme et en sa capacité de faire le bien. C'est dans cet esprit que certains humanistes chrétiens remettent en question les pratiques de l'Église : ils souhaitent qu'elle soit plus fidèle à ce qu'elle était à ses débuts, et offre un exemple moral irréprochable.

L'Église elle-même est sensible à certaines critiques ; elle sait qu'elle doit agir. Bien que la corruption ne touche pas l'ensemble du clergé, et que beaucoup de religieux mènent des vies exemplaires, les abus sautent aux yeux. Dans son discours d'ouverture du concile de Latran, en 1512, Gilles de Viterbe, un cardinal italien et un humaniste, résume l'urgence de la situation :

> « *Je le vois, oui, je le vois : si par ce concile […] nous n'imposons pas une mesure à nos façons d'agir, si nous ne contraignons pas notre cupidité des biens humains […] à laisser place à l'amour des biens divins, […] c'en est fait de la religion. […] Quand, en effet, notre vie a été plus ramollie ? Quand l'ambition plus effrontée ? […] Quand notre religion et notre foi ont-elles été plus ouvertement objet de dérision, même pour le petit peuple ? […] Quand le ciel nous a-t-il menacés, quand la terre nous a-t-elle terrifiés ? […] Et tout cela, […] qu'est-ce sinon des paroles que nous adresse le ciel ? Car les paroles de Dieu, […] ce sont les faits […]. Ce sont donc des paroles, ces événements que nous voyons se produire, des paroles de Dieu qui avertissent et qui ordonnent […] que tu réformes l'Église […] que tu imposes un frein à la licence de notre vie qui blesse l'Église au plus profond de ses entrailles — car ce qui importe, ce n'est pas la quantité de terre que nous possédons, mais le degré de notre justice, de notre piété, et de notre zèle pour les choses divines […].* »

Document 7.4 Gilles de Viterbe, Discours inaugural du Ve concile de Latran, 1512.[4]

Les prélats s'entendent sur ce constat : puisque le but de la religion catholique est de purifier les cœurs et les âmes, on ne doit pas laisser les hommes vicier l'Église par des pratiques corrompues. Mais ce projet demeure un vœu pieux : le concile exprime une bonne volonté, mais pas d'engagement ferme, surtout pas de la part de la papauté. Certains évêques se chargent alors eux-mêmes de faire des changements dans leurs paroisses. Ces initiatives restent des actions locales et isolées.

Il y a donc, depuis un bon moment, un ensemble de forces qui poussent vers un assainissement des pratiques de l'Église et un encadrement plus rigoureux des croyants. Toutefois, l'élément déclencheur de la véritable Réforme sera la critique formulée par Martin Luther, un moine influencé par les humanistes et la dévotion moderne, et surtout angoissé par le sort de son âme.

LES PRÉOCCUPATIONS DE MARTIN LUTHER

Martin Luther est un homme profondément tourmenté. Plutôt que de devenir avocat, comme le voulait son père, il devient moine. À la possibilité de poursuivre une carrière et de se hisser dans l'échelle sociale, il préfère celle de continuer ses études en théologie. Il espère ainsi trouver une réponse à ses angoisses : comment se rapprocher de Dieu et éloigner le Diable ? Luther devient prêtre, puis professeur de théologie à l'université de Wittenberg, une petite ville dans la partie allemande du Saint Empire. Il s'adonne avec rigueur aux pratiques pieuses et charitables que demande l'Église, mais elles ne lui semblent pas suffisantes pour assurer son salut. Luther a une vision pessimiste de la nature humaine, et certaines pratiques de l'Église lui semblent condamnables. Il se demande alors comment il est possible pour l'homme de satisfaire aux exigences de Dieu. La réponse qu'il trouve à cette question va bouleverser toute la conception de la pratique religieuse en Occident.

En effet, l'Église soutient que l'homme a un rôle à jouer dans le salut de son âme : il doit respecter et accomplir les rituels chrétiens ; il doit aussi s'illustrer par ses bonnes actions et faire preuve de charité. Luther propose au contraire que seule une foi sincère en Dieu peut sauver l'âme. Pour lui, le salut de l'homme dépend seulement de Dieu, et les actions humaines ne sont d'aucun secours en la matière. En outre, l'Église s'accorde un rôle fondamental dans la vie religieuse : elle orchestre ses rituels, comme la messe, les prières et les sacrements. Elle se charge notamment de confesser les fidèles pour leur permettre de se laver de leurs péchés. Or, Luther affirme catégoriquement que le seul moyen de s'assurer d'être fidèle à Dieu est de suivre le chemin des Évangiles, de se consacrer à une lecture attentive et individuelle de la Bible, seule à contenir la parole de Dieu (*sola fide, scriptura sola* : seule la foi et les Évangiles).

La position de Luther a l'effet d'une bombe sur l'Église, puisqu'elle lui enlève tout pouvoir d'interprétation des textes sacrés et, par conséquent, toute position d'intermédiaire entre Dieu et les hommes. Il faut savoir qu'à cette époque, l'influence de l'Église est considérable sur les actions des croyants. Dans ce contexte, les pratiques douteuses du clergé, particulièrement la vente d'indulgences, sèment la confusion. Ce qu'on appelle des « indulgences » consiste en quelque sorte en une police d'assurance pour la vie après la mort. Une indulgence permet de diminuer le temps passé au purgatoire. On l'obtient en contrepartie d'une bonne action, comme la participation à une croisade ou à un pèlerinage.

Au XVIe siècle, le pape Jules II pousse l'idée plus loin : il veut littéralement vendre des indulgences pour financer la construction et l'ornementation de la basilique Saint-Pierre par les meilleurs artistes de l'époque. La plupart des croyants n'ont pas les moyens de faire le voyage jusqu'à Rome ou de visiter ce chef-d'œuvre d'art et d'architecture. Comment, alors, inciter les gens à participer à son financement ? Le pape profite de la peur du purgatoire pour échanger, contre de l'argent, une promesse d'accéder au paradis. L'archevêque de Wittenberg, où enseigne Luther, est un de ceux qui prennent en charge ce nouveau commerce, vanté un peu partout dans la région par un prédicateur fort efficace et charismatique nommé Tetzel. Dans l'extrait qui suit, tiré d'un de ses prêches les plus connus, Tetzel manie admirablement toute la palette des sentiments humains pour mieux vendre les indulgences.

> *Venez et je vous donnerai des lettres munies de sceaux, par lesquelles les péchés même que vous auriez envie de faire à l'avenir, vous seront tous pardonnés. […] Il n'y a aucun péché assez grand que l'indulgence ne puisse remettre ; et même si quelqu'un, ce qui est impossible sans doute, avait fait violence à la sainte Vierge Marie, mère de Dieu, qu'il paie, qu'il paie bien seulement, et cela lui sera pardonné. […] Mais il y a plus : les indulgences ne sauvent pas seulement les vivants, elles sauvent aussi les morts. […] Noble ! Marchand ! Femme ! Jeune fille ! Jeune homme ! Entendez vos parents et vos autres amis défunts, qui vous crient du fond de l'abîme : "Nous endurons un horrible martyre ! Une petite aumône nous délivrerait ; vous pouvez la donner, et vous ne le voulez pas !" […] À l'instant même où la pièce de monnaie retentit au fond du coffre-fort, l'âme part du purgatoire, et s'envole délivrée dans le ciel.*

Document 7.5 Tetzel, *La vente d'indulgences*, début du XVIe siècle.[5]

Le personnage de l'Antéchrist, défini de diverses manières selon les époques, est un des signes qui annonce la fin des temps. Ici, l'antéchrist est en fait le pape. Il écrit des lettres d'indulgences qu'il vend à des fidèles se pressant devant lui et alignant leur argent.

Lucas Cranach l'Ancien. *L'Antéchrist*. Dessin (1521).

Pour Luther, ce commerce est inacceptable, d'autant plus que, selon lui, les bonnes œuvres n'ont pas de valeur en soi et ne peuvent en aucun cas être une monnaie d'échange avec Dieu. Luther réagit et dénonce cette pratique malhonnête. En 1517, il rédige un document appelé les 95 thèses, où il défend longuement l'idée que le salut ne peut ni s'acheter ni se vendre. Initialement écrites en latin, ces thèses visent à soulever un débat au sein de l'Église, et non à provoquer une révolution. Si Luther prend position contre la vente d'indulgences, il prend soin dans un premier temps d'excuser le pape qui, selon lui, ignore la situation. Il ne cherche nullement à fonder une nouvelle religion. Son but est de réformer son Église, comme tant d'autres avant et après lui.

LE MONDE CATHOLIQUE DIVISÉ

La situation échappe bien vite à Luther. Ses thèses deviennent publiques et font l'objet de discussions en dehors de l'Église. Certains historiens croient qu'il a cloué ses 95 thèses sur la porte de son église, mais on ne le saura jamais, et Luther n'est probablement pas responsable de sa soudaine notoriété, du moins pas à ses débuts. Ses thèses sont anonymement traduites en allemand et imprimées. Elles provoquent un scandale, mais Luther gagne des appuis parmi les cercles humanistes. De 1517 à 1520, le pape Léon X et l'empereur du Saint Empire, Charles Quint (1500-1558), le convoquent pour qu'il s'explique. Si Luther ne va pas jusqu'à Rome, de peur d'être arrêté, il participe à des débats entre théologiens et rencontre l'empereur. C'est dans ce cadre qu'il en vient à préciser sa pensée. En réaction aux critiques, il se montre de plus en plus intransigeant à l'égard de l'Église et du pape. Lorsque ce dernier l'accuse d'hérésie, il publie ses réflexions.

Les réflexions de Luther s'articulent autour de trois idées principales : le salut par la foi (les bonnes actions n'aident pas la cause de l'homme) ; l'autorité unique de la Bible (nul besoin de certains rites imposés par l'Église) ; l'égalité entre les croyants (les religieux ne sont pas supérieurs aux non-religieux, tous les croyants sont égaux). Luther est alors menacé d'excommunication, ce à quoi il répond en excommuniant lui-même le pape et en brûlant publiquement la lettre pontificale. Dès 1521, la rupture est consommée. Charles Quint condamne aussi Luther et veut l'exiler hors de l'Empire, mais son édit n'est pas systématiquement mis en application par les princes allemands, qui forment une noblesse assez autonome. Au contraire, ce qui se nomme dorénavant la « religion réformée » ou le « luthéranisme » se répand dans tout le nord de l'Europe.

En 1529, le luthéranisme devient la religion d'État en Suède, puis gagne le Danemark en 1536. Dans le Saint Empire, certains princes prennent ouvertement position en faveur de Luther et du culte réformé, contre la majorité catholique. On les surnomme les « protestants ». Au départ, ce terme désigne ceux qui adhèrent à la doctrine luthérienne. Plus tard, il exprimera une réalité beaucoup plus complexe, car Luther ne sera pas le seul porte-parole de la réforme de l'Église (voir la carte 7.2, p. 212).

Si le message de Luther se propage si vite et si bien dans toute l'Europe, c'est parce qu'il est repris, dans ses grandes lignes, par d'autres réformateurs : Ulrich Zwingli à Zurich, Jean Calvin à Genève, les anabaptistes, particulièrement dans le nord-est de l'Europe, et divers mouvements évangéliques. Il n'y a donc pas une seule réponse protestante au besoin de réforme de l'Église catholique, au contraire. Plusieurs discussions, des débats et même de profondes divisions vont d'ailleurs opposer les chrétiens non catholiques de l'Occident. De multiples Églises réformées voient le jour. Pour certains protestants plus radicaux, comme les puritains anglais, la critique de l'Église catholique doit s'accompagner d'une remise en question de l'ordre établi et se traduire par une vie communautaire plus égalitaire. Parmi ces puritains protestants, certains vont joindre les rangs des habitants des premières colonies anglaises en Amérique du Nord (voir « La montée de nouvelles puissances coloniales », p. 226).

Malgré ces dissensions, les pays gagnés par la Réforme protestante adoptent généralement le point de vue de Luther ou celui de Calvin (1509-1564), qui reprend les idées de Luther. Tous s'entendent sur le fait qu'ils peuvent avoir directement accès à Dieu, sans nécessiter l'intermédiaire du clergé ou du pape. Ils nient ce besoin et cette hiérarchie. Dans les églises protestantes, des pasteurs, souvent mariés, dirigent la messe dans la langue du peuple plutôt qu'en latin, puisque chacun doit pouvoir comprendre par lui-même le message de l'Évangile. Ils administrent les deux seuls sacrements qui ont été conservés : le baptême et la communion. Les églises protestantes sont épurées du culte de la vierge, des saints et des reliques ; elles offrent un décor plus austère où les croyants peuvent vivre un rapport plus personnel et plus direct avec Dieu.

Martin Luther (1483-1546).

Carte 7.2

L'ESSOR DU PROTESTANTISME EN EUROPE AUX XVIe ET XVIIe SIÈCLES

Le protestantisme se répand en Europe sous des formes variées, essentiellement par la voie des cultes luthérien, calviniste et anglican. L'unité chrétienne que formait l'Occident au Moyen Âge, sous l'autorité du pape à Rome, a définitivement éclaté. Cette division religieuse se traduit aussi par de nouvelles alliances politiques.

L'ESSOR DU PROTESTANTISME

Ce qui a commencé par une « querelle entre moines », selon l'expression du pape Léon X à propos de la vente d'indulgences, s'est rapidement transformé en un conflit explosif qui a divisé la chrétienté. Dès 1520, on assiste dans toute l'Europe à un engouement pour Luther et les autres réformateurs. Les explications historiques divergent en ce qui a trait aux raisons qui ont poussé certains pays à adopter le protestantisme. Seule une vue d'ensemble permet de saisir tous les enjeux qui ont favorisé l'essor de cette nouvelle religion. En effet, le culte réformé a bénéficié du soutien de plusieurs milieux et d'un contexte très favorable.

Les prises de position du protestantisme alimentent dans la population un fort ressentiment envers le clergé. L'appel de Luther aux valeurs chrétiennes de charité et de justice réveille notamment la colère des paysans allemands, qui déclenchent une rébellion contre les seigneurs. Au nom de la « justice chrétienne », ils réclament de meilleures conditions de vie et manifestent leur mécontentement en brûlant et en pillant les châteaux. Mais Luther n'est pas un révolutionnaire. Après de vains efforts de conciliation, il condamne sans appel cette guerre contre l'autorité et légitime la répression féroce de la noblesse. On estime que, de 1524 à 1525, cette « guerre des paysans » a fait entre 70 000 et 100 000 morts ! Malgré tout, le protestantisme se répand largement dans les campagnes. Selon certains historiens, cette popularité vient du fait que la religion réformée répond fondamentalement à l'angoisse et à la peur qui caractérisent les mentalités de l'époque.

Le réseau des humanistes en Europe contribue également à la propagation des idées réformées dans les milieux intellectuels. Leur entreprise est largement facilitée par les progrès de l'imprimerie. La majorité des humanistes choisiront finalement le camp catholique, au fur et à mesure que se précisera la vision pessimiste de Luther et de Calvin sur la nature humaine. Cette vision nie à l'homme tout recours et tout libre arbitre face à son salut, ce qui est diamétralement opposé à ce que prônent les humanistes, qui croient en la capacité des hommes à faire le bien et à être les maîtres de leur salut. Toutefois, les idées des réformateurs sont rapidement traduites en plusieurs langues et adaptées en images dans un effort réussi de vulgarisation. Elles sont commentées et publicisées par les étudiants qui voyagent, les marchands de livres, les prédicateurs qui diffusent avec virulence leurs critiques de l'Église dans toutes les villes d'Europe, de l'Écosse aux Pays-Bas, de l'Espagne aux pays scandinaves. C'est ainsi que naissent des foyers du protestantisme dans les milieux urbains, éduqués, et parmi les membres de l'aristocratie.

Une bonne partie de la noblesse du Saint Empire est aussi sensible au message luthérien. Luther s'exprime en allemand et prend position contre Rome, un pouvoir étranger et lointain. Ce faisant, il répond à un sentiment nationaliste partagé par les nobles. Pour eux, choisir le protestantisme signifie se donner le pouvoir de réfuter l'autorité de Rome, du pape et de l'empereur, et de s'approprier les biens de l'Église catholique romaine (terres, bâtiments, revenus). La perspective d'augmenter sa puissance et de mettre les églises locales à son service séduit la noblesse protestante. Elle en tire avantage tout en se conciliant une partie de sa population déjà attirée par le message protestant.

Enfin, un dernier facteur favorise l'essor du protestantisme : la distance géographique entre Rome et les pays du nord de l'Europe. En effet, on remarque que les pays qui sont restés les plus fidèles à Rome sont ceux qui en étaient rapprochés. Cette proximité laisse supposer que les pays du Sud étaient plus facilement contrôlés par l'Église catholique que ceux du Nord, qui ont davantage été touchés par la Réforme (voir la carte 7.2).

LA RÉFORME DE L'ÉGLISE CATHOLIQUE ET LA CONTRE-RÉFORME

Avant que Luther fasse son apparition sur la scène religieuse en Europe, l'Église catholique avait déjà amorcé une réflexion sur ses propres pratiques en vue de les réformer. Il a cependant fallu le concile de Trente, réuni de 1545 à 1563, pour que cette réflexion donne lieu à une véritable réforme : la Réforme catholique. Ainsi, 25 ans après la rupture de Luther, la division de la chrétienté est donc confirmée. En totale opposition avec la pensée protestante, le concile renforce les dogmes catholiques, comme le culte de la Vierge et les sept sacrements. Par contre, les principaux abus de l'Église sont condamnés. Le clergé est rappelé à l'ordre et ses multiples obligations sont réaffirmées. En outre, l'Église accorde une priorité à la formation des membres du clergé et oblige chaque évêché à créer un séminaire.

Parallèlement, l'Église se préoccupe de mieux accompagner les croyants au quotidien. De nombreux livres pieux voient le jour, notamment des catéchismes, qui sont en quelque sorte des manuels d'instruction sur ce qu'il faut faire pour être un bon catholique. Ces outils de vulgarisation font partie d'un vaste plan de « missions intérieures », dont le but est d'éduquer les masses au catholicisme. Les moyens les plus grandioses sont mis en œuvre pour attirer les croyants : les sermons sont enflammés, les processions sont fastueuses et impressionnantes, les fêtes religieuses sont célébrées en grand et l'art religieux devient flamboyant. L'Église crée de nouveaux ordres religieux de femmes ou d'hommes qui seront les agents du renouveau de l'Église. L'ordre des Jésuites est un de ceux-ci. L'Église catholique lance également une contre-réforme destinée à freiner la croissance de la population protestante et à reconvertir les anciens catholiques pour les rétablir dans le droit chemin.

Durant cette période de crises religieuses, les catholiques aussi bien que les protestants considèrent l'existence de l'autre camp comme une œuvre du Diable. Pour beaucoup de catholiques, les réformés sont des suppôts de Satan, qui étend son ombre sur le monde. De leur côté, plusieurs protestants ne reculent devant rien dans leur propagande contre ceux qu'ils appellent les « papistes ». De chaque côté on cherche à convaincre l'autre de se convertir, d'abord par la raison puis par la violence ; une violence sans limites…

Dans ce contexte d'intolérance généralisée, une répression de grande envergure s'étend à l'ensemble de l'Europe. Elle vise à extirper toutes les formes d'hérésie ou de déviance religieuse. On considère que la culture populaire accorde trop de place à la superstition, s'abreuvant aux histoires de mauvais sorts, de charmes et de Diable. De là naissent les croyances entourant la sorcellerie, et la répression dirigée contre celles qu'on appelle les « sorcières ». Cette violence, qui s'exerce à travers la censure, l'inquisition, les procès, la torture et les bûchers, est le fait des catholiques aussi bien que celui des protestants. Bien qu'elles soient particulièrement dirigées contre les femmes, ces cruautés visent également les hommes.

Cette vague d'atrocités commises au nom du salut des âmes va se doubler de conflits politiques. Pour bon nombre de rois, l'unité religieuse est une condition nécessaire à l'affirmation de leur pouvoir politique. Or, plusieurs nobles choisissent de se convertir au protestantisme parce que celui-ci favorise leurs intérêts économiques et politiques, et marque leur volonté d'indépendance. Le développement du protestantisme signe donc aussi bien le morcellement du Saint Empire que la division de la chrétienté. Ce morcellement entraîne de nouvelles guerres au sein de l'Europe, les guerres de religion. Le jeu des alliances politiques en sera durablement modifié.

LES GUERRES DE RELIGION

En France, bon nombre de nobles et de bourgeois adoptent le culte réformé calviniste. Les catholiques les appellent les « huguenots », terme méprisant utilisé pour se moquer de leur communauté. Rapidement, papistes et huguenots se heurtent dans des conflits religieux qui cachent de plus en plus des motivations politiques. Les persécutions commencent dès 1534. Pendant plus de 40 ans, les Français se déchirent dans des guerres de religion qui font de nombreuses victimes, particulièrement durant le massacre de la Saint-Barthélemy, en 1572, durant lequel près de 10 000 protestants, hommes, femmes et enfants, perdent la vie lors d'une répression sanglante.

Il faudra attendre 1598 pour voir une certaine accalmie s'installer en France, du moins temporairement. Le roi Henri IV (1553-1610), d'origine protestante mais converti au catholicisme, proclame l'édit de Nantes, par lequel il assure aux huguenots la liberté de culte, à la condition qu'ils se cantonnent dans certaines villes de France. Or, c'est le réalisme politique plus que la tolérance religieuse qui dicte ce traité. L'édit de Nantes sera finalement révoqué à la fin du XVIIe siècle, et les derniers protestants français devront soit se convertir, soit s'exiler.

Pendant ce temps, la guerre fait rage dans le Saint Empire. Charles Quint a mal supporté la désobéissance religieuse des princes allemands et lance ses armées contre eux. Il perd la guerre 10 ans plus tard. En 1555, le traité d'Augsbourg met fin au conflit. Il accorde aux princes l'entière liberté de décider de leur religion et de celle des habitants de leurs territoires, leurs sujets, selon le principe du « tel prince, telle religion » ou « *cujus regio, ejus religio* ». Cependant, ce traité n'implique pas pour autant la tolérance religieuse. Tous ceux qui refusent de se convertir à la foi de leur prince doivent

Ce tableau, réalisé par un peintre huguenot rescapé de la tuerie, montre bien la violence qui se déchaîne lors du massacre de la Saint-Barthélemy. François Dubois. *Massacre de la Saint-Barthélemy*. Huile sur bois (1576-1584).

Antoine Caron. *Arrestation et supplice de Thomas More*. Huile sur toile (vers 1591).

s'exiler. Beaucoup se réfugient plus à l'est de l'Europe, où le climat religieux leur est plus favorable.

L'Angleterre est un cas à part, puisque la conversion du roi Henri VIII (1491-1547) au protestantisme répond en tout premier lieu à des exigences personnelles. En effet, sa femme, Catherine d'Aragon, n'a pas pu lui donner d'héritier. Au moment où il devient clair qu'elle ne pourra plus enfanter, le roi demande le divorce, ce que le pape lui refuse. Après avoir cherché des compromis sans succès, la réaction d'Henri VIII est brutale. Bien qu'il ait été un des premiers rois à condamner Luther, il ne voit pas d'autres solutions, pour résoudre son problème de succession, que de changer d'allégeance religieuse. Par l'Acte de Suprématie de 1534, il renie le pape et prend la tête de l'Église d'Angleterre, qui devient ainsi l'Église anglicane. Henri VIII modifie alors la doctrine et la liturgie à son gré. Il fait fermer les monastères et confisquer les terres d'églises à son bénéfice ; il légalise également le divorce, ce qui lui permettra de se marier jusqu'à six fois !

En réalité, Henri VIII demeure profondément catholique et impose surtout un compromis, une sorte de catholicisme sans pape, dont toute sa population doit s'accommoder. Ceux qui lui résistent, comme le fameux humaniste Thomas More, sont exécutés. Il faudra attendre le règne de sa fille Élisabeth pour que les antagonismes entre catholiques et réformés se résorbent et qu'une stabilité religieuse s'installe. C'est grâce à Élisabeth Ire que l'Église anglicane trouve un juste milieu entre catholicisme et calvinisme, vers la moitié du XVIe siècle, du moins en Angleterre. Dans les territoires alors sous emprise anglaise, soit le pays de Galles et l'Irlande, ces deux communautés religieuses ont bien du mal à coexister, et des conflits vont persister entre elles jusqu'à la fin du XXe siècle.

En réaction à l'Acte de Suprématie, Philippe II (1527-1598), le roi très catholique d'Espagne, déclare la guerre à l'Angleterre. Ces deux pays resteront en conflit pendant de longues années, notamment à travers leurs colonies d'Amérique. Philippe II se considère comme le défenseur des catholiques et du pape. À ce titre, il fera aussi la guerre aux Pays-Bas, pourtant sous domination espagnole. Là aussi, les révoltes religieuses vont se doubler d'une rébellion contre le roi et d'une lutte pour l'indépendance. En 1581, après 10 ans de guerre civile, les provinces du Nord s'allient sous le nom de république des Provinces-Unies, indépendante de l'Espagne et protestante, alors que les provinces du Sud restent sous la coupe espagnole, et résolument catholiques. Il faudra attendre encore près de 25 ans pour que la guerre cesse aux Pays-Bas et que le nouveau pays des Provinces-Unies apparaisse sur l'échiquier européen, au début du XVIIe siècle.

LA CONQUÊTE DU NOUVEAU MONDE

En 1520, dans un long rapport destiné à l'empereur Charles Quint, un Espagnol décrit avec émerveillement une ville qu'il vient tout juste de découvrir. Il prévient son souverain que les choses qu'il a vues «paraîtront encore si extraordinaires qu'on ne voudra pas les croire, puisque nous, qui les avons vues de nos yeux, notre raison se refuse à les comprendre». L'auteur décrit une ville immense et plus populeuse que toutes les villes espagnoles. Il y a de larges rues, de grandes maisons, de nombreuses boutiques, des auberges et des temples magnifiques. Il y a aussi des marchés en plein air où l'on trouve, dit-il, une plus grande variété de marchandises qu'en Europe: fruits et légumes, animaux, pains et pâtés, coton, tissus, tapis, bijoux, plantes médicinales, bois, charbon, miel, vins, etc. Au sujet des habitants, l'auteur écrit: «Dans le commerce de la vie, les gens déploient autant de politesse et de gentillesse qu'en Espagne et considérant leur barbarie, leur ignorance du vrai dieu et leur éloignement de toute autre nation civilisée, c'est une chose admirable de voir combien ils sont raffinés en toutes choses.» L'auteur de ce rapport est le conquérant Hernan Cortés. Un an plus tard, il va s'emparer de cette ville qu'il vient de décrire avec admiration: Mexico, capitale de l'Empire aztèque.

C'est au XVIe siècle que les Européens commencent véritablement l'exploration et la conquête de l'Amérique. Après avoir pris possession des Antilles, les Espagnols entreprennent la colonisation de l'intérieur du continent américain, l'exploitation de ses richesses naturelles et la christianisation des peuples autochtones. Ils sont animés d'un implacable esprit de conquête, et leur rencontre avec les Amérindiens entraîne pour ces derniers des conséquences dévastatrices. De leur côté, les Portugais consolident leur emprise sur les côtes de l'Afrique. Ils mettent en place la traite des esclaves et prennent le contrôle du commerce dans l'océan Indien. Les autres royaumes européens, comme la France et l'Angleterre, sont beaucoup moins présents dans le Nouveau Monde à cette époque, trop préoccupés par les ravages des conflits religieux suivant la Réforme protestante. Les Portugais et les Espagnols règnent donc en maîtres sur les nouveaux territoires et assouvissent sans réserve leur soif de pouvoir.

L'AMBITION DE CHARLES QUINT: L'EMPIRE UNIVERSEL

Environ 30 ans après le premier voyage de Christophe Colomb, les Espagnols, déjà présents dans les Antilles, au Venezuela et au Panamá, entreprennent la conquête de l'intérieur du continent américain (voir la carte 7.3). À la tête de l'Espagne se trouve maintenant Charles Quint, qui règne sur tout le Saint Empire romain germanique. Il caresse le rêve d'unifier toute l'Europe, et un jour le monde entier, dans un même grand empire chrétien. Il croit que Dieu l'a choisi pour accomplir cette mission. C'est la raison pour laquelle, dès son arrivée

Arthur A. Dixon. *L'empereur aztèque Montezuma II otage de Cortés*. Huile sur toile (début XXe siècle).

Carte 7.3

LES AMÉRIQUES AU XVIe SIÈCLE

Pendant que les Espagnols et les Portugais amorcent la colonisation et l'exploitation de l'Amérique du Sud, au XVIe siècle, les Français ne fondent qu'une seule colonie, qui sera abandonnée aussitôt (Charlesbourg-Royal). Tadoussac, Stadaconé et Hochelaga sont des villages autochtones. Les Anglais ne possèdent encore aucune colonie.

au pouvoir en 1519, il appuie l'expédition du Portugais Fernand de Magellan, qui veut réaliser le tout premier tour du monde. Parti d'Europe avec 5 navires et 250 marins, Magellan traverse l'Atlantique, contourne le sud de l'Amérique par un détroit auquel il donnera son nom, traverse le vaste océan qu'il baptise « Pacifique », et atteint les Philippines, où il meurt dans un affrontement avec des autochtones. C'est un des membres de son expédition, Jean Sébastien del Cano, qui complète la mission en ramenant un seul navire en Espagne. Pour la première fois, une expédition vient de faire le tour du globe.

Très heureux de cet exploit, Charles Quint considère que la colonisation de l'Amérique est une autre étape essentielle dans la réalisation de son rêve d'un empire universel. Les expéditions vers l'Amérique sont toutefois très coûteuses. C'est pourquoi il confie la conquête et la colonisation aux conquistadores (conquérants). La plupart d'entre eux sont des nobles espagnols peu fortunés qui rêvent de trouver de l'or dans le Nouveau Monde. Les conquistadores recrutent quelques centaines, voire quelques milliers d'hommes parmi les classes inférieures de la population. À la tête de véritables armées privées, ils partent conquérir l'Amérique au nom de l'empereur Charles Quint. En échange, celui-ci leur promet tous les pouvoirs sur les territoires conquis.

LA CONQUÊTE DU MEXIQUE ET DU PÉROU

Pour commencer la conquête du continent américain à partir des Antilles (voir la carte 7.3, p. 217), la région la plus accessible est le Mexique. Le conquistador Hernan Cortés se lance le premier dans l'entreprise. Il arrive au Mexique en 1519 avec 600 hommes. À cette époque, la région est dominée par les Aztèques (qui s'appelaient entre eux *Mexicas*). Ils forment un puissant empire dont la richesse provient principalement du commerce et d'un impôt que les peuples conquis doivent leur payer. Leur immense capitale, Tenochtitlán (aujourd'hui Mexico) abrite environ 300 000 personnes. C'est la ville la plus peuplée du monde. La grande majorité des Aztèques vivent toutefois à la campagne et pratiquent l'agriculture (maïs, haricot, citrouille, coton, etc.). Ils sont polythéistes et célèbrent leurs rituels, dont les sacrifices humains, dans de grands temples. Ils maîtrisent certaines techniques, notamment en architecture et en agriculture (irrigation des terres, conservation des céréales), mais ne connaissent ni la roue, ni le fer, ni les armes à feu. Leur empire demeure fragile pour plusieurs raisons. Il est trop vaste et accidenté (montagnes, forêts denses, plaines arides), ce qui nuit aux communications et au transport. En outre, les soldats sont trop peu nombreux.

Au moment où arrivent Cortés et ses hommes, c'est la guerre entre les Aztèques et les peuples du sud du Mexique qui leur résistent. Cortés comprend qu'il peut en tirer avantage. En route vers Tenochtitlán, il conclut des alliances avec des peuples ennemis des Aztèques. À leur arrivée dans la capitale, les Espagnols sont émerveillés. Certains la comparent même à Venise, l'une des plus belles cités italiennes. Accueillis amicalement par l'empereur Montezuma II lui-même, qui les héberge dans son palais, les Espagnols attendent le bon moment pour le trahir et l'attaquer. Au cours d'une cérémonie à laquelle ils sont conviés, ils massacrent des milliers de dignitaires et capturent l'empereur, qui mourra peu après. Les Aztèques contre-attaquent et forcent Cortés à s'enfuir.

Vestiges de Tenochtitlán, capitale de l'Empire aztèque.

Francisco Pizarro (1475-1541).
Cette statue se trouve à Trujillo, en Espagne.

L'année suivante, les Espagnols reviennent et assiègent impitoyablement Tenochtitlán durant trois mois. En août 1521, la capitale est anéantie. Environ 40 000 Amérindiens meurent au combat ; les Espagnols perdent quelques centaines d'hommes. Pour récompenser Cortés, l'empereur Charles Quint le nomme gouverneur du Mexique. Après cette conquête, d'autres conquistadores rêvent d'imiter Cortés et de conquérir l'Amérique du Sud, un territoire presque inexploré. Une rumeur circule : il existerait, quelque part sur ce continent, une région regorgeant d'or. Les Espagnols l'appellent *El Dorado* (en français : « Le Doré ») et en font une véritable obsession. Ils le chercheront durant tout le XVIe siècle, en vain. Des milliers d'Espagnols et des dizaines de milliers d'Amérindiens, utilisés comme esclaves-porteurs, trouveront la mort dans ces expéditions.

Cette quête frénétique d'*El Dorado* amène les Espagnols jusqu'au Pérou. Au début des années 1520, les conquistadores Francisco Pizarro (1475-1541) et Diego de Álmagro (1475-1538) partent explorer les côtes de l'Amérique du Sud. En route, des autochtones leur confirment l'existence d'un riche royaume. Il s'agit de l'Empire des Incas, un peuple originaire de la cordillère des Andes, cette chaîne de montagnes qui traverse le continent sud-américain. Comme les Aztèques, les Incas ont réussi à imposer leur domination sur les peuples voisins et ont formé un empire autoritaire et centralisé qui s'étend du nord de l'Équateur jusqu'au Chili (voir la carte 7.3, p. 217). Sa capitale est Cuzco. Les Incas imposent leur religion et leur langue, le *quechua*, toujours parlée aujourd'hui par les Amérindiens du Pérou. Leur pouvoir repose en partie sur des communications très efficaces, assurées par un réseau de sentiers empruntés par leurs messagers. Au cœur des montagnes, ils pratiquent l'agriculture en terrasses et cultivent le maïs, de nombreuses variétés de patates, le quinoa et la coca, dont les élites incas mâchent les feuilles pour apaiser la faim et la fatigue (tout comme les actuels habitants des Andes).

Pizarro et Álmagro arrivent au Pérou au milieu d'une guerre civile. Les quelque 200 soldats et 60 cavaliers espagnols parcourent l'Empire inca, où ils sont bien accueillis. Ils découvrent que bien des populations sont hostiles aux souverains incas. Comme Cortés au Mexique, les conquérants réalisent que la situation leur est favorable. Une rencontre officielle est organisée avec l'empereur inca, Atahualpa, qui est curieux de connaître ces étranges visiteurs. Les Espagnols en profitent pour le capturer. Contre sa libération, ils reçoivent un inestimable trésor mais, craignant une révolte populaire, ils décident d'exécuter leur prisonnier, le 29 août 1533. L'Empire inca vient de tomber. Menée par Tupac Amaru, le neveu d'Atahualpa, une résistance militaire s'organise toutefois contre les conquérants espagnols jusqu'au début des années 1570. Les affrontements font des milliers de morts, principalement chez les Amérindiens, et Tupac Amaru est décapité. Encore aujourd'hui, il est considéré comme un héros chez les peuples autochtones d'Amérique du Sud.

La facilité avec laquelle les Espagnols réussissent à s'emparer du Mexique et du Pérou s'explique aisément. Ils profitent des rivalités à l'intérieur des Empires aztèque et inca. Par la ruse, ils endorment également leur méfiance. Finalement, leur armement (armes à feu, canons, chevaux, etc.) est nettement supérieur à celui des peuples autochtones. Après ces deux conquêtes, l'anarchie règne. Échappant au contrôle de leur gouvernement, bien lointain de l'autre côté de l'océan, les conquistadores se livrent à des atrocités, comme ce fut le cas quelques années plus tôt dans les Antilles. Ils pillent et massacrent des populations indigènes et se font même la guerre entre eux. Au Pérou, Pizarro et Álmagro meurent d'ailleurs tous les deux.

Quelques années plus tard, Charles Quint décide d'intervenir : s'il veut enrichir son empire grâce à l'Amérique du Sud, il doit encadrer l'exploitation de ses ressources naturelles. Pour ce faire, il implante un système hérité du Moyen Âge, similaire au régime féodal, appelé *encomienda* (du verbe *encomendar*, qui signifie « confier »). Chaque conquistador devient propriétaire d'un grand domaine et a le droit d'utiliser les Amérindiens qui y vivent comme travailleurs, à condition de leur enseigner la religion chrétienne. En réalité, l'*encomienda* se résume à de l'esclavage et permet aux conquistadores de faire subir aux autochtones toutes sortes de mauvais traitements.

Cette situation parvient aux oreilles du pape Paul III, qui émet en 1537 une directive officielle : puisqu'ils possèdent la faculté de raisonner, les autochtones sont bel et bien des humains, ce qui leur donne le droit à la liberté. Par conséquent, leur esclavage est inacceptable. Lorsqu'il apprend les nouveaux abus des conquistadores, l'empereur Charles Quint intervient de nouveau. En 1542, il adopte les « Lois nouvelles » par lesquelles il nomme des vice-rois chargés de diriger le Mexique et le Pérou en son nom, de même que des évêques. Il abolit également le système de l'*encomienda* et confie l'administration des territoires agricoles à des fonctionnaires. L'empereur n'est pas tant motivé par une empathie à l'égard des autochtones que par une volonté de discipliner les conquistadores, qui ont tendance à ignorer son autorité. Il considère également qu'il n'est pas rentable de maltraiter les indigènes, puisqu'il faut constamment les remplacer, ce qui entraîne des coûts importants. Malgré l'intervention de Charles Quint, le résultat reste le même pour les autochtones : ils demeurent à la merci de leurs nouveaux maîtres, qui veulent s'enrichir par l'exploitation des ressources naturelles.

LE « SIÈCLE D'OR » DE L'ESPAGNE ET LA DESTRUCTION DES AUTOCHTONES D'AMÉRIQUE DU SUD

Les Espagnols aménagent en Amérique des plantations de tabac, de canne à sucre, de café, de cacao et d'indigotier (plante dont on extrait l'indigo, une substance bleutée utilisée comme teinture). Ils exploitent également des mines, dont la plus importante est la gigantesque mine d'or de Potosi, découverte en 1545 en Bolivie. Toujours en activité aujourd'hui, cette mine

Le palais de l'Escurial, achevé en 1584 sous les ordres du roi Philippe II, fils de Charles Quint, symbolise à lui seul la richesse de l'Espagne au XVIe siècle. Si le souverain a pu financer la construction de ce palais, c'est parce que des milliers d'esclaves autochtones travaillaient à extraire des métaux précieux dans les mines espagnoles d'Amérique.

Indiens travaillant dans une mine espagnole au Mexique.
Theodorus Bry. Gravure sur bois (XVIe siècle).

fournissait à l'époque coloniale une grande part de la richesse de l'Espagne. Pour exploiter leurs mines et leurs plantations, les Espagnols ont besoin de milliers de travailleurs. Puisque l'esclavage des Amérindiens est illégal, ils trouvent un prétexte pour les faire travailler gratuitement en reprenant une vieille institution inca, appelée la *mita*, selon laquelle un conquérant peut exiger des habitants certaines corvées. Or, les conditions de travail, particulièrement dans les mines, sont atroces. Les Amérindiens y meurent par milliers.

Malgré les massacres et le travail forcé, la population amérindienne demeure relativement stable pendant la première moitié du XVIe siècle. Cependant, la situation se dégrade rapidement au cours des décennies suivantes à cause de ce qu'on appelle le « choc microbien ». Devant les maladies apportées par les Espagnols (variole, rougeole, grippe, coqueluche, etc.), le système immunitaire des Amérindiens est impuissant. Des épidémies répandent la mort. Il est difficile de chiffrer l'ampleur de cette catastrophe, mais les historiens estiment que près de 90 % des 80 millions d'autochtones trouvent la mort au XVIe siècle.

La découverte progressive de l'Amérique et le drame vécu par ses peuples provoquent de grands débats parmi les intellectuels d'Europe. En effet, ces événements renversent un grand nombre de conceptions qu'ils considéraient comme inébranlables. Par exemple, on croyait depuis des siècles que le monde comportait seulement trois continents : l'Europe, l'Asie et l'Afrique. Or, la découverte de l'Amérique confirme à tous que Dieu en a créé un quatrième. Comment se fait-il que personne n'en ait jamais entendu parler ? Qui sont ces peuples indigènes, si différents ? Sont-ils, eux aussi, des descendants d'Adam et Ève ? Les penseurs font face à de nombreuses énigmes et tentent de les résoudre. Certains, comme le philosophe français Michel de Montaigne, dénoncent la tragédie que les autochtones sont en train de vivre. Ils considèrent que l'arrivée des Européens a détruit un monde idéal qui n'avait pas encore été souillé par l'esprit humain, l'argent, le travail, la corruption et la guerre. Ainsi, certains intellectuels européens croient que les autochtones vivaient dans une liberté et une abondance totales avant l'arrivée de l'homme blanc.

À l'opposé de cette image idéalisée et souvent très éloignée de la réalité, d'autres penseurs européens véhiculent une image plutôt négative des Amérindiens, qui tend à justifier les abus des conquérants. Ils estiment que les autochtones sont moins évolués qu'eux et qu'il faut les traiter comme des enfants. Certains vont même jusqu'à prétendre que les autochtones ne peuvent être considérés comme des êtres humains puisqu'ils se comportent comme des animaux: ils vivent presque nus dans la forêt, se nourrissent de chasse et de pêche, sont nomades, n'ont pas de gouvernement ni de bureaucratie. En outre, ils vivent entièrement dans le moment présent; ils ne semblent se soucier ni du passé ni de l'avenir. Finalement, pour certains théologiens, les autochtones qui sont agressifs envers les colons européens ou qui pratiquent le cannibalisme et le scalp ne sont que des démons à l'apparence humaine.

Malgré leurs divergences d'opinion, la plupart des penseurs de l'époque s'entendent sur un fait: les peuples européens sont supérieurs aux peuples autochtones et doivent répandre la civilisation, le progrès et la religion chrétienne partout dans le monde. Le poète italien Ludovico Ariosto, surnommé l'« Arioste », affirme même que Dieu a volontairement caché l'Amérique aux Européens jusqu'à ce qu'ils soient prêts à étendre le christianisme et à dominer le monde. Que les autochtones soient bons ou mauvais importe finalement peu: leur destin est d'être convertis.

L'ÉVANGÉLISATION DES AUTOCHTONES D'AMÉRIQUE DU SUD

Les autochtones qui survivent à l'esclavage et aux épidémies sont convertis au christianisme par les missionnaires qui affluent en Amérique. L'évangélisation est en effet une priorité pour l'empereur Charles Quint et suscite beaucoup d'enthousiasme au sein de l'Église. On croit qu'elle permettra au christianisme de triompher de toutes les autres religions, en particulier de l'islam. Au Mexique et au Pérou, on confie cette mission à des communautés religieuses masculines: les Franciscains et les Dominicains. Ceux-ci ont d'abord recours à la brutalité. Ils détruisent les temples, discréditent les croyances traditionnelles et interdisent les rituels. Cette approche, traumatisante et cruelle, a pour effet d'éloigner les autochtones. Les missionnaires adoptent alors une stratégie plus subtile de fusion des pratiques religieuses: le syncrétisme. Par exemple, ils construisent des églises aux endroits où se trouvaient auparavant des temples amérindiens en y incorporant certains éléments de l'architecture autochtone. Ils intègrent des rituels locaux aux cérémonies chrétiennes, comme des chants et des danses, pour que les Amérindiens se sentent en terrain connu. Enfin, les missionnaires apprennent les langues indigènes pour être en mesure de traduire et d'enseigner la Bible.

De nombreux autochtones comprennent alors que se convertir est le meilleur moyen d'être considéré comme un être humain à part entière et, par conséquent, d'éviter l'esclavage. C'est ainsi que de moins en moins d'Amérindiens sont exploités dans les plantations et les mines, ce qui devient rapidement un problème pour les conquérants. Des profits considérables sont en jeu. Pour remédier à cette nouvelle situation, les Européens se tournent vers l'Afrique, d'où ils commencent à importer des esclaves avec la collaboration des Portugais. Au XVIe siècle, ces derniers feront fortune avec la traite des Noirs.

LES PORTUGAIS EN AFRIQUE ET EN ASIE: TRAITE DES NOIRS ET MONOPOLE DE L'OCÉAN INDIEN

Les Portugais ont commencé à faire le commerce des esclaves dès leur arrivée en Afrique, au XVe siècle mais, depuis le Moyen Âge, les Arabes d'Afrique du Nord

Entre le XVIe et le XIXe siècle, des millions d'Africains sont déportés dans les colonies européennes pour y travailler comme esclaves, notamment dans des plantations de canne à sucre.

Carte 7.4

LA TRAITE DES NOIRS ET L'EMPIRE COMMERCIAL PORTUGAIS

À partir de leurs nombreux comptoirs sur les côtes africaines, les Portugais contrôlent le trafic des esclaves noirs au XVIe siècle. La pratique du commerce triangulaire est une immense source de richesses pour l'Europe.

pratiquaient déjà la traite des Noirs. Des marchands achetaient leurs captifs au sud du Sahara et les transportaient à travers le désert pour les revendre au nord. Aux XVe et XVIe siècles, les Portugais s'introduisent donc dans un commerce établi depuis fort longtemps. Installés sur les côtes africaines, ils n'ont pas besoin de s'aventurer à l'intérieur du continent pour s'approvisionner en esclaves. Des Africains le font pour eux en achetant des prisonniers capturés par des tribus en guerre. Provenant principalement du golfe de Guinée (aujourd'hui la Côte-d'Ivoire, le Bénin, l'Angola, le Sénégal et la Gambie), les captifs sont forcés de marcher vers le littoral sur de très longues distances. Le voyage dure souvent plusieurs semaines. Là, les acheteurs portugais les attendent. En échange d'une cargaison de prisonniers, les Portugais, appelés « négriers », offrent aux vendeurs d'esclaves des produits européens : armes à feu, alcool, barres de fer, lingots de plomb, tissus, etc. Ils font ensuite monter les captifs à bord de leur navire.

L'horreur commence alors pour les esclaves. La traversée de l'Atlantique peut durer jusqu'à deux mois, et plusieurs n'y survivent pas. Comme des marchandises, ils sont entassés par centaines au fond des navires, enchaînés sur un plancher de bois, en position couchée. Souvent, ils n'ont pas assez d'espace pour se lever ou se retourner. Le manque d'air, la mauvaise qualité de la nourriture, les maladies causées par la présence constante d'excréments et de cadavres ont raison de la majorité d'entre eux. Le traumatisme psychologique dû à la séparation des couples et des familles est également considérable. Dans de telles conditions de souffrance, certains deviennent fous, d'autres se suicident. À leur arrivée en Amérique, les survivants sont vendus à l'encan, dans le port où ils débarquent, ou encore dans les marchés urbains. Ils sont ensuite conduits sur leur lieu de travail : une mine, une plantation ou une résidence, où ils deviennent domestiques. Après avoir déchargé leur cargaison humaine et avant de quitter l'Amérique, les négriers remplissent leurs navires de matières premières, qu'ils vendront en Europe : coton, canne à sucre, tabac, etc. Par la suite, ils repartiront vers l'Afrique avec, à bord, les marchandises qui leur permettront d'acheter de nouveaux esclaves.

Ce trafic entre l'Europe, l'Afrique et l'Amérique est appelé le « commerce triangulaire » (voir la carte 7.4). Au XVIe siècle, les Portugais détiennent la mainmise sur la traite des Noirs, mais cela ne durera pas. Aux siècles suivants, Hollandais, Français et Anglais briseront leur monopole. Ce n'est qu'au début du XIXe siècle que ce commerce sera déclaré illégal. Plus tard au cours du siècle, l'esclavage sera aboli. Au total, les Européens auront déporté de 10 à 15 millions d'Africains, une perte humaine colossale dont l'Afrique a cruellement souffert jusqu'à aujourd'hui.

Au XVIe siècle, les Portugais sont également les seuls Européens présents dans l'océan Indien. En 1488, le navigateur portugais Bartolomé Diaz est le premier à contourner le cap de Bonne-Espérance, au sud de l'Afrique. Il ouvre ainsi la voie aux marchands de son pays, qui fondent des comptoirs le long des côtes de l'Afrique et de l'Inde. Ces comptoirs consistent en d'imposantes forteresses construites en bord de mer où les Portugais pratiquent le commerce des épices. Les marchands arabes, déjà actifs dans ces régions, opposent une résistance farouche à leurs nouveaux concurrents. La couronne portugaise doit donc soutenir son commerce maritime par la force et déploie une puissante flotte militaire dans l'océan Indien. Elle conquiert des ports, les transforme en forteresses et patrouille l'océan Indien pour assurer le transport sécuritaire des marchandises. Au prix de très coûteux efforts, les Portugais deviennent maîtres de cette partie du monde, où ils mettent en place un véritable empire commercial.

Les Portugais sont également présents en Amérique. En 1500, alors que Pedro Álvares Cabral navigue vers le sud de l'Afrique, il dérive vers l'est et accoste en Amérique du Sud. Il prend possession du territoire du Brésil au nom du Portugal (voir la carte 7.4). Certains historiens considèrent que la fondation du Brésil est le résultat d'une erreur de navigation ; d'autres pensent qu'elle est le fruit d'une expédition planifiée par la couronne portugaise. Quoi qu'il en soit, les colons portugais les plus fortunés construisent au Brésil des forteresses au bord de la mer et créent des plantations, où ils font travailler des esclaves. Les colons moins bien nantis capturent des Amérindiens à l'intérieur des terres et les forcent à travailler. Grands rivaux des Espagnols, qui possèdent le reste de l'Amérique du Sud, les Portugais aimeraient étendre leur emprise en Amérique du Nord. Plusieurs navigateurs, tels les frères Gaspar et Miguel Corte-Real (vers 1500) et Joao Álvares Fagundes (vers 1520), tentent donc des expéditions sur les côtes du Labrador, du Groenland et de Terre-Neuve. Mais le Portugal constate que la navigation est plus risquée dans ces régions et abandonne l'exploration de l'Amérique du Nord.

LE RETARD DE L'ANGLETERRE ET SON ASCENSION

Freinées par de graves problèmes intérieurs, les autres puissances européennes sont moins actives que l'Espagne et le Portugal dans le domaine des explorations. Quelques années après Colomb, tout juste sortie de la guerre des Deux-Roses (1455-1485), l'Angleterre envoie un navigateur à la recherche d'une route vers la Chine. En 1497, Henri VII confie cette mission au Vénitien Giovanni Caboto (qui a pris le nom anglais de John Cabot), mais celui-ci ne découvre que le littoral de la côte est de l'Amérique du Nord et les bancs de morue de Terre-Neuve. Dans les années qui suivent, des pêcheurs anglais commencent à s'y approvisionner en poisson chaque année. Par la suite survient la Réforme protestante. Les conflits religieux entre catholiques et protestants qui s'ensuivent monopolisent toute l'attention de la couronne britannique durant les deux premiers tiers du XVIe siècle, ce qui l'empêche de poursuivre ses projets d'exploration.

C'est dans le dernier tiers du siècle que l'Angleterre entre véritablement dans la course aux découvertes, pendant le règne d'Élisabeth Ire (1547-1603). La reine finance les expéditions de Martin Frobischer (1576) et de John Davis (1585-1587), entre autres, dans l'espoir de découvrir une route vers l'Asie à travers le Grand Nord (voir la carte 7.3, p. 217). Devenue protestante, l'Angleterre est maintenant à la fois la rivale de l'Église catholique et celle de la puissante Espagne, demeurée fidèle au Vatican. Les relations se détériorent peu à peu entre ces deux royaumes, jusqu'à ce que le roi d'Espagne, Philippe II, fils de Charles Quint, décide d'en finir. En 1588, il planifie un débarquement de son armée en Angleterre. Sa gigantesque flotte, composée de 130 navires transportant environ 19 000 soldats, est baptisée l'Invincible Armada. Pourtant, elle sombre au large des îles Britanniques, en partie sous les assauts des Anglais, et en raison de tempêtes et de vents défavorables. Néanmoins, cette victoire de l'Angleterre marque le début de son ascension vers le titre de première puissance mondiale, qu'elle obtiendra au cours des siècles suivants.

LE RETARD DE LA FRANCE ET SES PREMIÈRES EXPLORATIONS EN AMÉRIQUE DU NORD

À l'époque de Christophe Colomb, les rois français sont plus intéressés par une guerre de conquête contre les États italiens que par des expéditions vers l'Amérique. Ils ne financent aucun projet d'exploration. François Ier, qui arrive au pouvoir en 1515, voit les choses autrement. Il souhaite créer un État central plus fort et prospère. Il ne veut pas laisser le champ libre aux autres puissances européennes, déjà présentes en Amérique et en Asie. En 1524, alors que les Espagnols viennent de conquérir le Mexique, le roi de France envoie le navigateur italien Giovanni da Verrazano en Amérique du Nord à la recherche d'un passage vers l'Asie. Verrazano explore la côte est, où il rencontre des pêcheurs de morue anglais et des Amérindiens. Ses recherches s'arrêtent brusquement lors de son deuxième voyage : il est fait prisonnier dans les Antilles et dévoré par des autochtones.

Dix ans plus tard, alors que les Espagnols viennent de conquérir le Pérou, François Ier revient à la charge et envoie le navigateur Jacques Cartier vers l'Amérique. En 1534, ce dernier sillonne le golfe du Saint-Laurent pendant quatre mois, répertorie les îles, dessine les côtes, baptise de nombreux lieux (voir la carte 7.3). Quand il rencontre des Amérindiens pour la première fois, ceux-ci semblent habitués de voir des Européens. Les premiers contacts se font déjà sous forme d'échange de marchandises, ce qui demeurera longtemps au cœur de la relation entre Français et autochtones. Dans son journal, Cartier décrit comment de tels échanges pouvaient se dérouler.

> *Le lendemain, une partie des sauvages vinrent avec neuf barques [...]. Dès qu'ils nous aperçurent, ils se mirent à fuir, nous faisant signe qu'ils étaient venus pour trafiquer avec nous ; et nous montrèrent des peaux de peu de valeur de quoi ils s'accoutrent. Nous leur fîmes pareillement signe que nous ne leur voulions nul mal, et descendîmes deux hommes à terre, pour aller à eux, leur porter des couteaux et autres ferrements, et un chapeau rouge pour donner à leur capitaine. Ce que voyant, une partie des sauvages descendirent à terre, avec des peaux [...]. Dansant et faisant plusieurs cérémonies, ils se jetaient de l'eau de la mer sur leurs têtes, avec leurs mains. Ils nous donnèrent tout ce qu'ils avaient [...].*

Document 7.6 Jacques Cartier, Journal de bord, juillet 1534.[6]

À Gaspé, Cartier prend possession du territoire au nom de la France. Prêt à tout pour obtenir des renseignements sur le nouveau continent, il capture deux jeunes Amérindiens, qui lui confirment l'existence d'un important cours d'eau : le fleuve Saint-Laurent. Pour Cartier, cela ne fait pas de doute : c'est une route vers la Chine.

Rentré en France avec les deux captifs amérindiens, Cartier remporte un grand succès, si bien qu'il se voit confier une deuxième mission dès l'année suivante. De retour en Amérique en 1535, il remonte le fleuve Saint-Laurent. Guidé par les Amérindiens, il s'arrête dans plusieurs villages iroquoiens : Tadoussac, Stadaconé (Québec) et Hochelaga (Montréal). Cette même année, Cartier et ses hommes passent un hiver atroce : 25 marins meurent du scorbut, une maladie causée par une carence en vitamines. Les Amérindiens leur apprennent alors à guérir de cette affection au moyen du cèdre blanc. C'est un des premiers échanges de connaissances entre Français et autochtones. Avant de rentrer en France, Cartier capture cinq autres autochtones, dont un chef nommé Donnacona et ses deux fils. En 1541, il revient à la tête de cinq navires et de quelques centaines de personnes. Le roi de France l'a mandaté pour établir une colonie sur le nouveau territoire. Cartier et ses troupes s'installent près de Québec et fondent Charlesbourg-Royal, qui devient la première colonie française en Amérique (voir la carte 7.3). Mais peu de temps après, pour des raisons qui demeurent obscures encore aujourd'hui, Cartier abandonne le projet de colonie et rentre en France.

Après ces premiers échecs et en raison des vives tensions religieuses provoquées par la Réforme protestante, la France met de côté ses projets d'exploration et de colonisation. De 1562 à 1598, elle est déchirée par de terribles guerres de religion qui font des centaines de milliers de morts parmi les huguenots (protestants) et les papistes (catholiques). Au cours de cette période, une seule expédition, infructueuse, est menée par la France. Mais en dépit de cette inaction, des centaines de pêcheurs français fréquentent chaque année le golfe et le fleuve Saint-Laurent, de même que les Grands Bancs de Terre-Neuve, pour s'approvisionner en morue. La région est alors le théâtre d'une activité commerciale très intense : pêche, séchage du poisson sur les rives, échanges avec les autochtones. Cependant, les Français ne s'installent pas en Nouvelle-France ; chaque automne, ils rentrent chez eux car, pour coloniser un territoire, le soutien de l'État est essentiel.

LA MONTÉE DE NOUVELLES PUISSANCES COLONIALES

À l'été de 1673, l'explorateur Louis Jolliet, né en Nouvelle-France, prend place à bord d'un grand canot qui voyage vers le sud sur le fleuve Mississippi. Il est accompagné de quelques chercheurs de fourrures, du jésuite Jacques Marquette et de guides amérindiens. Organisée par l'intendant de la colonie, Jean Talon, l'expédition descend le Mississippi depuis plusieurs semaines pour découvrir s'il débouche sur la mer de Chine. Jolliet et ses hommes doivent toutefois rebrousser chemin avant d'atteindre l'embouchure du fleuve, mais leur périple les convainc qu'il ne permet pas d'atteindre l'Asie et se jette plutôt dans le golfe du Mexique. Ils rentrent annoncer cette nouvelle aux autorités de la colonie.

Cette expédition illustre les motivations qui mènent les Français en Amérique du Nord au cours du XVIIe siècle. Après avoir longtemps tardé à coloniser de nouveaux territoires, ils fondent de premiers établissements au début du siècle afin de concurrencer les Empires espagnols et portugais, déjà très puissants. Contrairement à ce qui s'est passé en Amérique du Sud au siècle précédent, la conquête du nord du continent n'est pas menée par des conquistadores ou des négriers. En Nouvelle-France, ce sont des marchands, des explorateurs et des entrepreneurs souhaitant faire carrière qui assurent les efforts de colonisation. Au cours du XVIIe siècle, ils explorent le territoire à la recherche de ressources naturelles, comme la fourrure, et d'un passage vers les richesses de l'Asie. Des missionnaires les rejoignent pour évangéliser les populations autochtones, notamment les Jésuites et les Récollets. Toutefois, les Amérindiens ne sont pas avant tout, pour les premiers colons français, des esclaves potentiels ou seulement des âmes à convertir : ils sont d'indispensables guides dans un immense territoire sauvage et des partenaires commerciaux essentiels pour la traite des fourrures.

Plus au sud, l'Angleterre amorce elle aussi la colonisation de l'Amérique du Nord au début du XVIIe siècle, mais dans ces premiers établissements, les marchands et explorateurs ne sont pas seuls. Ils sont accompagnés de nombreux colons fuyant les conflits religieux qui ont mis leur pays à feu et à sang, ce qui suscite de nombreuses tensions. La Nouvelle-Angleterre, plus densément peuplée par les Amérindiens que la Nouvelle-France, sera également le théâtre d'affrontements meurtriers entre Européens et autochtones.

LA FONDATION DES COLONIES ANGLAISES EN AMÉRIQUE DU NORD

La première mission de colonisation britannique est confiée au navigateur Walter Raleigh. Il atteint un territoire qu'il nomme Virginie en l'honneur de la reine Élisabeth Ire, demeurée célibataire. En 1585, il fonde une petite colonie sur l'île de Roanoke, mais elle ne survit que quelques années, et fut d'ailleurs nommée par la suite *Lost Colony*. C'est sous le règne de Jacques Ier, successeur d'Élisabeth Ire, que commence vraiment la colonisation anglaise. Premier roi de la dynastie des Stuarts, il accorde à des marchands la permission d'aller s'installer en Virgnie, là où Raleigh avait échoué. En 1607, ces marchands arrivent en Amérique accompagnés de quelque 150 personnes. Ils fondent un premier village, baptisé Jamestown en l'honneur du roi (voir la carte 7.5). Il faudra attendre jusqu'en 1620 pour qu'une deuxième colonie soit fondée en Nouvelle-Angleterre, cette fois par des réfugiés puritains, des protestants persécutés pour hérésie à cause de leur refus de se soumettre à la religion anglicane. Jacques Ier leur accorde le droit d'aller s'établir en Amérique, où ils fondent la colonie de Plymouth (aujourd'hui située au Massachusetts). En 1629, d'autres immigrants puritains fondent la colonie du Massachusetts. L'arrivée de ces exilés entraîne une rapide croissance démographique en Nouvelle-Angleterre, ce qui n'est pas le cas en Nouvelle-France, où aucun protestant n'est admis.

De fortes tensions au sein même des nouvelles communautés américaines poussent certains puritains à les quitter pour en fonder de nouvelles : le New

Carte 7.5

LES COLONIES FRANÇAISES ET ANGLAISES D'AMÉRIQUE AU XVIIe SIÈCLE

La colonisation anglaise et française en Amérique du Nord commence plus d'un siècle après l'arrivée des Espagnols et des Portugais au sud.

Hampshire (1624), le Connecticut et le Rhode Island (1636). Pour stimuler le peuplement de l'Amérique, l'Angleterre accorde aussi des contrats de colonisation à des marchands qui fondent le Maryland (1629), la Caroline (1663) et la Pennsylvanie (1681). Pendant ce temps, en 1664, les colonies du New Jersey, du Delaware et de New York passent des mains des Hollandais à celles des Anglais. L'Angleterre fonde également des colonies dans les Antilles, profitant de l'affaiblissement de l'Espagne qui, au siècle précédent, n'aurait jamais toléré une telle intrusion dans sa sphère d'influence. Les Anglais prennent notamment position à la Barbade (1625) et en Jamaïque (1655).

L'IMMIGRATION ANGLAISE ET L'AFFRONTEMENT AVEC LES AUTOCHTONES

Les Anglais sont de plus en plus nombreux à immigrer en Amérique. Ils sont en effet attirés par la possibilité de mener une vie plus prospère qu'en Angleterre, où les terres agricoles sont devenues rares. Les premiers colons n'ont toutefois pas la vie facile et ont besoin du soutien des Amérindiens pour survivre. À cette époque, l'Amérique du Nord est moins densément peuplée que l'Amérique du Sud. On n'y trouve pas de grandes villes ni de civilisations aussi puissantes que celles des Aztèques et des Incas. Le territoire abrite cependant une grande diversité de peuples. Les historiens croient que de 10 à 15 millions d'habitants pouvaient s'y côtoyer, et qu'on y parlait des centaines de langues et de dialectes.

Le territoire de la Nouvelle-Angleterre est habité par des peuples semi-nomades comme les Powatans, les Pequots et les Mohicans. Ils vivent de chasse, de pêche et d'agriculture (maïs, haricots, citrouille, courge). Les autochtones accueillent pacifiquement les premiers colons britanniques et en sauvent plusieurs de la famine. Toutefois, leurs relations se détériorent très vite à mesure que progresse le peuplement anglais. Les colons considèrent que les autochtones sont des êtres inférieurs qui représentent une menace potentielle et un obstacle. De leur côté, les Amérindiens comprennent que les nouveaux arrivants n'ont pas l'intention de partager le territoire avec eux. Des guerres éclatent et de nombreuses atrocités sont commises contre les autochtones.

Peu à peu, les colons anglais repoussent les Amérindiens et imposent leur présence. Ils intensifient leurs activités de colonisation et d'exploitation des ressources naturelles. Dans le Sud, l'agriculture est l'activité principale, particulièrement la culture très lucrative du tabac, vendu en Angleterre. Les colons aménagent aussi des plantations de coton, d'indigo et de riz. Ces exploitations terriennes exigent une main-d'œuvre nombreuse. Bientôt, les colons ne suffisent plus à la tâche. Alors, tout comme l'avaient fait les Espagnols et les Portugais, les Anglais commencent à importer des esclaves noirs d'Afrique. À la fin du XVIIe siècle, toute l'économie des colonies du Sud repose sur l'esclavage, qui continue de prendre de l'ampleur au cours des siècles suivants. Au Nord, le territoire est moins propice à l'agriculture. Cependant, les communautés disposent de riches forêts. Elles se tournent donc vers le commerce du bois et la construction navale, en plus d'exporter du poisson et certains produits agricoles. Les marchands s'enrichissent aussi en participant au commerce des Noirs.

Au XVIIe siècle, la plupart des colons anglais arrivent en Amérique remplis d'espoir. Ils croient qu'ils pourront vivre plus librement et participer à la création d'une société nouvelle. Dans les faits, bien que l'Amérique représente bel et bien un espace de liberté, les sociétés coloniales y reproduisent les inégalités et les tensions sociales qui sévissent déjà en Europe. Ainsi, la grande majorité des colons vivent dans des conditions pénibles sous la domination des riches marchands et des propriétaires agricoles. Ceux-ci exercent jalousement leur contrôle sur les terres et les institutions. Pour de simples colons, devenir propriétaires est difficile. Pour survivre, plusieurs doivent travailler comme domestiques et subir les mauvais traitements de leurs employeurs. De violentes révoltes secouent d'ailleurs bientôt les colonies anglaises. Néanmoins, la croissance démographique continue de grimper en flèche. Vers 1700, on estime que les colonies anglaises comptent près de 400 000 habitants. Cette situation est bien différente de celle qui prévaut en Nouvelle-France, là où la colonisation se déroule à un rythme beaucoup plus lent.

LA FONDATION DE LA NOUVELLE-FRANCE

En 1598, Henri IV, roi de France, fait adopter une loi, l'édit de Nantes, qui accorde aux protestants la liberté de religion. Ce faisant, il met fin aux conflits, et consolide son propre pouvoir en renforçant son autorité et en redressant ses finances. Ce contexte est favorable aux projets de colonisation. En effet, pour stimuler l'économie et le commerce de son pays, le roi de France s'inspire de l'Espagne, sa grande rivale. Il espère, lui aussi, acquérir fortune et puissance en exploitant des colonies. Henri IV envoie donc plusieurs explorateurs en Amérique du Nord afin de repérer les meilleurs emplacements possibles pour fonder des postes de commerce et les premières colonies françaises. Lorsque les expéditions permettent de constater que la Nouvelle-France ne possède ni or ni épices, le roi décrète que la fourrure de castor sera la matière première qui rapportera le plus. En Europe, elle sera transformée en feutre et en chapeaux.

Samuel de Champlain (1570-1635), fondateur de Québec.

Les premières tentatives de colonisation des Français se terminent mal. En 1600, des colons s'installent à Tadoussac, où se trouve un village amérindien, mais seulement quelques-uns survivent au premier hiver (voir la carte 7.5, p. 227). En 1603, un retraité de l'armée française, l'explorateur Samuel de Champlain, remonte le Saint-Laurent et remarque trois emplacements stratégiques où seront fondées plus tard les villes de Québec (en 1608), de Trois-Rivières (en 1634) et de Montréal (en 1642). Parallèlement, Pierre du Gua de Monts, un explorateur et un homme d'affaires, se voit accorder par le roi le monopole de la traite des fourrures. En 1604, il fonde la colonie de Port-Royal en Acadie. Trois ans plus tard, celle-ci est abandonnée en raison de sa grande vulnérabilité et parce quelle ne favorise pas l'approvisionnement en fourrures.

En Nouvelle-France, les colons recréent une société semblable à celle de la métropole. Le partage des terres agricoles se fait selon les principes du régime seigneurial. Les paysans ont donc des obligations envers leur seigneur. Un gouverneur et un intendant sont nommés pour représenter le roi dans les colonies. Les principales activités sont l'agriculture et la traite des fourrures. À cette époque, le territoire est habité par de nombreux peuples autochtones. Les Innus, qu'on appelle aussi les Montagnais, sont installés sur la Côte-Nord. Les Micmacs, les Attikameks, les Abénaquis et plusieurs autres vivent de part et d'autre du fleuve Saint-Laurent. Contrairement aux colons anglais, qui chez eux font la guerre aux autochtones, les Français choisissent plutôt d'en faire leurs associés d'affaires. Les Amérindiens les approvisionnent donc en peaux de castor, qu'ils échangent contre des produits européens. Malgré cette collaboration, les communautés religieuses, notamment les Récollets et les Jésuites, entreprennent d'évangéliser les Amérindiens, parfois au risque de leur vie. Pour leur part, des congrégations religieuses féminines comme les Ursulines et les Hospitalières jouent un rôle de premier plan dans l'encadrement de la société coloniale, notamment en fondant des hôpitaux.

Les Français poussent toujours plus loin leur exploration du continent, à la recherche de fourrures et d'une route vers l'Asie, qu'ils croient proche. Étienne Brûlé (de 1615 à 1623) et Jean Nicolet (vers 1634) explorent la région des Grands Lacs; Pierre-Esprit de Radisson (de 1658 à 1660), celle du bassin du fleuve Mississippi. Au XVIIe siècle, la Nouvelle-France devient ainsi un vaste territoire qui s'étend du Labrador à l'Ouest canadien, mais sa population augmente très lentement. En effet, la Compagnie des Cent-Associés, chargée par la France de s'occuper du peuplement de sa colonie, ne prend pas sa tâche au sérieux. En outre, aucun protestant n'a le droit d'aller s'installer en Nouvelle-France. C'est ce qui fait que, par exemple, la ville de Québec ne compte en 1629 qu'une cinquantaine de colons, dont seulement deux femmes et une seule famille, celle de Louis Hébert. Dans les années 1660, la population de la Nouvelle-France plafonne à 3000 habitants.

Québec en 1608. Ce bâtiment, construit sous les ordres de Samuel de Champlain, fut la première habitation permanente à Québec.

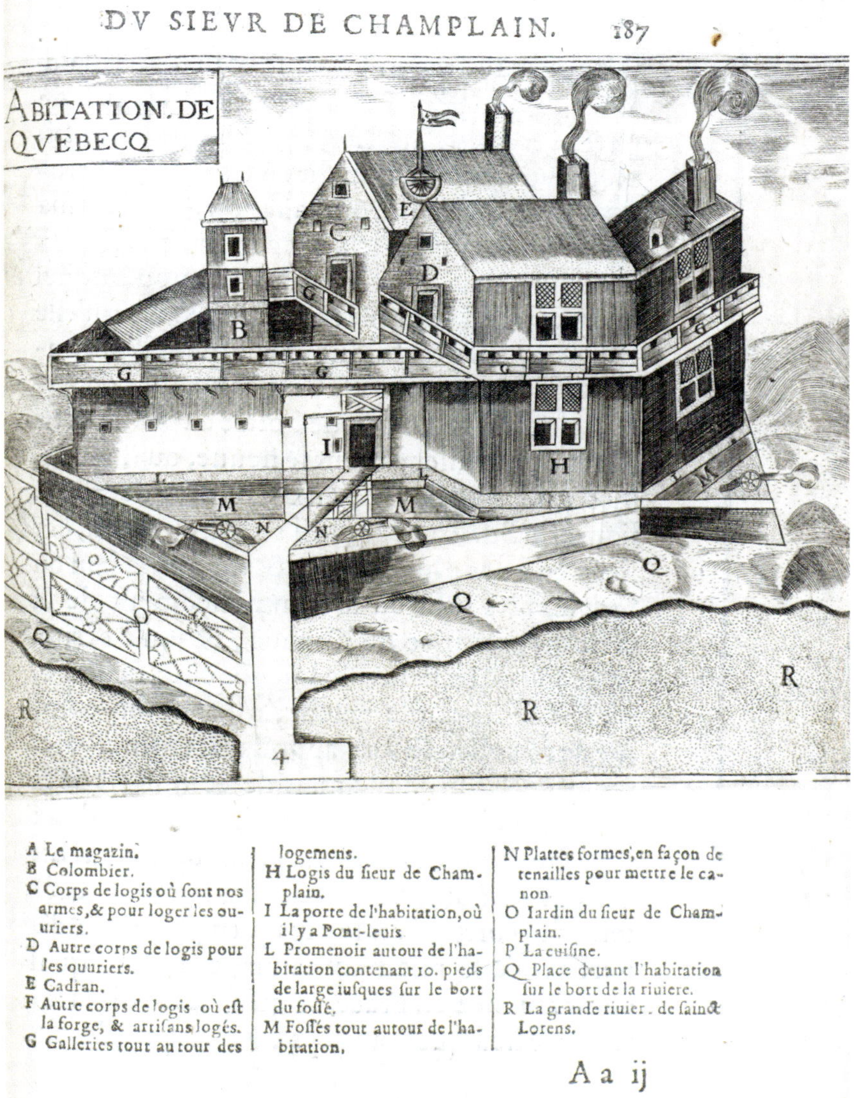

EMPREINTES DE L'OCCIDENT

LE RÉVEIL AUTOCHTONE

Printemps-été 1990. Des Mohawks armés érigent des barrages routiers pour s'opposer à un projet d'agrandissement du terrain de golf de la municipalité d'Oka, dans la région de Montréal. Les promoteurs comptent empiéter sur des terres ancestrales revendiquées par les Amérindiens depuis le XVIIIe siècle. À la suite d'une intervention de l'armée canadienne, les barricades sont finalement démantelées et le projet de golf est abandonné. Un policier de la Sûreté du Québec perd la vie. La crise d'Oka suscite dans l'opinion publique une part de ressentiment envers les Mohawks. Elle a aussi pour résultat de ramener à l'ordre du jour de profondes préoccupations exprimées par les peuples autochtones.

Les revendications territoriales et politiques des peuples autochtones trouvent leur origine dans l'histoire de la Conquête et de la colonisation européennes. À leur arrivée sur le continent américain, les Européens trouvent un territoire habité depuis des temps immémoriaux. Ils s'y installent et y fondent des colonies, souvent avec l'aide de leurs hôtes. Or, ces derniers sont massivement décimés, principalement par la maladie, les guerres et les travaux forcés (plus particulièrement en Amérique centrale et du Sud). Ceux qui survivent sont graduellement déracinés de leur milieu, contraints de s'installer dans des réserves et convertis au catholicisme.

Cette réalité n'est pas unique au Québec ou au Canada. Elle est aussi présente aux États-Unis, en Océanie, en Amérique centrale et du Sud, des territoires qui ont pour point commun d'avoir connu la colonisation européenne. Comme le Canada, les États concernés composent tant bien que mal avec les délicates questions liées aux revendications autochtones et au respect des droits ancestraux des premiers peuples à avoir occupé le territoire national.

Au Canada, la Loi sur les Indiens est adoptée en 1876 pour réguler les relations entre l'État et les « Premières Nations ». Elle reflète surtout un projet d'assimiler ces dernières à la société canadienne (non autochtone). Considérée comme paternaliste, sexiste et irrespectueuse des spécificités culturelles amériendiennes, la Loi est modifiée à plusieurs reprises par la suite. Elle ne parvient toutefois pas à régler définitivement les tensions et les différends entre l'État et les peuples autochtones.

Pour preuve, à l'été 2010, des tensions réapparaissent… à Oka. Une entreprise annonce un projet de développement immobilier sur un terrain dont elle est propriétaire, mais qui est revendiqué par les Mohawks.

Affrontement entre autochtones et soldats canadiens lors de la crise d'Oka, en 1990.

LES COLONIES FRANÇAISES DES ANTILLES

Les Français fondent aussi des colonies dans les Antilles, autrefois monopolisées par les Espagnols. En 1625, ils s'installent à Saint-Christophe puis, 10 ans plus tard, en Martinique et en Guadeloupe. En 1665, ils occupent l'île de Saint-Domingue (aujourd'hui Haïti et la République dominicaine; voir la carte 7.5, p. 227).

Dans les Antilles, les plantations de sucre et de café sont pour les Français autant d'occasions de faire fortune. Tout comme le font les autres pays d'Europe dans leurs colonies, la France a recours aux esclaves pour exploiter ses nouvelles terres. Cependant, à la différence de ce qui se produit en Amérique du Sud ou dans les colonies anglaises, la France réglemente l'esclavage en adoptant en 1685 le « Code noir ». Celui-ci précise, entre autres, que les propriétaires doivent baptiser leurs esclaves, leur enseigner le christianisme et les enterrer dans des cimetières chrétiens. Ils doivent aussi les nourrir convenablement, leur fournir des vêtements et des soins en cas de maladie. En outre, ils n'ont pas le droit de séparer les familles. Les maîtres peuvent punir leurs esclaves en les frappant ou en les enchaînant, mais la torture et les mutilations sont interdites. Celui qui ne respecte pas ces lois peut être traîné en justice. Bien sûr, les esclaves ont très peu de droits. Par exemple, s'ils peuvent se marier entre eux, ou encore avec des célibataires français, ils doivent absolument le faire devant un prêtre.

LE DÉCLIN DES EMPIRES ESPAGNOL ET PORTUGAIS

Au XVIIe siècle, la montée des puissances coloniales française et anglaise change les rapports de force. Dans l'océan Indien, les Portugais n'arrivent plus à défendre leur monopole, malgré leurs forteresses et leur puissante flotte. Ils perdent du terrain et voient les Hollandais, les Anglais et les Français établir des comptoirs au cœur de leur zone commerciale : en Indonésie, en Malaisie, au Sri Lanka, en Afrique du Sud et en Inde. En Afrique, les Portugais perdent aussi le monopole de la traite des Noirs au profit des mêmes puissances. À cette époque, la demande pour les esclaves atteint des sommets dans les colonies britanniques d'Amérique du Nord (les futurs États-Unis), de même que dans les colonies anglaises et françaises des Antilles. L'augmentation fulgurante de la consommation de sucre en Europe fait de la culture de la canne à sucre, entre autres, une industrie très payante qui nécessite une main-d'œuvre abondante.

L'Empire colonial espagnol est également en déclin ; il a graduellement perdu le statut de première puissance qu'il avait acquis au XVIe siècle. Dans les Antilles, les Espagnols ne contrôlent plus la situation : des navigateurs français et anglais, appelés « flibustiers », nuisent grandement à leurs activités commerciales en attaquant et en pillant leurs navires et leurs colonies. Les Espagnols se concentrent désormais uniquement sur l'exploitation du Mexique et du Pérou. Ailleurs, ils ne sont plus les maîtres.

LE FIL DE L'HISTOIRE

Au XVIe siècle, les valeurs de la Renaissance italienne s'étendent à tout l'Occident, notamment sous l'impulsion de l'urbanisation et de l'explosion du commerce avec les Amériques, l'Afrique et l'Asie. La culture classique devient la norme esthétique et l'humanisme, un idéal intellectuel à cultiver. La Renaissance entraîne d'autre part l'Europe dans une profonde crise politique et religieuse. Les critiques des humanistes contre les abus de l'Église font écho aux inquiétudes existentielles des populations et provoquent la création d'un nouveau mouvement religieux. Les protestants deviennent les ennemis des catholiques et des dirigeants politiques et religieux qui les défendent. L'Europe se divise en deux camps et plusieurs pays connaissent la guerre civile. L'Occident sort de cette crise profondément divisé et surtout animé d'une intense ferveur religieuse qui s'exprime entre autres à travers la vaste entreprise de colonisation et de christianisation du Nouveau Monde. Victimes de l'esprit de conquête des Européens, les autochtones connaissent l'esclavage, le mépris ou la mort. Les côtes de l'Afrique sont également colonisées et les Occidentaux pratiquent la traite des esclaves noirs pour combler leurs besoins en main-d'œuvre. L'Occident ouvre de nouveaux horizons, sources d'exaltation et d'enrichissement pour certains, mais aussi porteurs de destruction.

L'historien à l'œuvre

ÉVALUER LA REPRÉSENTATIVITÉ DES SOURCES

Quand il utilise des sources, l'historien se heurte au problème d'en évaluer la représentativité, c'est-à-dire de déterminer quelle réalité de l'époque est reflétée à travers ses sources. Il doit en outre s'interroger quant aux possibilités de généraliser l'information fournie par les sources : cette information est-elle spécifique à une région, à une période ou à un groupe social ? Ou, à l'inverse, l'information peut-elle être généralisée à tous les lieux, à toutes les périodes et à tous les milieux sociaux ?

UN EXEMPLE À PARTIR DE TROIS PROCÈS DE SORCELLERIE

Le procès d'Adelheit

En 1536, un fermier des environs de Nuremberg (Allemagne) engage Adelheit Schneiderin afin qu'elle guérisse ses vaches par des incantations. Devant l'inefficacité des sortilèges (puisque les bêtes meurent malgré tout), le fermier porte plainte contre Adelheit auprès des autorités de la ville, l'accusant de sorcellerie. La femme se voit condamnée à payer une amende[7].

Le procès de Fleurette

À l'été 1615, des plaintes pour sorcellerie sont déposées contre Fleurette Maurice par les habitants du village de Docelle en France. L'officier de justice la fait comparaître devant le tribunal en octobre. Accusée d'avoir jeté des maléfices causant la mort, elle est soumise à la torture le 9 novembre 1615 et avoue ses « crimes ». Condamnée, elle est brûlée le lendemain[8].

Joachim Patinir.
La Tentation de Saint-Antoine.
Détail. Huile sur toile (1520-1524).

Le procès de Bridget

En janvier 1692, dans le village de Salem (Massachusetts), deux jeunes filles tombent étrangement malades. Le docteur conclut à l'ensorcellement. Les jeunes filles dénoncent alors plus de 160 personnes, dont Bridget Bishop, la femme d'un bûcheron. Son procès commence le 19 avril devant les officiers du comté. Incriminée par plusieurs villageois, elle est condamnée le 10 juin 1692 et pendue le même jour[9].

En examinant ces procès, on pourrait croire que le phénomène de la chasse aux sorcières est demeuré identique à travers le temps (XVIe et XVIIe siècles) et l'espace (Europe et Amérique). En effet, dans les trois cas mentionnés précédemment, les accusées sont des femmes de milieu rural, les arrestations sont motivées par des dénonciations du voisinage, les tribunaux sont laïques, les accusations reposent sur des actes de sortilège et les « sorcières » sont condamnées.

Cependant, une telle généralisation constitue une erreur. Comment savoir en effet si ces procès sont des cas isolés ou s'ils représentent adéquatement le phénomène, durant toute la période et dans toutes les régions où s'est déroulée la chasse aux sorcières ? Interrogeons-nous : la sorcellerie n'implique-t-elle que des femmes ? Est-ce uniquement un phénomène rural ? La notion de sorcellerie et les procédures judiciaires (tribunaux laïques, interrogatoires, verdicts) sont-elles restées identiques d'un siècle à l'autre, d'une région à l'autre ?

Répondre à ces questions implique d'abord de définir son objet de recherche puis, en multipliant les études locales, d'accumuler une grande quantité de données qui, en les comparant, permettent de faire ressortir les ruptures et les continuités propres aux régions et aux époques à l'étude. C'est seulement à ce prix que peuvent être formulées des synthèses sur un phénomène donné. Observons les diverses étapes d'une telle démarche.

DÉFINIR SON OBJET DE RECHERCHE

Pour vérifier si un phénomène peut être généralisé, il faut s'assurer qu'il est toujours défini de la même manière et recouvre toujours la même réalité. Dans notre exemple, une telle généralisation est impossible. Voici pourquoi.

La notion de sorcellerie réfère à des actes maléfiques, d'inspiration démoniaque, pratiqués à l'aide de pouvoirs surnaturels. D'entrée de jeu, cette définition exclut les procès pour hérésie (croyance condamnée par l'Église), comme celui de Jeanne d'Arc (voir le chapitre 6). De la même manière, les actes posés par Adelheit en 1536 relèvent de la « magie blanche » ou bénéfique (ici, la guérison des vaches). Or, au XVIe siècle, la magie blanche n'est pas encore complètement assimilée à un crime de sorcellerie et ne revêt donc pas la gravité qu'on lui connaîtra plus tard. Voilà pourquoi Adelheit n'écope que d'une condamnation mineure : une amende. On constate ainsi que la notion de sorcellerie se modifie au fil du temps et fait référence à diverses réalités (magie bénéfique pour Adelheit, magie maléfique pour Fleurette, envoûtement pour Bridget).

En définissant les bornes de sa recherche, l'historien doit aussi demeurer conscient des problèmes liés au point de vue des auteurs. La majorité des sources sont rédigées par des hommes de classes sociales élevées. Le point de vue des femmes, des enfants et des pauvres (souvent analphabètes) y est généralement sous-représenté. L'historien demeure donc souvent prisonnier d'une vision élaborée par l'élite de l'époque.

MULTIPLIER LES ÉTUDES LOCALES

Pour aborder un phénomène, les historiens travaillent premièrement sur le plan local, en épluchant systématiquement, et sur la plus longue période possible, les sources disponibles pour quelques villes et villages. Les conclusions d'un historien peuvent par la suite enrichir les investigations d'un autre.

Éventuellement, ce travail débouche, par la multiplication des études, sur un portrait régional, voire national. Faire l'histoire d'un phénomène, on le voit, est une entreprise collective. En ce qui concerne la chasse aux sorcières, il s'est écrit plus de 2000 études régionales depuis les années 1950, et ce, même si on a retrouvé jusqu'à maintenant seulement quelques centaines de procès sur les quelque 110000 qui se sont tenus entre 1450 et 1750[10].

FAIRE RESSORTIR LES RUPTURES ET LES CONTINUITÉS

L'abondance d'études (locales, régionales ou nationales) permet à l'historien de faire, par la suite, des comparaisons à grande échelle pour relever, à travers le temps et l'espace, les continuités (éléments stables) et les ruptures (variations) du phénomène qu'il étudie. Dans le cas de la chasse aux sorcières, le fait que les accusés aient été, partout et en tout temps, de 80 % à 90 % des femmes de milieu rural est une continuité avérée.

Cependant, ce même phénomène présente des ruptures dans le temps. Il connaît deux vagues intenses (de 1450 à 1520 ; de 1560 à 1650), puis devient sporadique jusqu'en 1750. Par conséquent, l'ampleur du procès de Salem en 1692 (plus de 160 accusés, 24 condamnés) constitue une exception selon le schéma chronologique de la chasse aux sorcières.

Le phénomène de la chasse aux sorcières présente également des ruptures géographiques. En Europe, il est concentré au nord-est de la France (10 % des procès), où demeure Fleurette Maurice, en Allemagne (près de 50 %), d'où vient Adelheit Schneiderin, et dans les régions limitrophes (25 %). Il est moins fréquent dans les îles Britanniques, et presque inexistant en pays méditerranéens. On en trouve des traces en Amérique, sur la côte de la Nouvelle-Angleterre. De ce fait, le procès de Salem est exceptionnel également sur le plan géographique.

Voici un autre exemple de rupture. Initialement, c'est l'Inquisition, un tribunal religieux, qui se charge des poursuites contre les sorcières. Or, au milieu du XVIe siècle, le pouvoir passe aux mains des instances laïques. Le procès d'Adelheit illustre ce glissement, puisqu'il figure parmi les premiers procès administrés par des magistrats civils.

PROPOSER UNE SYNTHÈSE

Lorsque l'évolution chronologique et géographique d'un phénomène est déterminée, l'historien peut proposer une synthèse. Mais, puisqu'aucun phénomène n'est parfaitement linéaire, il est important, en élaborant la synthèse, d'éviter de combler les vides laissés par une documentation absente en supposant que le phénomène a nécessairement toujours évolué de la même façon. Les généralisations ne sont possibles que si les concordances entre les sources sont fortes et constantes.

Par ailleurs, la synthèse ne fait pas que décrire le phénomène : elle tente également de l'expliquer. Cela suppose, d'une part, que l'historien mette à contribution d'autres types de sources (pour la chasse aux sorcières, il pourrait s'agir de traités de démonologie ou de manuels de procédures) et, d'autre part, qu'il analyse le contexte du phénomène (milieu socioéconomique des sorcières, impact de la Réforme protestante, etc.).

En somme, les procès d'Adelheit, de Fleurette et de Bridget présentent chacun une facette de la réalité, soit sur les procédures, les accusées ou les motifs d'accusation. C'est en les comparant avec un grand nombre d'autres procès qu'ils livrent les informations habilitant l'historien à tirer des conclusions plus générales.

EXERCICE

Pour aiguiser votre esprit critique quant à la représentativité des sources, voici trois sources sur la montée de la pauvreté aux XVIe et XVIIe siècles.

EN FLANDRES

En 1526, Juan Luis Vives, un humaniste espagnol installé à Bruges, publie son ouvrage *De subventione pauperum*[11] afin de conseiller les dirigeants de la ville sur les mesures à prendre pour contrer la hausse de la misère. Il les incite à recenser les pauvres et à les mettre de force au travail en fonction de leurs capacités et de leur âge. Plusieurs villes appliquent ces recommandations.

EN ANGLETERRE

En 1597, la reine d'Angleterre Élisabeth Ire promulgue sa « Loi sur les pauvres »[12], qui fixe les principes d'une aide publique aux misérables afin de refréner le vagabondage. La reine y impose la levée d'impôts spéciaux pour subvenir aux nécessités premières des pauvres et leur fournir du matériel pour les mettre au travail.

EN FRANCE

Par l'édit du 12 juin 1662[13], le roi Louis XIV ordonne que soient fondés des « hôpitaux généraux » (des établissements de soins dont une section est réservée aux miséreux) dans toutes les grandes villes de France. Dans un souci de maintien de l'ordre social, l'édit exige de séparer les pauvres de la société et de les contraindre au travail et à des règles de vie plus chrétiennes.

Ces trois sources semblent indiquer que l'attitude à l'égard des pauvres est uniforme dans toute l'Europe entre 1526 et 1662 : dans tous les cas, on considère qu'il est nécessaire de mettre les pauvres au travail. En utilisant les informations fournies par cette rubrique, indiquez les problèmes soulevés par une telle généralisation.

Les réponses sont disponibles sur *Modulo en ligne*.

Chapitre 8

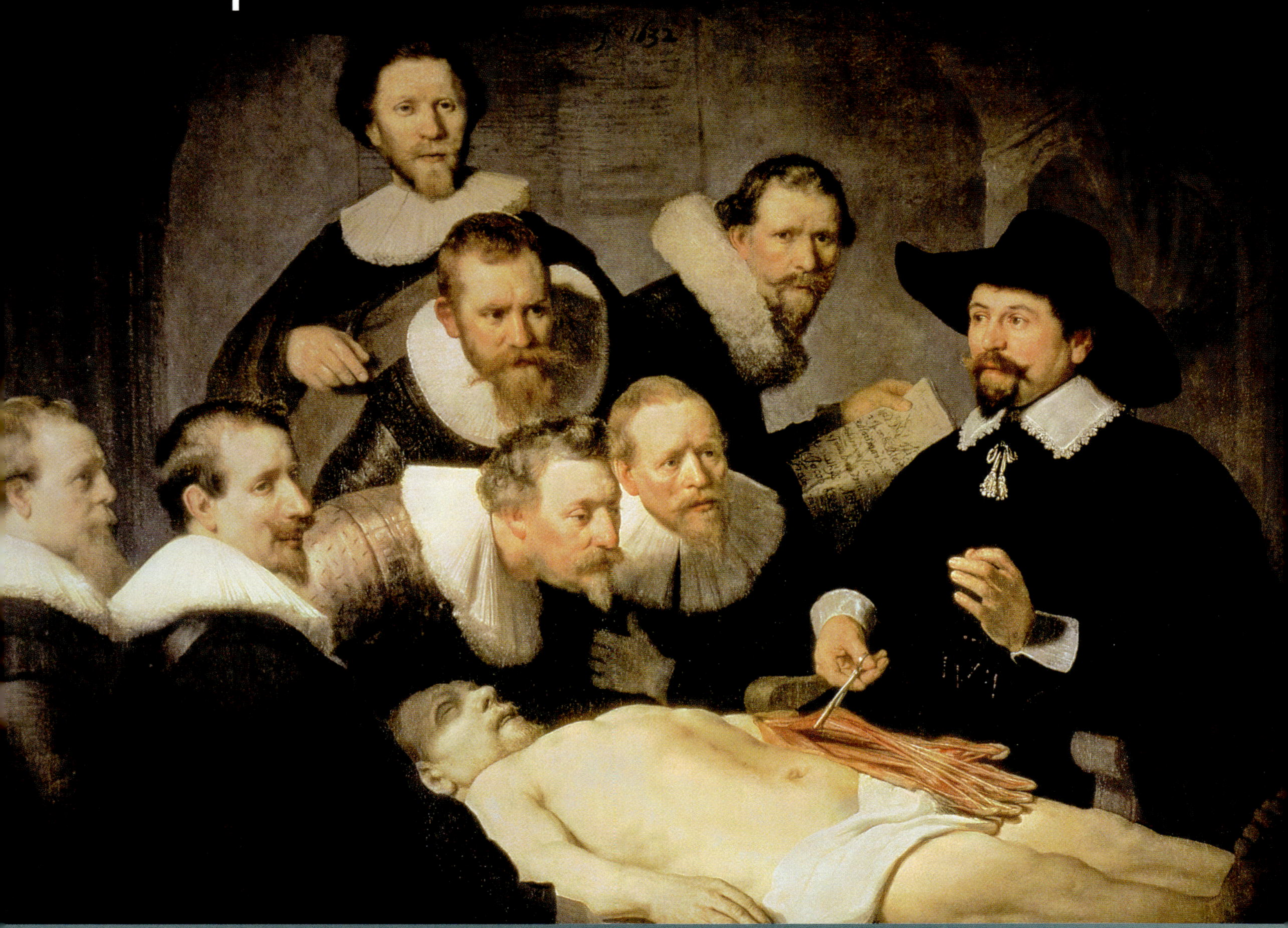

1600
Giordano Bruno est brûlé vivant pour avoir défendu l'idée que le Soleil est au centre d'un univers infini.

1602
La Compagnie hollandaise des Indes occidentales est la première à vendre ses actions à la Bourse.

1609
Premières lois scientifiques de Kepler.

1618-1648
Guerre de Trente Ans.

1624
Galilée est condamné à la prison à vie pour avoir défendu les thèses de Copernic.

1628
Pétition des droits en Angleterre.

1636
Premier krach boursier de l'histoire alors que le cours des bulbes de tulipes s'emballe.

LES ÉTATS MODERNES ET LA RÉVOLUTION SCIENTIFIQUE

DANS CE **CHAPITRE**

- La transformation politique et l'essor économique de l'Europe
- La France et l'Angleterre : deux exemples des transformations du XVIIe siècle
- La révolution scientifique

Rembrandt. *La leçon d'anatomie du Dr Nicolaes Tulp*. Huile sur toile (1632).

1642-1649 Guerre civile en Angleterre; défaite et exécution du roi Charles Ier.

1643-1652 La Fronde conteste le pouvoir du nouveau roi de France, Louis XIV.

1649-1658 Dictature de Cromwell en Angleterre : il combat le roi au nom du Parlement.

1660 Fondation de la Société royale de Londres, dédiée à la promotion de la science.

1666 Fondation de l'Académie royale des sciences, à Paris.

1673 Serment du Test en Angleterre : les fonctionnaires et les parlementaires doivent jurer qu'ils ne sont pas catholiques.

1685 Louis XIV décide de s'établir en permanence à Versailles, symbole de la monarchie absolue.

Révocation de l'édit de Nantes en France. Les huguenots sont forcés de se convertir au catholicisme.

1687 Newton publie son *Philosophia naturalis principia mathematica*.

1689 Glorieuse Révolution en Angleterre et adoption de la Déclaration des droits par le Parlement.

LA TRANSFORMATION POLITIQUE ET L'ESSOR ÉCONOMIQUE DE L'EUROPE

À l'été 1715, après un long règne de 72 ans, Louis XIV se meurt de la gangrène, affligé de très grandes souffrances. Il est le « Roi-Soleil », la personne autour de laquelle gravitent les astres de la société française. Il est couché dans ses appartements, entouré de tout ce que la France compte de gens importants, au centre de Versailles, l'immense palais qu'il a fait construire. Louis XIV voulait que Versailles expose pour l'éternité toute la splendeur et la richesse d'un siècle qui devait amorcer l'âge « classique » de l'Europe. Ce palais, et encore plus les magnifiques jardins qui l'entourent, symbolisent l'ordre que seul un État fort peut maintenir. Selon le compte rendu que nous a transmis le marquis de Dangeau, Louis XIV aurait dit, avant de mourir : « Je m'en vais, mais l'État demeurera toujours[1]. » Le Roi-Soleil meurt le 1er septembre 1715.

Au XVIIe siècle, l'Europe est le théâtre d'une grande transformation politique et économique. Bien que les royaumes soient encore très faibles sur le plan politique au début de ce siècle (rares sont les princes qui peuvent compter sur une armée permanente), à la fin, leur situation est tout autre. Puissants, les princes européens ont alors la mainmise sur des gouvernements qui exercent un contrôle effectif à la fois sur leurs territoires et sur leurs populations. Cette centralisation des pouvoirs est favorisée par le développement du capitalisme, qui a besoin d'États forts pour bâtir les infrastructures nécessaires au commerce mondial. Elle est aussi bien accueillie par les élites urbaines, où les forces du capitalisme sont le plus présentes. Par contre, la noblesse accueille plutôt mal la centralisation des pouvoirs, car elle voit menacé le pouvoir qu'elle exerce sur ses sujets. En effet, d'immenses armées et des bureaucraties complexes sont formées pour assurer la prépondérance des rois et pour développer des États modernes puissants. Le XVIIe siècle assiste au transfert du pouvoir de la noblesse vers des États centraux.

La naissance des États modernes s'effectue toutefois dans un maelström de violence et de guerres religieuses qui se perpétuent, qui entraînent avec eux les femmes et les hommes dans un large conflit impliquant plusieurs grandes puissances de l'Europe, annonciateur d'un nouvel ordre international en Occident : la guerre de Trente Ans.

Charles Quint quitte le trône du Saint Empire en 1556. Gravure (XIXe siècle).

LES ORIGINES DE LA GUERRE DE TRENTE ANS

Le 24 octobre 1648, dans les villes de Münster et d'Osnabrück, en Westphalie, tous les diplomates européens sont réunis pour signer des traités qui ont été négociés durant plus de quatre ans. Le cérémonial de l'événement n'a d'égal que son importance dans l'histoire de l'Occident. C'est que les traités de Westphalie mettent fin à une des guerres les plus sanglantes de l'histoire, qui a débuté en 1618 par un conflit local, en Bohème. Il s'agissait alors d'un incident en apparence bien anodin, mais l'enchaînement des événements a conduit presque toutes les puissances de l'Europe sur les champs de bataille. Les traités de Westphalie changent surtout l'ordre géopolitique de l'Europe : ils enterrent le rêve d'une Europe unifiée dans un même empire chrétien. Ils font reposer la paix sur l'équilibre des puissances et, fait encore plus important, font dorénavant reposer la légitimité des États sur l'adhésion des populations à leur autorité. Voyons comment tout cela a commencé.

Au centre du conflit se trouve une famille puissante : les Habsbourg. Charles Quint, son plus illustre représentant, est le dernier empereur du grand Saint Empire romain germanique. En 1556, les guerres de religion le forcent à abdiquer et son empire est alors scindé en deux. Ferdinand Ier, le frère de Charles Quint, devient l'empereur du Saint Empire germanique et se retrouve à la tête des Habsbourg d'Autriche, héritant de l'Autriche, de la Hongrie et de la Bohème. Plus à l'ouest, Philippe II, le fils de Charles Quint, hérite de l'Espagne et de son empire, des Pays-Bas ainsi que de la Bourgogne. Philippe II et les Habsbourg d'Espagne profitent des richesses du Nouveau Monde pour étendre leur puissance dans la Méditerranée et dans l'ouest de l'Europe. Au contraire, les Habsbourg d'Autriche ont bien de la difficulté à maintenir leur autorité (voir la carte 8.1).

C'est un conflit de nature religieuse qui révèle la faiblesse du Saint Empire. En théorie, les guerres de religion sur son territoire se sont terminées avec les accords de la paix d'Augsbourg. Dans les faits, les tensions restent toujours vives entre catholiques et protestants et même, au sein de la confession protestante, entre luthériens et calvinistes. La paix d'Augsbourg était censée faire en sorte que les sujets d'un État provincial ou d'une ville adoptent la confession religieuse de leur prince. En réalité, plusieurs endroits demeurent biconfessionnels, et des conflits violents éclatent sporadiquement, comme à Strasbourg et à Donauwörth en 1592. Souvent, une simple manifestation publique, à l'occasion de fêtes religieuses par exemple, suffit pour déclencher des affrontements dans les rues.

Dans ce contexte explosif, l'arrivée de Ferdinand II en 1617 est déterminante : ce roi très catholique, cousin de l'empereur Matthias Ier, gouverne le très protestant royaume de Bohème. Rappelons que le Saint Empire est alors un regroupement de diverses entités politiques (royaumes, principautés, cités autonomes, etc.) sur lesquelles l'empereur a plus ou moins de contrôle. Dans ce contexte, nommer des dirigeants catholiques devient un moyen d'en assurer la cohésion. Or, Ferdinand II, le nouveau roi de Bohème, entend justement donner suite à la Contre-Réforme et redonner une place prépondérante au catholicisme. Il ordonne, entre autres, de faire raser un temple protestant à Prague. Beaucoup plus nombreuse que la population catholique, la population protestante est en colère et se sent trahie par l'empereur, qui décide de soutenir le roi de Bohème.

Carte 8.1

L'EUROPE EN 1600 ET LES POSSESSIONS DES HABSBOURG

Si les Habsbourg d'Espagne règnent sur des territoires catholiques, les Habsbourg d'Autriche doivent plutôt composer avec des catholiques et des protestants. Leur rôle prépondérant dans le Saint Empire, en proie aux divisions religieuses, rend leur règne particulièrement difficile.

Durant une réunion visant à communiquer la volonté de l'empereur aux dirigeants protestants, deux des envoyés impériaux sont « condamnés à mort » par les protestants et projetés par la fenêtre, avec leur secrétaire. Cet événement, nommé la « défenestration de Prague » est assez anodin, puisque les victimes s'en tirent vivantes (les catholiques invoqueront un miracle) et s'enfuient. Mais il signe le début de la guerre de Trente Ans, qui durera de 1618 à 1648.

Les princes protestants des régions environnantes décident de destituer le roi Ferdinand II, qui doit fuir, et d'attaquer Vienne, la capitale de l'Empire. L'occasion leur semble trop belle : l'empereur décède la même année, en 1619. Le conflit prend une tout autre dimension lorsque l'élection du nouvel empereur favorise Ferdinand II, celui-là même que le peuple de Bohème a voulu bannir ! Le nouvel empereur fait de ce conflit une affaire personnelle. Faisant appel aux Habsbourg d'Espagne, il lance une offensive extrêmement violente (des populations civiles sont massacrées) et réussit à reprendre Prague, où les dirigeants protestants encore présents sont décapités. Le protestantisme y est interdit et toutes les libertés religieuses sont suspendues. Les troupes espagnoles et autrichiennes n'en restent pas là, et le conflit se déplace vers le nord, où les princes protestants contestent la légitimité de l'empereur.

LA GUERRE DE TRENTE ANS S'ÉTEND EN EUROPE

Les Provinces-Unies voient d'un très mauvais œil l'avancée des Habsbourg. Depuis 1568, elles sont en conflit avec l'Espagne. Les calvinistes hollandais se sont rebellés contre la couronne espagnole, l'accusant de ne pas tolérer le protestantisme et d'écraser la population sous les impôts. La révolte a mené à la création de la république des Provinces-Unies, dans le nord des Pays-Bas, alors que les Espagnols ont pu conserver le contrôle du sud du territoire (à peu près l'équivalent de la Belgique d'aujourd'hui). En 1621, la guerre de Trente Ans fait déjà rage et ranime les combats entre les troupes espagnoles et hollandaises.

Les victoires successives des troupes espagnoles inquiètent tous les pays limitrophes. Est-on en train de voir resurgir un Saint Empire romain germanique unifié ? La France prend cette menace très au sérieux, car elle est encerclée par l'Espagne à l'ouest et par le Saint Empire à l'est. La guerre de Trente Ans la pousse donc à établir une alliance « contre-nature » avec ses opposants protestants : les Provinces-Unies, certains princes allemands et la Suède. Face au péril, la raison d'État a la primauté sur les positions religieuses.

La défenestration de Prague. Gravure (date inconnue).

Dans ce tableau, les Hollandais acceptent l'autorité du roi d'Espagne en lui remettant les clés de la ville de Bréda. Or, les clés de cette ville n'ont jamais été ainsi remises au général espagnol. Ce tableau est en fait un outil de propagande au service des idéaux catholiques de l'époque.

Vélasquez. *La reddition de Bréda*. Huile sur toile (1625).

L'arrivée en scène de la Suède est décisive. Pour éviter de perdre l'accès au commerce maritime dans le nord de l'Europe, celle-ci s'associe à la France. Sous la promesse de se voir verser un million de livres par an, de 1631 à 1636, la Suède décide de participer à l'effort militaire. Pour ce faire, elle va même jusqu'à engager des mercenaires de l'armée des Habsbourg d'Autriche ! Les Suédois se dirigent vers la ville allemande de Magdebourg, qui est alors rapidement assiégée par les troupes du Saint Empire. En effet, Magdebourg constitue un emplacement stratégique, sur les rives de l'Elbe, que personne ne veut voir entre les mains ennemies.

En mai 1631, alors que la ville protestante hésite à se soumettre aux troupes impériales, l'ordre est donné d'envahir la cité. La population civile subit une violence inouïe aux mains des soldats. Les atrocités commises par les mercenaires catholiques de l'Empire marqueront durablement les esprits. Au cours de ce massacre, la majorité de la population, y compris les femmes et les enfants, succombe aux mains des ennemis. Des centaines de pamphlets racontant le « sac de Magdebourg » sont diffusés dans toute l'Allemagne. Les princes allemands donnent alors leur appui au roi de Suède.

Fort du soutien des princes allemands, le roi de Suède accumule les victoires jusqu'à ce qu'il se fasse tuer, en 1632, en plein combat. L'impact psychologique de cette perte est tel que, par la suite, les Suédois iront de défaite en défaite. C'est à ce moment que la France entre officiellement dans le conflit, bien qu'elle se soit déjà beaucoup engagée financièrement en faveur des Hollandais, des Suédois et de certains princes allemands. En 1636, Louis XIII dit « le Juste », habilement conseillé par son premier ministre, le cardinal de Richelieu, déclare la guerre aux Habsbourg d'Espagne. De leur côté, les Habsbourg d'Autriche lui déclarent la guerre la même année. Dans un paradoxe dont l'histoire des grandes familles de l'Europe a le secret, trois beaux-frères se retrouvent en guerre l'année suivante : la reine de France est en effet la sœur du roi d'Espagne et également de la femme du nouvel empereur, Ferdinand III !

Durant les 10 dernières années de la guerre de Trente Ans, la France affirme sa domination. Elle est favorisée par une armée véritablement nationale, qui devient la plus importante de l'Europe. Richelieu, puis Mazarin à partir de 1642, réussissent à organiser une armée centralisée et à en assurer le financement par un système d'impôts. En 1643, les Espagnols subissent une défaite décisive à Rocroi, tout près de la frontière belge. Durant ce temps, les Suédois s'imposent dans leur combat contre le Saint Empire.

Les derniers affrontements ont lieu là où la guerre a commencé, c'est-à-dire à Prague. Les Suédois occupent une partie de la ville et tentent, en vain, d'en conquérir l'autre partie, défendue farouchement par les Tchèques. Ces derniers ont à la fois chassé les représentants du Saint Empire et désirent maintenant protéger leurs terres contre l'invasion suédoise. Au même moment, les diplomates réunis en Westphalie pour négocier les accords de paix s'inspirent de la résistance des Tchèques. Ils mettent en avant l'idée qu'un dirigeant

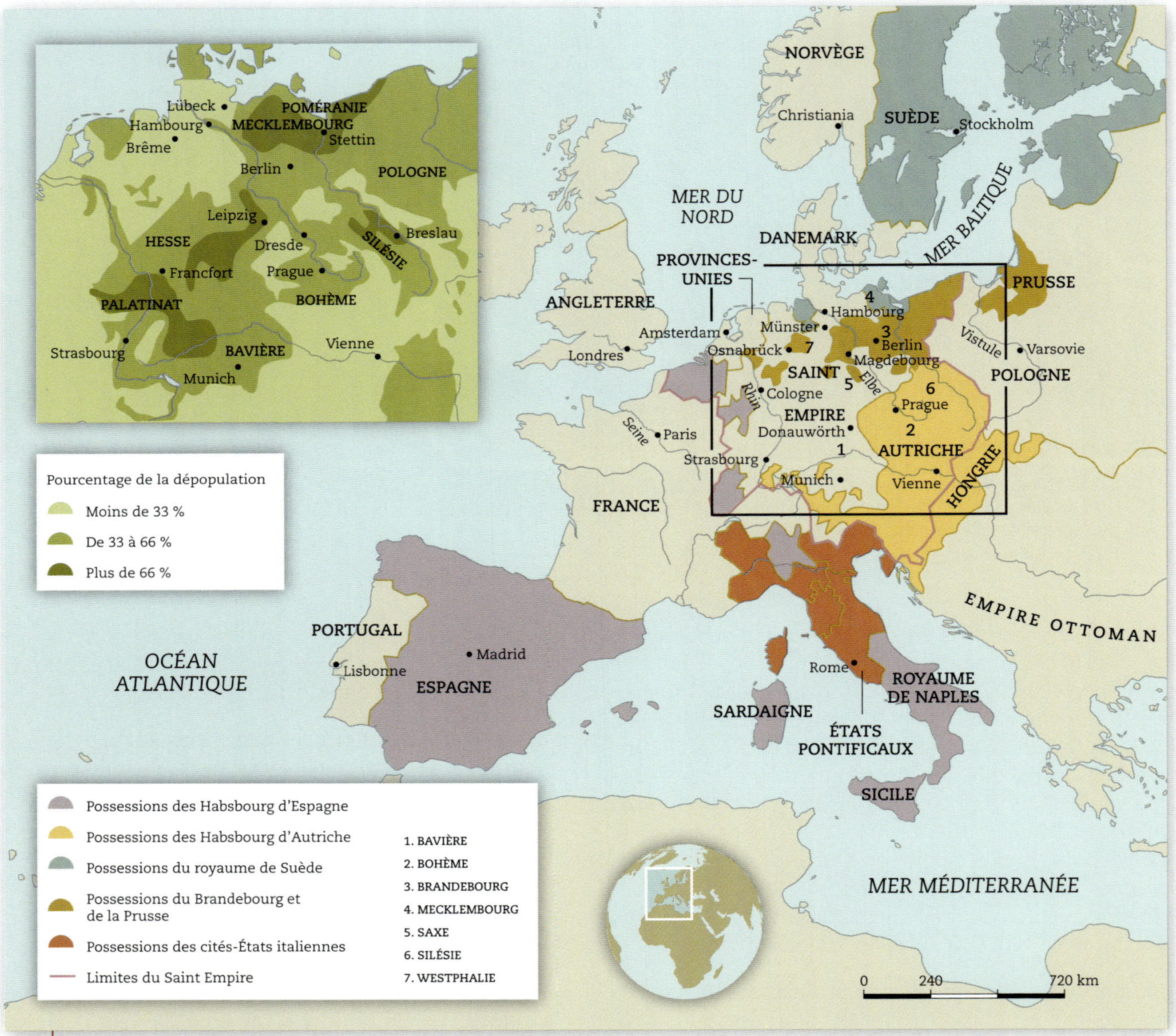

Carte 8.2

LA PAIX DE WESTPHALIE, 1648

La paix de Westphalie affecte surtout le Saint Empire, qui perd des territoires et doit composer avec l'émergence d'une nouvelle puissance allemande résultant du rapprochement du Brandebourg et de la Prusse. Ses populations souffrent encore plus de la guerre, comme en témoigne l'importante dépopulation.

doit tirer sa légitimité de l'adhésion qu'il suscite auprès de la population, sans qui aucune stabilité politique et sociale n'est possible. Ils mettent également en avant le principe de la souveraineté des États.

LA PAIX DE WESTPHALIE, UN MOMENT CHARNIÈRE DANS LA CONSTRUCTION DES ÉTATS MODERNES

Les accords de paix de 1648 reconnaissent la souveraineté des États allemands et des Provinces-Unies (voir la carte 8.2). Cette reconnaissance n'est pas seulement ponctuelle : elle fonde le principe de la souveraineté des États. Le Saint Empire — qui voit se séparer progressivement l'électorat de Brandebourg (associé à la future Prusse, indépendante à partir de 1701) — et l'Espagne — qui doit renoncer définitivement à ses prétentions sur la Hollande — ont du mal à accepter cette nouvelle réalité politique. Mais la victoire franco-suédoise leur force la main. Bientôt, de nombreuses voix en Europe se réclameront de la paix de Westphalie pour défendre le principe de la liberté des peuples à l'autodétermination. En ce sens, la guerre de Trente Ans est un prélude à la philosophie des Lumières du XVIIIe siècle.

Les traités signés en 1648 mettent en avant un autre nouveau principe : celui de la sécurité collective. Le préambule des traités de Westphalie énonce les conditions essentielles d'une telle sécurité dans les termes suivants :

> « *I. Qu'il y ait une Paix Chrétienne, universelle et perpétuelle, et une amitié vraie et sincère, entre sa sacrée Majesté Impériale, la Maison d'Autriche, et tous ses Alliés et Adhérents, et les héritiers et successeurs d'un chacun […] et sa sacrée Majesté Royale, et le royaume de Suède, ses Adhérents et Alliés, et les successeurs et héritiers d'un chacun […]. Et que cette paix s'observe et se cultive sincèrement et sérieusement, en sorte que chaque Partie procure l'utilité, l'honneur et l'avantage l'une de l'autre ; et qu'ainsi de tous côtés on voit renaître et refleurir les biens de cette Paix et de cette amitié, par l'entretien sûr et réciproque d'un bon voisinage de l'Empire romain avec le royaume de Suède, et du royaume de Suède avec l'Empire romain.*
>
> *II. Qu'il y ait de part et d'autre un oubli et une amnistie perpétuelle de tout ce qui a été fait depuis le commencement de ces troubles, en quelque lieu ou en quelque manière que les hostilités aient été exercées par l'une ou l'autre partie […].* »

Document 8.1 *Traité d'Osnabrück*, 1648.[2]

Pareilles ententes sont également signées entre le Saint Empire et la France, ainsi qu'entre l'Espagne et les Pays-Bas. Les signataires s'engagent à maintenir la paix, au risque d'avoir à intervenir militairement

Les traités de Westphalie mettent fin à la guerre de Trente Ans le 24 octobre 1648.
Bartholomeus Van der Helst. *Banquet de la garde civile d'Amsterdam fêtant la Paix de Münster*. Huile sur toile (1648).

s'il y a lieu, en dehors de toute allégeance religieuse ou nationale. Pour la première fois, la paix est mentionnée comme un objectif en soi dans le cadre d'un accord international, et sa sauvegarde est fondée sur un système d'équilibre des puissances en Europe. Pour assurer le maintien de cette paix, les États s'engagent même à entretenir des armées sur une base permanente.

Le fait que les vainqueurs de la guerre, comme la France, aient en commun d'être des États plus centralisés joue un rôle important dans la construction des États modernes. Cette centralisation n'est pas nécessairement liée au type d'État en cause, mais plutôt à la force de la cohésion sociale qu'on y trouve, que celle-ci soit imposée ou non. Les guerres de religion qui ont divisé les populations ont aussi affaibli le Saint Empire, héritier d'une ancienne conception du pouvoir politique, plus proche de celle de l'Empire romain et de l'Empire byzantin. La guerre de Trente Ans a permis à l'Europe de remplacer ce modèle ancien par celui des États modernes.

RÉPUBLIQUES ET MONARCHIES À L'ÈRE DE LA CONSOLIDATION DES ÉTATS

La guerre de Trente Ans n'a pas à proprement parler créé le mouvement de consolidation des États que l'on constate au XVIIe siècle. Ce mouvement a débuté à l'époque médiévale et il a été encouragé par l'esprit de la Renaissance. Mais les événements liés à la guerre de Trente Ans ont accéléré ce processus en exacerbant le sentiment national et en justifiant l'idée que seuls des États stables et forts pouvaient assurer la sécurité des gens. La forme que prend chacun de ces États importe peu. Ce qui les relie, c'est la volonté de centralisation des

Aux XVIIe et XVIIIe siècles, de nombreux peintres s'appliquent à montrer la disposition des troupes et les nouvelles techniques militaires.

Artiste inconnu. *La bataille de Culloden*. Huile sur toile (XVIIIe siècle).

pouvoirs qui est au cœur de leur formation. Ainsi, dans les Provinces-Unies, l'État est une république ; dans le Saint Empire, un empereur élu chapeaute des centaines de rois et de princes ; en France, l'État est régi par une monarchie plus traditionnelle.

Par contre, la centralisation est plus difficile à réaliser dans des États qui gèrent une grande diversité de nations et de territoires. L'Espagne, par exemple, règne sur des territoires italiens, catalans, portugais, français, hollandais, etc., souvent séparés par des barrières naturelles qui compliquent la gestion du gouvernement. Il en va de même du Saint Empire. La France, en dépit de sa grande diversité culturelle à cette époque, compte au contraire sur une population plus homogène et, surtout, sur un territoire géographiquement plus facile à parcourir. Centraliser les pouvoirs y est donc d'autant plus aisé. C'est pourquoi ce pays parvient à se doter d'une monarchie dite « absolue », c'est-à-dire dans laquelle tous les pouvoirs politiques sont centralisés autour de la seule autorité royale.

Loin de s'opposer à ce mouvement centralisateur, les élites intellectuelles de l'époque y voient au contraire un signe évident de progrès. L'ouvrage le plus célèbre à ce sujet est probablement le *Léviathan*, écrit par Thomas Hobbes en 1651. Dans le passage ci-après, Hobbes explique pourquoi la centralisation des pouvoirs peut assurer la paix au sein d'un État.

> « *En sorte qu'on trouve dans la nature humaine trois causes principales de conflit : premièrement, la compétition ; deuxièmement, la défiance ; troisièmement, la gloire. La première pousse les hommes à attaquer pour le profit, la seconde pour la sécurité et la troisième pour la réputation. [...] Par cela, il est manifeste que pendant ce temps où les humains vivent sans qu'une puissance commune leur impose à tous un respect mêlé d'effroi, leur condition est ce qu'on appelle la guerre ; celle-ci est telle qu'elle est une guerre de chacun contre chacun. [...] Le seul moyen d'établir pareille puissance commune, capable de défendre les humains contre les invasions des étrangers et les préjudices commis aux uns par les autres et, ainsi, les protéger de telle sorte que, par leur industrie propre et les fruits de la terre, ils puissent se suffire à eux-mêmes et vivre satisfaits, est de rassembler* [to conferre] *toute leur puissance et toute leur force sur un homme ou sur une assemblée d'hommes [...].* »

Document 8.2 Thomas Hobbes, *Léviathan ou Matière, forme et puissance de l'État chrétien et civil*, 1651.[3]

Hobbes défend ainsi l'idée que, pour vaincre le chaos inhérent à la vie en société, les citoyens doivent accepter la tutelle d'une autorité souveraine capable de garantir la loi et la moralité. Que cette autorité soit exercée par un seul homme ou par une assemblée apparaît secondaire, pourvu que l'État détienne le pouvoir absolu.

Le pouvoir militaire

Le premier pouvoir que les gouvernements cherchent à centraliser est celui de la force militaire. L'évolution des tactiques de guerre occasionne en effet beaucoup de dépenses que seul un État fort peut se permettre. Les nombreuses petites unités mobiles et solidement formées demandent un encadrement plus serré ; les nouvelles armes, en particulier le canon et le mousquet, exigent de leurs utilisateurs un entraînement régulier ; bref, les nouveaux corps d'artilleurs permanents sont très efficaces, mais très dispendieux à entretenir. Qui plus est, les armées doivent se doter d'une artillerie qui soit véritablement imposante : 2 ou 3 canons ont peu de chances de défaire l'ennemi, mais 30 canons regroupés sur un navire, c'est autre chose ! Enfin, les efforts de colonisation et le développement du commerce maritime demandent que des armées navales soient créées, ce qui entraîne aussi d'importants investissements.

Le pouvoir financier

Les opérations militaires que les États mettent sur pied au moment de la guerre de Trente Ans engendrent pour eux d'énormes besoins financiers. Il leur faut donc centraliser aussi la gestion des finances publiques. Contrairement à ce qu'on pourrait penser, les ressources des États ne proviennent pas principalement des impôts, même si ceux-ci sont lourdement augmentés. Par exemple, la France double les impôts des paysans à deux reprises, au plus fort de la guerre de Trente Ans. Mais le mode de perception de cet argent est trop mal organisé pour être efficace. Ainsi, les États obtiennent leur financement plutôt au moyen de l'endettement public. Étant donné que les plus fortunés échappent généralement à toute forme d'impôt, les gouvernements ont recours à de grands financiers, qui leur servent d'intermédiaires : ils empruntent de l'argent aux plus riches et le prêtent aux gouvernements. À la fin du XVIIe siècle, l'endettement des États est chronique et ceux-ci fondent des banques nationales pour gérer leurs dettes.

Le pouvoir judiciaire

Parallèlement à la centralisation du pouvoir militaire, qui réduit graduellement l'autorité des petits seigneurs locaux, les États essaient avec plus ou moins de succès de s'accaparer l'autorité judiciaire et policière. Les cours de justice menées par l'élite perpétuent de tenaces préjugés envers les couches les plus pauvres de la société, ce qui donne lieu à de flagrantes injustices. Par exemple, il arrive couramment que des citoyens soient condamnés à la galère ou envoyés dans les colonies pour avoir volé un bout de pain. En outre, bien que les services de police fassent leur apparition à la

L'Australie est la colonie pénitentiaire la plus connue, la Grande-Bretagne y envoyant des condamnés à partir de 1788. La déportation de prisonniers commence toutefois dès le début de la colonisation et elle est pratiquée dans de nombreux pays européens.

Artiste inconnu. *Condamné faisant ses adieux avant d'être embarqué*. Gravure (XIXe siècle).

fin du XVIIe siècle, ce sont souvent des bourgeois qui en assurent le fonctionnement, et ce, sans être payés ni être dotés d'un pouvoir réel. L'État leur préfère les polices secrètes, formées d'espions recrutés parmi les pauvres et à qui on confie la responsabilité de dénoncer les déviants portant atteinte à l'ordre public.

Le pouvoir administratif

Un État ne peut être considéré comme souverain que s'il contrôle effectivement son territoire et la population qui y vit. Pour assurer ce contrôle, les États modernes ont donc besoin de bâtir de vastes bureaucraties. Le XVIIe siècle voit apparaître des capitales où les gouvernements ont un siège permanent. C'est le cas notamment en France. Alors que les rois de ce pays se sont toujours déplacés d'un château à un autre, Louis XIV décide, en 1685, de s'établir en permanence à Versailles. Il y dirige un gouvernement où tout est centralisé autour de quatre ministères : la Guerre, la Marine, les Affaires étrangères et les Affaires religieuses. Pour contrôler les provinces, il envoie des intendants, qui relèvent directement de son autorité. Cette mesure vise à outrepasser l'autorité des officiers en place, dont la charge est le plus souvent transmise de père en fils. En effet, alors que l'officier peut prendre ses libertés à l'égard des requêtes du roi, l'intendant, lui, risque de perdre son poste s'il se permet de le faire. Suivant le modèle français, de même que celui de la Suède, les États modernes préfèrent mettre en place leur propre bureaucratie plutôt que de se fier aux anciennes structures politiques. Ce faisant, ils affaiblissent leur principale alliée, la noblesse, qui accepte difficilement cette perte de pouvoir, comme en témoignera la révolution anglaise.

DES CHANGEMENTS DANS LES CAMPAGNES

Les changements économiques que l'Europe connaît au XVIIe siècle favorisent la remise en question de l'éparpillement des pouvoirs hérité de l'époque médiévale, et qui marque la naissance des États modernes. Le capitalisme se modifie en profondeur pour répondre aux exigences de la colonisation et du développement du commerce mondial, et commence à transformer l'échiquier politique en Europe, au profit des pouvoirs centraux.

Plusieurs indices permettent aux historiens de constater que des transformations économiques sont également à l'œuvre dans les campagnes. D'abord, la deuxième moitié du XVIIe siècle est le théâtre d'une croissance démographique. Il est vrai que les longues périodes de guerre sont toujours suivies d'une augmentation de la natalité. Mais la hausse de la population à laquelle on assiste dans les campagnes à cette époque précise est surtout attribuable à l'amélioration des mesures d'hygiène mises en place par les États et à l'introduction de nouvelles cultures, en particulier celle du maïs. Sous l'effet du jeu de l'offre et de la demande, la hausse de la population entraîne une augmentation des prix des denrées agricoles et de la valeur des terres, que l'on peut mesurer par les actes de vente. De plus en plus de bourgeois fortunés investissent dans l'achat de terres. Ils tentent ainsi d'acquérir du prestige en vue de se rapprocher de la noblesse, mais ils comptent surtout effectuer de bons investissements.

Un deuxième phénomène témoigne des transformations économiques à l'œuvre : l'apparition de produits industriels dans l'agriculture, notamment dans l'industrie du textile, qui sera en effervescence tout au long de l'époque moderne. Peu à peu, les paysans délaissent l'agriculture de subsistance pour se tourner vers la production de lin et de coton, ou encore vers l'élevage de moutons. Leurs efforts visent désormais à fournir la matière première à l'industrie du textile. Sous l'effet du capitalisme, l'agriculture devient donc un commerce et les terres, des outils de production.

Enfin, c'est la diffusion d'un grand nombre d'ouvrages techniques sur l'agriculture et les façons d'améliorer la rentabilité des sols qui permet aux historiens de conclure à une transformation de l'économie dans les campagnes en Europe. À la fin du XVIIe siècle, un grand intérêt est porté à ces nouvelles techniques, et la révolution scientifique qui débute au XVIIIe siècle n'est pas étrangère à cela.

Dans les pays les plus urbanisés et les mieux pourvus en voies de communication, l'effet du capitalisme sur l'économie des campagnes est rapide. De tous les pays d'Europe, ce sont les Provinces-Unies et l'Angleterre qui jouissent le plus de ces deux conditions. Leur géographie et leur grande implication dans le commerce extérieur leur donne en effet une longueur d'avance. C'est donc dans ces pays que se développent le plus rapidement, à grand renfort de main-d'œuvre, les techniques améliorant le rendement des sols: labours plus profonds, sarclage régulier, ensemencement en rangées, etc. Ces pays ont également recours à des méthodes d'élevage intensif du bétail. Ils éliminent progressivement la jachère et font pousser sur les terres jadis au repos des produits pour nourrir les troupeaux. En Angleterre, on commence à sélectionner les bêtes pour la reproduction et à expérimenter de nouveaux produits. Or, pour arriver à maîtriser toutes ces nouvelles méthodes, et pour en mesurer les effets, les terres doivent être clairement délimitées. Les animaux ne peuvent plus se promener comme bon leur semble. Dès lors, on voit apparaître des clôtures un peu partout, phénomène que les historiens ont appelé le «système des enclosures». Au début du XVIIIe siècle, les deux tiers des terres anglaises sont ainsi délimitées.

LE CAPITALISME ET L'ESSOR DES VILLES COMMERÇANTES

L'importation

Dans les villes d'Europe, les transformations économiques sont encore plus importantes que celles auxquelles on assiste dans les campagnes. L'essor du commerce colonial joue ici un rôle essentiel. Au début du XVIIe siècle, les produits de consommation en provenance des colonies sont extrêmement populaires en Europe, en particulier le café, le thé et le cacao. Or, les voies de communication ne permettent pas une large pénétration de ces produits à l'extérieur des villes portuaires. Les États entreprennent donc d'améliorer les voies de communication pour stimuler ce commerce fort lucratif. Au XVIIe siècle, on privilégie les voies fluviales et on multiplie les canaux pour lier les villes entre elles. Au XVIIIe siècle, on y ajoutera un réseau routier. Rapidement, des quartiers entiers de grandes villes européennes deviennent de vastes entrepôts, particulièrement dans les métropoles d'empires coloniaux, comme Amsterdam et Londres.

La Manufacture des Flandres, à Roubaix, est un musée-atelier consacré à l'histoire de l'industrie textile. On peut y voir des tisserands utiliser des technologies datant du XVe siècle jusqu'à nos jours.

Au XVIIe siècle, on multiplie les canaux pour relier les villes entre elles. Cette gravure d'époque montre le canal de Bridgewater, en Angleterre.

Le commerce des produits issus de la colonisation ou des échanges avec des contrées lointaines, comme la Chine et l'Inde, est très lucratif. De nombreux négociants indépendants commencent donc à faire concurrence aux grandes entreprises, telles que la Compagnie hollandaise des Indes occidentales ou la plus modeste Compagnie des Cent-Associés en France. On assiste alors à une véritable libéralisation du commerce mondial. Mais pour faire partie des joueurs, le capital à investir est très élevé. Par exemple, un bateau peut mettre deux ans avant d'atteindre l'Asie, et les profits issus des échanges avec ces pays lointains ne peuvent être encaissés qu'à son retour. Mais, en dépit de ces difficultés, le jeu en vaut la chandelle, surtout pour ceux qui s'adonnent au commerce le plus lucratif de tous : celui des esclaves africains. On peut en effet acheter des esclaves avec de la pacotille et les revendre en Amérique pour de l'or… Dans un tel contexte, les villes commerçantes deviennent d'importants centres financiers.

Le commerce mondial entraîne aussi l'essor des Bourses européennes. Bien qu'elles existent depuis longtemps (Bruges crée la première Bourse officielle en 1309 à la place Van der Buerse), c'est véritablement au XVIIe siècle que les places boursières financent les grandes compagnies commerciales. En 1602, la Compagnie hollandaise des Indes occidentales est la première à vendre ses actions à la Bourse. Très rapidement, ce type de financement se répand partout en Europe. Le premier krach boursier de l'histoire a d'ailleurs lieu en 1636, alors que le cours des bulbes de tulipes s'emballe. Voyant la valeur des bulbes de tulipes augmenter sans cesse, les gens commencent à s'endetter pour en acheter, espérant les revendre plus tard avec une bonne marge de profit. Aussi étonnant que cela puisse paraître, des économistes ont calculé que, à la Bourse d'Amsterdam, un simple bulbe de tulipe pouvait être vendu pour l'équivalent de 25 000 à 50 000 dollars ! Le krach boursier de 1636 est précipité par la production locale de bulbes de tulipes. Puisqu'ils ne sont plus importés d'Orient, leur prix baisse considérablement, ce qui provoque un choc psychologique : tout le monde veut vendre ses bulbes pendant qu'ils peuvent encore rapporter un profit. Cette panique entraîne une chute vertigineuse des prix et la faillite de centaines de financiers, qui doivent se résoudre à manger leurs bulbes comme de vulgaires oignons.

L'exportation

En plus de financer les activités liées au commerce mondial, les États doivent se procurer des bateaux et du matériel, et mettre sur pied des armées qui assureront la réussite des entreprises en terres étrangères. C'est dans ce domaine que l'on trouve les plus importants complexes industriels de l'époque. La majorité des emplois sont donc créés pour suffire à la tâche dans les chantiers navals et les ateliers des armuriers. Les États favorisent également deux autres industries : celle des produits de luxe (tapisseries, verreries, porcelaines, etc.) et celle de la construction de châteaux. Pourquoi ? Parce que, au XVIIe siècle, la théorie du mercantilisme est à son apogée. Selon celle-ci, toute la richesse du monde est connue et on ne peut pas en créer davantage. Ainsi, le seul moyen que peut adopter un pays pour s'enrichir est d'exporter des objets de plus grande valeur que ceux qu'il importe. Lorsque Louis XIV fait construire le château de Versailles, il a en tête, entre autres choses, d'en faire une vitrine exceptionnelle pour le savoir-faire des artisans français et de favoriser les exportations de produits de luxe vers les autres pays européens. Dans le contexte de la colonisation, alors que les États cherchent à s'approvisionner en matières premières à faible coût, cette voie semble tout indiquée. Les magnifiques réalisations des artistes et des artisans du XVIIe siècle ont d'ailleurs légué à nos musées des pièces de collection qui suscitent l'admiration encore de nos jours. Pour la population de l'époque, par contre, l'écart entre les riches et les pauvres n'en devient que plus manifeste.

Ainsi, dans les campagnes comme dans les villes, les anciennes structures économiques sont peu à peu remplacées par celles qui tendent vers le capitalisme. Dans ce contexte, c'est le monde urbain qui subit les changements les plus profonds.

EMPREINTES DE L'OCCIDENT

L'EUPHORIE FINANCIÈRE

L'immeuble qui abritait à l'origine la Bourse de Toronto arbore des lignes modernes, inspirées à la fois du classicisme et de l'Art déco. Comme pour plusieurs Bourses érigées dans le monde, cette œuvre architecturale inspire la confiance et incarne la stabilité. Mais qu'en est-il de la stabilité derrière ces façades imposantes ? En réalité, les Bourses et les investisseurs sont surtout soumis aux aléas des marchés, souvent imprévisibles et volatils.

Plusieurs crises financières majeures ont ponctué l'histoire et dévoilé la fragilité du système économique mondial. La crise des *subprimes*, qui a ébranlé les États-Unis à partir de 2008, en est un exemple récent. Elle a été précipitée par le nombre élevé de prêts hypothécaires risqués, consentis à des ménages à trop faible revenu. Ces prêts ont entraîné la faillite de plusieurs banques américaines, puis une récession économique mondiale.

La crise des tulipes du XVIIe siècle nous rappelle que de pareilles catastrophes financières ne datent pas d'hier. À cette époque, les bulbes de tulipes suscitaient une spéculation tellement grande à la Bourse d'Amsterdam que, « en 1636, un bulbe jusque-là sans valeur intrinsèque pouvait s'échanger contre un carrosse neuf, deux chevaux gris et leurs harnais[4] ». C'était l'euphorie, malgré la faible valeur réelle de l'objet de la spéculation. En 1637, la confiance s'est effritée et tout le monde a décidé de vendre ses bulbes de tulipes. Ce mouvement de panique a provoqué une chute vertigineuse des prix, la ruine de nombreux investisseurs et une récession économique semblable à celle de 2008.

Malgré ce risque, l'attrait du gain persiste, et les gens continuent de spéculer sur la valeur de toutes sortes de choses, encouragés par l'image de solidité que projettent les Bourses… jusqu'à la prochaine crise !

Paris au XVIIe siècle. À cette époque, les ports sont au cœur de la vie urbaine. (Artiste inconnu.)

LES TRANSFORMATIONS DU MONDE URBAIN

L'essor du commerce donne lieu à une profonde transformation du monde urbain en Europe. On voit apparaître des demeures somptueuses à proximité des ports, où loge la classe sociale qui domine le monde des villes : la bourgeoisie. Dans ces quartiers, on s'efforce d'améliorer les infrastructures : les rues sont pavées, on met en place des réseaux d'égouts et on installe des lampadaires, permettant à la vie nocturne de se développer. On construit également de nouveaux édifices publics. Certains accueillent les congrégations religieuses créées aux XVIe et XVIIe siècles qui, contrairement à ce qui s'était toujours fait aux siècles précédents, privilégient la vie urbaine et délaissent la vie rurale. Parallèlement à l'importante contribution de la classe bourgeoise dans l'amélioration des infrastructures urbaines, un autre groupe social influence l'évolution des villes et des capitales : les fonctionnaires au service de l'État.

La richesse de certains quartiers amplifie encore davantage l'écart entre les riches et les pauvres. En effet, le monde des villes demeure plus pauvre que celui des campagnes. La majorité des citadins occupent des emplois précaires. Les hommes sont principalement des artisans, des travailleurs du domaine du transport (charretiers, portefaix, etc.) ou encore de simples journaliers, c'est-à-dire des ouvriers engagés à la journée, sans garantie d'emploi pour le lendemain. Les femmes occupent la plupart du temps des postes de servantes, de couturières ou de lingères, pour des salaires de misère. Cette précarité d'emploi rend les gens plus vulnérables aux aléas de la vie : la maladie, une épidémie, une guerre ou les fluctuations économiques peuvent facilement jeter des familles à la rue. On ne s'étonne alors pas de voir beaucoup de criminalité dans les villes du XVIIe siècle. Le vol de vêtements ou d'articles ménagers est le crime le plus courant. En outre, nombre de jeunes servantes à la recherche d'un emploi ou de filles-mères rejetées par leurs familles n'ont d'autre recours que la prostitution pour survivre.

Dans les grandes villes d'Europe, l'aménagement des quartiers défavorisés est très rudimentaire. L'absence d'égouts force les gens à jeter tous leurs déchets dans les rues, qui ne sont pas pavées, mais plutôt en terre battue. La conception même des villes entraîne également la propagation rapide de maladies respiratoires et gastriques. En effet, les populations s'entassent à l'intérieur des remparts, dans des édifices à plusieurs étages. Par conséquent, on meurt plus vite à la ville qu'à la campagne.

Malgré ces inconvénients majeurs, les villes attirent nombre de jeunes gens des campagnes environnantes. Tous ont entendu des histoires, vraies ou inventées, de jeunes partis sans le sou vers la ville et qui ont réussi à y faire fortune dans le commerce. Bien que la ville demeure un univers de pauvres, c'est aussi le lieu de la nouvelle richesse. L'espoir ne déplace peut-être pas les montagnes, mais il a déplacé plusieurs Européens au XVIIe siècle !

LA FRANCE ET L'ANGLETERRE : DEUX EXEMPLES DES TRANSFORMATIONS DU XVIIe SIÈCLE

D'habiles stratèges politiques mènent l'entreprise de consolidation du pouvoir royal, tels le cardinal de Richelieu en France et le comte de Strafford en Angleterre. Les destins de ces hommes sont toutefois fort différents. Alors que Richelieu réussit à se maintenir comme premier ministre du roi de France jusqu'à sa mort, Strafford est plutôt condamné à être décapité par le Parlement anglais dans le contexte de la révolution anglaise, en 1641. Le roi d'Angleterre meurt également sur l'échafaud quelques années plus tard. Ces deux destins opposés témoignent des forces et des tensions qui suivent la création des États modernes dans la France et l'Angleterre du XVIIe siècle.

Si la guerre de Trente Ans et les transformations économiques de l'époque favorisent la centralisation des pouvoirs autour des États, elles servent aussi de prétexte aux rois pour faire main basse sur le pouvoir. À partir des années 1630, les royaumes européens, comme la France de Louis XIII, l'Angleterre de Charles Ier et l'Espagne de Philippe IV, tendent vers l'absolutisme royal. Toute forme de contre-pouvoir et tout ennemi potentiel sont systématiquement neutralisés, voire éliminés. La France obtient le meilleur succès à ce chapitre. En Angleterre, la rivalité entre le roi et la noblesse déclenche plutôt une guerre civile qui ouvre la voie à la Glorieuse Révolution. À l'issue de ces conflits, l'Angleterre trouve une façon originale de créer un État central fort au sein duquel les pouvoirs du roi sont grandement limités. Rien n'arrête la marche des États modernes.

Tout dans cette statue illustre la puissance de Louis XIV. Il est représenté ici sur un cheval magnifique qu'il contrôle parfaitement.

Bernini. Statue équestre de Louis XIV (XVIIe siècle).

LA FRANCE EN MARCHE VERS L'ABSOLUTISME

Le long règne de Louis XIV (de 1643 à 1715) est considéré par les historiens comme l'apogée de l'absolutisme royal. Louis XIV a la chance d'hériter des efforts de ses deux prédécesseurs, Henri IV et Louis XIII, et de l'aide du cardinal de Richelieu. Premier ministre de Louis XIII, de 1624 à 1642, Richelieu joue un rôle majeur dans l'affirmation de l'autorité royale en France. Entre autres choses, il retire les privilèges politiques et militaires aux huguenots. Ce faisant, il compromet considérablement leur pouvoir de contestation contre le « très catholique » roi de France. Richelieu est un grand stratège politique, et c'est grâce au réseau d'espions qu'il met en place que sont déjoués des complots visant le plus souvent le roi lui-même.

Le fait que Louis XIII et Louis XIV, son fils, soient tous deux couronnés alors qu'ils sont encore des enfants éveille chez certains membres de la noblesse française le désir de profiter de l'occasion pour assouvir leurs ambitions. Durant le règne

Les jardins de Versailles, l'ordre du monde selon l'idéal absolutiste.

de Louis XIII, Richelieu mène une lutte contre les « Grands », des nobles qui tentent de renverser le pouvoir royal. Par la suite, la menace la plus inquiétante contre la couronne survient tout juste après l'accession de Louis XIV au trône, en 1643. Le roi n'a alors que quatre ans. Des membres de la noblesse décident de se regrouper pour former un mouvement de contestation connu sous le nom de la Fronde. S'opposant ouvertement au pouvoir monarchique, la Fronde déclenche un conflit qui prend les allures d'une véritable guerre civile dans certaines régions de France.

C'est le cardinal de Mazarin, successeur de Richelieu comme régent du jeune roi de France, qui réussit à neutraliser la Fronde en 1652. Lorsque Mazarin meurt, en 1661, il lègue à Louis XIV un État aux pouvoirs peu contestés et une armée puissante, issue de la guerre de Trente Ans. Cependant, l'État français est loin de détenir tous les pouvoirs. Les provinces ont leur propre système juridique. Les nobles possèdent encore une large autonomie sur leurs domaines. Les villes et même certaines régions éloignées exercent un pouvoir plus ou moins étendu, hérité de l'époque médiévale.

LOUIS XIV, LE MONARQUE ABSOLU

L'autorité de Louis XIV est sans commune mesure avec ce que la France a connu jusqu'alors. Plusieurs exemples en témoignent, dont ceux-ci. En 1685, Louis XIV révoque l'édit de Nantes, qui accordait la liberté de culte aux huguenots de certaines régions de France (voir le chapitre 7), et le remplace par l'édit de Fontainebleau. Tous les protestants du pays sont donc forcés de se convertir au catholicisme ; leurs écoles sont fermées et leurs églises, détruites.

Conseillé par Jean-Baptiste Colbert, son secrétaire d'État, Louis XIV accorde des exemptions de taxes aux industries qu'il veut privilégier. Il fixe les prix de certains produits et impose des tarifs douaniers sur ceux qui sont importés et qui font concurrence aux produits français, au risque de créer de l'inflation. C'est d'ailleurs à cause de l'influence de Colbert sur les politiques économiques de l'État qu'on a longtemps employé le terme « colbertisme » pour parler du mercantilisme.

Parallèlement, Louis XIV met en place sa propre marine marchande, au détriment de nombreux commerçants qui sont déjà en activité. En outre, il entretient une armée de 100 000 hommes en temps de paix, et son armée compte 400 000 hommes en temps de guerre. Avec elle, il cherche à dominer l'Europe. En réponse à cette tentative d'hégémonie, presque tous les pays voisins de la France se réunissent contre elle. Ils forment la ligue d'Augsbourg, une alliance créée en 1688 sous la direction du nouveau roi d'Angleterre, Guillaume III. En dépit des quelques gains territoriaux qu'elles lui ont permis de faire, les guerres menées par Louis XIV ont laissé à ses successeurs un pays très fortement endetté.

En France, le symbole ultime de l'absolutisme royal est incarné par le grandiose château de Versailles. Principalement construit entre 1664 et 1690, il demeure en chantier jusqu'en 1789. Versailles joue un rôle clé dans l'édification de l'État moderne français. Il rassemble en un même lieu la cour du roi, les principaux acteurs du gouvernement ainsi que la haute noblesse française. Cette dernière, surveillée de près, est tenue à l'écart des ministères et des véritables lieux de pouvoir. Louis XIV réussit à l'occuper par la vie de cour, les nombreux loisirs et les jeux politiques. Versailles rassemble également les artistes les plus importants, ce qui permet à Louis XIV d'exercer un certain contrôle sur la culture. Par ailleurs, le roi ne se gêne pas pour se montrer à la cour avec ses femmes (épouses et maîtresses) et ses enfants (légitimes et illégitimes). Il y organise des fêtes grandioses, auxquelles toute la haute société – de France et d'ailleurs – veut participer. Le roi aime susciter la controverse et accueille volontiers dans son palais des artistes reconnus comme étant provocateurs, dont le célèbre Molière. Il va même jusqu'à jouer dans des spectacles. Il a une certaine prédilection pour le ballet, mais il interprète aussi des pièces de théâtre, incarnant des rôles de grands personnages historiques ou mythologiques (Alexandre le Grand, Apollon, etc.). Le roi le plus puissant d'Europe, danseur et acteur ? Il fallait un véritable pouvoir absolu pour se permettre pareils esclandres.

LA TENTATION DE L'ABSOLUTISME EN ANGLETERRE

À l'opposé de ce qui se passe en France, l'Angleterre échoue totalement à centraliser les pouvoirs de l'État autour de la personne du roi. Pourtant, un État moderne va se développer en Angleterre, mais pas avant que plusieurs obstacles aient été franchis. Les pouvoirs étatiques, de plus en plus centralisés, sont âprement disputés entre la monarchie et le Parlement anglais, l'institution créée au Moyen Âge pour représenter la noblesse. Les tensions religieuses, plus vives qu'en France, compromettent également toute tentative de centraliser les pouvoirs. Toutes ces dissensions entraînent un événement majeur dans l'histoire de l'Occident : la révolution anglaise (voir la figure 8.1).

Figure 8.1
CHRONOLOGIE DE LA RÉVOLUTION ANGLAISE

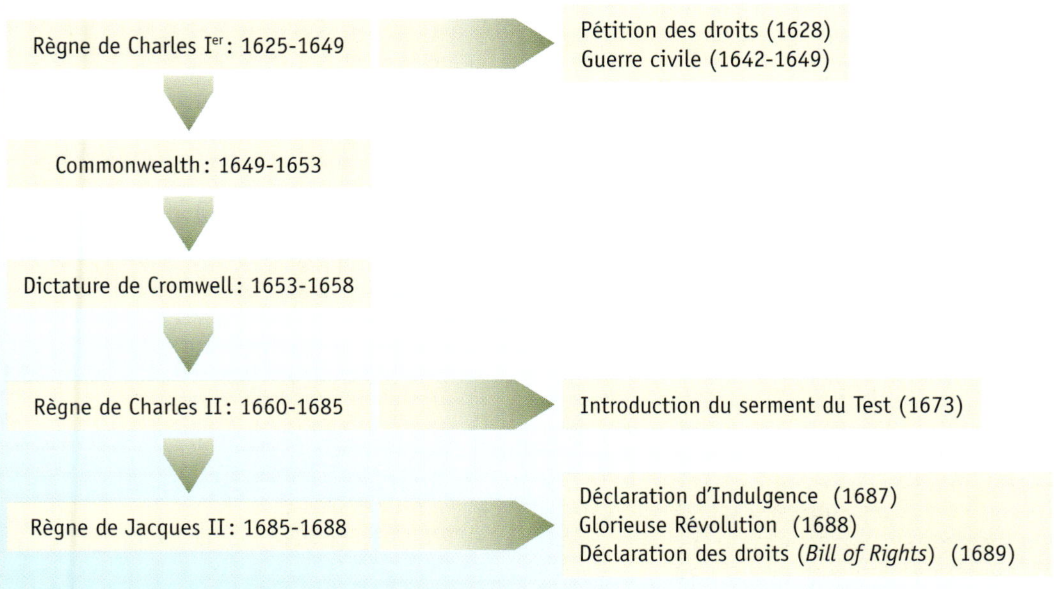

À la suite du décès de la reine Élisabeth, en 1603, le long règne des Tudors prend fin. En effet, Élisabeth, la « reine vierge », ne s'est jamais mariée et n'a pas de descendant. Lui succède alors le fils de Marie Stuart, Jacques Ier, qui devient le premier de la lignée des Stuarts. Contrairement à Élisabeth, qui invitait fréquemment le Parlement à siéger et lui accordait beaucoup d'importance, les deux premiers rois Stuarts, Jacques Ier et Charles Ier, entendent gouverner en monarques absolus et empêchent le Parlement de se réunir. Or, puisque les nobles ont la responsabilité de percevoir l'impôt dans les comtés de l'Angleterre, droit qui leur a été reconnu dans la Grande Charte de 1215, le roi ne peut pas lever un nouvel impôt sans avoir l'accord du Parlement. Jacques Ier s'en tire plutôt bien, car il réussit à maintenir ses finances avec les droits de douanes, les taxes sur les produits de consommation et les revenus en provenance des colonies, qui vont grandissant. Mais le soutien aux Provinces-Unies durant la guerre de Trente Ans et d'autres petits conflits forcent Charles Ier à réunir les parlementaires en 1628. Ceux-ci profitent de l'occasion pour lui remettre la Pétition des droits, qui lui rappelle les libertés anglaises accordées par la Grande Charte.

En 1629, Charles Ier décide de renvoyer le Parlement et annonce qu'il gouvernera dorénavant en monarque absolu. Le religieux et le politique se chevauchent dans cette décision. Le roi est convaincu qu'un État fort et centralisé fera progresser l'Angleterre. De la même manière, il croit essentiel d'imposer l'anglicanisme, même par la force. L'union de l'Angleterre avec l'Écosse et l'Irlande justifie davantage cette décision à ses yeux, puisque ces deux pays ont adopté, respectivement, le culte de l'Église presbytérienne et celui de la religion catholique. En Angleterre même, ce sont les puritains qui sont persécutés. Plusieurs vont d'ailleurs s'expatrier en Amérique, à la suite des Pères pèlerins du Mayflower, qui fondent Plymouth, au Massachussetts, en 1620.

LA CHUTE DE LA MONARCHIE ANGLAISE

Dans les années 1630, les mesures imposées par Charles Ier mènent au soulèvement des Écossais. En 1639, ceux-ci réussissent à chasser les troupes anglaises, puis à marcher sur la ville de York, forçant le roi à réunir le Parlement, en 1640, pour voter un impôt spécial. Dès lors, le Parlement amorce une longue lutte contre Charles Ier. Les deux principaux conseillers du roi sont accusés de haute trahison et condamnés à mort. Lorsque le roi porte à son tour les mêmes accusations à l'endroit de certains députés, la population de Londres se soulève contre lui. Forcé de quitter la capitale, Charles Ier se réfugie dans le nord de l'Angleterre. Les partisans choisissent alors leur camp. Le roi gagne l'appui de la haute noblesse, de la majorité des anglicans et des catholiques. Le Parlement, désormais composé des membres qui sont restés après le départ des défenseurs du roi, rassemble les presbytériens, les puritains, les protestants indépendants et les anglicans, attachés aux libertés civiles anglaises. De 1642 à 1649, l'Angleterre est plongée dans une guerre civile (voir la carte 8.3).

En 1645, après de nombreux revers, le Parlement fait appel à Oliver Cromwell. Il s'agit d'un noble qui a levé sa propre armée (les Côtes de fer) pour protéger son fief et pour y défendre la liberté de religion. Habile stratège militaire, Cromwell réussit à vaincre les troupes du roi. Forcé de se réfugier en Écosse, Charles Ier est finalement livré au Parlement anglais en échange d'une somme de 400 000 livres, une fortune colossale à l'époque. Mais que faire avec le roi ? Les plus radicaux, tous

Carte 8.3

LA GUERRE CIVILE ANGLAISE

Entre 1642 et 1649, l'Angleterre est déchirée entre les partisans du roi et ceux du Parlement, et les guerres qui s'ensuivent ont des répercussions jusqu'en Irlande et en Écosse.

partisans de Cromwell, veulent abolir la monarchie. Certains en appellent même au suffrage universel et à l'égalité de tous devant la loi. Par contre, la majorité des parlementaires cherchent plutôt un accord avec le roi. Ils souhaitent que celui-ci reconnaisse des pouvoirs étendus au Parlement, par crainte que Cromwell devienne trop puissant. Les parlementaires se méfient des radicaux qui le soutiennent et qui veulent abolir les privilèges de la noblesse. C'est pourquoi ils décident de licencier l'armée de Cromwell. Celui-ci refuse et enlève le roi, qui réussit tout de même à s'enfuir avec l'aide des Écossais. Cromwell marche alors sur Édimbourg, puis revient à Londres et écrase toute opposition. Il élimine de nombreux parlementaires ; plusieurs autres s'enfuient. Cromwell instaure alors un petit Parlement de 60 membres, tous protestants indépendants, comme lui. Aujourd'hui, on ne verrait pas d'un mauvais œil qu'un groupe lutte pour la liberté religieuse et l'égalité sociale. Mais à l'époque, anglicans presbytériens et catholiques sont tous atterrés par les événements qui se déroulent sous leurs yeux. Le roi Charles Ier est condamné à mort et décapité le 9 février 1649 à Londres, devant une population silencieuse et consternée.

Durant près de 10 ans, soit de 1649 jusqu'à sa mort en 1658, Cromwell dirige une dictature militaire, officialisée en 1653 par l'abolition du Parlement. Cromwell combat toute opposition : les Irlandais, qui avaient tenté de profiter de la guerre civile pour se séparer du royaume ; les Écossais, qui ont changé d'allégeance et qui reconnaissent la légitimité du roi Charles II, le fils de Charles Ier ; finalement, tous ceux qui continuent de lutter contre lui en Angleterre.

Portrait d'Oliver Cromwell.
Gravure (XIXe siècle).

LA GLORIEUSE RÉVOLUTION

Après la mort de Cromwell, une période d'anarchie précède le retour en force des partisans de la monarchie, qui prennent Londres et remettent Charles II sur le trône d'Angleterre. Le Parlement est restauré et la plupart des lois adoptées depuis 1641 sont abolies. On tente d'effacer le passé, mais celui-ci est tenace. En effet, les troubles reprennent entre le Parlement et le roi, qui se rapproche de Louis XIV. On craint qu'il replonge dans les tendances absolutistes de son malheureux père. En outre, on lui reproche sa tolérance envers les catholiques.

En 1673, le Parlement adopte le serment du Test, qui impose à tous ceux qui veulent travailler pour l'État ou qui veulent siéger au Parlement de jurer qu'ils ne sont pas catholiques. En 1679, le Parlement vote également une loi excluant le duc d'York, frère du roi, de la succession au trône d'Angleterre sous prétexte qu'il est catholique. Le roi refuse de ratifier cette loi et dissout le Parlement. Lorsque Charles II décède, en 1685, le duc d'York lui succède. Trois années tumultueuses s'ensuivent avant que le nouveau roi, qui a pris le nom de Jacques II, ait un fils, qu'il fait baptiser par l'Église catholique. La perspective de voir une lignée de rois catholiques régner sur l'Angleterre déclenche la Glorieuse Révolution.

L'Église protestante et les principaux représentants du Parlement croient que le protestantisme est menacé. Ils sollicitent donc l'intervention de Guillaume d'Orange, stathouder des Provinces-Unies (lieutenant des forces armées et dirigeant politique), qui est marié à Marie, la fille de Jacques II. L'importance de la religion est telle que les Anglais préfèrent être gouvernés par un

Le roi Guillaume III d'Angleterre.
Gravure (XIXe siècle).

protestant hollandais que par un catholique anglais. Guillaume d'Orange débarque en Angleterre à la tête de 15 000 hommes et réussit à prendre Londres, sans véritable combat, puisque plusieurs généraux de l'armée anglaise lui sont favorables. Jacques II s'enfuit en France.

Pour mettre un terme à la tentation absolutiste des rois, le Parlement adopte la Déclaration des droits, qui est lue le 22 février 1689, avant que Guillaume III et Marie II soient proclamés conjointement roi et reine d'Angleterre. L'extrait ci-dessous témoigne de la prudence dont fait preuve le Parlement anglais dans l'attribution des pouvoirs aux nouveaux souverains.

> « *Et par suite, lesdits lords spirituels et temporels, et les communes maintenant assemblées, par suite de leurs lettres et élections formant pleinement et librement le corps représentatif de cette nation, prenant sérieusement en considération les meilleurs moyens d'atteindre le but susdit, déclarent […] :*
>
> *1. Que le prétendu pouvoir de l'autorité royale de suspendre les lois ou l'exécution des lois, sans le consentement du Parlement, est illégal ; […]*
>
> *4. Qu'une levée d'impôts pour et à l'usage de la couronne, sous ombre de prérogative, sans le consentement du Parlement, pour un temps plus long et d'une manière autre qu'il n'est ou ne sera arrêté par le Parlement, est illégale ; […]*
>
> *6. Que la levée et l'entretien d'une armée dans le royaume, en temps de paix, si ce n'est du consentement du Parlement, est contraire à la loi ; […]*
>
> *8. Que les élections des membres du Parlement doivent être libres ; […]*
>
> *10. Qu'on ne peut exiger une caution, ni imposer d'amendes excessives, ni infliger des peines cruelles et inusitées.* »

Document 8.3 La Déclaration des droits, 1689.[5]

La Glorieuse Révolution est ainsi réalisée sans effusion de sang, après des décennies de conflits qui ont par ailleurs déchiré l'Angleterre. Pour les Anglais, c'est la deuxième révolution anglaise. Ils en tirent une grande fierté puisqu'elle préfigure, à bien des égards, la démocratie occidentale d'aujourd'hui.

Bien que la Déclaration des droits de 1689 rappelle essentiellement des principes établis depuis longtemps en Angleterre, sa portée est immense. En acceptant de reconnaître la Déclaration des droits avant d'accéder au trône, Guillaume III et Marie II cautionnent la suprématie du Parlement et instaurent concrètement la première monarchie constitutionnelle de l'histoire. Qu'est-ce que cela signifie ? Tout d'abord, que le Parlement est dorénavant permanent et que tout dirigeant devra tenir compte des représentants de l'Angleterre pour administrer le royaume. Certes, on ne parle pas encore de démocratie, car les membres du Parlement ne sont pas élus au suffrage universel. Mais un premier pas, important, a été fait. Ensuite, cela signifie que les liens du sang ne seront plus la première condition pour devenir roi ou reine d'Angleterre. Il faudra respecter la Déclaration des droits, qui devient en quelque sorte une « Constitution », c'est-à-dire une loi suprême qui s'impose à toutes les autres, une forme de « contrat social ». En cela, la Glorieuse Révolution anticipe la philosophie des Lumières du XVIIIe siècle. Il faudra également, pour diriger l'Angleterre, être résolument protestant.

Puisque l'équilibre entre l'autorité royale et les pouvoirs représentés au Parlement a été établi, Guillaume III et Marie II sont en mesure de veiller à la construction de l'État moderne anglais. On leur doit notamment la création d'une banque centrale, l'aménagement d'un réseau efficace de transport maritime et la plus importante période de développement de la *Royal Navy*, ouvrant la voie à la formidable expansion de l'Empire britannique aux XVIIIe et XIXe siècles.

LA RÉVOLUTION SCIENTIFIQUE

En 1572, les astronomes sont renversés : une nouvelle étoile est apparue dans la constellation de Cassiopée. Comment est-ce possible ? Le ciel n'a-t-il pas été créé par Dieu ? Pourquoi l'aurait-il modifié ? Cette apparition provoque beaucoup d'émoi, et le roi du Danemark décide de faire construire un château, un laboratoire et un observatoire astronomique. Il confie à un jeune astronome danois, Tycho Brahé, la tâche de trouver une explication à ce phénomène. Les conclusions qu'en tire Tycho Brahé ébranlent toute la conception que l'on se faisait du monde.

Le XVIIe siècle est considéré par les historiens comme le siècle de la « révolution scientifique ». C'est durant cette période qu'on voit véritablement naître l'expérimentation scientifique, c'est-à-dire l'étude de phénomènes naturels effectuée à l'aide d'outils développés spécifiquement pour dépasser les limites de perception du corps humain. C'est aussi à cette époque qu'on commence à se servir de calculs mathématiques pour décrire et prévoir les phénomènes observés. Finalement, la révolution scientifique du XVIIe siècle entraîne le premier conflit entre la science et la religion. Les réactions suscitées par l'évolution de l'astronomie, au tournant du XVIIe siècle, en témoignent avec éloquence.

UN POINT DE DÉPART : LA RÉVOLUTION ASTRONOMIQUE

Tycho Brahé

Les observations de Tycho Brahé renversent la vision du monde de cette époque à plus d'un titre. Il étudie d'abord la trajectoire de plusieurs comètes et prouve qu'elles se déplacent dans l'espace au-delà de la Lune, et non dans l'atmosphère terrestre. Ce faisant, il bouleverse ce qu'on tenait pour une vérité immuable depuis les Grecs. Pour nous, qui nous rendons sur la Lune et même plus loin, cette réalité semble évidente, mais pour les contemporains de Brahé, il s'agit d'une véritable révolution scientifique. Grâce à sa découverte, le monde commence à prendre conscience de l'existence d'un univers au-delà de la Terre, formé de ses propres matières, obéissant à ses propres mouvements, chocs et transformations. Le mythe d'un ciel immuable, constitué de sphères cristallines, légué par Aristote, est petit à petit déconstruit. Pourtant, Brahé ne cherche pas à développer un système à partir de ses observations. Il est même plutôt convaincu que Copernic a tort et que le Soleil tourne autour de la Terre !

Monument en l'honneur de Tycho Brahé et Johannes Kepler, à Prague.

Figure 8.2
LA TRAJECTOIRE DE MARS, SELON KEPLER

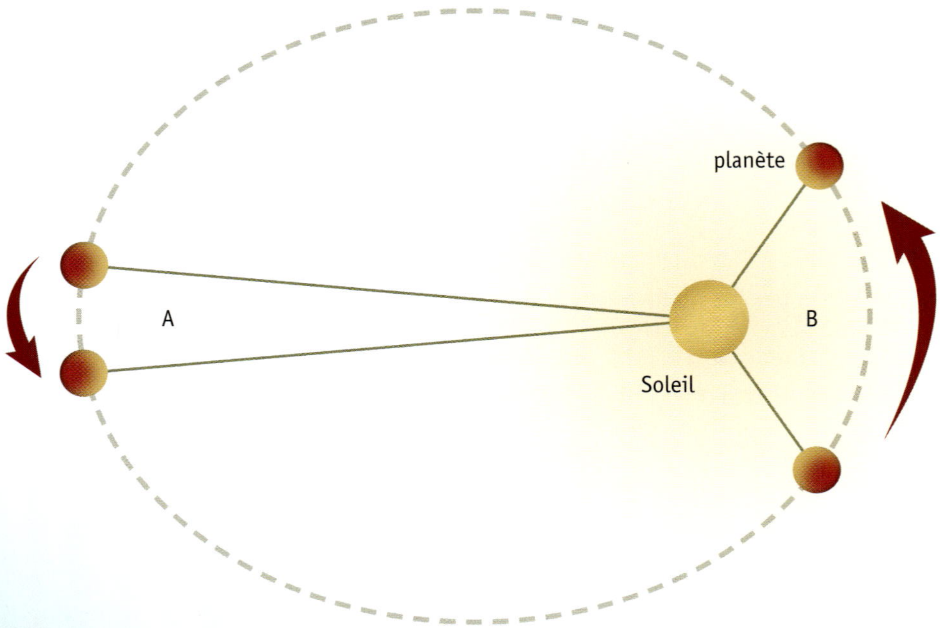

Johannes Kepler

Tycho Brahé déménage son observatoire et son équipe dans le Saint Empire et engage un nouvel assistant : Johannes Kepler. Ce dernier est déjà un astronome reconnu et voit d'énormes possibilités dans les travaux de son maître. Pour lui, la physique du ciel existe et n'attend qu'à être découverte. Sa motivation est en partie religieuse : Kepler est convaincu que le ciel représente la Sainte Trinité ; il est également persuadé que les mathématiques peuvent expliquer les mouvements observables dans le ciel. Les mathématiques vont d'ailleurs lui permettre de découvrir Dieu, en quelque sorte. À partir de 1600, en dépit du fait qu'il doute que ce soit possible, Tycho Brahé encourage Kepler à tenter de dégager des lois mathématiques à partir de toutes ses observations. Mort avant que son assistant ait terminé, Brahé n'aura pas pu être témoin de la naissance des fameuses lois de Kepler.

Kepler formule ses deux premières lois grâce aux travaux de Brahé sur la trajectoire de Mars dans le ciel. Il observe que la trajectoire de Mars forme une ellipse et que le Soleil est un de ses foyers (voir la figure 8.2). Il découvre également que Mars se déplace plus vite lorsqu'elle est près du Soleil, et plus lentement lorsqu'elle en est éloignée. Cela lui permet de démontrer que Mars et le Soleil sont unis par une force physique constante, qui, paradoxalement, entraîne sur la trajectoire de la planète une vitesse inconstante. Les lois de la physique commencent à prendre forme.

Galilée

Galileo Galilei, un mathématicien italien mieux connu sous le nom de Galilée, va encore plus loin. En 1610, il publie un des livres les plus célèbres de tous les temps : *Sidereus Nuncius*. Dans cet ouvrage, la fameuse Lune d'Aristote, décrite comme une parfaite sphère de cristal, est plutôt présentée comme un objet physique tout à fait commun, constitué de montagnes et de vallées. Galilée parle également dans ce livre d'une nouvelle planète (Jupiter), entourée de quatre satellites, ce qui donne une certaine idée de ce que pourrait être la Lune. En outre, Galilée découvre non pas quelques dizaines, mais des centaines de nouvelles étoiles, invisibles à l'œil nu. Il est même capable d'expliquer que la Voie lactée n'est pas un drôle de nuage dans l'atmosphère, mais bien une galaxie formée d'une multitude d'étoiles. Fait encore plus étonnant pour l'époque, les découvertes de Galilée ne reposent pas sur de savants calculs, comme c'est le cas pour Kepler, mais sur une observation très concrète des astres, qu'il fait au moyen d'une lunette astronomique qu'il a fabriquée lui-même.

GALILÉE CONTRE L'ÉGLISE

Galilée est ambitieux. Il veut être admis à la cour des Médicis, qui règnent sur Florence, et souhaite avoir le titre de philosophe plutôt que celui de mathématicien. Il croit en effet que la science de son époque contribue à remettre en question la conception du monde. Rapidement, les princes d'Europe s'arrachent la lunette astronomique de Galilée, qui en fabrique gratuitement des copies. Il espère ainsi convaincre les puissants que ses découvertes constituent une incontournable révolution de la pensée. Bien que la lunette astronomique soit très difficile à manier, tous les grands seigneurs veulent y arriver. L'empereur du Saint Empire lui-même donne à Kepler le mandat de lui enseigner à le faire. Rapidement, ce nouvel appareil sert à des fins autres que celles de la recherche scientifique. On l'utilise notamment sur les navires militaires, comme longue-vue, pour voir l'ennemi. Galilée devient véritablement célèbre lorsque la plus prestigieuse société savante catholique, le *Collegio Romano*, atteste la véracité de ses découvertes.

Invité de marque partout où il va, Galilée croit qu'il est temps de remettre en question certaines croyances religieuses de même que l'interprétation que les théologiens font de la Bible. C'est ce qu'il explique dans cet extrait de sa correspondance.

> « *Ceci étant, il me semble que, dans les discussions concernant les problèmes naturels, on ne devrait pas commencer par invoquer l'autorité de passages des Écritures ; il faudrait d'abord faire appel à l'expérience des sens et à des démonstrations nécessaires […] Si, dès lors, la théologie, occupée des plus hautes contemplations divines, occupe le trône souverain parmi les sciences en raison de cette dignité, elle n'a pas à s'abaisser jusqu'aux humbles spéculations des sciences inférieures et elle n'a pas à s'en occuper parce qu'elles n'ont pas trait à la béatitude. Aussi ses ministères et ses professeurs ne devraient pas s'arroger le droit de rendre des arrêts sur des disciplines qu'ils n'ont ni étudiées ni exercées. […] sur ces propositions et d'autres semblables, qui ne sont pas directement* de fide, *personne ne doute que le Souverain Pontife a toujours le pouvoir absolu de les admettre ou de les condamner ; mais il n'est au pouvoir d'aucune créature de faire qu'elles soient vraies ou fausses autrement qu'elles peuvent l'être par leur nature* de facto. »

Document 8.4 Galilée, Lettre à Madame Christine de Lorraine, Grande-Duchesse de Toscane, 1615.[6]

Puisque la science contredit plusieurs passages de la Bible, Galilée considère qu'il est erroné d'en interpréter littéralement le texte. Il croit, au contraire, qu'il faut savoir l'interpréter à la lumière de la science. Il n'en faut pas plus pour que, dès 1615, Galilée devienne le point de mire du tribunal de l'Inquisition. Or, quinze ans auparavant, un certain Giordano Bruno avait été condamné pour hérésie et brûlé en public à Rome pour avoir adopté la vision de Copernic et défendu l'idée que le Soleil est au centre d'un univers infini. La menace qui pèse sur Galilée est donc lourde. En 1616, on lui interdit d'appuyer les thèses de Copernic. Mais Galilée persiste dans ses convictions. Lorsqu'un ami devient pape, en 1623, il se sent assez protégé pour rédiger un ouvrage qu'il qualifie habilement de « discussion qui présente les différentes conceptions du monde ». Un an après cette parution, Galilée est poursuivi pour hérésie, malgré les précautions qu'il a prises. Condamné à la prison à vie, il voit sa sentence commuée en résidence surveillée. En 1638, alors qu'il est âgé de plus de 70 ans, un âge très vénérable pour l'époque, Galilée signe un dernier ouvrage reprenant l'ensemble des positions qui l'avaient pourtant fait condamner 5 ans plus tôt.

Galilée tenant à la main sa lunette astronomique. Gravure (XIXe siècle).

Peu de savants auront par la suite le courage d'affronter l'Église, du moins avant le XIXe siècle, sur la lancée des découvertes de Charles Darwin. Cependant, les travaux de Copernic, de Kepler et de Galilée, ces fondateurs de l'astronomie moderne, ont semé le doute sur les explications désuètes du monde issues de l'Antiquité et perpétuées par l'Église. Du même coup, ils ont ébranlé le séculaire rapport de subordination de la science à la religion : on allait bientôt tenter de comprendre le monde sans se référer aux croyances religieuses. On le voit, la révolution scientifique a joué un rôle fondamental dans le développement de la société occidentale laïque.

UNE NOUVELLE CONCEPTION DE LA NATURE : LA PHYSIQUE MÉCANIQUE

On aimerait penser que les idées des astronomes ont été admises rapidement dans les milieux scientifiques en Occident. Or, tel ne fut pas le cas. Pourquci ? D'abord parce que la représentation qu'on se fait du monde physique, au XVIIe siècle, n'est pas compatible avec l'idée centrale de la révolution astronomique, à savoir que la Terre bouge. En effet, depuis l'Antiquité grecque, on considère que le mouvement est nécessairement causé par une force qui lui est transférée et qui se dissipe petit à petit, jusqu'à ce que l'objet ne bouge plus. Comment un objet aussi gros que la Terre pourrait-il bouger indéfiniment et de façon constante sans qu'il y ait transfert d'une force vers lui ? Même pour les plus érudits de l'époque, cela semble tout à fait impossible.

C'est en observant la trajectoire des boulets de canon que Galilée trouve une première preuve lui permettant d'affirmer que le mouvement doit être compris autrement. Rappelons qu'à son époque l'industrie de l'armurerie est florissante. Il est donc facile pour lui d'observer les artisans qui fabriquent les canons, d'assister aux exercices de tir et de faire, par la suite,

EMPREINTES DE L'OCCIDENT

COPERNIC CONTRE LES CRÉATIONNISTES

Depuis 1967, une statue de bronze de plus de trois mètres accueille les visiteurs au planétarium de Montréal. On y lit la notice suivante : « Nicolas Copernic, 1473-1543, fondateur de l'astronomie moderne ». L'héritage scientifique de ce personnage marquant de l'histoire est encore tout à fait pertinent aujourd'hui.

Astronome polonais, Copernic est le premier scientifique de son époque à défendre l'idée que la Terre tourne autour du Soleil, et non l'inverse. Il affirme, dans les écrits qu'il publie quelques jours avant sa mort, que le Soleil est au centre du système astronomique. On appelle cette théorie l'« héliocentrisme ».

La vision scientifique et laïque de Copernic va totalement à l'encontre du géocentrisme, la théorie défendue par les savants de l'époque et par l'Église, pour qui la Terre est au centre de l'Univers. Au siècle suivant, Galilée défend à son tour les idées de Copernic et subit les foudres de l'Église.

Depuis le XVIIe siècle, on ne remet plus en question l'héliocentrisme. Pourtant, de nombreuses personnes continuent, encore aujourd'hui, à défendre des théories se rapportant à une conception religieuse de la création du monde. Ces gens s'opposent à la science lorsqu'elle contredit la Bible et cherchent à contrôler son enseignement dans les écoles. Par exemple, dans plusieurs régions des États-Unis et du Canada, les adeptes du créationnisme font la promotion d'une interprétation littérale de la Genèse, le texte biblique qui explique comment Dieu a créé le monde, et gagnent de l'influence.

On comprend mieux pourquoi Copernic est un symbole de la science encore très vivant : ses découvertes ont révolutionné à la fois le monde de la connaissance et celui des croyances, mais rien n'est vraiment acquis, même au XXIe siècle !

Sur cette estampe, le poète et peintre anglais William Blake représente Isaac Newton comme un géomètre divin.
William Blake. *Newton*. Estampe rehaussée à l'aquarelle (vers 1795).

des tracés géométriques des trajectoires des boulets. Pour Galilée, la preuve est déjà toute présente dans ses calculs : les boulets poursuivent une trajectoire rectiligne et leur mouvement est affecté non pas parce que leur « force » de mouvement change, mais plutôt parce qu'ils rencontrent un obstacle, ou encore à cause de la force de la gravité. Il observe en effet que, même lorsque les boulets redescendent vers le sol, leur vitesse demeure la même s'ils ne rencontrent pas d'obstacle. Galilée est catégorique : sans la gravité et sans obstacle (on découvrira plus tard que la friction de l'air est en soi un obstacle), les boulets poursuivraient leur mouvement indéfiniment.

On voit là un bel exemple de l'application de la nouvelle méthode scientifique, qui est celle que nous utilisons encore aujourd'hui pour remettre en question nos conceptions du monde : observer, douter, émettre des hypothèses, expérimenter, analyser (idéalement, à l'aide de savants calculs mathématiques) et conclure sur la justesse ou l'erreur de nos hypothèses.

Certains scientifiques ne sont pas d'accord avec Galilée, notamment René Descartes. Célèbre mathématicien ayant mis en relation l'algèbre et la géométrie (d'où les fameux plans « cartésiens »), Descartes croit que, puisque Dieu a créé le monde, il y a nécessairement une quantité fixe de mouvement dans la matière. Cependant, il reconnaît comme Galilée que la science d'Aristote est désuète. En outre, il décrit également les phénomènes physiques de façon mécanique, comme si la Terre et l'Univers étaient d'immenses machines. Dans le langage de Galilée comme dans celui de Descartes, il n'existe plus de forces occultes ou mystérieuses.

Cette nouvelle façon d'appréhender le monde du vivant a une influence sur la vision qu'on se fait de la nature. On croyait, depuis l'Antiquité grecque, que les couleurs, la chaleur et les odeurs faisaient partie intégrante de la matière. Or, les recherches de Galilée permettent de dévoiler que la perception de ces sensations découle plutôt de l'interaction entre la matière en mouvement et les corps sensibles. Sur ce point, Descartes est d'accord avec lui. Tous deux décrivent d'ailleurs la matière comme un ensemble de très petites particules (des atomes ou des corpuscules). Ils proposent que les sensations que peut procurer la matière, comme les odeurs ou la chaleur, résultent du mouvement de ces petites particules. Selon eux, les atomes ou les corpuscules sont capables de bouger, de se mélanger à d'autres particules, de se transformer. Ce n'est pas un hasard si, durant la seconde moitié du XVIIe siècle, plusieurs travaux fondateurs en chimie font leur apparition. En effet, les découvertes de

Galilée et de Descartes mènent les scientifiques à faire diverses manipulations avec différentes matières, en vue d'en observer les réactions et d'en découvrir les propriétés chimiques. Encore aujourd'hui, on est fasciné par la matière, ses propriétés et le mouvement de ses particules.

C'est à la fin du XVIIe siècle que la révolution scientifique connaît son point culminant, particulièrement grâce à Isaac Newton, un savant reconnu dès sa sortie de l'université. En 1682, il calcule la trajectoire d'une comète et prédit à peu près le moment de son retour. Ses travaux sur la lumière, qu'il étudie à l'aide d'un prisme, en font le fondateur de la physique optique. Il élabore, en même temps que Leibniz, le calcul différentiel et intégral, qu'on enseigne encore de nos jours. En 1687, il devient véritablement célèbre en calculant la variation de la force d'attraction du Soleil, que Kepler avait observée un siècle plus tôt. Cette piste le mène à élaborer une théorie générale : la théorie de la gravitation universelle. Ses calculs sont publiés en 1687, dans son célèbre *Philosophia naturalis principia mathematica*. Cet ouvrage, des plus exceptionnels, achève le processus de mathématisation des phénomènes physiques.

Les travaux scientifiques du XVIIe siècle transforment profondément le regard de l'homme sur son univers physique. Jusqu'alors, il avait toujours séparé le monde terrestre du monde céleste. Il avait toujours pensé que des forces différentes s'y exerçaient, qu'il s'agissait de deux mondes essentiellement distincts. Grâce à Newton, qui démontre qu'une même force explique à la fois la chute d'une pomme se détachant d'un arbre, les marées et le mouvement des planètes autour du Soleil, l'homme perçoit désormais le ciel et la Terre comme un tout.

La statue de Carl von Linné, à Stockholm.

LA RÉVOLUTION SCIENTIFIQUE ET L'ÉTUDE DU VIVANT

À l'époque de l'Antiquité, après la parution de l'*Histoire des animaux* d'Aristote et de l'*Histoire naturelle* de Pline, on parle d'« histoire naturelle » lorsqu'on désigne l'étude du vivant, c'est-à-dire la biologie. À la Renaissance, l'intérêt pour les grandes œuvres de l'Antiquité classique fait découvrir des études sur les animaux, les plantes et le corps humain. Cette science suscite un engouement tel que, du XVe au XVIIe siècle, plusieurs centaines de musées d'histoire naturelle font leur apparition en Europe. Les animaux et les objets du Nouveau Monde sont, parmi les diverses collections, ce qui attire particulièrement l'attention. En Italie seulement, on compte à cette époque plus de 250 musées d'histoire naturelle. Parallèlement, les sociétés européennes de la Renaissance des XVIe et XVIIe siècles créent des jardins botaniques, d'abord sous l'égide des universités, pour étudier le monde végétal et éduquer les populations.

L'apparition des musées et des jardins botaniques entraîne celle d'une nouvelle fonction : celle du naturaliste classificateur (le plus souvent un médecin de formation). L'essentiel du travail du naturaliste vise à retrouver l'ordre originel de la nature, c'est-à-dire la nature telle qu'elle était au moment de la création du monde. Pour ce faire, on entreprend de classifier les plantes, les animaux et les minéraux selon des caractéristiques spécifiques et de les regrouper en « espèces » possédant des caractéristiques communes. Plus faciles à manipuler et à étudier, les plantes sont les premières à faire l'objet d'un tel exercice. C'est à cette fin qu'on invente la technique de l'herbier, qui consiste à faire sécher les plantes dans des presses, puis à les conserver entre des feuillets.

Si on veut faire des regroupements de plantes selon certaines caractéristiques, il faut en étudier l'anatomie, la morphologie et le mode de reproduction. On commence donc à mener des expériences sur les plantes. Rudolf Jakob Camerarius (1665-1721), médecin responsable du jardin botanique du Tübingen, fait alors une découverte stupéfiante : les plantes se reproduisent au moyen d'organes sexuels (les étamines sont les organes mâles et les pistils sont les organes femelles). Cette découverte amène par la suite Carl von Linné (1707-1778), un célèbre naturaliste, à élaborer son système général de classification des espèces végétales.

La méthode de classification du vivant est rapidement adoptée par la médecine, qui s'applique à instaurer une classification des maladies par types. Ce travail transforme en profondeur la conception de ce qui

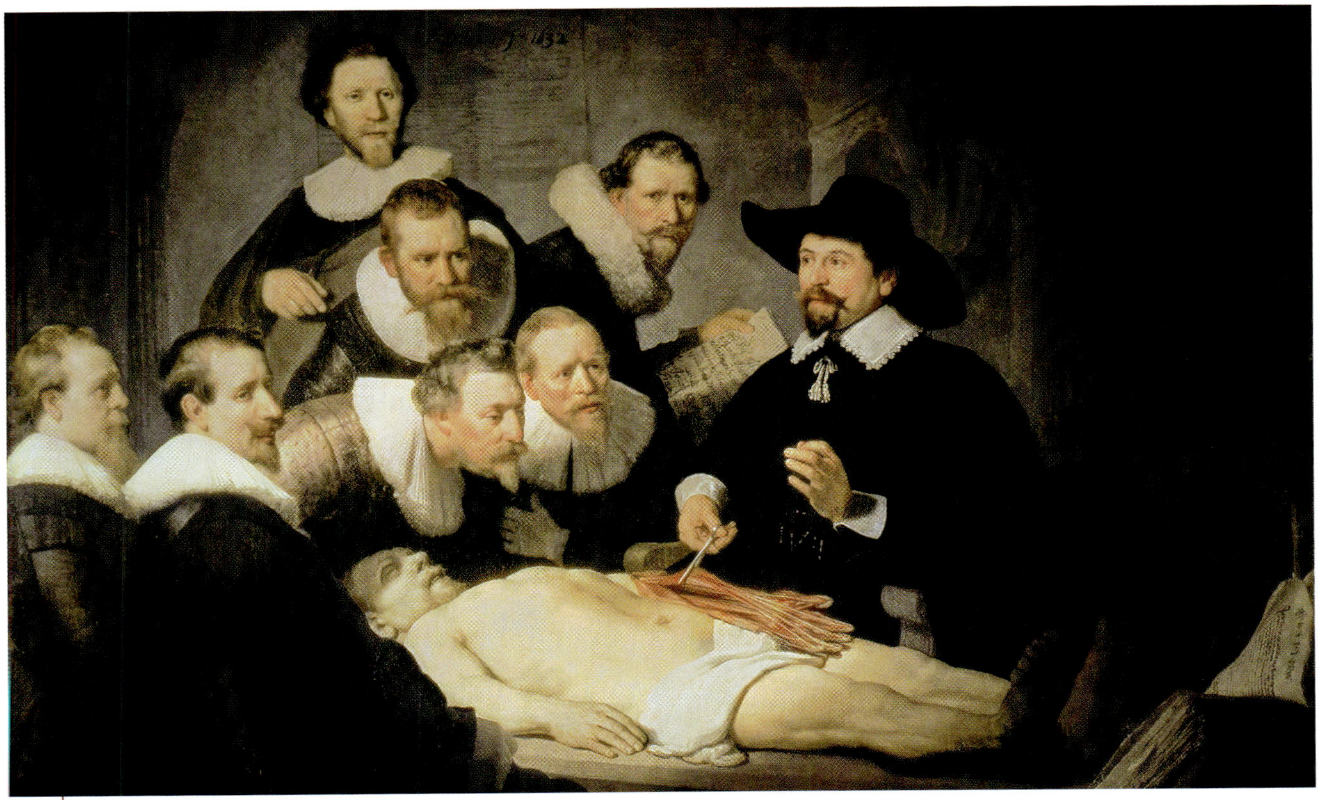

À l'époque où Rembrandt a réalisé ce tableau, la corporation des chirurgiens d'Amsterdam n'autorisait qu'une seule dissection publique par année. Le corps utilisé était celui d'un condamné.

Rembrandt. *La leçon d'anatomie du Dr Nicolaes Tulp*. Huile sur toile (1632).

est sain et de ce qui est pathologique. Voici un exemple. Selon la doctrine d'Aristote, la fièvre chez un individu indique que son sang est trop chaud et que, par conséquent, il en a trop. La réponse à la fièvre est donc la saignée, qui consiste littéralement à faire couler le sang d'un malade pour lui en enlever et ainsi rétablir l'équilibre physiologique dans son corps. Avant la révolution scientifique, la saignée était utilisée pour un grand nombre de maladies, avec les résultats qu'on peut imaginer… Or, la méthode de classification des maladies a pour but de trouver les points communs entre elles en fonction des symptômes qu'elles présentent. Ainsi, la fièvre est plutôt considérée comme un symptôme que comme un mal en soi, et devient l'indice d'une infection sous-jacente. Cette découverte est des plus marquantes, puisque, encore aujourd'hui, la fièvre est un des premiers signes de maladie sur lequel les médecins se penchent lorsqu'ils tentent de poser un diagnostic.

Au-delà des avancées en biologie, c'est aussi la médecine en tant que telle qui se transforme grâce à l'observation méticuleuse des symptômes et à leur classification. En effet, le point de vue sur le malade et les maladies change complètement. On remplace la croyance voulant que chaque malade soit différent par une connaissance approfondie des symptômes, qui sont désormais dotés d'une identité propre. Qui plus est, pour faciliter le travail de classification des maladies, on crée des cliniques d'observation où s'effectuent des recherches visant à développer diverses thérapies. En deux mots, on assiste à la naissance de la médecine clinique.

Les avancées dans le domaine des sciences naturelles ne sont pas aussi radicales que celles de la physique. La biologie ne compte pas de figures aussi marquantes que Galilée, Descartes et Newton. Pourtant, la démarche est la même : la révolution scientifique amène les médecins à concevoir le corps comme une « machine », et non comme une mystérieuse création de Dieu. Il est vrai que, vers la fin de l'époque médiévale et à la Renaissance, les facultés de médecine pratiquaient de rares dissections, mais celles-ci servaient strictement à décrire les parties du corps. On décrivait ce qu'on observait, à la manière des Anciens : une personne découpait les tissus et une autre lisait à voix haute des passages de traités d'anatomie de l'Antiquité. Du reste, tenter d'expliquer de manière rationnelle le fonctionnement du corps humain était, à cette époque, risquer d'être accusé d'hérésie. Avec la révolution scientifique, on commence à pratiquer de véritables dissections, et même des vivisections (dissection d'animaux vivants), dans le but affirmé de comprendre la mécanique du

La Société royale de Londres.

corps humain : les battements du cœur, le fonctionnement de la respiration, la digestion, etc. C'est dans ce contexte que des découvertes fondamentales sont faites, comme celle de la circulation sanguine par William Harvey. Mais il faudra attendre le XIXe siècle, et en particulier Charles Darwin, pour qu'une nouvelle théorie générale de la vie puisse voir le jour et transformer notre vision du monde biologique aussi radicalement que l'ont fait les travaux de Galilée dans le domaine de la physique.

LES RÉPERCUSSIONS SOCIALES ET CULTURELLES DE LA RÉVOLUTION SCIENTIFIQUE

Les sociétés savantes

L'intérêt pour les nouvelles découvertes est tel que les pays d'Europe se dotent de sociétés savantes. Celles-ci ont pour fonction de faire connaître la nouvelle science, de faciliter l'achat d'outils et de soutenir la construction d'observatoires. On fait aussi appel à elles pour distinguer, dans les débats scientifiques, la « bonne » science de la « mauvaise » science. Ainsi, les sociétés savantes deviennent des lieux de pouvoir qui servent en même temps à établir l'autorité de certains scientifiques. Bien que la première société savante origine de l'Italie, les plus importantes sont créées en Angleterre (la Société royale de Londres) et en France (l'Académie royale des sciences). Toutes deux veulent prouver que les découvertes scientifiques peuvent servir concrètement, notamment dans l'industrie. Toutes deux tentent également d'établir une dynamique de coopération dans le travail des scientifiques de tous les domaines.

Le rôle des femmes en sciences

On passe trop souvent sous silence la discrète mais bien réelle contribution des femmes dans l'évolution des sciences au XVIIe siècle. Longtemps confinées à leur rôle de fille, d'épouse et de mère, les femmes voient peu à peu s'ouvrir à elles diverses possibilités de contribuer à l'évolution de la société. Depuis la Renaissance, l'aristocratie considère que les jeunes femmes doivent connaître les classiques de l'Antiquité et les textes saints. Au XVIIe siècle, sous l'effet de l'engouement pour les nouvelles découvertes, on voit de plus en plus de femmes fréquenter la littérature scientifique et pratiquer des expérimentations.

Une des plus célèbres d'entre elles, Maria Winkelmann, est une astronome allemande fort reconnue. Bien sûr, elle occupe le simple poste d'assistante à l'observatoire astronomique de Berlin, dirigé par son mari, et ne peut espérer gravir d'autres échelons. Mais son exemple montre que, même si les femmes ne sont pas, à proprement parler, libérées d'une tradition qui les relègue au statut d'êtres inférieurs, elles peuvent du moins apporter leur contribution dans l'évolution scientifique. En effet, c'est dans le domaine des sciences que l'on voit apparaître, de façon significative, des ouvrages rédigés par des femmes et publiés au même titre que s'ils l'avaient été par des hommes. Parmi ces femmes, Marie Meurdrac est l'auteure d'un ouvrage de chimie approuvé par la faculté de médecine de Paris et publié en 1666. Pourtant, elle a hésité pendant deux ans avant de le publier, comme en témoignent les réflexions suivantes, tirées de son avant-propos :

> *[…] si j'avais des raisons de le mettre en lumière, j'en avais pour le tenir caché, et de ne pas l'exposer à la censure générale. […] je m'objectais à moi-même que ce n'était pas la profession d'une femme d'enseigner ; qu'elle se doit demeurer dans le silence, écouter et apprendre, sans témoigner qu'elle sait. […] Je me flattais d'un autre côté que je ne suis pas la première qui ai mis quelque chose sous la Presse ; que les Esprits n'ont point de sexe, et que si ceux des femmes étaient cultivés comme ceux des hommes, et que l'on employât autant de temps et de dépenses à les instruire, ils pourraient les égaler : […] ce serait pécher contre la Charité de cacher les connaissances que Dieu m'a données, qui peuvent profiter à tout le monde.*

Document 8.5 Marie Meurdrac, *La chymie charitable et facile, en faveur des dames*, 1666.[7]

Même s'il est écrit par une femme, le traité de chimie de Marie Meurdac connaît un grand succès et est réédité à de nombreuses reprises. Pendant ce temps, d'autres Allemandes prennent leur place dans le domaine de l'astronomie : on dit même qu'un astronome sur sept est une femme. Sans pouvoir parler d'une véritable égalité entre les sexes, on peut reconnaître dans ces pionnières la volonté de franchir un premier pas dans cette direction.

Les sciences et la liberté de penser

Les avancées théoriques et les nouvelles applications concrètes que la science permet d'accomplir sont incontestables. Mais au-delà, l'importance de la révolution scientifique est encore plus marquante sur la conception que les Occidentaux se font de la raison humaine et de la liberté de penser. Au XVIIe siècle, l'homme commence à appréhender le monde à partir de son propre point de vue. Sans la rejeter en bloc, il ne se contente plus de la foi chrétienne censée expliquer tout. C'est dans ce contexte que René Descartes écrit son célèbre *Discours de la méthode*. Dans ce traité philosophique, il tente de prouver, au moyen du raisonnent logique, l'existence même de Dieu. Au cours de son exercice, il déclare : « Je pense, donc je suis. » Descartes considère cette affirmation comme le principe premier de sa philosophie. Ce faisant, il accorde une toute nouvelle responsabilité à la raison humaine. Descartes croit en effet qu'il faut séparer l'esprit de la matière. Il considère que, si l'esprit ne peut pas être mis en doute, la matière, elle, doit être questionnée. Ainsi, Descartes continue de croire que c'est Dieu qui a créé ce monde à la mécanique parfaite. Cependant, il prétend que c'est la raison qui permettra à l'homme d'en découvrir les rouages.

Ce changement de perspective est majeur puisque, après la révolution scientifique, les Occidentaux se percevront davantage comme des esprits rationnels. Ce faisant, ils acquièrent une certaine liberté, à tout le moins une « indépendance d'esprit ». Cette transformation jouera un rôle majeur au XVIIIe siècle, au cœur des révolutions qui définiront en grande partie l'Occident contemporain.

LE FIL DE L'HISTOIRE

Au XVIIe siècle, l'Occident est sous l'emprise grandissante d'États puissants, centralisés et armés, dotés de bureaucraties qui cherchent à contrôler toutes les sphères de la société. La guerre de Trente Ans et le développement du capitalisme favorisent ce mouvement qui affaiblit encore davantage le pouvoir de la noblesse. Pour les élites intellectuelles et urbaines, cette modernisation des États est perçue comme un signe de progrès. En France, les rois luttent contre la noblesse et se constituent un pouvoir absolu : l'État, pour reprendre la fameuse formule de Louis XIV, c'est eux. En Angleterre, par contre, les pouvoirs de la royauté sont limités par le Parlement, mais comme partout en Europe, rien n'arrête la progression de ces États. Les innovations scientifiques sont également vues comme un progrès indéniable. L'invention de nouveaux instruments et l'utilisation des mathématiques entraînent une révolution scientifique. L'expérimentation remplace progressivement la scolastique médiévale et la science fait de plus en plus concurrence à la religion comme principale référence pour expliquer le monde.

L'historien à l'œuvre

LA RÉDACTION D'UN TRAVAIL EN HISTOIRE

Cette rubrique veut insister sur la nécessité de rédiger soigneusement vos travaux. Elle examine d'abord diverses techniques générales de rédaction qui s'appliquent à tous types de travaux. Ensuite, elle présente certaines exigences stylistiques propres à la rédaction d'un travail en histoire.

QUESTION DE STYLE

Prenez l'habitude de diviser votre texte en paragraphes afin de séparer vos idées principales. En principe, chaque paragraphe ne comporte qu'une idée principale. Toutefois il ne faut pas tomber dans l'excès inverse et changer de paragraphe à chaque phrase : une phrase ne constitue pas nécessairement une idée principale.

> Il est inconcevable qu'un travail ne compte qu'un paragraphe, du début à la fin, comme si une seule idée y était traitée.

Évitez d'écrire à la première personne du singulier (« je », « mon », etc.) car, en réalité, les idées apparaissant dans votre texte sont celles des auteurs consultés, et non les vôtres. Il est donc préférable d'opter pour un style impersonnel : « Tel livre présente… », « Tel auteur affirme que… », etc.

Au collégial, les étudiants sont appelés à rédiger des textes de calibre plus élevé qu'au secondaire. Pour répondre à cette exigence, certains tentent de faire des phrases complexes. Or, s'il est vrai qu'un style recherché est souhaitable, il faut d'abord écrire des phrases syntaxiquement correctes, sans quoi on risque de s'embrouiller dans de longues phrases incohérentes dont le sens devient obscur. Pour commencer, il est plus avisé de rédiger des phrases simples et courtes qui montrent adéquatement votre compréhension du sujet. Éventuellement, quand vous aurez travaillé votre style par la rédaction de travaux de plus en plus complexes, vos phrases gagneront en richesse sans rien perdre de leur clarté.

Enfin, prenez la peine de vérifier le sens des mots, et ce, même s'ils vous paraissent familiers. En effet, des mots utilisés aveuglément, ou même carrément inventés, peuvent modifier le sens de vos phrases et vous empêcher de bien exprimer vos idées.

> Un exemple courant de confusion est l'utilisation de « luxure » au lieu de « luxe ». Par curiosité, cherchez « luxure » dans le dictionnaire…

Ce sont là des recommandations générales. À celles-ci s'ajoutent les exigences stylistiques propres à la rédaction d'un travail en histoire.

Comme dans toute littérature scientifique, on ne désigne jamais par leur prénom les auteurs consultés. Ainsi, l'historien François Lebrun sera présenté comme « monsieur Lebrun », « François Lebrun » ou simplement « Lebrun ». C'est aussi le cas pour les personnages historiques, sauf ceux de l'Antiquité et du Moyen Âge, qui sont connus par leur prénom. Ainsi, par exemple, un texte sur Jeanne d'Arc parlera de « Jeanne » plutôt que de « madame d'Arc ». En cas de doute sur la façon de désigner un individu, consultez un dictionnaire de noms propres. Durant vos lectures, portez attention à la façon dont les historiens désignent tel ou tel personnage. Notez que les dignitaires (rois, tsars, sultans, pharaons, papes, etc.) sont appelés par leur prénom, généralement suivi d'un nombre, qui doit être écrit en chiffres romains.

> Êtes-vous un si grand ami d'Hitler pour l'appeler Adolf ?

> On écrit « Louis XIV » et non « Louis 14 ».

L'INTRODUCTION D'UN TRAVAIL EN HISTOIRE

« Dans l'histoire, bien des choses se sont passées. » C'est souvent ce genre de première phrase que lit un professeur d'histoire dans les travaux de ses étudiants. C'est malheureux car, en plus d'énoncer une évidence banale, cette phrase ne remplit nullement son rôle comme sujet amené. Examinons donc certaines techniques de rédaction pour l'introduction.

L'introduction d'un travail en histoire comporte les trois mêmes parties que celles qu'on doit trouver dans tout autre travail : le sujet amené, le sujet posé et le sujet divisé.

Rédigez l'introduction en dernier : puisque son rôle est de présenter le travail, il sera plus facile de la composer si le travail est déjà terminé.

Le sujet amené

Le sujet amené permet au lecteur de connaître d'entrée de jeu le sujet du travail, en l'informant de la période étudiée, de la zone géographique ciblée, des individus ou groupes en cause et du thème. De plus, un sujet amené qui pique la curiosité du lecteur l'incite à poursuivre sa lecture. Par conséquent, le sujet amené idéal n'est pas simplement descriptif et ne fait pas qu'énoncer platement le sujet.

Prenons, par exemple, des élèves qui effectueraient une recherche sur le procès de l'astronome italien Galilée, procès qui a eu lieu en 1633.

Mauvais exemples de sujets amenés	Pourquoi c'est mauvais
« De tout temps, les gens se sont interrogés sur le fonctionnement de l'univers. »	– Cette phrase est trop générale : elle n'identifie pas la période, le lieu, l'individu ni même le sujet abordé (astrologie chinoise ? montée du créationnisme ? etc.). – L'élève ne peut prouver son affirmation : qui sait si les gens se sont vraiment toujours posé cette question ?
« Dans le cours d'histoire, on fait un travail sur le procès de Galilée. »	– Cette phrase est strictement descriptive et ne présente le travail que comme une tâche scolaire. – Elle pourrait s'appliquer à n'importe quelle matière. – Elle ne souligne pas les particularités du travail en cours et ne capte pas l'attention du lecteur.

En fait, le sujet amené porte bien son nom : le lecteur doit être « amené » vers le sujet, en situant la perspective historique du travail et en mettant en évidence l'intérêt du sujet.

Bon exemple de sujet amené	Pourquoi c'est bon
« Avec la révolution scientifique du XVIIe siècle, les savants européens contestent les explications religieuses du fonctionnement de l'Univers ; certains devront en payer le prix, comme Galilée. »	– La phrase situe la période (XVIIe siècle), le lieu (l'Europe), l'individu (Galilée) et le sujet (la lutte de Galilée contre les autorités religieuses). – L'intérêt du lecteur est capté par les diverses questions qui sont soulevées : Qu'a apporté la révolution scientifique ? Qu'est-il arrivé à Galilée ? etc.

Le sujet posé

Le sujet posé indique ce qui sera fait en lien avec le sujet du travail. Il précise l'objectif du travail, la question traitée ou l'hypothèse soutenue. Il présente également le procédé utilisé pour atteindre l'objectif, répondre à la question ou vérifier l'hypothèse. Il énonce donc la nature du travail (dissertation, résumé, étude de cas, compte rendu, commentaire de source, etc.).

Mauvais exemple de sujet posé	Pourquoi c'est mauvais
« Ce travail présente un résumé du livre *Galilée hérétique* de Pietro Redondi. »	On ne fournit que la nature du travail (un résumé) sans préciser l'idée majeure autour de laquelle il sera élaboré.

Bon exemple de sujet posé	Pourquoi c'est bon
« En analysant le procès que l'Inquisition a fait à Galilée en 1633, ce travail examine en quoi les théories galiléennes contredisent les explications bibliques du fonctionnement de l'Univers. »	– Ce sujet posé précise le procédé utilisé (analyse d'une source primaire). – Il indique le but poursuivi en faisant l'analyse.

Le sujet divisé

Le sujet divisé présente l'ordre des parties du développement seulement (on n'indique jamais qu'il y aura une conclusion et une bibliographie). Par ailleurs, l'ordre annoncé dans le sujet divisé doit correspondre à l'ordre réel dans lequel sont traités les éléments du développement.

LA CONCLUSION D'UN TRAVAIL EN HISTOIRE

Comme pour tout type de travail, la conclusion d'un travail en histoire comporte deux parties : le sujet résumé et le sujet élargi (ou l'ouverture).

Le sujet résumé

Le sujet résumé rappelle d'abord l'objectif du travail (tel qu'il a été énoncé dans le sujet posé de l'introduction). Puis il explique en quoi et jusqu'à quel point cet objectif a été atteint, en faisant ressortir les éléments essentiels de la démonstration ou de l'argumentation. Le sujet résumé ne doit jamais apporter de nouvelles informations n'ayant pas été traitées dans le développement.

Le sujet élargi (l'ouverture)

Le sujet élargi a pour but de soulever de nouvelles questions, de proposer de nouvelles voies de recherche ou de suggérer des thèmes connexes en lien avec le sujet du travail effectué.

Les ouvertures irréalistes ou hypothétiques, qui rendent impossible tout travail sur ce sujet, sont à proscrire. Évitez également de proposer des questions trop vastes, de poser des jugements de valeur (autant négatifs que positifs) ou de donner votre opinion sur le travail.

Enfin, le sujet élargi ne consiste pas en un dialogue entre l'élève et son professeur. Par conséquent, il ne doit pas comporter de salutations (« J'espère que vous avez aimé mon travail ») ou de justifications de l'étudiant (« J'ai manqué de temps pour faire mon travail »).

Mauvais exemples d'ouvertures	Pourquoi c'est mauvais
« Si Galilée n'avait pas été condamné, la science aurait-elle progressé plus rapidement ? »	C'est hypothétique, puisque Galilée a été condamné et qu'on ne peut changer le passé.
« Il serait intéressant de travailler sur l'histoire de l'astronomie. »	Cette proposition est trop vaste et ne tiendrait pas en une seule recherche.
« L'Église chrétienne était trop écrasante à l'époque de Galilée. »	Ce jugement de valeur ne suggère nullement d'autres voies de recherche sur le sujet.
« Ce travail était très long à faire. »	L'opinion de l'étudiant n'a aucun rapport avec le sujet et ne constitue pas une ouverture.

Bon exemple d'ouverture	Pourquoi c'est bon
« Malgré sa condamnation, Galilée a favorisé une nouvelle conception laïque de la science. Il serait intéressant d'analyser comment d'autres chercheurs s'en sont inspirés. »	– Cette ouverture débouche sur une nouvelle idée (la conception laïque de la science) qui n'a pas été traitée comme telle dans le travail, mais qui est connexe au sujet. – En proposant d'en analyser les suites, elle suggère d'autres voies de recherche. – À noter que l'ouverture n'a pas obligatoirement à être formulée sous forme de question.

EXERCICE

Supposons que les passages « La France en marche vers l'absolutisme » et « Louis XIV, monarque absolu » (p. 251 et 252) constituent un texte que vous auriez écrit pour un travail sur la montée au pouvoir de Louis XIV. Si vous aviez à en composer l'introduction :

1 Quelles informations figureraient dans votre sujet amené ?

2 Que devrait dire votre sujet posé ?

3 Quelles seraient les deux parties du texte à présenter (dans l'ordre) dans votre sujet divisé ?

Si vous deviez rédiger la conclusion de ce travail :

4 Quelles idées devraient être synthétisées dans votre sujet résumé ?

5 Proposez une ouverture à un tel travail (au besoin, relisez le texte « La guerre de Trente Ans s'étend en Europe », p. 240, pour trouver des renseignements connexes dont vous pourrez vous inspirer).

Les réponses sont disponibles sur *Modulo en ligne*.

Chapitre 9

Mort du roi de France Louis XIV.
1715

1733
Le mécanicien anglais John Kay invente la « navette volante » qui révolutionne l'industrie du textile.

Début de la publication de l'*Encyclopédie ou Dictionnaire raisonné des sciences, des arts et des métiers*, dirigée par Denis Diderot et Jean D'Alembert.
1751

1756-1763
La France et l'Angleterre s'affrontent lors de la guerre de Sept Ans.

L'ÈRE DES RÉVOLUTIONS : LE XVIIIe SIÈCLE

Alexandre Debelle. *La Journée des Tuiles à Grenoble*. Huile sur toile (1890).

DANS CE **CHAPITRE**

- Une période de croissance inégalée en Europe de l'Ouest
- Un siècle de contestation
- La Révolution américaine
- La Révolution française

1767 Le mécanicien anglais James Hargreaves invente le premier métier à filer, appelé *spinning jenny*.

1769 L'ingénieur écossais James Watt perfectionne la machine à vapeur.

1776 Les États-Unis d'Amérique déclarent leur indépendance face à l'Angleterre.

1787 Les États-Unis d'Amérique adoptent la première Constitution inspirée des idées des Lumières.

1788 Le roi de France Louis XVI convoque les états généraux.

1789 L'Assemblée nationale française abolit les privilèges et le régime féodal.

1793 Louis XVI est guillotiné par les révolutionnaires radicaux.

1799 Le général français Napoléon Bonaparte s'empare du pouvoir par la force, en France.

1815 L'armée de Napoléon est vaincue par l'Angleterre, la Prusse, l'Autriche et la Russie qui rétablissent la monarchie en France.

UNE PÉRIODE DE CROISSANCE INÉGALÉE EN EUROPE DE L'OUEST

À la fin des années 1760, un expert en agriculture, l'agronome Arthur Young, voyage un peu partout en Angleterre. Ce qu'il observe dans certaines régions du pays l'émerveille et l'enthousiasme au plus haut point. Il note ses réflexions :

« Tout le pays de Holkam à Houghton était un pacage aride avant que les habitants eussent pris le goût des améliorations ; mais ce goût leur est venu, et l'effet en a été tel, que d'immenses terrains, incultes, inhabités, ou seulement habités par quelques troupeaux de moutons, aujourd'hui divisés et fermés par des enclos, admirablement cultivés, richement engraissés, bien peuplés, rapportent autant en une année, qu'ils auraient pu rapporter en cent ans dans leur ancien état[1]. »

Arthur Young est témoin d'un grand bouleversement qui, au XVIIIe siècle, marquera durablement l'histoire de l'Occident. À cette époque, une partie de l'Europe connaît une grande phase de croissance et de modernisation. Dans un premier temps, cette évolution concerne surtout l'agriculture et la démographie, mais bientôt des changements surviennent dans tous les secteurs : travail, industrie, commerce. Dans les régions les plus touchées par la modernisation, soit l'Angleterre, la France, l'Italie et les Provinces-Unies (aujourd'hui les Pays-Bas), on produit davantage, on mange mieux, on se déplace plus facilement. Tout s'accélère, tout paraît possible, même la mort semble vouloir reculer. Mais tout en suscitant espoir et ambition, la croissance a des effets très néfastes sur la vie quotidienne de populations entières et vient nourrir de profondes frustrations.

La population de l'Europe connaît une très forte hausse au cours du XVIIIe siècle.

Jean-Honoré Fragonard. *Le Berceau*. Huile sur toile (1761-1765).

UNE VICTOIRE SUR LA MORT : LA CROISSANCE DÉMOGRAPHIQUE

Depuis le Moyen Âge, la mort plane en permanence sur les populations de l'Europe, très vulnérables aux guerres, aux épidémies de peste et aux famines qui provoquent fréquemment de grandes hécatombes. Au XVIIIe siècle, cette situation change : pour la première fois de l'histoire, le taux de mortalité commence à diminuer. Puisque la natalité demeure élevée, la population se met à augmenter et ne cessera de le faire jusqu'à nos jours. Entre les années 1700 et 1800, le nombre d'habitants en Europe passe d'environ 120 à 180 millions.

La baisse de la mortalité ne s'explique pas par des progrès en médecine. En effet, les avancées sont peu importantes à cette époque. Ce sont plutôt les causes de mortalité à grande échelle qui s'atténuent progressivement. Il n'y a plus de grandes épidémies de peste après celle de 1720 à Marseille, dans le sud de la France. Les guerres sont également moins meurtrières. Elles existent, bien sûr, mais touchent moins qu'avant les populations civiles et font surtout des morts parmi les militaires. Finalement, les famines à grande échelle sont moins fréquentes grâce aux progrès en agriculture, dont nous traiterons plus loin. Malgré tout, la mortalité demeure beaucoup plus élevée qu'aujourd'hui et la mort reste très présente dans la vie des gens. Les enfants, particulièrement vulnérables aux maladies, sont nombreux à mourir en très bas âge. En France, par exemple, un enfant sur trois en moyenne meurt avant d'avoir atteint l'âge de un an. La croissance de la population donne tout de même espoir aux gens de l'époque, qui ont l'impression que l'humain gagne du terrain sur la mort et qu'il est possible de lutter contre elle. Un peu moins résignées face à la mort, les populations cherchent entre autres des moyens de mieux protéger les jeunes enfants, en tentant d'améliorer les mesures d'hygiène et la formation des sages-femmes de même qu'en favorisant l'allaitement maternel.

LA MODERNISATION DE L'AGRICULTURE

Si la population augmente de manière aussi importante au cours du XVIIIe siècle, cela signifie que l'agriculture permet de produire suffisamment de nourriture pour ces millions de personnes supplémentaires. Comment expliquer ce phénomène ? Le climat est un premier facteur. Il y a moins de pluie et de temps froid et plus d'ensoleillement à cette époque. Cependant, la principale explication de la hausse de la production réside dans la modernisation des techniques agricoles dans certaines régions d'Europe. Cette modernisation trouve son origine en Angleterre et dans les Provinces-Unies. Dès le XVIIe siècle, de nombreux propriétaires commencent à adopter de nouvelles techniques dans le but de faire des profits avec la vente de leurs produits agricoles (voir le chapitre 8). Ce qui est particulier au XVIIIe siècle, c'est que ce virage vers une agriculture plus productive et commerciale se répand dans le nord-ouest de la France et dans certaines régions d'Italie. Des agriculteurs, inspirés par les succès des fermiers anglais et hollandais, veulent les imiter et changent leurs façons de faire. Pour accroître et rentabiliser leurs récoltes, ils se concentrent sur des plantes faciles à cultiver, comme la betterave et la patate, et évitent de laisser des champs inutilement au repos (en jachère) en y cultivant des céréales et des plantes destinées au bétail, comme le trèfle et la luzerne. Ils sont d'ailleurs plus nombreux à pratiquer l'élevage, puisque le bétail a une excellente valeur sur le marché. En outre, le fumier sert d'engrais pour améliorer le rendement des sols. Plusieurs croient à l'époque que tous ces progrès assureront l'avenir de l'humanité. L'agronomie, science de l'agriculture, connaît alors un grand essor. Les agronomes publient de plus en plus d'ouvrages scientifiques décrivant les nouvelles techniques. Un peu partout, des sociétés d'agriculture sont fondées, tout comme des chaires d'étude dans certaines universités, et les journaux diffusent les nouvelles découvertes. Les fermiers qui modernisent leurs techniques produisent davantage, ce qui leur permet de s'enrichir en vendant leurs produits sur le marché. En revanche, les transformations de l'agriculture menacent le mode de vie des paysans moins riches. En effet, au cours des siècles précédents, ceux-ci pouvaient circuler assez librement sur les terres de la seigneurie, faire paître à leur guise les quelques bêtes qu'ils possédaient, ramasser du bois, cueillir des fruits sauvages ou des noix. Or, au XVIIIe siècle, les seigneurs qui veulent augmenter leur production cherchent à éliminer progressivement ces droits collectifs pour avoir un meilleur contrôle sur l'exploitation de leurs terres. Ceux qui se lancent dans l'élevage, par exemple, multiplient les clôtures autour des pâturages, limitant grandement les déplacements des petits paysans et bouleversant leurs habitudes. Ces derniers résistent donc en grand nombre à ces changements. Malgré cette résistance, de plus en plus de grands propriétaires imposent leurs nouvelles règles et de nombreux paysans modestes n'ont plus le choix : ils doivent trouver de nouvelles sources de revenus. Certains deviennent des travailleurs agricoles salariés, au service d'un propriétaire. D'autres, tout en continuant de cultiver la terre, trouvent un travail d'appoint dans la ville voisine. Certains décident carrément de quitter la campagne pour aller en ville. Ils peuvent ainsi devenir apprentis, trouver du travail dans un atelier, s'engager comme domestiques. Si certains s'en sortent plutôt bien, l'exode rural place aussi des milliers de paysans dans une situation précaire. Ils deviennent dépendants d'un patron et vulnérables aux diminutions de salaire de même qu'à la hausse du prix des logements et du pain. Ainsi, les améliorations en agriculture entraînent à la fois des conséquences positives et négatives. Il faut préciser que ces importantes transformations dans les campagnes touchent peu le sud du continent, de même que l'Europe centrale et de l'Est. Dans ces régions, le régime seigneurial demeure trop rigide pour permettre la modernisation. Les paysans se rabattent sur des stratégies plus simples pour augmenter les rendements agricoles. Par exemple, ils intensifient le défrichement des forêts pour créer de nouvelles terres cultivables.

UN PHÉNOMÈNE NOUVEAU : LA PROTO-INDUSTRIALISATION

La modernisation de l'agriculture incite de nombreux fermiers à trouver un emploi complémentaire ou à quitter leur terre pour aller vivre en ville. Ainsi, de plus en plus de familles doivent désormais acheter une bonne partie de leur nourriture et des objets de la vie

Les hauts fourneaux de la Coalbrookdale Company, en Angleterre, à la fin du XVIIIe siècle.

quotidienne (vêtements, ustensiles, outils, draps, tissus, etc.). La demande pour les biens de consommation de toutes sortes se met par conséquent à augmenter. Depuis des siècles, les biens sont fabriqués à la main dans des ateliers où travaille un petit nombre d'artisans. La plupart de ces ateliers sont installés dans les campagnes ou près des villes. Au cours du XVIIIe siècle, les secteurs du textile, de la draperie et de la métallurgie connaissent une expansion importante, ce qui attire de riches bourgeois, intéressés à accroître leur fortune. Certains décident d'investir dans la construction et la gestion d'ateliers de fabrication. Pour augmenter la production et les profits, ils emploient de plus en plus de travailleurs (quelques dizaines, parfois quelques centaines) dont bon nombre continuent de cultiver la terre à temps partiel. Ce phénomène est la « proto-industrialisation » (du grec *protos* qui signifie « premier »). Il ne s'agit pas encore d'industrialisation, car les techniques de fabrication des biens ne changent pas. En effet, les employés continuent à pratiquer le travail manuel et n'utilisent pas de machines. Également, le nombre d'ateliers demeure encore faible à l'échelle du continent, puisque de nombreux employés travaillent à domicile. L'artisanat à petite échelle domine encore comme mode de production jusqu'au siècle suivant. Toutefois, un premier pas est franchi vers la recherche de moyens plus efficaces de produire les biens de consommation. L'Angleterre, déjà en avance sur le reste de l'Europe au chapitre de la croissance démographique et de la modernisation agricole, sera aussi la première à franchir le pas suivant menant à ce qu'on appelle la « révolution industrielle ».

DE LA MAIN À LA MACHINE : LES DÉBUTS DE LA RÉVOLUTION INDUSTRIELLE EN ANGLETERRE

En Angleterre, la proto-industrialisation débouche au XVIIIe siècle sur un phénomène qui aura une ampleur extraordinaire dans l'histoire du monde : la révolution industrielle. Le changement est majeur, puisqu'on passe d'une fabrication des biens basée sur le travail manuel à l'aide d'outils à une fabrication basée sur des machines. Cette transition amorcée en Angleterre, qui ne touchera le reste du continent qu'à partir de la toute fin du siècle, ne se produit pas en quelques années. Il s'agit plutôt d'un lent processus qui prend naissance dans le secteur du textile et qui s'étendra ensuite aux autres secteurs de production. Comme ailleurs en Europe, la demande en vêtements et en tissus est particulièrement forte en Angleterre à cette époque. Pour répondre à cette demande, les propriétaires d'ateliers cherchent des moyens d'augmenter leur production. L'embauche de travailleurs supplémentaires est une solution, mais il n'est pas si facile de trouver des artisans habiles qui effectuent un travail de qualité. L'idée naît de perfectionner des machines qui feraient le travail à la place des employés. On utilise déjà le métier à tisser depuis le Moyen Âge. Actionné manuellement, il transforme les textiles en tissus en entrelaçant les fils. Afin de l'améliorer, John Kay met au point en 1733 la « navette volante », une pièce de bois qui permet de fabriquer des tissus de plus grandes dimensions. Cette innovation provoque une réaction en chaîne déterminante. Comme le tissage est devenu plus facile, les ateliers ont de plus en plus besoin de fils de matières textiles. Des inventeurs tentent alors de mettre au point une machine pour produire du fil en plus grande quantité. En 1767, James Hargreaves crée le premier métier à filer, appelé *spinning jenny*. Puisque la demande ne cesse d'augmenter, d'autres inventeurs continuent de travailler pour concevoir de nouveaux métiers à filer et à tisser toujours plus performants.

Pendant ce temps, des inventeurs sont à l'œuvre dans d'autres domaines. Au début du siècle, le mécanicien Thomas Newcomen invente un nouveau modèle de pompe servant à évacuer l'eau dans les forages miniers. Ce qui est nouveau, c'est la source d'énergie qui fait fonctionner la pompe : un moteur actionné par de la vapeur d'eau. Un ingénieur, James Watt, trouve cette invention prometteuse et décide de la perfectionner. En 1769, il met au point un moteur à vapeur pouvant actionner d'autres machines. À partir des années 1780, des entrepreneurs en textiles raccordent leurs métiers à filer et à tisser à cette machine : la révolution industrielle vient de commencer. En parallèle, la métallurgie connaît une évolution semblable, liée à la recherche d'une plus grande productivité. Depuis des siècles, on utilise le charbon de bois comme combustible pour atteindre les très hautes températures nécessaires à la fabrication des métaux. Au début du XVIIIe siècle, le déboisement, en cours depuis plusieurs siècles, entraîne une pénurie de charbon de bois. L'entrepreneur Abraham Darby résout le problème. Il fabrique un nouveau combustible, le coke, à partir de la houille, une roche fossile carbonisée qu'on trouve en abondance en Angleterre. Au cours des décennies suivantes, le coke permet d'améliorer énormément

La *spinning jenny* de James Hargreaves.

Une machine à vapeur.
Gravures (XVIIIe siècle).

la qualité des métaux. À la fin du siècle, on arrive à fabriquer un acier solide et durable qui favorise l'essor de l'industrie métallurgique. On peut désormais produire des machines plus solides, de premiers navires de métal, des ponts de fer, etc. Quelques décennies plus tard, la métallurgie deviendra un des principaux secteurs de production partout en Europe.

À la fin du XVIIIe siècle, la révolution industrielle commence déjà à transformer le visage de l'Angleterre. Agrandis pour accueillir les machines, les ateliers deviennent des usines qui emploient des centaines de travailleurs. Les villes situées près des gisements de houille connaissent une importante expansion. L'énergie mécanique remplace la force humaine : les employés, auparavant artisans, actionnent maintenant des machines qui fabriquent à leur place. La capacité de production atteint des sommets inégalés, mais les conditions de travail se détériorent radicalement. La journée de travail est de plus en plus longue, de nombreux employés délaissent complètement l'agriculture et dépendent désormais entièrement d'un salaire souvent insuffisant. Au XIXe siècle, la révolution industrielle atteindra le reste de l'Europe. Il en sera question au chapitre suivant.

L'ESSOR DU COMMERCE ET LES EMPIRES COLONIAUX

La croissance de la population, la modernisation de l'agriculture et la proto-industrialisation qui touchent une partie de l'Europe de même que le virage industriel qui se produit en Angleterre sont étroitement liés à l'expansion du commerce et de la consommation qui survient en parallèle. En effet, les échanges et la circulation des produits s'intensifient et s'accélèrent. Pour faciliter la vie des marchands, stimuler le commerce et concurrencer les pays voisins, les gouvernements investissent dans l'amélioration des transports. La monarchie française, par exemple, fait des efforts particulièrement importants en créant en 1716 un organisme chargé de construire et d'entretenir de nouvelles routes, appelé les Ponts et chaussées. À la fin du siècle, les principales villes françaises sont reliées entre elles par des routes d'assez bonne qualité, ce qui contribue à l'essor du commerce. Les routes locales, entre les petites villes et les villages, sont par contre de qualité très variable. Du côté de l'Angleterre, le gouvernement mise plutôt sur l'aménagement de canaux pour accélérer la circulation des marchandises.

Construction d'une route en France au XVIIIe siècle. Ce type de chantier se multiplie dans le pays au cours de cette période.
Joseph Vernet. *La construction d'un grand chemin*. Huile sur toile (1774).

Carte 9.1

LES COLONIES ANGLAISES ET FRANÇAISES D'AMÉRIQUE AVANT LA GUERRE DE SEPT ANS (1754)

Au milieu du XVIIIe siècle, les empires coloniaux français et anglais se font face en Amérique du Nord. Plus peuplées que la Nouvelle-France, les colonies britanniques sont à l'étroit le long de la côte est.

Le XVIIIe siècle est aussi la période où le commerce sur mer, entre l'Europe et l'étranger, atteint des sommets inégalés. Plusieurs royaumes, dont la France, l'Angleterre et les Provinces-Unies, sont à la tête d'un empire colonial et continuent de s'enrichir. Les métropoles importent les produits exotiques de leurs colonies, notamment le café, le tabac, la canne à sucre, le coton et le thé, et les transforment en produits de consommation. Ces produits sont ensuite vendus en Europe et dans les colonies. Les marchands réalisent ainsi des profits considérables. Toutes ces puissances sont également impliquées dans la traite des Noirs d'Afrique qui est devenue l'activité la plus rentable (voir le chapitre 8). Aux XVe et XVIe siècles, les Portugais avaient le monopole de ce commerce, mais au XVIIIe, les Anglais, les Français et les Hollandais y participent activement. Ils pratiquent de manière systématique le commerce triangulaire (voir la carte 7.4, p. 223). Le processus est simple. Des navires quittent l'Europe avec à leur bord des marchandises souvent de faible valeur, mais très recherchées par les Africains : alcool, armes à feu, tissus, etc. Arrivés sur les côtes de l'Afrique, les négriers offrent ces produits à des chefs de tribus en échange de leurs prisonniers de guerre. Les esclaves sont ensuite transportés par bateau vers l'Amérique, dans des conditions aussi atroces qu'aux siècles précédents. À l'arrivée dans les colonies, les négriers vendent leur cargaison d'esclaves. Avec les profits obtenus, ils achètent des produits exotiques qu'ils vont revendre sur le vieux continent, complétant ainsi le triangle commercial entre l'Afrique, l'Amérique et l'Europe. Le sort des esclaves, lui, demeure le même qu'autrefois : une vie passée au service d'un propriétaire qui a sur eux droit de vie et de mort.

Les puissances européennes entretiennent entre elles d'intenses rivalités. Chacune défend farouchement son empire et plusieurs souhaitent l'étendre afin de

Carte 9.2

LES COLONIES ANGLAISES ET FRANÇAISES D'AMÉRIQUE APRÈS LA GUERRE DE SEPT ANS (1763)

Après la guerre de Sept Ans, l'Angleterre domine toute l'Amérique du Nord. La Nouvelle-France devient une colonie britannique beaucoup moins vaste nommée province de Québec. Elle sera agrandie en 1774, entraînant la colère des Treize colonies.

dominer les autres. Au début du siècle, la France est la première puissance. Son empire s'étend en Inde, où elle possède des comptoirs commerciaux (Chandernagor et Pondichéry), dans les Antilles (Martinique, Guadeloupe et Saint-Domingue) et en Amérique du Nord (Nouvelle-France). La Nouvelle-France est à l'époque un immense territoire qui englobe la vallée du Saint-Laurent, les prairies de l'Ouest et la vallée du Mississippi jusqu'en Louisiane (voir la carte 9.1). La colonie attire toutefois peu de colons et est par conséquent bien difficile à défendre. C'est tout le contraire chez ses voisins anglais. En plus de ses possessions en Inde (entre autres Bombay, Madras et Calcutta), l'Angleterre détient en effet 13 colonies sur la côte est américaine, prospères et populeuses. Les colons anglais se sentent menacés par les Français qui contrôlent l'intérieur du continent et les empêchent d'étendre leur territoire vers l'ouest. Les commerçants de fourrures des deux colonies, de même que leurs alliés amérindiens, sont également en concurrence directe.

Sans en être l'unique cause, cette situation tendue est liée au déclenchement de la guerre de Sept Ans (1756-1763) entre la France et l'Angleterre. À la fin de ce conflit, le traité de Paris consacre la défaite des Français qui doivent céder la Nouvelle-France aux Anglais et renoncer à coloniser l'Inde, dont Londres se réserve l'exclusivité. La France ne conserve que ses colonies des Antilles, tout de même très rentables. L'Empire britannique devient, et de loin, le plus puissant de tous : il inclut désormais toute l'Amérique du Nord (voir la carte 9.2), une partie des Antilles (Jamaïque, Barbade et Bahamas) et l'Inde. Entre 1763 et 1800, le nombre de navires anglais qui sillonnent les mers du monde quadruple. L'Amérique centrale et du Sud demeurent aux mains de l'Espagne et du Portugal (Brésil), devenus des puissances mineures à cette époque. Les Provinces-Unies, de leur côté, sont à la tête d'un empire important, en Indonésie notamment, mais sont moins puissantes qu'aux siècles précédents.

Au XVIIIe siècle, l'essor du commerce international provoque aussi un regain d'intérêt pour les explorations en mer. Elles ont été plutôt rares au siècle précédent, les Espagnols et les Français se concentrant sur l'exploration du continent américain. Seuls les Hollandais ont fait des progrès importants en découvrant la Tasmanie, la Nouvelle-Zélande (la Zélande est le nom d'une région de Hollande), les îles Fidji et le nord de l'Australie. À part l'Arctique et l'Antarctique, ces régions du Pacifique sont à l'époque les seules qui demeurent inconnues des Européens. Leur découverte ne représente plus seulement un intérêt commercial. Les sciences sont à cette époque en plein essor en Europe. Les géographes, cartographes, biologistes, médecins, botanistes et astronomes veulent élargir leur connaissance du monde. Au XVIIIe siècle, des navigateurs et des chercheurs organisent de nombreuses expéditions dans le Pacifique. Par exemple, le Français Louis-Antoine de Bougainville fait le tour du monde à la fin des années 1760. L'Anglais James Cook, lui, explore le Pacifique lors de trois expéditions, accompagné d'équipes scientifiques.

EMPREINTES DE L'OCCIDENT

LA RÉCONCILIATION DE DEUX ENNEMIS

La façade de l'hôtel du Parlement du Québec, où siège l'Assemblée nationale, est ornée de 26 statues de bronze représentant des personnages marquants de l'histoire du Québec.

Au-dessus de la porte d'entrée principale, deux silhouettes se dressent, côte à côte, dans des postures qu'on pourrait croire complices. Il s'agit pourtant de célèbres ennemis : James Wolfe et Louis-Joseph, marquis de Montcalm. En 1759, ces deux généraux dirigent des armées adverses et s'affrontent lors de la bataille des Plaines d'Abraham. Tous deux y perdent la vie.

Installés côte à côte sur la « maison de tous les citoyens du Québec », les bronzes de Wolfe et de Montcalm s'affichent comme une trace durable du choc des empires coloniaux français et anglais en Amérique du Nord. Ils sont aussi l'expression d'une volonté de réconciliation chez les générations qui ont suivi.

En effet, à la suite de la victoire des troupes de Wolfe, la Nouvelle-France est cédée aux Anglais, et l'immigration britannique (Écossais, Anglais, Irlandais, Loyalistes américains) se fait de plus en plus importante, dans une colonie majoritairement habitée par une population française. Débute alors une période de cohabitation qui perdure.

Afin de transcender le souvenir d'affrontements douloureux entre les empires français et anglais, et de célébrer l'unification de ces deux cultures au sein du Québec et du Canada, des monuments historiques, symboliques et évocateurs sont érigés. Ainsi, aujourd'hui, deux légendaires ennemis d'autrefois posent pour la postérité en tant que gardiens inébranlables des armoiries du Québec et de sa devise, « Je me souviens ».

Statues de Wolfe et Montcalm, hôtel du Parlement du Québec.

UN SIÈCLE DE CONTESTATION

De 1774 à 1776, le bourgeois Anne Robert Jacques Turgot assume la fonction de contrôleur général des Finances du royaume de France. Dès le début de son mandat, il propose à son jeune roi, Louis XVI, des réformes en profondeur pour redresser l'économie. C'est que la situation est alarmante. La récente guerre de Sept Ans (1756-1763) contre l'Angleterre a ruiné le pays, qui a été forcé d'emprunter beaucoup d'argent. La France est maintenant lourdement endettée et à deux doigts de la faillite. Dans le royaume, tout le monde est mécontent et exige des solutions. Turgot croit que, pour sortir de la crise, il faut faire preuve d'audace et mettre en application les nouvelles idées à la mode développées par les philosophes. Il recommande d'administrer le royaume de façon rationnelle et logique et d'abandonner les vieilles traditions qui nuisent à l'économie. Turgot passe donc à l'action. Il impose à tous les ministères une diminution de leurs dépenses et l'élimination du gaspillage, il abolit les taxes afin de favoriser le commerce des céréales.

En 1776, Turgot propose des réformes encore plus radicales : l'abolition de la corvée royale, qui oblige les paysans à travailler gratuitement pour l'État, l'assouplissement des lois du travail et la création d'un impôt pour les plus riches, la noblesse et le clergé, qui n'en ont jamais payé. Pour les privilégiés de la société française, c'en est trop. Ils ne peuvent accepter de telles réformes. Et dans l'esprit de Louis XVI, Turgot est un prétentieux. Après tout, se dit-il, seul un roi sait ce qui est bon pour son peuple. C'est le pouvoir qu'il tient directement de Dieu qui lui permet de bien gouverner, et non la logique ou la raison. Louis XVI met un terme aux réformes de Turgot. Déçu et inquiet pour l'avenir de la France, ce dernier remet sa démission le 12 mai 1776.

Le destin du contrôleur général Turgot est représentatif de la montée, dans l'Europe du XVIIIe siècle, d'une remise en question de l'ordre établi. Devant les transformations qui touchent l'économie, le commerce, l'industrie, l'agriculture et la démographie, les points de vue et les intérêts s'affrontent. Alors que les dirigeants et les mieux nantis tentent de protéger leurs acquis de même que le système en place, la contestation gronde et s'exprime de différentes manières. Pour dénoncer les injustices, les populations des villes et des campagnes se soulèvent parfois avec violence. Les hommes d'affaires et les commerçants exigent plus de liberté. Les philosophes critiquent sévèrement le régime monarchique et souhaitent l'avènement de gouvernements plus libéraux. Turgot lui-même est influencé par ces idées libérales, de plus en plus populaires, et il tente même de les faire adopter par le roi de France. Mais celui-ci les refuse, préférant demeurer fidèle aux traditions.

Tout au long du siècle, les populations se butent ainsi à l'immobilisme de la société européenne qui demeure très résistante au changement. Mais peu à peu, la contestation gagne en intensité et atteint la plupart des groupes sociaux, particulièrement en France où les tensions sont les plus vives et où la monarchie absolue est la plus rigide.

LA SOCIÉTÉ FRANÇAISE ET LA MONARCHIE ABSOLUE

La plupart des royaumes européens du XVIIIe siècle sont des monarchies. Dans ce système, le pouvoir est détenu par le roi et la majorité des habitants n'a aucun pouvoir direct. Dans certains royaumes, notamment en France, en Espagne et en Prusse, la centralisation des pouvoirs est poussée au maximum ; ce sont des monarchies dites absolues. Le modèle le plus achevé de ce régime est celui de Louis XIV (1661-1715) (voir le chapitre 8). Au XVIIIe siècle, il est maintenu par ses successeurs, Louis XV et Louis XVI. Dans ce système, l'autorité du roi n'a aucune limite et est présentée comme venant directement de Dieu. Le souverain est considéré comme le seul à pouvoir défendre les intérêts de la population. Aucun débat politique n'est donc jugé nécessaire, aucune contestation n'est tolérée. Il existe tout de même, dans certains royaumes, des institutions qui permettent à certains groupes de s'exprimer. En Angleterre, par exemple, une monarchie constitutionnelle a remplacé la monarchie absolue à la fin du XVIIe siècle (voir le chapitre 8). Dans ce régime, le roi est désormais obligé de gouverner en consultant les membres de deux parlements, la Chambre des lords et la Chambre des communes. Toutefois, seules les élites (noblesse, clergé et bourgeoisie) y sont représentées. Il existe aussi des parlements en France, mais ils ont un pouvoir beaucoup moins important. Situés dans les principales villes du royaume, ils sont composés de nobles et jouent surtout le rôle de tribunaux d'appel. Ils ont aussi pour tâche d'officialiser (« enregistrer », selon le terme de l'époque) l'adoption des lois proposées par le roi. À cette occasion, les parlementaires peuvent critiquer les lois, mais il s'agit d'un droit purement symbolique. Dans les faits, le monarque absolu n'est jamais obligé de tenir compte de leur opinion. Malgré cela, les nobles gardent l'impression qu'ils ont un réel pouvoir d'influence.

La société européenne du XVIIIe siècle est aussi inégalitaire. Dans la plupart des royaumes, deux groupes dominent : la noblesse et le clergé, même s'ils représentent une très faible minorité (environ 2 ou 3 % de la population en France). Le pouvoir des nobles repose sur la possession des terres et le régime seigneurial qui leur donne des privilèges. Ils exercent en effet une autorité sur les paysans qui habitent leurs terres et peuvent leur imposer des impôts et des taxes. Les nobles, eux, ne paient pas d'impôts à l'État. Les familles les plus riches et les plus prestigieuses appartiennent à la haute noblesse, souvent proche du roi. En effet, ces nobles sont souvent recrutés par leur souverain parce qu'il craint qu'ils deviennent trop puissants et menacent son autorité. Il préfère les avoir à l'œil. Certains rois confient aussi à la haute noblesse des rôles importants dans la fonction publique et dans l'armée. En France, des nobles siègent aux parlements. La situation est différente en Angleterre, où la noblesse doit partager le pouvoir économique et politique avec la bourgeoisie.

L'autre classe privilégiée est le clergé catholique, qui possède une grande influence morale et politique. Au bas de l'échelle se trouve le bas clergé, moins éduqué, formé des curés, moines et vicaires (adjoints d'un prêtre ou d'un évêque). Les mieux nantis appartiennent au haut clergé, ce sont les évêques et les abbés (qui dirigent les monastères). Certains possèdent des terres, comme les nobles, ainsi qu'une grande fortune. Leurs revenus proviennent de la dîme de même que des impôts et taxes qu'ils ont eux aussi le privilège d'exiger des paysans. Dans plusieurs royaumes, le clergé s'occupe de l'assistance sociale et de l'éducation, qui n'est accessible qu'à une minorité à l'époque.

En Europe, la grande majorité de la population n'appartient ni à la noblesse ni au clergé. En France, c'est sous l'appellation de « tiers état » qu'on rassemble les différents groupes sociaux qui composent cette majorité. Les plus puissants de ces groupes appartiennent au monde des affaires et de la finance : banquiers, commerçants internationaux, entrepreneurs et propriétaires de navires marchands, de terres, d'ateliers ou de manufactures. Parfois aussi riches que des nobles, ces bourgeois sont favorisés par la croissance économique du XVIIIe siècle. Viennent ensuite ceux qui exercent des professions dites « libérales » : avocats, notaires, médecins, etc. En ville, on retrouve également au sein du tiers état les marchands, artisans et propriétaires de boutiques, de même que leurs employés, appelés « compagnons ». À la campagne, les paysans forment bien sûr le groupe le plus nombreux, mais leurs conditions de vie varient énormément. En Europe de l'Ouest, ils ont plus de liberté qu'en Europe centrale et de l'Est. Certains, appelés « laboureurs », réussissent même à s'enrichir et à se défaire de l'emprise de leur seigneur en devenant propriétaires de leur terre. La plupart des paysans restent toutefois soumis au régime seigneurial et exploitent une petite terre qui leur permet seulement de subvenir à leurs besoins.

À la ville comme à la campagne, il existe aussi une importante population défavorisée qui demeure sans emploi. Mais qu'ils soient bourgeois ou paysans, pauvres ou fortunés, les membres du tiers état n'ont droit à aucun privilège. Ils sont les seuls à payer des impôts aux nobles, au clergé et à l'État.

Une caricature des trois ordres de l'Ancien Régime : la noblesse, le tiers état et le clergé.
(Œuvre non datée.)

L'AGITATION DANS LES CLASSES POPULAIRES

À mesure qu'avance le XVIIIe siècle, les classes populaires perçoivent plus clairement les injustices et les inégalités sociales. Elles les contestent de manière plus insistante, plus ouverte et plus violente, particulièrement en France. Les motifs de contestation sont nombreux. Tout d'abord, nous avons vu que la croissance économique a des effets très négatifs sur les conditions de vie des plus vulnérables au sein du tiers état. L'augmentation de la population rend les terres cultivables plus rares. La modernisation de l'agriculture favorise les grands propriétaires et nuit aux plus petits qui n'ont pas les moyens de prendre le virage technologique. La hausse des prix des produits agricoles enrichit ceux qui les vendent, mais empêche beaucoup de gens de se les procurer. Les salaires des travailleurs agricoles augmentent peu. Dans les villes, la croissance de la population fait augmenter le prix des loyers. La hausse des prix des produits agricoles se répercute sur le prix du pain, l'aliment de base. La pauvreté pousse de plus en plus de gens à la rue : ils deviennent itinérants et mendiants. La proto-industrialisation mécontente aussi de nombreux artisans : les ateliers qui fabriquent des biens à plus faible coût leur font concurrence et menacent l'artisanat traditionnel. Finalement, les ouvriers qui travaillent dans ces manufactures doivent s'astreindre à des tâches répétitives faiblement rémunérées. Face aux patrons, ils n'ont aucun recours.

Pendant que leurs conditions de vie se détériorent, les classes populaires prennent conscience que d'autres groupes, eux, s'enrichissent. Ce qui choque le plus, ce sont les hausses d'impôts, en particulier sur le tabac, le sel, le bétail, le vin et les céréales. Elles donnent fréquemment lieu à des manifestations et même à des émeutes. Il arrive aussi que des paysans ou des citadins attaquent carrément les collecteurs d'impôts. Bon nombre refusent de payer et pratiquent la fraude fiscale et la contrebande. Les populations s'insurgent en outre contre les redevances réclamées par les seigneurs, contre la dîme exigée par le clergé et contre les diminutions de salaire des travailleurs agricoles. Les années où les récoltes sont moins bonnes, la colère se fait sentir davantage. Puisque les céréales se font plus rares sur le marché, leur prix augmente. Des paysans plus pauvres volent alors pour se nourrir ou attaquent des marchands sur les routes. En 1739, un noble témoigne de la gravité de la situation en Normandie. Il note dans son journal : « La Normandie, cet excellent pays, succombe sous le poids des impôts et sous les vexations des traitans ; les fermiers sont ruinés. [...] L'évêque de Chartres [...] a répondu que la famine et la mortalité y régnoient ; que les hommes y broutoient

La contestation tourne souvent à la violence dans les campagnes du XVIIIe siècle, comme le montre cette peinture qui représente une attaque menée par des paysans en colère.
Watteau de Lille. *L'attaque d'une charrette*. Huile sur toile (XVIIIe siècle).

l'herbe comme des moutons ; que bientôt on alloit voir la peste[2]. » Sans pouvoir formuler une critique articulée de la monarchie absolue et de la société française, les classes populaires du XVIIIe siècle expriment très clairement, à leur manière, qu'elles exigent d'être mieux traitées. Et elles ne sont pas les seules à le faire.

LA MONTÉE DE LA BOURGEOISIE ET LA RÉSISTANCE DE LA NOBLESSE

Les bourgeois sont eux aussi victimes des inégalités dans la société française. La croissance économique les incite à revendiquer de nouveaux droits. Entrepreneurs, commerçants, banquiers, tous s'enrichissent à des degrés variables, tout en prenant conscience que leur pouvoir politique demeure absolument nul. Dans cette monarchie absolue, ils sont soumis aux décisions du roi et de la noblesse dans des domaines qui les touchent pourtant directement, comme la réglementation du commerce, les droits de douane, etc. De plus, comme tous les membres du tiers état, les bourgeois doivent payer des impôts et des taxes élevés et n'ont droit à aucun privilège. Tous ne réagissent pas de la même manière à cette situation et, d'ailleurs, il n'existe pas de réelle solidarité au sein de cette classe où les rivalités sont profondes. Certains bourgeois, devenus très riches, regardent leurs semblables de haut, avec dédain, et s'identifient davantage aux nobles qui représentent le pouvoir. Pour eux, la solution n'est pas de s'attaquer à la noblesse, mais d'essayer d'en faire partie pour accéder aux plus hautes fonctions de l'État, de l'armée ou de l'Église. Certains y arrivent en mariant un ou une noble, en étant anoblis par le roi ou même en achetant un titre de noblesse. De leur côté, les bourgeois moins fortunés qui n'ont aucune chance d'accéder à la noblesse adoptent une approche plus radicale : ils veulent transformer le système politique pour restreindre les privilèges des nobles et participer à l'exercice du pouvoir. La monarchie absolue, selon eux, doit céder la place à un régime plus équitable. Les nobles, bien sûr, se sentent menacés par les ambitions des bourgeois et cherchent à les empêcher d'atteindre leur but. La plupart sont en faveur du maintien de la monarchie absolue, mais plusieurs d'entre eux voudraient l'abolir pour créer un système dans lequel ils auraient encore plus de pouvoir. Leur idéal, c'est l'Angleterre, où les nobles siègent au Parlement et sont consultés par le roi.

Au XVIIIe siècle, on assiste donc à un affrontement entre les bourgeois, partisans du changement, et la noblesse. Pour appuyer leurs revendications politiques, les uns comme les autres puisent leurs arguments dans les réflexions des penseurs de l'époque.

LA CRITIQUE DES PHILOSOPHES : LES LUMIÈRES

Au XVIIIe siècle, dans toute l'Europe, de nombreux philosophes, penseurs et écrivains engagent un rude combat intellectuel contre les inégalités et la monarchie absolue. En peu de temps, leur lutte s'élargit et entraîne une remise en question de toutes les facettes de l'existence humaine. C'est en France que ce mouvement prend naissance, après la mort du roi Louis XIV en 1715. La fin de ce règne particulièrement autoritaire (voir le chapitre 8) apporte à toute une génération de penseurs un espoir de changement et la motivation nécessaire pour corriger les injustices et les abus des dirigeants politiques. Convaincus que le progrès de l'humanité et le bonheur des individus ne sont possibles que si l'on fait bon usage de la raison et de l'intelligence, ils se nomment eux-mêmes philosophes des « Lumières » parce qu'ils disent vouloir « éclairer » la société. À leurs yeux, la connaissance et l'esprit critique sont les seuls moyens pour l'être humain de s'émanciper et de se libérer des vérités imposées d'en haut.

Ces philosophes puisent leur inspiration dans la lecture des penseurs qui, au cours des siècles précédents, ont osé exprimer leurs opinions et s'attaquer aux croyances et aux valeurs traditionnelles, parfois au risque de leur vie.

Avant eux, les humanistes de la Renaissance ont revalorisé la raison humaine, changé la façon de pratiquer les arts et critiqué le clergé catholique. Au XVIe siècle, Martin Luther s'est permis de contester les abus de l'Église et a créé un mouvement religieux dissident, le protestantisme. Au XVIIe siècle, des penseurs comme René Descartes et des scientifiques comme Isaac Newton ont démontré que seule la raison humaine permet de comprendre les phénomènes naturels, le fonctionnement du corps humain ou celui de l'univers. En Angleterre, la Glorieuse Révolution (1689) a mené à la création d'une monarchie constitutionnelle (voir le chapitre 8). Cet événement a une très forte résonance au XVIIIe siècle, notamment en France, patrie de l'absolutisme, parce qu'il prouve qu'il est possible de bâtir un État sur des bases différentes. À la même époque, l'Anglais John Locke (1632-1704) élabore une pensée très critique à l'endroit de la monarchie absolue. Locke réfléchit sur la meilleure façon de respecter les droits des individus. Il affirme que le véritable pouvoir politique appartient au peuple et non au roi, que le souverain ne reçoit que la permission d'exercer ce pouvoir et qu'il demeure soumis à la volonté du peuple. Les idées de Locke ont une grande influence, notamment sur les philosophes français du XVIIIe siècle.

Ce que les philosophes des Lumières apportent de nouveau, c'est l'idée qu'il faut aller encore plus loin pour garantir la liberté des individus et l'égalité entre les êtres humains. Pour eux, la raison et l'esprit critique doivent servir à améliorer toutes les facettes de l'existence, que ce soit la politique, les relations entre les citoyens, la religion, la justice, l'économie. Provenant autant de la noblesse que de la bourgeoisie, souvent formés dans les universités, ces penseurs s'attaquent aux effets néfastes du système politique : répression de la liberté d'expression, impôts qui écrasent les citoyens, torture, puissance démesurée des rois et de l'Église et aveuglement des croyances religieuses. Sans toujours se concerter et sans être toujours d'accord entre eux, les philosophes proposent des solutions concrètes qui donnent lieu à de vifs débats tout au long du siècle. Le noble Charles de Segondat, baron de Montesquieu (1689-1755), et le bourgeois François Marie Arouet, surnommé Voltaire (1694-1778), font partie de la première génération des philosophes des Lumières. Montesquieu affirme qu'une monarchie devrait toujours fonctionner selon le principe de la séparation des pouvoirs. Pour que la liberté des citoyens soit possible, la préparation des lois (pouvoir législatif), l'application des lois (l'exécutif) et la justice (le judiciaire) ne doivent pas être assumées par les mêmes personnes :

Montesquieu (1689-1755).

François Marie Arouet, dit Voltaire (1694-1778).

Jean-Jacques Rousseau (1712-1778).

> *Lorsque dans la même personne ou dans le même corps de magistrature, la puissance législative est réunie à la puissance exécutrice, il n'y a point de liberté ; parce qu'on peut craindre que le même monarque ou le même Sénat ne fasse des lois tyranniques pour les exécuter tyranniquement. Il n'y a point encore de liberté si la puissance de juger n'est pas séparée de la puissance législative et de l'exécutrice. Si elle était jointe à la puissance législative, le pouvoir sur la vie et la liberté des citoyens serait arbitraire : car le juge serait législateur. Si elle était jointe à la puissance exécutrice, le juge pourrait avoir la force d'un oppresseur. Tout serait perdu si les mêmes hommes, ou le même corps de principaux, ou des nobles, ou du peuple, exerçaient ces trois pouvoirs : celui de faire des lois, celui d'exécuter des résolutions publiques, et celui de juger les crimes et les différends des particuliers.*

Document 9.1 Montesquieu, *De l'esprit des lois*, 1748.[3]

Voltaire, de son côté, affirme que la monarchie absolue ne doit pas être abolie, mais devrait se baser davantage sur la raison et mieux respecter les libertés individuelles. Témoin d'atrocités commises par les catholiques contre les protestants, il condamne le fanatisme religieux et l'intolérance. Pour convaincre ses lecteurs de l'absurdité de la violence, il s'adresse parfois directement à Dieu :

> *Tu ne nous as point donné un cœur pour nous haïr, et des mains pour nous égorger ; fais que nous nous aidions mutuellement à supporter le fardeau d'une vie pénible et passagère ; que les petites différences entre les vêtements qui couvrent nos débiles corps, […] que toutes ces petites nuances qui distinguent les atomes appelés hommes ne soient pas des signaux de haine et de persécution ; que ceux qui allument des cierges en plein midi pour te célébrer supportent ceux qui se contentent de la lumière de ton soleil ; que ceux qui couvrent leur robe d'une toile blanche pour dire qu'il faut t'aimer ne détestent pas ceux qui disent la même chose sous un manteau de laine noire ; […] Puissent tous les hommes se souvenir qu'ils sont frères ! […] Si les fléaux de la guerre sont inévitables, ne nous haïssons pas, ne nous déchirons pas les uns les autres dans le sein de la paix, et employons l'instant de notre existence à bénir également, en mille langages divers, depuis Siam [aujourd'hui la Thaïlande] jusqu'à la Californie, ta bonté qui nous a donné cet instant.*

Document 9.2 Voltaire, *Traité sur la tolérance*, 1763.[4]

Dans la deuxième moitié du XVIIIe siècle, la critique des Lumières s'intensifie et de nouveaux penseurs émergent. Inspiré par John Locke, Jean-Jacques Rousseau (1712-1778) écrit que le pouvoir de l'État ne doit pas être imposé aux citoyens, mais plutôt basé sur un « contrat social » conclu avec le peuple. C'est une théorie révolutionnaire parce qu'elle menace les fondements mêmes de la monarchie. Dans tous les domaines, d'autres idées font leur chemin, comme le rejet de l'ordre établi et la glorification de la liberté. Par exemple, l'Écossais Adam Smith (1723-1790) et le noble Anne Robert Jacques Turgot (1727-1781), qui deviendra contrôleur des Finances de Louis XVI, croient que le bien-être des sociétés passe par une absence totale de contraintes dans les échanges commerciaux. L'intervention de l'État par des taxes, des droits de douane ou des règlements ne peut qu'être nuisible. La nouveauté des philosophes des Lumières repose aussi sur leur conception de l'être humain. Dans l'esprit des penseurs, tous les humains sont égaux, peu importe leur nationalité, leur race ou leur religion. C'est pourquoi ils critiquent tout ce qui peut diviser les humains entre eux, en particulier la religion et le sentiment national. Pour eux, l'Europe ne forme qu'une seule nation cosmopolite, et l'émancipation de l'humain doit se faire partout de la même façon.

Pour les philosophes des Lumières, le progrès de l'humanité passe aussi par les sciences. Leur confiance absolue en la raison les amène à croire que tout ce qui existe dans le monde peut être compris par l'humain, expliqué, mesuré. Tous les mystères de la nature sont à la portée de l'intelligence humaine, qui n'a aucune limite. Cette conception se reflète dans un des ouvrages les plus importants du siècle, intitulé *Encyclopédie ou Dictionnaire raisonné des sciences, des arts et des métiers*. L'objectif du projet, dirigé par le philosophe Denis Diderot (1713-1784) et le mathématicien Jean D'Alembert (1717-1783), est de ne présenter rien de moins que la synthèse de toutes les connaissances de l'époque. Politique, religion, science, menuiserie, architecture : tous les sujets sont abordés dans les différents articles qui forment les 28 volumes parus entre 1751 et 1772. Mais les quelque 150 auteurs ne font pas qu'énumérer des connaissances objectives : ils en profitent pour exprimer ouvertement leurs idées politiques et philosophiques. On y affirme que l'homme remplace Dieu au centre de l'univers, on critique la monarchie, on dénonce le fanatisme religieux, etc. L'*Encyclopédie* connaît un succès dès la parution des premiers volumes, mais est jugée dangereuse et interdite par la monarchie française. D'ailleurs, tout au long du siècle, plusieurs penseurs sont emprisonnés ou doivent s'exiler à cause de leurs idées, notamment Diderot, Voltaire et Rousseau. Si la monarchie espère freiner ainsi le mouvement des Lumières, c'est bien en vain, car les idées, très rapidement, se répandent aux quatre coins de l'Europe et dans toutes les classes sociales. Un peu partout, les populations contestent et demandent du changement.

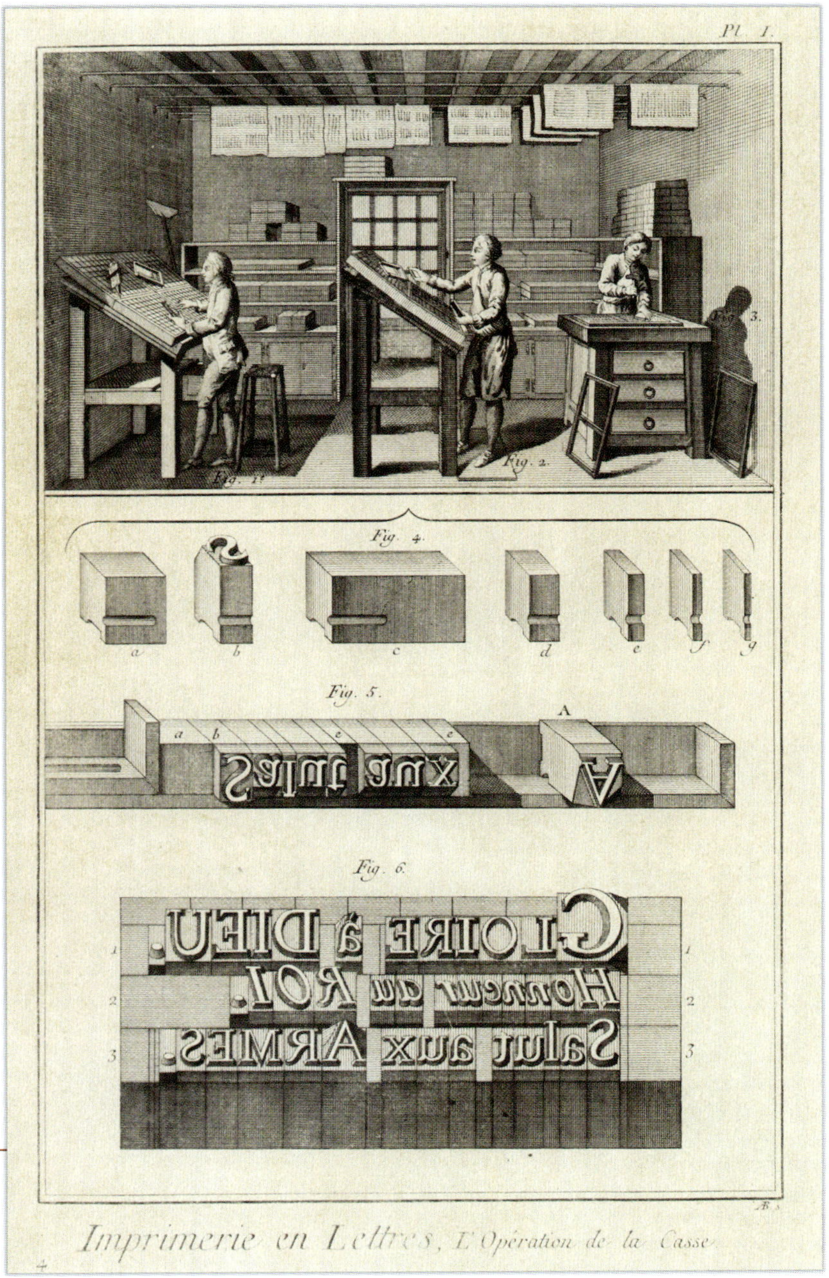

Un extrait de l'*Encyclopédie* de Diderot et D'Alembert.

LA CIRCULATION DES IDÉES ET LE DÉVELOPPEMENT DE L'ESPACE PUBLIC

Si les idées des Lumières ont une influence déterminante sur toutes les classes de la société, c'est grâce à la multiplication des moyens de communication et des lieux d'échange au cours du XVIIIe siècle. Tout d'abord, l'imprimerie fait d'importants progrès et les livres sont de plus en plus accessibles, tout comme les journaux qui transportent les nouvelles partout en Europe. Les classes éduquées changent leurs habitudes de lecture et s'intéressent davantage aux essais politiques et philosophiques. Les écoles, également, sont plus nombreuses à cette époque. L'Église catholique, soucieuse de faire concurrence aux écoles protestantes, fonde de nouvelles institutions d'enseignement dans les villes et les villages. En France, environ 10 % de la population reçoit une formation scolaire de base. C'est un progrès énorme qui favorise l'apparition d'une élite instruite provenant surtout de la bourgeoisie. Les écrivains, journalistes, avocats et médecins sont plus nombreux et jouent un rôle important dans la diffusion des idées des Lumières. Les progrès de la scolarisation font aussi reculer l'analphabétisme dans les classes populaires pour qui la lecture et l'écriture deviennent plus accessibles.

Les idées circulent principalement dans les villes, qui connaissent une croissance importante en raison des transformations de l'économie. L'accès aux livres y est plus facile qu'à la campagne : on y retrouve des imprimeries, des librairies, des bibliothèques. Des lieux de rencontre et de débat apparaissent aussi. Les bourgeois instruits se donnent rendez-vous dans des groupes de discussion, appelés « salons », pour parler politique, économie ou philosophie. Les opinions ne s'expriment pas toujours librement au sein de ces groupes, étant donné que la police royale les surveille assez étroitement. Les classes populaires font également connaître leur mécontentement. Des informateurs de la police française rapportent en effet qu'en pleine rue, les citadins n'hésitent pas à critiquer ouvertement la monarchie et l'Église. Les populations des campagnes ont elles aussi accès aux idées des Lumières. Les journaux sont distribués dans certains lieux publics,

Séance de discussion dans un salon parisien.
Gabriel Lemonnier. *Le salon de Madame Geoffrin*. Huile sur toile (1775).

comme les auberges. En outre, il y a en milieu rural des élites cultivées (membres du clergé, nobles, médecins, etc.) qui contribuent à diffuser les idées. De plus, avec l'amélioration des routes et des transports, les habitants des campagnes se déplacent davantage qu'au cours des siècles précédents et ont plus facilement accès à la ville. Ils s'y rendent pour acheter des outils, vendre des produits de leurs récoltes, trouver du travail. Là, ils peuvent entrer en contact avec les idées nouvelles qui circulent.

Les idées des philosophes dépassent les frontières de la France. Elles deviennent fort populaires chez les classes instruites et sont débattues dans toutes les grandes universités : Florence, Londres, Vienne, etc. Les philosophes et écrivains se fréquentent un peu partout en Europe, échangent des lettres, se critiquent les uns les autres. Si plusieurs dirigeants européens les voient comme une menace à leur autorité, quelques-uns sont plutôt sympathiques à leur combat. Certains souverains décident même d'appliquer une partie de leurs idées. Tout en demeurant des monarques absolus, ils gouvernent en s'appuyant davantage sur la raison. On appelle cette pratique le « despotisme éclairé ». Elle est adoptée par Catherine II de Russie, par Frédéric II de Prusse et par d'autres rois en Espagne, en Autriche, en Suède et en Italie. Ces souverains se distinguent, par exemple, en mettant la priorité sur le développement économique ou sur la modernisation de l'État et du système de justice. Les idées des Lumières ne demeurent pas bien longtemps confinées à l'Europe. Bientôt, elles gagnent l'Amérique. Dans les colonies britanniques de la côte est, elles viennent alimenter les critiques contre le pouvoir de la métropole.

EMPREINTES DE L'OCCIDENT

L'ESPACE PUBLIC

Discuter politique est, dit-on, un sport national. À tout le moins, dans notre société démocratique, parler des affaires de l'État fait partie de la tradition, en famille, entre amis… De nos jours, des citoyens de tout milieu s'aventurent à partager leur point de vue avec un plus large auditoire, à le rendre public. Avec Internet, il suffit d'un clic pour publier ses opinions, voire ses états d'âme, à la face du monde. De fait, comment imaginer nos démocraties modernes sans cet espace public ?

C'est au XVIIIe siècle que se développe le concept d'espace public, soit un lieu où l'on peut librement exprimer ses idées politiques. En France, l'urbanisation croissante fait d'abord naître un véritable espace de discussion politique dans les villes. Les journaux et les salons bourgeois deviennent le théâtre de ces débats où l'on aborde des sujets liés aux besoins de la société et aux politiques de l'État. Les penseurs des Lumières y sont très actifs.

Vers la fin du XIXe siècle, avec la professionnalisation du journalisme, la presse se met à publier de l'information sur l'actualité qui alimente de plus en plus l'opinion publique.

À l'aube du XXIe siècle, les médias sont considérés comme le quatrième pouvoir, et la technologie repousse les limites de la communication. Dans un monde hypermédiatique, l'espace public et la liberté d'expression demeurent des institutions fondamentales, quoique fragiles, de la vie démocratique.

LA RÉVOLUTION AMÉRICAINE

En 1809, dans l'État du Vermont, des vétérans de l'armée américaine organisent une cérémonie pour commémorer l'importante bataille de Bennington remportée en 1777 contre les troupes anglaises, au cours de la guerre d'Indépendance des États-Unis. Leur invité d'honneur est John Stark, le général qui les a menés à la victoire. Âgé de 81 ans, il ne peut pas se déplacer et décline l'invitation, mais il fait parvenir une lettre à ses anciens soldats. Dans cette lettre, le vieil homme rappelle les raisons pour lesquelles il s'est battu farouchement contre l'Angleterre. Elle se termine par cette phrase : « Live free or die : Death is not the worst of evils » (« Vivre libre ou mourir : la mort n'est pas le pire des malheurs »). Devenue la devise de l'État du New Hampshire, l'expression « Live free or die » résonne encore de nos jours dans l'imaginaire américain. Comme le général Stark, des millions d'Américains continuent de croire que la tyrannie est pire que la mort et qu'il faut être prêt à mourir pour défendre la liberté. Cette idée puissante a pris naissance au XVIIIe siècle.

Ce sont les philosophes des Lumières qui ont mis de l'avant l'idéal de la liberté. Toutefois, c'est dans les colonies britanniques d'Amérique du Nord que cette idée a inspiré, pour la première fois, un renversement de l'ordre établi. Considérant que l'Angleterre agit comme un tyran, une partie de la bourgeoisie réussit en effet à mobiliser la population contre la métropole. L'exemple de la Glorieuse Révolution (1689), qui a mis fin à la monarchie absolue en Angleterre un siècle plus tôt, sert aussi d'inspiration aux colons. « Vivre libre ou mourir » devient un mot d'ordre qui soulève les passions et sert de fondement à la lutte révolutionnaire contre la couronne britannique. En 1776, les 13 colonies américaines deviennent les premières de l'histoire à déclarer leur indépendance.

LES ORIGINES DU CONFLIT

Le mécontentement prend sa source dans les relations entre les colonies américaines et leur métropole. Depuis sa victoire contre la France lors de la guerre de Sept Ans (1756-1763), qui lui a notamment permis de conquérir la Nouvelle-France, la Grande-Bretagne possède toute l'Amérique du Nord. Sur la côte atlantique, elle détient 13 colonies qui connaissent, depuis leur fondation, une croissance démographique rapide (voir la carte 9.3). Vers 1760, on y compte environ 1,4 million d'habitants. Au lendemain de cette guerre coûteuse, la Grande-Bretagne doit trouver un moyen de redresser ses finances. Elle a aussi un urgent besoin d'argent pour maintenir des troupes en Amérique afin de prévenir une contre-attaque française. Londres décide d'imposer de nouvelles taxes aux colonies. En 1764, elle instaure une taxe (appelée *Sugar Act*) sur le sucre et le café, des produits très populaires ; de plus, pour lutter contre la contrebande, elle multiplie les douaniers et les patrouilles maritimes. Pour maintenir de bonnes relations avec les Amérindiens, la métropole interdit également aux colons de s'installer dans les immenses territoires à l'ouest des Appalaches, déclarés « territoires indiens ». Les colons ressentent maintenant dans leur vie quotidienne le pouvoir contraignant de la métropole. Le fait qu'on ne les ait pas consultés constitue un irritant majeur. En effet, à cette époque, toutes les décisions sont prises à Londres où il n'y a aucun élu en provenance des colonies. Quant aux assemblées législatives d'Amérique, élues par les colons, elles ne sont jamais consultées.

Un mouvement d'opposition ne tarde pas à s'organiser dans les colonies. Il adopte comme slogan l'expression *No taxation without representation* (« Pas de taxes sans représentation politique »). Londres refuse toutefois de reculer et ajoute plutôt une deuxième taxe (le *Stamp Act*) sur tous les documents légaux en circulation : contrats, livres, journaux, brochures, licences et brevets. De nombreux colons sont outrés, en particulier les élites (journalistes, avocats, notaires, etc.), dont le travail repose sur ce genre de documents. L'association des Fils de la Liberté est créée en 1765. Menée par Samuel Adams et Paul Revere, elle organise des manifestations dont certaines tournent à la violence. En 1766, Londres recule et annule le *Stamp Act*, mais le remplace par une autre mesure (le *Quartering Act*) qui oblige les colons à héberger et à nourrir chez eux les soldats anglais déployés en Amérique. Elle rappelle aussi avec fermeté que les colonies doivent obéir à la métropole. Londres revient à la charge l'année suivante et impose de nouvelles taxes (les *Townshend*

Carte 9.3

LES 13 COLONIES BRITANNIQUES D'AMÉRIQUE

Au cours du XVIIIe siècle, une partie de la population des colonies britanniques d'Amérique du Nord aspire à de nouveaux droits politiques. Le refus de l'Angleterre entraîne une guerre pour l'indépendance.

Acts) sur des produits importés par les colonies : le verre, le plomb, le thé et le papier. C'en est trop. Des colons lancent une campagne de boycottage des produits anglais, ce qui entraîne d'énormes pertes financières pour la métropole. Des dirigeants politiques interviennent aussi : l'assemblée du Massachusetts dénonce l'attitude de l'Angleterre. Devant cet affront, Londres envoie des troupes à Boston et dissout l'assemblée. Lors d'une manifestation, le 5 mars 1770, des soldats anglais ouvrent le feu et tuent cinq personnes. La métropole décide alors d'éliminer les taxes sur les importations, sauf sur le thé. Mais la contestation ne s'éteint pas. Des militants américains mettent en place un réseau de résistance et recrutent des alliés dans toutes les colonies. Toutefois, seulement le tiers des habitants appuie les contestataires, les autres demeurent fidèles à la métropole. En 1773, des manifestants jettent à la mer des cargaisons de thé en provenance de l'Angleterre. Appelé *Boston Tea Party*, cet événement incite Londres à adopter des lois sévères pour briser le mouvement d'opposition (les *Coercitive Laws* ou Lois coercitives). À la même époque, elle adopte le *Quebec Act* (l'Acte de Québec) qui agrandit le territoire du Québec vers le sud (voir la carte 9.3) et accorde aux Canadiens français le droit de pratiquer leur religion et d'utiliser le Code civil français. Les élites coloniales américaines sont outrées du fait que Londres leur impose la répression, alors que leurs voisins du nord obtiennent des concessions. Dans la majorité des colonies, les élus condamnent unanimement la métropole. Devant ce nouvel affront, Londres envoie des troupes supplémentaires en Amérique. La guerre se prépare.

LA RÉVOLUTION, LA GUERRE ET L'INDÉPENDANCE

En réaction aux préparatifs de guerre enclenchés par la métropole, les colonies américaines forment rapidement une armée dont le commandement est confié à George Washington, vétéran de la guerre de Sept Ans. Les premiers affrontements avec les soldats anglais ont lieu en 1775. Pendant ce temps, cinq militants, dont Thomas Jefferson, John Adams et Benjamin Franklin, préparent une déclaration d'indépendance. Elle est adoptée le 4 juillet 1776. Ce texte contient un puissant message politique qui reprend les principales idées du philosophe John Locke et des penseurs des Lumières : l'humain a des droits, notamment celui de renverser un gouvernement considéré comme injuste. La déclaration commence par ces mots :

« *Lorsque dans le cours des événements humains, il devient nécessaire pour un peuple de dissoudre les liens politiques qui l'ont attaché à un autre et de prendre, parmi les puissances de la Terre, la place séparée et égale à laquelle les lois de la nature et du Dieu de la nature lui donnent droit, le respect dû à l'opinion de l'humanité oblige à déclarer les causes qui le déterminent à la séparation. Nous tenons pour évidentes pour elles-mêmes les vérités suivantes : tous les hommes sont créés égaux ; ils sont doués par le Créateur de certains droits inaliénables ; parmi ces droits se trouvent la vie, la liberté et la recherche du bonheur. Les gouvernements sont établis parmi les hommes pour garantir ces droits, et leur juste pouvoir émane du consentement des gouvernés. Toutes les fois qu'une forme de gouvernement devient destructive de ce but, le peuple a le droit de la changer ou de l'abolir et d'établir un nouveau gouvernement, en le fondant sur les principes et en l'organisant en la forme qui lui paraîtront les plus propres à lui donner la sûreté et le bonheur.* »

Document 9.3 Déclaration unanime des treize États unis d'Amérique, 1776.[5]

Le massacre de Boston, en 1770.
Paul Revere.
Dessin (XVIIIe siècle).

En conclusion, la déclaration annonce la rupture des liens avec la métropole et l'indépendance des États-Unis d'Amérique. Londres réagit très mal et intensifie son offensive militaire. De son côté, l'armée américaine fait appel à la France, l'ennemi juré de l'Angleterre. Le gouvernement de Louis XVI accepte d'envoyer des troupes en Amérique. Grâce à cet appui, les indépendantistes américains remportent la victoire. En 1783, par le traité de Versailles, Londres reconnaît l'indépendance des États-Unis. La nouvelle fait rapidement le tour du monde : pour la première fois de l'histoire, un peuple vient de se déclarer lui-même indépendant.

LES RÉPERCUSSIONS DE LA RÉVOLUTION AMÉRICAINE

L'indépendance des États-Unis d'Amérique a un grand retentissement, particulièrement en Europe où la contestation de la monarchie prend de l'ampleur. Les philosophes des Lumières et tous ceux qui adhèrent à leurs idées libérales sont ravis, parce que cet événement majeur se veut une application concrète des principes politiques qu'ils défendent depuis plusieurs décennies. Les Américains ont refusé de se soumettre et ont renversé une autorité jugée despotique et injuste. Quelques années plus tard, en 1787, plusieurs autres principes des Lumières deviennent réalité quand les États-Unis annoncent l'adoption d'une constitution. C'est le premier « contrat social » de l'histoire entre une population et ses dirigeants, une idée de John Locke et de Jean-Jacques Rousseau. La Constitution américaine unit les 13 colonies, devenues des États, en une république fédérale. Son fonctionnement se base sur un principe élaboré par un autre philosophe, Montesquieu : la séparation des pouvoirs. Le pouvoir législatif est assumé par deux assemblées élues, la Chambre des représentants et le Sénat. Une Cour suprême se charge du pouvoir judiciaire. L'exécutif est assumé par un président et un vice-président. Le premier président est George Washington, commandant des armées victorieuses élu en 1789.

Les Européens suivent avec une grande attention tout ce qui se passe aux États-Unis dans les années 1780. Parmi les populations soumises à une monarchie absolue, plusieurs rêvent que la même chose se produise dans leur propre pays et que le régime soit renversé. D'autres veulent plutôt s'inspirer de l'exemple américain pour transformer le système et les institutions. La Révolution américaine alimente beaucoup les débats. Du côté de la France, le roi Louis XVI est fort heureux. Il a appuyé les révolutionnaires et ainsi contribué à la défaite et à l'humiliation de l'Angleterre, son éternelle rivale. Toutefois, il a du même coup accordé une crédibilité à un mouvement qui s'est attaqué à une autorité politique en place. Cela peut sembler paradoxal compte tenu de la gravité de la situation qui prévaut dans son propre royaume…

Le *Boston Tea Party*, en 1773.
Gravure (XVIIIe siècle).

LA RÉVOLUTION FRANÇAISE

Paris, au matin du 21 janvier 1793. Des dizaines de milliers de personnes sont rassemblées sur une place publique pour assister à l'exécution d'un condamné à mort. Elles attendent l'arrivée du prisonnier. Des soldats battent leurs tambours, le moment est solennel. Au milieu de la foule, sur une estrade, on a installé une guillotine, cette machine inventée pour trancher d'un coup la tête des condamnés et leur offrir une mort sans souffrance. Soudain, le prisonnier arrive, à bord d'un grand carrosse. Quelques mois plus tôt, ce prisonnier s'appelait Louis XVI, il était roi de France. Mais la monarchie a été abolie, et à présent, il n'est plus rien d'autre qu'un symbole de ce système que l'on veut effacer à jamais. Escorté par les bourreaux, Louis monte sur l'estrade. Selon plusieurs témoins, il aurait crié à la foule, pendant qu'on le couchait sous la guillotine : « Peuple, je meurs innocent ! Je pardonne aux auteurs de ma mort et je prie Dieu que le sang que vous allez répandre ne retombe jamais sur la France ! » Le bourreau actionne la guillotine, la lame tombe. Quelques secondes plus tard, il ramasse la tête de Louis XVI et la tend vers la foule. Certains baissent les yeux, l'air triste, alors que d'autres s'écrient : « Vive la nation ! Vive la liberté ! »

L'exécution publique de Louis XVI est l'un des moments les plus marquants de la Révolution française. Par ce geste, les adversaires de la monarchie veulent montrer que le peuple de France n'a plus rien à craindre des tyrans et que quiconque s'opposera au pouvoir de la nation sera éliminé. Ils lancent aussi un message à tous les peuples du monde : les rois ne sont pas invincibles, ils peuvent être renversés. Mais comment en est-on arrivé là ? La Révolution française est l'aboutissement d'un large mouvement de contestation qui balaie l'Europe au XVIIIe siècle. Dans les années 1780, la situation financière de l'État français se dégrade et la monarchie refuse toute modification au système politique. L'opposition se radicalise puis, quand la population commence à manquer de pain, la révolte éclate.

Cette peinture représente la violente révolte contre l'autorité de Louis XVI qui a lieu à Grenoble en 1788.

Alexandre Debelle. *La Journée des Tuiles à Grenoble*. Huile sur toile (1890).

LES CRISES DE LA FIN DU SIÈCLE

Nous avons vu que tout au long du XVIIIe siècle, l'Europe vit d'importants changements : l'agriculture et l'industrie se modernisent dans certaines régions, le commerce s'intensifie. En outre, la bourgeoisie et les classes populaires revendiquent plus de pouvoir, les philosophes proposent des moyens de transformer le régime politique et les rapports sociaux. Les monarques et les nobles, de leur côté, résistent pour préserver leurs privilèges. Au cours des années 1780, la situation est explosive dans plusieurs royaumes. L'Irlande, les Provinces-Unies et la Belgique sont ébranlées par des révoltes populaires ou des mouvements révolutionnaires inspirés de l'exemple américain. C'est toutefois en France que le soulèvement collectif le plus marquant a lieu, déclenché par une série de crises venant accentuer les frustrations. La crise est d'abord financière. Depuis le règne de Louis XIV (1661-1715), marqué par d'énormes dépenses, la France est lourdement endettée. Au cours des années 1770, la dette triple en raison des sommes colossales consacrées à l'aide aux révolutionnaires américains dans leur guerre contre la Grande-Bretagne. Pour payer ses dettes, le roi n'a d'autre choix que d'augmenter les impôts. Mais la situation est très délicate, parce que le tiers état croule déjà sous le poids des impôts. Le tiers état voudrait que la noblesse et le clergé soient eux aussi taxés, mais ces derniers refusent catégoriquement de renoncer à leurs privilèges.

Au cours des années 1780, la tension monte parce que les fonctionnaires du roi tentent de créer des impôts pour les clercs et les nobles. Au printemps de 1788, les membres du parlement de Paris, des nobles, refusent officiellement la création d'un impôt proposé par le roi. Fort mécontent, Louis XVI retire aux parlementaires le droit d'enregistrement qui leur permet de donner leur avis sur les lois provenant de Versailles. La crise, au départ financière, devient alors politique. Dans plusieurs villes où se trouve un parlement, les nobles manifestent dans les rues. Des membres de la bourgeoisie et des classes populaires, déjà exaspérés par les problèmes de la monarchie, protestent à leurs côtés. Des émeutes éclatent, notamment à Grenoble où des manifestants attaquent les soldats de l'armée royale. Pour calmer la population en colère, Louis XVI cède et redonne leurs droits aux parlementaires. Il annonce aussi la tenue d'un grand débat pour trouver une solution à la crise des finances de l'État. Des représentants de la noblesse, du clergé et du tiers état, élus partout en France, vont participer à ces états généraux. Il s'agit d'un événement très rare : les derniers remontent à 1614, convoqués à l'époque pour restaurer l'autorité royale et apaiser les rivalités après l'assassinat du souverain Henri IV. Le 8 août 1788, le roi annonce que les états généraux se réuniront l'année suivante. Au cours des mois qui suivent cette annonce, la tension demeure palpable dans plusieurs villes. À Rennes, par exemple, des affrontements sanglants ont lieu entre des nobles et de jeunes bourgeois. Pendant ce temps, les élus devant participer aux états généraux font parvenir au roi la liste de leurs demandes respectives et de leurs critiques. Ces milliers de pages, appelées « cahiers de doléances », montrent à quel point les Français sont divisés. Des membres du tiers état décrivent leurs conditions de vie misérables et supplient directement le roi de les aider :

> « *Nous sommes accablés d'impôts de toutes sortes ; nous vous avons donné jusqu'à présent une partie de notre pain, et il va bientôt nous manquer si cela continue… Si vous voyiez les pauvres chaumières que nous habitons, la pauvre nourriture que nous prenons, vous en seriez touché […].* »

Document 9.4 Doléances de la communauté de Culmon (Élection de Langres), 1788.[6]

D'autres exposent clairement leur sentiment d'injustice face au système en place :

> « *La noblesse jouit de tout, possède tout, et voudrait s'affranchir de tout ; cependant si la noblesse commande les armées, c'est le tiers état qui les compose ; si la noblesse verse une goutte de sang, le tiers état en répand des ruisseaux. La noblesse vide le trésor royal, le tiers état le remplit ; enfin, le tiers état paie tout et ne jouit de rien.* »

Document 9.5 Doléances et remontrances approuvées par le conseil de tous [les] chefs de famille de la communauté de Lauris, 1789.[7]

Les nobles et des membres du clergé, de leur côté, défendent leurs privilèges :

> « *La noblesse n'entend en aucune manière se dépouiller de ses droits seigneuriaux honorifiques et utiles tels que justice haute, moyenne et basse, chasse, pêche, mainmorte, tailles, corvées […].* »

Document 9.6 Cahier des pouvoirs et instructions des députés de l'ordre de la Noblesse du bailliage d'Amont, 1789.[8]

La situation demeure également tendue tout au long de l'année 1788 à cause des mauvaises conditions climatiques qui réduisent les récoltes. Cela entraîne une hausse du prix des céréales et du pain, et la population craint le retour des famines. L'industrie commence à ralentir, l'économie stagne, le chômage et la misère augmentent, l'impatience et l'exaspération montent…

L'ouverture des états généraux à Versailles le 5 mai 1789. Lithographie d'après Allaux (XIXe siècle).

LA RÉVOLUTION LIBÉRALE ET LA GUERRE

Le 5 mai 1789, les états généraux s'ouvrent à Versailles, présidés par le roi. Dès les premiers instants, les représentants du tiers état, de la noblesse et du clergé sont très déçus, car on ne leur parle que de la crise des finances. Aucune mention n'est faite de leurs cahiers de doléances. De plus, le roi annonce que tous les votes se feront par groupe : la noblesse, le clergé et le tiers état n'auront qu'un seul vote pour l'ensemble de leurs représentants. Le tiers état proteste immédiatement, car cela constitue un net désavantage. En effet, il risque d'être toujours battu à deux contre un par les nobles et le clergé. Si, au contraire, chacun des individus présents aux états généraux avait un droit de vote, le tiers état pourrait facilement obtenir la majorité. Des négociations sur le mode de scrutin sont alors amorcées. Un mois plus tard, aucune entente n'a encore été conclue. Les membres du tiers état perdent patience et font un premier geste révolutionnaire, le 17 juin 1789. Ils déclarent solennellement qu'ils représentent la majorité de la population française et qu'ils forment désormais une Assemblée nationale. Ce faisant, ils affirment que la nation est au sommet du pouvoir et non le roi. Trois jours plus tard, ils annoncent qu'ils préparent une nouvelle constitution pour la France. Ici, l'influence de la Révolution américaine est évidente.

Il est également important de remarquer que l'Assemblée nationale ne veut pas abolir la monarchie et que le roi ne souhaite pas répondre par la force à ce mouvement de rébellion. Un rapprochement se fait d'ailleurs le 27 juin, alors que Louis XVI propose aux nobles et au clergé de se joindre à l'Assemblée, ce qu'ils acceptent. Mais pendant que l'Assemblée prépare la Constitution, le roi change d'attitude parce qu'il sent que le système monarchique est menacé. Le 9 juillet, il déploie des troupes autour de Paris et de Versailles afin d'exercer une pression. La situation est extrêmement explosive. Une partie de la population parisienne, choquée par la provocation du roi et affamée par le retard des livraisons de pain dans la capitale, exprime sa colère. Le 14 juillet 1789, craignant une offensive de l'armée royale, une foule attaque la prison de la Bastille pour se procurer des armes. C'est un moment important de la Révolution française : la population ose s'en prendre à un symbole du pouvoir royal. Devant ce soulèvement populaire qui provoque le chaos dans la capitale, Louis XVI décide de retenir ses soldats.

Bientôt, le récit de ces événements se répand dans les campagnes de France et une rumeur inquiétante commence à circuler parmi les paysans : les nobles vont se venger contre la population en détruisant les récoltes. Cette rumeur provoque, dans plusieurs régions, des agressions contre les nobles. Des paysans attaquent les seigneurs, détruisent leurs livres de comptes et leurs archives, pillent les châteaux. C'est la période de la Grande Peur. La révolte terrorise la noblesse qui ne voit qu'une solution pour calmer les foules : abolir les privilèges dont elle profite. Le 4 août 1789, l'Assemblée nationale abolit les privilèges et le régime féodal. C'est un geste révolutionnaire important, puisqu'il met fin à un système vieux de plusieurs siècles. Un autre geste important est accompli quelques semaines plus tard, le 26 août 1789, quand l'Assemblée adopte la Déclaration des droits de l'homme et du citoyen, inspirée des Lumières et de la Déclaration d'indépendance des États-Unis :

« *Les Représentants du Peuple Français, constitués en Assemblée nationale, considérant que l'ignorance, l'oubli ou le mépris des droits de l'homme sont les seules causes des malheurs publics et de la corruption des Gouvernements, ont résolu d'exposer, dans une Déclaration solennelle, les droits naturels, inaliénables et sacrés de l'homme, afin que cette Déclaration, constamment présente à tous les membres du corps social, leur rappelle sans cesse leurs droits et leurs devoirs ; afin que les actes du pouvoir législatif, et ceux du pouvoir exécutif pouvant être à chaque instant comparés avec le but de toute institution politique, en soient plus respectés ; afin que les réclamations des citoyens, fondées désormais sur des principes simples et incontestables, tournent toujours au maintien de la Constitution, et au bonheur de tous.* »

Document 9.7 Déclaration des droits de l'homme et du citoyen, 1789.[9]

La prise de la prison de la Bastille, le 14 juillet 1789. (Œuvre non datée.)

La déclaration se poursuit avec 17 articles qui imposent le respect des libertés fondamentales de tout citoyen : liberté individuelle, de conscience, d'opinion et de presse. Elle établit aussi de nouveaux principes, notamment l'égalité de tous les citoyens devant la loi, peu importe leur position dans la société, le droit de propriété et de résistance à l'oppression. Elle affirme également que c'est la nation qui détient le pouvoir suprême et que rien ne peut s'y opposer.

Pendant des mois, Louis XVI refuse de reconnaître tous ces changements. En octobre 1789, des milliers de Parisiens marchent jusqu'à Versailles (à environ 20 km de Paris) et obligent le roi, sa famille et tous les membres de l'Assemblée à s'installer au château des Tuileries, en plein cœur de la capitale. La population peut ainsi avoir les dirigeants à l'œil. Pendant les deux années qui suivent, l'Assemblée continue de préparer une constitution au cours de rudes débats. Les avis divergent entre les radicaux, les modérés et les partisans de la monarchie. Les nobles et les membres du clergé sont frustrés par la perte de leurs privilèges et rêvent de mettre fin à la révolution. Des centaines de nobles, dégoûtés, fuient le pays. De l'étranger, certains d'entre eux préparent une contre-attaque qui permettrait de restaurer l'ordre ancien. Entre-temps, l'Assemblée nationale annonce en juillet 1790 des mesures sévères contre le clergé : le gouvernement prend possession de tous ses biens et les vendra aux paysans les plus riches et aux bourgeois. Les revenus serviront à enfin rembourser la dette de l'État, élément déclencheur de la révolution. On annonce aussi que les évêques et les curés devront désormais être élus et prêter serment devant la nation ainsi qu'au roi. Une bonne partie du clergé refuse ces mesures avec l'appui du pape Pie VI lui-même. Aux quatre coins du pays, de nombreux citoyens sont solidaires du clergé et décident de se joindre aux opposants à la révolution, considérant qu'elle va beaucoup trop loin.

Cette crise entraîne la France dans la guerre. Pour la première fois, la population commence à se diviser entre partisans de la révolution et opposants. Sentant que le vent est en train de tourner, le roi Louis XVI croit qu'il a une chance de rétablir la monarchie. En pleine nuit, le 20 juin 1791, il prend la fuite avec toute sa famille. Son objectif est de rejoindre les contre-révolutionnaires français réfugiés à l'étranger et de revenir avec eux à la tête d'une puissante armée. Mais alors qu'il tente de quitter le pays, des gens le reconnaissent. Il est fait prisonnier et ramené à Paris. Cette tentative de fuite déclenche des débats passionnés à l'Assemblée nationale. Les plus radicaux considèrent qu'il faut condamner le roi pour trahison et qu'il est temps de remplacer la monarchie par une république où chaque citoyen aurait le droit de vote. Les modérés proposent un changement moins draconien : créer une monarchie constitutionnelle et accorder le droit de vote seulement à ceux qui payent le cens, une sorte d'impôt versé au gouvernement. Les esprits s'échauffent, des affrontements armés ont même lieu dans les rues. Finalement, les modérés remportent le débat et une constitution est adoptée le 3 septembre 1791, inspirée de celle des États-Unis. Avec cette constitution, la paix est ramenée, temporairement.

LA RÉVOLUTION, LA TERREUR ET LA GUERRE

L'Assemblée nationale commence à gouverner à l'automne 1791, mais elle demeure très divisée entre les modérés, les radicaux mécontents de la Constitution et les partisans de la monarchie. Ce qui mobilise toute l'attention des élus, c'est la menace d'une offensive militaire venant de l'étranger. Ils savent que de nombreux Français ont fui le pays pour conclure des alliances avec des royaumes voisins dans le but de revenir rétablir la monarchie. À cette époque, la Prusse (aujourd'hui l'Allemagne) et l'Autriche sont dirigées par des monarques absolus. Ces derniers ont intérêt à ce que la révolution soit écrasée, afin que leur propre peuple ne soit pas tenté de se révolter. Leur intention est donc d'attaquer la France, mais l'Assemblée nationale décide de prendre les devants. Elle déclare la guerre à l'Autriche, le 20 avril 1792. La Prusse se joint au conflit. Les armées françaises, mal préparées, subissent de lourdes défaites et les troupes autrichiennes et prussiennes progressent rapidement vers Paris.

En juillet, la Prusse et l'Autriche lancent un ultimatum : si Louis XVI et sa famille sont agressés, Paris sera anéantie. Cette menace déclenche en quelque sorte une deuxième révolution en France. Le 10 août 1792, c'est la révolte dans la capitale. Les radicaux, menés par leur leader Maximilien de Robespierre et soutenus par des milliers de Parisiens, attaquent l'Assemblée nationale, renversent les institutions et s'emparent du pouvoir. C'est un coup d'État. Ils créent une nouvelle assemblée, la Convention, élue cette fois au suffrage universel et non censitaire. Quelques mois plus tard, les armées françaises parviennent à arrêter l'invasion des Prussiens et des Autrichiens. Victorieux, les dirigeants de la France font une déclaration importante qui va grandement influencer la politique étrangère du pays pour de nombreuses années à venir. Ils affirment que la France révolutionnaire défend des principes universels, telles la liberté et l'égalité, et qu'elle viendra en aide à tous les peuples qui voudront eux aussi se révolter contre leurs dirigeants. Peu de temps après, une majorité d'élus votent en faveur de l'exécution de Louis XVI pour officialiser une fois pour toutes la fin de la monarchie. Le roi est jugé et guillotiné le 21 janvier 1793. Pour les monarques anglais, espagnols, autrichiens, prussiens et russes, il est inacceptable qu'un des leurs soit ainsi assassiné et que la France invite les peuples à la révolte. Il faut l'arrêter. L'offensive est déclenchée. Les puissances européennes remportent de nombreuses victoires. Sous prétexte de protéger le pays et de maintenir l'ordre, les élus de la Convention transforment la France en une dictature dirigée par Robespierre. L'objectif est d'abord d'éliminer les citoyens français qui continuent de s'opposer à la révolution. Cette l'époque de la Terreur. Des milliers de personnes sont arrêtées et environ 17 000 sont guillotinées en quelques mois. La dictature mobilise également des dizaines de milliers d'hommes et les envoie combattre les troupes étrangères. La France l'emporte à l'hiver 1793. La menace étant écartée, les élus souhaitent mettre fin à la dictature, mais Robespierre s'accroche au pouvoir. Il est à son tour arrêté, puis guillotiné.

La période qui suit la dictature de Robespierre marque le retour d'une plus grande stabilité dans le pays. Une autre constitution est adoptée : le Directoire remplace la Convention comme institution suprême. Au cours des années qui suivent, les dirigeants français mettent l'accent sur l'étranger. Ils adoptent une attitude agressive envers la coalition de royaumes qui a attaqué la France. Leur objectif est de renforcer la France et d'étendre les idéaux révolutionnaires dans toute l'Europe. La France mène donc une série d'offensives qui lui permettent d'annexer des territoires et de forcer la dissolution de la coalition. Au cours de ces guerres, un jeune général dans la vingtaine se distingue par son talent : Napoléon Bonaparte. Les armées placées sous son commandement remportent des victoires retentissantes contre l'Italie, alliée de l'Autriche, le rendant célèbre partout au pays. Mais en 1799, le vent tourne soudain, au détriment des armées françaises. L'Angleterre crée une nouvelle coalition et attaque la France, qui subit de premières défaites. Encore une fois, le pays est menacé d'une invasion étrangère et la population a perdu confiance en son gouvernement. Dix ans après le début de la révolution, la France est au bord du désastre. Napoléon Bonaparte intervient alors pour redresser la situation. Depuis plusieurs années déjà, il attend le bon moment pour prendre le pouvoir par la force, ce qu'il fait à l'automne 1799. La majorité de la population l'appuie. Les priorités de Napoléon sont de contrer la menace étrangère, de ramener l'harmonie entre les Français et de répandre la révolution à travers l'Europe, qu'il dominera durant 12 ans.

L'exécution publique du roi Louis XVI à Paris, le 21 janvier 1793. (Œuvre non datée.)

L'EMPIRE FRANÇAIS

Le règne de Napoléon s'étend sur une longue période, de 1799 à 1815, et marque un tournant décisif non seulement dans l'histoire de la France, mais dans celle de toute l'Europe. Après quelques années au pouvoir, il réussit à faire la paix avec l'Autriche et l'Angleterre. Il manœuvre aussi avec stratégie pour instaurer un nouveau régime politique, appelé Consulat, qui n'est démocratique qu'en apparence. Dans les faits, Napoléon a tous les pouvoirs et peut gouverner comme un dictateur. Cela ne l'empêche pas de moderniser en profondeur les institutions et les lois françaises, notamment en créant un code civil qui a en outre inspiré celui du Québec. La paix est donc revenue, mais Napoléon a de grandes ambitions : faire de la France un empire qui régnera sur toute l'Europe. Dès 1803, il lance son pays dans des guerres de conquête. En 1812, la France domine toute l'Europe, sauf l'Angleterre, la Russie et l'Empire ottoman (voir la carte 9.4). Napoléon gouverne de plus en plus comme un monarque absolu et respecte de moins en moins les principes de la Révolution française, telles la liberté et la démocratie. La police épie la population et les intellectuels, les journaux sont censurés, les opposants sont arrêtés et emprisonnés. Napoléon est devenu un tyran qui fait peur et qu'on déteste. Il fait aussi de nombreux mécontents en imposant à tous les États annexés à son empire des réformes politiques inspirées de la Révolution française. Ces États doivent ainsi adopter une nouvelle constitution, utiliser le Code civil français, enseigner la langue française dans les écoles, respecter les principes de liberté religieuse et d'égalité des citoyens devant la loi et moderniser leur bureaucratie.

Carte 9.4

L'EMPIRE DE NAPOLÉON EN 1812

En 1812, la France de Napoléon contrôle toute l'Europe. Mis à part l'Angleterre, la Suède et le Portugal, l'ensemble des États sont ses alliés ou lui sont soumis.

Pour les pays conquis, ces obligations sont inacceptables. Un très fort sentiment anti-français se répand à travers les populations de l'Empire. La France est pour elles une puissance impérialiste qui veut les écraser pour dominer tout le continent. Cette résistance a aussi pour effet de stimuler grandement le sentiment d'appartenance des différents peuples à leur patrie, c'est-à-dire le nationalisme. Par exemple, les Espagnols s'unissent contre la France au nom de la défense de leurs traditions nationales. La même chose se produit en Italie et en Prusse. Devant l'agression française, les peuples d'Europe prennent davantage conscience de leur identité propre et de la nécessité de la défendre. Des signes de révolte apparaissent et, à partir de 1815, une coalition formée de l'Angleterre, de la Prusse, de l'Autriche et de la Russie attaque la France. Les troupes napoléoniennes sont écrasées à la bataille de Waterloo, en Belgique. Napoléon est fait prisonnier et est forcé de s'exiler sur l'île de Sainte-Hélène, au milieu de l'Atlantique Sud. Les vainqueurs rétablissent la monarchie en France et placent sur le trône Louis XVIII, le frère de Louis XVI.

Jacques-Louis David. *Portrait de Napoléon dans son cabinet de travail*. Huile sur toile (1812).

LE FIL DE L'HISTOIRE

Au XVIIIe siècle, une partie de l'Occident est balayée par un vent de revendications. La diminution du taux de mortalité, les améliorations technologiques en agriculture et dans l'industrie ainsi que l'accélération des échanges suscitent de nouvelles ambitions, de nouveaux espoirs et une critique du système en place. La monarchie absolue et les privilèges de la noblesse, entre autres, sont perçus par les bourgeois et les classes populaires comme un frein à la modernisation. Un peu partout en Europe, les philosophes participent à ce combat et valorisent l'émancipation de l'être humain à travers plus de liberté, de justice et d'égalité. Les idées circulent davantage grâce au développement d'un espace public : dans les villes surtout, les imprimeries, livres, journaux, bibliothèques, écoles et lieux de débat se multiplient. À la fin du siècle, la résistance des autorités et des classes privilégiées entraîne des révoltes. Les révolutions américaine et française établissent de nouveaux principes politiques, notamment l'égalité et la liberté des individus, l'idée que les peuples forment des nations qui détiennent le seul pouvoir légitime et l'importance du sentiment d'appartenance à la patrie. Mais ces principes, s'ils constituent pour plusieurs un nouvel idéal à atteindre, sont farouchement combattus par les pouvoirs en place. Le retour de la monarchie en France, dès 1815, symbolise cette résistance face à la montée des idées de liberté et de démocratie.

L'historien à l'œuvre

L'HISTOIRE QUANTITATIVE

L'histoire quantitative, qui s'appuie sur l'analyse de données chiffrées, se développe après la Seconde Guerre mondiale et connaît une grande vogue dans les années 1960 et 1970. Les historiens quantitativistes ambitionnent de faire une histoire scientifique et objective. Ils veulent développer des explications globales, du fait que l'analyse chiffrée permet d'établir des comparaisons à grande échelle, tant géographiques (sur de larges espaces) que chronologiques (sur une longue période).

Pour leurs enquêtes, ils utilisent les recensements et les registres paroissiaux (baptêmes, mariages, sépultures) ou notariés (actes de vente, testaments, inventaires après décès, etc.). Il peut s'agir tant d'archives publiques (actes d'état civil, procès, listes d'imposition) que d'archives privées (de compagnies, de banques, etc.).

L'histoire quantitative est particulièrement présente dans trois domaines : la démographie historique, l'histoire sociale et l'histoire économique.

La démographie historique étudie la population dans le temps et l'espace, au regard de ses variations, de sa densité, de ses mouvements, de sa structure (selon l'âge, le sexe, les catégories socioprofessionnelles).

L'histoire sociale, qui se veut plus personnelle, s'intéresse à la société et aux groupes qui la composent, en s'attardant à leurs pratiques et à leurs attitudes. On y examine notamment la famille, le mariage, la sexualité et la naissance.

L'histoire économique se penche sur les faits économiques vus dans leur évolution historique. On y analyse le commerce, la production, le travail, la consommation, les politiques étatiques et la gestion du territoire.

LES DIFFICULTÉS MÉTHODOLOGIQUES LIÉES À L'HISTOIRE QUANTITATIVE

La représentativité des données (voir aussi la rubrique du chapitre 7)

La première difficulté que pose l'histoire quantitative concerne la représentativité des données. De fait, les historiens quantitativistes recourent à des analyses locales pour mesurer les phénomènes qu'ils étudient. Il est cependant ardu de juger en quoi ces données régionales reflètent la réalité plus globale. Prenons les données du tableau 9.1 sur les enfants illégitimes (nés hors du mariage) au XVIIIe siècle, pour la ville de Perpignan, la petite ville de Meulan et le village d'Isbergues, en France.

Tableau 9.1
LES TAUX DE BAPTÊME D'ENFANTS ILLÉGITIMES, EN POURCENTAGE, FRANCE (1700-1819)

Lieu	1700-1729	1730-1759	1760-1789	1790-1819
Perpignan	12,95	13,40	18,05	21,35
Meulan	0,59	0,59	2,30	4,16
Isbergues	0,40	0,57	1,03	4,03

Source : D'après LEBRUN, François. *La vie conjugale sous l'Ancien Régime*, Paris, Armand Colin, 1975, coll. « U Prisme », p. 98 et FLANDRIN, Jean-Louis. *Familles. Parenté, maison, sexualité dans l'ancienne société*, Paris, Seuil, 1984, coll. « Points Histoire », p. 212-214.

De ces données, on pourrait conclure que l'illégitimité est plus répandue en milieu urbain (Perpignan) que rural (Isbergues). En effet, dans la grande ville, jusqu'à 21 % des enfants sont nés de parents non mariés, par rapport à 4 % environ dans les campagnes.

Toutefois, cette généralisation est hasardeuse, car il n'est pas certain que ces trois localités reflètent les comportements adoptés dans les autres localités de même taille, que tous les enfants illégitimes ont été comptabilisés ou que nous disposons de tous les registres de baptême des localités étudiées.

Force est de constater qu'il est difficile d'accéder à la réalité dissimulée sous les chiffres. C'est la multiplication des études locales et leur comparaison systématique qui permettent de déterminer si les phénomènes observés constituent la règle ou l'exception. Travail titanesque s'il en est !

Les données fragmentaires

Les registres qui sont parvenus jusqu'à nous sont souvent incomplets ou mutilés. Dans ces conditions, il est difficile d'élaborer des séries de données fiables afin d'établir des comparaisons pour une même période. Il devient ainsi plus complexe de tracer l'évolution d'un phénomène en l'absence de certaines données.

Observons cette difficulté avec les données de la figure 9.1 qui montre les taux de mariage endogamique (entre conjoints résidant dans la même localité) dans trois villages français.

Figure 9.1

LES TAUX EN POURCENTAGE D'ENDOGAMIE RURALE EN FRANCE (1620-1819)

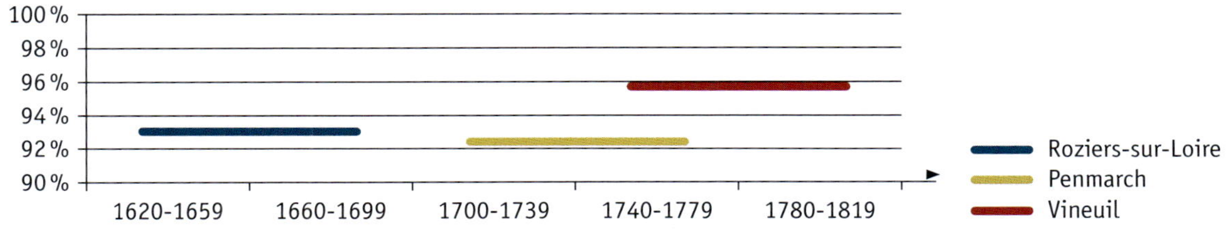

Source : D'après LEBRUN, François. *La vie conjugale sous l'Ancien Régime*, Paris, Armand Colin, 1975, coll. « U Prisme », p. 27-29 et FLANDRIN, Jean-Louis. *Familles. Parenté, maison, sexualité dans l'ancienne société*, Paris, Seuil, 1984, coll. « Points Histoire », p. 45.

Pour Roziers-sur-Loire, nous ne possédons des données que pour le début de la période étudiée (1620-1699), pour Penmarch, les données disponibles ne couvrent que le milieu de la période étudiée (1700-1779), et pour Vineuil (1740-1819), des données n'existent que pour la fin de la période. Comment s'y prendre pour tirer une conclusion sur l'évolution de l'endogamie à partir de données si lacunaires ?

Les données n'illustrent pas non plus les variations fines qui ont pu se produire au fil du temps. En fait, les distorsions issues de données trop dispersées peuvent invalider l'analyse. Pour s'en convaincre, comparons les deux histogrammes de la figure 9.2. Les deux présentent l'âge des jeunes filles à leur premier mariage dans une communauté rurale.

Figure 9.2

L'ÂGE AU MARIAGE DES FILLES À PONT-DE-VAUX EN FRANCE (1700-1800)

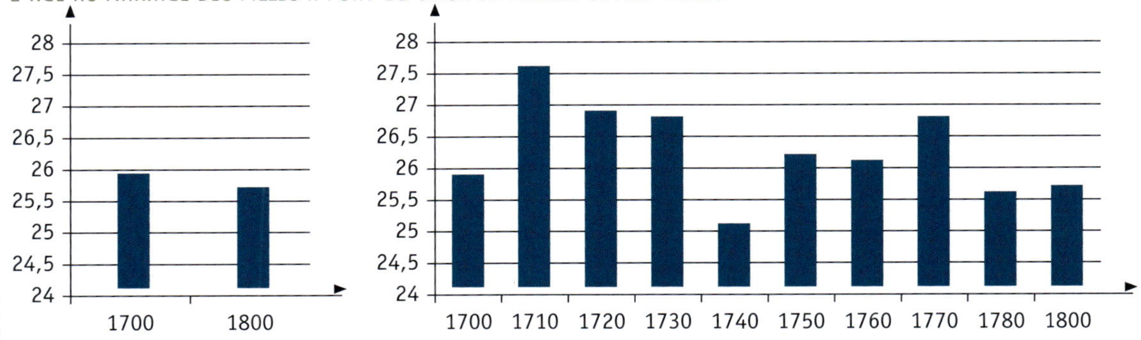

Source : D'après FLANDRIN, Jean-Louis. *Familles. Parenté, maison, sexualité dans l'ancienne société*, Paris, Seuil, 1984, coll. « Points Histoire », p. 216.

Si l'on ne disposait que des données du premier histogramme, l'âge au mariage des filles paraîtrait quasi stable pendant tout le XVIIIe siècle : l'histogramme montre qu'il aurait légèrement diminué, de 25,8 ans à 25,6 ans, pendant cette période.

En réalité, l'intervalle trop grand entre les données (100 ans) masque ici d'importantes variations. Le second histogramme, où les données sont présentées par tranches de 10 ans, le montre bien. Les variations y sont apparentes et, par conséquent, il convient de nuancer l'hypothèse relative à la stabilité de l'âge au mariage.

L'interprétation des données quantitatives

Une autre difficulté a trait à l'interprétation que l'historien peut faire de données quantitatives. Que peut-on faire dire aux chiffres exactement ? Observons les données présentées à la figure 9.3 sur les abandons d'enfants au XVIIIe siècle.

Figure 9.3

LE NOMBRE D'ENFANTS ENREGISTRÉS À L'HÔPITAL DES ENFANTS-TROUVÉS, À PARIS (1700-1770)

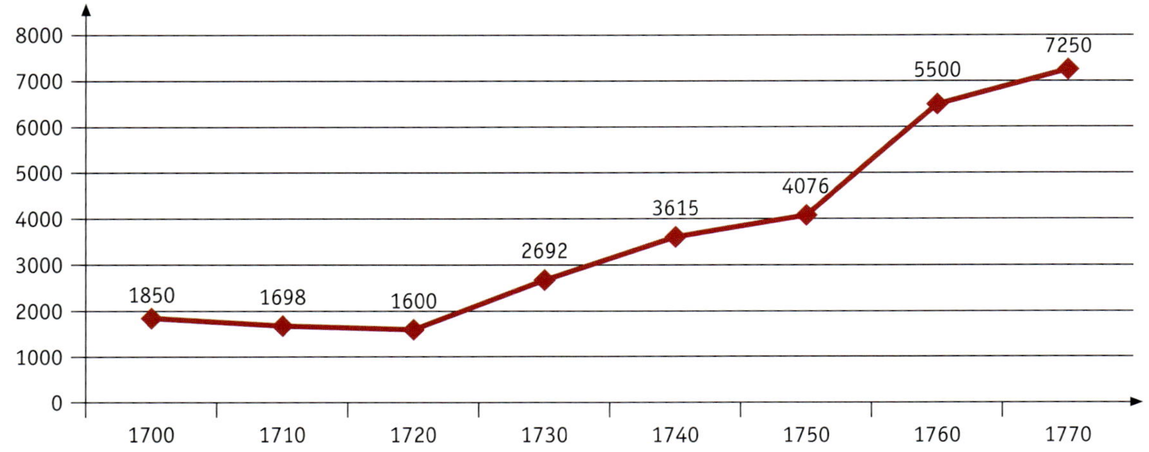

Source : D'après FLANDRIN, Jean-Louis. *Familles. Parenté, maison, sexualité dans l'ancienne société*, Paris, Seuil, 1984, coll. « Points Histoire », p. 215.

À partir de la décennie 1720, on remarque une nette augmentation du nombre d'enfants abandonnés. Mais comment expliquer cette hausse ? Plusieurs hypothèses ont été avancées : négligence parentale, pauvreté des familles, absence de contraception, etc. En fait, ces données ne permettent aucunement de savoir pourquoi les enfants sont abandonnés ; elles ne font que décrire le phénomène. Pour dégager une explication globale, l'historien doit faire appel à d'autres facteurs d'analyse, en utilisant d'autres types de sources.

La comparabilité des données

Un autre défi de l'historien a trait à la collecte de données comparables. En effet, à travers le temps et l'espace, les unités de mesure (distance, superficie, poids, volume) changent ; de même, les monnaies et le calendrier connaissent des variations. Le sens des termes évolue, de même que la réalité qu'ils désignent. Par exemple, un enfant est-il illégitime si ses parents n'étaient pas mariés au moment de sa conception, mais qu'ils sont mariés au moment de sa naissance ? Les données sur l'illégitimité des enfants seront différentes selon que l'on adopte l'une ou l'autre des définitions.

Il est donc impératif pour l'historien de trouver des équivalences, de ramener à des étalons semblables les données qu'il entend étudier et de comptabiliser ces données en fonction des mêmes réalités.

L'HISTOIRE QUANTITATIVE AUJOURD'HUI

Depuis les années 1980, l'histoire quantitative est appliquée de façon moins systématique. Les historiens accordent une plus grande attention à l'individu et au fait local et, dans ce cadre, les données chiffrées ne sont souvent utilisées que pour illustrer une démonstration. De plus, l'analyse quantitative fait l'objet de plusieurs critiques.

Cependant, ces critiques prônent la prudence face aux données chiffrées et non l'abandon de l'analyse quantitative. En effet, les historiens quantitativistes insistent sur les vastes possibilités qu'offrent maintenant l'informatisation des données et la mise en réseau des banques de données, qui pourraient permettre des analyses à des échelles encore plus grandes ainsi que des interprétations plus globales allant au-delà de la simple accumulation d'études régionales.

EXERCICE

Le tableau 9.2 propose plusieurs indicateurs économiques concernant la période prérévolutionnaire en France (1785-1789).

Attention : le tableau utilise ce qu'on appelle des « indices » plutôt que des données brutes. Pour ce faire, une année de référence est choisie à laquelle on attribue la valeur 100 (ce qui veut dire que l'indice représente 100 % de la valeur de la donnée pour cette année-là). Par exemple, en 1785, le prix du setier (une unité de mesure de quantité) de froment, une céréale, est fixé à l'indice 100. Cela ne signifie pas que le froment se vendait 100 sous le setier, mais que 1785 est l'année de référence. Ainsi, le fait que l'indice du prix du froment soit passé à 172 en 1789 indique que le prix a augmenté de 72 % en 4 ans.

Tableau 9.2

LES INDICATEURS DE LA CRISE SOCIOÉCONOMIQUE EN FRANCE (1785-1789)

Indicateurs économiques	1785	1786	1787	1788	1789
Indice de la hausse des prix du setier de froment (1785 = 100)	100	101	101	136	172
Indice de production textile (1786 = 100)	—	100	91	55	47
Indice des salaires ouvriers (1785 = 100)	100	—	—	—	122
Excédent des naissances sur la mortalité : exemple du village de Saint-Lambert-des-Levées, France	+25	+21	+22	+25	+35

Source : D'après LEMARCHAND, Guy. « L'agriculture et le problème des subsistances », dans VOVELLE, Michel (dir). *L'état de la France pendant la Révolution (1789-1799)*, Paris, La Découverte, 1988, p. 296-299 ; SOBOUL, Albert. *La Révolution française*, Paris, Presses Universitaires de France, 1978, coll. « Que sais-je ? », p. 25-27 ; VOVELLE, Michel. *Nouvelle histoire de la France contemporaine*, tome 1 : *La chute de la monarchie (1787-1792)*, Paris, Seuil, 1972, coll. « Points Histoire », p. 55.

Faites l'analyse de ces données et répondez aux questions suivantes.

- Qu'apprend-on quant à la situation économique de la France à la veille de la Révolution, en ce qui concerne les prix, la production, les salaires et la démographie ?
- En comparant ces données, tirez des conclusions sur le chômage et le pouvoir d'achat des ouvriers. Expliquez pourquoi ils augmentent ou diminuent.
- Nous avons vu quatre difficultés méthodologiques qui peuvent se poser dans l'analyse quantitative ; expliquez-en une qui s'applique aux données de ce tableau.

Les réponses sont disponibles sur *Modulo en ligne*.

Chapitre 10

1815 Congrès de Vienne.

1820 à 1823 Principale vague d'indépendance des colonies d'Amérique latine.

1823 Doctrine Monroe aux États-Unis.

1830 Première liaison ferroviaire entre Liverpool et Manchester.

1832 Le parti des whigs dépose le « Reform Bill » au Parlement britannique.

1833 La Grande-Bretagne abolit l'esclavage.

1848 Vague révolutionnaire en Europe, notamment en France, en Italie, en Allemagne et en Autriche.

1848 Karl Marx et Friedrich Engels publient le *Manifeste du parti communiste*.

Le métro aérien de New York a été inauguré en 1880. Illustration tirée du *Picture Magazine* (XIXe siècle).

L'INDUSTRIALISATION ET LES MUTATIONS AU XIXe SIÈCLE

DANS CE CHAPITRE

- L'industrialisation de l'Occident
- Les répercussions des révolutions démocratiques
- Le triomphe de la science et de la technologie
- La montée du nationalisme et des rivalités

1850 La Grande-Bretagne est le principal producteur mondial de charbon, d'équipement de chemin de fer et de métiers à tisser.

1859 Darwin publie *L'origine des espèces.*

1870 Guerre franco-prussienne.

1870 et 1871 Unification de l'Italie et de l'Allemagne.

1878 Louis Pasteur présente sa théorie des germes à l'Académie des sciences.

1884 et 1885 Partage de l'Afrique à la conférence de Berlin.

1885 Émile Durkheim publie son étude sur le suicide.

L'INDUSTRIALISATION DE L'OCCIDENT

Eugène Schneider, célèbre milliardaire français, est pourtant né dans une famille très modeste. À la faveur d'un heureux mariage qui lui apporte une dot de 100 000 francs, il achète en 1836 une forge en faillite. Après un voyage en Angleterre en compagnie du premier technicien de son entreprise, il décide d'y reproduire le modèle anglais de fabrication industrielle. Les forges du Creusot deviennent alors une des plus grandes entreprises du monde. On y fabrique des rails, des locomotives, des coques de bateau, des machines à vapeur, des armes, des canons, des éléments structuraux de ponts… Les entrepreneurs comme Eugène Schneider, tous inspirés du modèle économique anglais, sont les nouveaux héros du XIX*e* *siècle.*

À l'image de la vie d'Eugène Schneider, la révolution industrielle changera à jamais le destin de l'Occident. Elle découle des innovations techniques de l'époque ainsi que de la croissance démographique importante qui fournit à la fois la main-d'œuvre et les consommateurs de la nouvelle société industrielle. Les conditions de travail des ouvriers sont pénibles et l'urbanisation rapide rend les conditions de vie tout aussi difficiles. Cela crée un terreau fertile pour l'émergence d'un mouvement ouvrier revendicateur, en même temps que la vie dans les villes transforme les rapports sociaux. Cependant, malgré toutes les difficultés, les gens quittent les campagnes en masse et migrent vers les villes industrielles dans l'espoir d'y améliorer leur existence.

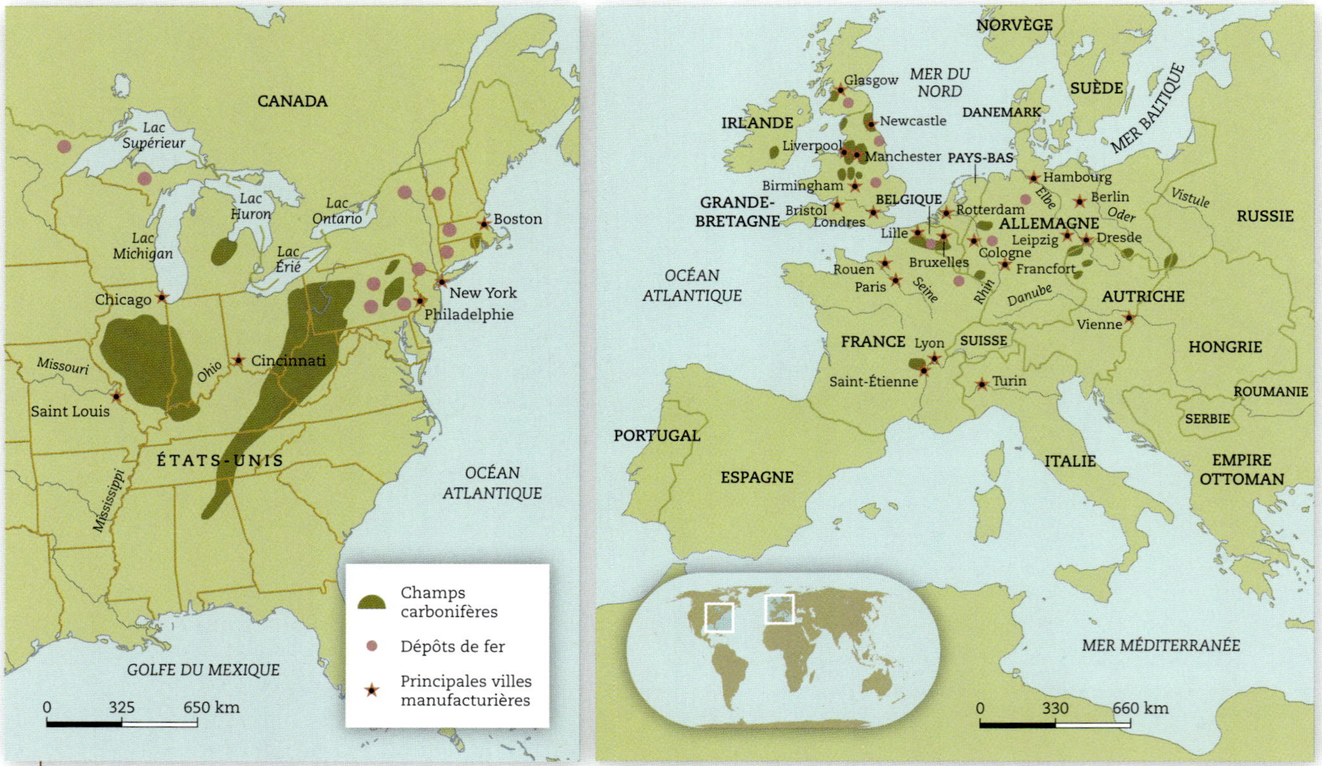

Carte 10.1

LES PRINCIPALES VILLES INDUSTRIELLES EN AMÉRIQUE ET EN EUROPE

L'accès à des dépôts de fer et à des champs carbonifères, qui fournissent le fer et le charbon nécessaires à la fabrication et au fonctionnement des machines, sont des éléments clés pour que se développent des centres industriels.

Une ville industrielle en Angleterre au XIXe siècle. Huile sur toile (date inconnue).

L'APOGÉE DE LA RÉVOLUTION INDUSTRIELLE ET DU MODÈLE ÉCONOMIQUE ANGLAIS

La révolution industrielle a débuté en Grande-Bretagne, au XVIIIe siècle. C'est d'abord dans ce pays que des inventions comme la machine à vapeur et le métier à tisser ont été utilisées dans un contexte industriel, rendant possible la production de biens en usine. Déjà, au XVIIIe siècle, la Grande-Bretagne possède nombre de caractéristiques qui lui sont favorables : on trouve sur son territoire du charbon et du fer en abondance ; sa géographie fait en sorte que les coûts de transport entre les mines et les usines, puis entre ces dernières et les ports, sont peu élevés ; elle peut compter sur une main-d'œuvre ouvrière nombreuse en raison du grand nombre d'immigrants irlandais et de petits fermiers délocalisés à la suite de la révolution agricole ; enfin, les propriétaires d'usines profitent d'un financement facilité par le développement rapide des banques anglaises, parallèlement au développement commercial outre-Atlantique. La relative stabilité politique qui suit la révolution anglaise de 1689 joue également un rôle, tout comme le fait que la société anglaise permet une plus grande mobilité sociale, surtout pour les jeunes hommes qui se lancent dans l'entrepreneuriat. Par ailleurs, la Révolution française et les guerres napoléoniennes ont favorisé l'industrialisation de la Grande-Bretagne en stimulant la demande de produits manufacturés pour équiper et habiller les soldats.

Au début du XIXe siècle, la Grande-Bretagne n'est certes pas la seule région industrialisée de l'Occident. De façon générale, le nord-est des États-Unis et le nord de l'Europe participent au mouvement (voir la carte 10.1). Les Anglais ne peuvent pas empêcher les techniciens spécialisés de partir tantôt vers la France, tantôt vers les États-Unis, tantôt vers l'Allemagne, et d'ainsi y apporter le savoir-faire nécessaire à l'industrialisation. Des inventions qui marquent le processus d'industrialisation du XIXe siècle voient d'ailleurs le jour à l'extérieur de la Grande-Bretagne, particulièrement en sol américain. En 1793, au Connecticut, dans le nord-est des États-Unis, Eli Withney met au point une égreneuse de coton qui permet de séparer mécaniquement la fibre des graines de coton, réduisant considérablement les coûts de production de ce textile. En 1798, le président américain George Washington accorde au même Eli Withney un contrat de fabrication de milliers d'armes à feu. L'inventeur planifie la production à partir de pièces interchangeables d'une unité de fabrication à une autre, ce qui permet pour la première fois de l'histoire de produire à la chaîne.

Même si d'autres régions s'industrialisent, la Grande-Bretagne occupe une place prédominante dans l'économie mondiale durant la première moitié du XIXe siècle. En 1850, elle est le principal producteur mondial de charbon, d'équipement de chemin de fer et de métiers à tisser. Les autres pays veulent l'imiter, à tout le moins tous ceux qui saisissent que la production industrielle offre des perspectives de rentabilité sans pareilles.

UNE CROISSANCE DÉMOGRAPHIQUE SPECTACULAIRE

Entre 1800 et 1900, la population de l'Europe a plus que doublé, et ce, malgré une forte émigration vers les Amériques (voir le tableau 10.1). Les accroissements de population les plus marqués en Europe surviennent en Grande-Bretagne, en Belgique, aux Pays-Bas, en Allemagne, dans les pays scandinaves et en Russie. Durant la même période, le nombre d'habitants aux États-Unis est multiplié par 14 !

La forte croissance démographique de l'Occident au XIXe siècle favorise l'industrialisation. Il faut toutefois éviter d'établir un lien de causalité entre la révolution industrielle et cette croissance démographique. Par exemple, la Poméranie orientale, une région essentiellement agricole de l'Allemagne, connaît une croissance démographique plus grande que la Rhénanie, fortement industrialisée. Cette explosion démographique a donc d'autres explications. Il convient notamment de considérer le taux de mortalité, qui est en régression un peu partout en raison de facteurs dont certains étaient déjà présents au XVIIIe siècle (voir le chapitre 9). À ces facteurs s'ajoutent des progrès médicaux significatifs, en particulier l'invention du vaccin contre la variole. Les industriels se réjouissent du rajeunissement général de la population et de l'arrivée de centaines de milliers de jeunes sur le marché de l'emploi. Ces derniers représentent une main-d'œuvre abondante et les patrons savent qu'ils peuvent leur verser de faibles salaires ; si quelqu'un n'est pas satisfait, il s'en trouvera un autre pour prendre sa place.

Certains observateurs de cette explosion démographique s'inquiètent pourtant. Ils se demandent comment il sera possible de nourrir autant de nouvelles personnes et estiment qu'il y a un risque que les masses de jeunes sans emploi provoquent un chaos social. Le plus connu d'entre eux, Thomas Robert Malthus, publie six éditions de son *Essai sur le principe de population* entre 1798 et 1826. Il y écrit :

Tableau 10.1
CROISSANCE DE LA POPULATION, 1800-1900 (EN MILLIONS D'HABITANTS)

	1800	1850	1900	Variation (%)
EUROPE				
France	27,3	35,7	38,9	+ 42
Grande-Bretagne	15,0	22,9	38,0	+ 153
Irlande	5,1	6,6	4,4	– 14
Belgique et Pays-Bas	5,0	7,4	11,8	+ 136
Suisse	1,7	2,3	3,3	+ 94
Italie	18,1	24,0	32,4	+ 79
Allemagne	23,0	35,9	56,3	+ 145
Autriche-Hongrie	28,0	35,0	49,0	+ 75
Pays scandinaves	4,2	6,3	9,9	+ 136
Espagne	10,5	15,0	18,6	+ 77
Portugal	2,9	3,4	5,6	+ 93
Russie	36,0	57,0	103,0	+ 186
AMÉRIQUE DU NORD				
Canada	0,3	3,0	5,4	+ 1700
États-Unis	5,3	23,1	76,0	+ 1334

Source : Jean-Pierre Rioux, *La révolution industrielle 1780-1880*, Paris, Seuil, 1971, p. 26.

« Lorsque la population n'est arrêtée par aucun obstacle, elle va doublant tous les vingt-cinq ans, et croît de période en période selon une progression géométrique. […] Les moyens de subsistance, dans les circonstances les plus favorables à l'industrie, ne peuvent jamais augmenter plus rapidement que selon une progression arithmétique. La conséquence inévitable de ces deux lois d'accroissement comparées est assez frappante. Portons à onze millions la population de la Grande-Bretagne, et accordons que le produit actuel de son sol suffit pour maintenir une telle population. Au bout de vingt-cinq ans, la population serait de vingt-deux millions; et la nourriture étant aussi doublée suffirait encore à son entretien. Après une seconde période de vingt-cinq ans, la population serait portée à quarante-quatre millions, et les moyens de subsistance n'en pourraient plus soutenir que trente-trois. Dans la période suivante, la population, arrivée à quatre-vingt-huit millions, ne trouverait des moyens de subsistance que pour la moitié de ce nombre. À la fin du premier siècle, la population serait de cent soixante-seize millions, et les moyens de subsistance ne pourraient suffire à plus de cinquante-cinq millions; en sorte qu'une population de cent vingt et un millions d'hommes serait réduite à mourir de faim. »

Document 10.1 Thomas Robert Malthus, *Essai sur le principe de population*, 1798.[1]

Malthus propose, pour freiner « le drame » de la croissance démographique, de cesser toute aide aux plus démunis afin que les plus faibles soient « naturellement » éliminés. Il va jusqu'à évoquer la limitation des naissances pour éviter la catastrophe. Malgré le grand intérêt qu'elles suscitent, ses propositions ne sont pas mises en œuvre. Comme bien des gens de son époque, Malthus a sous-estimé l'accroissement de la production de biens et de denrées alimentaires que la révolution industrielle entraîne. Il a aussi sous-estimé le nombre d'emplois qu'elle va créer.

L'effet conjugué de la croissance démographique et de sa concentration dans les zones urbaines en raison du travail en industrie amène tout de même une transformation en profondeur des sociétés occidentales, plus importante que jamais auparavant. Le travail change, de nouvelles classes sociales émergent, de nouvelles idéologies prennent forme et les conditions de vie propres au milieu urbain modifient la vie des individus. Pour bien des historiens, la révolution industrielle au XIXe siècle est le plus grand générateur de changement dans toute l'histoire de l'humanité.

LA TRANSFORMATION DU TRAVAIL

Le travail en usine est l'activité qui a forcé les femmes et les hommes à s'adapter le plus rapidement à un univers entièrement nouveau. La grande majorité des ouvriers qui font fonctionner les nouvelles usines provient des campagnes. Avec ses bâtiments mal éclairés et faiblement ventilés, avec ses machines dangereuses et dépourvues de dispositifs de sécurité, avec ses longues journées de travail répétitif, le travail industriel s'effectue dans des conditions très difficiles. La journée de travail dure aussi longtemps que la lumière du jour le permet, parfois jusqu'à 16 heures en continu. Il arrive que les ouvriers travaillent sept jours sur sept et, dans les villes industrielles, les congés qu'occasionnent les fêtes religieuses, rigoureusement observées dans les campagnes, sont moins scrupuleusement respectés. Il n'est pas rare de trouver dans les usines de jeunes enfants et des vieillards aux côtés des ouvriers d'âge

Une femme et un enfant travaillant dans une mine de charbon à Bolton, Lancashire, en 1848.
Dessin (XIXe siècle).

adulte. Il n'y a pas de limite d'âge ni de règle qui empêche l'exploitation des personnes les plus vulnérables de la société. Une jeune ouvrière anglaise, Elizabeth Bentley, révèle ses conditions de travail lors d'une commission du Parlement anglais en 1815 :

> « *À quel âge avez-vous commencé à travailler en manufacture ?*
>
> *— Quand j'ai eu six ans.*
>
> *— Dans quelle manufacture ?*
>
> *— Chez monsieur Burk.*
>
> *— Quel genre de manufacture était-ce ?*
>
> *— Une filature de lin.*
>
> *— Quels étaient vos horaires de travail ?*
>
> *— De 5 heures du matin à 9 heures du soir [...].*
>
> *— Combien de temps aviez-vous pour les repas ?*
>
> *— Quarante minutes à midi.*
>
> *— Aviez-vous le temps de prendre un petit déjeuner ou de boire quelque chose ?*
>
> *— Non, nous devions nous débrouiller. [...]*
>
> *— Si vous ralentissiez ou si vous preniez du retard, que se passait-il ?*
>
> *— Ils nous fouettaient jusqu'à la ceinture.*
>
> *— Et c'était une chose courante ?*
>
> *— Oui.*
>
> *— Vous-même, avez-vous été punie ainsi ?*
>
> *— Oui.*
>
> *— Sévèrement ?*
>
> *— Oui.*
>
> *— Ce châtiment est-il destiné à blesser ?*
>
> *— Oh, oui... J'ai vu le contremaître se précipiter à l'autre bout de la salle où travaillent la plupart des filles ; il a saisi une ceinture – parfois il utilisait même une chaîne – et, un sifflet dans la bouche, il les a toutes frappées à la volée.* »

Document 10.2 Elizabeth Bentley, Témoignage devant le Sadler Committee on Child Labor, 1832.[2]

À la sortie des usines, les ouvriers ne trouvent malheureusement que peu de répit à la maison. Avec l'exode rural qui a suivi la mécanisation agricole et la croissance de l'activité industrielle, les villes doivent accueillir un nombre phénoménal de nouveaux arrivants et ne sont pas en mesure de répondre à la demande. Cela se répercute sur les conditions de logement, qui sont très mauvaises. Les familles doivent s'entasser à plusieurs dans de minuscules logements mal éclairés, mal chauffés et souvent insalubres.

Pour nombre d'observateurs de l'époque, dont le point de vue est partagé par beaucoup d'historiens d'aujourd'hui, les conditions de vie des ouvriers se sont grandement détériorées. Pourtant, peut-on affirmer qu'elles étaient pires en 1840 qu'en 1740 ? Si les descriptions qu'en font les observateurs du XIXe siècle sont extrêmement sombres — pensons aux *Misérables* de Victor Hugo —, certains faits, sans remettre en question la dureté du travail en usine, jettent un éclairage différent sur ce portrait sinistre. Si les conditions de vie sont devenues à ce point « inhumaines », comment expliquer une si forte croissance démographique ? Visiblement, les ouvriers ont assez de nourriture et de ressources pour avoir plus d'enfants que jamais auparavant. Il faut éviter de comparer les conditions de vie du XIXe siècle avec celles d'aujourd'hui. Le travail des enfants n'a-t-il pas toujours été considéré comme normal dans les campagnes ? Là aussi, les journées de 16 heures n'étaient probablement pas exceptionnelles.

Malgré les dures conditions de travail des ouvriers et le développement anarchique des villes, il y a tout de même, au total, plus de richesse. Toutefois, celle-ci est inégalement répartie. Or, les écarts de richesse sont plus faciles à observer dans un monde de promiscuité comme celui des villes. Dès lors, un nombre grandissant de voix réclament une meilleure répartition de la richesse. La révolution industrielle a fait naître l'idée qu'il était possible — et même nécessaire — d'améliorer les conditions de vie de la majorité.

LA LUTTE DES TRAVAILLEURS ET DES RÉFORMISTES POUR L'AMÉLIORATION DES CONDITIONS DE TRAVAIL ET DE VIE

La construction des États modernes a mis à mal la capacité des travailleurs de s'associer pour faire valoir leurs droits. Jusqu'aux XVIe et XVIIe siècles, de nombreux corps de métiers ont défendu leurs droits, amélioré leurs conditions de travail et ont eu une influence sur les prix de leurs produits à l'aide de chartes corporatives. Petit à petit, les gouvernements, extrêmement puissants, ont restreint ce genre d'associations. La plupart des pays ont adopté des législations qui limitent au maximum la liberté des travailleurs, surtout en ce qui concerne les droits de grève et d'association. Ainsi, lorsque six ouvriers anglais cherchent à regrouper les travailleurs de leur usine en 1834, ils sont arrêtés, poursuivis et condamnés à plusieurs années de prison.

La plupart des ouvriers sont analphabètes, ont commencé à travailler à un âge précoce, ont peu ou n'ont pas du tout de temps libre et sont pour la plupart déracinés de leur milieu d'origine. Il ne faut pas s'étonner de constater que ce ne sont pas les ouvriers qui ont, les premiers, réclamé des réformes. Ce sont plutôt des membres des classes supérieures, sensibles aux inégalités sociales du monde industriel, qui ont amorcé la lutte pour les droits des travailleurs.

L'Anglais Robert Owen (1771-1858) est un des premiers industriels à améliorer les conditions de travail de ses ouvriers.

Deux mouvements s'attellent à la tâche en parallèle : un mouvement de base, qui cherche à regrouper les travailleurs malgré les interdits, sorte de syndicat avant le syndicalisme, et un mouvement politique qui entend faire adopter des législations « sociales ». Bien que les premières véritables améliorations résultent du mouvement politique, c'est l'existence des deux mouvements qui explique le succès de certaines réformes. Les premiers gains sont réalisés dès le milieu du XIXe siècle : on limite la durée des journées de travail pour les femmes et les enfants, on instaure un âge minimum pour travailler (8 à 10 ans, selon les pays) et on interdit certaines tâches jugées trop dangereuses aux femmes et aux enfants. Mais ces règles ne sont pas respectées partout, entre autres parce que les gouvernements ont trop peu d'inspecteurs pour vérifier leur application. Même au milieu du XXe siècle, il y a encore des enfants qui travaillent en usine, comme en témoigne leur présence en 1942 à la Dominion Textile, dans le quartier Saint-Henri à Montréal, au moment où y commence la lutte pour la syndicalisation. Tout de même, un vent de réforme se lève et, dans la seconde moitié du XIXe siècle, les réformes sociales iront beaucoup plus loin. L'Allemagne fait figure de pionnière en la matière lorsqu'elle adopte dans les années 1880 une série de mesures sociales : des assurances contre les accidents de travail, un revenu garanti en cas de maladie et même un système de retraite. Elle est à l'avant-garde des mesures de protection des ouvriers au sein de l'Europe.

EMPREINTES DE L'OCCIDENT

L'IMMIGRATION IRLANDAISE À LA GROSSE-ÎLE

La Grosse-Île se trouve près de Québec, dans le fleuve Saint-Laurent, et son histoire est liée à la croissance démographique spectaculaire de la population occidentale au XIXe siècle.

Au début de ce siècle, des épidémies et des famines frappent l'Europe. L'Irlande est particulièrement touchée. Sa population a presque doublé, mais plusieurs mauvaises récoltes causées par une maladie de la pomme de terre provoquent des famines (dont celle de 1846 à 1848). De nombreux Irlandais décident d'émigrer au Canada et une majorité passe par le port de Québec. Les autorités du Bas-Canada, inquiètes de l'arrivée d'émigrants européens affaiblis et malades, ouvrent en 1832 une station de quarantaine sur la Grosse-Île. Cependant, en 1847, la situation dégénère. Trois fois plus d'émigrants se dirigent vers Québec. Le personnel est débordé et les installations ne suffisent pas. Malgré les efforts déployés, « environ 18 % (17 477) des émigrants embarqués à destination de Québec (98 649) sont morts au cours de leur périple en 1847[3] ». La plupart étaient des Irlandais.

La station de quarantaine est fermée en 1937. En 1984, la Grosse-Île est déclarée lieu historique national par le gouvernement du Canada et en 1998, on y inaugure le mémorial des Irlandais pour commémorer cet événement tragique de 1847.

Inauguration, en 1909, de la croix celtique, monument à la mémoire des immigrants irlandais morts du choléra à la Grosse-Île.

Évidemment, ces améliorations des conditions de travail des ouvriers ne créent pas le monde juste et égalitaire dont rêvent les socialistes. Elles jouent toutefois un rôle prépondérant dans la prise de conscience par les ouvriers du fait qu'ils peuvent, en s'unissant, non seulement revendiquer de meilleures conditions de vie, mais obtenir gain de cause. En cela, l'industrialisation a généré une nouvelle classe sociale, la « classe ouvrière ». Le socialisme, pourtant né dans les campagnes afin de défendre les réformes agraires, aura tôt fait de s'associer au mouvement ouvrier.

L'UNIVERS DE LA VILLE

La forte croissance démographique et le pouvoir d'attraction des centres industriels entraînent la plus importante poussée d'urbanisation que l'histoire ait connue jusqu'alors. Si, en 1800, il n'y avait en Europe que 23 villes de plus de 100 000 habitants, il y en a 42 en 1850, et 135 en 1900. Certes, même à la fin du siècle, une minorité d'Occidentaux vivent dans les villes. Il est néanmoins essentiel de comprendre le phénomène d'urbanisation puisque le mode de vie associé au cadre de vie urbain, appelé à devenir celui de la majorité au XXe siècle, se définit d'abord et avant tout durant le XIXe siècle. La vie à la ville, à cette époque, est radicalement différente de la vie à la campagne. Les conditions de logement, les loisirs et les comportements sociaux n'y sont pas les mêmes. Par ailleurs, la pratique religieuse est moins importante en ville, ce qui a pour conséquence d'affaiblir l'autorité de l'Église.

Le fonctionnement des villes pose d'énormes problèmes logistiques. Il faut approvisionner des dizaines de milliers de personnes sur de vastes territoires qui ne

EMPREINTES DE L'OCCIDENT

LA FACE CACHÉE DE L'INDUSTRIALISATION DE LA NOUVELLE-ANGLETERRE

Bien des vacanciers québécois parcourent les routes de la Nouvelle-Angleterre qui mènent aux plages de la côte Atlantique. Chemin faisant, ils traversent plusieurs villes qui reprennent les patronymes de l'Angleterre, comme Concord ou Manchester. Étonnamment, certaines rues de ces villes portent des noms typiquement canadiens-français, par exemple les rues Laurier, Roy, Pinard, Moreau et Desaulniers à Manchester. On y trouve même encore quelques personnes qui seraient heureuses de converser en français, accent québécois en prime !

Comment se fait-il que des communautés francophones se soient établies au cœur de la Nouvelle-Angleterre ? Aux États-Unis, l'industrialisation s'amorce au tournant du XIXe siècle. Des centres industriels apparaissent, notamment Lowell, au Massachusetts, et Manchester, au New Hampshire. Les entreprises qui s'y installent ont besoin de main-d'œuvre. Or, le Québec connaît une grave crise agricole et sa révolution industrielle tarde à s'enclencher. Débute alors une migration. « De 1840 à 1930, environ 900 000 personnes ont quitté le Québec pour la République américaine[4]. » Cela explique la naissance de « Petits Canadas » (des quartiers canadiens-français) dans les villes industrielles de la Nouvelle-Angleterre. Dans le but de répondre aux besoins d'une population croissante, des paroisses catholiques sont fondées et des églises, construites, des hôpitaux et des écoles françaises ouvrent et des journaux francophones (comme *L'Étoile de Lowell*) voient le jour.

Que reste-t-il des Petits Canadas aujourd'hui ? Peu de chose, car l'assimilation a fait son œuvre. Quelques organismes de promotion du français persistent néanmoins à faire vivre la culture de leurs ancêtres.

Le métro aérien de New York a été inauguré en 1880.
Illustration tirée du *Picture Magazine* (XIXe siècle).

produisent à peu près pas de denrées alimentaires. Il faut assurer la circulation des biens et des personnes. Il faut construire un grand nombre de logements. Comme tout cela doit se faire très vite, l'urbanisation progresse de façon plutôt anarchique. On construit sans véritable plan d'ensemble, en suivant les corridors naturels qu'impose la géographie, ou alors le long des voies de chemin de fer et, vers la fin du siècle, celles des tramways. Lorsqu'on atteint rapidement les limites géographiques, comme à New York où le quartier central, Manhattan, est une île, on construit en hauteur. Les premières tours d'habitation ou de bureaux datent de la seconde moitié du XIXe siècle.

En raison du rythme précipité de la construction, les infrastructures urbaines ne sont pas toujours d'une grande qualité. Les taudis dans lesquels s'entassent les familles ouvrières poussent comme des champignons alors qu'à quelques coins de rue, les classes les plus aisées de la société se réfugient dans des enclaves verdoyantes où s'alignent maisons cossues et parcs attrayants. Dans une ville comme Montréal, les plus riches s'installent dans les hauteurs du mont Royal, tandis que les plus pauvres habitent le « bas de la ville », près du fleuve Saint-Laurent, là où le nombre insuffisant de canalisations provoque régulièrement des refoulements d'égouts. Ainsi, les villes modernes font se côtoyer riches et pauvres dans des univers aussi proches en distance qu'ils sont éloignés sur le plan de la qualité du tissu urbain. Cet antagonisme entre riches et pauvres n'est certes pas étranger aux révoltes ouvrières du XIXe siècle.

LA LOI ET L'ORDRE

La ville industrielle du XIXe siècle est un lieu d'insécurité quasi permanente. Il y a d'abord la menace du feu. Avant que l'utilisation de la pierre, du métal et de la brique dans les murs mitoyens se répande, à la fin du XIXe siècle, les habitations, très rapprochées et construites en bois, sont particulièrement vulnérables. Il ne suffit bien souvent que d'un petit incident pour raser des quartiers complets et jeter des milliers de familles à la rue. Les premiers services de pompiers professionnels apparaissent d'ailleurs à cette époque. Ensuite, l'insécurité est d'ordre social. Pour des milliers d'immigrants qui ont quitté la campagne pour la ville, il est difficile de trouver un logement ou du travail régulier. La pauvreté pousse parfois vers la criminalité, la prostitution ou la délinquance. Les villes se dotent de corps policiers

Pompiers luttant contre un incendie à Londres, au XIXe siècle. (Illustration non datée.)

chargés de maintenir l'ordre, tâche qui incombait, dans les villes de l'Ancien Régime, d'abord aux bourgeois. Dans la très grande majorité des villes, on tolère les nombreux bordels, que l'on nomme pudiquement des « tolérances ».

Parallèlement au succès des idées libérales et au développement d'une nouvelle compréhension du comportement humain (voir « La naissance des sciences humaines », p. 328), l'univers des prisons se voit radicalement transformé. Avant le XIXe siècle, les prisons étaient d'abord et avant tout des lieux de châtiment ou de réclusion pour les gens considérés comme dangereux. À partir du XIXe siècle, elles deviennent progressivement, sans tout à fait perdre leur fonction de châtiment, des lieux de réhabilitation des personnes reconnues coupables de crimes, à tout le moins dans le cas des crimes mineurs. Certes, la peine de mort existe toujours (les pays occidentaux ne l'ont pour la plupart abandonnée que dans la seconde moitié du XXe siècle), mais les supplices dont on affligeait les condamnés disparaissent. Encore au XVIIIe siècle, les mises à mort par écartèlement (attacher les bras et les jambes d'un condamné à quatre chevaux et fouetter ces derniers jusqu'à ce que les membres s'arrachent) ou par le bûcher (brûler les condamnés vivants) étaient courantes. Au XIXe siècle, on n'impose plus ces châtiments. Selon un extrait du règlement de la Maison des Jeunes détenus de Paris, adopté en 1838, l'horaire d'une journée s'établit ainsi :

> « Art. 18. Lever. *Au premier roulement de tambour, les détenus doivent se lever et s'habiller en silence [...]. Au second roulement, ils doivent être debout et faire leur lit. [...]*
>
> Art. 20. Travail. *À six heures moins un quart en été, à sept heures moins un quart en hiver, les détenus descendent dans la cour où ils doivent se laver les mains et la figure, et recevoir une première distribution de pain. Immédiatement après, ils se forment par ateliers et se rendent au travail [...].*
>
> Art. 21. Repas. *À dix heures les détenus quittent le travail pour se rendre au réfectoire [...]. Après le déjeuner, récréation jusqu'à onze heures moins vingt minutes.*
>
> Art. 22. École. *À onze heures moins vingt minutes [...], les rangs se forment, on entre à l'école par divisions. La classe dure deux heures, employées alternativement à la lecture, à l'écriture, au dessin linéaire et au calcul. [...]*
>
> Art. 27. *À sept heures en été, à huit heures en hiver [...] ; on fait une dernière distribution de pain dans les ateliers. Une lecture d'un quart d'heure ayant pour objet quelques notions instructives ou quelque trait touchant est faite par un détenu ou par un surveillant [...].* »

Document 10.3 Michel Foucault, *Surveiller et punir*, 1975.[5]

Les conditions de détention témoignent ainsi d'une toute nouvelle conception du crime. Le mal qui y conduit n'est pas absolu ; l'éducation et l'encadrement des détenus peuvent transformer ces derniers et les remettre sur le « droit chemin ». La société industrielle invente de nouvelles formes de régulation sociale, en accord avec les idéaux libéraux et socialistes qui sont de plus en plus populaires après les révolutions démocratiques du XVIIIe siècle.

LES RÉPERCUSSIONS DES RÉVOLUTIONS DÉMOCRATIQUES

En septembre 1814, à l'instar des autres représentants des pays européens, Charles Maurice de Talleyrand-Périgord, désigné par la France, se rend à Vienne afin d'établir les conditions de la paix après 25 années de révolution et de guerre. Homme au destin exceptionnel, il a accompli le tour de force de jouer successivement un rôle politique central sous Louis XVI, le Directoire et Napoléon, et de trahir chacun des trois sans y laisser la vie. Talleyrand est un aristocrate issu d'une des familles les plus prestigieuses de France. Il aurait pu ne voir dans la victoire des monarchies européennes contre la France qu'une occasion en or de rétablir l'Ancien Régime et de retrouver les privilèges de ses ancêtres. Pourtant, il se fait le promoteur d'une politique du juste milieu, entre les monarques qui veulent restaurer leur autorité et tous ceux qui sont encore portés par les idéaux de la Révolution française.

Ce que Talleyrand a compris, c'est qu'au lendemain de la Révolution française, la politique européenne ne sera jamais plus comme avant. Les Espagnols et les Portugais perdent l'essentiel de leurs colonies en Amérique après des guerres d'indépendance inspirées de la Révolution américaine et de l'indépendance d'Haïti. Un vent de réforme déferle sur l'Europe, à partir de la Grande-Bretagne, réclamant plus de démocratie. Le mouvement connaît des épisodes révolutionnaires, particulièrement en 1830 et en 1848. Le climat est propice à tout remettre en question : les socialistes contestent la propriété privée, les abolitionnistes font interdire l'esclavage, les suffragettes rejettent l'idée de la soumission des femmes aux hommes... En 1815, les délégués au congrès de Vienne s'apprêtent à tenter de restaurer la légitimité des monarchies et d'une société conservatrice. Ils sont plutôt à l'aube d'une contestation générale.

LE CONGRÈS DE VIENNE

Les délégués au congrès de Vienne entendent restaurer l'ordre qui prévalait avant la Révolution française. En apparence, ils y parviennent. Le 9 juin 1815, 10 jours avant l'ultime défaite de Napoléon à Waterloo, le congrès de Vienne accouche d'un traité. Les anciennes monarchies sont rétablies en Italie, libérée de Napoléon. La papauté, qui avait vu Napoléon annexer les États pontificaux à la France, retrouve son indépendance. La monarchie est également restaurée en Espagne, avec les Bourbons, et au Portugal, où revient le roi qui était en exil au Brésil. En France, Louis XVIII, frère de Louis XVI, se voit remettre le pouvoir. Mais dans les faits, l'héritage de la Révolution française n'est pas tout à fait mis de côté. En France, le retour au pouvoir de la monarchie est accompagné de l'adoption de la Charte constitutionnelle qui garantit la protection des droits civils individuels et accorde le pouvoir législatif à une Chambre des pairs (nommés par le roi) ainsi qu'à une Chambre des députés (élus au suffrage censitaire). Tous les hommes de plus de 30 ans et qui paient par leurs impôts le cens électoral de 300 francs obtiennent le droit de vote. En Allemagne également, certains États instaurent pareils régimes constitutionnels. L'Espagne, le Portugal et l'Italie adoptent aussi des chartes, mais le pouvoir des rois y est moins limité. Les dirigeants qui veulent restaurer l'Ancien Régime sont ainsi obligés de conserver certains droits que les populations considèrent comme inaliénables depuis la Révolution française.

Les grandes puissances profitent de leur victoire contre Napoléon pour faire des annexions (voir la carte 10.2, p. 317). L'Autriche s'empare de certains territoires du nord de l'Italie ; la Suède s'approprie la Norvège ; la Prusse annexe une grande partie de la Saxe, l'ouest de la Pologne ainsi que la Poméranie suédoise ; et la Russie se voit reconnaître la récente annexion de la Finlande ainsi que sa mainmise sur le royaume de Pologne. En Allemagne, on met en place une « confédération germanique» pour remplacer l'ancienne structure du Saint Empire romain germanique. Cette alliance, très décentralisée, ouvre tout de même la porte à une union douanière des États allemands en 1819, prélude à l'unification politique de l'Allemagne, qui surviendra plus tard dans le siècle. La France, de son côté, perd les vastes territoires conquis par Napoléon, évidemment, mais retrouve néanmoins à peu près ses frontières de 1789. En ce sens, les vainqueurs de Napoléon ne cherchent pas à punir la France, mais bien à retrouver l'ordre qui prévalait avant la Révolution.

Le seul vainqueur qui n'obtient pas de territoire est la Grande-Bretagne. Pourtant, la Grande-Bretagne apparaît à ce moment comme le pays européen le plus puissant. En fait, le pays, en pleine révolution industrielle, a d'autres intérêts. La Grande-Bretagne accorde plutôt la priorité à l'accès au marché européen et fait donc en sorte d'éviter les sources de conflits qui pourraient nuire au commerce. Elle vise donc à ce qu'il y ait sur le continent européen un équilibre des forces en présence. Dominante sur les mers, la Grande-Bretagne a des visées d'expansion à l'échelle du globe. À cet égard, les événements qui se déroulent dans les Amériques lui offrent de nouvelles occasions commerciales inespérées.

LES RÉVOLUTIONS D'AMÉRIQUE LATINE ET LES TROUBLES AU CANADA

Dès le début du XIXe siècle, le sentiment révolutionnaire s'empare des élites de l'Amérique latine, inspirées par les idéaux démocratiques des Lumières et des révolutions américaine et française. La naissance des États-Unis d'Amérique, perçue comme le soulèvement d'un peuple aliéné contre sa mère patrie, constitue un exemple particulièrement inspirant. De même, la lutte pour l'indépendance d'Haïti représente une révélation. En 1793, à la faveur de la Révolution française, les esclaves haïtiens se révoltent et obtiennent l'abolition de l'esclavage. Le chef de la rébellion

Les représentants des États européens au congrès de Vienne qui mit fin aux guerres napoléoniennes en 1815. Gravure (XIXe siècle).

Carte 10.2

L'EUROPE EN 1815

Le congrès de Vienne cherche à maintenir un équilibre entre les puissances européennes, principalement la France, la Prusse, l'Autriche, la Russie et la Grande-Bretagne. Le leadership de la Prusse sur la Confédération des États allemands laisse toutefois entrevoir le déséquilibre à venir.

et nouveau gouverneur, Toussaint Louverture, proclame une constitution autonomiste. Lorsque Napoléon prend le pouvoir en France, il envoie une armée de 30 000 soldats pour rétablir l'esclavage; Louverture est arrêté et déporté. Les Haïtiens poursuivent le combat et réussissent à battre les troupes françaises. La Déclaration d'indépendance est promulguée en 1804. Haïti devient ainsi la deuxième colonie, après les États-Unis, à obtenir son indépendance. L'événement est marquant pour les autres colonies d'Amérique latine, au moment même où Napoléon prend le contrôle de l'Espagne et du Portugal: si les Haïtiens ont vaincu les troupes de Napoléon, pourquoi ne réussiraient-elles pas elles aussi?

Les territoires qui correspondent à peu près à l'Argentine d'aujourd'hui sont les prochaines colonies à briser le lien colonial avec succès. Toutefois, c'est à l'échelle du continent que les camps fidèles à l'Espagne, d'une part, et révolutionnaires, d'autre part, se forment et entrent en guerre. Les principales forces révolutionnaires sont dirigées par José de San Martín qui mène le combat en Argentine, au Chili et au Pérou. Dans les régions du nord de l'Amérique du Sud ainsi qu'en Amérique centrale, Simón Bolívar conduit les troupes indépendantistes à la victoire. Au Mexique, l'alliance entre Vicente Guerrero, à la tête des révolutionnaires, et Augustín de Iturbide, qui dirige les troupes espagnoles, force les royalistes à fuir la colonie. L'Espagne, déjà aux prises avec une crise révolutionnaire sur son propre territoire à la suite de la restauration de la monarchie, ne réussit à conserver aucune de ses colonies. Elle a beau envoyer une expédition militaire, en 1819, ses troupes se retournent contre elle. Entre 1820 et 1823, la plupart des colonies consolident leur indépendance. Une toute nouvelle carte politique de l'Amérique latine se forme (voir la carte 10.3). Les colonies récemment libérées bénéficient de l'appui des États-Unis qui annoncent en 1823, par une déclaration du président Monroe, que toute intervention européenne pour rétablir le lien colonial sera perçue comme une attaque contre les États-Unis.

Le Brésil est le seul pays d'Amérique latine à obtenir son indépendance autrement que par une lutte révolutionnaire. En effet, à son retour d'exil, le roi du Portugal accorde officiellement son indépendance au Brésil, d'ailleurs gouverné depuis 1821 par son fils, Dom Pedro, et *de facto* autonome. Dès 1825, le Brésil devient un empire constitutionnel, la seule monarchie de toute l'Amérique latine, et le restera jusqu'en 1889. Ainsi, à l'exception des Guyanes anglaise, allemande et française, de quelques îles des Caraïbes et du Honduras britannique, l'Amérique latine se libère de l'emprise européenne. Simón Bolívar, devenu le leader du mouvement d'indépendance, espère rassembler les nouveaux pays en un vaste État puissant, mais sa tentative se solde par un échec. Plusieurs raisons expliquent cet insuccès : la géographie accidentée qui rend les communications difficiles ; les grandes distances qui séparent les centres urbains, où se trouvent les élites ; l'opposition entre les régions urbaines, culturellement proches de l'Europe, et les régions rurales, sous-développées, pauvres, et souvent habitées par une majorité d'autochtones ; finalement, le grand écart entre les classes sociales qui engendre une instabilité politique. Dans ce contexte, il est très difficile d'arriver à une union des anciennes colonies. Au lieu de s'unir, les nouveaux pays s'entredéchireront dans de nombreuses guerres tout au long du XIXe siècle.

Buste de Simón Bolívar, « el Libertador », à Sydney, en Australie (XXe siècle).

Une des seules colonies européennes qui subsistent dans les Amériques est le Canada, divisé entre le Haut et le Bas-Canada. Au moment où les colonies d'Amérique latine déclarent leur indépendance, les idéaux révolutionnaires inspirent une partie de la population canadienne et sont portés par des voix réformistes, en particulier par le Parti canadien, devenu le Parti des patriotes en 1826. Les réformistes réclament la démocratie et les plus radicaux, l'indépendance également. Des troubles éclatent en 1837 et en 1838 ; la Grande-Bretagne intervient militairement et met un terme à la révolte. La Grande-Bretagne accorde tout de même une plus grande autonomie gouvernementale. Elle fusionne les colonies du Bas-Canada et du Haut-Canada dans l'espoir qu'à la faveur d'une immigration britannique intensive, les Canadiens français se retrouvent noyés dans une mer anglophone. Le projet d'assimilation est un échec : les réformistes francophones et anglophones s'allient plutôt et manœuvrent pour créer, en 1867, l'union des quatre colonies britanniques d'Amérique du Nord, qui deviennent les quatre provinces d'un nouvel État : le Canada. Ce projet reçoit le soutien de la Grande-Bretagne qui, contrairement à l'Espagne, juge qu'il ne vaut pas la peine de réprimer les idéaux de démocratie et d'indépendance en Amérique. La Grande-Bretagne cherche au contraire à conserver des liens étroits avec ses anciennes colonies, dans l'objectif de maintenir une position commerciale dominante. Par ailleurs, il existe en Grande-Bretagne un courant réformiste qui partage les mêmes idéaux.

LES BOULEVERSEMENTS POLITIQUES EN ANGLETERRE

Déjà, au XVIIIe siècle, un mouvement démocratique est à l'œuvre en Grande-Bretagne. Certains comtés anglais élisent leurs députés au Parlement selon un mode de suffrage qui se rapproche du suffrage universel. Mais ces avancées stagnent au moment où la Grande-Bretagne entre en guerre contre la France révolutionnaire. À partir des années 1820, le mouvement

Carte 10.3

L'AMÉRIQUE LATINE EN 1825, AVEC LA DATE D'ACCESSION À L'INDÉPENDANCE

Mis à part les Guyanes et les territoires inexplorés, toute l'Amérique du Sud se libère de la tutelle des puissances européennes entre 1811 et 1825. L'Uruguay et l'Équateur se séparent quant à eux de nouveaux pays latino-américains.

réformiste, qui entend démocratiser le système politique britannique, reprend toutefois de la vigueur. De façon générale, il ne recourt pas à la violence, même si certaines manifestations tournent à la confrontation avec les forces de l'ordre. Les réformistes préfèrent utiliser des moyens démocratiques. Ils publient des pamphlets, tentent de convaincre des membres du Parlement, forment des groupes de pression et organisent de nombreux rassemblements qui attirent les foules. L'agitation est à son comble en 1832, alors que le parti des whigs, qui a fait siennes les revendications des réformistes, dépose le « Reform Bill » au Parlement dans lequel il est majoritaire.

Immédiatement, la Chambre des lords s'empresse d'en bloquer l'adoption. Son opposition vient du fait que la loi réformiste prévoit étendre le droit de vote aux classes moyennes, éliminer certaines circonscriptions corrompues, là où les élections sont frauduleuses, et en créer de nouvelles dans les villes industrielles en croissance. Pour les aristocrates anglais et le parti des tories, de tendance conservatrice, la crainte de perdre définitivement le contrôle du Parlement est vive. Certains voudraient que le roi Guillaume IV envoie l'armée mettre fin aux manifestations dans les rues. D'abord opposé à la réforme démocratique, le roi est forcé de changer d'avis devant la démission en bloc du gouvernement anglais, dirigé par le réformiste Charles Grey. Soucieux de rétablir la paix sociale, il manœuvre pour faire adopter le « Reform Bill » à la Chambre des lords.

Le mouvement réformiste ne s'arrête pas là. Une association de travailleurs de l'industrie de Londres rédige une pétition à l'intention du Parlement, en 1837, une « charte » en six points qui revendique le suffrage universel, le vote secret, la possibilité de siéger au Parlement sans être propriétaire, la rémunération des fonctions politiques, une répartition équitable des comtés électoraux selon la population et, finalement, des élections annuelles au Parlement. On appellera le « chartisme » le mouvement politique qui, par la suite, défendra ces revendications. Le Parti libéral (anciennement le parti des whigs) en reprend plusieurs, mais il se bute à la domination politique du Parti conservateur (anciennement le parti des tories). Ce n'est qu'en 1867, alors que les conservateurs pensent pouvoir obtenir l'appui des travailleurs, qu'un nouveau « Reform Bill » est adopté. Le droit de vote est ainsi accordé à tous les hommes qui ont une résidence permanente. Ce n'est pas encore le suffrage universel, mais pour la première fois en Grande-Bretagne, la majorité des hommes ont le droit de vote. À l'instar du modèle économique anglais, le mouvement réformiste en Grande-Bretagne représentera pour bien des Occidentaux un modèle politique à imiter.

L'HÉRITAGE DE LA RÉVOLUTION FRANÇAISE

La lutte pour la démocratie est un mouvement qui parcourt toute l'Europe. En outre, des mouvements nationalistes donnent naissance à des révolutions auxquelles s'opposent les forces conservatrices au pouvoir.

C'est en Italie et en Espagne qu'on assiste à la première vague de révolutions, en 1820. Dans les deux cas, il s'agit de tentatives de coup d'État pour renverser les nouvelles monarchies restaurées. Les Autrichiens et les Français, les premiers en Italie et les seconds en Espagne, interviennent pour mater les révolutionnaires. Avec un faible appui dans la population, le succès de ces révolutions était douteux.

La deuxième vague révolutionnaire, qui éclate en France en 1830, est plus importante. Le successeur de Louis XVIII, Charles X, tente de restaurer la monarchie absolue. Le roi réussit à se mettre à dos presque tous les Français, hormis les aristocrates. Au mois de juillet, des émeutes éclatent dans Paris et des citoyens en colère érigent des barricades. Charles X est forcé de partir. Son cousin Louis-Philippe, duc d'Orléans, lui succède et accepte de diriger la France en respectant la Constitution. Au mois d'août, la vague révolutionnaire traverse la frontière et atteint la Belgique. Voulant se soustraire à la domination néerlandaise (la Belgique fait alors partie des Pays-Bas), la population de Bruxelles se soulève et combat l'armée dans la rue. Les Belges réussissent à se séparer et à installer une monarchie constitutionnelle, grâce au soutien militaire de la France et de la Grande-Bretagne. Les Polonais se révoltent également en 1830 et chassent les Russes de Varsovie. Toutefois, dans ce cas, la révolte est étouffée par l'armée russe : le tsar s'oppose farouchement aux idées libérales.

Les mouvements de 1830 ont cependant moins d'ampleur que ceux de 1848. Une fois de plus, c'est en France que la vague révolutionnaire s'amorce, au mois de février. En raison d'une grave crise économique, l'insatisfaction est grande à l'égard du gouvernement français. Les refus répétés d'étendre le droit de vote entraînent l'organisation d'assemblées politiques où l'on se permet de critiquer le roi. Après l'annulation d'une assemblée à Paris, une foule en colère prend le contrôle des rues de la capitale. L'armée décide de protéger les manifestants ; le roi est alors forcé d'abdiquer au profit de son petit-fils. Les manifestants ne s'en contentent pas et investissent le palais royal, abolissent la monarchie et proclament la IIe République française le 25 février. Cette nouvelle « révolution française » a un énorme retentissement en Europe.

Dès le mois de mars, la vague révolutionnaire déferle sur l'Italie et l'Allemagne. Des citoyens érigent des barricades dans les rues de Milan et de Berlin. Pour les Italiens, la révolte sert d'abord et avant tout à chasser les Autrichiens et à unifier l'Italie. La contestation se répand dans d'autres villes, notamment à Venise et à Rome. Il faut l'intervention de puissances étrangères pour étouffer le mouvement, l'Autriche, évidemment, mais aussi la France qui assiège Rome, malgré la forte opposition de l'opinion publique française. Les Allemands, de leur côté, revendiquent une constitution libérale et une plus forte union allemande. L'empereur Frédéric-Guillaume IV de Prusse promet des réformes. Cela n'empêche pas les révolutionnaires de constituer à Francfort, en 1848, une Assemblée nationale qui déclare la dissolution de la Confédération germanique et établit un gouvernement provisoire. Toutefois, fortement divisée, l'Assemblée ne réussit pas à s'imposer. Le roi de Prusse qui, un temps, avait négocié avec les délégués de l'Assemblée, met fin à ses travaux par la force.

Des manifestations ont également lieu dans plusieurs autres villes européennes, forçant des réformes plus ou moins importantes. L'empire d'Autriche, en particulier, doit faire face à plusieurs révoltes nationalistes. À Vienne même, les manifestants obtiennent la

Avec cette toile célébrant la révolution de 1830, le peintre Delacroix propose une allégorie qui s'est imposée comme l'image même de la Liberté en marche.

Eugène Delacroix. *La Liberté guidant le peuple*. Huile sur toile (1831).

démission du chef du gouvernement. Les Hongrois se soulèvent en 1849 et proclament une république indépendante. Appuyé par la Russie, l'empereur réussit à maintenir tant bien que mal son empire. Il perd tout de même les territoires italiens. Plus tard, pour éviter la sécession de la Hongrie, il doit mettre en place une forme de double gouvernement pour l'Autriche et la Hongrie. Les idéaux de la Révolution française auront même réussi à modifier le vieil empire des Habsbourg.

DE NOUVELLES IDÉOLOGIES : LIBÉRALISME, NATIONALISME ET SOCIALISME

Les mouvements qui ont porté les révoltes des années 1820, 1830 et 1848 ont en commun de rejeter l'ancien régime politique et social. Mais à l'intérieur de ces mêmes mouvements coexistent des idéaux différents, voire opposés. Ce sont des idéologies du changement face à l'idéologie conservatrice.

L'une de ces idéologies du changement est le libéralisme. Le principe premier du libéralisme réside dans la notion de liberté individuelle. Sur le plan économique, les libéraux font la promotion du laisser-faire, c'est-à-dire qu'ils préconisent de laisser agir les forces naturelles du marché, sans intervention de l'État. De ce point de vue, le rôle des gouvernements devrait se limiter à maintenir l'ordre, à défendre le pays et à gérer les infrastructures publiques dont l'envergure les rend hors de prix pour les individus, par exemple les réseaux d'égouts et d'aqueducs. Sur le plan politique, les libéraux défendent les idéaux qui ont été à la base des révolutions politiques du XVIIIe siècle, tels l'égalité devant la loi, la liberté d'association et de parole ainsi que le droit à une justice équitable. John Stuart Mill, un des philosophes les plus influents de l'époque, juge, dans un ouvrage paru en 1859, qu'il n'y a qu'une seule limite raisonnable à la liberté :

> *Le seul objet qui autorise les hommes, individuellement ou collectivement, à troubler la liberté d'action d'aucun de leurs semblables, est la protection de soi-même. La seule raison que puisse avoir une communauté pour user de force contre un de ses membres est de l'empêcher de nuire aux autres. [...] Un homme ne peut pas, en bonne justice, être obligé d'agir ou de s'abstenir, parce que ce serait meilleur pour lui, parce que cela le rendrait plus heureux, ou parce que, dans l'opinion des autres, ce serait sage ou même juste.*

Document 10.4 John Stuart Mill, *La liberté*, 1877.[6]

Voilà pourquoi les libéraux accordent une très grande importance aux déclarations de principes et aux constitutions. Sur le plan religieux, le libéralisme défend généralement la séparation de l'Église et de l'État. Un bon gouvernement se doit de n'être soumis qu'à la seule autorité d'une assemblée représentative, élue par la population.

À l'intérieur de ce mouvement, des divergences existent. Pour certains, on ne saurait s'accommoder de la monarchie comme mode de gouvernement, alors que pour d'autres, une monarchie constitutionnelle est tout à fait acceptable. De même, certains défendent le suffrage universel, tandis que d'autres privilégient un droit de vote restreint, généralement sur la base de la richesse individuelle. Ainsi, les libéraux ne sont pas tous des démocrates, mais il est raisonnable de dire qu'ils tendent tous vers la démocratie.

Une deuxième idéologie du changement est le nationalisme. Plusieurs des révoltes de 1848, comme celles des Allemands et des Hongrois, ont surtout été portées par cette nouvelle idéologie politique. Certes, le sentiment d'appartenance à une communauté culturelle existait bien avant le XIXe siècle. Cependant, le nationalisme politique érigé en doctrine est une nouveauté. Les dirigeants conservateurs craignent peut-être encore plus les nationalistes que les libéraux. Ils estiment que l'équilibre créé en 1815 au congrès de Vienne volerait en éclats si des pays tels que l'Allemagne, l'Italie ou la Hongrie prenaient forme. C'est pourquoi les mouvements nationalistes sont réprimés avec vigueur.

Enfin, une troisième idéologie du changement est le socialisme. Aujourd'hui, le socialisme est habituellement associé au marxisme. Pourtant, le socialisme existait bien avant Karl Marx. Dès le début du siècle, on trouve des socialistes qualifiés d'« utopiques », comme Robert Owen, qui croient que la coopération est plus importante que la compétition dans les rapports humains. Particulièrement choqués des piètres conditions de vie et de travail créées par la révolution industrielle, les socialistes remettent en question la propriété privée et le libre marché. Toutefois, l'apport du marxisme au socialisme est majeur, puisque c'est avec lui que le socialisme devient véritablement une force politique.

Karl Marx (1818-1883).

En 1848, en pleine période de crise, deux Allemands, Karl Marx et Friedrich Engels, rédigent le *Manifeste du parti communiste*. D'après eux, toute l'histoire des sociétés est mue par la lutte des classes. Les classes dominantes et les classes dominées sont en constante opposition, jusqu'à ce que les dominants soient renversés. Selon leur théorie, l'Occident est, à ce moment, dirigé par les élites commerciales et industrielles, la « bourgeoisie », et celle-ci domine la classe ouvrière. Marx et Engels considèrent que le temps est venu pour la classe ouvrière de renverser la bourgeoisie, d'éliminer la propriété privée et de la remplacer par la propriété collective des moyens de production ; en un mot, d'instaurer le communisme, seule application réaliste du socialisme. Le communisme implanté, il n'y aurait plus de classes sociales et les conflits disparaîtraient, ouvrant la porte à une période de paix, de prospérité et de progrès sans fin. Ces idées, que l'on qualifiera plus tard de « marxistes », sont reprises par le mouvement syndical naissant et mènent à la création de l'Association internationale des travailleurs, en 1864, considérée comme la « Ire Internationale communiste ». Bien qu'elle ne constitue pas une force politique majeure durant le XIXe siècle, l'Internationale communiste n'en demeure pas moins une source d'inspiration pour les nombreux partis socialistes nationaux qui émergent à la fin du siècle. Elle est également une source d'inspiration lors de la Commune de Paris, en 1871, à la suite de la défaite française contre la Prusse (voir « Les États-nations et la création d'une nouvelle grande rivalité », p. 331).

L'ABOLITION DE L'ESCLAVAGE

Le nouveau contexte idéologique du XIXe siècle ne peut être favorable à une pratique aussi contraire à la notion de droits individuels que peut l'être l'esclavage.

C'est dans le contexte de l'indépendance des anciennes colonies latino-américaines que l'esclavage est d'abord aboli. Évidemment, le cas de l'indépendance d'Haïti est, ici, emblématique : ce pays s'est constitué à partir même d'une révolte des esclaves et sur la prémisse de l'abolition de l'esclavage en 1793. L'exemple haïtien inspire les révolutionnaires français qui abolissent l'esclavage pour un temps, avant que Napoléon le réinstaure en 1802. Il inspire plus durablement les nouveaux pays latino-américains : l'Argentine abolit définitivement l'esclavage en 1813, la Colombie, en 1821 et le Mexique, en 1829.

En Europe, où des sociétés antiesclavagistes sont actives depuis les années 1780, on interdit d'abord le commerce des esclaves et on demande aux propriétaires d'esclaves de s'organiser avec le seul accroissement naturel de leur main-d'œuvre. Le Danemark le fait en 1792, puis la Grande-Bretagne, en 1807. Chez cette dernière, la forte progression du libéralisme et la croissance industrielle rendent l'esclavage, une pratique associée aux anciens modes de production jugés peu efficaces, de plus en plus intolérable. La Grande-Bretagne finit par abolir l'esclavage en 1833. Elle le tolérera toutefois longtemps dans certaines de ses colonies, comme l'Inde, où le servage pour dettes ne sera officiellement éliminé qu'en 1976. En France, c'est plutôt la révolution de 1848 qui mène à l'abolition de l'esclavage, le 4 mars, après la promulgation de la IIe République. Les autres pays européens emboîtent le pas, notamment les Pays-Bas en 1863, le Portugal en 1878, l'Allemagne en 1885 et la Belgique en 1890. Certes, la pratique de l'esclavage perdure même après l'adoption des lois antiesclavagistes. On peut tout de même avancer qu'à la fin du XIXe siècle, la pratique de l'esclavage par des Européens est à peu près révolue.

Cette statue d'Abraham Lincoln fait partie d'un monument érigé à Édimbourg, en Écosse, en mémoire des soldats d'origine écossaise morts durant la guerre civile américaine.

En Amérique, les deux derniers pays à tolérer l'esclavage sont les États-Unis et le Brésil. Dans le cas des États-Unis, l'abolition de l'esclavage survient dans une situation de crise exceptionnelle : la guerre de Sécession (1861-1865), où plus de 600 000 personnes ont trouvé la mort. Lorsque le Parti républicain, fondé par des abolitionnistes, fait élire comme président Abraham Lincoln, sept États esclavagistes du Sud se séparent. Quatre autres États se joindront à eux plus tard. Pourtant, Lincoln n'est pas personnellement contre l'esclavage, mais sa base électorale, elle, l'est. Les États du Sud, producteurs agricoles, se sentent menacés, d'autant plus que les États du Nord, industrialisés, ont des intérêts économiques aux antipodes des leurs. La division est telle que personne ne peut empêcher l'escalade du conflit qui culmine avec la victoire des troupes nordistes. En 1863, Abraham Lincoln abolit l'esclavage et affranchit tous les esclaves américains. Lorsque le Brésil finit par abolir lui aussi l'esclavage, en 1888, l'Amérique tourne la page sur un épisode douloureux de son histoire. L'abolition de l'esclavage ne met pas un terme au racisme, et la lutte pour l'égalité des droits des Afro-Américains commence. Comme la lutte pour l'égalité des femmes, qui débute à peu près au même moment, elle perdurera jusqu'à nos jours.

LES DÉBUTS DE LA MOBILISATION DES FEMMES : LES SUFFRAGETTES

La situation des femmes connaît des changements importants dans la seconde moitié du XIXe siècle. Ces transformations vont remettre en question la soumission des femmes aux hommes dans la société occidentale. Certes, la défense des droits des femmes est un enjeu qui apparaît avant le XIXe siècle, notamment durant la Révolution française. Cependant, pour la première fois, les conditions socioéconomiques des femmes issues des classes populaires évoluent d'une telle façon qu'elles acquièrent une certaine forme d'indépendance, même si sur le plan légal et sur le plan économique les femmes restent inférieures aux hommes et continuent de dépendre d'eux. La pensée

Suffragettes manifestant dans les rues de Londres (début du XXe siècle).

dominante commande aux femmes de s'occuper des tâches domestiques, d'élever les enfants et de servir leur mari, mais cette pensée est de moins en moins en phase avec son temps.

Les transformations du monde du travail à l'époque industrielle jouent ici un rôle fondamental. Le développement de la grande industrie et des services gouvernementaux, après 1870, amène les employeurs, devant la pénurie de main-d'œuvre, à embaucher des femmes. Évidemment, les femmes travaillaient avant cela à l'extérieur de la sphère domestique, mais la plupart du temps dans des emplois temporaires, souvent occupés de façon ponctuelle pour subvenir aux besoins de la famille, par exemple en cas de perte d'emploi du mari. La situation est tout autre à la fin du XIXe siècle. Les femmes ont alors des emplois de secrétaires, de vendeuses, d'opératrices téléphoniques, d'infirmières ou de travailleuses sociales. L'ouverture rapide d'un grand nombre d'écoles fait exploser la quantité d'enseignantes. Ces emplois sont sous-payés et n'offrent pas de véritables possibilités d'avancement. De plus, les femmes doivent souvent abandonner leur carrière au moment de fonder une famille. Tout de même, on assiste à la formation d'une force de travail typiquement féminine. L'évolution du travail féminin amène plusieurs femmes à se marier à un âge plus avancé et à retarder également le moment d'avoir un premier enfant. C'est l'une des raisons qui expliquent la baisse significative du taux de natalité à la fin du XIXe siècle en Europe de l'Ouest et aux États-Unis.

Dans ce contexte, il n'est pas étonnant d'entendre des commentaires négatifs sur le rôle de la femme. Pour plusieurs, le fait qu'un grand nombre de femmes intègrent de façon autonome le marché du travail représente une menace à la famille :

> « *En vain prétend-on que l'égalité civile accordée à la femme a pour corollaire nécessaire son émancipation politique. C'est méconnaître absolument le rôle de la femme dans l'humanité. Destinée à la maternité, faite pour la vie de famille, la dignité de sa situation sera d'autant plus grande qu'elle n'ira point la compromettre dans les luttes du forum et dans les hasards de la vie publique. Elle oublierait fatalement ses devoirs de mère et ses devoirs d'épouse, si elle abandonnait le foyer pour courir à la tribune. Elle n'y apporterait pas d'ailleurs la modération de langage et la netteté des conceptions, qui sont indispensables dans les usages parlementaires. D'autre part, elle introduirait dans la famille un élément de dissolution, qui lui ferait perdre la légitime influence qu'exerce sur le père de famille la femme respectable, qui est l'honneur de la maison. […] On a donc parfaitement raison d'exclure de la vie politique les femmes et les personnes qui, par leur peu de maturité d'esprit, ne peuvent prendre une part intelligente à la conduite des affaires publiques.* »

Document 10.5 Émile Morlot, *De la capacité électorale*, 1884.[7]

Ces critiques, loin de l'éteindre, stimulent le mouvement pour les droits des femmes. Déjà actives dans les années 1840 et 1850, proches des mouvements réformistes, les féministes réclament l'adoption de mesures qui permettront aux femmes d'échapper à leur statut d'infériorité. Pour la plupart d'entre elles, le droit de vote est la clé de tout. C'est pourquoi les politiciens les ont nommées les « suffragettes ». Le droit à l'éducation est leur deuxième grand cheval de bataille.

Certaines féministes prennent la voie de l'activisme. Les plus radicales vont jusqu'à des actes de vandalisme ou à des grèves de la faim en prison. Mais les voix les plus influentes se font probablement plus entendre du côté des féministes engagées dans des associations de travailleuses, en particulier les associations d'infirmières. Les femmes devront toutefois attendre le XXe siècle pour que leur situation politique et légale connaisse une évolution significative.

LE TRIOMPHE DE LA SCIENCE ET DE LA TECHNOLOGIE

Le 1er mai 1851, la foule se presse à Hyde Park, au cœur de Londres. On inaugure ce jour-là le Crystal Palace, un immense bâtiment de verre et d'acier, construit pour la première exposition universelle, la « Great Exhibition of Works of Industry of All Nations ». Tout le gratin de la société anglaise est présent, y compris la jeune reine Victoria qui s'émerveille devant les inventions provenant du monde entier. Durant les six mois que dure l'exposition, six millions de personnes visitent les stands des exposants. On peut y voir les métiers à tisser les plus perfectionnés, des locomotives, des morceaux de ponts, des voitures, des prothèses et des onguents médicaux, des appareils photo, des ballons navigables, un télégraphe électrique… Certaines inventions étonnent : un couteau à mille lames ; un lit qui pivote et éjecte sans bruit les dormeurs ; il y a même un corset qui s'ouvre automatiquement en cas d'urgence ! Dans un autre registre, au rayon de l'esclavage, on propose le nec plus ultra *des menottes, des entraves et des fusils de chasse. À la suite de l'immense succès de l'Exposition universelle de Londres, les autres grandes villes occidentales emboîtent le pas et mettent à leur tour en valeur les inventions du moment.*

Pour les contemporains du XIXe siècle, c'est une époque fantastique. Les développements scientifiques, dans les domaines de la physique, de la chimie, de la biologie, de la médecine et même des nouvelles sciences humaines, sont remarquables. Jumelés aux nombreuses innovations technologiques, dans les domaines du transport, de l'énergie et des communications, ils donnent l'espoir aux Occidentaux que la raison humaine peut trouver des solutions à tous les problèmes.

LES IMMENSES PROGRÈS DES SCIENCES NATURELLES

C'est au XIXe siècle que la science prend la forme qu'on lui connaît aujourd'hui. Déjà, le mot « science » vient remplacer l'expression plus ancienne de « philosophie naturelle ». Pendant ce siècle, l'enseignement de la science et la recherche scientifique font leur entrée à l'université, d'abord en Allemagne. Bien sûr, avant cette période, on inventait des machines et on étudiait les phénomènes naturels selon les principes de la méthode scientifique, du moins depuis la révolution scientifique. Mais les inventeurs et les philosophes naturels évoluaient dans des univers qui, sans être complètement étrangers l'un à l'autre, n'en étaient pas moins distincts, voire opposés. Au XIXe siècle, on voit plutôt la physique et la chimie se combiner en grande partie à la recherche technologique et au génie. La découverte de la radiation en est un bel exemple. Des scientifiques comme Becquerel, les Curie et Roentgen ont à la fois révolutionné la science et la technologie. En découvrant que des rayons électromagnétiques traversent certains matériaux et qu'il est possible de contrôler ce phénomène, ils ont transformé notre conception même de la matière. En même temps, ils ont inventé les technologies nécessaires à leurs travaux scientifiques, en particulier la radiographie, une des principales explications de la révolution médicale du XXe siècle. De même, les études en thermodynamique et en conservation de l'énergie sont allées de pair avec le développement des technologies électriques. Cette nouvelle dynamique de la science et de la technologie est fondamentale : elle est à l'origine de l'explosion

Le premier *Crystal Palace* en 1851. (Œuvre non datée.)

technologique de l'ère contemporaine, de l'automobile à la fusée, de la photographie au trieur cellulaire, du téléphone à Internet.

Le XIXe siècle voit également la science transformer notre conception du vivant avec les travaux révolutionnaires de Charles Darwin. En 1859, Darwin publie *L'origine des espèces*, un ouvrage dans lequel il remet ni plus ni moins en question la place de l'homme dans la nature. Les philosophes des Lumières avaient déjà mis en doute la conception biblique de la création des espèces, comme quoi Dieu aurait créé toutes les formes de vie en une seule semaine. Pour eux, il était évident que le développement des espèces sur Terre avait requis une longue évolution. Mais personne ne pouvait expliquer comment ni pourquoi.

D'abord influencé par Malthus, selon qui seuls les plus forts doivent survivre (voir p. 308), Darwin élabore une nouvelle théorie — la théorie de la sélection naturelle — qui va bouleverser notre vision de la vie. Selon cette théorie, il se produit naturellement des variations à l'intérieur d'une population. La plupart de ces variations n'ont aucune importance. Cependant, certaines produiront des individus non viables, ou, au contraire, procureront un avantage aux individus qui en sont dotés. Il s'agit généralement d'un avantage adaptatif. Par exemple, un oiseau au bec plus robuste aura plus de facilité à survivre dans un environnement où poussent des graines très coriaces. Du coup, il aura de meilleures chances de se reproduire et de transmettre ce trait à ses descendants. On pourra ainsi voir une population d'oiseaux à petits becs se transformer en population d'oiseaux à gros becs en quelques générations. Selon Darwin, c'est l'accumulation de ces variations qui, au fil des générations, serait à l'origine de l'apparition de nouvelles espèces. Il écrit :

> « *Je crois que tous les animaux descendent de quatre ou cinq formes primitives tout au plus, et toutes les plantes d'un nombre égal ou même moindre. L'analogie me conduirait à faire un pas de plus, et je serais disposé à croire que tous les animaux et toutes les plantes descendent d'un prototype unique […]. N'y a-t-il pas une véritable grandeur dans cette manière d'envisager la vie, avec ses puissances diverses attribuées primitivement par le Créateur à un petit nombre de formes, ou même à une seule ? Or, tandis que notre planète, obéissant à la loi fixe de la gravitation, continue à tourner dans son orbite, une quantité infinie de belles et admirables formes, sorties d'un commencement si simple, n'ont pas cessé de se développer et se développent encore !* »

Document 10.6 Charles Darwin, *L'origine des espèces au moyen de la sélection naturelle*, 1859.[8]

Du point de vue religieux, les affirmations de Darwin sont hérétiques parce qu'elles incluent l'homme dans le processus de sélection naturelle. Dans ce contexte, comment expliquer la « supériorité » de l'espèce humaine ? Le hasard, répond Darwin. Trois cents ans plus tôt, de telles affirmations lui auraient probablement valu le bûcher. Mais dans le cadre du XIXe siècle, celui du « triomphe » de la science et de la technologie, la thèse de Darwin suscite un immense intérêt. Plusieurs scientifiques poursuivent ses travaux, en s'appuyant entre autres sur les travaux de Gregor Mendel, ce moine autrichien contemporain de Darwin, dont les expérimentations sur les croisements d'espèces végétales sont à l'origine de la génétique moderne.

Le domaine médical connaît lui aussi une véritable révolution. Entre 1859 et 1864, Louis Pasteur, une des figures les plus importantes de l'histoire des sciences, entreprend une série de travaux sur le phénomène de la fermentation. Il découvre que ce sont des micro-organismes qui font cailler le lait, fermenter la bière ou changer le jus de raisin en vin. Il démontre qu'il est possible d'empêcher le processus de fermentation en tuant ces micro-organismes, ce qu'il réussit à faire en chauffant les liquides, puis en les refroidissant : c'est ce qu'on appellera plus tard la « pasteurisation ». Encouragé par le succès de ses expériences, Louis Pasteur se dit que les maladies peuvent découler d'infections causées par ces mêmes micro-organismes, les « microbes ». Il est le premier à défendre cette idée devant l'Académie des sciences en 1878. Il met alors au point des techniques pour observer la prolifération de ces fameux microbes : il fait des cultures bactériennes et teste ensuite toutes sortes de produits pour les détruire. Il développe également des vaccins.

Le Petit Journal

SUPPLÉMENT ILLUSTRÉ

Huit pages : CINQ centimes

DIMANCHE 13 OCTOBRE 1895

A LOUIS PASTEUR

Page couverture du *Petit Journal* soulignant la mort de Louis Pasteur en 1895.

Joseph Lister poursuit les travaux de Pasteur et fait une découverte qui révolutionne le domaine de la chirurgie. Convaincu que des bactéries infectent les plaies lors des interventions chirurgicales, il constate qu'un certain type d'acide élimine la plupart des infections. À peu près au même moment, des chimistes découvrent des produits anesthésiants qui permettent de diminuer la douleur des patients lors des interventions chirurgicales. L'effet conjugué de l'anesthésie et de la bactériologie permet à la médecine d'intervenir à la source d'une multitude de problèmes de santé. L'augmentation de l'espérance de vie au XXe siècle — qui passe de 49 à 80 ans dans le cas du Canada — est d'abord et avant tout la conséquence de cette immense révolution médicale.

Jumelées aux progrès de la science dans le domaine des sciences naturelles, les découvertes dans le domaine de la biologie et de la médecine contribuent à convaincre les Occidentaux qu'ils vivent à une époque de progrès sans fin.

Les théories de Darwin lui valurent d'être cruellement caricaturé dans les journaux de son époque.

LA NAISSANCE DES SCIENCES HUMAINES

L'influence de la science est si grande que des penseurs commencent à imaginer que l'étude des hommes et des sociétés peut elle aussi se faire de façon « scientifique ». Le philosophe Auguste Comte invente l'expression « positivisme », qu'il expose dans un ouvrage intitulé *Discours sur l'esprit positif* en 1844. Selon lui, il existe une « physique sociale », c'est-à-dire des mécanismes qui déterminent le fonctionnement des sociétés. La sociologie est, à ses yeux, l'étude de ces mécanismes sociaux.

La sociologie fait un pas de géant avec Émile Durkheim. En 1885, il publie une étude fondamentale sur le suicide, qu'il observe autour de lui. Il crée le concept d'« anomie » pour expliquer la cause de ces suicides : la perte des valeurs morales et le sentiment d'aliénation qui s'ensuit lors de grands bouleversements sociaux. Pour lui, l'industrialisation entraîne une période de perte des valeurs morales qui explique la hausse des suicides qu'il observe. De façon générale, l'industrialisation est à l'origine de problèmes de santé et de conditions de vie d'une ampleur inégalée dans l'histoire humaine qui sautent aux yeux, que personne ne peut ignorer et que des chercheurs en « sciences sociales » décident de comprendre. Ce n'est pas un hasard si la psychiatrie, puis la psychologie prennent leur envol au XIXe siècle. Afin de fournir des données fiables aux spécialistes des sciences sociales, les gouvernements mettent en place des services de statistiques sur les populations.

Par ailleurs, les historiens se réclament d'une histoire « objective » dont la méthode se veut « scientifique ». D'abord développée en Allemagne, puis en France, l'histoire « scientifique » prétend qu'une méthode d'analyse des documents issus du passé qui est bien appliquée mène à une compréhension globale et objective du développement des sociétés humaines. Avec le fort sentiment nationaliste qui est en vogue (voir « Les États-nations et la création d'une nouvelle grande rivalité », p. 331), les livres d'histoire nationale sont alors très populaires. L'intérêt pour le passé humain conduit les archéologues à faire de grandes expéditions partout dans le monde, en Égypte, en Mésopotamie (où on découvre les Sumériens), en Palestine, etc.

Signe que les sciences humaines sont de plus en plus acceptées par la communauté scientifique, on voit leurs disciplines intégrer le milieu universitaire à la fin du XIXe siècle. Les Occidentaux ont l'impression que le développement des sciences, humaines comme naturelles, va régler tous les problèmes de l'humanité. Cette impression est d'autant plus grande que la science entraîne également des progrès technologiques fascinants.

LA RÉVOLUTION TECHNOLOGIQUE

Mise au service de la révolution industrielle, la science transforme radicalement le quotidien des Occidentaux. La mécanique se met d'abord au service du transport et cherche à soustraire les hommes aux contraintes imposées par leur environnement naturel. Les usines produisent beaucoup plus, beaucoup plus vite. Il faut donc se doter de bateaux capables de transporter des marchandises lorsqu'il n'y a pas de vent et de chariots qui ne requièrent pas de s'arrêter à tout moment pour faire manger ou reposer leur locomotive !

La machine à vapeur, inventée au siècle précédent, sera donc adaptée à la navigation. En 1819, le *Savannagh*, le premier bateau à vapeur, traverse l'Atlantique. Avec les coques en acier, il devient possible de fabriquer des bateaux d'un tonnage beaucoup plus fort. Alors qu'auparavant un « gros » bateau représentait 1000 tonneaux, les bateaux à vapeur auront une capacité 20 fois plus grande. De plus, ils seront plus rapides et il sera plus facile de prévoir le temps de transport.

Toutefois, la technologie qui révolutionne le plus le transport et qui symbolise le mieux le bouillonnement technologique du XIXe siècle est très certainement le train. Contrairement à une idée répandue, les chemins de fer ne datent pas du XIXe siècle. On les utilise dès le XVIe siècle, mais avec des rails en bois et des wagons habituellement tirés par des chevaux. Même l'utilisation du fer, puis de la fonte, dans la fabrication des rails est apparue avant la révolution industrielle. L'invention marquante du XIXe siècle n'est donc pas le chemin de fer en tant que tel, mais bien la locomotive à vapeur.

Bien qu'il y ait eu quelques prototypes plus ou moins heureux avant cela, la première locomotive véritablement efficace est inventée en 1811. Parce que les premières locomotives sont relativement lentes, leurs premières versions ont peu de succès. En revanche, la *Rocket* de George et Robert Stephenson connaît un succès foudroyant. Il s'agit d'une locomotive utilisant une nouvelle technologie capable de générer beaucoup plus de vapeur. La *Rocket* avance à la vitesse « folle » de 27 km à l'heure, un prodige à l'époque ! Lors de son inauguration, un député meurt écrasé par le train, ayant mal jugé la vitesse de la locomotive. Il faut dire que la locomotive de Stephenson peut aller à plus de 50 km à l'heure ; c'est la faible qualité des rails qui la freine.

Le succès est instantané : toutes les villes d'Angleterre veulent être reliées par chemin de fer. Le réseau explose : dès 1850, il y a 23 500 km de voies ferrées construites en Europe (dont près de la moitié en Grande-Bretagne) et 14 800 km en Amérique du Nord. Cinquante ans plus tard,

L'ingénieur George Stephenson devant la *Rocket* (1829).

282 000 km de voies ferrées s'étendent en Europe et 357 000 km en Amérique du Nord. En peu de temps, on utilise les trains de façon souterraine pour le transport des personnes : c'est l'invention du métro. La ville de Londres, avec ses 2,5 millions d'habitants, inaugure le premier métro du monde en 1863.

Outre les moyens de transport, les inventions qui marquent le plus les esprits sont celles qui transforment le quotidien. Thomas Edison est très certainement l'un des inventeurs les plus connus. Cet Américain, détenteur de 1093 brevets, invente notamment entre 1877 et 1900 le phonographe, capable d'enregistrer et de reproduire la voix humaine, la lampe à incandescence, la caméra vidéo et le premier système de distribution de l'électricité. La plupart de ces inventions sont l'œuvre de larges équipes qu'il dirige ; on le considère dès lors comme le fondateur du premier laboratoire de recherche industrielle. Un autre inventeur qui fait une forte impression est Graham Bell. Ayant longtemps travaillé à développer des technologies pour les malentendants, Bell invente le tout premier téléphone. Le 10 mars 1876, il réussit à reconstituer la voix à partir de vibrations le long d'un fil ; son assistant, Thomas Watson, entend clairement la première phrase jamais entendue à distance : « Mr. Watson, come here, I want to see you. »

L'IMPACT SOCIAL DES DÉVELOPPEMENTS SCIENTIFIQUES ET TECHNOLOGIQUES

Avant le XIXe siècle, l'éducation secondaire et l'enseignement supérieur étaient réservés aux élites. Après 1850, cette situation est appelée à changer. Dans un monde où les techniques de production sont de plus en plus sophistiquées, le besoin de démocratiser l'éducation se fait rapidement sentir, car les entreprises ont besoin d'une main-d'œuvre plus spécialisée. De plus, l'extension du droit de vote amène les autorités à considérer qu'une formation de base est essentielle pour tous les enfants, qu'ils viennent de familles riches ou pauvres. En même temps, la poussée nationaliste du XIXe siècle conduit ces mêmes gouvernements à voir l'école comme un moyen idéal pour inculquer un sentiment patriotique chez tous les futurs citoyens. Par conséquent, on donne accès à l'éducation primaire à tous les enfants âgés de 6 à 12 ans.

Les garçons et les filles ne reçoivent pas la même éducation, et ils sont d'ailleurs séparés à l'intérieur des écoles. Pour les filles, on met l'accent sur l'acquisition de compétences dans les tâches domestiques, alors qu'on prépare les garçons à pratiquer divers métiers plus techniques. Mais dans tous les cas, un changement fondamental s'opère : les pays qui font le pari de l'éducation des masses populaires, tels l'Allemagne, la France, les pays scandinaves, la Grande-Bretagne et les États-Unis, éliminent en grande partie l'analphabétisme.

L'augmentation du nombre de personnes lettrées, jumelée à la poussée libérale et démocratique du XIXe siècle, explique l'explosion du secteur des journaux et des magazines à la fin du siècle. Des quotidiens comme le *Daily Mail* et l'*Evening News* de Londres vendent des millions d'exemplaires chaque jour. Ils font souvent dans le sensationnalisme, mais jouent aussi assez rapidement un rôle politique majeur en enquêtant et en divulguant les cas de corruption dans le monde politique. Ainsi, les journalistes deviennent un rouage important de la démocratie, permettant à leurs lecteurs, qui sont bien souvent de nouveaux électeurs, de se forger une opinion éclairée.

À la faveur d'une hausse généralisée dans le dernier tiers du XIXe siècle, les développements technologiques transforment également le monde des loisirs. Les travailleurs peuvent compter sur les transports publics pour les amener dans les nouveaux parcs d'attractions qui font fureur ou encore assister à une partie de l'équipe sportive locale au stade municipal. Le soir, on va voir des spectacles. La fin de semaine, on prend le train pour se rendre à la plage, d'autant plus que de nombreux ouvrages vantent les bienfaits des « bains de mer » :

> « *La plupart de ces eaux agissent en déterminant une excitation plus ou moins forte qui a pour effet immédiat de réveiller la vitalité des tissus et de produire [...] un remontement général. Elles font passer les organes de l'inertie à l'activité, en communiquant à la constitution une force qu'elle n'aurait pas [eue] suffisamment en elle-même pour ces transformations.* »

Document 10.7 Constantin James, *Guide pratique aux eaux minérales de France, de Belgique, d'Allemagne, de Suisse, de Savoie, d'Italie et aux bains de mer*, 1852.[9]

Une industrie se développe rapidement autour des loisirs et des voyages : des ligues sportives professionnelles, comme la première ligue professionnelle de baseball aux États-Unis en 1863, des exploitants de parcs d'attractions, des propriétaires de music-halls et des agences de voyages, comme l'agence Thomas Cook, dont le premier voyage organisé remonte à 1841.

Une plage anglaise à l'époque victorienne (fin du XIXe siècle).

LA MONTÉE DU NATIONALISME ET DES RIVALITÉS

Le 14 septembre 1905, un vieil homme meurt. Il est français, mais il meurt à Dakar, en Afrique. Il s'appelle Pierre Savorgnan de Brazza. Trente ans plus tôt, il a exploré, au nom de la France, un territoire inconnu des Européens et fondé la colonie du Congo. Il l'a fait au nom de la « mission civilisatrice de la France », convaincu qu'il était d'appartenir à la nation la plus avancée de la terre. Il n'est pas le seul. Un peu partout en Afrique, des Anglais, des Allemands, des Italiens, des Belges font la même chose que lui et conquièrent des territoires au nom de la patrie. Mais Brazza meurt tourmenté par le chagrin. Il a vécu assez longtemps pour voir les horreurs de la colonisation, pour voir son Congo livré à l'appétit vorace des intérêts économiques de l'Europe et au racisme violent des Blancs. Il meurt pourtant en tant que gouverneur du Congo, incapable d'imaginer autre chose qu'une forme de tutelle de l'Occident sur les « autres ».

Le XIXe siècle s'achève avec une course aux colonies entre les grandes puissances de l'Europe à laquelle participent, dans une moindre mesure, les États-Unis, qui connaissent alors une poussée fulgurante. Les grandes puissances cherchent des ressources naturelles et des routes commerciales, certes, mais elles cherchent également à démontrer la supériorité de leur civilisation, en général, et de leur nation, en particulier. En effet, la seconde moitié du siècle voit justement une fièvre nationaliste s'emparer de l'Europe. Les États tirent dorénavant leur légitimité du peuple, que ce soit selon le modèle démocratique anglais, comme en France, ou selon le modèle plus autoritaire de l'Allemagne. Ce mouvement vers des États-nations européens entraîne l'unification des États italiens ainsi que des États allemands, ce qui bouleverse l'équilibre des forces en Europe.

LES ÉTATS-NATIONS ET LA CRÉATION D'UNE NOUVELLE GRANDE RIVALITÉ

Marqué par les revendications populaires pour plus de liberté, le XIXe siècle voit aussi apparaître, après 1851, la montée du nationalisme en Europe. Les élites conservatrices, toujours au pouvoir, ne peuvent résister à ces forces et sont bien obligées de faire des compromis. On voit se construire des « États-nations », c'est-à-dire des États dont la légitimité repose plus sur la nation que sur un souverain.

L'exemple de la France est révélateur. En 1852, seulement quatre ans après l'abolition de la monarchie et son remplacement par une république, les Français votent en faveur du rétablissement de l'Empire napoléonien. Dirigé par Napoléon III, le nouveau régime bonapartiste voit, dans un premier temps, la prospérité revenir en France. Toutefois, dans les années 1860, le gouvernement français est de nouveau fortement contesté. Les Français reprochent à Napoléon III ses interventions ratées à l'étranger, notamment au Mexique, et, d'abord et avant tout, l'endettement immodéré du gouvernement. Napoléon III comprend que s'il veut éviter une répétition des événements révolutionnaires de 1830 et de 1848, il n'a pas le choix de répondre aux aspirations de son peuple. Il légalise les syndicats et leur accorde le droit de grève. Il donne à l'Assemblée législative un plus grand contrôle des affaires de l'État, par exemple le droit de voter le budget. Napoléon III va même jusqu'à proposer aux Français, par un plébiscite en mai 1870, l'adoption d'une nouvelle constitution devant instaurer un régime parlementaire sur le modèle britannique. Il obtient un appui enthousiaste du peuple français. Par contre, en raison de la guerre franco-allemande de 1870 qui entraîne sa propre chute en septembre, le projet n'est jamais mis en application.

La défaite française ramène les monarchistes au pouvoir, après leur victoire aux élections du 8 février 1871. Les Français aspirent à plus de stabilité. Mais en même temps, la guerre franco-allemande a exacerbé le sentiment nationaliste. Les républicains, associés aux socialistes, rejettent la collaboration avec la Prusse. Ils organisent le soulèvement de Paris au printemps de 1871, réussissent à prendre le contrôle de la ville et proclament l'institution d'un gouvernement républicain indépendant qui entend reprendre la guerre contre la Prusse : c'est la Commune de Paris. Cette dernière est écrasée dans le sang. Malgré leur victoire, les monarchistes se rendent à l'évidence : les forces du libéralisme et du nationalisme sont trop puissantes, et la seule façon d'établir une paix sociale durable en France est de mettre en place un État-nation solide. Les politiciens français adoptent une nouvelle constitution en 1875 ; le projet d'un retour à la monarchie est mort et enterré. En 1879, le gouvernement français devient responsable devant la Chambre des députés et il adopte toute une série de lois libérales : liberté de presse (1881), gratuité scolaire (1881), liberté syndicale (1884), droit au divorce (1884), etc. L'État-nation français, libéral et national, est accompli.

En Italie et en Allemagne, la mise en place d'un État-nation ne peut se faire de la même manière. En effet, depuis le Moyen Âge, ces territoires sont divisés entre un grand nombre d'États autonomes. Dans le cas de l'Italie, une partie du nord est, en plus, occupée par l'Autriche.

Le mouvement d'unification de l'Italie débute lorsque le roi de Sardaigne, Victor Emmanuel II, nomme comme premier ministre un partisan de l'union des États italiens, Camillo Cavour. Cet habile politicien réussit à s'allier les Français contre les Autrichiens et, par la suite, à attiser le sentiment nationaliste dans les États du Nord pour les convaincre de se joindre au royaume de Sardaigne. Au sud de l'Italie, un nationaliste qui a combattu les Autrichiens et qui trouve que Cavour est trop mou, Giuseppe Garibaldi, s'empare de la Sicile avec une armée de volontaires. Après quoi il conquiert Naples, puis tout le royaume des Deux-Siciles. Il accepte ensuite de se soumettre à l'autorité du roi Victor-Emmanuel II. En 1861, on proclame la création du nouveau royaume d'Italie. Seuls les États de Venise et de Rome — le premier occupé par l'Autriche, l'autre protégé par la France — lui échappent. Les événements en Europe ont tôt fait de favoriser une unification complète des Italiens. Après la victoire des Prussiens contre les Autrichiens en 1866, les Italiens mettent la main sur Venise ; après la défaite des Français contre les Prussiens en 1870, ils annexent Rome. Le 20 septembre 1870, Rome devient la nouvelle capitale de l'Italie, quatre mois avant l'unification de l'Allemagne.

La création de l'État-nation allemand, sous le leadership de la Prusse, l'État allemand le plus important, change encore plus le portrait politique de l'Europe que l'unification de l'Italie. Les États allemands sont déjà dominés économiquement par la Prusse à l'intérieur du « Zollverein », l'union économique mise en place en 1834. La Prusse aimerait également prendre la direction politique, mais son armée est peu développée. C'est exactement le mandat que se voit confier le premier ministre Otto von Bismarck lors de sa mise en poste par le roi Guillaume Ier en 1862 : faire de la Prusse une grande puissance, ce qui présuppose de mettre en commun les forces allemandes. Pour Bismarck, la supériorité d'une Allemagne ne fait pas de doute :

> « *La force que nous voulons nous donner nous disposera nécessairement à être pacifiques. Ceci peut avoir l'air d'un paradoxe, ce n'en est pas moins la réalité. Avec cette puissante machine, tel que nous achevons de former l'armée allemande, on n'entrevoit point d'agression. [Si elle est attaquée], l'Allemagne tout entière, de Memel jusqu'au lac de Constance, s'enflammera comme une mine de poudre, elle se hissera d'armes, et nul ennemi n'osera tenir contre ce* furor teutonicus *qui se déploie en cas d'attaque.* »

Document 10.8 Otto von Bismarck, Discours devant le Reichstag allemand, 1888.[10]

Malgré l'opposition du Parlement, Bismarck crée une grande armée prussienne, destinée à réunir tous les Allemands en un même pays. En 1864, il attaque le Danemark pour annexer deux duchés où vivent de nombreux Allemands. La Prusse entre ensuite en guerre contre l'Autriche en 1866, un adversaire plus considérable. Les troupes prussiennes, mieux équipées et mieux ravitaillées par un réseau ferroviaire efficace, ont vite fait d'écraser les troupes autrichiennes. La Prusse forme alors la « Confédération de l'Allemagne du Nord ». Des gouvernements locaux subsistent, mais la défense et la politique étrangère tombent entre les mains du roi de Prusse et de son « chancelier », Bismarck.

Caricature de Bismarck et de Napoléon III parue dans un magazine humoristique anglais en 1866.

Quatre mois après la guerre franco-prussienne de 1870, Guillaume Ier est proclamé empereur dans la galerie des Glaces du château de Versailles.
Gravure (XIXe siècle).

La France voit d'un très mauvais œil les récents événements en Allemagne. Lorsqu'il est question qu'un proche du roi de Prusse accède au trône d'Espagne, à l'été 1870, la France déclare la guerre à la Prusse. C'est la catastrophe pour les troupes françaises qui sont rapidement défaites. Napoléon III lui-même est capturé le 2 septembre 1870. S'étant alliés à l'Allemagne du Nord dans cette guerre, les États allemands du Sud joignent la Confédération et, le 18 janvier 1871, au château de Versailles, Guillaume Ier est proclamé empereur du «Reich», le deuxième Empire germanique (le premier étant le Saint Empire romain germanique). Les Allemands imposent aux Français une énorme dette de guerre et annexent l'Alsace et la Lorraine, deux régions qui ont des frontières communes à la France et à la Prusse. Pour les Français, le désir de vengeance perdurera jusqu'à la Première Guerre mondiale. Mais pour les Allemands, la création d'un État national les propulse au premier rang des puissances politiques et économiques du continent européen. L'Allemagne est un des nouveaux «géants» du monde, comme cet autre nouveau joueur, au-delà de l'Atlantique: les États-Unis d'Amérique.

LA MONTÉE DES ÉTATS-UNIS

Au début du XIXe siècle, les États-Unis sont déjà devenus un acteur important dans les affaires internationales. Leurs navires marchands sont présents sur toutes les mers, ils entretiennent des relations diplomatiques sur tous les continents et la doctrine Monroe témoigne d'une volonté de contrôler les affaires des Amériques. Les Américains aiment pourtant s'imaginer qu'ils sont isolationnistes et qu'ils n'utilisent pas leurs forces armées pour faire des gains économiques, contrairement aux Européens. Pour eux, l'achat de la Louisiane française, en 1803, en lieu et place d'une conquête armée, en est la preuve. Dans les faits, les États-Unis deviennent, au XIXe siècle, une grande puissance qui n'hésite pas à recourir à la force pour conquérir des territoires.

Les conquêtes américaines visent d'abord le continent nord-américain. Déjà, en 1812, les États-Unis tentent d'envahir les colonies britanniques situées au nord de leurs frontières, sans succès. Ce n'est donc pas vers le nord, mais plutôt vers le sud-ouest que les Américains feront des gains. Lorsque la république du Texas, indépendante du Mexique depuis 1836, décide de se joindre aux États-Unis en 1845, une dispute frontalière amène le gouvernement américain à déclarer la guerre au Mexique. Loin de se contenter de stabiliser la frontière, les troupes américaines marchent sur Mexico et écrasent leurs adversaires. Les Américains forcent les Mexicains à leur céder la Californie (alors que débute la Ruée vers l'or), l'Arizona, le Nouveau-Mexique ainsi que la région des Rocheuses. La défaite coûte cher au gouvernement mexicain qui éprouve dans les années suivantes de sérieuses difficultés financières. Lorsqu'il suspend les paiements sur sa dette, en 1861, les débiteurs que sont la France, la Grande-Bretagne et l'Espagne décident d'intervenir. Les troupes françaises occupent Mexico en 1863 et instaurent un empire sous la gouverne de Maximilien. Mécontents de la présence d'une armée européenne sur le continent américain, les Américains forcent les troupes françaises à évacuer le Mexique et soutiennent les patriotes mexicains opposés à Maximilien, qui est défait et exécuté en 1867. Les Européens viennent de découvrir que les principes de la doctrine Monroe ne sont pas des paroles en l'air.

Les vastes territoires de l'Ouest américain, acquis à la suite de la guerre contre le Mexique, offrent d'immenses possibilités de colonisation au gouvernement américain. Celui-ci incite les citoyens, et particulièrement les immigrants européens, fort nombreux à cette

Carte 10.4

L'EXPANSION DU TERRITOIRE AMÉRICAIN AU XIXe SIÈCLE

Si la Louisiane a été achetée, la plupart des territoires plus à l'ouest ont été conquis par les Américains. Ceux-ci justifient ces conquêtes par l'idée, développée dans les années 1840, d'une « destinée manifeste », une mission civilisatrice qui incomberait aux États-Unis.

La Ruée vers l'or, en Californie.
Lithographie (XIXe siècle).

époque, à aller exploiter et mettre en valeur ces nouveaux territoires. Les États-Unis font d'ailleurs en Europe ce qu'on appellerait aujourd'hui des campagnes publicitaires pour annoncer qu'il y a une place pour tous en Amérique. C'est l'un des facteurs qui expliquent l'incroyable explosion démographique des États-Unis au XIXe siècle, qui passent de 5,3 millions d'habitants en 1800 à 37,5 millions en 1870. En quelques années, les États-Unis deviennent aussi populeux que les grandes puissances européennes (voir la carte 10.4).

À la fin du XIXe siècle, les États-Unis érigent un véritable empire colonial. Prétextant une attaque espagnole contre un navire américain dans le port de La Havane en 1898, les Américains déclarent la guerre aux Espagnols et prennent le contrôle de leurs colonies de Cuba, de Porto Rico et des Philippines. Ils annexent la même année les îles d'Hawaï. Quelques années plus tard, ils apportent leur soutien à la révolution de 1903 au Panamá, qui leur rapporte un peu plus tard le contrôle du célèbre canal de Panamá, passage stratégique entre l'Atlantique et le Pacifique.

À l'aube du XXe siècle, les États-Unis jouent un rôle de premier plan, non seulement en Amérique, mais également dans les affaires internationales. Par contre, ils ne sont pas encore une puissance du même niveau que les puissances européennes, dont plusieurs possèdent de vastes empires coloniaux. D'ailleurs, alors que les États-Unis cherchent à prendre leurs distances face à l'Europe, celle-ci est le théâtre de rivalités de plus en plus intenses.

LA DOMINATION DE L'EUROPE SUR LE MONDE : IMPÉRIALISME ET COURSE AUX COLONIES

Les dernières décennies du XIXe siècle voient se dérouler une course folle pour acquérir le plus grand nombre possible de colonies. Plusieurs raisons expliquent ce phénomène. La première raison est d'ordre économique. Les industries européennes ont besoin d'immenses

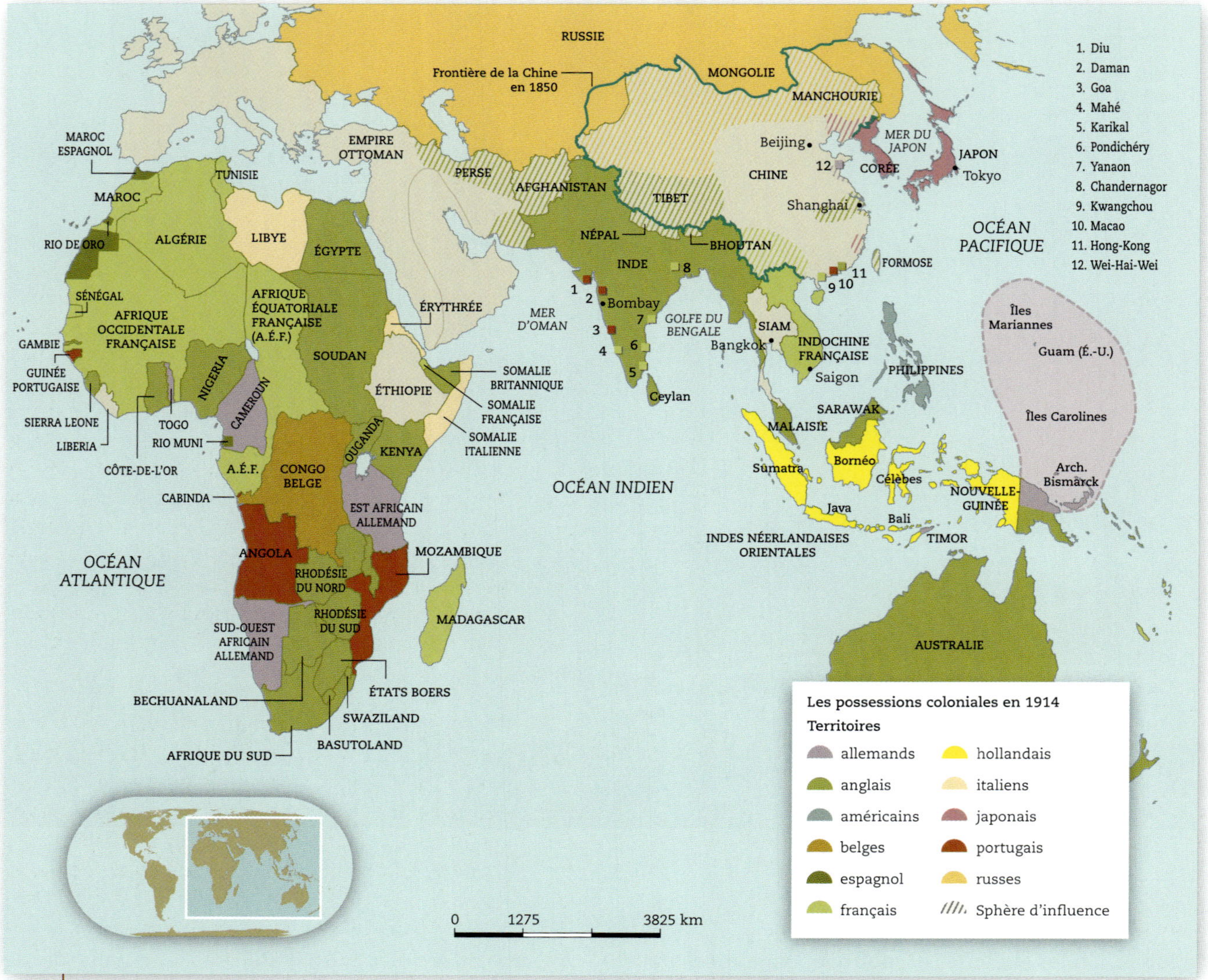

Carte 10.5

LES EMPIRES COLONIAUX EN 1900

Mis ensemble, les territoires colonisés ou sous l'influence d'une puissance européenne en Afrique et en Asie montrent que ces deux continents sont presque entièrement contrôlés par l'Occident en 1900, la Grande-Bretagne et la France y prenant la part du lion.

quantités de ressources naturelles et certains produits essentiels, comme le caoutchouc et le pétrole, sont à peu près introuvables en Europe. La deuxième raison est d'ordre politique. Les rivalités entre États-nations sont de plus en plus vives et, surtout, le sentiment que l'équilibre des forces en Europe est rompu pousse les dirigeants dans une dangereuse quête de puissance. L'acquisition de colonies, qui alimentent les industries nationales et assurent le contrôle de ports au cœur des routes commerciales névralgiques, est un excellent moyen d'accroître sa puissance. De plus, il est prestigieux de posséder un immense empire colonial. Les Britanniques ne disent-ils pas qu'ils règnent sur un empire où le soleil ne se couche jamais? La troisième raison n'est pas à négliger: il s'agit du «darwinisme social». Cette idéologie raciste, dérivée des idées de Malthus et de Darwin, prétend que les nations sont en lutte pour leur survie et que seules les plus fortes survivront, alors que les plus faibles sont destinées à périr. Dans cette course aux colonies, en Afrique et en Asie, le désir de démontrer la supériorité de l'homme «blanc» sur l'homme «noir» et l'homme «jaune» est une triste réalité. Finalement, une autre forme de racisme entre en cause: une approche «humanitaire» qui fait croire aux Européens qu'ils ont une responsabilité morale de civiliser les peuples sous-développés de la Terre. Dans le dictionnaire français de Pierre Larousse, on lit la définition suivante au mot «nègre» en 1872:

> *C'est en vain que quelques philanthropes ont essayé de prouver que l'espèce nègre est aussi intelligente que l'espèce blanche. Un fait incontestable et qui domine tous les autres, c'est qu'ils ont le cerveau plus rétréci, plus léger et moins volumineux que celui de l'espèce blanche. […] Si les nègres se rapprochent de certaines espèces animales par leurs formes anatomiques, par leurs instincts grossiers, ils en diffèrent et se rapprochent des hommes blancs sous d'autres rapports dont nous devons tenir grand compte. Ils sont doués de la parole, et par la parole nous pouvons nouer avec eux des relations intellectuelles et morales, nous pouvons essayer de les élever jusqu'à nous, certains d'y réussir dans une certaine limite. Du reste, un fait plus sociologique que nous ne devons jamais oublier, c'est que leur race est susceptible de se mêler à la nôtre, signe sensible et frappant de notre commune nature. Leur infériorité intellectuelle, loin de nous conférer le droit d'abuser de leur faiblesse, nous impose le devoir de les aider et de les protéger.*

Document 10.9 Pierre Larousse, « Nègre », *Grand Dictionnaire universel du XIXe siècle*, 1874.[11]

Particulièrement visible dans la conquête de l'Afrique, cette forme de racisme fait penser aux Européens qu'en apportant avec eux des industries modernes, des villes et les progrès de la science et de la technologie, ils sont justifiés d'assujettir politiquement, économiquement et culturellement les populations colonisées.

La région du monde qui souffre le plus de la course aux colonies est très certainement l'Afrique. Avant 1880, les Européens ne contrôlent qu'une très petite partie de ce continent. Entre 1880 et 1900, la France, la Grande-Bretagne, l'Allemagne, l'Italie et la Belgique conquièrent à peu près tous les territoires non colonisés de l'Afrique. Tous les pays impliqués en Afrique se réunissent à Berlin, en 1884-1885. Ils tracent les frontières de leurs empires respectifs, discutent de liberté de commerce, font des échanges, et ce, sans jamais tenir compte des populations locales. Au moins, le traité final mentionne l'interdiction de pratiquer l'esclavage. Tout de même, le « partage de l'Afrique » est un véritable pillage de ses ressources. À l'aube du XXe siècle, seuls l'Éthiopie et le Libéria demeurent des pays africains indépendants. En Asie, pareillement, les puissances européennes sont présentes depuis plusieurs siècles, mais n'en contrôlent qu'une petite partie. Là aussi, dans la seconde moitié du XIXe siècle, elles se partagent la majeure partie du territoire. Seuls la Chine, au prix d'importantes concessions (cession de « zones d'influence » et de zones commerciales stratégiques), la Thaïlande, qui cède également plusieurs territoires, et le Japon, industrialisé et militarisé à l'occidentale, réussissent à se soustraire à la domination européenne. Dans le cas du Japon, il fait plutôt figure de grande puissance « européenne », participant lui-même à la course aux colonies (voir la carte 10.5).

L'acquisition de nombreuses colonies s'avère une entreprise très lucrative pour les Occidentaux, mais elle commande le déploiement d'immenses forces armées pour maintenir leur emprise sur leurs empires. Dans ce contexte, plusieurs conflits éclatent entre les empires coloniaux, surtout que la tension est exacerbée par la situation en Europe. À l'aube du XXe siècle, le risque d'une déflagration à grande échelle est omniprésent.

LE FIL DE L'HISTOIRE

Au XIXe siècle, l'économie de l'Occident se transforme comme jamais auparavant. La révolution industrielle décuple la productivité et entraîne un enrichissement général, mais qui ne profite pas à tous. La bourgeoisie détient les capitaux et prend le contrôle des leviers économiques. Les ouvriers, eux, travaillent dans des conditions très pénibles. Les écarts entre riches et pauvres sont frappants dans les villes redessinées par la surpopulation des quartiers ouvriers et par les nouvelles infrastructures (transports, électricité, égouts, etc.). Les conditions de vie difficiles de la majorité de la population incitent des politiciens à exiger une démocratisation du pouvoir politique ; l'accès au droit de vote devient un enjeu majeur. Tout au long du siècle, l'Occident est le théâtre d'un combat idéologique entre conservateurs, libéraux et socialistes. Les États et les peuples s'affrontent, particulièrement lors des révolutions de 1830 et de 1848. Le droit de vote est peu à peu accordé dans certains pays, mais aux hommes seulement. Partout, le sentiment nationaliste est exacerbé. La création d'États nationaux unifiés, en Allemagne et en Italie, bouleverse le fragile équilibre des forces. À l'extérieur de l'Europe, les États-Unis accèdent au rang de grande puissance, les pays d'Amérique latine déclarent leur indépendance et les puissances occidentales étendent leurs empires coloniaux en Afrique et en Asie. Les États occidentaux, convaincus de la supériorité de la race blanche, prennent le contrôle d'une grande partie du monde.

L'historien à l'œuvre

HISTOIRE ET ARCHÉOLOGIE

Dans son étude du passé, l'historien utilise toutes sortes de sources, y compris des sources matérielles (objets quotidiens, bijoux, vêtements, etc.). Cependant, la collecte et l'analyse de tels objets relèvent de l'archéologue.

Dès la Renaissance, les vestiges de l'Antiquité suscitent un intérêt marqué. Cependant, on les considère alors comme des sources d'inspiration ou des curiosités. C'est au XIXe siècle que l'archéologie devient véritablement une discipline scientifique.

Commençons par dresser un historique de cette discipline au XIXe siècle pour ensuite examiner ses liens avec l'histoire.

UN BREF HISTORIQUE

Au XIXe siècle, les États européens impérialistes cherchent à démontrer leur puissance par la splendeur de leurs collections. Sous leurs ordres et grâce à leur financement, on dépouille alors des sites en Grèce et au Moyen-Orient pour en rapporter les objets de valeur. Ainsi, en 1801, Lord Elgin ramène en Angleterre les frises du Parthénon d'Athènes ; de même, à Paris, en 1820, la Vénus de Milo fait son entrée au Louvre et, en 1836, l'obélisque de Louxor (en Égypte) est érigé sur la place de la Concorde. Il ne s'agit donc pas de recherches archéologiques, mais d'une razzia, souvent désordonnée, pour s'emparer d'objets précieux.

Le XIXe siècle marque aussi la montée du positivisme : selon la pensée d'Auguste Comte, toute explication non fondée sur l'expérience doit être rejetée. Pour l'archéologue, cela implique de bannir toute fiction (mythologique, biblique, légendaire) concernant l'origine et l'évolution de l'homme. Certains savants s'intéressent alors aux objets anciens en tant que traces des sociétés passées.

Pour ce faire, à partir des années 1860, l'archéologie se dote de méthodes de travail scientifiques pour les fouilles et l'analyse des vestiges.

L'un des pionniers en la matière est l'Italien Giuseppe Fiorelli qui, en 1860, dirige les fouilles de Pompéi (ville italienne ensevelie sous les cendres du Vésuve lors de l'éruption de l'an 79). Il procède systématiquement en dressant préalablement le plan de la ville, en attribuant un numéro à chaque bâtiment et en y conservant intacts les objets découverts. Puis, au début des années 1880, l'archéologue anglais Flinders Petrie applique la stratigraphie, c'est-à-dire le prélèvement des objets par couche géologique et l'établissement d'un relevé précis de leur position. Pour sa part, le Suédois Oscar Montelius, influencé par l'évolutionnisme de Darwin, met au point en 1885 un système de datation et de classement des objets.

Ainsi, en quelque 40 ans, l'archéologie passe d'une chasse aux objets rares à une discipline scientifique.

LES LIENS ENTRE L'ARCHÉOLOGIE ET L'HISTOIRE

La collaboration entre ces deux disciplines est fructueuse sur quatre plans.

Fournir un nouveau point de vue sur les sources écrites

La comparaison entre le contenu d'une source écrite et les résultats de fouilles archéologiques permet de vérifier l'exactitude des propos de l'auteur.

Ainsi, certaines fouilles confirment les renseignements fournis par une source. Il en va ainsi de la découverte de Troie par l'Allemand Heinrich Schliemann. En se basant sur les récits d'Homère (voir le chapitre 2), que plusieurs savants considèrent pourtant comme légendaires, Schliemann détermine que Troie doit être une ville maritime d'Asie Mineure, située sur une butte importante. Par ailleurs, il sait que la ville d'Hissarlik (en Turquie actuelle), dont la situation géographique correspond à la description homérique, a porté le nom d'*Ilium* à l'époque romaine ; or, chez Homère, Ilion est une ville du royaume troyen. À partir de 1870, Schliemann fouille donc la butte d'Hissarlik et découvre quatre villes ayant successivement occupé le site (il est aujourd'hui établi qu'il y en a au moins neuf) et identifie Troie comme la deuxième (en réalité, c'est la septième). Les fouilles de Schliemann prouvent néanmoins que la ville homérique a réellement existé.

Masque mortuaire d'Agamemnon.

À l'inverse, l'archéologie invalide parfois certaines informations tirées des sources écrites. C'est ce que fait le Français Jacques Boucher de Perthes, en 1859, avec sa théorie sur l'âge de l'humanité. Jusque-là, il est admis que la présence de l'homme sur Terre date d'un peu avant le Déluge, vers 4000 avant Jésus-Christ selon la chronologie biblique. Or, ayant trouvé, dans une même couche géologique, un silex taillé par l'homme et des ossements d'animaux du Pléistocène (entre 1,87 million et 10 000 ans av. J.-C.), il établit que l'humanité est plus âgée que ce qu'affirmaient les sources.

Enfin, les découvertes archéologiques peuvent compléter les sources écrites. Ainsi, on connaissait la civilisation inca par divers textes, mais nul ne soupçonnait ses origines avant les fouilles de l'Allemand Max Uhle, dans les années 1890, en Bolivie et au Pérou.

On constate donc que l'archéologie peut confirmer, invalider ou compléter les connaissances historiques fournies par les sources écrites.

Découvrir des civilisations inconnues

L'archéologie révèle aussi des civilisations disparues. Par exemple, la civilisation maya est attestée par les explorations de l'Américain John Lloyd Stephens et de l'Anglais Frederick Catherwood à partir de 1839. Le Français Ernest de Sarzec découvre les Sumériens en 1877. Une expédition anglaise de 1897 met au jour l'ancienne civilisation du Bénin (au Nigéria actuel).

Ces découvertes viennent assurément enrichir la connaissance historique.

C'est la découverte d'un « chac-mool », une statue d'homme à demi allongé, dans la jungle mexicaine, qui aurait indiqué à Stephens et Catherwood l'existence de la civilisation maya.

Déchiffrer de nouvelles sources primaires

L'archéologue s'attache également à décrypter les écritures anciennes. Pensons à l'aventure de la pierre de Rosette, trouvée en Égypte en 1799. Cette pierre porte un texte du pharaon Ptolémée V (datant d'environ 196 av. J.-C.), rédigé en écriture grecque et égyptienne. Par la comparaison des textes, le Français Jean-François Champollion déchiffre, de 1809 à 1822, l'écriture hiéroglyphique de l'ancienne Égypte.

Autres exemples : en 1811, Rasmus Rask, linguiste et archéologue danois, rédige une première grammaire du vieux norrois (langue scandinave médiévale). En 1835, l'Anglais Henry Rawlinson escalade la périlleuse falaise de Behistun (en Iran actuel) pour copier une inscription datant du roi perse Darius Ier (vers 550-486 av. J.-C.). Cet exploit lui permet ensuite de décoder plusieurs écritures mésopotamiennes cunéiformes (faites de lignes agencées pour former différents signes), comme le vieux perse et l'akkadien. Le déchiffrement de l'écriture maya, commencé dans les années 1860, est si problématique que plusieurs savants y renoncent ; néanmoins, dans les années 1890, l'Américain Joseph Goodman et l'Allemand Ernest Förstemann réussissent à interpréter les signes numériques et les symboles du calendrier maya.

Décrypter une écriture ancienne permet ainsi d'accéder à de nouvelles sources primaires que l'historien peut alors exploiter.

Donner accès à la culture des peuples du passé

L'archéologie fournit de l'information précieuse sur l'aspect matériel des sociétés anciennes que l'historien met à profit.

D'une part, comme les sources écrites émanent souvent de l'élite de la société, l'historien n'a pas facilement accès à la vie de la grande masse de la population. L'archéologie recrée la vie de ceux qui sont sans voix ; en l'absence de documents, elle fait parler les vestiges.

D'autre part, l'archéologie ne vise pas seulement à dresser un inventaire d'objets, mais à en dégager la culture du groupe et les comportements des individus qui le composent, en analysant comment les objets sont fabriqués, utilisés et abandonnés. Par la comparaison avec d'autres sources primaires, l'historien interprète ensuite ces traces laissées par les activités humaines : il reconstruit le système social et l'idéologie des anciennes sociétés à partir des analyses matérielles des archéologues.

L'un des premiers à reconnaître cette capacité de l'archéologie à aborder la réalité sociale du plus grand nombre est Giuseppe Fiorelli, le directeur des fouilles de Pompéi. En 1863, il développe une technique pour mouler dans du plâtre liquide les formes des victimes pétrifiées. De cette façon, il reconstitue leur posture, leurs vêtements, leurs coiffures, les biens qu'ils tentaient de sauver dans leur fuite. C'est tout un pan de la vie quotidienne qui nous est ainsi rendu accessible.

EXERCICE

Pour illustrer l'apport de l'archéologie à l'histoire, vous devrez maintenant démontrer comment les recherches archéologiques ont contribué à réfuter la théorie de l'historien Philippe Ariès sur l'enfance au Moyen Âge.

En 1960, Ariès publie un ouvrage fondamental intitulé *L'Enfant et la vie familiale sous l'Ancien Régime*[12]. Il y affirme que les gens du Moyen Âge ne reconnaissaient pas de spécificité à l'enfance et donc que les enfants y étaient traités comme des adultes en miniature, en tant que force de travail nécessaire à la survie familiale. Les parents, dans le contexte d'une progéniture abondante et d'un taux de mortalité infantile élevé, auraient manifesté peu d'affection envers leurs enfants. De ce fait, l'enfant n'aurait pas été l'objet d'une attention particulière : laissé à lui-même, il aurait fait son apprentissage par imitation.

Dès sa publication, la théorie soulève la controverse : on reproche à Ariès de ne pas avoir analysé les sources médiévales de façon appropriée et exhaustive. Les recherches s'attachent alors à multiplier les types de sources étudiées. Dans ce contexte, certains se tournent vers l'archéologie.

Allez lire, sur *Modulo en ligne*, les informations livrées par l'archéologie médiévale sur les enfants, puis répondez aux questions suivantes.

- Que révèle l'archéologie sur la conception de l'enfance au Moyen Âge : l'enfant était-il perçu comme ayant des besoins spécifiques ou comme un adulte en miniature ?
- D'après l'observation des pratiques funéraires médiévales, quelle place l'enfant semblait-il occuper dans la famille ? Les parents lui manifestaient-ils de l'attachement ?

Voilà comment une théorie historique peut être invalidée ou nuancée par l'archéologie. Néanmoins, sachez que la théorie d'Ariès a eu l'incomparable mérite de susciter un grand nombre de recherches fructueuses sur l'histoire de l'enfance.

Les réponses sont disponibles sur *Modulo en ligne*.

Chapitre 11

1914-1918 Première Guerre mondiale.

1917 Chute du gouvernement tsariste en Russie et révolution communiste.

1919 Traité de Versailles.

1922 Prise du pouvoir par les fascistes de Mussolini en Italie.

1929 Krach boursier de Wall Street.

1933 Hitler devient chancelier d'Allemagne.

1939-1945 Seconde Guerre mondiale.

1947 Politique états-unienne du *containment* et création du Kominform par l'URSS.

1947 Indépendance de l'Inde et début du mouvement de décolonisation.

L'OCCIDENT AU XXe SIÈCLE

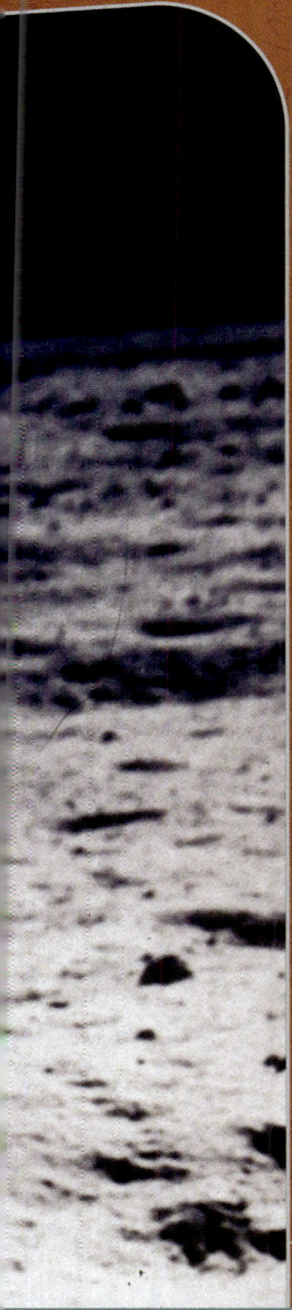

L'astronaute Buzz Aldrin sur la Lune, en 1969.

DANS CE **CHAPITRE**

1950-1970 La production industrielle mondiale est multipliée par trois.

1955 Conférence de Bandoeng.

1960 Commercialisation de la pilule contraceptive aux États-Unis.

1962 Crise des missiles de Cuba.

1969 Marche sur la Lune de Neil Armstrong.

1973 Choc pétrolier au Moyen-Orient.

1989 Chute du mur de Berlin.

L'OCCIDENT EN CRISE

Le 8 août 1914, le réputé magazine britannique The Economist *décrit le déclenchement de la Première Guerre mondiale comme « la plus grande tragédie de l'histoire humaine[1] ». Pourtant, les gouvernements européens annoncent plutôt une guerre courte, qui va rapidement mener à une paix durable. La plupart des gens veulent le croire, mais ils se bercent d'illusions : la guerre qui commence sera la pire de toutes et amorce un cycle de catastrophes qui bouleverseront la vie de centaines de millions de personnes.*

Tout d'abord, le nombre de personnes tuées, mutilées ou disparues défie l'imagination. Seulement au chapitre des personnes tuées, on compte environ 9 millions de morts dans le cas de la Première Guerre mondiale (1914-1918) et plus de 60 millions dans le cas de la Seconde (1939-1945). De plus, la stabilité économique est gravement affectée à la faveur d'une inflation incontrôlée et d'un endettement public immodéré. Entre 1914 et 1918, calculée en francs-or de l'époque, la dette de l'Allemagne passe de 6 milliards à 169 milliards (38 000 milliards de dollars canadiens aujourd'hui) ; celle du Royaume-Uni, de 17,6 à 196,6 milliards ; celle de la France, de 33,5 à 219 milliards, c'est-à-dire 49 000 milliards de dollars canadiens actuels.

Si au moins la guerre avait apporté la paix... Au contraire, les haines nationales sont exacerbées et l'enrôlement des masses par les gouvernements en guerre rend la démobilisation des armées difficile à accomplir. Des partis fascistes profiteront de cette situation pour prendre le pouvoir dans certains pays, puis engageront le monde dans la Seconde Guerre mondiale, encore plus meurtrière et dévastatrice que la Première. Les historiens qualifient chacun de ces conflits de « guerre totale », car ils ont touché — et mobilisé — à peu près tout le monde, soit pour se battre, soit pour soutenir l'effort de guerre. En plus, une véritable guerre idéologique, entre communisme et capitalisme, prend forme à partir de 1917, avec la révolution bolchevique en Russie. Pour l'Occident, c'est une source de profondes divisions.

Au sortir de ces catastrophes, en 1945, l'Europe, le cœur historique de l'Occident, est en ruine. Ruines matérielles, certes, mais aussi ruines morales. Les certitudes que l'Occident entretenait quant à la supériorité de sa civilisation sont en miettes. Rarement a-t-on vu pareil naufrage dans l'histoire.

LE MONDE ENTRE DANS LA GUERRE TOTALE

À la veille de 1914, la situation en Europe est critique. Tout d'abord, il y a déjà une « guerre froide » en Europe, entre la Triple-Alliance et la Triple-Entente. La Triple-Alliance unit depuis 1882 l'Allemagne, l'Autriche-Hongrie et l'Italie. Il s'agit d'une alliance militaire par laquelle les parties se promettent assistance en cas de guerre. La Triple-Entente lie la France, le Royaume-Uni et la Russie par une série de conventions militaires bilatérales signées entre 1892 et 1907 (voir la carte 11.1).

Pourquoi rechercher de telles alliances ? En premier lieu, même si cela peut sembler paradoxal, pour éviter la guerre. La « course à la puissance » qui caractérise les conquêtes coloniales du XIXe siècle (voir le chapitre 10) a fait naître de vives tensions entre les pays européens. Ces derniers investissent des sommes colossales dans leurs forces armées pour s'assurer la mainmise sur leurs colonies et les routes commerciales. Dans ce contexte de militarisation accrue, les accrochages entre les puissances colonisatrices sont fréquents. Les alliances ont donc pour objectif d'assurer un certain équilibre dans cette vaste course à la puissance.

L'autre raison qui justifie ces alliances a trait aux conflits internes d'une région déjà instable de l'Europe, les Balkans. En 1908, l'Autriche-Hongrie annexe la Bosnie-Herzégovine afin de contrer les ambitions d'un rival voisin, le royaume de Serbie. Ce dernier veut en effet intégrer les populations slaves de la région, ce qui lui donnerait accès à la mer Méditerranée, et la Bosnie-Herzégovine est dans sa mire. L'Autriche-Hongrie voit d'un très mauvais œil les prétentions de la Serbie, et c'est ce qui explique son coup de force. La Russie, alliée de la Serbie, considère une intervention militaire, mais l'Allemagne calme le jeu en menaçant de lui déclarer la guerre si elle intervient contre l'Autriche-Hongrie. Les tensions sont ravivées en 1912, alors que plusieurs pays se disputent la Macédoine et l'Albanie. Après deux années de guerres balkaniques, la Macédoine est divisée entre la Serbie et la Grèce. Cependant, l'Autriche-Hongrie et l'Allemagne empêchent la Serbie d'annexer l'Albanie, ce qui lui aurait assuré l'accès tant recherché à la Méditerranée. La frustration des Serbes est grande, tout comme celle de leur allié russe qui vise aussi à réunir les populations slaves et à profiter d'un accès à la Méditerranée. Les tensions exacerbées par les crises dans les Balkans poussent les grandes puissances européennes à renforcer leurs alliances militaires.

Les alliances militaires n'existent pas seulement sur papier. Elles s'accompagnent d'une forte croissance des effectifs militaires un peu partout en Europe. Dans les années qui précèdent 1914, la plupart des pays européens adoptent la conscription, c'est-à-dire l'enrôlement obligatoire. Les historiens estiment que le nombre de soldats double entre 1890 et 1914 en Europe. Les trois plus grandes armées, celles de la Russie, de la France et de l'Allemagne, comptent plus de trois millions de soldats. Les gouvernements entretiennent d'immenses armées pour dissuader leurs ennemis, certes, mais aussi parce qu'ils font face à des crises intérieures. D'une part, le mouvement nationaliste qui balaie l'Europe au XIXᵉ siècle a entraîné chez bien des

L'arrestation de Gavrilo Princip, un jeune nationaliste serbe qui vient d'assassiner l'archiduc François-Ferdinand et sa femme, en juin 1914.

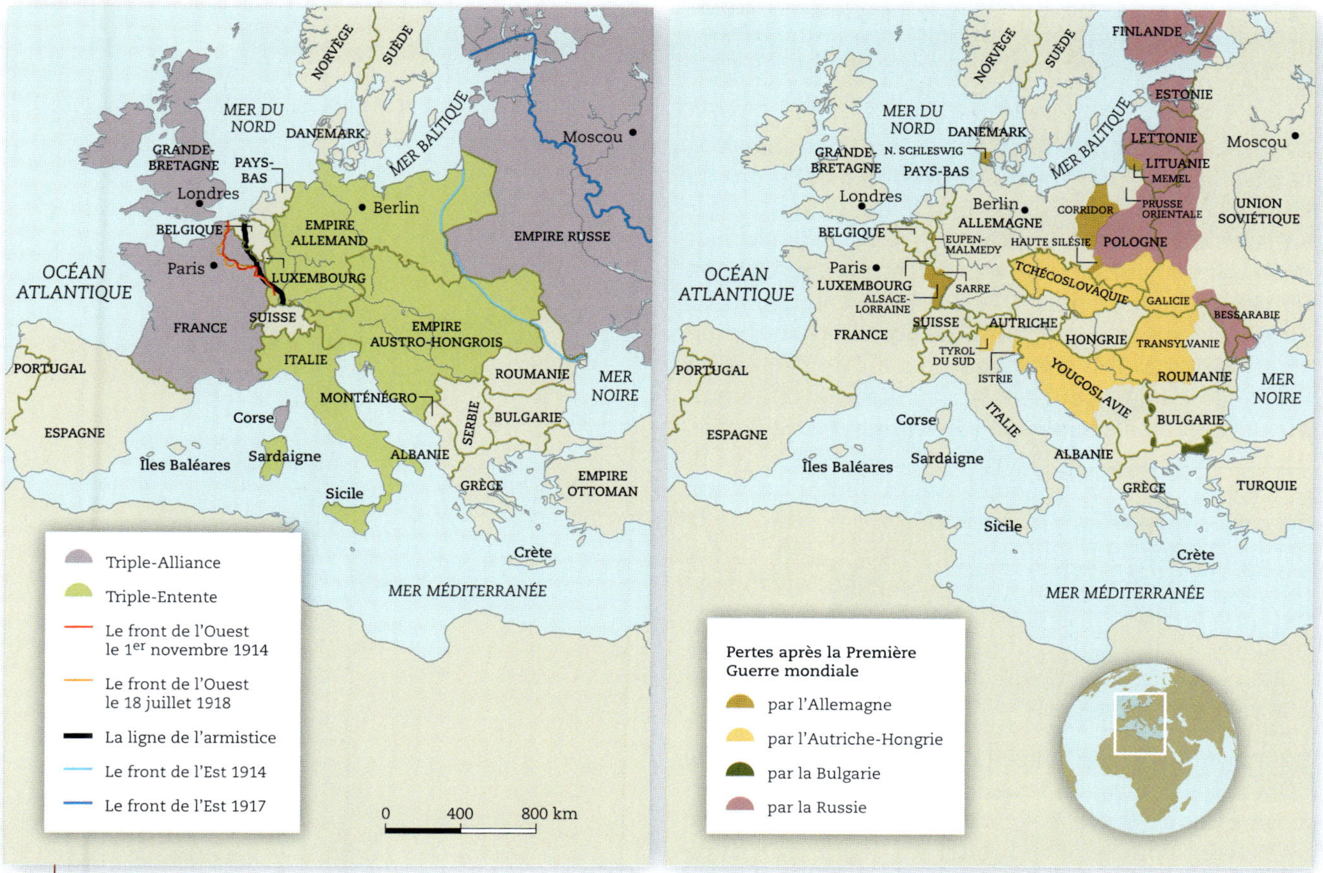

Carte 11.1

L'EUROPE AVANT ET APRÈS LA PREMIÈRE GUERRE MONDIALE

L'Europe sort de la guerre transformée. Les empires disparaissent et plusieurs nations deviennent souveraines. L'Autriche-Hongrie est carrément démembrée en plusieurs pays. Deux regroupements nationaux, la Yougoslavie et la Tchécoslovaquie, voient le jour; ils ne survivront pas à l'épreuve du temps.

La vie dans les tranchées durant la Première Guerre mondiale (France, vers 1915).

peuples le désir d'être indépendant. C'est notamment le cas des Polonais de Russie et d'Allemagne. D'autre part, les gouvernements ont recours à leurs armées pour réprimer les grèves d'ouvriers, de plus en plus nombreuses, afin de protéger leurs industries.

Avec les alliances militaires, les velléités nationalistes, la crise balkanique et la militarisation de l'Europe, la situation est explosive. Il suffirait d'une étincelle pour enflammer le tout. Cette étincelle, ce sera l'assassinat de l'archiduc autrichien François-Ferdinand et de sa femme Sofia, le 28 juin 1914. Tous deux sont abattus en pleine rue par un jeune nationaliste serbe de 19 ans, Gavrilo Princip, ce qui fournit un prétexte à l'Autriche-Hongrie pour lancer un ultimatum remettant ni plus ni moins en cause la souveraineté de la Serbie. Après le refus de la Serbie de se soumettre à son voisin autrichien s'ensuit une succession de déclarations de guerre. L'Autriche-Hongrie déclare la guerre à la Serbie ; la Russie mobilise son armée à la frontière de l'Autriche-Hongrie et de l'Allemagne ; l'Allemagne déclare la guerre à la Russie, puis à la France ; finalement, la Grande-Bretagne déclare la guerre à l'Allemagne. Le 4 août 1914, les grandes puissances de l'Europe sont en guerre.

Rarement a-t-on vu pareil carnage. Sur le front de l'Ouest, les Français et les Allemands construisent des kilomètres de tranchées pratiquement imprenables, qui auront pour effet de limiter les déplacements de troupes. Or, confinés au fond de leurs tranchées, les soldats vivent l'enfer. Ils pataugent au milieu des rats et des cadavres nuit et jour et font des cibles faciles dès qu'ils cherchent à en sortir. Pendant plus de deux ans, les vieilles tactiques militaires sont appliquées malgré leurs échecs retentissants ; des vagues massives de soldats sont répétitivement envoyées à l'assaut des lignes ennemies, retranchées derrière leurs barbelés, leur artillerie et leurs fusils mitrailleurs. Pour modifier l'équilibre des forces en présence, on applique de nouvelles technologies meurtrières à l'effort de guerre : on voit l'apparition des tanks et le perfectionnement des avions et des sous-marins. L'utilisation de gaz asphyxiants ou mortels est généralisée, avec des effets dévastateurs, comme en témoigne le soldat William Pressey, en 1917 :

> « *Je fus réveillé par un fracas épouvantable. Le toit s'effondra sur ma poitrine et mes jambes et je ne pouvais plus bouger que ma tête. […] je pouvais à peine respirer. Puis j'entendis des voix. Des camarades, protégés par des masques à gaz qui leur donnaient un air terrifiant dans la pénombre, retirèrent les rondins qui me paralysaient et me mirent un masque à gaz. […] On me mit dans une ambulance qui m'emmena dans une base où on plaça nos brancards côte à côte sur le sol d'une grande tente, à une vingtaine de centimètres les uns des autres. En regardant mon voisin, j'eus la nausée car un liquide verdâtre coulait de sa bouche. Faire entrer de l'air dans mes poumons était une véritable torture et moins j'avais d'air, moins je souffrais.* »

Document 11.1 Témoignage de William Pressey dans Michael Moynihan, *People at War*, 1973.[2]

Un sergent français et son chien, tous deux munis d'un masque à gaz. La Première Guerre mondiale a été marquée par l'usage massif des gaz de combat.

En 1916 et 1917, des millions d'hommes meurent dans ces conditions atroces. Sur le front de l'Est, les choses bougent beaucoup plus rapidement. Cela se fait au détriment de la Russie, dont l'armée est en déroute. Dès le printemps 1915, la Russie souffre déjà de la perte de 2,5 millions de soldats.

Le conflit s'étend rapidement, en Europe et au-delà. L'Empire ottoman puis la Bulgarie se rangent aux côtés de l'Allemagne et de l'Autriche-Hongrie. La Roumanie fait de même, en secret. Les puissances européennes font appel à leurs colonies, comme la Grande-Bretagne qui peut bénéficier de l'appui du Canada, de l'Inde, de

EMPREINTES DE L'OCCIDENT

MORTS AU CHAMP D'HONNEUR

Au Canada, le 11 novembre est le jour du Souvenir. Les coquelicots rouges font leur apparition sur les boutonnières et les revers de manteaux. Pour bien des gens, il ne s'agit que d'un congé férié. Trop souvent, on oublie ce qui est commémoré ce jour-là et la symbolique qui y est associée.

En 1931, le Parlement du Canada adopte la date du 11 novembre comme jour du Souvenir, une journée pour rendre hommage aux militaires canadiens morts au combat. Pourquoi le 11 novembre ? C'est à cette date, en 1918, qu'est signé l'armistice qui met fin à la Première Guerre mondiale.

Près de 60 000 soldats canadiens sacrifient leur vie durant cette guerre qui a marqué les mémoires. En septembre 1916, lors de la bataille de Courcelette, le lieutenant-colonel Louis-Thomas Tremblay, originaire de Chicoutimi, commande le 22e bataillon, composé de Canadiens français. Il est lucide : « Nous comprenons très bien que nous allons à l'abattoir. La tâche paraît presque impossible avec si peu de préparation dans un pays et sur un front que nous ne connaissons pas du tout. » Il confiera par la suite : « Si l'enfer est aussi abominable que ce que j'ai vu à Courcelette, je ne souhaiterais pas à mon pire ennemi d'y aller[3]. »

C'est un écrit de John McCrae, lieutenant-colonel du corps médical canadien, qui est à l'origine du symbole du coquelicot rouge. En 1915, durant la bataille d'Ypres, il rédige *In Flanders Fields* (*Au champ d'honneur*), qui sera publié la même année.

Trois ans plus tard, une enseignante américaine, touchée par les mots de McCrae, décide de porter le coquelicot rouge en mémoire des soldats disparus. À son tour, une philanthrope française entreprend de vendre de ces fleurs, confectionnées en tissu, pour financer des projets destinés à des enfants de régions affectées par la guerre. Elle convainc ensuite les associations d'anciens combattants de pays alliés, dont le Canada, d'adopter le coquelicot comme symbole du souvenir.

Que dit ce poème ? Pour que les générations se souviennent, les premiers vers d'*Au champ d'honneur* sont inscrits sur les billets de 10 $ canadiens :

« *Au champ d'honneur les coquelicots*
Sont parsemés de lot en lot,
Auprès des croix ; et dans l'espace
Les alouettes devenues lasses
Mêlent leurs chants au sifflement
Des obusiers. »

Document 11.2 John McCrae, *Au champ d'honneur*, 1915.[4]

Des coquelicots dans un cimetière militaire près d'Ypres, en Belgique.

l'Australie et de la Nouvelle-Zélande. Il y a un certain équilibre des forces en présence, jusqu'au retrait de la Russie et à l'entrée en guerre des États-Unis, en 1917. L'arrivée des Américains dans le conflit, conséquence du torpillage de navires américains et de navires britanniques transportant des citoyens américains par les sous-marins allemands, sera déterminante.

L'immensité de l'effort de guerre des pays impliqués force les gouvernements à prendre en charge à peu près tous les leviers économiques qui existent : rationnement alimentaire, contrôle des prix, nationalisation d'industries, etc. Tout le monde est appelé à contribuer à l'effort de guerre, de façon directe ou indirecte. Pour s'assurer la participation des gens, les gouvernements organisent de vastes campagnes de propagande et prennent des mesures pour neutraliser tous ceux qui remettent en question un tel effort de guerre dans leur pays, allant même jusqu'à suspendre les libertés civiles. Comme il manque bientôt d'hommes pour le travail en usine nécessaire à l'approvisionnement des troupes, on fait appel aux femmes. En Grande-Bretagne, par exemple, plus de 1,3 million d'entre elles intègrent le marché du travail dans des secteurs traditionnellement réservés aux hommes. Dès lors, il ne faut pas s'étonner de voir les femmes obtenir des droits importants, dont le fameux droit de vote, déjà revendiqué au XVIIIe siècle et cheval de bataille des mouvements féministes qui se structuraient au XIXe siècle.

Entre mars et juillet 1918, une imposante attaque des Allemands, qui jouent le tout pour le tout, échoue devant les troupes américaines. Les États-Unis envoient des soldats frais et dispos, au contraire de tous les soldats européens, et ils en envoient par milliers — deux millions, en fait. Les généraux allemands voient bien qu'ils courent vers un échec cuisant. Les autorités allemandes prennent prétexte du fait que la population se révolte en maints endroits pour abdiquer au profit d'un gouvernement provisoire dirigé par les socialistes. Ce dernier reconnaît la défaite de l'Allemagne, une décision que bien des Allemands, en particulier les soldats, ne comprennent pas, aucun soldat étranger n'ayant mis les pieds en Allemagne. En signant l'armistice le 11 novembre 1918, l'Allemagne met fin à la première guerre totale de l'histoire.

En janvier 1919, les représentants de 27 pays se retrouvent à Versailles pour négocier un traité de paix. Dans les faits, la Grande-Bretagne, la France et les États-Unis négocient entre eux l'essentiel du traité. D'entrée de jeu, ce dernier a du plomb dans l'aile, puisque les grands vaincus, l'Allemagne et l'Autriche-Hongrie, brillent par leur absence, tout comme la Russie, qui est en pleine guerre civile. Le président américain Woodrow Wilson formule 14 propositions à inclure dans le traité, appelées les « Quatorze points », qu'il livre dans un discours le 8 janvier 1918 :

> « *1. Des traités de paix ouverts, auxquels on a librement abouti, après lesquels il n'y aura plus aucune espèce d'alliances internationales privées, mais une diplomatie franche et transparente.*
>
> *2. Une absolue liberté de navigation sur les mers, en dehors des eaux territoriales, en temps de paix aussi bien qu'en temps de guerre […].*
>
> *3. Le retrait, autant que possible, de toutes les barrières économiques, et l'établissement d'une égalité des conditions de commerce parmi toutes les nations désirant la paix et s'associant pour la maintenir.*
>
> *4. Des garanties adéquates à donner et à prendre afin que les armements nationaux soient réduits au plus petit point possible compatible avec la sécurité intérieure.*
>
> *5. Un ajustement libre, ouvert, absolument impartial de tous les territoires coloniaux […].*
>
> *14. Une association générale des nations doit être constituée sous des alliances spécifiques ayant pour objet d'offrir des garanties mutuelles d'indépendance politique et d'intégralité territoriale aux petits comme aux grands États.* »

Document 11.3 Discours du président américain Woodrow Wilson, 8 janvier 1918.[5]

Le quatorzième point est la seule de ses revendications qui aboutira dans le traité de Versailles. La Grande-Bretagne et, surtout, la France sont résolues à faire payer l'Allemagne, jugée seule responsable de la guerre. L'ancien Empire allemand a beau avoir été renversé, on ne fait pas confiance au nouveau gouvernement en place qui se voit imposer des concessions territoriales, des réparations financières astronomiques à payer ainsi que la perte de toutes ses colonies. Les Empires austro-hongrois et ottoman sont démantelés. De nouveaux pays, la Tchécoslovaquie, la Yougoslavie, l'Autriche et la Hongrie sont créés. L'Allemagne perd environ 15 % de son territoire au profit de la France, de la Belgique, du Danemark et de la Pologne, nouvellement créée. Il lui est en outre interdit d'entretenir une armée digne de ce nom. Pour le peuple allemand, Versailles est un « diktat » injuste, et il n'a pas tout à fait tort. Le monde entier paiera très cher l'entêtement à punir l'Allemagne.

LE COMMUNISME ET LA RÉVOLUTION MONDIALE

Parmi tous les pays impliqués dans la Première Guerre mondiale, la Russie était certainement le moins bien préparé de tous. Son armée n'était pas prête au combat, son leadership militaire, assumé par le tsar lui-même, était déficient et son industrie était incapable de fournir les équipements nécessaires à la conduite d'un tel conflit. Le régime tsariste souffrait déjà d'un faible appui populaire après qu'il avait ordonné à ses soldats, en 1905, de tirer sur une foule pourtant pacifique venue déposer une pétition:

> *Nous, ouvriers et habitants de la ville de Saint-Pétersbourg, de différents États, nos femmes, nos enfants et nos parents, vieillards impotents, nous sommes venus vers toi, Sire, pour chercher justice et protection. Nous sommes tombés dans la misère, on nous opprime, on nous écrase d'un travail au-dessus de nos forces, on nous insulte, on ne nous reconnaît pas comme des êtres humains [...]. Ne refuse pas d'aider ton peuple, tire-le du tombeau de l'iniquité, de la misère et de l'ignorance, donne-lui la possibilité de forger lui-même son destin [...]. Que chacun soit égal et libre dans le droit de vote et pour cela ordonne que les élections à l'Assemblée constituante se fassent au suffrage universel, secret et égal. Voilà notre requête principale, tout repose en elle et sur elle.*

Document 11.4 Père George Gapone et Ivan Vassimov, Pétition des ouvriers au Tsar, 1905.[6]

Cette année-là, la population russe s'était déjà soulevée contre le tsar en un mouvement qui avait abouti à une grève générale. Mais les quelques libertés gagnées n'avaient pas fait le poids face à ce régime autocrate, à la détérioration des conditions de vie et au nouvel effort de guerre. Après la catastrophe militaire que représente la Première Guerre mondiale pour la Russie, après les millions de morts, aussi bien dire que le régime a à dos à peu près toute la population de la Russie. Celle-ci est d'autant plus réceptive aux idées révolutionnaires des intellectuels socialistes et communistes, qui en appellent depuis longtemps au renversement du régime tsariste.

En mars 1917, des milliers de femmes descendent dans les rues de la capitale Petrograd (aujourd'hui Saint-Pétersbourg) afin de manifester pour la paix, la fin du rationnement du pain et la fin du régime autocratique. C'est le début de la fin pour le tsar Nicolas II. Une nouvelle grève générale paralyse la ville, et les ouvriers se joignent aux manifestantes. Lorsque le tsar commande aux soldats de tirer sur la foule pour disperser les manifestants, les soldats refusent. L'assemblée, la Douma, se réunit alors, force le tsar à abdiquer et met en place un gouvernement provisoire. En même temps, les travailleurs et les soldats décident d'élire leurs propres représentants dans une assemblée parallèle à la Douma, appelée le « Soviet » de Petrograd. Avec l'encouragement des partis socialistes, des soviets sont fondés un peu partout en Russie sur le modèle de celui de Petrograd.

Parmi les socialistes, certains prônent une révolution violente pour détruire le système capitaliste, notamment les bolcheviks, un petit groupe radical dirigé par un homme surnommé Lénine. Après avoir été emprisonné pour ses activités et avoir vécu en exil hors du pays la plupart du temps entre 1900 et 1917, Lénine profite de la situation, revient en Russie et amène les bolcheviks à prendre petit à petit le contrôle des soviets. Son programme, communiste, est perçu comme radical: s'emparer de toutes les terres de l'aristocratie russe et les redistribuer aux paysans; nationaliser toutes les industries et les remettre entre les mains de comités ouvriers; transférer tous les pouvoirs du gouvernement provisoire aux soviets; surtout, mettre fin à la guerre. Quoique ce programme puisse sembler irréaliste, dans le contexte difficile de la guerre, Lénine devient très populaire. Dès que les bolcheviks obtiennent la majorité des sièges aux soviets de Petrograd et de Moscou, ils se lancent à l'assaut du palais d'Hiver, le siège du gouvernement russe. Le coup d'État réussit en novembre 1917. Pour la première fois dans l'histoire, des communistes prennent le contrôle d'un pays.

« As-tu joint les volontaires ? » Affiche de recrutement de l'armée rouge, vers 1920.

Lénine a promis de mettre fin à la guerre, et il tient sa promesse en signant le traité de Brest-Litovsk avec l'Allemagne, le 3 mars 1918. Le prix à payer est énorme : la Russie renonce à la Pologne, à l'Ukraine, à la Biélorussie, à la Finlande et aux provinces baltiques (Estonie, Lettonie, Lituanie). Toutefois, la Russie ne connaît pas la paix pour autant. Au contraire, la population russe devra subir trois années de guerre civile. Les opposants au nouveau régime communiste ne manquent pas : de puissants aristocrates qui se sont vu enlever leurs terres, la bourgeoisie qui a perdu ses entreprises, les socialistes qui trouvent que Lénine est trop radical, les anciens alliés de la Russie tsariste qui entendent la forcer à reprendre le combat contre l'Allemagne, ainsi que des mouvements nationalistes qui veulent profiter de l'occasion pour devenir indépendants.

Un minimum de coordination entre tous ces opposants au régime communiste aurait très certainement permis de chasser Lénine et les bolcheviks. Mais tout au long de la guerre civile, ils demeurent désunis. À l'opposé, les troupes communistes sont disciplinées, bien encadrées par le commissaire à la Guerre du régime communiste, Léon Trotski, et portées par une réelle ferveur révolutionnaire. La présence de troupes étrangères (notamment françaises, anglaises et américaines) amène un nombre grandissant de Russes à considérer que le gouvernement de Lénine est le seul rempart capable de préserver l'indépendance de la Russie. Ainsi, le gouvernement « soviétique » sort vainqueur en 1921, malgré le fait que la guerre civile ait accentué la centralisation de tous les pouvoirs au parti communiste et justifié une politique de terreur visant à éliminer les opposants (réels ou non) au régime.

À la faveur de la guerre civile, Lénine crée le premier régime totalitaire du xxe siècle. Malgré un intermède de trois ans de retour partiel au capitalisme (la Nouvelle politique économique, ou NEP, de 1921 à 1924), la dictature mise en place par le parti communiste dure des décennies. Le successeur de Lénine, Joseph Staline, pousse même la centralisation des pouvoirs à des sommets inégalés dans l'histoire. Il s'ensuit des situations absurdes, tels les mauvais plans économiques entraînant des famines qui tuent des millions de personnes et une véritable paranoïa politique qui conduit à l'arrestation du chiffre inimaginable de huit millions de personnes, souvent condamnées dans le cadre de procès loufoques. La mauvaise réputation du régime stalinien nuit à plusieurs mouvements socialistes, entre autres lors de la révolution espagnole des années 1930, parce que bien des gens craignent qu'un pareil délire se reproduise chez eux. Il n'en demeure pas moins que, à la tête d'un des plus grands pays du monde, les communistes marqueront au fer rouge l'histoire du xxe siècle : ils mèneront une lutte idéologique, économique et politique contre le capitalisme et son principal représentant, les États-Unis.

LA CRISE DU CAPITALISME

Dans la première moitié du xxe siècle, l'Occident connaît également une crise de son système économique, surtout au moment de la « grande dépression » des années 1930.

Au sortir de la Première Guerre mondiale, l'instabilité économique est grande. L'endettement des pays qui ont participé à la guerre les empêche de faire les investissements nécessaires pour convertir adéquatement l'économie à la paix. Les vainqueurs de la guerre comptent sur les réparations financières allemandes prévues par le traité de Versailles pour assurer leur stabilité. Or, le gouvernement allemand décide plutôt d'imprimer sans retenue du papier-monnaie, provoquant une hausse vertigineuse du taux d'inflation et réduisant presque à néant la valeur de la monnaie allemande, le mark. Le célèbre écrivain Ernest Hemingway se trouve en Allemagne en 1922 :

> « *On ne pouvait obtenir de marks à Strasbourg, le taux de change croissant avait dévalisé les banquiers depuis longtemps, aussi changeâmes-nous un peu d'argent français à la gare de Kehl. Pour dix francs, je reçus six cent soixante-dix marks. Dix francs équivalaient à quatre-vingt-dix cents environ en monnaie canadienne. Ces quatre-vingt-dix cents suffirent à Mme Hemingway et à moi pour une journée de nombreux achats, et à la fin de la journée il nous restait cent vingt marks !* »

Document 11.5 Ernest Hemingway, *L'inflation allemande*, 1922.[7]

En 1914, il fallait 4,2 marks pour acheter un dollar américain ; à la fin de 1923, il en faut 4,2 milliards ! Aussi bien dire que toute l'économie allemande officielle devient une fiction livrée dans les faits au marché noir. Comment imaginer une quelconque stabilité économique en Europe dans ces conditions ?

Ce sont les États-Unis qui viennent stabiliser la situation financière de l'Europe. En 1924, on assiste à une nouvelle entente sur les réparations allemandes prévoyant que les premiers paiements seront assurés par des prêts américains. Une relative stabilité revient donc entre 1924 et 1929, mais elle dépend de l'aide financière américaine. Or, l'économie américaine ne va pas bien. D'abord, plusieurs secteurs, dopés par l'économie de guerre, sont en état de surproduction. Le fait qu'il y ait trop de produits sur le marché pousse les prix à la baisse, notamment dans le domaine agricole. Par ailleurs, les Américains ne peuvent espérer écouler leurs surplus par des exportations, alors qu'un nombre grandissant de pays européens imposent des

« Deux peuples, une guerre ! » Hitler et Mussolini sont représentés sur un timbre italien avec les symboles de leurs idéologies respectives : la croix gammée et les *fasces*.

tarifs douaniers dans l'espoir de stimuler leur reconstruction intérieure. Ensuite, plus grave encore, la Bourse de New York connaît une inquiétante bulle spéculative, d'autant plus inquiétante qu'elle est en partie alimentée par des investisseurs qui achètent des actions avec de l'argent emprunté. Convaincues que les marchés iront toujours en augmentant, les banques acceptent en effet de garantir des prêts par des actions d'entreprises qui sont elles-mêmes en situation de surproduction. Lorsque la rumeur court, disant que les taux d'intérêt seront augmentés pour, justement, crever la bulle spéculative, c'est la panique. À l'automne 1929, les Américains vendent leurs actions en quelques jours, créant le pire krach boursier de toute l'histoire. Le cours des actions dégringole. Les banques qui les avaient prises en garantie se retrouvent avec des clients incapables de rembourser leurs dettes et avec des stocks d'actions qui ne valent à peu près plus rien. Elles rapatrient le plus possible leurs capitaux, et tant pis pour les Européens qui comptaient sur le financement américain. Malgré cela, pour un grand nombre de banques, c'est la faillite. Toute l'économie américaine s'écroule et le taux de chômage explose.

En Europe, où la reconstruction repose d'abord et avant tout sur l'aide financière des États-Unis, le retrait massif des capitaux américains replonge l'économie dans le rouge. Par exemple, les investisseurs américains avaient engagé, entre 1924 et 1929, 23 milliards de marks en Allemagne. La fuite de ces capitaux est tout simplement catastrophique. À l'échelle de l'Occident, les échanges commerciaux diminuent grandement, la production industrielle ralentit, les emplois se font rares et les prêts bancaires deviennent à peu près impossibles à obtenir. En 1932, 25 % des Britanniques sont sans emploi ; en Allemagne, le taux de chômage atteint 40 %.

Les États démocratiques, qui suivent depuis le siècle précédent l'idéologie libérale, n'ont pas de solution dans l'immédiat. Pour arriver à boucler leurs budgets, ils augmentent les taxes et réduisent les dépenses publiques ; pour stimuler l'économie intérieure, ils haussent les tarifs douaniers. Résultat ? Les prix augmentent, rien ni personne n'aide les millions de chômeurs, et la crise s'amplifie. Plus tard, les économistes tireront les leçons de cette crise. En particulier, John Maynard Keynes proposera une nouvelle approche économique faisant de l'État un régulateur de l'économie qui doit assurer les revenus de ses citoyens et qui doit parfois remplacer l'investissement privé en cas de crise. C'est le concept de l'État-providence.

Pour l'instant, seuls les mouvements aux idéologies extrémistes tirent profit de la crise. À gauche de l'échiquier politique, l'économie planifiée de l'URSS ne la protège-t-elle pas de la grande dépression ? C'est ce qui pousse les Français à élire, en 1936, un premier gouvernement constitué d'une coalition de communistes et de socialistes, le Front populaire. Ce gouvernement adopte plusieurs mesures qui semblent aller de soi aujourd'hui : le salaire minimum, le droit de négocier collectivement ses conditions de travail, les deux semaines de congé payé par année, etc. À droite, certains proposent que l'État remette les gens au travail. Voilà l'effet le plus pervers de la crise économique : elle permettra aux fascistes de se bâtir une clientèle.

L'EXTRÊME DROITE AU POUVOIR

L'entre-deux-guerres porte un dur coup à la démocratie en Occident, alors que de nombreux pays adoptent des régimes totalitaires : la Russie soviétique et l'Italie d'abord, l'Allemagne ensuite, ainsi que plusieurs autres pays européens. Faut-il vraiment s'en étonner ? Après tout, tous les États, y compris les démocraties libérales comme la France ou le Canada, sont devenus d'une certaine manière « totalitaires » pendant la Première Guerre mondiale. Tous les gouvernements ont voulu contrôler la vie économique, politique, sociale et culturelle. Ils ont aussi tous fait usage de propagande afin de manipuler l'opinion publique. Certes, il existe une différence fondamentale: les régimes totalitaires fonctionnent par l'imposition d'un parti unique pour représenter la population et la dictature d'un seul leader au sein de ce parti censé incarner la nation. Il demeure qu'à bien des égards, les régimes totalitaires ont perpétué l'état de guerre qui prévalait en 1914-1918. Et contrairement au communisme soviétique, l'extrême droite fasciste s'est implantée dans des pays qui avaient déjà connu la démocratie. En cela, le triomphe du fascisme représente bien l'échec de la démocratie dans l'entre-deux-guerres.

Le premier pays à succomber à la tentation fasciste est l'Italie. Le mot « fascisme » provient d'ailleurs du nom du groupe politique fondé par Benito Mussolini, les « faisceaux de combat ». Son mouvement connaît une croissance rapide. Il bénéficie de la situation économique difficile qui suit la Première Guerre mondiale et qui provoque de nombreuses grèves en 1919 et en 1920. Il profite également de la frustration ressentie par une majorité d'Italiens qui estiment que le traité de Versailles n'a pas répondu à leurs revendications territoriales. Lorsque le Parti socialiste prend la tête aux élections de 1919, les industriels et les grands propriétaires terriens sont pris de panique. Y aura-t-il une révolution comme en Russie? Vont-ils tout perdre? Plusieurs décident d'appuyer Mussolini, qui n'hésite pas à lancer ses fidèles, organisés en milices armées, pour attaquer les organisations socialistes. À l'automne 1922, les fascistes de Mussolini menacent de marcher sur Rome pour prendre le pouvoir. Le roi d'Italie le leur accorde de lui-même alors qu'il nomme Mussolini premier ministre afin d'acheter la paix.

La concentration des pouvoirs se fait rapidement. Mussolini s'arroge le droit d'adopter des lois par décret, selon son bon vouloir. Il interdit les partis antifascistes, permet aux policiers d'arrêter les gens sans mandat, se donne le pouvoir de suspendre n'importe quelle publication et met sur pied une police secrète. Il fonde des organisations fascistes devant servir à propager son idéologie dans la population. Il vise en particulier les enfants: en 1939, on trouve près de 7 millions de jeunes, de 8 à 18 ans, enrôlés dans une organisation fasciste. Le régime de Mussolini remet à l'avant-plan les valeurs traditionnelles, en particulier en ce qui concerne la place de la femme, que les fascistes confinent à la sphère domestique et à un rôle de reproduction. C'est d'ailleurs ce qui pousse l'Église catholique à appuyer le régime fasciste de Mussolini. Sur le plan extérieur, Mussolini entretient des idées conquérantes vis-à-vis de la Méditerranée, qu'il appelle *mare nostrum*, c'est-à-dire « notre mer », comme l'avaient fait les Romains. Par contre, il ne réussira jamais à exercer un contrôle aussi grand sur son pays qu'un Joseph Staline ou un Adolf Hitler, d'abord et avant tout parce qu'il ne réussira jamais à contrôler véritablement l'armée. Il s'associera toutefois à Hitler, à qui il voue une grande admiration.

En Allemagne, bien malin celui qui aurait prédit que l'obscur leader du Parti national-socialiste des travailleurs allemands (les « nazis ») deviendrait l'homme le plus puissant d'Europe. Adolf Hitler a pourtant été l'auteur d'un coup d'État raté en 1923 qui l'amène en prison, et il entretient une vision raciste du monde fondée sur des théories complètement irrationnelles. Néanmoins, les énormes difficultés que connaît l'Allemagne dans l'entre-deux-guerres créent un environnement propice à la surprenante et dramatique montée au pouvoir des nazis.

Il faut comprendre que si Hitler a inséré le mot « socialiste » dans le nom de son parti, c'est parce qu'il cherche à recruter les ouvriers allemands. Dans les faits, Hitler voue une haine démesurée aux socialistes. Une haine uniquement dépassée par celle qu'il a envers les Juifs. Bref, cet homme est radical, antisémite et, tout comme Mussolini et Staline, il considère que la violence est un moyen légitime d'atteindre ses objectifs politiques. Dès 1921, il crée à l'intérieur de son parti sa propre milice, la Section d'assaut (SA). Ces fiers-à-bras s'invitent dans les réunions des autres partis et font usage de violence pour dissuader quiconque voudrait s'y joindre. Pour Hitler, la supériorité biologique de la race allemande lui donne le droit à un « espace vital » devant assurer sa domination sur les autres races du monde. Pour acquérir cet espace vital, la guerre est inévitable.

Bien que les talents d'organisateur et l'éloquence des discours d'Adolf Hitler amènent le parti nazi à accroître considérablement ses effectifs entre 1925 et 1929, ce dernier reste tout de même un petit parti marginal avec seulement 178 000 membres. Moins de trois ans plus tard, en 1932, le parti nazi devient le plus important parti politique en Allemagne, avec 800 000 membres. Que s'est-il passé? Ce retournement de situation s'explique par la crise économique. Les sans-emploi sont sensibles aux arguments d'Hitler, qui prétend qu'une Allemagne forte et remilitarisée les remettra au travail. En même temps, Hitler réussit à aller chercher l'appui d'une partie significative des élites économiques. Comme en Italie, celles-ci craignent par-dessus tout une révolution communiste. C'est d'ailleurs sous la pression d'industriels allemands que le président Hindenburg accepte de nommer Hitler chancelier d'Allemagne (c'est-à-dire chef du gouvernement), le 30 janvier 1933.

Adolf Hitler s'adressant à la foule dans la ville allemande de Braunschweig, en 1931.

Hitler n'a pas l'intention de rater de nouveau sa chance. Moins d'un mois plus tard, après un incendie d'origine mystérieuse survenu à l'intérieur du Reichstag, Hitler fait décréter l'état d'urgence sous prétexte de la menace que posent les communistes. Les droits civils sont suspendus, ce qui permet aux nazis d'arrêter et d'emprisonner tous leurs adversaires. Hitler joue tellement bien la carte de la peur des communistes qu'il réussit même à convaincre le Reichstag de suspendre la Constitution allemande pour une durée de quatre ans afin de lui donner les pleins pouvoirs pour « régler les problèmes de l'Allemagne ». Dans le désespoir économique, il faut croire que les gens sont aveugles. Comment expliquer autrement que les députés allemands aient accepté de faire d'Adolf Hitler leur dictateur ?

Tous les moyens sont bons ensuite pour bâtir un État totalitaire : larges rassemblements et spectacles à grand déploiement pour mobiliser les Allemands ; investissements massifs dans l'industrie de l'armement (ce qui a d'ailleurs pour effet d'éliminer le chômage, ou presque) ; camps de concentration pour incarcérer ses ennemis, réels (opposants politiques) comme imaginaires (Juifs, homosexuels, Tziganes) ; création d'une police secrète, les SS ; encadrement de quasiment toutes les sphères d'activité de la société allemande à l'intérieur du parti nazi, notamment l'éducation ; propagande tous azimuts pour marteler les thèmes nazis. Il devient très difficile d'échapper à la « nazification » du pays.

Hitler met rapidement en application ses idées antisémites. En septembre 1935, dans ce qu'on a appelé les « lois de Nuremberg », les Juifs se voient retirer la citoyenneté allemande et interdire le mariage ou toute relation avec des citoyens allemands. Se succèdent ensuite des mesures et des gestes concrets visant à isoler les Juifs allemands du reste de la société allemande et à les pousser à quitter le pays. Les nazis organisent en novembre 1938 un vaste pogrom contre les Juifs. Des milliers de commerces sont détruits, des dizaines de Juifs sont tués et des milliers sont envoyés dans des camps de concentration. C'est la Nuit de cristal. Dans le reste de l'Occident, on ne réagit à peu près pas à ce qui apparaît pourtant clairement comme une importante dérive. Est-ce parce qu'il n'y a pas qu'en Allemagne que les partis antisémites s'expriment sur la place publique ? En fait, un seul aspect du régime nazi fait véritablement peur : c'est la remilitarisation rapide de l'Allemagne. Hitler ne serait-il pas en train de préparer la guerre ? C'est bien ce qu'il avait annoncé dans *Mein Kampf*... Pour avoir son « espace vital », Hitler fera la guerre.

UN RETOUR À LA GUERRE TOTALE

Peu après son accession au pouvoir, Adolf Hitler entreprend de réduire à néant le traité de Versailles. En premier lieu, il remet sur pied une grande armée allemande. Dès 1935, l'Allemagne se dote une fois de plus d'une puissante armée, et le nombre de militaires passe à 550 000 (alors que le traité de Versailles impose une limite de 100 000 soldats). Ce faisant, il sème le doute chez les diplomates de la Société des Nations, à Genève, et dans les officines gouvernementales de France et d'Angleterre. Malgré cela, on le laisse faire. En deuxième lieu, Hitler envoie ses troupes dans la zone démilitarisée qui longe la frontière française. Les protestations fusent de toutes parts en Europe, mais personne n'ose se mettre en travers du chemin d'Hitler. En troisième lieu, le chef nazi réussit à signer des traités de collaboration avec deux pays d'importance : l'Italie, que l'Allemagne a soutenue lorsqu'elle a envahi l'Éthiopie en 1936, et le Japon, qui a un ennemi commun avec Hitler (l'URSS). La collaboration entre l'Italie et l'Allemagne inquiète particulièrement les autres pays européens, d'autant plus qu'elles n'hésitent pas à intervenir à l'extérieur de leurs frontières pour soutenir les fascistes, notamment à l'occasion de la guerre d'Espagne entre 1936 et 1939. En quatrième lieu, Hitler entreprend d'annexer des territoires où l'on retrouve une importante population allemande. Le 13 mars 1938, les troupes allemandes prennent le contrôle de l'Autriche. Puis, le 15 septembre 1938, Hitler demande la cession d'une région de la Tchécoslovaquie, les Sudètes, où vivent environ 3,5 millions d'Allemands. La politique de la « paix à tout prix » mène la France et la Grande-Bretagne à reconnaître le droit de l'Allemagne nazie de procéder à l'annexion des Sudètes, lors de la Conférence de Munich. Pour Hitler, le message est clair : non seulement l'Allemagne peut redevenir une puissance mondiale, mais les autres puissances n'ont pas l'intention de l'empêcher d'aller chercher son « espace vital ».

Ce n'est que lorsque Hitler se met à revendiquer des territoires polonais que la France et la Grande-Bretagne décident de lui barrer la route. En catastrophe, les diplomates anglais et français se rendent à Moscou pour convaincre Joseph Staline de recréer la grande alliance de la Première Guerre mondiale. Peine perdue : Staline décide plutôt de signer un pacte de non-agression avec l'Allemagne au mois d'août 1939. Hitler a ce qu'il voulait. Il est maintenant prêt pour le grand affrontement. Le 1er septembre 1939, alors qu'il envoie ses troupes à l'assaut de la Pologne, la France et la Grande-Bretagne lui déclarent la guerre. L'Europe sombre de nouveau dans l'horreur de la guerre totale (voir la carte 11.2).

EMPREINTES DE L'OCCIDENT

DES SOUS-MARINS ALLEMANDS DANS LE FLEUVE SAINT-LAURENT

Une torpille exposée au Musée de la Gaspésie témoigne d'une page méconnue de l'histoire du Québec : celle de la bataille du Saint-Laurent durant la Seconde Guerre mondiale.

Le 10 septembre 1939, le Canada entre officiellement en guerre. Au Québec, cet état de guerre se fait sentir plus fortement en Gaspésie. En effet, dès 1941, des sous-marins allemands longent les côtes gaspésiennes pour tenter de couler les navires qui acheminent des militaires, des vivres et du matériel de guerre vers la Grande-Bretagne.

La torpille de Saint-Yvon.

Une base navale canadienne est alors installée à Gaspé avec mission de patrouiller dans les eaux du golfe. Malgré tout, l'année 1942 est meurtrière, alors qu'« une trentaine de navires sont coulés dans le Saint-Laurent[8] ». En six semaines, le sous-marin allemand U-517 coule à lui seul neuf navires alliés. La Gaspésie est en état d'alerte. Les autorités demandent alors aux Gaspésiens de voiler les lumières des maisons et des voitures dès la tombée du jour pour éviter de fournir des repères aux sous-marins. Elles recrutent aussi des Gaspésiens pour surveiller la côte et transmettre toute information pertinente.

Le 8 septembre 1942, Roch Côté, un habitant de Saint-Yvon, fait une découverte mémorable. Une torpille lancée par un sous-marin allemand a raté sa cible et est venue frapper la falaise non loin de son village. M. Côté récupère l'engin qui sera réquisitionné par l'armée canadienne à des fins d'analyse. À la fin de la guerre, la torpille lui est cependant rendue.

Ainsi, c'est dans une cabane-musée construite par M. Côté que les curieux peuvent aller se faire photographier aux côtés de la fameuse torpille allemande, avant que celle-ci ne soit conservée au Musée de la Gaspésie à partir des années 1980.

Les pertes militaires ■ et civiles ◆

Finlande	79 047	■
Norvège	4 780	■
Danemark	4 339	■
URSS	14 500 000	■
	Plus de 7 000 000	◆
Pologne	850 000 (incluant 169 822 Alliés)	■
	5 778 000	◆
Tchécoslovaquie	6 683	■
	310 000	◆
Hongrie	750 000	■ ◆
Roumanie	319 832	■
	465 000	◆
Bulgarie	18 500	■
	1 500	◆
Yougoslavie	1 700 000	■ ◆
Grèce	16 357	■
	155 300	◆
Autriche	380 000	■
	145 000	◆
Allemagne	2 850 000	■
	2 300 000	◆
Belgique	9 561	■
	75 000	◆
Pays-Bas	13 700	■
	236 300	◆
Italie	279 820	■
	17 400 (incluant les Alliés)	◆
France	210 671	■
	173 260	◆
Grande-Bretagne	271 311	■
	60 595	◆
Espagne	4 500 (soldats de l'Axe)	■
	7 500 (soldats alliés)	■
	10 000 (dans les camps de concentration)	■ ◆

Carte 11.2

L'EUROPE AVANT ET APRÈS LA SECONDE GUERRE MONDIALE

La Seconde Guerre mondiale est une guerre de mouvements avec des déplacements militaires sur un grand territoire, ce qui explique en partie le grand impact sur les populations. Occupée par les troupes alliées, l'Allemagne est divisée en deux.

Les premières années de la guerre sont à l'avantage de l'Allemagne nazie. La « guerre éclair » que mène l'Allemagne lui procure des victoires spectaculaires. Toute la Pologne est occupée en moins de quatre semaines, en septembre 1939; après l'hiver, le Danemark et la Norvège subissent le même sort; au printemps 1940, c'est au tour des Pays-Bas, de la Belgique et même de la France de tomber aux mains de l'armée allemande. La défaite étonnamment rapide de la France bouleverse le monde occidental. Se pourrait-il que l'Allemagne nazie prenne le contrôle de toute l'Europe ?

Lorsqu'au mois d'août 1940 la *Luftwaffe* (l'armée de l'air allemande) se lance à l'assaut des îles Britanniques, le monde entier retient son souffle. La bataille d'Angleterre sera la première défaite d'Hitler, à l'automne 1940. Cette défaite pousse Hitler à chercher à affaiblir la résistance anglaise. Il tente de mettre la main sur le canal de Suez et l'Égypte pour fermer l'accès à la Méditerranée aux navires anglais, coupant ainsi la Grande-Bretagne de ses principales sources de pétrole. Hitler veut également s'assurer que la Grande-Bretagne n'aura pas le soutien de l'URSS; il planifie de lancer contre cette dernière une autre guerre éclair au printemps 1941. Les choses ne se déroulent toutefois pas comme prévu. Le principal allié de l'Allemagne lui cause bien du souci. Les Italiens, censés freiner l'armée anglaise en Afrique du Nord, subissent une cuisante défaite. Pire, ils se lancent à l'attaque de la Grèce, malgré les protestations d'Hitler. Non seulement Mussolini, dont les préparatifs de guerre étaient insuffisants, y connaît une humiliante défaite, mais il déstabilise toute la région des Balkans. Cela oblige les troupes allemandes à intervenir, en même temps que l'armée anglaise y voit l'occasion de s'installer en Grèce pour la protéger. Toutes ces difficultés obligent Hitler à lancer son offensive contre l'URSS à l'été plutôt qu'au printemps. Ses généraux protestent, jugeant que l'hiver est trop proche. Mais Hitler est un dictateur et sa décision est finale.

Même si la nouvelle guerre éclair allemande est un succès dans les premières semaines, les troupes d'Hitler s'embourbent dans le dur hiver russe. À partir de ce moment, le vent tourne. Le géant russe, avec son importante capacité industrielle, se réveille. L'armée rouge soviétique réussit à arrêter l'avancée allemande, avant de reprendre petit à petit du terrain, dans des combats d'une violence inouïe. En même temps, l'autre géant industriel se réveille aussi. Les États-Unis sont précipités malgré eux dans le conflit après l'attaque des troupes japonaises sur la base navale de Pearl Harbor, à Hawaï, ce qui les pousse à déclarer la guerre à l'allié asiatique des Nazis. L'Allemagne déclare à son tour la guerre aux Américains. L'entrée en guerre des États-Unis change la donne complètement. La principale puissance économique du monde prend sur elle de fournir militairement les avions, les camions et le matériel de combat à ses alliés britanniques et soviétiques.

Le deuxième hiver passé par les troupes allemandes en URSS s'avère catastrophique, alors qu'à la bataille de Stalingrad 300 000 soldats allemands sont faits prisonniers. De même, dans le Pacifique, les navires américains prennent le dessus sur leurs ennemis japonais. En 1943, les Alliés débarquent en Italie et, en 1944, ils prennent d'assaut la France avec le débarquement de Normandie, la plus grande invasion navale de l'histoire (les plages de Normandie sont envahies par deux millions de soldats américains, britanniques et canadiens). À la fin de l'été 1944, Paris est libérée. L'année suivante, les Alliés prennent d'assaut l'Allemagne elle-même.

Le 28 avril 1945, Mussolini est assassiné. Le 30 avril, Hitler se suicide dans un bunker enfoui sous Berlin. Face au Japon, les États-Unis adoptent une stratégie différente. Voulant éviter des débarquements comme ceux d'Italie et de France, qui ont entraîné la mort de milliers de soldats américains, les États-Unis lancent plutôt leur nouvelle arme contre deux villes du Japon, Hiroshima et Nagasaki : la bombe atomique. Le 14 août 1945, le Japon se rend. La Seconde Guerre mondiale prend fin. Dix-sept millions de soldats y sont morts au combat. Un plus grand nombre encore de civils sont également morts durant ce conflit, dont les millions de déportés victimes des nazis.

À la fin de la guerre, les gens découvrent avec horreur toute la portée de la politique nazie, une réalité que les dirigeants des pays alliés n'ont pas voulu exposer au grand jour durant la guerre. Les nazis ont en effet appliqué à la lettre

Une dense colonne de fumée s'élève au-dessus du port japonais de Nagasaki après l'explosion de la bombe atomique larguée par un B-29 de l'armée américaine le 9 août 1945, trois jours après un bombardement similaire à Hiroshima.

Un soldat allemand s'apprête à exécuter un Juif ukrainien agenouillé au bord d'une fosse commune.

leur conception raciste du monde. Là où ils ont trouvé des populations qu'ils jugeaient biologiquement inférieures, ils ont mis en place des gouvernements militaires, entrepris de délocaliser des millions de personnes pour permettre une colonisation allemande des terres et envoyé des millions d'hommes et de femmes travailler comme des esclaves dans les usines allemandes. À l'été 1944, 20 % de la population active en Allemagne est constituée de gens condamnés au travail forcé. La souffrance de ces hommes et de ces femmes est inimaginable. Par exemple, sur les quatre millions de Russes réquisitionnés pour le travail forcé, on estime que trois millions sont morts au travail, terrassés par des conditions inhumaines.

Qu'en est-il des Juifs, que les nazis dans leur folie considèrent comme porteurs d'une tare génétique mettant en danger la survie de l'humanité ? Le délire des nazis les conduira à mettre en place une politique d'extermination des populations juives en Europe. La déportation vers l'île de Madagascar est un temps envisagée. Sa mise en application étant complètement irréaliste, les nazis passent plutôt à « la solution finale ». De l'été 1941 au printemps 1942, un million de Juifs sont tués par balle et enterrés dans d'immenses fosses communes qu'on les a d'abord obligés à creuser eux-mêmes. Mais les succès de l'armée allemande sont trop rapides. Dans les territoires occupés, le nombre de Juifs devient rapidement trop élevé pour qu'on les assassine un à un. Il faut donc une solution industrielle pour pouvoir tuer plus, avec le moins de ressources possible. Des « camps de la mort » sont mis sur pied, dans lesquels les nazis peuvent exterminer des dizaines de personnes en même temps, à l'intérieur de chambres à gaz mortelles. Dans ces camps, les nazis déshumanisent les Juifs. Franz Blaha, médecin à Dachau, a pu témoigner après la guerre des atrocités dont ils furent victimes :

> « *C'était une pratique commune d'enlever la peau des prisonniers morts. J'ai reçu l'ordre de le faire à plusieurs reprises. [...] On la traitait chimiquement avant de la mettre à sécher au soleil. Ensuite, on la découpait en morceaux de différentes tailles pour servir à la fabrication de selles, de culottes de cheval, de gants, de pantoufles et de sacs de femmes. Les SS appréciaient particulièrement la peau tatouée. [...] La peau devait être prélevée sur des prisonniers sains et ne présenter aucun défaut. Lorsque nous n'avions pas assez de cadavres utilisables, Rascher disait : "Très bien, vous allez en avoir." Le lendemain, nous recevions vingt ou trente corps de jeunes gens. Ils avaient été tués d'une balle dans la tête ou d'un coup sur le crâne pour que la peau soit intacte.* »

Document 11.6 Franz Blaha, Témoignage au tribunal de Nuremberg, 1946.[9]

De cinq à six millions de Juifs ont été tués durant la guerre. Les deux tiers de la population juive européenne ont ainsi été exterminés. La quasi-disparition des communautés juives de Pologne, d'Allemagne et des États baltes est d'ailleurs la seule réalisation durable d'Adolf Hitler.

La fureur des nazis s'applique également aux Tziganes, aux homosexuels ainsi qu'aux élites sociales des pays slavophiles. De 9 à 10 millions de personnes appartenant à ces groupes sont assassinées. Lorsqu'en 1945 les Occidentaux découvrent toute l'ampleur et l'horreur des politiques d'extermination des Nazis, la consternation est totale. Comment la civilisation a-t-elle pu atteindre un tel niveau de déchéance morale ?

LES TRENTE GLORIEUSES

Le 11 mai 1960, Ricardo Klement, un mécanicien automobile, marche tranquillement dans une rue de Buenos Aires. Immigré en Argentine depuis 1950, il y mène une vie paisible, en compagnie de sa femme et de ses trois fils. Soudain, une voiture s'arrête près de lui, des hommes armés en sortent brusquement et le capturent. Ce sont des agents du Mossad, les services secrets israéliens, et Ricardo Klement s'appelle en réalité Adolf Eichmann. Il est un ancien dirigeant SS qui a supervisé la solution finale dans les camps de la mort de l'Allemagne nazie. Les services de renseignements américains l'avaient identifié depuis longtemps, mais ne l'avaient jamais dénoncé, préférant ne pas froisser l'Argentine et l'Allemagne de l'Ouest, deux alliés dans la guerre froide. Le Mossad a dû faire cavalier seul pour mettre la main sur Eichmann. Déguisé et drogué par les agents secrets pour lui faire quitter l'Argentine, il est jugé en Israël, puis reconnu coupable de crime contre l'humanité. Son procès et l'annonce de sa condamnation créent un grand émoi dans le monde. Les Argentins sont furieux; à leurs yeux, on a violé leur indépendance territoriale pour enlever et tuer un de leurs citoyens. Bien des pays, notamment les pays arabes, conspuent Israël. Le 1er juin 1962, Eichmann est pendu.

Les historiens ont nommé la période de l'après-guerre, de 1945 à 1975, les «trente glorieuses», en raison de la grande prospérité qu'y ont connue les pays occidentaux. Mais l'histoire d'Eichmann illustre que cette période est aussi le théâtre de bouleversements politiques fondamentaux: la décolonisation et la création de nouveaux pays, délimitant de nouvelles zones de conflit, comme celui opposant Israël et les pays arabes; la priorité accordée aux intérêts stratégiques des nouveaux géants de la politique internationale, les États-Unis et l'URSS; l'apparition de la notion de «crime contre l'humanité» et d'un droit criminel international. Après la Seconde Guerre mondiale, l'Occident de même que le monde ne seront plus jamais les mêmes.

LA PAIX DE 1945 ET LA DÉCOLONISATION

Avant même la fin de la guerre, les grands vainqueurs de l'Allemagne nazie, les Britanniques, les Soviétiques et les Américains, négocient les conditions de la paix à venir. Ils se réunissent d'abord à Yalta, en février 1945, puis à Potsdam, en juillet et en août de la même année. À Yalta, l'humeur est à la bonne entente. Les Alliés s'entendent sur le statut de la future Organisation des Nations unies (ONU), qui doit remplacer l'inefficace Société des Nations (SDN). On adopte le principe selon lequel chaque grande puissance y aura un droit de veto. Il est décidé que l'Allemagne nazie sera démembrée et que la Pologne redeviendra indépendante, bien qu'elle perde quelques territoires au profit de l'URSS. Pour le président des États-Unis, le plus important est de convaincre Staline de s'engager à combattre le Japon — et de tenir des élections libres dans tous les pays libérés en Europe. Dans les deux cas, il obtient gain de cause. Le temps a l'air au beau fixe. Pourtant, quelques nuages semblent poindre à l'horizon.

À Yalta, dans les coulisses, la question de la Grèce pose problème. En effet, les Grecs, qui ont résisté de façon héroïque aux armées italienne et allemande, sont déchirés. Le roi en exil, revenu en Grèce le 26 septembre 1946, forme un gouvernement soutenu par les Britanniques et les Américains. Mais il fait face à l'opposition des communistes, qui proclament leur propre gouvernement provisoire et qui mènent une guérilla soutenue par l'URSS. Sur le territoire de la Grèce, Américains et Soviétiques vont entrer en lutte par clients interposés. À Potsdam, à l'été, la bonne entente n'existe plus entre les Alliés. Staline a amplement eu le temps de montrer aux Britanniques et aux Américains qu'il veut installer des gouvernements prosoviétiques sur les territoires qu'il a «libérés» en Europe. On ne s'entend véritablement que sur un point: les responsables nazis doivent être arrêtés et jugés. Vingt-deux hauts dirigeants nazis subiront un procès, qui s'ouvre le 20 novembre à Nuremberg, et dans lequel on établit de nouvelles catégories de crimes en droit international, dont le «crime contre l'humanité», c'est-à-dire l'intention et la préparation d'un génocide.

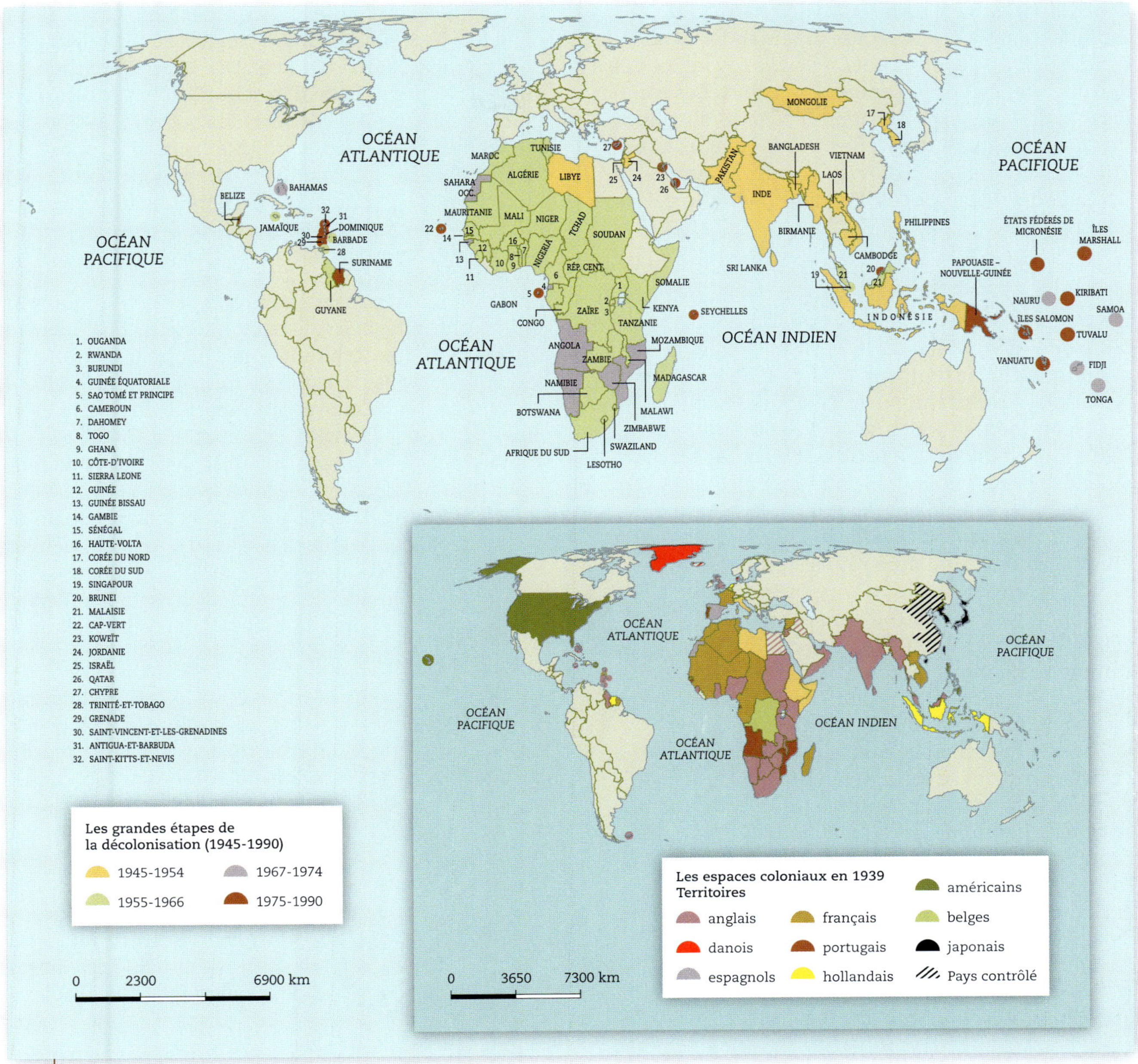

Carte 11.3

LES ANCIENS EMPIRES COLONIAUX ET LA DÉCOLONISATION

La décolonisation se fait par vagues successives : l'indépendance d'un pays dans une région a un effet d'entraînement sur les pays voisins.

Pour le reste, c'est la mésentente. Les Américains ont beau insister sur la tenue d'élections libres partout en Europe, Staline reste de glace. Deux camps se dressent l'un contre l'autre. Ni les Américains ni les Soviétiques ne veulent céder du terrain.

Soixante millions de morts, de 1939 à 1945, n'ont pas suffi à imposer la paix. Le vent froid de la guerre souffle encore. Pourtant, le monde a souffert de la Seconde Guerre mondiale comme jamais auparavant : au nombre des morts, 27 millions de Soviétiques, 7 millions de Chinois, 6 millions de Juifs, 6 millions d'Allemands, 3 millions de Polonais, 2 millions de Japonais, 1 million de Tziganes… dont la plupart sont des non-combattants. De plus, les privations de la guerre ont provoqué des problèmes de santé publique qui ont fait exploser les taux de mortalité à peu près partout, sauf en Amérique du Nord. Les gens qui ont séjourné dans des camps de concentration, ou qu'on a déportés, sont marqués pour la vie. Les routes allemandes débordent de réfugiés, de déportés juifs, de civils fuyant les villes détruites, d'anciens prisonniers. Les nouvelles technologies militaires, telles l'aviation et la fusée, ont entraîné des destructions matérielles inimaginables. Berlin, Tokyo, Budapest, Varsovie, Londres, Hambourg, Leningrad, Francfort et Stalingrad sont, entre autres, à reconstruire.

Dans ce contexte, les empires coloniaux européens, affaiblis et appauvris, ne tiennent plus (voir la carte 11.3). Les peuples colonisés en Asie, qui ont vu les armées d'Europe incapables de les protéger des Japonais, sentent qu'il est temps de s'affranchir de la tutelle impériale. Les Britanniques ont équipé deux millions de soldats indiens pour les soutenir durant la guerre. Cette imposante armée peut très bien dorénavant défendre la souveraineté de l'Inde. Déjà, en 1942, de grands leaders indiens, Gandhi et Nehru, avaient lancé le mouvement *Quit India* («Abandonnez l'Inde»). Malgré une dure répression par l'armée britannique, le mouvement pour l'indépendance de l'Inde ne s'est jamais essoufflé. Après la guerre, les Britanniques comprennent que la décolonisation est inévitable. Le 14 août 1947, à minuit, le «joyau de la couronne britannique» accède à l'indépendance. En fait, ce sont deux pays, l'Inde et le Pakistan, qui deviennent indépendants: un pays pour les hindous, et un autre pour les musulmans. Malgré les huit millions de personnes déplacées et les centaines de milliers de morts que cette fraction territoriale entraîne, l'indépendance de l'Inde et du Pakistan représente le premier jalon du mouvement de décolonisation. L'année suivante, en 1948, le Sri Lanka obtient lui aussi son indépendance puis, en 1949, les Pays-Bas sont forcés de reconnaître l'indépendance de l'Indonésie.

Après le sous-continent indien et l'Indonésie, c'est au Proche-Orient que le mouvement de décolonisation s'épanouit. Les troupes françaises quittent la Syrie et le Liban en 1946. Les Britanniques sortent de Palestine et créent l'État d'Israël en 1948. Ils abandonneront progressivement toutes leurs autres colonies dans la région, entre 1959 et 1971. Le retrait des troupes européennes donne lieu à des conflits sanglants. La Syrie est le théâtre de trois coups d'État en 1949, l'Égypte en connaît un en 1952, et l'Iran et l'Irak subissent le même sort en 1953 et en 1958. Mais la plus grande source de tensions se trouve en Palestine. La rivalité entre les Juifs, traumatisés par le génocide nazi, et les populations arabes est exacerbée. Le partage du territoire palestinien est d'ailleurs le premier mandat confié à l'ONU, qui décide de créer deux États distincts. Dès la proclamation de l'indépendance de l'État d'Israël, le 14 mai 1948, les pays arabes de la région lui déclarent la guerre. Soutenu par les États-Unis comme par l'URSS, Israël remporte la victoire et occupe une grande partie du territoire dévolu aux Palestiniens. Malgré de nombreuses tentatives de paix par la suite, le conflit israélo-palestinien perdurera jusqu'à nos jours.

La décolonisation est également à l'ordre du jour en Chine. Après la guerre, les nationalistes chinois et les communistes se déchirent pour prendre le contrôle du territoire. En 1949, c'est la victoire des communistes de Mao Zedong. Ceux-ci ont réussi le double tour de force de vaincre l'armée d'occupation japonaise et les nationalistes, soutenus par les puissances occidentales. Ainsi, aux yeux de la population, la victoire des communistes est d'abord et avant tout la victoire de l'indépendance chinoise. C'est d'ailleurs la victoire des communistes en Chine qui pousse les Français en premier, puis les Américains, à tenter de freiner, sans succès, l'indépendance du Vietnam communiste.

En Afrique, l'indépendance vient plus tard. Néanmoins, l'après-guerre y est marqué par la multiplication d'associations, de syndicats et de partis politiques qui prônent l'indépendance face aux pays européens. Dans une certaine mesure, ces mouvements bénéficient du soutien des Américains et des Soviétiques, aussi avides de nuire aux empires coloniaux que soucieux d'étendre leur sphère d'influence. Ils bénéficient également des positions anticoloniales adoptées par l'ONU. Par contre, ils ont affaire à des pays européens qui, malgré leurs discours sur les tribunes de l'ONU, entretiennent des sentiments racistes à l'égard des Noirs et cherchent à maintenir leur

Une statue représentant Mao Zedong, dans la ville de Lijiang, en Chine.

contrôle sur les ressources naturelles. C'est ce qui explique que la décolonisation en Afrique s'est faite plus tardivement qu'ailleurs. Tout de même, 40 nations africaines obtiennent l'indépendance entre 1955 et 1970.

Il faut dire qu'après 1955 un nouveau rapport de forces est établi entre l'Europe et ses anciennes colonies. La Conférence de Bandoeng, tenue en 1955 en Indonésie, marque l'entrée en scène du « tiers-monde ». Des précédents avaient préparé cette entrée en scène. En août 1941, les Américains et les Britanniques avaient signé la charte de l'Atlantique, défendant la « souveraineté et le libre exercice de gouvernement » ; de plus, la Déclaration universelle des droits de l'homme, adoptée par l'ONU en 1948, proclame que « tous les êtres humains naissent libres et égaux en dignité et en droit ». Les anciens pays colonisés, réunis à Bandoeng, ne font que mettre de l'avant ces mêmes principes. Organisée par les cinq premiers pays à s'être décolonisés, la Conférence réunit 23 nations asiatiques et 6 nations africaines, qui représentent ensemble plus de la moitié de la population mondiale. Ces pays annoncent :

> *Les pays participants ont exprimé le désir général d'une coopération économique sur la base des intérêts mutuels et du respect de la souveraineté nationale. [...] Les pays participants décident de s'accorder une assistance technique, dans toute la mesure du possible, sous forme : d'experts, de projets pilotes, de matériel de démonstration, d'échanges de documentation, d'établissement d'instituts de recherche et de formation nationaux et — si possible — régionaux qui prodigueront leurs connaissances techniques et scientifiques. [...] La Conférence a pris note du fait que l'existence du colonialisme en de nombreuses régions d'Asie et d'Afrique, quelle que soit sa forme, entrave la coopération culturelle ainsi que le développement des cultures nationales. En particulier, la Conférence condamne le racisme en tant que moyen d'oppression culturelle. [...] En vérité, toutes les nations devraient avoir le droit de choisir librement leurs propres systèmes politique et économique et leur propre mode de vie, conformément aux principes et aux buts des Nations Unies.*

Document 11.7 Communiqué final de la Conférence afro-asiatique de Bandoeng [Bandung], 24 avril 1955.[10]

Ils rejettent également la politique des deux blocs qui se sont constitués au lendemain de la guerre, le bloc capitaliste, dominé par les États-Unis, et le bloc communiste, dominé par l'URSS. Cependant, compte tenu des immenses ressources engagées par les États-Unis et l'URSS pour remporter le conflit qui les oppose, peu de pays du tiers-monde réussiront à rester véritablement « non alignés » pendant la guerre froide.

LA GUERRE FROIDE

À peu près tout oppose les États-Unis et l'URSS. Les premiers défendent un idéal démocratique et l'économie de marché ; la deuxième croit que la victoire du socialisme sur le capitalisme et sur l'impérialisme est inévitable. Devant les Soviétiques qui refusent de démobiliser leurs quatre millions de soldats en Europe de l'Est, qui cherchent à contrôler la mer Noire, qui renient leurs engagements en Grèce et qui mettent en place des gouvernements satellites dans tous les pays qu'ils occupent, les États-Unis se braquent. Pour eux, un « rideau de fer » s'est abattu à travers l'Europe, pour reprendre les mots de Winston Churchill. Les Américains décident qu'ils doivent faire obstacle à l'expansion du communisme dans le monde.

Dès 1947, le président Truman réussit à obtenir les crédits nécessaires pour soutenir les gouvernements de la Grèce et de la Turquie contre les mouvements communistes qui veulent les renverser. C'est la politique du *containment* (qui signifie « contenir »), qu'il expose dans un discours au Congrès le 12 mars de cette année-là :

> *Il suffit de regarder une carte pour comprendre en quoi la survie et l'intégrité de la Grèce sont importants pour le reste du monde. Si la Grèce tombait sous le pouvoir d'une minorité armée, son voisin, la Turquie, en subirait immédiatement les conséquences. La confusion et le désordre pourraient gagner tout le Moyen-Orient.*
>
> *Plus encore, la disparition d'un État grec indépendant affecterait ces autres pays d'Europe dont les peuples luttent vaillamment pour maintenir leurs libertés et se remettre des dommages causés par la guerre. Ce serait une tragédie immense si ces pays, qui se sont battus si longtemps contre un destin écrasant, devaient voir leur échapper la victoire à laquelle ils ont tant sacrifié. La perte de leurs institutions démocratiques et de leurs libertés serait catastrophique, tant pour eux que pour le reste du monde. Le découragement et éventuellement l'échec deviendraient alors le lot des peuples voisins qui tentent de conserver leurs libertés et leur indépendance.*

Document 11.8 Harry Truman, Recommandation [au Congrès] sur l'aide à apporter à la Grèce et à la Turquie, 1947.[11]

En contrepartie, les Soviétiques isolent du mieux qu'ils le peuvent les territoires qu'ils occupent. Le seul pays communiste en Europe qui réussit à se soustraire à la tutelle soviétique est la Yougoslavie. Lorsque les Américains offrent à tous les pays européens, dont l'URSS, une aide matérielle (le plan Marshall) pour leur

Nikita Khrouchtchev, président de l'Union soviétique, et Fidel Castro, chef du gouvernement cubain, lors de la XVe session de l'Assemblée générale de l'ONU à New York, le 22 septembre 1960.

permettre de retrouver le chemin de la prospérité, les Soviétiques imposent à leurs pays satellites de refuser cette aide. Ils créent en 1947 le Kominform, une organisation chargée de coordonner l'ensemble des partis communistes en Europe et de mener une intense propagande en faveur de la « grande révolution socialiste » (voir la carte 11.4).

Tous les plans élaborés en 1945 pour assurer la sécurité du monde tombent à l'eau, en particulier celui qui vise l'internationalisation des activités nucléaires. Au lieu d'instaurer un contrôle international de l'énergie atomique, les deux blocs se lancent dans une inquiétante course aux armements nucléaires.

Dans le contexte de la guerre froide, la position de l'Allemagne est particulièrement délicate. Le pays et sa capitale, Berlin (laquelle est située en Allemagne de l'Est, sous le contrôle de l'URSS), sont tous deux séparés en zones d'occupation américaine, britannique, française et soviétique. Staline s'attend à ce que les Occidentaux quittent la capitale. Lorsque ces derniers décident au contraire d'unifier leurs zones d'occupation en Allemagne de l'Ouest et d'annoncer la création prochaine d'une union monétaire, laissant entrevoir la naissance prochaine d'un État ouest-allemand, Staline riposte en bloquant tous les accès à Berlin. De juin 1948 à mai 1949, alors que le monde entier retient son souffle dans la crainte du déclenchement d'une troisième guerre mondiale, les Américains ravitaillent la capitale allemande par un pont aérien. Les Soviétiques ne ripostent pas. En 1949, la République fédérale d'Allemagne (Allemagne de l'Ouest) et la République démocratique allemande (Allemagne de l'Est) sont officiellement créées. La division de l'Allemagne durera 50 ans.

Pour dissuader l'URSS de toute expansion en Europe, les Américains fondent en avril 1949 l'Organisation du traité de l'Atlantique Nord (OTAN), une alliance militaire des pays de l'Europe de l'Ouest et de l'Amérique du Nord, à laquelle s'ajoutent la Grèce et la Turquie. Sous l'égide de l'OTAN, les Américains installent des armes nucléaires en Europe dès 1953, ce qui a pour effet de figer encore plus les blocs en Europe.

Au contraire, en Asie, la guerre froide entraîne des mouvements de frontières. La Corée subit une division entre le Nord, communiste, et le Sud, capitaliste, à l'occasion de la guerre de Corée. Après l'invasion de la Corée du Sud par les troupes communistes nord-coréennes en 1950, les Américains réunissent une force d'intervention internationale et repoussent les Nord-Coréens jusqu'à la frontière chinoise, ce qui fait entrer la Chine dans le conflit. Une guerre de positions s'ensuit jusqu'en 1953. Certains hauts gradés américains en viennent même à songer à utiliser l'arme atomique. Le fait que l'URSS se dote elle aussi de l'arme atomique a tôt fait de les en dissuader.

La guerre froide exacerbe les oppositions idéologiques à l'intérieur même des pays occidentaux. En France, lorsqu'un ingénieur soviétique qui a fui l'URSS publie un livre qui dénonce le goulag (le système concentrationnaire soviétique), il est poursuivi en diffamation par un journal communiste français. Bien que le journal perde sa cause, une bonne part de l'intelligentsia française défend bec et ongles le régime stalinien. Pour les communistes français ou italiens, Staline est le « petit père des peuples ». Ils ne changeront pas d'avis avant les aveux de Khrouchtchev, le successeur de Staline, qui affirme en 1956 que ce dernier n'était ni plus ni moins qu'un criminel responsable de la mort de millions de personnes.

L'aveuglement va dans les deux sens. Aux États-Unis, la lutte au communisme fait l'objet d'une véritable psychose. Un sénateur américain, Joseph McCarthy, crée une commission d'enquête sur les agissements communistes au sein des organes gouvernementaux. Il prétend détenir une liste de 250 agents communistes qui ont infiltré le département d'État des Affaires étrangères. Le FBI s'en mêle, dresse une « liste noire » et encourage la délation. Personne n'est à l'abri. Même Charlie Chaplin, considéré comme un des plus brillants réalisateurs de cinéma de sa génération, doit quitter les États-Unis pour cause de supposée « sympathie communiste ». Pourtant, aucune des accusations du sénateur McCarthy n'était fondée. À l'étranger, les Américains soutiennent des régimes militaires qui font la chasse aux communistes. Ces régimes autoritaires en profitent pour non seulement interdire les partis d'extrême gauche, mais pour briser toute revendication syndicale et étouffer les aspirations des plus défavorisés. Au nom de la démocratie, la guerre froide met en veilleuse des idéaux démocratiques. En Europe de l'Est, les communistes ne sont pas en reste. Les arrestations arbitraires, la torture, les exécutions et les déportations reprennent, comme au temps des purges staliniennes. Les intellectuels et les artistes sont sommés de faire la promotion du « réalisme socialiste ».

L'opposition entre l'URSS et les États-Unis culmine en 1962, à l'occasion de la « crise des missiles » de Cuba. Cuba, un pays insulaire situé à 200 km de la Floride, est devenu un allié de l'URSS peu de temps après la révolution cubaine de 1959. Le gouvernement cubain, menacé par les États-Unis qui veulent renverser le seul gouvernement communiste d'Amérique, voit dans l'URSS un protecteur indispensable. Il accepte en 1962 que des missiles nucléaires soient installés sur son territoire, pointés en direction des États-Unis. Bien que les Américains aient eux aussi des missiles nucléaires, installés en Europe, qui peuvent atteindre leur ennemi, ils font un blocus autour de Cuba, en octobre 1962, et ordonnent aux Soviétiques de démanteler leurs installations, à défaut de quoi l'armée américaine le fera.

Des manœuvres militaires en haute mer entre sous-marins soviétiques et navires américains passent à un cheveu de déclencher les hostilités entre les deux grandes puissances. Le monde entier est au bord de l'abîme : une troisième guerre mondiale, avec l'arme nucléaire de surcroît ! La catastrophe est évitée de justesse, alors que les gouvernements américain et soviétique parviennent à une entente. C'est le début d'une période de détente entre les deux pays, qui prennent conscience de la gravité de la menace nucléaire. Après de longues négociations, ils signeront même un traité de désarmement nucléaire en 1972. Certes, même si elle n'a plus jamais eu l'acuité de la crise des missiles de Cuba, la menace nucléaire pèse toujours sur le monde, d'autant plus que plusieurs pays se sont dotés de l'arme atomique, et que plusieurs autres cherchent encore à l'obtenir.

Carte 11.4

LE PACTE DE VARSOVIE ET L'OTAN

La menace nucléaire pèse lourd sur le territoire européen à l'époque de la guerre froide, même si un certain équilibre existe entre les bases de missiles de l'Est et de l'Ouest. Les Soviétiques doivent toutefois maintenir plus de troupes dans leurs pays « alliés », signe que l'adhésion des populations y est faible.

PROSPÉRITÉ ET SOCIÉTÉ D'ABONDANCE

Sur fond de psychose anticommuniste, les Américains connaissent pourtant la plus importante période de prospérité de leur histoire. C'est l'avènement d'une véritable société d'abondance qui fait saliver d'envie la plus grande partie du monde.

Grâce au plan Marshall, les Européens de l'Ouest se remettent à consommer et le commerce mondial reprend rapidement. L'*American way of life* est véhiculé en particulier par les films américains, qui stimulent un désir insatiable de consommation. Ce désir est également exacerbé par les avancées technologiques : tout le monde veut ces nouvelles machines à laver ou ces nouveaux téléviseurs qui transforment en profondeur la vie domestique. Les économistes considèrent que la production industrielle mondiale a presque triplé entre 1950 et 1970. Une autre raison qui explique la prospérité relève de la démographie. En effet, l'après-guerre connaît un « baby-boom » qui stimule la croissance. Par exemple, en France, le nombre des naissances annuelles s'établit à 800 000 durant les trente glorieuses, alors qu'il n'était que de 550 000 avant la guerre. L'augmentation de la population mondiale, surtout dans les zones urbaines, contribue à la hausse de la consommation et de la production de biens (voir la carte 11.5).

Les trente glorieuses voient donc apparaître la « société d'abondance ». Aux États-Unis, en 1956, 6 familles sur 10 sont propriétaires de leur logement ; 7 sur 10 ont un aspirateur ; 7,5 sur 10 ont une voiture ; 8 sur 10 ont un téléviseur ; 9 sur 10 ont une lessiveuse et presque toutes ont un réfrigérateur. La publicité entretient le culte de l'abondance et de la réussite matérielle. Pour entreposer leurs nouveaux biens matériels, les familles américaines veulent des maisons plus grandes, auxquelles elles accéderont grâce à de nouvelles autoroutes. On assiste ainsi à la construction d'immenses banlieues, des villes-dortoirs qui multiplient à l'infini les mêmes modèles architecturaux et les mêmes plans urbanistiques. De 1957 à 1980, les Américains construisent à cette fin 65 000 km d'autoroutes.

Véritable locomotive de l'économie mondiale, les États-Unis amènent les pays occidentaux à signer un accord de libre-échange, le GATT (General Agreement on Tariffs and Trade). Les pays d'Europe de l'Ouest optent pour la libre circulation des biens dans un « Marché commun », ouvrant la voie à une future union européenne chargée d'assurer la coopération économique, politique et culturelle des pays d'Europe. Plus le commerce mondial progresse, plus les sociétés multinationales prennent de l'expansion. Leur taille leur permet de contrôler elles-mêmes leurs approvisionnements en énergie et en matières premières, d'aller dans de lointains pays sous-développés pour profiter d'une main-d'œuvre bon marché, et de prendre le contrôle de leurs concurrents.

Comme les États-Unis sont les champions toutes catégories à ce chapitre, ils connaissent une forte hausse de leurs exportations, qui entraîne une croissance continue de la valeur du dollar américain. Cela permet d'augmenter les revenus des travailleurs et leur pouvoir d'achat, et, de là, d'écouler plus facilement la production des entreprises. S'établit ainsi un cercle « vertueux » qui stimule à la fois les profits des entreprises et la consommation de masse. Certes, tous ne profitent pas de cette prospérité. Les minorités raciales aux États-Unis et les travailleurs immigrés en Europe, par exemple, demeurent largement exclus

Une banlieue en Arizona (États-Unis).

Carte 11.5

L'AUGMENTATION DE LA POPULATION MONDIALE ET LA CROISSANCE DES VILLES, 1950-2000

Les 50 dernières années ont vu une plus grande concentration des populations en milieu urbain. C'est dorénavant à l'extérieur de l'Europe que les plus grandes villes de la planète se construisent.

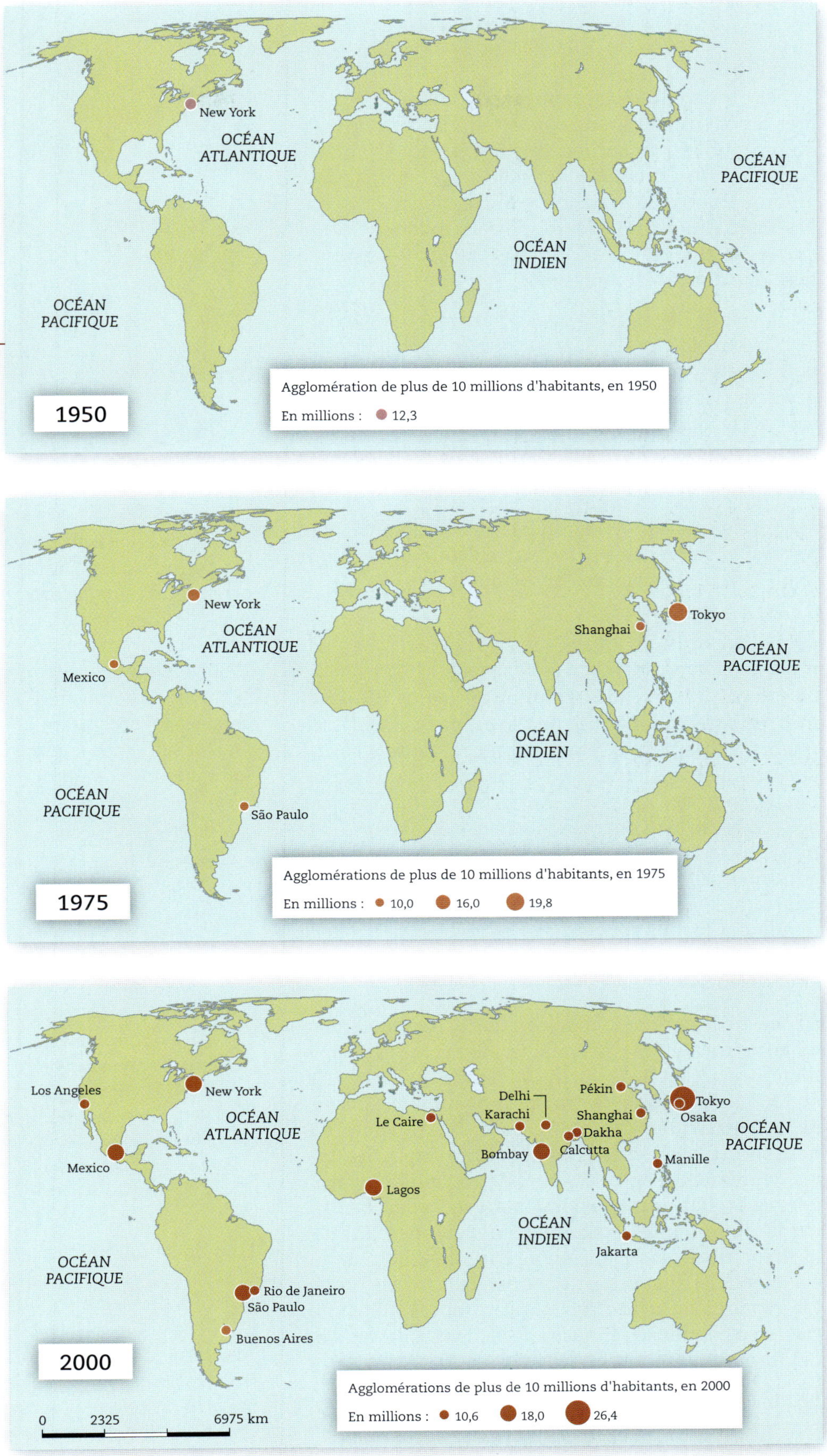

Martin Luther King lors d'un rassemblement à Washington, au début des années 1960.

de cette nouvelle « classe moyenne riche ». Ces inégalités amènent leur lot de contestations, comme celle du pasteur Martin Luther King qui, en 1955, lance le boycottage des autobus d'une ville de l'Alabama parce qu'on y impose la séparation entre Blancs et Noirs. Plusieurs Américains devront attendre la révolution culturelle et sociale des années 1960 et 1970 pour se faire une petite place au soleil.

La prospérité des trente glorieuses permet l'avènement de l'État-providence. Basé sur les travaux inspirés des économistes anglais, tels John Maynard Keynes et William Beveridge, l'État-providence conçoit l'État comme responsable de la lutte contre la misère, le chômage et la maladie. Il fait de l'État le responsable de la redistribution des richesses pour que tout un chacun ait le minimum vital pour vivre. En même temps, assurer les revenus des gens signifie qu'ils continueront à consommer, une nécessité, selon cette perspective économique, pour maintenir la croissance économique.

DE NOUVELLES LIBERTÉS

La prospérité des trente glorieuses et les transformations démographiques qui entraînent un rajeunissement de la population occidentale sont à l'origine de transformations sociales fondamentales. L'expansion des grandes entreprises et des agences gouvernementales chargées de mettre en œuvre l'État-providence font exploser la demande de personnel administratif (les « cols blancs », par opposition aux ouvriers, les « cols bleus »). Ces nouveaux emplois requièrent le plus souvent des formations collégiales ou universitaires, favorisant l'ouverture de nombreux établissements d'enseignement supérieur.

La hausse des revenus, jumelée à une baisse du nombre d'heures travaillées par semaine, amène le développement des activités de loisir. On estime qu'entre 1900 et 1960, la semaine de travail moyenne est passée de 60 à 40 heures. C'est dans ce contexte que prennent forme les éléments de la culture populaire, tels les événements sportifs, bientôt retransmis par la télévision, et la musique populaire, avec tout le battage médiatique qui les entoure. Le développement des loisirs, jumelé à l'expansion de l'automobile, conduit également à l'apparition du tourisme de masse. Même les voyages en avion deviendront accessibles aux classes moyennes désireuses de visiter Disneyland en Californie ou les musées de Paris.

À la fin des trente glorieuses, on voit en outre émerger une société occidentale plus permissive. On ne se scandalise pas outre mesure des rumeurs disant que les coqueluches du moment, les Beatles, sont des consommateurs de drogue. Du moins, cela n'empêche pas des dizaines de milliers de personnes de crier leur admiration dans des stades survoltés. Les années 1960 voient apparaître ce qu'on a appelé la révolution sexuelle. Des écrivaines provoquent toute une onde de choc en revendiquant le droit des femmes de contrôler leur sexualité, comme Françoise Sagan, qui, en 1954, fait dire à son personnage Cécile, 17 ans :

> « *Il me renversa doucement sur la bâche. Nous étions inondés, glissants de sueur, maladroits et pressés ; le bateau se balançait sous nous régulièrement. [...] Où étais-je ? Au fond de la mer, au fond du temps, au fond du plaisir... J'appelais Cyril à voix haute, il ne me répondait pas, il n'avait pas besoin de me répondre. [...] J'éprouvais, en dehors du plaisir physique et très réel que me procurait l'amour, une sorte de plaisir intellectuel à y penser. Les mots "faire l'amour" ont une séduction à eux, très verbale, en les séparant de leur sens. Ce terme de "faire", matériel et positif, uni à cette abstraction poétique du mot "amour", m'enchantait, j'en avais parlé avant sans la moindre pudeur, sans la moindre gêne et sans en remarquer la saveur.* »

Document 11.9 Françoise Sagan, *Bonjour tristesse*, 1954.[12]

Lors de sa publication, *Bonjour tristesse* fait scandale. Pourtant, il devient également un succès de librairie partout en Occident, signe que les gens sont plus ouverts vis-à-vis de la sexualité. En Europe et en Amérique du Nord, on commence à enseigner la sexualité dans les écoles et on décriminalise l'homosexualité, suivant en cela les précurseurs que furent la Suède et la Suisse dans les années 1940. Les comportements sexuels se libéralisent, d'autant plus que la pilule contraceptive fait son apparition au milieu des années 1960. Dans cette société permissive, l'idée du mariage irrévocable vole en éclats. Les taux de divorce explosent, en même temps que le nombre de relations sexuelles hors mariage. À bien des égards, ces transformations sociales témoignent d'une société occidentale plus jeune, plus contestataire.

UNE NOUVELLE RÉVOLUTION SCIENTIFIQUE

Pour sa part, la recherche scientifique connaît une période de transformations importantes. Les pays les plus avancés sur le plan technologique, comme les États-Unis, témoignent d'une telle richesse que tous veulent imiter leur capacité d'innovation. Partout, les États investissent dans la recherche : les laboratoires, les universités et les associations scientifiques reçoivent des subventions énormes conduisant à des avancées qui constituent une nouvelle révolution scientifique.

Les répercussions de la recherche médicale sur l'espérance de vie sont spectaculaires. Une plus grande maîtrise des techniques biomédicales, telles les transfusions sanguines, jumelée à un meilleur contrôle pharmaceutique des agents antibactériens, tels les antibiotiques, permettent aux médecins d'accomplir des actes inimaginables quelques années auparavant. Lorsque Christian Barnard réussit une greffe du cœur en 1967, le monde entier est abasourdi ! Même les cancers, jugés incurables depuis l'Antiquité, commencent à plier devant le nouvel arsenal de la chimiothérapie. Et que dire de la découverte de l'ADN, grâce à laquelle on peut imaginer des thérapies qui bloqueront le développement de la maladie avant même qu'elle ait le moindre effet sur l'organisme ?

Le secteur chimique n'est pas en reste. D'une part, la découverte de nombreux engrais chimiques fait exploser les rendements agricoles. D'autre part, l'invention de nombreux produits de synthèse (matériaux plastiques, textiles synthétiques, etc.) permet de diminuer grandement le coût de production — et d'achat — des produits de consommation. En contrepartie, ces « progrès » causent de graves problèmes de pollution environnementale.

Toutefois, l'image qui symbolise le mieux la révolution scientifique des trente glorieuses est sans doute celle de l'astronaute Neil Armstrong qui, le 21 juillet 1969, marche sur la Lune. Au départ, les Soviétiques remportent la première manche de la course à l'espace, stimulée par la guerre froide. Ils sont les premiers à placer un satellite artificiel en orbite en 1957. Ce sont également eux qui envoient le premier homme dans l'espace, Youri Gagarine, en 1961. Ils envoient aussi les premiers un engin faire le tour de la Lune et revenir sur la Terre en 1968. Mais au final, ce sont les Américains qui réussissent les premiers à faire atterrir un vaisseau spatial habité sur la Lune. Bien sûr, à travers cette course, les États-Unis et l'URSS cherchent à acquérir la capacité de construire des missiles intercontinentaux qui dissuaderont l'ennemi de les attaquer. Néanmoins, sur le plan scientifique et technologique, cette course a des répercussions dans de nombreux domaines : la météorologie, les télécommunications, la connaissance de la géographie terrestre, la géologie, l'électronique, l'astrophysique… Même l'invention de l'ordinateur a bénéficié du développement des circuits électroniques pour les fusées !

L'astronaute Buzz Aldrin photographié par son collègue Neil Armstrong lors de la première expédition sur la Lune, en 1969.

L'OCCIDENT DANS LA TOURMENTE

Mstislav Rostropovitch, violoncelliste de réputation internationale, se trouve à Berlin-Ouest le 9 novembre 1989 pour y donner un concert. Il y a de l'électricité dans l'air: depuis plusieurs jours, des milliers d'Allemands de l'Est manifestent dans les rues pour forcer leur gouvernement à ouvrir les frontières, à briser l'isolement du bloc communiste. Plus tôt dans l'année, la Hongrie et la Pologne ont créé les premières fissures à la faveur des politiques plus libérales du dirigeant de l'URSS, Mikhaïl Gorbatchev. Des milliers d'Allemands de l'Est en ont profité pour gagner l'Ouest par la Hongrie, prétextant des «vacances». Le soir, lorsque le gouvernement de la RDA annonce que les autorisations de voyager seront plus faciles à obtenir, les caméras de télévision filment en direct les milliers d'Allemands qui se lancent à l'assaut du mur de Berlin, symbole ultime de la division de l'Occident. Le mur tombe. Au matin du 10 novembre, les Berlinois fêtent dans la rue. Mstislav Rostropovitch, un opposant notoire au régime communiste soviétique en exil depuis les années 1970, se rend au pied du mur éventré, s'assoit sur une chaise et y donne un concert.

La chute du mur de Berlin, suivie de l'effondrement du bloc communiste, clôt une période tourmentée de l'histoire de l'Occident. Les années 1970 et 1980 ont connu une importante révolution sociale et culturelle: c'est la naissance des mouvements étudiant et environnementaliste, le retour en force du féminisme et des luttes nationalistes, la libéralisation des mœurs. Ces mouvements de contestation de l'ordre établi trouvent leur chemin jusqu'à l'Est, où des populations avides de liberté renversent les régimes communistes. Dans le monde, l'Occident est contesté, à la fois par des mouvements issus des pays pauvres qui le jugent responsable de leurs malheurs et par des pays émergents dont le développement entraîne la délocalisation de plusieurs des industries occidentales. Bien que la richesse accumulée dans les trente glorieuses continue de s'afficher à la face des populations du bloc communiste et des pays du tiers-monde, l'économie de l'Occident n'en montre pas moins des signes inquiétants.

LA NOUVELLE CRISE DU CAPITALISME

Après la croissance économique qui a marqué les trente glorieuses, les années 1970 voient au contraire une période d'instabilité économique se mettre en place, ce qui mène à une profonde remise en question de l'État-providence. Deux événements sont à l'origine de cette instabilité: la fin du système monétaire de Bretton-Woods et le choc pétrolier.

Le premier de ces événements découle de l'incapacité des États-Unis à demeurer la locomotive de l'économie mondiale qu'ils ont été depuis la fin de la Seconde Guerre mondiale. En 1970, le gouvernement américain fait face à un grave problème: il a un énorme déficit commercial, c'est-à-dire qu'il exporte moins de biens qu'il n'en importe. Une solution à ce problème serait de dévaluer le dollar américain par rapport aux autres monnaies de la planète. Mais il est impossible de l'appliquer en vertu du système monétaire de Bretton-Woods. Le dollar américain étant la seule devise que l'on peut convertir en or, et l'or demeurant l'unique façon d'échanger des monnaies, il n'est pas possible de modifier la valeur du dollar américain. Pire, les États-Unis n'ont d'autre choix que d'utiliser la planche à billets pour imprimer des dollars afin d'assurer la fluidité des échanges commerciaux dans le monde. Ce faisant, la valeur réelle du dollar américain diminue. Et pourtant, sa valeur théorique reste la même! Le reste du monde, nerveux en raison de la fragilité du dollar américain, échange ses dollars contre de l'or. Résultat? Les réserves d'or du gouvernement américain fondent à vue d'œil.

Le 15 août 1971, voyant que le système monétaire de Bretton-Woods a atteint ses limites, le président des États-Unis, Richard Nixon, annonce qu'il sera désormais impossible de convertir les dollars américains en or. Des négociations internationales s'enclenchent aussitôt et mènent à l'adoption d'un régime de change flottant, c'est-à-dire que dorénavant la valeur des monnaies sera établie en fonction des forces du marché. Rapidement, les investisseurs du monde entier se mettent à spéculer sur la valeur des monnaies, entraînant d'importantes fluctuations, surtout dans le cas des monnaies des pays qui n'ont pas une économie très diversifiée. Il en résulte une plus grande instabilité ainsi qu'une plus grande difficulté à prévoir quels seront les prix des biens produits. L'instabilité décourage les investisseurs de placer leur argent dans une perspective à long terme.

Le deuxième événement qui contribue à déstabiliser l'économie de l'Occident et du monde est le choc pétrolier. En 1973, les pays arabes membres de l'Organisation des pays exportateurs de pétrole (OPEP) décident d'augmenter le prix du baril de pétrole de 400 %. Alors que près de la moitié de l'énergie consommée en Occident provient du pétrole, il n'en fallait pas plus pour déstabiliser complètement l'économie. Pourquoi les pays arabes adoptent-ils une mesure aussi draconienne ? C'est, d'une part, pour forcer les pays occidentaux à appuyer un règlement du conflit israélo-palestinien qui soit favorable aux Palestiniens et, d'autre part, pour contrebalancer la dévaluation du dollar américain qui diminue leurs revenus tirés de la vente de pétrole. Une deuxième hausse spectaculaire du prix du pétrole survient en 1980, au moment où deux des principaux pays exportateurs, l'Iran et l'Irak, amorcent une longue guerre. Ainsi, le baril de pétrole, qui se vendait 3 $ en 1972, se vend, 10 ans plus tard, 30 $!

Courtiers de Wall Street en action.

Compte tenu du rôle central que joue le pétrole dans l'économie des pays occidentaux (matériaux plastiques, transports, chauffage, etc.), on comprend facilement qu'une telle hausse de la facture pétrolière fragilise l'économie. Certes, il ne s'agit pas d'une crise économique de l'ampleur de celle que l'on a connue dans les années 1930. Tout de même, les gouvernements se voient dans l'obligation de prendre des mesures radicales : pour contrôler l'inflation, on adopte des taux d'intérêt très élevés ; pour limiter les déficits budgétaires, on diminue les dépenses de l'État ; pour stimuler la consommation, on baisse les impôts ; finalement, pour plaire aux patrons d'entreprises, on affaiblit les syndicats, on déréglemente et on dénationalise des sociétés publiques. C'est l'heure de gloire du conservatisme, dont les figures de proue sont Margaret Thatcher en Grande-Bretagne et Ronald Reagan aux États-Unis.

Malgré ces mesures, les pays occidentaux accumulent des dettes publiques énormes et rien n'empêche l'instabilité du système monétaire de créer des bulles spéculatives suivies de krachs boursiers, comme celui de l'automne 1987 ou celui de 2008. Alors que l'Occident avait cru, au temps des trente glorieuses, pouvoir vaincre la pauvreté, l'écart entre les riches et les pauvres s'accentue depuis les années 1970. Dans un pays pourtant aussi riche que les États-Unis, on voit des bidonvilles apparaître et des milliers de sans-abri errer dans les centres-villes.

LE TIERS-MONDE ET L'OCCIDENT

Sur le plan économique, la majorité des pays du tiers-monde ne réussissent pas à profiter du déclin de l'Occident. Les principales raisons de cet échec relèvent des pays du tiers-monde eux-mêmes. Ayant pour la plupart acquis leur indépendance depuis très peu de temps, un grand nombre d'entre eux sont aux prises avec toutes sortes de conflits intérieurs et extérieurs. La guerre et l'instabilité politique empêchent tout développement économique durable. La principale dépense des gouvernements concerne souvent les armes, qu'ils achètent aux pays occidentaux, après avoir contracté d'immenses dettes auprès de ces mêmes pays. Des accords internationaux adoptés sous l'égide de l'ONU sont pourtant censés amener les pays riches à soutenir les pays pauvres par de l'aide internationale directe, par des droits de douane préférentiels et par une stabilisation du prix des ressources naturelles produites par les pays pauvres. Dans les faits, les dépenses militaires des pays pauvres sont environ trois fois plus grandes que ce qu'ils reçoivent en aide internationale. Dans ce contexte, on peut se demander si l'Occident aide vraiment le tiers-monde.

Tout de même, une partie du tiers-monde émerge sur le plan économique : ce sont les nouveaux pays industrialisés. Inspirés par le succès retentissant du Japon, des pays comme la Corée du Sud et, plus récemment, la Chine et l'Inde se sont dotés de bases industrielles solides. D'abord producteurs de biens manufacturés bas de gamme, ils ont peu à peu réussi à rendre les pays occidentaux dépendants de leur capacité industrielle. En effet, dans un contexte économique où les investisseurs recherchent des rendements à court terme sur leurs investissements, les entreprises occidentales profitent de la main-d'œuvre bon marché de ces pays pour diminuer leurs coûts de production et augmenter leurs profits. Des secteurs industriels complets ont ainsi migré à l'extérieur de l'Occident.

Le cas de l'industrie textile, emblématique puisqu'à l'origine de la révolution industrielle en Occident, illustre à merveille cette profonde transformation des rapports économiques entre l'Occident et le tiers-monde. Le tiers-monde ? L'expression même est en voie de disparition, tellement l'écart entre les pays émergents et les pays demeurés « sous-développés » s'est creusé. Pour la jeunesse des pays décolonisés qui ne réussissent pas à se sortir de la pauvreté, les sources de frustration sont nombreuses : chômage, précarité, difficulté à fonder une famille et à la faire vivre convenablement… Dans ce contexte, les mouvements qui accusent l'Occident d'être la cause des problèmes du monde sous-développé recrutent facilement des membres. Comme bien des gouvernements autoritaires bénéficient du soutien de l'Occident, tantôt pour des armes, tantôt pour conserver l'exploitation de ressources naturelles, tantôt par réel souci d'aider au développement, les frustrations personnelles se mêlent aux frustrations à l'égard de l'Occident. Et lorsque les mouvements qui réussissent à canaliser cette frustration relèvent du fanatisme religieux, comme Al-Qaida, des jeunes acceptent de donner leur vie pour accomplir des attentats terroristes visant les populations occidentales.

Les attentats contre les tours jumelles du World Trade Center, le 11 septembre 2001.

Une usine textile en Chine. Au cours des dernières décennies, les travailleurs occidentaux ont vu leurs emplois délocalisés vers des pays où la main-d'œuvre est moins chère et les lois sur le travail moins contraignantes.

Des attentats meurtriers ont lieu à New York, en 2001, à Madrid, en 2004, et à Londres, en 2005. Dans le cas des attentats du 11 septembre 2001, qui ont touché New York mais également Washington, tuant près de 3000 personnes, la violence avec laquelle ils ont été perpétrés a conduit les pays occidentaux à adopter des mesures de sécurité exceptionnelles et à intervenir militairement dans plusieurs régions du globe au nom de la « lutte contre le terrorisme », augmentant la fracture entre l'Occident et le reste du monde.

LA RÉVOLUTION SOCIALE ET CULTURELLE

Les trente glorieuses ont vu apparaître de profondes transformations dans la société occidentale : augmentation du secteur tertiaire, forte poussée d'urbanisation, hausse générale du niveau de vie, société de loisirs, libéralisation des mœurs et plus grande tolérance envers certains comportements marginaux. La société occidentale, plus permissive et plus riche, a par la suite connu plusieurs formes de contestation qui ont amené bien des historiens à considérer qu'en matière de culture et de société, les 50 dernières années ne constituent rien de moins qu'une révolution.

Une première forme de contestation de l'ordre établi en Occident consiste en un large mouvement de protestation étudiante. Suivant les transformations du monde du travail et la forte croissance démographique de l'après-guerre, la population étudiante dans les universités augmente considérablement à partir des années 1950. Par exemple, en France, seulement 4,5 % des jeunes atteignent l'université en 1950. En 1965, ce pourcentage s'élève à 14,5 %. On estime qu'entre 1940 et 1960, la population étudiante des universités européennes a plus que triplé. À partir du milieu des années 1960, des groupes d'étudiants se révoltent. La plus célèbre de ces révoltes étudiantes a lieu en France, en 1968, alors que les étudiants prennent le contrôle physique des universités et érigent des barricades. Au mois de mai, environ la moitié des travailleurs français déclenchent une grève généralisée pour appuyer les revendications étudiantes. Que veulent donc les étudiants ? Ils en appellent à une vaste réforme de l'éducation, ils dénoncent l'attitude autoritaire de leurs professeurs, ils protestent contre l'impérialisme occidental (particulièrement aux États-Unis, où les jeunes contestent la guerre du Vietnam), ils remettent en question le matérialisme d'une société de consommation et, de façon générale, souhaitent une démocratisation de toute la société occidentale. Le mouvement étudiant n'a pas cessé d'exister depuis.

À la fin des années 1960, un autre mouvement de contestation émerge : le mouvement féministe. Si les femmes ont obtenu le droit de vote à peu près partout en Occident, et bien qu'elles aient massivement intégré le marché du travail durant les trente glorieuses, il n'en demeure pas moins qu'elles subissent une discrimination sur le plan du salaire ainsi que sur celui des responsabilités familiales. Le mouvement féministe, qui avait à l'origine revendiqué le droit de vote et le droit au travail, demande dorénavant l'égalité entre les sexes, s'inspirant notamment de l'ouvrage fondateur de Simone de Beauvoir, *Le deuxième sexe* :

> « *Ni les hommes ni les femmes ne sont aujourd'hui satisfaits les uns des autres. Mais la question est de savoir si c'est une malédiction originelle qui les condamne à s'entre-déchirer ou si les conflits qui les opposent n'expriment qu'un moment transitoire de l'histoire humaine. [...] La dispute durera tant que les hommes et les femmes ne se reconnaîtront pas comme des semblables, c'est-à-dire tant que se perpétuera la féminité en tant que telle.* »

Document 11.10 Simone de Beauvoir, *Le deuxième sexe*, 1947. [13]

Ce n'est que très récemment que les pays occidentaux ont commencé à adopter des lois obligeant les entreprises à payer équitablement les femmes pour un travail équivalent à celui des hommes. De même, il y a peu de temps que l'on voit les hommes assumer des responsabilités familiales plus importantes en prenant, par exemple, des congés parentaux à la naissance d'un enfant.

Dans les années 1960, Washington a vu se dérouler de nombreuses manifestations contre la guerre du Vietnam.

Les revendications féministes ne se limitent pas à une égalité des sexes extérieure aux relations de couple ; elles investissent un champ plus intime, celui du droit des femmes de disposer elles-mêmes de leur corps et, plus particulièrement, de décider elles-mêmes d'avoir ou non des enfants. Les femmes revendiquent, à partir des années 1960-1970, la légalisation à la fois de la contraception et de l'avortement. L'arrivée de la pilule contraceptive, inventée au début des années 1950 et commercialisée dans les années 1960, constitue à cet égard une occasion pour les femmes de prendre le contrôle de leur corps et de chercher à changer la perception de beaucoup d'hommes qui les voient d'abord et avant tout comme des reproductrices. Là aussi, les femmes ont eu gain de cause à bien des égards. Les pays occidentaux ont adopté des législations permettant la vente des contraceptifs oraux et, plus tard, la plupart ont également légalisé l'avortement. En revanche, la résistance vis-à-vis de la légalisation de l'avortement demeure importante à plusieurs endroits, surtout parce qu'elle remet en question de façon brutale le caractère sacré que la religion chrétienne accorde à la vie.

Face à la détérioration de l'environnement qui accompagne la révolution industrielle depuis le XIXe siècle, un mouvement de contestation émerge dans les années 1970 : le « mouvement vert ». Au tournant des années 1970, les environnementalistes tirent la sonnette d'alarme et réussissent à attirer l'attention des Occidentaux, en particulier l'organisation Greenpeace, fondée à Vancouver en 1971. Ils font prendre conscience à la population que plusieurs plans d'eau sont tellement pollués qu'on ne peut plus s'y baigner sans courir de risques pour la santé. Des espèces animales et végétales disparaissent. La pollution atmosphérique pose des problèmes de santé publique dans les grandes villes. Dès le début des années 1980, alors que l'on constate que la couche d'ozone s'amincit autour de la Terre, on commence même à considérer que la pollution atmosphérique affecte notre climat et entraîne un réchauffement global. Le premier pays qui voit le mouvement vert s'organiser de façon substantielle est l'Allemagne. Un parti politique, le Parti vert, est officiellement fondé en 1980 et, en 1987, il fait élire 42 députés au Parlement de l'Allemagne de l'Ouest.

Bien que les partis verts n'aient jamais réussi à prendre le pouvoir, les environnementalistes ont tout de même réussi, dans une certaine mesure, à sensibiliser les populations occidentales aux problèmes environnementaux. En particulier, ils ont forcé les États membres de l'ONU à adopter des accords internationaux visant la protection des espèces menacées et la réduction des déchets et des polluants atmosphériques.

En mars 2010, des membres de Greenpeace manifestent contre le déversement de déchets industriels dans le lac Baïkal, en Russie.

La contestation en Occident n'est pas le seul fait de groupes qui remettent en question l'ensemble de la société occidentale. Il existe également des contestations plus locales, qui mènent parfois à la création de mouvements terroristes. Ce sont tantôt des mouvements radicaux de gauche, comme les Brigades rouges en Italie ou la Faction armée rouge en Allemagne, qui commettent des actes terroristes dans le but de détruire le système capitaliste dans leur pays, tantôt des mouvements nationalistes qui cherchent à créer de nouveaux États. Certains mouvements empruntent la voie de la violence, par exemple l'Armée républicaine irlandaise (IRA) en Irlande et l'ETA («Pays basque et liberté») en Espagne, deux groupes qui ont tué de nombreux civils dans le cadre d'attentats terroristes. En d'autres endroits, les mouvements indépendantistes empruntent plutôt les voies politiques traditionnelles, notamment les souverainistes québécois au Canada, bien que leur quête ait été marquée par un court épisode de violence à ses débuts.

LA FIN DU SOCIALISME, LA FIN DE L'HISTOIRE?

En Europe de l'Est, le bloc communiste tire à sa fin. À partir de 1975, le niveau de vie des populations de l'URSS baisse. L'économie est bloquée, l'armée soviétique s'est enlisée en Afghanistan dans un conflit qu'elle ne gagnera pas, le parti communiste perd des membres… Même la guerre froide est sur le point de couronner les États-Unis dans la course à l'armement: la mise en place en Europe, sous l'égide de l'OTAN, d'un arsenal nucléaire capable de détruire l'ensemble des missiles que possède l'URSS ne laisse plus de doute quant à l'identité du vainqueur. C'est ce contexte morose qui pousse les dirigeants soviétiques à installer un réformateur à la tête de l'URSS: Mikhaïl Gorbatchev.

Gorbatchev entreprend deux grandes réformes: la *perestroïka* («restructuration») et la *glasnost* («transparence»). Pour alléger le coût lié à la course aux armements, il prône la coopération militaire et économique avec l'Occident. Il est prêt à introduire graduellement les mécanismes du marché en URSS, une première brèche dans la doctrine communiste. Gorbatchev laisse même des entreprises occidentales s'installer en URSS, jusqu'à la place Pouchkine, dans le cœur historique de Moscou. Il diminue la mainmise du parti communiste sur la société russe, par exemple en accordant une plus grande liberté d'expression. Pour montrer sa bonne foi, il gracie ou libère des dissidents exilés ou incarcérés. En même temps, il pense pouvoir conserver des éléments fondamentaux du régime communiste, en particulier un grand contrôle de l'économie par la voie d'un «centralisme démocratique dans la gestion de l'économie». Ainsi explique-t-il en quoi consiste la *perestroïka*:

Mikhaïl Gorbatchev, le père de la *perestroïka*.

> *[…] le développement complet de la démocratie, l'autonomie socialiste, l'encouragement de l'initiative et des attitudes créatives, c'est aussi davantage d'ordre et de discipline, davantage de transparence, la critique et l'autocritique dans tous les domaines de notre société. C'est le respect le plus absolu pour l'individu et la prise en considération de la dignité de la personne, c'est l'intensification systématique de l'économie soviétique, le renouveau et l'épanouissement des principes du centralisme démocratique dans la gestion de l'économie nationale, l'introduction en tous lieux de méthodes économiques, le renoncement à une gestion fondée sur l'injonction et les méthodes administratives.*

Document 11.11 Mikhaïl Gorbatchev, *Perestroïka: Vues neuves sur notre pays et le monde*, 1987.[14]

L'Europe de l'Est, longtemps étouffée par le contrôle du grand frère soviétique, bouscule les plans de Gorbatchev et ne conserve de sa conception confuse de la *perestroïka* que les idées de liberté et de démocratie. En Pologne, en Hongrie et en Tchécoslovaquie, de 1988 à 1990, des grèves et des manifestations entraînent la démission forcée des dirigeants communistes puis l'organisation d'élections libres. D'anciens dissidents prennent le pouvoir. La Bulgarie, la Roumanie, l'Albanie suivent le même chemin. En Allemagne de l'Est, la population prend d'assaut le mur de Berlin et force la réunification de la ville, puis de l'Allemagne tout entière. Ailleurs, la chute du communisme réveille parfois de vieilles tensions qui entraînent la dislocation de pays : les Tchèques et les Slovaques connaissent un divorce à l'amiable, en 1992 ; au contraire, les Croates, Slovènes et Serbes de l'ex-Yougoslavie sombrent dans une violente guerre civile. Avec le déploiement de l'OTAN en Europe, l'armée soviétique ne fait plus peur.

L'implosion du bloc communiste gagne l'URSS même. Les minorités ethniques revendiquent une plus grande autonomie, en Géorgie, en Lettonie, en Estonie, en Moldavie, en Ouzbékistan, en Azerbaïdjan… La Lituanie proclame son indépendance le 11 mars 1990. Le gouvernement de Moscou est submergé et n'a d'autre choix que de suivre les recommandations du nouveau président de la plus importante des républiques socialistes, la République de Russie : Boris Eltsine. Celui-ci veut que l'URSS devienne une fédération décentralisée. Gorbatchev croit qu'il pourra conserver malgré tout la mainmise du Parti communiste sur cette fédération. Convaincu du contraire, un groupe de dirigeants communistes tente un coup d'État, le 19 août 1991. C'est Boris Eltsine qui réussit à faire échouer la tentative, faisant tomber le peu de crédibilité que Gorbatchev avait conservé. En décembre 1991, les plus importantes républiques déclarent leur indépendance. Gorbatchev démissionne. Le communisme soviétique est mort.

Pour certains, la chute du communisme puis l'intégration des pays européens dans un vaste ensemble politique, l'Union européenne, marquent le début d'une unité occidentale jamais connue auparavant. Un auteur, Francis Fukuyama, va même jusqu'à affirmer que, les valeurs de démocratie et de liberté étant maintenant mises en avant presque partout en Occident, nous vivons la « fin de l'histoire[15] ». Pour lui, l'Occident a finalement trouvé une cohérence interne qui met un terme définitif aux conflits et dissensions qui ont marqué son histoire. Que l'histoire de l'Occident ne connaisse plus de guerres, de bouleversements sociaux ou culturels, voilà qui serait bien étonnant. Il y a fort à parier que les passions humaines amèneront éventuellement leur lot de changements. Reconnaissons tout de même que le XXe siècle se termine à l'exact opposé de son commencement.

LE FIL DE L'HISTOIRE

Dans la première moitié du XXe siècle, le pire conflit armé que le monde ait connu sème l'horreur en Occident. Les rivalités entre les puissances européennes, les empires coloniaux et les nationalismes entraînent la première guerre totale de l'histoire. Par la suite, l'effondrement des empires russe, allemand et austro-hongrois ainsi que les contestations populaires exacerbent les oppositions et permettent à des extrémistes de prendre le pouvoir. En Russie, c'est l'extrême gauche communiste ; en Allemagne et en Italie, c'est l'extrême droite fasciste. Au milieu du siècle, l'expansionnisme allemand replonge l'Occident et le monde dans une guerre menant au massacre de populations civiles, notamment celui de millions de Juifs. L'Occident, pourtant dans une période de prospérité sans précédent, et fort des nouvelles révolutions industrielle et scientifique, sort de la guerre contesté : une forte mobilisation pour la décolonisation transforme le monde par la dissolution des empires coloniaux européens ; de puissants mouvements étudiants, féministes et environnementalistes bousculent la culture et les normes traditionnelles, dans un contexte social de plus en plus libertaire. Parallèlement, les États-Unis, véritable locomotive de l'économie et de la politique mondiales, entrent en guerre avec l'URSS, par pays interposés, jusqu'à l'effondrement du bloc communiste au tournant des années 1990. Malgré tous ces conflits, le désir d'instaurer une paix durable demeure manifeste dans la création de l'ONU, en 1945, et dans l'essor du droit et des organisations internationales.

L'historien à l'œuvre

L'ANALYSE ICONOGRAPHIQUE

Le terme *iconographie* dérive du mot *icône*, qui vient du grec et signifie « image » ; les sources iconographiques sont donc des documents visuels (peinture, statue, affiche, etc.) que l'historien utilise pour étudier le passé, au même titre que les sources écrites. Cependant, l'historien retient de préférence des sources figuratives, c'est-à-dire dont le contenu est reconnaissable, plutôt que des œuvres abstraites.

Examinons comment l'historien procède pour analyser une source iconographique.

UNE ÉTAPE PRÉALABLE : IDENTIFIER LA SOURCE

L'historien doit respecter une démarche d'identification des images (voir le chapitre 2).

En premier lieu, l'historien s'attarde aux attributs iconographiques, c'est-à-dire aux éléments spécifiques d'une scène : les lieux (intérieurs ou extérieurs), les personnages (apparence physique), les objets ou les animaux présents. Il se documente dans les encyclopédies et les dictionnaires spécialisés (sur les costumes, les armes, les meubles, les armoiries, etc.). Cette démarche lui permet de savoir où et quand se déroule la scène.

À l'aide des attributs iconographiques, mais aussi du titre de l'œuvre, l'historien cherche ensuite à déterminer la signification de la scène. À quel épisode historique, mythologique, biblique, littéraire, etc., la scène réfère-t-elle ? Encore là, il faut se documenter pour l'établir avec précision.

EXERCICE 1

Le tableau ci-contre a été réalisé en 1947 par le peintre soviétique Vladimir Serov.

À l'aide du titre de l'œuvre et de la section « Le communisme et la révolution mondiale » (p. 348), répondez aux questions suivantes :

- Qui est le personnage debout sur la tribune avec le bras tendu ?
- Qui est le personnage qui se tient immédiatement derrière lui ?
- Que représente cette scène ?
- Pouvez-vous en trouver la date et le lieu exact ?

Vladimir Serov. *Lénine proclamant le pouvoir aux Soviets*. Huile sur toile (1947).

L'ANALYSE DES SOURCES ICONOGRAPHIQUES

Une fois qu'il a identifié la source iconographique, l'historien peut en réaliser l'analyse.

La présentation de la source iconographique

D'entrée de jeu, l'historien détermine le type de source (tableau, monument, enluminure, etc.). Puis il compile ce qu'on appelle les données signalétiques de l'œuvre : nom de l'auteur (peintre, sculpteur, caricaturiste, bédéiste, etc.), titre de la source, année de sa création, localisation (musée, place publique, journal, etc.), support matériel et technique (huile sur toile, photographie argentique, tissu imprimé, gravure sur bois, etc.) et dimensions.

La mise en contexte de la source iconographique

L'historien s'attarde ici à décrire le contexte historique au moment de la création de l'œuvre, en retenant les éléments qui ont exercé une influence sur l'œuvre. Il fait ensuite des recherches sur l'auteur : dates de naissance et de mort, lieu de naissance, formation artistique, carrière. Il vérifie également les conditions de création de l'œuvre : est-ce une commande et, dans l'affirmative, de qui ? L'œuvre relève-t-elle d'un mouvement artistique ? S'il s'agit d'un épisode historique, l'auteur est-il un témoin direct ou indirect des événements illustrés ? (Et s'il est un témoin indirect, comment s'est-il familiarisé avec les événements historiques en question ?) Quel est le but de l'œuvre ? Qui est le public visé et comment l'œuvre a-t-elle été présentée à ce public ?

Dans un deuxième temps, l'historien analyse le contexte des événements illustrés dans la source, en mettant à profit tous les renseignements qu'il a trouvés lorsqu'il a identifié la source. S'il s'agit d'une scène fictive ou symbolique, il en indique la provenance (roman, récit biblique, légende, etc.), puis en résume l'histoire. Dans le cas d'une scène historique, il la date et en situe le lieu le plus précisément possible ; il expose également les circonstances exactes des événements, en identifiant les personnages et en expliquant leur rôle respectif.

EXERCICE 2

Revenons au tableau de Serov. Pour en faire l'analyse, il faut d'abord comprendre le contexte historique qui prévaut en 1947, l'année de la création de l'œuvre. Relisez, dans le présent chapitre, les sections traitant de la période stalinienne (page 350) et des débuts de la guerre froide (page 361). Puis, consultez sur *Modulo en ligne* l'information fournie sur le peintre Vladimir Serov et ses conditions de création (en lien avec le mouvement du réalisme socialiste et la *jdanovtchina*). Répondez ensuite aux questions suivantes :

- Quelle influence la dictature stalinienne et la *jdanovtchina* ont-elles sur Serov lorsqu'il crée cette œuvre ?
- Quels sont les buts du réalisme socialiste et en quoi Serov les applique-t-il dans son tableau ?

En ce qui concerne le contexte des événements illustrés, allez lire, sur *Modulo en ligne*, l'information fournie sur cette soirée de 1917 où Lénine, comme l'indique le titre de la source, « proclame le pouvoir aux Soviets ». Répondez ensuite à ces questions :

- Quel rôle a joué Lénine lors de cette soirée ? Qui a collaboré avec lui ? Staline a-t-il eu un rôle qui justifie qu'il soit représenté aux côtés de Lénine ? En fait, qui AURAIT DÛ ÊTRE sur la tribune mais n'y figure pas ? Expliquez l'absence de ce personnage important.
- Qui sont les gens amassés au bas de la tribune ? Quelles catégories sociales retrouve-t-on dans la foule ?
- Dans quel bâtiment se sont déroulés les événements ? À quoi servait ce bâtiment avant la révolution russe ?

L'analyse de la construction technique

La construction technique fait référence aux procédés utilisés par l'artiste pour la composition de son œuvre, que ce soit un tableau, une photographie, une caricature, etc. Cette analyse n'est pas réalisée par tous les historiens, car elle exige une maîtrise du vocabulaire technique qui sert à décrire la construction de l'œuvre. En voici un bref aperçu.

L'analyse s'intéresse avant tout à la disposition des éléments dans l'œuvre. Elle porte notamment :

- sur les plans de l'œuvre : Qu'est-ce qui est à l'avant-plan (le plus proche de l'observateur), à l'arrière-plan (le plus loin de l'observateur) ou dans le plan intermédiaire (entre les deux) ?
- sur les proportions : Certains éléments semblent-ils plus imposants que d'autres ?
- sur le point de vue : Présente-t-on la scène en plongée (vue d'en haut), en contre-plongée (vue d'en bas) ou au niveau de l'observateur ? Le point de vue adopté permet-il de faire ressortir certains éléments ?

- sur les couleurs et la lumière : Certaines couleurs sont-elles en contraste ou attirent-elles l'attention sur des aspects ciblés de la scène ? L'intensité de la lumière varie-t-elle, attirant là encore le regard sur certaines parties de l'œuvre ou créant des oppositions ?

L'analyse de la construction technique vise ultimement à déterminer ce que l'œuvre cherche à mettre en évidence. Cette analyse enrichit donc l'interprétation que l'historien peut faire de la source iconographique.

EXERCICE 3

Dans l'œuvre de Serov, faites quelques déductions à partir de l'analyse de la construction technique. Répondez aux questions suivantes :

- Que veut mettre en évidence Serov par son utilisation des plans du tableau, des proportions et du point de vue ?
- Comment Serov s'y prend-il, avec les couleurs et la lumière, pour créer une opposition entre la foule révolutionnaire et le lieu où se déroule la scène ?

L'interprétation de la source iconographique

Le but de l'interprétation est de déterminer en quoi la source iconographique constitue un témoignage de la réalité de l'époque dont elle est issue. Pour produire une interprétation globale, l'historien met à contribution l'ensemble des données recueillies, les compare et en tire des conclusions. Il tente ainsi de dégager :

- l'utilisation qui est faite de la construction technique (si elle a été analysée) afin de valoriser certains éléments de l'œuvre, en expliquant pourquoi l'auteur souhaite les valoriser (en relation avec le contexte des événements illustrés) ;
- la portée symbolique des lieux, des personnages (et de la posture qu'ils adoptent), des couleurs, des objets (et de leur disposition dans l'espace), en fonction des conditions de création de la source ;
- le sens général de la source (satire, propagande, dénonciation, etc.), l'effet recherché par l'artiste et le message véhiculé ;
- la valeur historique de la source ou la façon dont elle constitue le reflet (fidèle ou idéalisé) de la réalité historique (et de quelle réalité historique ?).

EXERCICE 4

Vous possédez à présent toutes les données d'analyse nécessaires pour tirer les conclusions qui s'imposent au sujet du tableau de Serov.

- En ce qui concerne l'utilisation de la construction technique : Pourquoi Serov cherche-t-il à singulariser Lénine ?
- En ce qui concerne la portée symbolique des lieux et des couleurs : Pourquoi Serov met-il en opposition l'Institut Smolny (aux murs blancs) et la foule révolutionnaire (où figurent des éléments rouges contrastants) ?
- En ce qui concerne la portée symbolique des personnages : Pourquoi Serov représente-t-il Lénine avec le bras tendu (pensez à la signification symbolique habituelle d'un bras tendu) et pourquoi a-t-il voulu dépeindre tous les groupes sociaux (paysans, ouvriers, soldats, intellectuels, etc.) dans la foule ?

Répondez enfin aux questions suivantes :

- Quel message Serov cherche-t-il à transmettre (en lien avec la dictature de Staline) ?
- Quelle est la valeur historique de cette source iconographique ? Quelle réalité représente-t-elle : la révolution de 1917, la période stalinienne ou un mélange des deux ?

Les réponses sont disponibles sur *Modulo en ligne*.

Chapitre 12

L'HISTOIRE ET L'OCCIDENT : L'INTÉGRATION DES ACQUIS

DANS CE **CHAPITRE**

- Introduction
- Les acquis concernant les aspects théoriques
- Les acquis concernant les connaissances
- Les acquis concernant la méthode historique et les habiletés intellectuelles
- Mot de la fin

La bibliothèque Osler (Histoire de la médecine) de l'Université McGill, Montréal.

INTRODUCTION

Ce manuel a été écrit pour vous accompagner dans votre premier cours d'histoire au niveau collégial. Au cours des prochaines sessions, vous découvrirez plusieurs autres disciplines des sciences humaines. Selon le collège où vous étudiez et le profil que vous avez choisi, on vous initiera à la psychologie, à la sociologie, à la géographie, à l'économie, à la science politique, à l'anthropologie et aux sciences de l'administration. Vous suivrez peut-être aussi d'autres cours d'histoire portant par exemple sur le XXe siècle, le Québec, les États-Unis, etc. Lors de votre dernière session, dans le cadre du cours Démarche d'intégration des acquis en sciences humaines, vous devrez dresser un bilan de ce que vous aurez appris dans vos cours de sciences humaines. Il vous faudra en effet démontrer que vous maîtrisez certains outils intellectuels et certaines connaissances importantes en sciences humaines, ce qu'on appelle les « acquis ». On vous demandera d'utiliser, entre autres, des acquis obtenus grâce à la discipline historique. Quels sont les acquis spécifiques que l'histoire permet de développer ? Autrement dit, qu'est-ce qui distingue l'histoire des autres disciplines des sciences humaines ?

Voyons les acquis théoriques d'abord, puis les acquis concernant les connaissances disciplinaires et, finalement, ceux concernant les habiletés méthodologiques et intellectuelles.

LES ACQUIS CONCERNANT LES ASPECTS THÉORIQUES

Comme nous l'avons vu au chapitre 1, l'histoire est la discipline qui vise à reconstituer le passé. L'historien a en effet pour objectif d'établir les faits en analysant les traces (appelées « sources primaires » ou « documents ») laissées par les humains de l'Antiquité jusqu'à nos jours. Ces traces peuvent être des textes, des images, des objets ou encore des témoignages recueillis dans le cadre d'une entrevue. La discipline historique produit ainsi de nombreuses connaissances sur le passé, mais ce n'est pas son unique contribution : elle pose également un éclairage particulier sur les phénomènes humains.

L'HISTOIRE DONNE UNE PERSPECTIVE ORIGINALE SUR LES PHÉNOMÈNES HUMAINS

La perspective historique consiste tout d'abord à considérer que ces phénomènes ont tous un passé et qu'ils n'ont pas toujours eu la même forme : ils se sont constamment transformés à travers le temps. Pour comprendre les caractéristiques fondamentales d'un phénomène, il faut en faire l'historique. Que l'on cherche à faciliter l'intégration des immigrants au marché de l'emploi ou à lutter contre l'homophobie dans les écoles, l'histoire sert à comprendre les dynamiques qui ont fait naître et évoluer le phénomène en question. La perspective historique permet aussi de relativiser le présent. En soulignant que tout est en constante évolution, l'histoire rappelle en effet que les phénomènes actuels sont aussi soumis au changement et ne seront pas toujours tels qu'on les perçoit aujourd'hui.

L'HISTOIRE EST UNE AVENTURE OÙ RIEN N'EST JOUÉ D'AVANCE

Puisque les historiens font la démonstration que le monde est en perpétuel changement, il ne peut donc pas y avoir de loi reproductible dans l'histoire de l'humanité. En effet, l'histoire étudie l'expérience humaine, et la diversité des causes qui motivent les actions humaines ne peut pas être résumée par un schéma unique. De même, on ne peut pas prévoir l'avenir sur la base de la connaissance du passé. C'est pourquoi l'histoire n'utilise pas le même discours que la plupart des autres disciplines des sciences humaines, qui ont jusqu'à un certain point emprunté le langage des sciences de la nature en se référant à des « lois » (par exemple la loi de l'offre et de la demande en économie) et des « théories » (par exemple la théorie de la structuration en sociologie).

Il n'existe pas de théorie en tant que telle en histoire, malgré plusieurs tentatives de théoriser l'histoire. Par exemple, Oswald Spengler (1880-1936) prétendait qu'on peut énoncer des lois et prévoir, en fonction du passé, les possibilités pour l'avenir. Le marxisme a également fourni une théorie de l'histoire qui a été très influente jusqu'à il y a quelques décennies. La théorie marxiste conçoit l'histoire comme une constante lutte de classes, les dominés finissant toujours par se révolter afin de renverser la classe dominante. Certains courants féministes ont également créé des théories pour expliquer l'histoire des femmes, substituant en quelque sorte la lutte des genres à la lutte des classes. Mais aucune de ces théories de l'histoire n'a convaincu les historiens de les appliquer de façon systématique. Pourquoi ? Parce qu'elles ont le défaut de simplifier l'histoire, parfois de façon abusive. Au contraire, l'histoire permet de comprendre que le déroulement des événements n'est jamais joué d'avance.

L'HISTOIRE A GÉNÉRÉ DE GRANDES ÉCOLES DE PENSÉE

Malgré l'absence de théories en histoire, il existe néanmoins de grands penseurs et de grandes écoles historiques. Vous trouverez sur *Modulo en ligne* un document complémentaire à ce manuel : *Le mot histoire a une histoire*. Il s'agit d'une initiation à l'historiographie, c'est-à-dire aux travaux des principaux historiens ainsi qu'aux courants de pensée qui ont marqué le développement de la discipline historique.

LES ACQUIS CONCERNANT LES CONNAISSANCES

L'histoire permet d'acquérir de nombreuses connaissances sur les événements passés, d'établir des liens entre celles-ci et d'éclairer les origines d'un phénomène humain. Toute connaissance d'un événement, d'un phénomène ou d'un fait du passé constitue un acquis dans votre formation. Vous pouvez utiliser plusieurs de ces acquis dans le cadre de votre démarche d'intégration, en fonction du sujet que vous avez choisi d'étudier.

L'HISTOIRE EST JALONNÉE DE FAITS MARQUANTS

Les événements historiques étudiés par les historiens sont des faits qui, selon l'angle d'analyse choisi, la période ou le thème étudié, sont considérés comme marquants. Un événement peut être vu comme un « fait marquant » lorsqu'il constitue une rupture ou un moment clé de l'histoire, qu'il représente à la fois un aboutissement et un nouveau départ en quelque sorte — comme une révolution ou une grande guerre. Ces faits marquent les périodes historiques et les distinguent, ce qui nous permet ainsi de mieux les identifier. Ce sont les principaux jalons de l'histoire.

Encore ici, référez-vous aux rubriques *Le fil de l'histoire*, en conclusion des chapitres 2 à 11. Vous pourrez y identifier les faits marquants de l'histoire de l'Occident.

L'HISTOIRE CHERCHE LES LIENS ENTRE LES ÉVÉNEMENTS

L'historien ne cherche pas seulement à établir les faits, il veut aussi comprendre leur enchaînement. Il s'efforce de rendre l'histoire intelligible en expliquant les liens entre les événements et en démontrant que ce n'est pas le hasard qui détermine les actions humaines, du moins pas entièrement. Cet objectif est complexe, car les actions humaines ont souvent des causes multiples. Par exemple, si on tente de cerner les causes de la Première Guerre mondiale (1914-1918), on observe à la fois l'influence de causes directes (l'Europe est divisée entre des nations qui se livrent une féroce compétition) et indirectes (les pays européens tentent tous d'obtenir plus de colonies que leurs voisins). Il faut aussi identifier les causes les plus déterminantes (par exemple, la colonisation européenne mène à la compétition, mais ne provoque pas directement la guerre, à la différence des conflits politiques et nationaux). Finalement, l'historien cherche à découvrir le ou les éléments déclencheurs des événements (par exemple l'assassinat en juin 1914 du neveu de l'empereur d'Autriche-Hongrie par un révolutionnaire nationaliste serbe). L'historien doit donc détecter les causes directes et indirectes, hiérarchiser les causes lointaines et immédiates, et toujours les remettre en contexte, afin de cerner le rôle des individus. Cela lui permet de comprendre et d'expliquer des événements (par exemple la découverte de l'Amérique), des phénomènes (par exemple le développement du capitalisme) et des mentalités (par exemple l'évolution des rapports entre hommes et femmes).

Toujours dans le but de rendre l'histoire intelligible, l'historien se penche aussi sur les conséquences des événements. Il lui faut, pareillement, faire la distinction entre les conséquences directes et indirectes, immédiates et lointaines, afin de proposer une compréhension des événements du passé et de leurs liens de causalité. Par exemple, les historiens ont établi que la Première Guerre mondiale a eu comme conséquence la Seconde Guerre mondiale (1939-1945) en raison des conditions de la paix imposées en 1919. La Première Guerre a aussi, entre autres, favorisé l'évolution du féminisme par l'obtention du droit de vote des femmes dans certains pays durant le conflit.

La recherche des causes et des conséquences entraîne souvent l'historien dans de profonds débats. En effet, si l'histoire ne consistait qu'à établir les faits du passé de manière scientifique, il y aurait peu de débats au sein de la profession historienne. On discute rarement du fait qu'un événement a eu lieu ou non : soit on peut prouver qu'il a eu lieu, soit il n'a pas eu lieu. Par contre, il est beaucoup plus difficile d'établir avec certitude qu'il existe un lien entre deux événements. Il faut utiliser sa logique et son esprit de déduction, ce qui laisse place à l'interprétation. Selon l'historien qui l'étudie, un même événement, un même fait peut entraîner des conclusions différentes. Les interprétations de l'histoire évoluent selon les époques et les biais des historiens.

L'HISTOIRE S'APPUIE SUR DES CONCEPTS DE TOUTES LES DISCIPLINES

Bien qu'elle ne structure pas ses connaissances en lois et en théories, l'histoire fait appel, dans une certaine mesure, aux mêmes concepts que les autres disciplines des sciences humaines. Par exemple, lorsque l'historien qui étudie une crise financière parle d'un « krach », il utilise le même concept que l'économiste. De même, quand il étudie la famille, il reprend bien souvent les mêmes concepts que l'anthropologue et le sociologue. Autrement dit, les frontières ne sont pas étanches entre les sciences humaines.

Afin de découvrir les concepts clés utilisés par les historiens en lien avec l'histoire de l'Occident, référez-vous aux rubriques *Le fil de l'histoire*, en conclusion des chapitres 2 à 11. Elles font la synthèse de chaque période de l'histoire occidentale et précisent les concepts les plus importants à retenir pour chacune de ces périodes.

LES ACQUIS CONCERNANT LA MÉTHODE HISTORIQUE ET LES HABILETÉS INTELLECTUELLES

Pour reconstituer le passé, l'historien utilise la méthode scientifique, tout comme les autres disciplines des sciences humaines. La figure 12.1 présente les principales étapes d'une analyse historique ; elles s'apparentent aux étapes appliquées dans tout autre type de recherche en sciences humaines. Chacune des étapes correspond à l'une des rubriques L'historien à l'œuvre *présentées à la fin de chaque chapitre. Pour plus de détails, nous vous invitons à les consulter.*

Figure 12.1
LES ÉTAPES DE LA RECHERCHE SCIENTIFIQUE EN HISTOIRE

- **Construire une problématique**
  - Faire l'historiographie du thème choisi — Voir la rubrique du chapitre 3
  - Se familiariser avec une variété de sources relatives au thème choisi — Voir les rubriques des chapitres 1 et 10
  - Poser un questionnement et élaborer une hypothèse ou un objectif — Voir la rubrique du chapitre 6
- **Identifier des sources pertinentes en fonction de la problématique**
  - Comprendre les sources et les remettre dans leur contexte historique — Voir la rubrique du chapitre 2
- **Faire la critique des sources choisies**
  - En évaluer l'authenticité — Voir la rubrique du chapitre 4
  - En évaluer la crédibilité — Voir la rubrique du chapitre 5
- **Analyser les sources**
  - Déterminer le contenu à analyser — Voir la rubrique du chapitre 6
  - Établir la représentativité des sources — Voir la rubrique du chapitre 7
  - Au besoin, compiler des données chiffrées — Voir la rubrique du chapitre 4
  - Procéder à l'analyse ; vérifier l'atteinte de l'objectif ou la confirmation de l'hypothèse — Voir les rubriques des chapitres 6 et 11
- **Rédiger le travail**
  - Dresser un plan — Voir la rubrique du chapitre 6
  - Travailler son style — Voir la rubrique du chapitre 8

L'HISTOIRE APPLIQUE LA MÉTHODE SCIENTIFIQUE

Comme ses collègues des autres disciplines des sciences humaines, l'historien construit tout d'abord une problématique à partir d'un thème de recherche. Pour y parvenir, il s'informe de tout ce qui a déjà été écrit sur le thème choisi. Après une recherche documentaire et de nombreuses lectures, l'historien en réalise l'historiographie : il fait en quelque sorte un bilan de la façon dont on a écrit l'histoire du thème qui l'intéresse. On appelle aussi ce bilan la « revue de la littérature » ou la « recension des écrits ». En parallèle, l'historien fait un premier inventaire des sources primaires disponibles pour étudier son sujet. Ce double bilan (de l'historiographie et des sources) permet de préciser le questionnement auquel il va tenter de répondre par son étude historique. Pour ce faire, il formule une hypothèse ou se donne un objectif de recherche.

Dans un deuxième temps, l'historien sélectionne (dans l'inventaire qu'il a dressé) les sources primaires qu'il va utiliser dans le cadre de sa recherche, et il en fait une critique externe et interne. Après ces premières étapes, l'historien commence à analyser ses sources. Il cible les informations pertinentes qui vont lui permettre de répondre à son questionnement. Il met en relation les éléments tirés de ses multiples sources, en les confrontant ou les complétant. Cependant, il doit toujours garder en tête qu'il y a des limites à l'interprétation des sources. En effet, elles ne sont parfois représentatives que d'un groupe social, d'un espace géographique ou d'une période chronologique en particulier. Dans ces conditions, l'historien doit faire attention à ne pas généraliser (à toute la société, à tous les lieux ou à toutes les périodes) les conclusions qu'il a tirées des informations fournies par ses sources. Après avoir terminé son analyse, l'historien en propose une interprétation, tout en vérifiant s'il a atteint son objectif ou démontré son hypothèse. Enfin, il communique les résultats de sa recherche, en respectant un plan préalablement établi et les exigences stylistiques propres à une rédaction scientifique.

L'HISTOIRE ÉTABLIT DES POINTS DE REPÈRE CHRONOLOGIQUES

En établissant les faits du passé, l'historien développe le réflexe de toujours replacer les événements en ordre chronologique sur une « ligne du temps ». Ce manuel en présente une au début de chaque chapitre. La chronologie fournit le cadre permettant de situer n'importe quel événement, fait ou phénomène humain dans le temps et de systématiquement le remettre dans son juste contexte. La pratique de l'histoire invite à adopter une perspective temporelle. L'objectif n'est donc pas d'apprendre par cœur toutes les dates, mais plutôt de garder un souci constant de se référer au cadre chronologique, de situer les événements étudiés dans la séquence des faits et la logique de leur enchaînement. C'est ainsi que l'on évite l'anachronisme, c'est-à-dire la transposition dans une période d'un élément qui n'y existait pas. Ce réflexe de contextualisation demande également de situer les faits, événements et phénomènes dans l'espace.

L'HISTOIRE DÉVELOPPE UN ESPRIT CRITIQUE

Le travail historique exige de développer un esprit critique face à l'information véhiculée dans les sources primaires. L'historien est un enquêteur dont la méthode de travail permet de développer de nombreux réflexes applicables à toutes les disciplines des sciences humaines. Comme l'enquêteur le fait avec les preuves et les témoignages qu'il recueille, l'historien vérifie toujours la fiabilité et la validité de ses sources primaires (ou documents) avant de les utiliser. Par exemple, il ne doit jamais tenir pour acquis que tout ce qui est écrit est vrai ou qu'une image n'a d'autre sens que celui qui est immédiatement perceptible. Le but est plutôt de débusquer le message exact dont le document est porteur. Même si tous les documents comportent une part de subjectivité, cela ne les disqualifie pas pour autant. Il s'agit d'évaluer ce degré de partialité et d'en tenir compte dans le cadre de l'analyse. Même une information mensongère est révélatrice du contexte dans lequel le mensonge a été formulé. Cela veut donc dire qu'il faut établir la valeur d'un document en fonction de sa crédibilité. Cette attitude rigoureuse face aux sources primaires s'applique à tous les types de documents : en écoutant les nouvelles, en lisant une revue, en regardant un documentaire, en consultant un site Internet, en examinant une affiche, etc.

L'HISTOIRE PERMET D'EXERCER LE RÉFLEXE D'OBJECTIVITÉ

Le but de la recherche historique n'est pas de justifier ou de condamner le passé, mais bien de l'expliquer. C'est en ce sens que certains historiens peuvent se pencher sur de graves atrocités de l'histoire sans pour autant les excuser. Un autre réflexe de l'historien est donc de conserver une distance par rapport à son objet d'étude et de faire preuve d'impartialité. L'historien doit s'efforcer de demeurer objectif, même si ce n'est pas entièrement possible. Pour ce faire, il doit prendre du recul par rapport à ses propres valeurs et, surtout, ne pas les transposer sur le passé. Ce serait une grave erreur que de juger le passé à travers le prisme déformant de la réalité d'aujourd'hui. Ce réflexe de distanciation intellectuelle s'applique à toute analyse de document, quel qu'il soit.

L'HISTOIRE APPREND À DEMEURER OUVERT À LA MULTIDISCIPLINARITÉ

La pratique de l'histoire se fait en collaboration avec les autres disciplines des sciences humaines. L'historien a besoin de faire appel à des connaissances diverses (politiques, géographiques, économiques, sociales) parce qu'il cherche à cerner tous les éléments qui affectent le contexte dans lequel se produisent les faits historiques. Cette ouverture à la multidisciplinarité n'est pas spécifique à l'histoire ; elle est le propre des sciences humaines, qui visent à développer cet autre réflexe intellectuel fondamental : multiplier les angles d'approche pour mieux saisir un phénomène.

MOT DE LA FIN

Vous voilà rendu au terme de ce manuel. Nous espérons qu'il aura stimulé votre intérêt pour l'histoire, un champ d'investigation infini qui nous semble fascinant. L'histoire nous met en contact avec une dimension intime de l'humain : son expérience vécue. En cela, l'histoire reste et restera un récit captivant.

SOURCES ICONOGRAPHIQUES

CHAPITRE 1

p. 2, Steve Baker / Shutterstock ; p. 4, Getty Images / Photos.com / Thinkstock ; p. 5, © North Wind Picture Archives ; p. 6, Getty Images / Photos.com / Thinkstock ; p. 7, Brand X Pictures / Thinkstock ; p. 8, Lucie-Claude Lalonde (3 photos) ; p. 9, Jozef Sedmak / Shutterstock ; p. 10, Fedor Selivanov / Shutterstock, NatUlrich / Shutterstock ; p. 11, Fishking / Shutterstock, Luba V Nel / Shutterstock ; p. 12, Ministère du Patrimoine canadien (le document est reproduit avec la permission du ministre des Travaux publics et Services gouvernementaux du Canada), Robert Dolbec ; p. 13, Science Museum / SSPL ; p. 14, BanQ / Bernard Fougères, Hulton Archive / Istockphoto ; p. 15, W.I. Castle / Library and Archives Canada / PA-000832 ; p. 16, Timothy R. Nichols / Shutterstock, Getty Images / Photos.com / Thinkstock, Robert Dolbec ; p. 17, Getty Images / Photos.com / Thinkstock, Sailorr / Shutterstock ; p. 18, © CCNQ ; p. 20, Paul Aubin, Corel (whisky et monnaie) ; p. 21, © Éditions Hatier 1939. Photo : Modulo / Sylvie Trépanier, Corel (fresque, arbalète et manuscrit), © Hergé / Moulinsart 2011, Modulo / Sylvie Trépanier.

CHAPITRE 2

p. 22, Rechitan Sorin / Shutterstock ; p. 24, Silvio Fiore / Superstock / Photolibrary ; p. 25, Sculpies / Shutterstock ; p. 26, Paul Atkinson / Shutterstock ; p. 27, Steve Goodwin / Istockphoto ; p. 28, Emi Cristea / Shutterstock, Valery Shanin / Shutterstock ; p. 29, © The Trustees of the British Museum, Ekaterina Pokrovsky / Shutterstock ; p. 30, Kevin Pfeifle / Istockphoto ; p. 31, Panos Karapanagiotis / Shutterstock, Vladimir Korostyshevskiy / Shutterstock ; p. 35, Calvindexter / Shutterstock, Ancient Art and Architecture Collection Ltd. / The Bridgeman Art Library ; p. 36, Robert Etcheverry ; p. 37, Aliona Zbughin / Dreamstime.com, Olemac / Shutterstock, Ollirg / Shutterstock ; p. 38, Superstock / Glow Images ; p. 40, Kamira / Shutterstock ; p. 41, Martin D. Vonka / Shutterstock, Rechitan Sorin / Shutterstock ; p. 42, Alberto Loyo / Shutterstock, Zz1969 / Shutterstock ; p. 43, Frog-traveller / Shutterstock, Philip Sigin-Lavdanski / Istockphoto ; p. 45 et p. 46, Kamira / Shutterstock ; p. 48, Moreno Soppelsa / Shutterstock ; p. 52, Corel ; p. 53, Chantal Paquette.

CHAPITRE 3

p. 54, Mishakov / Shutterstock ; p. 56, © North Wind / North Wind Picture Archives ; p. 58, Alexandre Fagundes De Fagundes / Dreamstime.com ; p. 59, HEN-Magonza / flickr ; p. 60, Jozef Sedmak / Shutterstock ; p. 62, CC Classical Numismatic Group, Inc. / http://www.cngcoins.com ; p. 63, Javarman / Shutterstock ; p. 64, Nicolas Poussin, *L'enlèvement des Sabines* (huile sur toile), 1637, Metropolitan Museum of Art, New York, USA. Photo : © Russian Look / Learning Pictures ; p. 68, pseudolongino / Shutterstock.com ; p. 69, Andrea Astes / Istockphoto ; p. 70, Csaba Peterdi / Shutterstock ; p. 74, Filip Fuxa / Shutterstock ; p. 75, © 1969 by George W. Houston via the Ancient World Image Bank (New York: Institute for the Study of the Ancient World) (http://www.flickr.com/photos/isawnyu/4157889029/), Todd Taulman / Istockphoto ; p. 76, Getty Images / Photos.com / Thinkstock, Mishakov / Shutterstock ; p. 77, Abadesign / Shutterstock ; p. 78, © Ancient Art & Architecture Collection Ltd. / Alamy ; p. 80, Propriété de la Société immobilière du Québec, photo : Paul Labelle, Montréal ; p. 82, Mountainpix / Shutterstock ; p. 83, Werner Forman Archive / Glow Images ; p. 87, Medioimages / Photodisc / Thinkstock ; p. 88, Massimo Merlini / Istockphoto ; p. 89, Société du patrimoine religieux du diocèse de Saint-Hyacinthe ; p. 91, The Art Archive / Musée Archéologique Naples / Collection Dagli Orti.

CHAPITRE 4

p. 96, mountainpix / Shutterstock ; p. 98, urosr / Shutterstock ; p. 99, Dmitry Chernobrov / Shutterstock, Greek fire (vellum detail of 167117) by Byzantine Prado Madrid Spain / The Bridgeman Art Library ; p. 102, mountainpix / Shutterstock ; p. 103, Volkan Erdogan / Shutterstock ; p. 104, Hemera / Thinkstock ; p. 105, Nicephorus and iconoclasts, 1066. Artist: Theodore of Caesarea / Photolibrary ; p. 106, Jean Goupil / La Presse ; p. 107, Hulton Archive / Istockphoto ; p. 109, Lightphoto / Dreamstime.com ; p. 110, Xavier de Tarade / Istockphoto ; p. 112, Getty Images / Photos.com / Thinkstock ; p. 113, © 2010 Fr. Luc Lamontagne o.s.b. / Abbaye Saint-Benoît-du-Lac ; p. 115, Ramzi Hachicho / Shutterstock ; p.118, BNF - Manuscrits orientaux (Arabe 4248) ; p. 119, Hemera / Thinkstock ; p. 121, Stephen Bartlett, Kennesaw State University ; p. 123, Scirocco340 / Shutterstock ; p. 126, Getty Images / Photos.com / Thinkstock ; p. 127, Marco Maccarini / Istockphoto ; p. 130, L'Apostrophe / Médiathèque de Chartres / photo Jean-Yves Sarazin ; p. 131, avec l'aimable autorisation des Archives départementales de Côte d'Or, registre B 6304 photo P. Beck.

CHAPITRE 5

p. 132, Lagui / Shutterstock ; p. 136, Corel ; p. 137, Lagui / Shutterstock ; p. 138, Getty Images / Photos.com / Thinkstock ; p. 141, The National Archives ; p. 142, Photo Médiathèque de Grand Troyes, manuscrit 103 folio 11 ; p. 143, Henry I in Normandy in 1130, from the Worcester Chronicle, c.1130-40 (vellum), English School (12th century) / © Corpus Christi College, Oxford, UK / The Bridgeman Art Library ; p. 145, Iamstef / Dreamstime.com ; p. 149, Mory / Shutterstock ; p. 152, Hemera / Thinkstock, Biblioteca Monasterio del Escorial / The Bridgeman Art Library ; p. 154, Martine De Graaf / Dreamstime.com ; p. 156, BNF (NQ-D-002716) ; p. 158, Corel, Adrian Beesley / Istockphoto.

CHAPITRE 6

p. 162, Pieter Bruegel le Jeune, *Le retour de l'auberge*, vers 1620, Musée des beaux-arts de Montréal, don de la famille Maxwell à la mémoire de Mme Edward Maxwell. Photo Musée des beaux-arts de Montréal, Christine Guest ; p. 167, Ms Fr 226 Giovanni Boccaccio (1313-75) / Bibliothèque Nationale de France / Archives Charmet / The Bridgeman Art Library ; p. 168, cliché Bibliothèque nationale de France / Français 2643 ;

p. 169, Eric Pouhier; p. 171, Marco Testa / Istockphoto; p. 172, Katja Wickert / Shutterstock; p. 173, Ms.Fr.594 fol. 135 / Bibliothèque Nationale de France / Giraudon / The Bridgeman Art Library; p. 174, *Danse macabre*, Église Saint-Robert, La Chaise-Dieu, Haute-Loire, France / Giraudon / The Bridgeman Art Library; p. 177, Pixland / Jupiterimages / Thinkstock; p. 178, Tomasz Bidermann / Shutterstock; p. 179, Janne Ahvo / Istockphoto; p. 180, Spaceheater / Dreamstime.com; p. 183, Getty Images / Photos.com / Thinkstock; p. 184, Thoron / Dreamstime.com; p. 186, Juan Facundo Mora Soria / Istockphoto; p. 187, Martin Waldseemuller, 1507 / The British Library / Photolibrary; p. 188 et p. 189, Getty Images / Photos.com / Thinkstock; p. 190, The Art Archive / New York Public Library / Harper Collins Publishers.

CHAPITRE 7

p. 196, Getty Images / Photos.com / Thinkstock; p. 198, Reeed / Shutterstock; p. 200, Naegelen / Office de Tourisme de Wissembourg; p. 201, Franck Boston / Shutterstock, Amy Nicolai / Dreamstime.com; p. 202, Vladimir Wrangel / Shutterstock; p. 203, Getty Images / Photos.com / Thinkstock; p. 204, Karl Neatherly / Thinkstock; p. 205, Janaka Dharmasena / Shutterstock; p. 206 et p. 208, Getty Images / Photos.com / Thinkstock; p. 210, The Art Archive; p. 211, ZU_09 / Istockphoto; p. 214, Photo12 / ARJ; p. 215 et p. 216, Getty Images / Photos.com / Thinkstock; p. 218, Héctor Montano / INAH; p. 219, Matt Trommer / Shutterstock; p. 220, Fred Fokkelman / Shutterstock; p. 221, © North Wind / North Wind Picture Archives; p. 222 et p. 228, Getty Images / Photos.com / Thinkstock; p. 229, Bibliothèque et Archives nationales du Québec; p. 230, Telescope / CP PHOTO / Tom Hanson; p. 232, The Art Archive / Museo del Prado Madrid / Gianni Dagli Orti.

CHAPITRE 8

p. 236, *La leçon d'anatomie du Dr Nicolaes Tulp*, 1632 (huile sur toile), collection privée / The Bridgeman Art Library; p. 238, Georgios Kollidas / Istockphoto; p. 240, *La défenestration de Prague en 1618* (gravure), collection privée / The Bridgeman Art Library; p. 241, Getty Images / Photos.com / Thinkstock; p. 243, Rijksmuseum Amsterdam; p. 244 et p. 246, Getty Images / Photos.com / Thinkstock; p. 247, A. Loubry / Ville de Roubaix; p. 248, Getty Images / Photos.com / Thinkstock; p. 249, Intoit / Dreamstime.com; p. 250, Getty Images / Photos.com / Thinkstock; p. 251, stocksnapp / Shutterstock; p. 252, Filip Fuxa / Shutterstock; p. 255, Getty Images / Photos.com / Thinkstock; p. 256, Istockphoto / Thinkstock; p. 257, Kajano / Shutterstock; p. 259, Steven Wynn / Istockphoto; p. 260, Denis Roger / Shutterstock; p. 261, The Art Archive / Tate Gallery London / Eileen Tweedy; p. 262, Piotr Kubowicz; p. 263, *La leçon d'anatomie du Dr Nicolaes Tulp*, 1632 (huile sur toile), collection privée / The Bridgeman Art Library; p. 264, Iain McGillivray / Shutterstock.

CHAPITRE 9

p. 270, Domaine de Vizille / Musée de la Révolution française, Alexandre Debelle (1805-1897), *La Journée des Tuiles à Grenoble, le 7 juin 1788-1889* (huile sur toile), dépôt en 1991 du musée de Grenoble / Musée de la Révolution française Inv. MRF D 1991-2; p. 272, Jean-Honoré Fragonard (1732-1816), *Le Berceau*, huile sur toile, collection du Musée de Picardie, photo Musée de Picardie / Marc Jeanneteau No inv.M.P.Lav.1894-143; p. 274 et p. 275 (2 photos), Getty Images / Photos.com / Thinkstock; p. 276, Photo12 / ARJ; p. 279, Jessica Torrance; p. 281, Library of Congress / Call Number: AE25.E53; p. 282, Photo12 / ARJ; p. 284, Biblioteca de la Facultad de Derecho y Ciencias del Trabajo Universidad de Sevilla, Getty Images / Photos.com / Thinkstock (Rousseau et Voltaire); p. 285, Library of Congress / Call Number: AE25.E53; p. 286, Photo12 / ARJ; p. 287, Clara / Shutterstock; p. 290, Keith Reicher / Istockphoto; p. 291, Getty Images / Photos.com / Thinkstock; p. 292, Domaine de Vizille / Musée de la Révolution française, Alexandre Debelle (1805-1897), *La Journée des Tuiles à Grenoble, le 7 juin 1788-1889* (huile sur toile), dépôt en 1991 du musée de Grenoble / Musée de la Révolution française Inv. MRF D 1991-2; p. 294, Bibliothèque Nationale de France (IFN-7817672); p. 295, p. 297 et p. 299, Getty Images / Photos.com / Thinkstock.

CHAPITRE 10

p. 304, p. 307 et p. 309, Getty Images / Photos.com / Thinkstock; p. 311, Getty Images / Photos.com / Thinkstock, Bibliothèque et Archives Canada / C-066294; p. 312, Dan Tobin / Istockphoto; p. 313 et p. 314, Getty Images / Photos.com / Thinkstock; p. 316, © North Wind Picture Archives; p. 318, Sourabh / Shutterstock; p. 321, © North Wind Picture Archives; p. 322, Getty Images / Photos.com / Thinkstock; p. 323, Sandy Stupart / Shutterstock; p. 324, p. 326 et p. 327 (2 photos), Getty Images / Photos.com / Thinkstock; p. 329, © National Railway Museum / SSPL; p. 330, Duncan Walker / Istockphoto; p. 332, p. 333 et p. 335, Getty Images / Photos.com / Thinkstock; p. 339, Corel (2 photos).

CHAPITRE 11

p. 342, Corel; p. 345, Getty Images / Photos.com / Thinkstock; p. 346, Horace Brown / Bibliothèque et Archives Canada / PA-107276, National Photo Compay Collection / Library Of Congress LC-USZ62-115014; p. 347, Nataliia Kasian / Shutterstock; p. 349, Hemera / Thinkstock; p. 351, Steve Mann / Shutterstock; p. 353, Getty Images / Photos.com / Thinkstock; p. 354, Musée de la Gaspésie. Fonds Guy H. Otis. P61/112; p. 356, NARA photo no. 208-N-43888; p. 357, United States Holocaust Memorial Museum; p. 360, Bartlomiej Magierowski / Shutterstock; p. 362, Hank Walker / Time Life Pictures / Getty Images; p. 364, Tim Roberts Photography / Shutterstock; p. 366, Interfoto / Alamy; p. 367, Corel; p. 369, Comstock / Thinkstock; p. 370, Ken Tannenbaum / Shutterstock, Zhang Lianxun / Dreamstime.com; p. 371, Barry Sweet / Landov; p. 372, De Visu / Shutterstock; p. 373, Corel; p. 375, Vladimir Alexandrovitch Serov, *Lénine proclamant le pouvoir aux Soviets*, huile sur toile, 159,5 cm x 125 cm, 1947 © Succession Vladimir Aleksandrovich Serov / SODRAC (2010) / photo Hachette.

CHAPITRE 12

p. 378, Claudio Calligaris, photographe.

LISTE DES CARTES GÉOGRAPHIQUES

NOTES

CHAPITRE 2

1. *Histoire d'Hérodote*, tomes premier et deuxième: *Clio, Euterpe, Thalie, Melpomène, Terpsichore, Érato, Polymnie, Uranie* et *Calliope*, traduction de Larcher, Paris, Lefèvre, 1842, p. 422-423 de *Melpomène* (livre IV); numérisé par Google livres, [en ligne], http://books.google.ca/books?id=BGYVAAAAQAAJ [24 avril 2011].
2. *Poètes moralistes de la Grèce: Hésiode, Théognis, Callinus, Tyrtée, Mimnerme, Solon, Simonide d'Amorgos, Phocyclide, Pythagore, Aristote*, traduction de Guignault, Patin, Girard et Humbert, Paris, Garnier frères, 1892, p. 144-145; numérisé par Gallica.bnf.fr, [en ligne], http://gallica.bnf.fr/ark:/12148/bpt6k262657m [24 avril 2011].
3. *Histoire d'Hérodote*, tomes premier et deuxième: *Clio, Euterpe, Thalie, Melpomène, Terpsichore, Érato, Polymnie, Uranie* et *Calliope*, traduction de Larcher, Paris, Lefèvre, 1842, p. 258-260 d'*Uranie* (livre VIII); numérisé par Google livres, [en ligne], http://books.google.ca/books?id=BGYVAAAAQAAJ [24 avril 2011].
4. *Histoire de la Guerre du Péloponèse de Thucydide*, traduction de E.-A. Bétant, Paris, L. Hachette et Cie, 1863, p. 96-97; numérisé par Google livres, [en ligne], http://books.google.ca/books?id=BvMLAAAAYAAJ [24 avril 2011].
5. *Œuvres de Platon*, tome premier: *Euthyphron, Apologie de Socrate, Criton, Phédon*, traduction de Victor Cousin, Paris, Bossange frères, 1822, p. 66-67; numérisé par Google livres, [en ligne], http://books.google.ca/books?id=1rwAAAAAYAAJ [24 avril 2011].
6. *Œuvres de Platon*, tome septième: *Les Lois*, traduction de Victor Cousin, Paris, Pichon et Didier, 1831, p. 210; numérisé par Google livres, [en ligne], http://books.google.ca/books?id=nAEUAAAAQAAJ [24 avril 2011].
7. *Œuvres complètes d'Isocrate*, tome premier: *Isocrate à Démonicus, Isocrate à Nicoclès, Nicoclès à ses sujets, Panégyrique, Discours à Philippe, Archidamus, Discours aréopagitique*, traduction du duc de Clermont-Tonnerre, Paris, Firmin Didot frères, 1862, p. 161-163; numérisé par Google livres, [en ligne], http://books.google.ca/books?id=cSg3AQAAIAAJ [24 avril 2011].
8. PLUTARQUE. *Œuvres morales et œuvres diverses*, tome deuxième, traduction de Victor Bétolaud, Paris, L. Hachette et Cie, 1870, p. 166-167; numérisé par Google livres, [en ligne], http://books.google.ca/books?id=jahDAAAAcAAJ [24 avril 2011].
9. HOMÈRE. *L'Odyssée*, traduction de Leconte de Lisle, Paris, Éditions Alphonse Lemerre, 1877, p. 122 ; numérisé par Google livres, [en ligne], http://books.google.ca/books?id=A6lEAQAAIAAJ [24 avril 2011].

CHAPITRE 3

1. *Ouvrages historiques de Polybe* [trad. de Dom Thuillier], *Hérodien* [trad. de Mongault] *et Zozime* [trad. du président Cousin], avec notices biographiques par J.-A.-C. Buchon, Paris, A. Desrez, 1836, p. 225-227; numérisé par Gallica.bnf.fr, [en ligne], http://gallica.bnf.fr/ark:/12148/bpt6k58288066 [24 avril 2011].
2. *Les vies des hommes illustres par Plutarque*, tome premier, traduction de Ricard, Paris, Lefèvre et Firmin Didot frères, 1836, p. 606-607; numérisé par Google livres, [en ligne], http://books.google.ca/books?id=9SsPAAAAQAAJ [23 avril 2011].
3. *Les trois satiriques latins*, tome premier: *Juvénal*, traduction de M. L.-V. Raoul, Bruxelles, Wouters, Raspoet et Cie, 1842, p. 33-35 et 247; numérisé par Google livres, [en ligne], http://books.google.ca/books?id=GBA_AAAAcAAJ [23 avril 2011].
4. *Les vies des hommes illustres par Plutarque*, tome second, traduction de Ricard, Paris, Lefèvre et Firmin Didot frères, 1836, p. 209; numérisé par Google livres, [en ligne], http://books.google.ca/books?id=GCwPAAAAQAAJ [24 avril 2011].
5. *Les vies des hommes illustres par Plutarque*, tome troisième, traduction de Ricard, Paris, Lefèvre et Ledentu, 1838, p. 225-226 et 234; numérisé par Google livres, [en ligne], http://books.google.ca/books?id=OOhGAAAAIAAJ [23 avril 2011].
6. VIRGILE. *L'Énéide*, tome troisième, traduction de Jacques Delille, Paris, Giguet et Michaud, 1804, p. 93 et 101; numérisé par Google livres, [en ligne], http://books.google.ca/books?id=9NkPAAAAQAAJ [23 avril 2011].
7. *Les trois satiriques latins*, tome premier: *Juvénal*, traduction de M. L.-V. Raoul, Bruxelles, Wouters, Raspoet et Cie, 1842, p. 209-213 ; numérisé par Google livres, [en ligne], http://books.google.ca/books?id=GBA_AAAAcAAJ [23 avril 2011].
8. *Œuvres complètes de Sénèque le philosophe*, tome quatrième, Paris, C. L. F. Panckoucke, 1836, coll. « Bibliothèque Latine-Française », p. 131; numérisé par Google livres, [en ligne], http://books.google.ca/books?id=OtoPAAAAQAAJ [23 avril 2011].
9. *Œuvres complètes de Sénèque le philosophe*, tome quatrième, Paris, C. L. F. Panckoucke, 1836, coll. « Bibliothèque Latine-Française », p. 155-157; numérisé par Google livres, [en ligne], http://books.google.ca/books?id=OtoPAAAAQAAJ [23 avril 2011].
10. *Œuvres de C. C. Tacite*, tome sixième: *Germanie. Agricola. Des orateurs*, traduction de C. L. F. Panckoucke, Paris, C. L. F. Panckoucke, 1833, coll. « Bibliothèque Latine-Française », p. 225; numérisé par Google livres, [en ligne], http://books.google.ca/books?id=Kx0MAAAAYAAJ [2 mai 2011].
11. *Œuvres de C. C. Tacite*, tome sixième: *Germanie. Agricola. Des orateurs*, traduction de C. L. F. Panckoucke, Paris, C. L. F. Panckoucke, 1833, coll. « Bibliothèque Latine-Française », p. 211 ; numérisé par Google livres, [en ligne], http://books.google.ca/books?id=Kx0MAAAAYAAJ [2 mai 2011].
12. *Chefs-d'œuvre des Pères de l'Église*, tome onzième: *Saint Jérôme. Lettres choisies*, Paris, Bureau de la bibliothèque ecclésiastique, 1838, p. 437; numérisé par Google livres, [en ligne], http://books.google.ca/books?id=pUVUS5lglPsC [23 avril 2011].
13. *Quintilien et Pline le Jeune, œuvres complètes*, sous la direction de M. Nisard, Paris, Firmin Didot frères, 1861, p. 713-714; numérisé par Google livres, [en ligne], http://books.google.ca/books?id=jNHfAAAAMAAJ [24 avril 2011].

14. Lactance. *De la mort des persécuteurs de l'Église*, traduction avec notes critiques par Jean-François Godescard, Paris, 1797, p. 66-67 ; numérisé par Google livres, [en ligne], http://books.google.ca/books?id=dfZmg3xjwHoC [24 avril 2011].

15. Lactance. *De la mort des persécuteurs de l'Église*, traduction avec notes critiques par Jean-François Godescard, Paris, 1797, p. 85-86 ; numérisé par Google livres, [en ligne], http://books.google.ca/books?id=dfZmg3xjwHoC [24 avril 2011].

16. Bury, John B. *History of the Later Roman Empire, 395-565*, vol. 1, Londres, Macmillan & Co., 1923, p. 309 ; repris dans Kagan, Donald (dir.). *The End of the Roman Empire*, 3e éd., Lexington [Massachusetts], D. C. Heath and Company, 1992, coll. « Problems in European Civilization », p. 22 (traduction de Chantal Paquette).

17. Piganiol, André. *L'Empire chrétien*, Paris, PUF, 1972 (édition originale : 1947), p. 464-466.

18. Jones, Arnold H. M. *The Decline of the Ancient World*, Londres, Longman Group Ltd., 1966, 414 p. ; repris dans Kagan, Donald (dir.). *The End of the Roman Empire*, 3e éd., Lexington [Massachusetts], D. C. Heath and Company, 1992, coll. « Problems in European Civilization », p. 103 (traduction de Chantal Paquette).

19. Luttwak, Edward N. *La grande stratégie de l'Empire romain*, 2e éd., traduction de Bernadette et Jean Pagès, Paris, Economica et Institut de Stratégie Comparée, 2009, p. 219-293.

20. Lançon, Bertrand. *Les Romains*, Paris, Le Cavalier Bleu, 2005, coll. « Idées reçues », p. 108-109.

21. Aymard, André et Jeannine Auboyer. *Rome et son Empire*, tome second, Paris, Presses Universitaires de France, 1967, coll. « Histoire générale des civilisations », p. 596.

CHAPITRE 4

1. Tiré de *Histoire de Constantinople, depuis le règne de l'ancien Justin jusqu'à la fin de l'Empire*, tome premier. Traduit en français par M. Cousin, Paris, Damien Foucault, imprimeur et libraire ordinaire du Roi, M. DC. LXXXV. Numérisé dans Remacle, Philippe et collab. *L'Antiquité grecque et latine du Moyen Âge*, [en ligne], http://remacle.org/bloodwolf/historiens/procope/goth2.htm#VI [15 décembre 2010].

2. Tiré de *Les institutes de l'empereur Justinien*, traduction de Henri Hulot et collab., Aalen, Scientia Verlag, 1979 ; réimpression de l'édition de Metz, Behmer Lamort, 1803, et Paris, Rondonneau, 1806 ; numérisé dans Portail numérique de l'histoire du droit, [en ligne], http://www.histoiredudroit.fr/corpus_iuris_civilis.html [27 novembre 2010].

3. Tiré de Nisard, M. (dir.). *Ammien Marcellin, Jornandès, Frontin (Les Stratagèmes), Végèce, Modestus*, Paris, Firmin Didot frères, fils et Cie, 1860 ; numérisé dans Gallica, [en ligne], http://gallica.bnf.fr/ark:/12148/bpt6k6148645p [27 novembre 2010].

4. Tiré de *Œuvres de C. Sollius Apollinaris Sidonius*, tome second, traduction de J.-F. Grégoire et F.-L. Collombet, Lyon, M.-P. Rusand, imprimeur-libraire, et Paris, Poussielque-Rusand, libraire, 1836 ; numérisé par Google livres, [en ligne], http://books.google.ca/books?id=Eow9AAAAcAAJ&hl=fr&pg=PA3#v=onepage&q&f=false [27 novembre 2010].

5. Tiré de Oakeley, Frederick. *Histoire de saint Augustin (apôtre des Anglais, archevêque de Cantorbery) et du premier établissement du christianisme en Angleterre*, traduction de Jules Gondon, Paris, Jacques Lecoffre éditeurs et Cie, 1846 ; numérisé par Google livres, [en ligne], http://books.google.ca/books?id=9cqiQBhuZikC&hl=fr&pg=PR5#v=onepage&q&f=false [28 novembre 2010].

6. Tiré de *Œuvres complètes de saint Augustin*, traduction sous la direction de M. Raulx, Bar-Le-Duc, L. Guérin & Cie éditeurs, 1869 ; numérisé dans Saint-Augustin, [en ligne], http://www.abbaye-saint-benoit.ch/saints/augustin/polemiques/manicheens/fauste/fauste22.htm#_Toc29119276 [27 novembre 2010].

7. Tiré de *Monumenta Germaniae Historica. Leges*, tome premier, Hannovre, Deutsches Institut für Erforschung des Mittelalters, 1835, p. 52-53 ; traducteur inconnu, numérisé par Yves Chartier, dans musicologie.org, [en ligne], http://www.musicologie.org/publirem/hmt/hmt_charlemagne.html [27 novembre 2010].

8. Tiré de *Neuf Capitulaires de Charlemagne concernant son œuvre réformatrice par les « missi »*, texte critique et traduction par Charles de Clercq, Milan, Dott. A. Giuffrè editore, 1968.

9. Tiré de Robinson, James Harvey. *Readings in European History ; A Collection of Extracts from the Sources Chosen with the Purpose of Illustrating the Progress of Culture in Western Europe Since the German Invasions*, Boston, Ginn & Company, 1909 ; traducteur inconnu, numérisé par Marc Szwajcer, dans Remacle, Philippe et collab. *L'Antiquité grecque et latine du Moyen Âge*, [en ligne], http://remacle.org/bloodwolf/historiens/anonyme/xanten.htm [27 novembre 2010].

10. *La Donation de Constantin*, traduction d'Alcide Bonneau, Paris, Isidore Liseux, 1879, p. 41 ; numérisé par Google livres, [en ligne], http://books.google.ca [31 juillet 2010].

CHAPITRE 5

1. *Vie de Louis-le-Gros, par Suger. Vie de Suger, par Guillaume. Vie de Louis-le-Jeune. Vie de Charles-le-Bon, par Galbert*, œuvres présentées par M. Guizot, Paris, J.-L.-J. Brière, 1825, coll. « Collection des mémoires relatifs à l'histoire de France », n° 8, p. 339-340 ; numérisé par Google livres, [en ligne], http://books.google.ca/books?id=6Ps_AAAAcAAJ [2 avril 2011].

2. « *Vita Johannis episcopi teruanensis auct. Waltero Archidiacono* » dans *Scriptores*, tome quinzième (II), Hanovre, Deutsches Institut für Erforschung des Mittelalters, coll. « Monumenta Germaniae Historica », p. 1146-1147 ; repris dans Mortet, Victor et Paul Deschamps (éd.). *Recueil de textes relatifs à l'architecture*, tome premier, Paris, 1911, p. 314 ; repris et traduit dans De la Roncière, Ch.-M. *L'Europe au Moyen Âge : documents expliqués*, tome second : *fin* IXe *siècle-fin* XIIIe *siècle*, Paris, Armand Colin, 1969, coll. « U », p. 152.

3. *Grande Charte des libertés d'Angleterre*, 1215, dans Bemont, C. *Chartes et libertés anglaises, 1100-1305*, Paris, Picard, 1892, p. 26-39, cité dans Pacaut, Marcel.

Les structures politiques de l'Occident médiéval, Paris, Librairie Armand Colin, 1969, p. 232-233.

4. PACAUT, Marcel. *Les structures politiques de l'Occident médiéval*, Paris, Librairie Armand Colin, 1969, coll. « U », p. 189-190.
5. *Siège de Paris par les Normands, par Abbon. Chronique de Frodoard. Chronique de Raoul Glaber. Vie du roi Robert, par Helgaud. Poème d'Adalbéron sur le règne de Robert*, œuvres présentées par M. Guizot, Paris, J.-L.-J. Brière, 1824, coll. « Collection des mémoires relatifs à l'histoire de France », n° 6, p. 439; numérisé par Google livres, [en ligne], http://books.google.ca/books?id=O1MUAAAAYAAJ [2 avril 2011].
6. BURCHARD DE WORMS. *Decretum*, livre XIX: *De poenitentia*; cité dans Flandrin, Jean-Louis. *Un temps pour embrasser: aux origines de la morale sexuelle occidentale (VIe siècle-XIe siècle)*, Paris, Seuil, 1983, coll. « L'univers historique », p. 8-9.
7. GUILLAUME DE JUMIÈGES. *Gesta Normannorum ducum*, vers 1060, traduit par E. Van Houts, Oxford, Clarendon Press, 1995, p. 8-9, cité dans MAZEL, Florian. *Féodalités. 888-1180*, tome second de *Histoire de France*, Paris, Belin, 2010, p. 183.
8. CHRÉTIEN DE TROYES. *Érec et Énide. Ciglès ou la fausse morte. Lancelot le chevalier à la charrette. Yvain le chevalier au lion*, Paris, Gallimard, 1970, p. 255.
9. *Polyptyque de Maubeuge*, traduit en français moderne par Chantal Paquette d'après VERRIEST, Léo. *Le Régime seigneurial dans le Comté de Hainaut du XIe siècle à la Révolution*, Louvain, P. Smeesters, 1916-1917, p. 8-9.
10. *Acte de paréage de Grenade-sur-Garonne*, Archives départementales de Haute-Garonne, document n° 108 H 15; traduction de E. Lacoste et repris dans RUMEAU, R. *Monographie de la ville de Grenade*, Toulouse, Regnault, 1879; cité dans BIGET, Jean-Louis et Patrick BOUCHERON. *La France médiévale*, tome second: XIIIe-XVe siècle, Paris, Hachette, 2000, coll. « Les Fondamentaux », p. 10-11.
11. DU CHESNE TOURANGEAU, André. *Histoire généalogique de la maison royale de Dreux*, Paris, Sébastien Cramoisy, 1631; cité dans PACAUT, Marcel. *Les structures politiques de l'Occident médiéval*, Paris, Librairie Armand Colin, 1969, p. 281.
12. DUBY, Georges (dir.). *Histoire de la France urbaine*, tome second: *La ville médiévale*, Paris, Seuil, 1980, p. 128-129.
13. DE VILLEHARDOUIN, Geoffroi et Robert DE CLARI. *Ceux qui conquirent Constantinople: récits de la Quatrième Croisade*, Paris, Union générale d'éditions, 1966, p. 74.

CHAPITRE 6

1. FROISSART, Jean. *Les chroniques* [extraits], traduit et annoté par A. Périer, Paris, Hatier, 1927, p. 60.
2. PÉTRARQUE. *Poésies de Pétrarque: Sonnets. Canzones. Triomphes*, traduction de F. L. de Gramont, Paris, Paul Masgana, 1842, p. 287; numérisé par Hathi Trust Digital Library, [en ligne], http://catalog.hathitrust.org/Record/008676166 [11 février 2011].
3. PÉTRARQUE. *Aux amis: Lettres familières*, 2e éd., traduction de Christophe Carraud, Grenoble, Jérôme Millon, 2002, p. 198-199.
4. PICO DELLA MIRANDOLA, Giovanni. *De la dignité de l'homme = De hominis dignitate*, traduit par Yves Hersant, Paris, Éditions de l'éclat, 1993, coll. « Philosophie imaginaire », p. 5.
5. Dédicace au pape Paul III, introducteur de l'imprimerie à Rome, par Jean André de Bassi, évêque d'Aléria; numérisé par Patrice Delpin dans Cliotexte, [en ligne], http://icp.ge.ch/po/cliotexte/xve-et-xvie-siecle-renaissance-humanisme-et-reforme/humanisme.liberte.html [9 février 2011].
6. *Œuvres de Christophe Colomb*, présentées, traduites et annotées par Alexandre Cioranescu, Paris, Gallimard, 1961, p. 44-45.
7. LAS CASAS, Bartolomé de. *Très brève relation de la destruction des Indes*, traduction de Fanchita Gonzalez Batlle, Paris, François Maspero, 1979, coll. « La Découverte », p. 50-52.
8. RUBROUCK, Guillaume de. *Voyage dans l'Empire mongol (1253-1255)*, traduction de Claude et René Kappler, Paris, Payot, 1985, coll. « Bibliothèque historique », p. 241-242.
9. *Le livre de Marco Polo ou le Devisement du Monde*, traduit en français moderne par A. T'Serstevens, Paris, Albin Michel, 1955, p. 239-240.
10. CHARLIER, Georges. *La grande aventure de Christophe Colomb*, Liège, Éditions Aventure et Découverte, 1992, coll. « Aardan », p. 101-102.
11. *Les procès de Jeanne d'Arc*, textes présentés par Georges et Andrée Duby, Paris, Gallimard / Julliard, 1973, coll. « Archives », p. 16-17.

CHAPITRE 7

1. GUICCIARDINI, Ludovico. *Description de tout le Païs-Bas, autrement dict la Germanie inférieure ou Basse-Allemagne*, adaptation en français moderne par Sébastien Piché, Anvers, Guillaume Silvius – imprimeur du Roy, 1568, p. 147; numérisé par Google livres, [en ligne], http://books.google.ca/books?id=iGNbAAAAQAAJ [21 février 2011].
2. VASARI, Giorgio. *Vies des peintres, sculpteurs et architectes*, tome premier, traduction de Léopold Leclanché, Paris, Just Tessier libraire-éditeur, 1841, p. 27-34; numérisé par Google livres, [en ligne], http://books.google.ca/books?id=L13xls2aFHMC [21 février 2011].
3. MACHIAVEL, Nicolas. *Le Prince*, Paris, Chasseriau, 1842, p. 93-155; numérisé par Google livres, [en ligne], http://books.google.ca/books?id=F0kTAAAAQAAJ [21 février 2011].
4. « *Discours inaugural du Ve concile de Latran par Gilles de Viterbe* », dans LA BROSSE, Olivier de, Joseph LECLERC, Henri HOLSTEIN et Charles LEFEBVRE. *Latran V et Trente*, vol. 1, Paris, Éditions de l'Orante, 1975, coll. « Histoire des conciles Œcuméniques », n° 10, p. 412-413.
5. MERLE D'AUBIGNÉ, J. H. *Histoire de la réformation du seizième siècle*, vol. 1, livre III, 3e éd., Paris, Firmin Didot frères, 1847, p. 269-270; numérisé par Google livres, [en ligne], http://books.google.ca/books?id=y9I6AAAAcAAJ [21 février 2011].
6. *La découverte du Canada*, tome premier: *Naissance du Canada et mystère Champlain, Les voyages de Jacques Cartier*, adaptés en français moderne et annotés par

Jean Dumont, Montréal, Les amis de l'histoire, 1969, p. 130-131.

7. Tiré de BRAUNER, Sigrid. « The Demonization of the Shrew », dans TATLOCK, Lynne. *Writing on the Line: Transgression in Early Modern German Literature*, Amsterdam, Éditions Rodopi, 1991, p. 131-144.
8. Tiré de « 1615. Procès en sorcellerie de Fleurette Maurice », dans *Villanelle, Association d'Histoire du village*, [en ligne], http://umb-www-01.u-strasbg.fr/villanelle/Sources_XVIIe/1615.htm [21 février 2011].
9. Tiré de *The Salem Witchcraft Papers: Verbatim Transcripts of the Legal Documents of the Salem Witchcraft Outbreak of 1692*, vol. 1, sous la direction de Paul Boyer et Stephen Nissenbaum, New York, Da Capo Press, 1977 ; numérisé par Stephen Ramsay pour Electronic Text Center, University of Virginia Library, dans *Salem Witch Trials: Documentary Archive and Transcription Project*, [en ligne], http://etext.virginia.edu/salem/witchcraft/texts/transcripts.html [21 février 2011].
10. Tiré de LEVACK, Brian P. *La grande chasse aux sorcières en Europe* aux débuts des Temps modernes, traduction de Jacques Chiffoleau, Seyssel [France], Champ Vallon, 1991, p. 263-282, coll. « Époques ».
11. Tiré de VIVES, Juan Luis. *De l'Assistance aux Pauvres*, traduction de R. A. Casanova et L. Caby, Bruxelles, Valero et fils, 1943, 290 p. ; œuvre numérisée par Itinera Electronica, Université Catholique de Louvain, [En ligne] http://agoraclass.fltr.ucl.ac.be/concordances/vives_de_sub_paup/lecture/default.htm [21 février 2011].
12. Tiré de MARX, Roland. *Documents d'histoire anglaise du XIe siècle à 1914*, Paris, Armand Colin, 1972, coll. « U2 », p. 81-84 ; repris de PROTHERO, G.W. *Select Statutes*, 4e éd., Oxford, Oxford University Press, 1913, p. 98-99.
13. Tiré de *Recueil général des anciennes lois françaises depuis l'an 420, jusqu'à la révolution de 1789*, tome dix-huitième: août 1661-31 décembre 1671, sous la direction de F.-A. Isambert, Paris, Belin-Leprieur et Verdiere, 1829, p. 18-19 ; numérisé par Gallica.bnf.fr/Bibliothèque nationale de France, [en ligne], http://gallica.bnf.fr/ark:/12148/bpt6k51704j [21 février 2011].

CHAPITRE 8

1. *Journal du Marquis de Dangeau*, tome seizième: 1715-1716, Paris, Firmin Didot frères, fils et Cie, 1859, p. 128 ; numérisé par Google livres, [en ligne], http://books.google.ca/books?id=y_I_AAAAcAAJ&hl=fr&pg=PP1#v=onepage&q&f=false [6 mars 2011].
2. HEISS VON KOGENHEIM, Johann. *Histoire De l'Empire, Contenant son Origine, ses Progrès, ses Révolutions, la forme de son Gouvernement, sa Politique, ses Négociations, et les nouveaux Règlements, faits dans les Traités de Westphalie* [...], nouv. éd., tome second, Amsterdam, Wetsteins & Smith, 1733, p. 438-439 ; numérisé par Google livres, [en ligne], http://books.google.ca/books?id=C0EAAAAAcAAJ&hl [6 mars 2001].
3. HOBBES, Thomas. *Léviathan ou forme et puissance de l'État chrétien et civil*, traduction de Gérard Mairet, Paris, Gallimard, 2000, p. 224 et 287.
4. GALBRAITH, John Kenneth. *Brève histoire de l'euphorie financière*, traduction de Paul Chemla, Paris, Éditions du Seuil, 1992, p. 33.
5. DUFAU, P.-A., J.-B. DUVERGIER et J. GUADET. *Collection des constitutions, chartes et lois fondamentales des peuples de l'Europe et des deux Amériques*, Paris, J.-L. Chanson, 1821, p. 389-390 ; numérisé par Google livres, [en ligne], http://books.google.ca/books?id=PEoUAAAAQAAJ [6 mars 2001].
6. « Lettre à Mme Christine de Lorraine, Grande-Duchesse de Toscane », traduction de F. Russo, dans *Revue d'histoire des sciences et de leurs applications*, tome dix-septième, n° 4, 1964, p. 338-368 ; numérisé par Persée.fr, [en ligne], http://www.persee.fr/web/revues/home/prescript/article/rhs_0048-996_1964_num_17_4_2372 [8 mars 2011].
7. MEURDRAC, Marie. *La chymie charitable et facile, en faveur des dames*, Paris, CNRS Éditions, 1999, p. 17-18.

CHAPITRE 9

1. Tiré de *Le cultivateur anglois: œuvres choisies d'agriculture et d'économie rurale et politique d'Arthur Young*, tome premier, traduction de Lamarre, Benoist et Billecocq, Paris, Maradan, 1800, p. 3 ; numérisé par Google livres, [en ligne], http://books.google.ca/books?id=CfETAAAAQAAJ&dq=fr&pg=PP7#v=onepage&q&f=false [7 février 2011].
2. MARQUIS D'ARGENSON. *Mémoires et journal inédit du marquis d'Argenson, ministre des Affaires étrangères sous Louis XV*, tome second, Paris, Jannet, 1857-1858, p. 27-28.
3. MONTESQUIEU. *De l'esprit des lois*, tome premier, livre XI, chapitre VI, Paris, Librairie de Lecointe, 1832, coll. « Nouvelle bibliothèque des classiques français », p. 87-88 ; numérisé par Google livres, [en ligne], http://books.google.ca/books?id=7rY9AAAAYAAJ&hl=fr&pg=PR12#v=onepage&q&f=false [7 février 2011].
4. VOLTAIRE. *Traité sur la tolérance*, [s. l.], [s. n.], 1763, p. 194-195 ; numérisé par Google livres, [en ligne], http://books.google.ca/books?id=7jQHAAAAQAAJ&hl=fr&pg=PP1#v=onepage&q&f=false [7 février 2011].
5. *Déclaration unanime des treize États unis d'Amérique*, traduction de Thomas Jefferson, 1776 ; [en ligne], http://fr.wikisource.org/wiki/Déclaration_unanime_des_treize_États_unis_d'Amérique [7 février 2011].
6. Tiré de TAINE, Hyppolite. *Les origines de la France contemporaine*, tome premier: *L'Ancien Régime*, 4e éd., Paris, Librairie Hachette et Cie, 1887, p. 486 ; numérisé par Google livres, [en ligne], http://books.google.ca/books?id=7M8aAAAAYAAJ&hl=fr&pg=PP1#v=onepage&q&f=false [7 février 2011].
7. Tiré de *Archives parlementaires de 1787 à 1860: recueil complet des débats législatifs et politiques des chambres françaises*, première série (1787 à 1799), tome sixième: *États généraux, cahiers des sénéchaussées et bailliages*, 2e éd., sous la direction de M. J. Mavidal et M. E. Laurent, Paris, Librairie administrative de Paul Dupont, 1879, p. 317 ; numérisé par Google livres, [en ligne], http://books.google.ca/books?id=BjRZUBbkOlsC&hl=fr&pg=PP1#v=onepage&q&f=false [8 février 2011].
8. Tiré de *Département de la Haute-Saône. Cahiers de doléances du bailliage d'Amont*, tome second, sous la direction de M. Godard et L. Abensour, Auxerre, Imprimerie L'Universelle, 1927, p. 534-535 ; numérisé dans Internet archive, [en ligne], http://www.archive.org/details/dpartementdela02godauoft [8 février 2011].

9. *Déclaration des droits de l'homme et du citoyen*, 1789 ; numérisé sur le site Internet de l'Assemblée nationale (France), [en ligne], http://www.assemblee-nationale.fr/histoire/dudh/1789.asp [8 février 2011].

CHAPITRE 10

1. MALTHUS, Thomas Robert. *Essai sur le principe de population*, tome premier, 2e éd., Genève et Paris, J.-J. Paschoud, 1823, p. 8-14; numérisé par Google livres, [en ligne], http://books.google.ca/books?id=4449AAAAcAAJ [8 avril 2011].
2. Témoignage d'Elizabeth Bentley devant le *Sadler Committee on Child Labor* ; consigné dans *Report of Parliamentary Committee on the Bill to Regulate the Labour of Children in Mills and Factories, 1832* ; repris dans CAREY, John et Florence MARUEJOL. *Reportages. Les témoins racontent l'histoire*, [s.l.], Carrere, 1988, p. 526-528.
3. CHARBONNEAU, André et André SÉVIGNY. *1847, Grosse-Île au fil des jours*, Patrimoine canadien, Parcs Canada, 1997, p. 17.
4. ROBY, Yves. *Les Franco-Américains de la Nouvelle-Angleterre*, Sillery, Les éditions du Septentrion, 2000, p. 11.
5. FOUCAULT, Michel. *Surveiller et punir*, Paris, Gallimard, 1975, coll. « Tel », p. 12-13.
6. MILL, John Stuart. *La liberté,* traduction de M. Dupont-White, Paris, Guillaumin et Cie, 1860, p. 17 ; numérisé par Google livres, [en ligne], http://books.google.ca/books?id=-M6-NDgP4egC [8 avril 2011].
7. MORLOT, Émile. *Les comices électoraux sous la République romaine. De la capacité électorale*, Paris, E. Capiomont et V. Renault, 1884, p. 8 ; numérisé par Google livres, [en ligne], http://books.google.ca/books? id=WaAUAAAAYAAJ [8 avril 2011].
8. DARWIN, Charles. *L'origine des espèces au moyen de la sélection naturelle*, traduction de E. Barbier, Paris, C. Reinwald, 1882, p. 569-576 ; numérisé par Google livres, [en ligne], http://books.google.ca/books?id=STBhAAAAIAAJ [8 avril 2011].
9. JAMES, Constantin. *Guide pratique aux eaux minérales de France, de Belgique, d'Allemagne, de Suisse, de Savoie, d'Italie et aux bains de mer*, 2e éd., Paris, Victor Masson, 1852, p. 15 ; numérisé par Gallica.bnf.fr, [en ligne], http://gallica.bnf.fr/ark:/12148/bpt6k5848524n [8 avril 2001].
10. *Les discours de M. le prince de Bismarck*, volume quinzième, Paris, F. Vieweg, 1889, p. 118-119 ; numérisé par Google livres, [en ligne], http://books.google.ca/books?id=T98sAAAAYAAJ [9 avril 2011].
11. LAROUSSE, Pierre. *Grand dictionnaire universel du XIXe siècle*, tome onzième, Paris, Administration du grand dictionnaire universel, 1874, p. 903-904 ; numérisé par Gallica.bnf.fr, [en ligne], http://gallica.bnf.fr/ark:/12148/bpt6k205363w [8 avril 2011].
12. ARIÈS, Philippe. *L'Enfant et la vie familiale sous l'Ancien Régime*, Paris, Plon, 1960, 503 p.

CHAPITRE 11

1. LE NAOUR, Jean-Yves. *Histoire du XXe siècle*, Paris, Hachette, 2009, p. 9.
2. TREMBLAY, Thomas-Louis. *Journal de guerre (1915-1918)*, texte inédit, établi et annoté par Marcelle Cinq-Mars, Outremont (Québec), Athéna éditions, 2006, p. 153-165.
3. ANCIENS COMBATTANTS CANADA. *Lieutenant-Colonel John McCrae*, [en ligne], http://www.veterans.gc.ca/fra/sub.cfm?source=histoire/premiereguerre/mccrae [28 février 2011] ; repris de MCCRAE, John. « In Flanders Fields », *Punch*, décembre 1915.
4. *Reportages : Les témoins racontent l'histoire…*, textes choisis et présentés par John Carey et Florence Maruejol, [s.l.], Carrere, 1988, p. 634 ; repris de MOYNIHAN, Michael. *People at War 1914-1918*, Newton Abbot [Angl.], David & Charles, 1973.
5. CARROUÉ, Laurent, Didier COLLET et Claude RUIZ. *Les Amériques*, Paris, Bréal, 2008, p. 115-116.
6. FERRO, Marc. *Naissance et effondrement du régime communiste en Russie*, Paris, Librairie Générale Française (Le Livre de Poche), 1997, coll. « Références », p. 12-16.
7. HEMINGWAY, Ernest. « German inflation », *The Toronto Daily Star*, 19 septembre 1922, dans *Reportages : Les témoins racontent l'histoire…*, textes choisis et présentés par John Carey et Florence Maruejol, [s.l.], Carrere, 1988, p. 634 ; repris de WHITE, William. *By-line : Ernest Hemingway : Selected Articles and Dispatches of Four Decades*, New York, Scribner, 1967.
8. BÉLANGER, J., M. DESJARDINS et Y. FRENETTE. *Histoire de la Gaspésie*, Montréal, Boréal express / Institut québécois de recherche sur la culture, 1981, p. 680.
9. *Reportages. Les témoins racontent l'histoire…*, textes choisis et présentés par John Carey et Florence Maruejol, [s.l.], Carrere, 1988, p. 732-733 ; repris de SECRETARIAT OF THE INTERNATIONAL MILITARY TRIBUNAL. *Trial of the Major German War Criminals before the International Military Tribunal : Nuremberg 14 November 1945-1 October 1946*, vol. V : *Proceedings 9 January 1946-21 January 1946*, Nuremberg, 1947, p. 167-175.
10. « Communiqué final de la Conférence afro-asiatique de Bandoeng (24 avril 1955) », dans CENTRE NATIONAL DE LA RECHERCHE SCIENTIFIQUE. *Annuaire français de droit international*, vol. 1, 1956, p. 723-728 ; numérisé par le Service de Documentation de Sciences Po Lyon (Institut d'Etudes Politiques de Lyon), [en ligne], http://www.persee.fr/web/revues/home/prescript/article/afdi_0066-3085_1955_num_1_1_3260 [15 février 2011].
11. « Recommendation for Assistance to Greece and Turkey by the Presisent of the United States, Harry Truman », traduction d'Emmanuelle Simony. Discours prononcé devant une assemblée conjointe du Sénat et du Congrès américain, le 12 mars 1947, [en ligne], http//www.nato.int/docu/speech/1947/s470312a_e.htm [20 juin 2011].
12. SAGAN, Françoise. *Bonjour tristesse*, Paris, Julliard, 1954, p. 114.
13. BEAUVOIR, Simone de. *Le deuxième sexe*, vol. II : *L'expérience vécue*, Paris, Gallimard, 1947, coll. « Folio Essais », p. 643-647.
14. GORBATCHEV, Mikhaïl. *Perestroïka : Vues neuves sur notre pays et le monde*, traduction de J. Bonnefoy et W. Desmond, Paris, Flammarion / J'ai lu, 1987, p. 41-42.
15. FUKUYAMA, Francis. *La Fin de l'histoire et le Dernier Homme*, Paris, Flammarion, 1992, 452 p., coll. « Champs ».

SUGGESTIONS DE LECTURE

Nous vous proposons ici certains ouvrages qui nous ont inspirés pour rédiger ce manuel. Nous vous suggérons de les consulter si vous souhaitez en apprendre plus sur une époque ou un sujet en particulier ou pour réaliser un travail de recherche en histoire. N'hésitez pas à demander d'autres suggestions de lecture à votre enseignant ou à votre bibliothécaire.

CHAPITRE 1

L'OCCIDENT ET L'HISTOIRE

BONNECHÈRE, Pierre. *Profession historien*, Montréal, Presses de l'Université de Montréal, 2008.

DROIT, Roger-Pol. *L'Occident expliqué à tout le monde*, Paris, Seuil, 2008.

POIRRIER, Philippe. *Aborder l'histoire*, Paris, Seuil, 2000.

PROST, Antoine. *Douze leçons sur l'histoire*, Paris, Seuil, 2010.

CHAPITRE 2

AUX SOURCES DE L'OCCIDENT : LE MONDE GREC

AMOURETTI, M.-C. et F. RUZÉ. *Le monde grec antique*, Paris, Hachette, 1990.

AUBERGER, Janick. *Les Athéniens à l'époque classique*, Montréal, Boréal, 2005.

BERTRAND, Jean-Marie et collab. *Histoire ancienne*, volume 1 : *Le monde grec*, Rosny [France], Bréal, 2010.

BOTTÉRO, Jean. *L'Orient ancien et nous*, Paris, Hachette, 2011.

KRAMER, Samuel Noah. *L'Histoire commence à Sumer*, Paris, Flammarion, 2009.

TRASSARD, François (dir.). *La vie des Grecs au temps de Périclès*, Paris, Larousse, 2003.

CHAPITRE 3

AUX SOURCES DE L'OCCIDENT : LES MONDES ROMAIN ET CHRÉTIEN

ARNAUD-LINDET, Marie-Pierre et collab. *Histoire ancienne*, volume 2 : *Le monde romain*, Rosny [France], Bréal, 2010.

AUBERGER, Janick. *Le monde gréco-romain*, Montréal, Boréal, 1996.

JERPHAGNON, Lucien. *Histoire de la Rome antique*, Paris, Tallandier, 2002.

MESLIN, Michel. *L'Homme romain. Des origines au Ier siècle de notre ère*, Bruxelles, Complexe, 2001.

PETIT, Paul et André LARONDE. *Précis d'histoire ancienne*, Paris, Presses Universitaires de France, 2010.

ROBERT, Jean-Noël. *Rome*, Paris, Les Belles Lettres, 2002.

VEYNE, Paul. *Quand notre monde est devenu chrétien (312-394)*, Paris, Albin Michel, 2007.

CHAPITRE 4

LA FORMATION DE LA CIVILISATION EUROPÉENNE DU IVe AU XIe SIÈCLE

GEARY, Patrick J. *Naissance de la France. Le monde mérovingien*, Paris, Flammarion, 2011.

KAPLAN, Michel, dir. *Histoire médiévale*, tome 1 : IVe-Xe siècle, Rosny [France], Bréal, 1994.

LEWIS, Bernard. *Les Arabes dans l'histoire*, Paris, Flammarion, 2002.

MEULEAU, Maurice et Luce PIETRI. *Le monde et son histoire. Le monde antique et les débuts du Moyen Âge*, Paris, Robert Laffont, 1992.

RICHÉ, Pierre. *Les Carolingiens : une famille qui fit l'Europe*, Paris, Hachette, 1997.

CHAPITRE 5

L'OCCIDENT MÉDIÉVAL DU XIe AU XIIIe SIÈCLE

DOUSTALY-DUNYACH, Anne. *Le Moyen Âge*, Toulouse, Éditions Milan, 2000.

FOSSIER, Robert. *L'Occident médiéval*, Paris, Hachette, 2006.

HÉBERT, Michel. *Le Moyen âge*, Montréal, Boréal, 1996.

HEERS, Jacques. *Précis d'histoire du Moyen Âge*, Paris, Presses Universitaires de France, 1998.

KAPLAN, Michel, dir. *Histoire médiévale*, tome 2 : XIe-XVe siècle, Rosny [France], Bréal, 1994.

LE GOFF, Jacques. *La civilisation de l'Occident médiéval*, Paris, Flammarion, 2008.

MAZEL, Florian. *Féodalités. 888-1180*, Paris, Belin, 2010.

CHAPITRE 6

CRISES ET ESSOR AUX XIVe ET XVe SIÈCLES

ARIÈS, Philippe et Georges DUBY (dir.). *Histoire de la vie privée*, tome 2 : *De l'Europe féodale à la Renaissance*, Paris, Seuil, 1999.

BALARD, Michel, Jean-Philippe GENÊT et Michel ROUCHE. *Le Moyen Âge en Occident*, Paris, Hachette, 2008.

BASCHET, Jérôme. *La civilisation féodale de l'An mil à la colonisation de l'Amérique*, Paris, Flammarion, 2006.

Biraben, Jean-Noël. *Les Hommes et la peste en France et dans les pays européens et méditerranéens*, Paris, Mouton, 1975.

Delumeau, Jean et Isabelle Heullant-Donat. *L'Italie au Moyen Âge*, Paris, Hachette, 2000.

Favier, Jean. *Les grandes découvertes. D'Alexandre à Magellan*, Paris, Fayard, 2010.

Herlihy, David. *La Peste noire et la mutation de l'Occident*, Paris, Éditions Gérard Monfort, 1999.

CHAPITRE 7

RENAISSANCE ET EXPANSIONNISME DU XVIe AU XVIIIe SIÈCLE

Barnavi, Élie et Anthony Rowley. *Tuez-les tous ! : La guerre de religion à travers l'histoire VIIe-XXIe siècle*, Paris, Perrin, 2006.

Burke, Peter. *La Renaissance européenne*, Paris, Seuil, 2000.

Christin, Olivier. *Les Réformes. Luther, Calvin et les protestants*, Paris, Gallimard, 1995.

Delumeau, Jean. *Une histoire de la Renaissance*, Paris, Perrin, 1999.

Lacoursière, Jacques. *Histoire populaire du Québec. Des origines à 1791*, Sillery, Septentrion, 1995.

Lebrun, François. *L'Europe et le monde. XVIe, XVIIe, XVIIIe siècle*, Paris, Armand Colin, 2008.

Mayeur, Jean-Marie, Charles Pietri, André Vauchez et Marc Venard (dir.). *Histoire du christianisme*, tome 7 : *De la réforme à la Réformation (1450-1530)* et tome 8 : *Le temps des confessions (1530-1620)*, Paris, Desclée, 1994.

Sutto, Claude. *La Renaissance*, Montréal, Boréal, 1999.

Zinn, Howard. *Une histoire populaire des États-Unis de 1492 à nos jours*, Montréal, Lux, 2009.

CHAPITRE 8

LES ÉTATS MODERNES ET LA RÉVOLUTION SCIENTIFIQUE

Blin, Arnaud. *1648, la paix de Westphalie ou La naissance de l'Europe politique moderne*, Bruxelles, Complexe, 2006.

Constant, Jean-Marie. *Naissance des États modernes*, Paris, Belin, 2008.

De Waele, Michel. *L'Europe aux XVIIe et XVIIIe siècles*, Montréal, Boréal, 2002.

Duchein, Michel. *50 années qui ébranlèrent l'Angleterre : les deux Révolutions du XVIIe siècle*, Paris, Fayard, 2010.

Gingras, Yves, Peter Keating et Camille Limoges. *Du scribe au savant. Les porteurs du savoir de l'Antiquité à la révolution industrielle*, Montréal, Boréal, 1998.

Goubert, Pierre. *Splendeurs et misères du XVIIe siècle*, Paris, Fayard, 2005.

CHAPITRE 9

L'ÈRE DES RÉVOLUTIONS : LE XVIIIe SIÈCLE

Belmas-Lepetit, Élisabeth et collab. *Histoire moderne*, tome 2 : *Le XVIIIe siècle – 1715-1815*, Rosny [France], Bréal, 1994.

Chaunu, Pierre. *La civilisation de l'Europe des Lumières*, Paris, Flammarion, 1997.

Cottret, Bernard. *La révolution américaine*, Paris, Perrin, 2004.

Kaspi, André. *Les Américains*, Paris, Seuil, 2008.

CHAPITRE 10

L'INDUSTRIALISATION ET LES MUTATIONS DU XIXe SIÈCLE

Hobsbawm, Éric. *L'ère du capital, 1848-1875*, Paris, Fayard, 2002.

Malia, Martin. *Histoire des révolutions*, Paris, Tallandier, 2008.

Milza, Pierre et Serge Berstein. *Histoire du XIXe siècle*, Paris, Hatier, 2001.

Perrot, Michelle. *Crime et châtiment au XIXe siècle*, Paris, Flammarion, 2001.

Rioux, Jean-Pierre. *La révolution industrielle, 1780-1880*, Paris, Seuil, 1989.

Robert, Jean-Louis, dir. *Histoire contemporaine*, tome 1 : *Le XIXe siècle*, Rosny [France], Bréal, 1995.

Souton, Georges-Henri. *L'Europe de 1815 à nos jours*, Paris, Presses Universitaires de France, 2007.

CHAPITRE 11

L'OCCIDENT AU XXe SIÈCLE

Bertsein, Serge et Pierre Milza. *Histoire du XXe siècle*, Paris, Hatier, 2010.

Burrin, Philippe. *Fascisme, nazisme, autoritarisme*, Paris, Seuil, 2000.

Hobsbawm, Éric. *L'âge des extrêmes : histoire du court XXe siècle, 1914-1991*, Bruxelles, A. Versailles et Paris, Le Monde diplomatique, 2008.

Le Naour, Jean-Yves. *Histoire du XXe siècle*, Paris, Hachette, 2009.

Montreynaud, Florence et Caroline Helfter. *Le XXe siècle des femmes*, Paris, Nathan, 1995.

Prashad, Vijay. *Les nations obscures : une histoire populaire du tiers-monde*, Montréal, Écosociété, 2009.

Zorgbibe, Charles. *Histoire des relations internationales. 1871 à nos jours*, Paris, Hachette, 1995.

INDEX

D

H

I

J

O

P

Q

R

U

V

W

X

Y

Z